国家出版基金项目
NATIONAL PUBLICATION FOUNDATION

“十四五”时期国家重点出版物出版专项规划项目

中国国际战略思想发展史

ZHONGGUO GUOJI ZHANLÜE SIXIANG FAZHANSHI

王巧荣◎著

河北出版传媒集团
河北人民出版社
石家庄

图书在版编目（ＣＩＰ）数据

中国国际战略思想发展史 / 王巧荣著. -- 石家庄 :
河北人民出版社, 2023.12
ISBN 978-7-202-16812-7

Ⅰ. ①中… Ⅱ. ①王… Ⅲ. ①对外政策－战略思想－
思想史－中国 Ⅳ. ①D820

中国国家版本馆CIP数据核字(2023)第256756号

书　　名	**中国国际战略思想发展史**
著　　者	王巧荣
选题策划	王斌贤　路殿国
责任编辑	安　贝　项一莎　王云弟
美术编辑	秦春霞
责任校对	付敬华
出版发行	河北出版传媒集团　河北人民出版社 (石家庄市友谊北大街 330 号)
印　　刷	河北新华第一印刷有限责任公司
开　　本	787 毫米×1092 毫米　1/16
印　　张	43.75
字　　数	550 000
版　　次	2023 年 12 月第 1 版　　2023 年 12 月第 1 次印刷
书　　号	ISBN 978-7-202-16812-7
定　　价	120.00 元

目 录

导 论

中华民族素有战略思考的传统。立足于全局、着眼于长远来研判内外情势、确定目标与方向、进行战略布局是中国战略思维的集中体现。新中国成立以来，在中国国际战略理论指导下，中国的外交工作取得了显著成就，为中国建设和发展营造了良好的外部环境，推动中国由世界舞台的边缘逐步走向世界舞台的中央，中国的国际地位和国际影响力空前提升。当今世界正经历百年未有之大变局，面对复杂严峻的国际形势和前所未有的外部风险挑战，必须统筹国内国际两个大局，加强对外工作顶层设计，对中国特色大国外交作出战略谋划，推动构建新型国际关系和人类命运共同体，弘扬和平、发展、公平、正义、民主、自由的全人类共同价值，引领人类进步潮流，实现中华民族伟大复兴与世界和平发展。通过深入研究中国国际战略思想发展历程，深刻分析其对中国外交战略的影响及作用，为把握新时代外交工作大局，推进和完善全方位、多层次、立体化的外交布局，积极发展全球伙伴关系提供有益启示和帮助，是作者撰写本书的目的。

一、国际战略思想内涵

国际战略思想是国际战略学研究的一个重要内容。理解国际战略思想内涵首先要对“战略”“国际战略”概念有一个认识。

战略是一个内涵不断发展的概念。战略的原初本意是指导战争的艺术。古代，“战略”一词仅意味着一个军事将领的作战计划，随后演变为“战争的艺术”。到 19 世纪，战略意味着一个国家无论是在和平时期还是在冲突时期对战争的总体考量。20 世纪中期，战略和对外政策是密切联系在一起的。如今，“战略”一词甚至被广泛运用于政治、经济、社会、科技、文化等领域，再也不单纯是军事或外交领域的专利。因此，战略有两层含义：一是指军事战略，意为筹划和指导战争全局的方略；二是泛指对全局性、高层次、重大问题的筹划和指导。

依此脉络，“战略”作为一个与战争密切相关的概念，在古代东西方文献中都出现过。在中国文献中，最早使用“战略”一词的是公元 3 世纪晋代司马彪所著的《战略》一书。[①] 此后，“战略”一词在中国古籍中屡见不鲜。一般认为，西方论及“战略”问题始于公元 6 世纪末东罗马帝国皇帝莱斯的《将道》一书。到 19 世纪，随着战争规模的空前扩大，战争开始区分出“战略”层次与“战术”层次。这一时期的一些著名军事理论家，大都是从战略与战术的比较中给战略下定义。德国军事理论家和军事历史学家、近代军事战略学的奠基人卡尔·冯·克劳塞维茨（Carl Von Clausewitz）在其军事理论巨著《战争论》中提出：战术是在战斗中使用军队的学问，战略是为了战争目的运用战斗的学问。[②] 在此，“战略”一词有了比较确定的内涵，即战略是指导战争全局的谋略。早期的战略概念局限于纯军事领域，是指对战争全局的筹划和指导，解决的是战争爆发后的作战问题，无论时间还是空间，都未脱离战争的范畴和层次。值得注意的是，提出“战略”概念的一般是统率军队的军事首领。

第一次世界大战是人类历史上的第一场现代化的战争。这场战争不同于以往的地方，就在于它揭示了现代战争对国家的政治、经济、科技、外交、文化等军事以外诸领域的依赖关系。战争已不再是纯军事领域的局部性问题，而是涉及国家各个领域的全局性

① 李景治、罗天虹等：《国际战略学》，中国人民大学出版社 2003 年版，第 2 页。
② ［德］卡尔·冯·克劳塞维茨著，中国人民解放军军事科学院译：《战争论》第一卷，商务印书馆 1978 年版，第 175 页。

问题。这种巨大变化使得经典的战略定义无法继续适用于现代战争的筹划和指导。英国著名的军事理论家利德尔·哈特（Liddell Hart）在其著作《历史上的决定性战争》中首次提出了“大战略”概念，并把“大战略”和“战略”区分开来。他指出：“正如战术是军事战略较低一级的运用，（军事）战略是‘大战略’在较低一级的运用。大战略的任务是调节和指导一个国家或国家集团的全部资源，以达到战争的政治目的。大战略既要算计又要发展国家的经济力量和人，以便维持作战部队。对精神力量也应如此，因为培养、加强（国民）取胜和忍耐的意志，同掌握有形的实力一样重要。这还不够，因为作战力量只不过是大战略的手段之一。大战略还要估计和运用财政压力、商业压力以及并非最不重要的道义压力来削弱敌人的意志。”①1935年，英国军方首次采用了这一概念，将大战略定义为：“是最积极地运用国家全部力量的艺术。它包括运用外交、经济压力、与盟国缔结有利的条约、动员国家工业和分配现有人力资源以及使用陆海空三军使之协调。”②

第二次世界大战以后，科学技术的飞速发展推动着社会发展，影响着人类社会生活，使人类社会发生了巨大而深刻的变化。东西方两大集团长期处于冷战状态，对立双方的竞争和较量逐步从军事对抗转向政治、经济、外交等更广阔的领域。在复杂多变的背景下，战略概念的内涵进一步从对战争全局的筹划和指导扩展到对国家全局及各领域的筹划与指导。它的外延也从军事和战争领域扩展到经济建设、国家安全、科学技术、文化、教育、对外交往等领域。战略的概念也随之开始多样化。第二次世界大战后，美国学界也开始采用“大战略”这个概念，后来官方和军方正式用语改为“国家战略”，“大战略”在学术界仍然继续使用。美国“国家战略”

① 吴春秋：《广义大战略》，时事出版社1995年版，第25页。
② 同上书，第26页。

的含义是："在平时和战时使用武装力量的同时，发展和使用国家的政治、经济和心理力量以实现国家目标的艺术和科学。"[①] 这实际上就是现代国际战略的概念，这一概念逐步为西方国家所用，只是不同国家官方具体称谓有所不同。日本称国家战略为"综合安全保障战略"，英国使用"大战略"概念，法国使用"总体战略"概念等。

毛泽东在领导中国革命和社会主义建设事业中，创造性地提出了极为丰富的战略和策略思想，是国内外公认的大战略家。在革命战争时期，毛泽东一般只在军事领域使用"战略"概念。新中国成立以后，中国面临着更加广泛、更加重要的革命和建设任务，毛泽东也就把"战略"概念运用到政治和其他领域中来，并把"战略"和"策略"区分开来。1958 年 11 月，他在中共中央政治局武昌会议的讲话中指出："从本质上看，从长期上看，从战略上看，必须如实地把帝国主义和一切反动派，都看成纸老虎。从这点上，建立我们的战略思想。另一方面，它们又是活的铁的真的老虎，它们会吃人的。从这点上，建立我们的策略思想和战术思想。"[②] 这里提出了中国的"国际战略"概念。1979 年 3 月 30 日，邓小平在党的理论工作务虚会上讲话时指出："现在可以看得更清楚，毛泽东同志在他晚年为我们制定的关于划分三个世界的战略，关于中国站在第三世界一边，加强同第三世界国家的团结，争取第二世界国家共同反霸，并且同美国、日本建立正常外交关系的决策，是多么英明，多么富有远见。这一国际战略原则，对于团结世界人民反对霸权主义，改变世界政治力量对比，对于打破苏联霸权主义企图在国际上孤立我们的狂妄计划，改善我们的国际环境，

① 李景治、罗天虹等：《国际战略学》，中国人民大学出版社 2003 年版，第 3 页。

② 中共中央文献研究室：《建国以来重要文献选编》（第十一册），中共中央文献出版社 1995 年版，第 574 页。

提高我国的国际威望，起了不可估量的作用。”[①] 后来，邓小平在评价、论述毛泽东的三个世界划分的战略时，又多次使用这一概念。20 世纪 90 年代初，中国学界开始运用“国际战略”一词。

从国际国内的实践来看，国际战略指的是一国对较长一个时期整个国际格局、本国国际地位、国家利益和目标，以及相应的外交和军事政策等总的认识和谋划。国际战略思想是对国际经济政治格局、较长时期的国际态势和发展趋势、本国的国际地位及其处境等问题的基本分析，是对本国国家利益和国际目标及实现途径的认识和反映。

二、国内外关于中国国际战略思想相关研究综述

中国国际战略思想研究是中共党史、中华人民共和国国史和国际问题领域研究的一个重要方面。国内与本研究主题相关的研究主要集中在三个方面：

一是关于党和国家领导人的国家、国际战略思想研究。代表性著作有：国际战略研究基金会编辑出版的《环球同此凉热：一代领袖们的国际战略思想》[②]。这是一部关于新中国第一代领导人国际战略思想研究的论文集，开创了关于中国领导人国际战略思想研究的先河。该书收录了 28 篇论文，论文作者大多是研究中共党史、中国外交史的骨干专家学者，论文研究的主题主要集中在研究以毛泽东同志为代表的领导集体的外交战略思想及其实践上。孙建社等人的《从“中间地带”到“世界多极化”：中国三代领导人的国际战略思想》[③]，对从毛泽东到江泽民中国三代领导集体的国

①《邓小平文选》第二卷，人民出版社 1994 年版，第 160 页。

② 国际战略研究基金会：《环球同此凉热：一代领袖们的国际战略思想》，中央文献出版社 1993 年版。

③ 孙建社等：《从“中间地带”到“世界多极化”：中国三代领导人的国际战略思想》，人民出版社 2003 年版。

际战略思想进行研究，从思想层面对“中间地带”思想、“三个世界”划分思想、和平与发展时代主题思想及多极化思想等进行比较分析，探讨了中国外交政策的目标和原则。李久林的《毛泽东在建国后的国际战略思想及其实践效应》[①]一书，对新中国成立以后毛泽东国际战略思想的发展进程及其内在的规律性进行了较为系统的研究，分析了新中国面临的国际环境、历史任务，论证了毛泽东制定的国际战略的主要目标、主要任务、基本思路和基本依据，概括了毛泽东国际战略思想的理论体系及其主要特点。颜声毅的《邓小平国际战略思想概论》[②]，冯特君主编的《邓小平国际战略思想研究》[③]，段霞的《中国外交空间的拓展——邓小平国际战略思想研究》[④]，张爱茹的《邓小平国际战略思想研究》[⑤]等，较为系统地研究了邓小平的国际战略思想。汤光鸿、朱凯兵等的《当代中国国际战略思想研究》[⑥]，阐述了毛泽东、邓小平、江泽民三代领导集体国际战略思想形成、继承和发展的历史过程。夏东民、陆树程的《江泽民战略思想研究》[⑦]，其中第四篇分“国际战略思想”“对外战略思想”两章，探讨了江泽民的国际战略思想及其实践。顾德欣主编的《与时俱进的国际战略思想》[⑧]，从中国国际战略经验总结，世界局势研判，新安全观，世纪末中国国际战略的目标、任务、战略框架、战略方针等方面研究了江泽民的国际战略思想。房广顺

---

① 李久林:《毛泽东在建国后的国际战略思想及其实践效应》，中国社会科学出版社2012年版。

② 颜声毅:《邓小平国际战略思想概论》，长征出版社2002年版。

③ 冯特君:《邓小平国际战略思想研究》，北京出版社2004年版。

④ 段霞:《中国外交空间的拓展——邓小平国际战略思想研究》，首都经济贸易大学出版社2004年版。

⑤ 张爱茹:《邓小平国际战略思想研究》，河北人民出版社2019年版。

⑥ 汤光鸿、朱凯兵等:《当代中国国际战略思想研究》，中国书籍出版社2003年版。

⑦ 夏东民、陆树程:《江泽民战略思想研究》，苏州大学出版社2002年版。

⑧ 顾德欣:《与时俱进的国际战略思想》，解放军出版社2003年版。

的《中国国际战略思想新论》[1]，研究了以胡锦涛同志为总书记的党中央的国际战略思想形成的条件、目标和重要内容。蔡拓的《和谐世界与中国对外战略》[2]，王公龙的《中国特色国际战略思想体系研究》[3]，从理论渊源、实践基础、理论主题及理论发展等方面研究探讨了中国特色国际战略思想体系问题。代表性学术论文有：李景治的《论习近平国际战略思想的突出特点》《邓小平国际战略思想的历史贡献》[4]，左凤荣的《习近平国际战略思想研究》[5]，宫力的《习近平国际战略思想探析》[6]等，作者从不同方面对邓小平国际战略思想、习近平国际战略思想的内容、特点进行了初步探析。

二是关于中国国际战略实践的研究。沈骥如的《中国不当"不先生"——当代中国的国际战略问题》[7]，探讨了如何在认清世界发展大势的基础上，通过合作为国家发展战略创造良好的国际环境问题。贾江华的《当代中国国际战略之衍变》[8]，将新中国国际战略划分为继续反帝反殖、谋求独立自主（1949—1964），反对霸权强权、探索中国位置（1965—1973），划分三个世界、确立国际地位（1974—1983），东西南北对峙、发展中国一极（1984—1997），发展负责任大国、促建国际新秩序（1997年以后）等五个不同阶段，提出各个阶段中国在国际关系上谋求的主题分别是"生存""探索""定位""发展""崛起"，对每一阶段围绕外交主

① 房广顺:《中国国际战略思想新论》，辽宁大学出版社2006年版。
② 蔡拓:《和谐世界与中国对外战略》，黑龙江人民出版社2006年版。
③ 王公龙:《中国特色国际战略思想体系研究》，人民出版社2012年版。
④ 李景治:《论习近平国际战略思想的突出特点》,《教学与研究》,2017年第3期;《邓小平国际战略思想的历史贡献》,《思想教育理论导刊》，2014年第6期。
⑤ 左凤荣:《习近平国际战略思想研究》,《理论视野》，2015年第4期。
⑥ 宫力:《习近平国际战略思想探析》,《当代中国史研究》，2017年第4期。
⑦ 沈骥如:《中国不当"不先生"——当代中国的国际战略问题》，今日中国出版社1998年版。
⑧ 贾江华:《当代中国国际战略之衍变》，安徽大学出版社2009年版。

题所开展的战略活动进行了分析和研究。倪健民、陈子舜的《中国国际战略》[①]，研究了20世纪90年代至21世纪初中国国际战略观的内容及方针。李而炳主编的《21世纪前期中国对外战略的选择》[②]，在分析21世纪初国际形势、历史启示、国际战略基本目标及关于中国外交战略争论等问题的基础上，探讨了中国各领域对外战略的主要内容。杨洁勉的《大合作：变化中的世界和中国国际战略》[③]，探讨了21世纪中国面临的战略机遇期、面临的全球性问题及中国战略应对问题。此外，《中共党史研究》《当代中国史研究》等刊物相继发表了一些高质量的关于中国外交战略历史变迁的学术论文。国际问题专业期刊也发表了一些有关中国国际战略学、战略理念和战略发展问题研究的学术论文，进一步推动了中国国际战略问题的研究。

三是关于中国外交思想的研究。在1988年周恩来90周年诞辰、1993年毛泽东100周年诞辰之际，外交部相继举办了关于周恩来外交思想、毛泽东外交思想的学术研讨会，随后，裴坚章、外交部外交史编辑室先后将入会论文编辑出版[④]，开启了新中国外交思想研究的先河，对此后新中国外交思想的研究发挥了重要引领作用。李世华、张士清的《邓小平外交战略思想研究》[⑤]，龚德宏等的《邓小平外交战略思想研究》[⑥]，银书林主编的《邓小平外交理论研究》[⑦]，对邓小平外交思想、外交战略思想进行了初步研究。谢益

---

① 倪健民、陈子舜：《中国国际战略》，人民出版社2003年版。

② 李而炳：《21世纪前期中国对外战略的选择》，时事出版社2004年版。

③ 杨洁勉：《大合作：变化中的世界和中国国际战略》，天津人民出版社2005年版。

④ 中华人民共和国外交部外交史编辑室、裴坚章：《研究周恩来——外交思想与实践》，世界知识出版社1989年版；中华人民共和国外交部外交史编辑室、裴坚章：《毛泽东外交思想研究》，世界知识出版社1994年版。

⑤ 李世华、张士清：《邓小平外交战略思想研究》，吉林大学出版社1996年版。

⑥ 龚德宏等：《邓小平外交战略思想研究》，蓝天出版社1998年版。

⑦ 银书林：《邓小平外交理论研究》，中华工商联合出版社1999年版。

显的《当代中国外交思想史》[1]，是国内较早贯通性系统研究中国外交思想及其实践历史的一部著作，该书将1949至1995年间中国外交思想划分为九个阶段进行研究。对于分期，作者认为，该书分期不同于学界常用的按中共中央领导集体变更和外交主题变化两种划分方式，而是分得稍微小一些，既有不同，又基本上是重叠的。另外，按照外交思想出现的阶段性来分期，不强求年数多寡的一律和接近。叶自成的《新中国外交思想：从毛泽东到邓小平——毛泽东、周恩来、邓小平外交思想比较研究》[2]，分主题如战争、革命、和平、发展、国际格局和国际秩序、大国战略、周边外交、中国战略意图及外交策略等对毛泽东、周恩来、邓小平外交思想进行了比较研究。张宇燕主编的《习近平新时代中国特色社会主义外交思想研究》[3]，探讨了习近平新时代中国特色社会主义外交思想。与此同时，以杨洁勉为代表的几位学者在中国特色大国外交理论建构的研究方面也取得了不小成就。

此外，关于中华人民共和国外交史、当代中国外交史的研究，也有不少成果问世。主要有：宦乡主编的《当代中国外交》[4]，裴坚章主编的《中华人民共和国外交史》[5]，谢益显主编的《中国当代外交史（1949—2009）》[6]，王巧荣主编的《中华人民共和国外交史（1949—2019）》[7]等，这些著作中都有涉及中国国际战略思想及实

① 谢益显：《当代中国外交思想史》，河南大学出版社1999年版。

② 叶自成：《新中国外交思想：从毛泽东到邓小平——毛泽东、周恩来、邓小平外交思想比较研究》，北京大学出版社2001年版。

③ 张宇燕：《习近平新时代中国特色社会主义外交思想研究》，中国社会科学出版社2019年版。

④ 宦乡：《当代中国外交》，中国社科文献出版社1988年版。

⑤ 裴坚章：《中华人民共和国外交史》（一至三卷），世界知识出版社1994,1998,1999年版。

⑥ 谢益显：《中国当代外交史（1949—2009）》，中国青年出版社2009年版。

⑦ 王巧荣：《中华人民共和国外交史（1949—2019）》，当代中国出版社2020年版。

践研究的内容。

国外相关研究主要集中在两个方面：一是中国国际战略实践。Michael D. Swaine 和 Ashley J. Tellis 的 *Interpreting China's Grand Strategy: Past, Present, and Future*[①]，研究分析了过去、现在和未来决定中国大战略的主要因素，借以理解中国战略行为背后的动机，并分别从短期和长期的视角，评估这种行为在未来是如何演变的。作者认为，研究的最终目的是更清楚地了解中国的大战略是否以及以何种方式可能对美国的战略利益构成根本挑战。Stephen G. Brooks 和 Wiliam C. Wohlforth 的 *The Rise and Fall of the Great Powers in the Twenty-first Century: China's Rise and the Fate of America's Global Position*[②]，首先研究了"极"理论在研究当前国际格局变化方面局限性，并提出一套概念和措施，借以理解中国崛起的系统意义和当今一个超级大国地位的原因。作者认为，极的概念有助于学者理解历史上国际体系在运作方式上存在一些重大差异，单极概念对于当前体系与其之前的体系之间的比较研究产生了有益影响。但这一概念本质上不适合解决当今系统如何变化的问题。作者使用自己提出的分析概念和措施，得出结论是：世界体系已经从"1+X"转变为"1+1+X"，美国将长期保持唯一超级大国的地位，其次是中国，成为一个新兴的潜在超级大国。这对美国产生压力，美国需要对此作出战略权衡，调整其军事战略，但这并不意味着当今世界这个一超独霸的体系已经到临近结构性变化的边缘，也不意味着其基本发展方向发生了改变。Christopher K.Johnson

① Michael D.Swaine, Ashley J. Tellis, *Interpreting China's Grand Strategy: Past, Present, and Future,* RAND 2000.

② Stephen G. Brooks, Wiliam C. Wohlforth, *The Rise and Fall of the Great Powers in the Twenty-first Century: China's Rise and the Fate of America's Global Position,* International Security, Vol. 40, No.3 (2015).

的 *Decoding China's Emerging "Great Power" Strategy in Asia*①，首先分析了中国在亚洲大国崛起战略的国内政治、经济背景，随后从理论基础"中国梦""新型大国关系""大国外交"等几个方面分析了中共十八大后中国外交战略的新范式，探讨了正在形成的大国外交的影响。在此基础上，研究了韩国、东南亚国家对此认识及反应，以及美日应吸取的教训。Satoshi Amako 的 *China's Diplomatic Philosophy and View of the International Order in the 21st Century*（2014）探讨了所谓"务实主义""务虚主义""型（form）和利（benefit）"外交哲学在中国外交战略及外交实践的影响。Michael S. Chase 和 Arthur Chan的 *China's Evolving Approach to "Integrated Strategic Deterrence"*②，首先探讨了"整体战略威慑"这一概念的起源，它与中国发展反介入能力的关系，以及中国对其外部安全环境的评估如何影响其对外战略的需求；随后探讨了中国综合实力的提高对中国领导人战略选择的影响，以及中国如何调整各种战略资源以实现"整体战略威慑"这一战略理念的；最后，该报告探讨了解放军各军种对这一战略理念形成产生的影响，并探讨了中国战略分析家对这种影响的认识。作者认为，"务虚（意识形态）"外交应理解为"形式外交"，其目的是通过对国家的外交原则、外交定位和外交态度的直接影响，以达到一种理想的形式。"务实"外交应理解为"利益外交"，即与国家利益密切相关的外交，包括经济利益、能源等海洋利益和安全合作。1949 年以来的中华人民共和国外交史，以"务虚"为基础的中国外交风格主要是一种相对于其他国家的战略"定位"，不一定与实际利益有必然的直接关

① Christopher K. Johnson, *Decoding China's Emerging "Great Power" Strategy in Asia,* CSIS, 2014.

② Michael S. Chase, Arthur Chan, *China's Evolving Approach to "Integrated Strategic Deterrence",* RAND 2016.

系，是外交政策行为的另一个重要因素。Andrew Scobell, Bonny Lin, Howard J.Shatz 的 *At the Dawn of Belt and Road: China in the Developing World* [1]，探讨了"一带一路"框架下中国对发展中国家外交的目标和利益。此外，随着"一带一路"倡议的实施和推进，国外学者对中国区域战略比如周边战略、非洲战略和中亚战略的研究也日渐深入。

二是关于中国软实力的研究。实力是战略的基础。从国际战略层面上讲，软实力是指一国文化、价值观、意识形态的竞争力。近年来，国外学者对中国软实力的关注日益增多。如 Young Nam Cho 和 Jong Ho Jeong 的 *China's Soft Power: Discussions, Resources, and Prospects*[2], Ullah, Chaudhry Saeed 的 *China's soft power: changing the world perception*[3] 等，分别从不同侧面和角度研究了中国的软实力问题。

通过上述分析可以看出，国内外学界、战略界从不同视角研究了中国国际战略理论与实践相关的问题，这些研究为本研究奠定了基础。总的看来，关于中国国际战略问题研究还有许多薄弱环节。一是中国国际战略理论体系建设亟待加强。长期以来，中国国际战略研究重实践、轻理论研究的现象比较严重。这种状况既严重制约了中国国际战略理论体系的构建，也不能适应形势发展需要，更不能更好地服务于党和国家的战略决策要求。二是中国国际战略理论的话语体系构建仍然任重道远。由于种种原因，中国国际战略研究深受美国等西方国家外交战略理论的影响。在西方外交战

① Andrew Scobell, Bonny Lin, Howard J. Shatz, *At the Dawn of Belt and Road: China in the Developing World,* RAND 2018.

② Young Nam Cho, Jong Ho Jeong, *China's Soft Power: Discussions, Resources, and Prospects,* Asian Survey, Vol.48，No.3（2008）.

③ Ullah, Chaudhry Saeed, *China's soft power: changing the world perception,* Naval postgraduate school, December 2015.

略理论的框架下，中国外交战略研究长期存在着理论与实践脱节的现象，在理论上无法阐释中国外交战略的行为规律。努力推进中国国际战略理论的本土化和自主化，是今后中国国际战略理论研究发展的方向。三是关于中国领导人国际战略思想的学理性、系统性研究有待于进一步加强。目前，关于中国领导人国际战略思想的研究多停留在政策、文献解读性、描述性的研究，学理性和思辨性的研究亟待加强。即便是已有的相关研究成果，也多是关注现实问题的研究，从历史视角系统分析研究中国国际战略历史变迁、内在变化的成果非常有限。历史视角是战略研究的基础，没有对有关历史逻辑、历史规律的系统把握，很难把握未来发展的大势。四是缺乏在历史与逻辑统一基础上，从历史视角对中国国际战略思想及实践开展贯通性纵向研究。从历史视角系统研究中国国际战略思想历史变迁的成果非常有限。

三、研究结构及主要内容

本书沿着新中国成立以来中国与世界互动关系发展变化的历史脉络，以中国特色社会主义现代化建设的发展历程及中国国际战略发展变化的阶段性特征为主线，将新中国成立以来的中国国际战略思想发展史分为三个篇章开展研究。

上篇：社会主义革命和建设时期国际战略思想（1949—1978）。这一时段，由于美、苏两个超级大国先后对中国安全利益构成严重威胁，中国国际战略的主要目标是捍卫国家安全利益，维护新中国独立自主的地位。这一时段中国国际战略思想的特点是独立自主，因此称为独立自主的国际战略思想。随着中国与美、苏两个超级大国关系的发展变化，这一时段中国国际战略经历了自“一边倒”到“两条线”再到“一条线”的调整过程。围绕中国国际战略发展变化，将这一时段分为 4 章展开。第一章探讨独立自主国际战略产生的背景，着重分析独立自主国际战略思想产生的历史背景、现实背景及理论基础。关于历史背景的考察是站在中华民族伟大复兴的高度，从大历史观视角分析新中国对独立自主国际身份的强烈渴望。第二至四章分别探讨“一边倒”“两条线”及“一条线”战略思想及其实践，系统探讨新中国关于新型国际关系、国际格局的创新理念及其实践。

中篇：改革开放和社会主义现代化建设时期国际战略思想（1978—2012）。这一时段，基于对战争与和平问题及时代主题的新判断，党中央把经济建设提升为党和国家的中心工作，并确立了“三步走”和全面建设小康社会的战略目标。这一时段的国际战略主要是为国家经济建设营造一个和平稳定的国际环境，因此，和平与发展是这一时段国际战略思想的特点。虽然这一时段经历了由东欧剧变、苏联解体所引发的国际格局的重大调整，但相较前一时段，中国国际战略保持了较强的连续性。尽管如此，由于这一时段所面临的具体的国际国内问题有所不同，因此，和平发展战略思想在具体实践中也存在着阶段性特征。据此，这一时段分 4 章探讨和平发展战略思想及其实践。第五章探讨和平发展战略思想的主要内容，回顾和平发展是当今世界两大主题论断提出的过程及其影响，重点研究中国对外开放战略、和平外交战略。第六章探讨以邓小平同志为核心的党中央全方位独立自主和平外交战略思想及其实践过程，重点探讨中国主动营造和平国际环境的过程及国际新秩序观。第七章探讨以江泽民同志为核心的党中央应对复杂多变国际局势的理念和主张、融入国际战略的思想及其实践。第八章探讨以胡锦涛同志为总书记的党中央和平崛起战略思想及其实践，重点研究坚持走和平发展道路、战略机遇期、和谐世界理念及中国外交的总布局。

下篇：中国特色社会主义新时代国际战略思想（2012 年至今）。

党的十八大以来，以习近平同志为核心的党中央深刻认识和正确把握新时代中国和世界发展大势，实施更加奋发有为的外交政策，积极推动外交理论和实践创新，注重阐述中国梦的世界意义，丰富和平发展战略思想，强调建立以合作共赢为核心的新型国际关系，提出和贯彻正确义利观，倡导共同、综合、合作、可持续的安全观，推动构建新型大国关系，提出亲诚惠容的周边外交理念、真实亲诚的对非工作方针，引领中国特色大国外交向全方位、多层次、立体化方向推进。这一篇共 3 章，第九章探讨中国特色大国外交战略产生的背景及目标，着重探讨百年未有之大变局所带来的机遇与挑战。第十章探讨中国特色大国外交战略思想的主要内容，着重探讨构建人类命运共同体理念、构建新型国际关系理念及“一带一路”倡议。第十一章探讨中国特色大国外交战略思想的实践，分析构建稳定均衡大国关系实践取得的进展及面临的挑战，着重研究“一带一路”建设在周边外交、发展中国家外交中所发挥的作用及中国对全球治理作出的贡献。

全书最后是结束语，对中国国际战略思想的内在逻辑进行分析和总结。

上 篇

社会主义革命和建设时期国际战略思想

（1949—1978）

新中国是在旧中国百年积贫积弱、一穷二白的基础上建立起来的。新中国成立后面临的主要任务是，实现从新民主主义到社会主义的转变，进行社会主义革命，推进社会主义建设，为实现中华民族伟大复兴奠定根本政治前提和制度基础。对外战略上，彻底结束旧中国的屈辱外交，彻底肃清近代以来西方列强在中国残留的特权，使新中国以独立自主的姿态屹立于世界民族之林。这一时期，国际格局的特点是以美、苏为首的两大阵营对峙从欧洲向全球扩展。美、苏两国竞相推行的全球扩张、战略争霸对世界和平与稳定构成严重挑战。中国也先后不同程度地受到美国、苏联甚至两国同时带来的威胁。为维护国家领土完整、主权独立和安全利益，针对不同时段中国所面临的主要威胁，这一时期中国先后采取了“一边倒”“两条线”“一条线”战略，尽管这些战略坚持的是国际统一战线原则，在实现的路径上与传统的结盟战略相似，但从这一时期中国对外战略目标及实践结果看，这些战略贯穿始终的是维护国家独立自主的地位，30 年对外战略实践也确实奠定了中国在国际社会独立自主的地位。因此，本篇把这一时期中国国际战略思想总体概括为独立自主的国际战略思想。

第一章　独立自主国际战略思想生成环境

新中国成立后，建设现代化的新中国，使中国以独立自主的大国身份屹立于世界民族之林，是以毛泽东同志为核心的中国领导人在新中国成立之初治国理政的重要任务。中国对外战略的基本点是维护国家独立自主的地位，以美、苏为首的两大阵营的紧张对峙、中国革命的历史经验及马克思主义国际战略理论，为中国独立自主国际战略思想的产生提供了现实依据和理论来源。独立自主是中国外交的基本原则。

一、独立自主国际战略思想产生的历史背景

在几千年的历史发展中，中华民族创造了悠久灿烂的中华文明，为人类社会发展与进步作出了卓越贡献。古代中国作为东亚地区强大的国家，以其传统文化为基础构建的东亚秩序，对该地区的繁荣和稳定作出了突出贡献。近代以后，由于西方列强的入侵，封建统治的腐朽与没落，中国从“天朝上国”沦为“东亚病夫”，民族尊严受到践踏，国家领土主权遭到严重侵害。为了民族的尊严、国家的生存，一代又一代中国革命先驱前赴后继，浴血奋战，不惜牺牲自己宝贵的生命谋求国家的独立。特别是中国共产党成立后，一直把为人民谋幸福、为中华民族谋复兴作为党的初心使命。人民幸福、民族复兴的前提是实现国家的真正独立自主。新中国成立后，特别是在社会主义革命和建设时期，捍卫国家主权安全、独立权、平等权是中国外交战略的重要内容。

（一）中国历史灿烂辉煌

在人类历史上，曾经出现过许多盛极一时的文明，其中大多最后归于灭亡，或消散于新的不同实体中，中华文明是唯一一个绵

延数千年并成功向现代转型的文明。自商周开始，中国历经三十多个朝代，为世界文明作出了积极贡献。

文字是文明的一个重要标志。距今三千多年前，中国的商朝开始出现了书写文字。而在同一时期，西方引以为豪的希腊城邦尚未兴起，罗马帝国的建立则是在一千年之后。与世界其他地方的文字不同，汉字不仅表音，而且具有独特的表形和表意功能。风格各异的书法是中国汉字外形艺术的典型代表，充分体现了中国传统审美艺术的多样化探索。同时，通过偏旁部首的组合，汉字又显示出具有丰富内涵的表意功能，体现了中国传统文化的价值取向。这种音、形、意的独特结合是现在其他主要文字，尤其是字母化的西方表音文字所不具备的。时至今日，日本、韩国在一些重要节日、重要文件、重要事情和重要建筑物中，还都以特定形体的汉字来表示。日本和韩国每年还会遴选出特定汉字作为当年国民对整个政治经济社会表现得最突出感受。

历史上，中国的科学技术成就在很长一个时期内居于世界前列。据《世界自然科学大事年表》记载，公元前 6 世纪至 11 世纪，世界上的主要科学成就包括发明创造共有 231 项，其中中国就有 135 项，占总数的 58.4%。从 11 世纪到 16 世纪，世界上的重要科学技术成就共有 67 项，其中中国就有 38 项，占 56.7%。由此可见，在公元前 6 世纪至 16 世纪的 2000 多年漫长岁月里，中国的科学技术在世界上一直处于领先地位，其成就超过了西方各国。[①]

造纸术、印刷术、指南针和火药被称为中国古代四大发明，这是古代中国在世界科技领域处于领先地位的突出体现。以四大发明为代表的科学技术传到世界各地，为人类历史发展提供了重要动力，特别是在欧洲现代化过程中发挥了重要作用。马克思认为：

① 陈凡:《全面发展的实用科技》，辽宁古籍出版社 1995 年版，第 2 页。

"火药、指南针、印刷术——这是预告资产阶级到来的三大发明。火药把骑士阶级炸得粉碎，指南针打开了世界市场并建立了殖民地，而印刷术则变成新教的工具，总的来说变成科学复兴的手段，变成对精神发展创造必要前提的强大杠杆。"[①] 纸张和印刷术大大促进了知识的传播和积累，有助于尽快摆脱宗教神权的约束。11 世纪中国发明的活字印刷术经过发展和改良，为欧洲文艺复兴和宗教改革提供了传播技术。1456 年，德国人古腾堡用活字印刷术印出第一部作品——《四十二行圣经》。指南针有助于刚刚兴起的海上探险和贸易，对地理大发现起到了重要的推动作用。火药发明是一种历史的进步，正如恩格斯所指出的那样："在 14 世纪初，火药从阿拉伯人那里传入西欧，像每一个小学生都知道的那样，它使整个作战方法发生了变革。但是火药和火器的采用决不是一种暴力行为，而是一种工业的，也就是经济的进步。"[②] 英国著名哲学家弗朗西斯·培根（Francis Bacon）认为，印刷术、火药、指南针"这三种发明已经在世界范围内把事物的全部面貌和情况都改变了。第一种是在学术方面，第二种是在战事方面，第三种是在航行方面。由此产生了无数的变化，这种变化是如此巨大，以至没有一个帝国，没有一个教派，没有一个赫赫有名的人物，能比得上这三种机械发明"[③]。

实际上，除了四大发明外，古代中国在很多领域都处于世界领先地位。"在宋代，中国华北地区已有规模很大的炼铁工业，年产量达到 12.5 万吨，能够满足一百多万军队的需要。这个产量远远超过 700 年后产业革命早期英国的铁产量。"[④] "甚至到 1800 年

①《马克思恩格斯全集》第三十七卷，人民出版社 2019 年版，第 50 页。
②《马克思恩格斯全集》第二十六卷，人民出版社 2014 年版，第 175 页。
③［英］培根著，许宝骙译：《新工具》，商务印书馆 2009 年版，第 114 页。
④［英］保罗·肯尼迪著，蒋葆英等译：《大国的兴衰》，中国经济出版社 1989 年版，第 7 页。

前后，中国在很多技术方面与西欧的差距也不是很大，而在灌溉、纺织制造、染色、医药和陶器制造等领域，中国远比欧洲先进。中国很久以前就有纺织机，它们与多轴纺织机和飞梭只存在细微差别，而后者曾是英国工业革命发明时的标志性代表，中国很早就对蒸汽机不陌生，而且还创造出类似的各种类型的机械。只是与后来的詹姆斯·瓦特的发明相比，这些蒸汽机使用了活塞驱动飞轮。"[1]

历史上，中国经济规模一直名列世界前茅。英国著名的经济历史学家麦迪森（Angus Madison）研究认为："中国在19世纪中叶之前的两千多年的时间里，一直是世界上最大的经济体。在1800年，中国在世界国内生产总值中所占比例要超过任何一个欧洲国家，直到1820年，中国在世界国内生产总值中的比例仍然超过30%，超过西欧、东欧和美国国内生产总值的总和。"[2]

中国悠久的思想文化也极大丰富了世界文明体系。春秋时期，中华文明进入了一个思想大爆发的时代，儒家、道家、法家、墨家等诸子百家学说开始粉墨登场，它们之间的论辩争鸣、交流激荡奠定了中华文化的精华和基础，并界定了"中国"一词的真正内涵。其后两千余年，中国既是一个地理概念，更是一个文明中心区的概念。诚如北宋石介所言："夫天处乎上，地处乎下。居天地之中者曰中国，居天地之偏者曰四夷。四夷外也，中国内也。天地为之平，内外所以限也。夫中国者，君臣所自立也，礼乐所自作也，衣冠所自出也，冠昏祭祀所自用也，缞麻丧泣所自制也，果廊菜茹所自植也，稻麻黍稷所自有也。"[3]公元前453年，韩、赵、魏"三家分晋"后，中国历史进入战国时代，开始了长达233年的统一

①［英］马丁·雅克著，张莉、刘曲译：《当中国统治世界：中国的崛起和西方世界的衰落》，中信出版社2010年版，第22页。

②［英］安格斯·麦迪森著，伍晓鹰等译：《世界经济千年史》，北京大学出版社2003年版，第225页。

③［宋］石介：《徂徕石先生文集》（陈植锷点校），中华书局1984年版，第116页。

进程。这是一个秦、齐、燕、赵、魏、楚、韩用武力争夺天下的时代，一方面是野战争雄、名将辈出，另一方面是纵横捭阖、策士横行。春秋战国时代复杂的国际关系背景催生了中国早期国际关系和外交思想的不同流派，形成了以儒、墨、道家为主体的理想主义和以法家、纵横家为主体的现实主义外交思想。前者主要坚持国际关系的和平主义价值取向，主张以“仁义”“兼爱”的人道主义或“无为而治”的自然主义精神解决国家间的争端；后者认为，在一个弱肉强食的环境里，国家只能靠提升自身实力、通过外交谋略或战争手段图存争霸，在这个过程中，任何其他国家的生存权均不被承认，在对道义原则弃之不顾的同时，产生了霸权战略、均势政策、军事威慑等相当成熟的现实主义国际关系理论。应当说，这两种思想流派在此后两千余年的中国对外关系中均发挥了重要影响。

在秦汉时期，原以华北地区为主体的文明中心区逐步向周边扩展，其东南部以海洋为界，西北部则至长城沿线，即所谓“夫生四夷，皆在先王封域之外，故东距沧海，西隔流沙，北横大漠，南阻五岭，此天所以限夷狄而隔中外也”[①]。这一地理界线虽在不同的朝代几经扩张和收缩，但文明中心区主体范围基本稳定。生发于这片土地上的华夏文明，以其先进的农业、手工业生产力发展水平，成熟的哲学思想、伦理观念和高度发达的艺术表现形式以及一套在当时较为完整并在后世不断完善的政治组织形式，于长达数千年的时间跨度内，在文明形态上遥遥领先于周边国家和地区。通过与外部世界的交往，位于文明中心区的人们早早便形成了浓厚的“夷夏之分”观念。这种观念认为，中国是世界的中心，在文化上居于绝对优势地位；而在他的周边未开化地区分别存在着蛮（南）、夷（东）、戎（西）、狄（北）“四夷（裔）”，这些文化落后地区与诸

①［宋］王溥撰:《唐会要》（十二），商务印书馆民国二十五年版，第 1326 页。

夏（中国）之间不仅存在着地域上的差别，更是在礼义与非礼义、道德与非道德、文化与野蛮之间泾渭分明。天朝上国心态、中国中心主义心理正是建立在客观的文明水平对比基础之上的。

在中国历史上的大部分时间里，安抚或控制周边地区，保护文明中心区不受袭扰成为王朝对外政策的核心内容。当时主要通过两类政策手段，即军事征伐、和亲及“羁縻”等达到上述目的。中国对周边地区如印度支那、朝鲜半岛及其他东南部地区则建立了相对稳定而更具礼仪性质的宗藩——朝贡体系，这一体系为周边国家加强与中国联系、向中国学习以及寻求帮助提供了渠道。发达的中国封建社会对周边邻国也产生了强有力的吸引力，“万国来朝”景象是中国与周边关系的一种独特体现，也反映了中国历史上在世界特别是周边地区显著的国际地位。

（二）洗刷百年屈辱，实现中华民族完全独立

1840 年，英国对华发起第一次鸦片战争，清政府长矛大刀类的落后武器难敌英国殖民者船坚炮利等新式武器的进攻，落败后被迫签订丧权辱国的不平等条约——《南京条约》。该条约强迫中国割让香港岛，赔款 2100 万银元，开上海等五口通商，并实行“协议关税”。随后，英国又在《虎门条约》中，获取派遣领事和领事裁判权、单方面最惠国待遇、租赁土地和房屋、建立租界、驻扎军队等特权。中华民族的命运由此发生逆转。中国社会性质发生了根本性的变化，开始由经济自主、领土完整、主权独立的封建社会逐步沦为半殖民地半封建社会。英国的炮舰政策打开中国的大门之后，美、法、俄、德、意、日、奥、比、荷等帝国主义和殖民主义国家接踵而来，相继侵入中国。西方列强凭借一次次侵略战争，强迫清政府签订一个又一个不平等条约。“据不完全统计，从 1840 年鸦片战争起到 1949 年中华人民共和国建立止，西方列强强迫中国签订的不平等条约共达 1175 件。”[①] 西方列强通过一个比一个苛刻的不平等条约，在中华大地上攫取了政治、经济、军事和文化等许多重要特权，如设立港口、租界，开矿设厂，修筑铁路，设立银行、商行，建造教堂，驻扎军队，划分势力范围，享有领事裁判权和片面最惠国待遇，等等。数以百计的不平等条约、章程、专条，像一张无所不至的巨网，从政治、经济、军事、文化等各个方面束缚着中国，使中国在西方列强无尽的索取面前寸步难行，中国的领土、领海、司法、关税等主权遭到严重侵犯，中国独立自主的地位遭受严重侵害。

面对这些接踵而至的打击，为了改变祖国的境遇和命运，中国的有识之士开始了反思和不懈探索。19 世纪 40 年代，林则徐、魏源等人认识到西方的“船坚炮利”绝非“奇技淫巧”，主张“师夷长技以制夷”。他们成为近代中国第一批睁开眼睛看世界的人。19 世纪 60 年代，洋务运动兴起，试图通过采取“中学为体、西学为用”方式实现中国的“自强”。在一些握有实权的清代大臣如奕䜣、曾国藩、李鸿章、左宗棠、张之洞等人的推动及主导下，中国开始引进西方现代生产技术、举办军事工业及其他企业、开办同文馆、派遣留学生、创办新式学堂，在对外关系方面则主张“和戎自强”。洋务运动是一次初步的民族觉醒运动。鸦片战争后，中国人开始慢慢意识到这次打进来的“蛮夷”与以前不同，他们并非像昔日的游牧部落那样只是能征善战，其余不足一提。这些“蛮夷”也有着悠久的文明，他们虽然尚未明显表现出彻底征服中国的意图，但其背后先进的科技、制度与文化带来的威胁更可怕，即出现了所谓“三千年未有之变局”的警示。但此时的人们依然相信“中华文化天下第一”，因此这种觉醒依然是不彻底的。1894 年，中日海

① 王泰平:《新中国外交 50 年》(上)，北京出版社 1999 年版，第 4 页。

军在黄海展开决战，北洋水师全军覆没，中国惨败。1895 年 4 月 17 日，清政府被迫签署《中日马关条约》。甲午战争对远东战略格局产生了深刻的影响。日本既侵占中国台湾，又获两亿三千万两白银的战争赔款，其经济以此为契机更加迅速发展起来。日本进一步扩军备战，开始成为远东的主要战争策源地。日本的崛起改变了远东地区英、俄对立和争霸的原有格局。日本开始成为国际体系中唯一的东方强国，并取代西方列强，在其后的半个多世纪内对中国构成了致命威胁。列强在远东的角逐日趋激烈，预示着一个更加动荡不安的时代的到来。

甲午中日战争的失败，中国半殖民地化程度进一步加深，民族危机愈益深重，同时也促使中华民族日益觉醒，维新运动和义和团反帝爱国运动迅速高涨。甲午中日战争的失败使清王朝上下大为震惊。这次失败，清王朝不是被完全异质的西方文明击败，而是败在了昔日只能仰视天朝的“蕞尔小邦”日本之手。战后人们开始逐步认识到，日本正是由于进行了制度上的彻底革新、改革，才拥有了今天的实力，才在这个“弱肉强食，物竞天择、适者生存”的世界里避免了近代以来东方各国相继沉沦的命运。中国的政治、社会体制是造成落后挨打的根本原因，“维新变法”的呼声得到越来越多的人支持。从某种意义上说，正是甲午战败震醒了中华民族，长期以来中国“文明第一”“世界中心”的思想被彻底动摇。但中国的“变法”遭到了清政府保守势力的严重阻挠，1898 年“百日维新”后，试图变法图强的戊戌变法以失败而告终。

晚清末期对外屡战屡败之际，中国民间以义和团运动为代表的反对西方宗教渗透、反侵略的斗争不断高涨。义和团运动首先在山东兴起，逐步发展到遍布全国多个省市，主要目标为袭击外国教会，反对外国势力。义和团运动的迅速发展，引起了帝国主义国家的恐慌。他们除不断地向清政府施加压力，威逼取缔义和团，处分镇压不力的官员外，开始准备武装干涉。1900 年 6 月，清政府内部以慈禧太后为代表的保守派势力趁机利用义和团抗击西方列强组成的八国联军对北京的进攻，但最终以失败告终。8 月，八国联军攻陷北京。1901 年 9 月，清政府被迫与西方列强签订《辛丑条约》，偿银四亿五千万两（按当时人口计算，为人均 1 两，以示羞辱）。此后清政府仅仅维持了十年，便在共和革命的枪炮声中倒台了。

自 1840 年以来，清政府与列强之间屡战屡败，主要原因是中国封建社会的生产、组织、创新能力在西方工业革命后新兴的资本主义体系面前落后了，昔日辉煌的中华文明在世界的发展潮流中落伍了。

1912 年，中华民国成立，延续了两千多年的封建帝制最终被推翻，但中国旋即陷入分裂。北洋政府时期，出现了得到国际承认的北京政府与以孙中山为首的广州政府的长期对峙。即便是在北京政府内部也是各派军阀轮流登场，其背后都有不同的列强在提供支持，中国外交没有独立性可言。其突出的表现是：民国伊始被迫继承了一系列不平等条约，“所有中国此前与各国缔结之条约，皆继续有效”。南京政府时期，尽管国民党政权获得了国际承认，但国内的经济发展一再为战乱所破坏，综合国力与列强相比并没有获得较大改善。与此同时，民国政府走上了艰难的修约、废约之路，其间以巴黎和会为代表，饱尝“弱国外交”的艰难与耻辱，直到 1943 年不平等条约才被基本废除。从 1931 年九一八事变开始到 1937 年卢沟桥事变，日本帝国主义逐步扩大对中国的侵略，使中华民族到了亡国灭种的最危险时刻。日本军国主义者发动的对华战争，不仅给中国造成了巨大的财产损失，还导致了 3500 万的军民伤亡。抗日战争是自鸦片战争以来中国取得的第一场反帝斗争的胜利，但抗日战争的胜利并没有实现中华民族的完全解放。这一历史任务的最终完成是由中国共产党人实现的。

中国在近代史上长期以来遭受的苦难和屈辱，使中国人在内心深处形成了一种如美国前总统国家安全事务助理布热津斯基所称的“受害者”心态和“防御性”心理。这种心态和心理使得人们在面对西方对中国内部事务的干涉或指责时，习惯于联想到西方国家过去在中国留下的斑斑劣迹，从而产生一种本能的抵制心理并获得某种道义上的优势。近代的屈辱使中国对涉及国家主权、尊严的外交问题相当敏感，非常重视自身独立自主的地位。

二、独立自主国际战略思想产生的现实背景

第二次世界大战导致各大国在军事、经济和政治实力方面产生巨大差距，进而使战后国际力量对比和世界格局出现了历史性的重大变化。在第一次世界大战中，虽然欧洲各大国的实力也曾遭受严重打击，以至削弱了欧洲对整个世界的控制，然而国际关系史上以欧洲均势为中心的传统格局并未彻底改变，第一次世界大战以后的欧洲仍然对整个世界有着决定性影响。第二次世界大战极大地改变了国际战略格局，改变了国际关系，欧洲中心时代结束，全球两极格局出现。

（一）国际权力中心发生重大变化

第二次世界大战期间，英、法与德、意欧洲四强分别作为交战双方，各国经济、社会都受到极大的创伤。法西斯德国和意大利发动第二次世界大战，以彻底失败告终，其军事力量被摧毁，经济实力被极大削弱，在一个时期内处于盟国的管制之下。德国还因此被“肢解”。第二次世界大战结束时，四国均呈现衰落迹象。意大利的境遇虽比德国好些，但也因饱尝战祸，整个半岛一片混乱，陷入严重危机。曾是欧洲雄主的法国，此时也仅仅是名义上的战胜国。战时，维希政权与法西斯国家的合作，使法国的国际声望一落千丈。虽然在戴高乐将军的有力领导下，战争结束时，法国维持

了国内的相对稳定，然而由于国力衰弱以及在殖民地遇到的重重困难，法国短期内很难在国际事务中发挥大国作用。英国在二战中曾以顽强的精神，在一段时间内单独与法西斯德国殊死战斗，博得了全世界的赞誉，但为赢得战争所付出的惨重代价从根本上动摇了英国的国力根基。战争结束时，英国的经济已疲惫不堪，其财力在战争中消耗殆尽，从债权国沦为债务国，根本无法应付战后重建。经济实力的衰弱使英国很难维持它原来赖以生存和发展的英联邦的内部稳定，更难以像原来那样在欧洲国家中纵横捭阖起到欧洲均势“平衡者”的作用。

与此同时，横跨欧亚两洲的苏联却在战争中上升为一流大国。虽然苏联在战争中也遭受严重损失，战后重建所面临的困难也极其严峻，但苏联是战胜法西斯的主力军，赢得了与美、英平起平坐的大国地位。苏联红军已跨出国界深入欧洲腹地，成为任何西欧国家都无法与之较量的军事巨人。汲取历史教训，战后苏联视保障国家安全为首要任务。

与欧洲各大国衰落形成强烈对比的是美国实力的急剧膨胀。第二次世界大战期间，美国各经济部门，尤其是军事工业迅速扩张。到 1945 年，其国民收入比 1939 年增加了 1 倍多；商船总吨位达到 5700 万吨，占世界商船总吨位的 2/3；黄金与其他贵金属的拥有量占全世界的 59%。[①] 美元成了当时世界上唯一真正的硬通货。在世界贸易中，美国也处于垄断地位。美国的军事实力在战争中大大增强，美军不仅深入欧洲大陆，还在世界其他地区占据着许多战略要地。对核武器的垄断更使美国成为最具威慑力的军事强国。

---

① 王绳祖：《国际关系史（1945—1949）》第七卷，世界知识出版社 1995 年版，第 4 页。

（二）国际格局呈现两极对峙的特点

经济、军事实力的膨胀赋予美国巨大的政治实力。为了避免第一次世界大战后失败的威尔逊“国际主义”重演，罗斯福政府在战时便着手为建立战后世界秩序进行制度安排，力图将战时反法西斯同盟变为战后美国主导的大国合作体制。到战争结束时，虽然美国国内仍有人主张不干预欧洲事务，美国政府也一度打算从欧洲收缩力量，但西欧国家的衰弱却使美国决策者认定：要么任凭其发生严重政治经济动乱从而威胁世界资本主义体系，要么出面进行大规模干预。前一种局面是美国政府肯定不能接受的，当时的美国也确有能力进行大规模干预并且这符合美国的全球战略利益，因此便有了1945年底的《英美财政协定》及其他援欧措施。到冷战爆发时，美国更是竭尽全力在全世界范围内与“共产主义势力”进行对抗。

美国对战后世界秩序重建安排的核心是建立以大国为主导的联合国组织以及多边自由的国际贸易与金融体制。欧洲大国的衰落在战时已可预见，战后他们不可能在政治上成为美国重组世界的严重阻碍。唯独苏联，国家的军事力量和政治地位迅速提高，并使社会主义越出一国范围，在东欧连成一片，这一前景在雅尔塔会议时已成定局。美国试图在中国、东欧问题上对苏联做出让步，以换取苏联在出兵对日作战和战后秩序重建中的合作。苏联也亟须在战后创造一个有利的国际环境，以保障其国家安全，恢复国民经济发展，巩固和扩大在战争中取得的成果，这与罗斯福在与苏联合作的基础上重建世界秩序的计划并不直接抵触。因此，战争临近结束时，美苏这两个意识形态相互对立并时而发生矛盾的强国，有可能在战后世界秩序安排的多数问题上达成协议。

日本战败投降以后，战时同盟赖以存在的基础随即消失，美英与苏联之间的矛盾日趋表面化。先是在对德问题的处理上，而后在中欧、东欧战后重建问题上的矛盾加剧，双方互不相让，之后在中东北部苏美两方竞相扩张、扩大各自的影响力。1946 年 1 月，美国趁联合国首届大会开会之机，公开推翻莫斯科外长会议上所达成的关于国际控制原子能的协议，又利用苏伊争端，支持伊朗控告苏联干涉伊朗内政。2 月 9 日，斯大林在莫斯科选区选民大会上发表演说，提出两次世界大战均起源于资本主义世界经济危机。1947 年 3 月，美国总统杜鲁门在致国会关于援助希腊和土耳其的咨文中，针对苏联在土耳其、希腊影响的扩大，指出："如果这些长期在极其艰难的条件下坚持斗争的国家，失去他们已经为之做出巨大牺牲的胜利，那将是一场难以言喻的悲剧。自由制度的崩溃和独立的丧失，不仅对他们，而且对整个世界都将是灾难性的，挫折感和可能的失败很快将对致力于维护自身自由和独立的他们的邻国人民产生重要影响。在这一关键时刻，假如我们未能给予希腊和土耳其两国以援助，那么，不仅对西方产生深远的影响，也将对东方产生深远的影响。"杜鲁门请求国会于 1948 年 6 月 30 日以前授权向希腊、土耳其提供 4 亿美元的援助，请求国会应希腊和土耳其的请求，授权其派遣美国文职和军事人员前往希腊和土耳其，协助执行重建任务，并监督可能提供的财政和物质援助的使用。指导和训练希腊、土耳其两国的有关人员。[①] 由此拉开了美苏冷战的序幕。

新中国成立时，美苏冷战正从欧洲向全球扩展。美国凭借其强大的军事与经济实力，操纵联合国的政治组织和经济组织，竭力推行向外扩张的侵略政策，在国外建立了 480 多个军事基地，企图谋求独占世界霸权。欧洲是美国战后初期全球战略的重点。由于英法实力的削弱，美国通过军事援助、经济援助和各种条约，使资本主义国家都依赖美国，组成以美国为首的资本主义阵营。1949 年 4 月，美国与西欧布鲁塞尔条约国及加拿大在华盛顿建立北大

① Harry S. Truman, *Special Message to the Congress on Greece and Turkey: The Truman Doctrine*, March 12, 1947, American Presidency Project.

西洋公约组织（简称“北约”）。它名为集体自卫组织，实质是美国推行与苏联对抗的侵略扩张政策的重要工具。美国的冷战政策与北约组织的建立加剧了欧洲的分裂与对抗。

面对以美国为首的西方阵营的冷战与遏制政策，苏联与东欧国家采取了相应的措施加强政治与经济的合作。1947 年 9 月，苏联与东欧国家在波兰成立了欧洲九国共产党和工人党情报局。1949 年，苏联与保、罗、匈、捷、波等国成立经济互助委员会（简称“经互会”）。1955 年 5 月，针对西方国家吸收联邦德国为北约正式成员，苏联与东欧国家在华沙缔结友好互助条约（简称“华约”），设立统一的武装部队司令部和政治协商委员会。这样，在欧洲便形成了两个对立的军事集团，从而使冷战气氛上升到具有明显军事对抗的层面。

（三）民族解放运动风起云涌

第二次世界大战为民族解放运动的发展创造了空前有利的条件。经过第二次世界大战，亚、非、拉殖民地半殖民地人民的力量得到了迅速的发展。一方面，民族资产阶级和无产阶级的队伍迅速壮大；另一方面，这些国家广大人民的思想觉悟和组织程度空前提高。东南亚、南亚和西亚地区人民的斗争在当时为世人瞩目。

在东南亚，日本帝国主义的入侵导致该地区固有经济结构的崩溃和当地居民生活的恶化，人民满腔愤懑，反抗运动风起云涌。在反对日本侵略的斗争中，共产党发挥了重要的组织和推动作用。在印度尼西亚，出现了由共产党人领导的反法西斯地下组织；在菲律宾，抗日人民军的主要骨干大多是共产党人或社会主义者；在缅甸，共产党人发起了抗日统一阵线——反法西斯人民自由联盟；在泰国，共产党人和其他爱国力量组成了“自由泰国”运动；在印度支那，以胡志明为首的共产党人建立了“越南独立同盟”；在马来西亚，共产党领导下的人民武装构成了抗日游击队的核心。在反对日本法西斯的过程中，共产党的组织及其影响空前扩大，它所领导的人民武装茁壮成长。当日本侵略者节节败退之际，这些地区的人民或不失时机地发动起义，夺取了政权，或利用自己的力量解放了大片国土，建立了反殖民统治的根据地。这样，当那些殖民主义国家试图卷土重来时，必然遭到猛烈而有效的反抗。

南亚次大陆、中东和北非这样一些地区，因所处的战略地位或拥有的人力物力资源，在二战后世界格局形成中的重要性不言而喻。在为反法西斯事业作出巨大牺牲和贡献的同时，这些地方的民族资本主义得到了较快的发展，民族资产阶级的力量得到加强，民族解放运动风起云涌。印度国大党领导人的策略是，吸取第一次世界大战的教训，趁英国政府急于取得印度合作之机，迫使其在有关印度民族解放的问题上作出让步，这一做法产生了一定的效果。叙利亚和黎巴嫩民族主义分子迫使法国在1943年宣布取消委任统治。阿尔及利亚的民族资产阶级领袖提出了《阿尔及利亚人民宣言》，迫使法国实行了一些改革，增加穆斯林居民的参政机会。日益高涨的民族解放运动与革命浪潮不断冲击着帝国主义的殖民体系与霸权政策。特别是中国革命的胜利，极大地鼓舞了亚非人民反帝反殖的决心和信心。

（四）中国革命的经验总结

独立自主的国际战略思想是中国共产党领导中国人民28年开展新民主主义革命的实践经验的总结。在处理对外关系方面能不能提出和坚持独立自主的原则，是关系到中国革命运动成败的至关重要的问题，也是衡量当时中国政治舞台上任何一个政党的政治水平和能力的最本质的特征之一。中国共产党成立后，中共领导人当时面对的历史与现实是：一方面中国已经沦为西方列强共同侵略的半殖民地；另一方面中国在政治上四分五裂，不仅国家没有实现统一，而且国内各种政治力量内部也不统一。这种状况使列强不仅可以用武力镇压中国的民族解放运动，而且可以利用中国内部的分裂状况，瓦解中国的民族解放运动，或者改变其发展方向。中国近代民族革命运动先后失败的历史，为中国共产党提供了足够的经验和教训。

中国共产党在领导中国革命运动时期，在与共产国际、美、苏等国际组织和政府的交往合作中，积累了丰富的经验和深刻的教训。中国共产党同共产国际的关系非常密切，因为，中国共产党是在共产国际帮助下成立的。中国共产党成立后的第二年就加入了共产国际（即第三国际），直至 1943 年共产国际解散。在组织上，共产国际与中国共产党一直是领导与被领导、上级和下级的关系。在长达 20 多年的时间，共产国际对中国革命做了许多有益的工作，也做过不少误判、错误的决定。作为共产国际的一个支部，中国共产党在处理各种政治上以及组织上的重大问题时，常常不能不考虑共产国际的态度。就积极作用而言，最为重要的是，共产国际积极帮助中国共产党提高马克思主义的理论水平，指导中国共产党人制定中国革命的战略决策方针，对于尚在年幼时期的中国共产党起到了积极引领作用。1923 年 1 月 12 日，共产国际作出《关于中国共产党与国民党的关系问题的决议》（简称“一月决议”）[①]，强调国民党在中国民主革命中的作用，要求中国共产党留在国民党内开展工作，并在民族革命战线的一切运动中支持国民党在客观上实行的正确政策。“一月决议”指出，共产党在这场民族革命中要保持自己独立的组织和独特的政治面貌。在整个大革命时期，共产国际和斯大林非常关注中国革命的发展。共产国际多次召开会议，专门研究中国问题，并形成决议用以指导中国的革命行动。斯大林等共产国际的领导人也多次就中国革命问题发表讲话，提出了一些对中

① 李忠杰、段东升:《中国共产党第三次全国代表大会档案文献选编》，中共党史出版社 2014 年版，第 27 页。

国革命有指导意义的思想和观点。比如，斯大林和共产国际曾经指出，“中国革命是世界无产阶级革命的一部分”[①]；“中国民族解放运动的基本问题是农民问题。中国民族解放运动的民主革命趋向能否胜利，取决于四亿中国农民群众能够在多大程度上同中国工人一道并在他们的领导下参加决定性的革命斗争”[②]。在中国，必须“进行反对封建主义残余的农民的土地革命”[③]。在土地革命战争时期，共产国际支持中国共产党开展土地革命，并对中国开展土地革命提出了一些具体的指导意见：“土地革命正是资产阶级民主革命的基础和内容，强调满足农民的土地要求是夺取中国革命胜利最必要的条件。在抗日战争时期，共产国际提出建立反法西斯统一战线，支持毛泽东的领导和党的政治路线。”[④]共产国际的这些关于中国革命的指导意见，对于中国革命起到了积极的促进作用。对此，毛泽东给予了肯定，他指出：“没有共产国际的帮助，中国无产阶级政党是不能有今天。”[⑤]

就消极作用而言，在“一月决议”中，共产国际认为：“中国唯一重大的民族集团是国民党，它既依靠自有资产阶级民主派和小资产阶级，又依靠知识分子和工人。”[⑥]可见，共产国际和斯大林过高估计了国民党的进步作用，对国民党的阶级属性把握不准，过分强调国民党革命性的一面。相反，共产国际也低估甚至轻视中国共

① 中共中央党史研究室第一研究部译：《联共（布）、共产国际与中国苏维埃运动（1931—1937）》第十三卷，中共党史出版社 2020 年版，第 98 页。

② [美] 赫尔穆特 · 格鲁伯著，达洋译：《斯大林时代共产国际内幕》，中国展望出版社 1989 年版，第 260 页。

③ 中共中央党史研究室第一研究部：《共产国际、联共（布）与中国革命文献资料选辑（1917—1925）》，北京图书馆出版社 1997 年版，第 465 页。

④ 马春玲：《中国共产党独立自主思想研究》，中央编译出版社 2019 年版，第 68 页。

⑤ 胡乔木：《胡乔木回忆毛泽东》，人民出版社 2014 年版，第 320 页。

⑥ 中共中央党史研究室第一研究部：《共产国际、联共（布）与中国革命文献资料选辑（1917—1925）》，北京图书馆出版社 1997 年版，第 436 页。

产党和工人阶级的力量和作用，只看到它暂时弱小的一面，没有看到它有发展壮大的必然性。共产国际派来担任国民党中央党部特别顾问的鲍罗廷曾说："中国国民革命必须为工农群众，加以小资产阶级、革命的知识分子及革命军之协力合作，在革命的国民党领导之下，并与世界革命运动密切联系之革命，方能成功。"[①] 在实际革命中，共产国际寄希望于国民党，把国民党置于中国民主革命的中心领导地位，这就定下了共产国际、斯大林及其驻华代表"在国共合作的统一战线中支持国民党为国民革命主体而以共产党为辅助者"的基本政策的格调。这份决议对陈独秀等共产党人态度的转变产生了深刻影响，为大革命失败留下了阴霾。可以说，在土地革命战争时期，中国共产党对革命形势的错误估计及其在这个时段的三次"左"的错误都与共产国际密切相关。大革命失败后，党内"左"倾盲动主义一度占上风，给革命事业带来严重损失，中国共产党在第六次全国代表大会上，严肃地批评了党的工作中的盲动主义和命令主义错误，指出盲动主义和命令主义是最主要的危险倾向。共产国际执行委员会于 1929 年 2 月 8 日致中共中央的信中指出：目前党内"盲动主义的实际和军事冒险主义，已经丧失了自己的基础"，在中国，右倾"是现时情况下特别危险的倾向"，从而把中国共产党纳入了共产国际反右倾的轨道。[②] 毛泽东指出："斯大林对中国作了一些错事。第二次国内革命战争后期的王明'左'倾冒险主义，抗日战争初期的王明右倾机会主义，都是从斯大林那里来的。"[③] 周恩来也有同样的认识。抗日战争时期，王明路线与共产国际不无关系。"斯大林信任王明，季米特洛夫和王明的关系也

---

① 张柱洪、杨云若等：《鲍罗廷在中国的有关资料》，中国社会科学出版社 1983 年版，第 90 页。

② 刘吉：《中国共产党七十年 1921—1991》，上海人民出版社 1991 年版，第 184 页。

③《毛泽东文集》第七卷，人民出版社 1999 年版，第 42 页。

好。后来我去莫斯科对季米特洛夫谈王明的错误，季米特洛夫听了还表示惊讶。”[①] 出现这一问题的主要原因，是共产国际远离中国革命的中心，对于中国革命中遇到的问题及复杂多变的革命形势，即使有一些了解，但由于相隔太远，也不可能及时很好地给予指导和解决。如在大革命时期，1926 年 12 月共产国际执委第七次扩大全会关于中国问题的决议，直到 1927 年 4、5 月间才在中央五大上加以讨论和贯彻，但“四一二”前后的形势已发生巨变。最为重要的原因是，共产国际由于实行高度集中的领导体制和严格纪律，强调统一行动，忽视了各国共产党的独立自主和内部情况的千差万别。对此，周恩来曾指出：共产国际“一般号召不与各国实践相结合，具体布置代替了原则的指导，变成了干涉各国党的内部事务，使各国党不能独立自主，发挥自己的积极性、创造性”[②]。

中国共产党从诞生起就具有强烈的独立自主意识。1922 年 1 月，党的刊物《先驱》在发刊词中就指出，必须努力把研究中国客观的实际情况，而求得一最合宜的、实际的解决中国问题的方案作为第一位任务。在一次决策时，陈独秀曾与共产国际代表马林发生严重分歧，他强调：“各国革命有各国国情……我们要保留独立自主的权利，要有独立自主的作法……绝不能让任何人牵着鼻子走。”[③] 正是这种强烈的独立自主意识，才使中国共产党人逐渐探索出一条符合中国国情的革命道路，最终领导中国人民取得了新民主主义革命的胜利。

中国共产党同美国的交往起于抗日战争后期。1943 年中途岛战役后，反法西斯联盟在太平洋战场逐步进入反攻阶段。1944 年，中、美、英三国军队在缅甸战场都取得了重大胜利。但中国正面战

①《周恩来选集》下卷，人民出版社 1984 年版，第 311 页。
② 同上书，第 301 页。
③《包惠僧回忆录》，人民出版社 1983 年版，第 430—431 页。

场的形势，却与此形成强烈对比。1944 年，在日本“一号作战”进攻下，国民党军队一溃千里。日军在半年多时间里，夺取了平汉（南段）、粤汉、湘桂三条铁路干线，占领了 146 个城市，夺取了 7 个空军基地和 36 个机场，打通了中国大陆交通线。正面战场的国民党军队节节溃败，而中共领导的敌后根据地成为中国抗战不容忽视的力量。“中国解放区渡过了 1941 年至 1942 年最困难时期后，1943 年开始恢复和发展，1944 年开始了局部反攻，在华北、华中、华南等地区都取得了进展。1944 年内，中共领导的抗日武装对日作战 2 万余次，歼灭日伪军近 20 万人，解放人口 1700 万，人民武装发展到 90 多万人，民兵 200 多万人，抗击了 5/6 的侵华日军和几乎全部伪军。”[①] 国民党政府贪污腐败，派系林立，特别是推行消极抗日、积极反共的政策，是导致国民党军队正面战场失败的根本原因。美国驻华使馆几名被称为“中国通”的年轻外交官，如约翰 · 戴维斯、约翰 · 谢伟思等，比较客观地了解上述情况，他们不断向美国国务院报告，建议美国政府派遣观察团去根据地地区，搜集情报，防止中国发生内战。

为敦促蒋介石联共抗日，美国政府决定派军事观察团到延安。1944 年七八月间，美国政府分两批向延安派遣了一个由 18 人组成的“迪克西使团”军事观察组。7 月 22 日，“迪克西使团”首批人员飞抵延安。8 月 7 日，第二批人员也到达延安。为迎接美军观察组的到来并开展相应的外交工作，中共中央专门设立了军委外事组，由十八集团军参谋长叶剑英领导，八路军总部秘书长杨尚昆任主任。外事组下设联络、翻译、研究和行政 4 个科，抽调陈家康、柯柏年、黄华、凌青等人参加外事工作。这是中共最早设立的外事机构。美军观察组到达延安时，中共中央副主席周恩来、十八集团

① 王绳祖：《国际关系史（1939—1945）》第六卷，世界知识出版社 1995 年，第 547 页。

军参谋长叶剑英等前往机场迎接。7 月 26 日，毛泽东举行欢迎宴会，并亲自为《解放日报》撰写题为《欢迎美军观察组的战友们》的社论。社论指出，“这是中国抗战以来最令人兴奋的一件大事”①，“会增进中美两大盟邦的团结，并加速最后战胜日寇的过程”②，“美军观察组战友们来到延安，对于争取抗日战争的胜利，实有重大的意义。”③ 这是中共中央除与苏共交往外，同西方国家首次开展的外交活动，具有十分重要的意义。首先，它打破了国民党对延安的封锁，对于沟通中共与外部世界的联系，更广泛地宣传中共的主张，起了非常积极的作用。其次，中共在与观察组合作中，共享了日军在南洋、印度支那、马来半岛、日本本土以及中国东北地区动态的重要情报，还学到了一些新的军事技术。再次，与美军观察组的交往，也是一种特殊的外事工作，为新中国培养了一批外交人才。当年参加外事组工作的人员，此后大部分成了新中国外交骨干和领导。

1944 年秋，蒋介石与史迪威就在华盟军指挥权问题上发生矛盾。罗斯福总统派赫尔利来华协调史迪威与蒋介石的关系并调解国共两党关系。11 月 7 日，赫尔利应中共之邀飞抵延安。赫尔利与中共领导人达成了以成立联合政府为中心内容的五条协议，以调处国共两党的关系。协议内容是:“一是中国政府、中国国民党与中国共产党应共同工作，统一中国一切军事力量，以便迅速击败日本与重建中国。二是现在的国民政府应改组为包含所有抗日党派和无党无派政治人物的代表的联合国民政府，并颁布及实行用以改革军事政治经济文化的新民主政策。同时，军事委员会应改组为由所有

① 中共中央文献研究室、新华通讯社:《毛泽东新闻工作文选》，新华出版社 1983 年版，第 317 页。

② 同上书，第 318 页。

③ 同上书，第 321 页。

抗日军队代表所组成的联合军事委员会。三是联合国民政府应拥护孙中山先生在中国建立民有民享民治之政府的原则。联合国民政府应实行用以促进进步与民主的政策，并确立正义、思想自由、出版自由、言论自由、集会结社自由、向政府请求平反冤抑的权利、人身自由与居住自由。联合国民政府亦应实行用以有效实现下列两项权利即免除威胁的自由和免除贫困的自由之各项政策。四是所有抗日军队应遵守与执行联合国民政府及其联合军事委员会的命令，并应为这个政府及其军事委员会所承认。由联合国得来的物资应被公平分配。五是中国联合国民政府承认中国国民党、中国共产党及所有抗日党派的合法地位。”① 赫尔利对这五条协议显然十分满意。他对戴维斯说：“要是统一谈判破裂，过错不在共产党，而在蒋介石。”② 与此同时，毛泽东还委托赫尔利带给罗斯福总统一封信，信中说：“这一协定的精神和方向，是我们中国共产党和中国人民八年来在抗日统一战线中所追求的目的之所在。”③ 赫尔利也对中共方面的合作表示感谢。赫尔利回到重庆后，蒋介石发现他与共产党达成的五点协议不利于维护其一党专制，拒绝在协议上签字，并提出了三点“反建议”，即：“一是国民政府允将中共军队加以改编，承认中共为合法政党；二是中共应将其一切军队移交国民政府军委会统辖，国民政府指派中共将领以委员资格参加军委会；三是国民政府之目标为实现三民主义之国家。”④ 其核心是让共产党交出军队作为组成联合政府的先决条件，坚持国民党的一党专政，这当然不为

---

① 中央档案馆：《中共中央文件选集》（第 14 册），中共中央党校出版社 1992 年版，第 393—394 页。

② ［美］伊·卡恩著，陈亮等译：《中国通：美国一代外交官的悲剧》，新华出版社 1980 年版，第 176—177 页。

③ 中央档案馆：《中共中央文件选集》（第 14 册），中共中央党校出版社 1992 年版，第 397 页。

④ 中共中央党史和文献研究院：《毛泽东年谱（1893—1949）》（二），中央文献出版社 2023 年版，第 565 页。

中共所接受。而此时，赫尔利虽然口头上继续表示原来的“协定”草案的内容是公平合理的，实际上却完全转向蒋介石一边。11月17日，赫尔利被美国政府任命为驻华大使。时任美国驻华使馆武官、美军观察组组长包瑞德回忆说：“在我看来，从这天以后，他同共产党人谈判时就日益倾向于袒护国民政府了。”[①]赫尔利要求中共接受蒋介石的所谓三点“反建议”。对此，毛泽东在延安向包瑞德明确表示，中国决不接受这些建议，并严肃批评了赫尔利背信弃义的行为。毛泽东指出：蒋介石提出的三点建议等于要我们完全投降，交换的条件是他给我们一个全国军事委员会的席位，而这个席位是没有任何实际作用的。赫尔利说我们接受这个席位，就是“一只脚跨进大门”，我们说如果双手被反绑着，即使一只脚跨进了大门也是没有任何意义的。毛泽东还说：我们欢迎美国的军事援助，但不能指望我们付出接受这种援助要由蒋介石批准这样的代价。在五点建议中，我们已经作了我们将要作的全部让步，我们不再作任何进一步的让步。[②]尽管中共领导人对赫尔利的出尔反尔非常愤慨，但仍然保持着克制态度，希望能够继续维护同美方的合作关系。

为了迫使共产党屈从，赫尔利以新任大使的身份，采取了一系列极不友好的以至于敌视共产党的举动。第一，在他的推动下，美国军方终止了拟议中的若干军事合作计划，如通过空投援助中共在山东部队的“连云港计划”，为2.5万名中共游击队员提供各种装备的“伯尔德计划”，以及在中共控制的沿海地区建立登陆场的“麦克卢尔计划”，等等。第二，打击那些主张与中共合作的美国军官、外交官，将他们从原岗位调离、撤职，甚至加以迫害。1944年12月，包瑞德被免去“迪克西使团”指挥职务，由莫里

① [美] 戴维·包瑞德著，万高潮、卫大匡等译：《美军观察组在延安》，解放军出版社1984年版，第88页。

② 同上书，第96页。

斯·迪巴斯上校接任，不久又由以反共闻名的伊文·叶顿上校取而代之。第三，明确表示美国采取“扶蒋反共”政策。1945 年 4 月 2 日，赫尔利在华盛顿举行记者招待会，公开声称美国只承认国民政府，并在经济上、军事上、政治上支持它而不支持“任何军阀或武装的政党”。他毫不讳言地承认，他所指的与军阀并列的“武装的政党”就是中国共产党。这些做法清楚地表明美国正在以扶蒋反共政策代替前一阶段实行的联共抗日政策。在解放战争初期，中共也采取了合作政策来接受美国特使马歇尔的调停。然而，出于反共和冷战需要的考虑，美国政府最终还是作出了扶蒋反共的选择。

解放战争后期，苏联曾经试图干预中国革命的进程；美国则在新中国诞生前夕，企图通过与中共中央建立某种形式的接触来影响新中国的内外政策。当然，美国和苏联与中共的关系在本质上是不一样的，它们介入中国政治的方式也不尽相同。但有一点是肯定的，它们之所以要干预中国革命运动，都是为了追求各自的国家利益。如果中共领导人不能提出和坚持独立自主的原则，在外来势力的影响下放弃中国革命运动的奋斗目标，中国革命的胜利是不可想象的。

中国共产党人之所以能够始终坚持独立自主，同他们能深刻理解在中国这样的大国坚持自力更生的重要性有直接的关系，也同他们能理性地处理自力更生与争取外援的关系紧密联系在一起。在半殖民地的中国，任何依靠外来援助才能生存的政治力量，是不可能做到独立自主的，当然也不可能自始至终地完全代表中华民族的利益，在中国政治中实际上失去了合法性。战后的国民政府是非常典型的一例。它在战后获得了空前广泛的国际承认，但最终因为未能得到中国民众的支持，从而在内战中成为失败者。蒋介石和国民政府失败的根源之一，就是因为他们沉溺于国际支持而忽视了中国民众的基本诉求，从而失去了执政合法性的主要基础。反观，中国共产党人在整个革命时期，并没有得到持续和大量的外部援助。他们主要依靠的是动员和组织民众的工作。中共领导人相信，中华民族争取独立和解放的主要力量，存在于中国民众之中。中国共产党人正是由于深深地植根于中国民众之中，坚韧不拔地从事组织和动员人民大众的工作，才获得了民众的广泛支持。因为有了这样坚固的基础，在中国历史转折的时刻，中共才有勇气有力量抵制住来自任何国家和国际组织的巨大压力。

在中国当时的条件下，认识处理自力更生与争取外援的关系涉及一个更为深刻、复杂和长久的问题，关系到中国与世界的关系、中国与中国的民族解放运动在世界政治中的地位问题。抗战初期，中国有一部分人过多地强调外援的重要性，并不是因为他们与外国势力有某种联系，他们在认识上的真正失误在于过高地估计了中国民族解放运动在国际政治中的地位与作用。中国共产党在一定程度上认识到，“世界的主要重心在欧洲，东方是环绕着它的重要部分。世界的主要和平阵线国家与主要法西斯国家，正在为着欧洲战争危机问题，在西方纠缠不清，无论是各大国间的战争前夜或战争爆发，西方的各大小国家都将以解决欧洲问题放在议程的第一位，东方问题则不得不暂时放在第二位。”[①] 中国抗战在世界政治中的地位决定了中国一方面会得到越来越多的外援，但无论是何外援都是相当有限的，中国必须坚持自力更生才有出路。20 世纪 40 年代中期，毛泽东提出“中间地带”的思想。他深入分析中国革命运动在以美苏矛盾为中心的世界政治格局中的地位，并在此基础上指出了美国干预中国内部事务的能力是有限的，苏联对中国革命的援助也是有限的，中国革命运动必须也只能走独立发展的道路，中国共产党必须依靠组织和动员民众的力量，夺取中国革命的胜利。对中国国情的这种认识，是中国共产党始终强调并坚持自力更生原则

①《毛泽东军事文集》第二卷，军事科学出版社、中央文献出版社 1993 年版，第 387 页。

的重要思想根源。

近代以来，中国是一个同时受到几个大国侵略或干预的半封建半殖民地国家。列强之间不断因利益冲突而发生这样或那样的矛盾，这在客观上为中国各个政治力量提供了纵横捭阖的广阔空间。在这种背景下，中共在对外关系方面面临的突出问题之一，就是如何认识和把握列强在中国的关系变化，利用列强之间的矛盾与分歧，为中国革命运动创造尽可能有利的外部环境，或尽可能地减少中国共产党在国内斗争中的困难。从某种意义上说，中国共产党能否摆脱教条主义的束缚，善于利用列强在华利益纷争的局面，是党在处理对外关系方面是否成熟的重要标志之一。1940 年末，毛泽东将“利用矛盾，各个击破”作为中共中央处理对外关系的策略原则。在这项原则的提出和逐步贯彻到中共中央处理对外关系的过程中，一再显示出它在处理对外关系方面具有普遍的适用性和指导意义。这一原则成为中共在革命时期处理对外关系的原则，而独立自主原则则成为新中国制定对外政策和开展对外关系的基本原则。

（五）社会主义革命和建设的需要

20 世纪上半叶的中国连年战争，再加上帝国主义、封建主义和官僚资本主义的层层盘剥，新生人民政权面临着旧时期留下的千疮百孔、破烂不堪的烂摊子。

工业受到严重破坏。1946 年 6 月，国民党发动全面内战。随着国民党军队的迅速溃败，工商业纷纷破产，工厂、商店大量倒闭。据不完全统计，1946 年下半年到 1947 年，仅上海、天津、重庆、汉口、广州等 20 多个城市，倒闭的工厂和商业企业即达 2.7 万多家。上海市原有工厂 4050 家，到 1946 年底已倒闭 1500 多家，1947 年又有 95％完全停工或半停工。[①] 青岛市 1400 多家工

① 王维礼:《中国现代史大事纪事本末》（下），黑龙江人民出版社 1987 年版，第 1235 页。

厂，1948 年除 1/4 尚为半开工状态外，其余均已停工。[①] 随着大批工厂的停工倒闭，工业总产量急剧下降。与历史上最高年产量相比，1949 年全国生铁降至 10.9％，钢锭降至 15.8％，钢材降至 17.8％，煤降至 44.5％，电力降至 72.3％。[②] 蒋介石国民党政府败逃时，还对重要经济设施如发电厂、钢铁厂、铁路、码头、船号、桥梁等进行大肆破坏。全国最大的钢铁基地鞍山钢铁厂一片荒败，没有一座完整的厂房，没有一部可以开动的机器。全国有 2 万公里铁路（占总里程的 80％）、3200 多座桥梁（总长 155 公里）、200 多座隧道（总长 40 多公里）遭到严重破坏而无法使用。津浦、京汉、鲁汉、陇海、浙赣等主要铁路干线没有一条可以全线通车，1/3 的机车因受到破坏无法正常行驶。全国公路、码头、机场也受到严重破坏。船只、飞机大部分被劫走或被炸沉炸毁。各种物资极度短缺匮乏。1949 年 5 月上海解放时，大米仅够用半个月，燃煤最多只够用 7 天，棉花仅能维持纱厂开工 1 个月，留下可使用的船舶只有 14.5 万吨，仅为原有吨位的 12.7％。[③]

农业衰落凋敝。全面内战爆发后，广大农民的田赋捐税等负担急剧增加。据国民政府官方公布的田赋征实数字，1945 年为 5900 多万担，1946 年即增至 1.18 亿担。广大农民连最低生活都难以维持，当然更无力发展生产。随着内战的扩大，国民政府的征兵数目也不断增加，数百万青壮农民被抓兵拉夫，造成农村劳动力大量减少，以至造成农村耕地的大量荒芜。据 1948 年 8 月报载，河南全省荒地占耕地总数的 30％，湖南、广东均占 40％，三省抛荒约 5800 万亩。连年的天灾更使农业雪上加霜。1946 年全

① 陈真、姚洛：《中国近代工业史资料》（第一辑），生活 · 读书 · 新知三联书店 1957 年版，第 192 页。

② 中国社会科学院、中央档案馆：《中华人民共和国经济档案资料选编（1949—1952）》（工业卷），中国物资出版社 1996 年版，第 3 页。

③ 范守信：《中华人民共和国国民经济恢复史》，求实出版社 1988 年版，第 5—6 页。

国19省受灾，水淹耕地达600万亩以上，受灾人口达3000多万。1947年全国15省受水旱虫雹灾害。1948年河南、福建、广东等省又发生大水灾。1949年全国受灾农田达810.4万公顷，灾民约4000万人。同年全国耕畜较抗战前减少16%，主要农具减少30%。1949年全国粮食总产量仅为1131.8万吨，棉花44.5万吨，花生127万吨，分别较历史最高年产量下降24.55%、76%、60%。[①]

财政金融濒临破产。为了应付内战军费的浩大支出，国民政府的财政赤字急剧增长。1946年军费支出约6万亿元，财政赤字约为4.8万亿元，1947年财政赤字上升为40万亿元。为了弥补巨大的财政亏空，国民政府不得不滥发纸币。1945年6月，法币发行量为3978亿元，至1948年8月21日已达近664万亿元。1948年8月19日，国民政府实行"币制改革"，发行金圆券。然而到1949年5月，金圆券的发行额又从最初的9亿元增加至67.9万亿元。通货膨胀造成币值下跌，物价暴涨。1949年5月与1937年6月相比，物价指数上涨了36807亿倍[②]，其贬值程度史无前例。以法币100元购买力为例，1937年可买两头牛，1945年可买两个鸡蛋，1946年可买1/6块肥皂，1947年可买1/3盒火柴，1948年可买1/500两大米，1949年仅可买1/50亿两大米。[③]上海市的大米价格，1947年1月每担为法币6万元，6月涨为50万元，12月又涨为110多万元，1948年8月更涨至6500万元。[④]金圆券发行后，国民政府曾强令限制物价，但仅3个多月就被迫宣布放弃限价，此后物价上涨更加猛烈，几乎天天上涨甚至一天数涨，上

① 中国人民大学政治经济学系《中国近代经济史》编写组:《中国近代经济史》(下册)，人民出版社1978年版，第193—195页。

② 同上书，第183页。

③ 董辅礽:《中华人民共和国经济史》(上)，经济科学出版社1999年版，第17页。

④ 王维礼:《中国现代史大事纪事本末》(下)，黑龙江人民出版社1987年版，第1234页。

涨幅度动辄数倍，以致商店来不及更换价目的标签。而当人们争相兑换黄金、白银、银圆和美元时，蒋介石国民政府却将中央银行总库的全部黄金、白银、银圆和外币提出，运至台湾。

人民生活极度恶化。严重经济危机的直接后果是人民生活的极度恶化。在农村，饥民遍野、饿殍载道，许多农民以草根、树皮和“观音土”果腹。1946 年全国各地饿死人数达 1000 万人，1947 年各地饥民达 1 亿人以上。[①] 城镇失业人数大量增加。1946 年上海失业工人 30 万，占产业工人的 40％；北京失业工人 10 余万人；重庆失业工人 6 万人；昆明失业工人 5 万人。[②] 许多市民家中无隔夜之粮，难以维持最低的生活。1946 年 10 月，上海某慈善机构收尸 1.5 万具。1947 年三四月间，上海市路毙儿童 8000 余。[③] 就业者的实际工资也大大下降。从天津工资水平较高的两个工业系统看，中纺公司天津公司工人的平均工资 1948 年 9 月折合玉米面 173.6 公斤，10 月折合玉米面 24.9 公斤，下降 85.66％；冀北电力公司工人的平均工资 1948 年 9 月折合玉米面 241.1 公斤，10 月折合玉米面 37.83 公斤，下降 84.32％。上海永安纱厂工人，1948 年 12 月每人平均工资可买米 1.86 石，到 1949 年 4 月只能买米 0.33 石。公教人员的生活也极为困苦。成都市小学教师平均每小时工资为 4000 元，而当时寄一封平信需 5000 元，喝一碗茶需 8000 元。[④]

新中国成立后，面临的紧迫任务是稳定经济秩序，全面恢复

① 王维礼:《中国现代史大事纪事本末》(下)，黑龙江人民出版社 1987 年版，第 1234 页。

② 陈真、姚洛:《中国近代工业史资料》(第一辑)，生活 · 读书 · 新知三联书店 1957 年版，第 185、166、192 页。

③ 王维礼:《中国现代史大事纪事本末》(下)，黑龙江人民出版社 1987 年版，第 1234 页。

④ 中国人民大学政治经济学系《中国近代经济史》编写组:《中国近代经济史》(下册)，人民出版社 1978 年版，第 196 页。

和发展国民经济。这是新生的中华人民共和国在国际上赢得独立自主地位的基础。

三、新中国独立自主战略思想的理论基础

新中国成立初期外交工作的中心任务是捍卫新生政权，巩固来之不易的独立，为社会主义建设争取一个有利的和平的国际环境。作为一个马克思主义政党，中国共产党在认识和把握世界大势，应对复杂多变的国际关系的理论依据是马克思主义经典作家的国际战略思想。

（一）马克思主义的世界体系理论

世界体系是世界行为体间相互作用、相互影响所形成的结构和系统。马克思、恩格斯的关于世界体系的思想，主要立足于欧洲舞台，以自由资本主义为依据。马克思认为，现代国际社会是一个世界体系，在资本主义产生之前，整个世界尽管在地理上是连为一体的，但是在社会交往上是彼此隔绝的，即使有联系也是处于简单的偶然的联系之中，称不上是一个世界体系。资本主义产生之后，世界各个地方的联系迅速密切起来。因此，马克思在《共产党宣言》中指出："资产阶级，由于开拓了世界市场，使一切国家的生产和消费都成为世界性的了。……新的工业的建立已经成为一切文明民族的生命攸关的问题；这些工业所加工的，已经不是本地的原料，而是来自极其遥远的地区的原料；它们的产品不仅供本国消费，而且同时供世界各地消费。旧的、靠本国产品来满足的需要，被新的、要靠极其遥远的国家和地带的产品来满足的需要所代替了。过去那种地方的和民族的自给自足和闭关自守状态，被各民族的各方面的互相往来和各方面的互相依赖所代替了。物质的生产是如此，精神的生产也是如此。各民族的精神产品成了公共的财产。民族的

片面性和局限性日益成为不可能。”[①] 大工业首次开创了世界历史，因为它使每个文明国家以及这些文明国家中的每一个人的需要的满足都依赖于整个世界，因为它消灭了以往自然形成的各国的孤立状态。这个整体的特征是社会的运转以资本为轴心。资本具有一种内在的张力矛盾（生产无限扩大与消费不断缩小的矛盾），相互依赖密切联动，具有渗透性。因此，现代国际社会是一个世界体系。

列宁的帝国主义理论对马克思关于世界体系认识的进一步发展和完善。列宁不是从分配领域和流通领域，而是从生产领域，不是从生产的外部条件，而是从生产的内部条件出发，去研究帝国主义的产生。列宁认为，帝国主义是资本主义的一个历史阶段，是资本主义发展的最高阶段，是资本主义在全世界范围内的展开和表现。这一世界体系的特点是生产的集中和垄断。在列宁的帝国主义理论中，国际社会已从欧洲资本主义体系演变为“极少数‘先进’国对世界上绝大多数居民实行殖民压迫和金融扼杀的世界体系”[②]。这个世界体系在经济上以铁路、轮船、电报、电话为纽带，由金融密网所笼罩；在政治上以殖民地半殖民地为形式，靠殖民统治所控制；在军事上以战争和战争威胁为武器，用暴力来维护。各个阶级，各个民族，不仅生活在单个的国家中，而且生活在一定的国家体系中，这就决定了作为当时国际社会集中表现的国际政治必然深深打上帝国主义的烙印。帝国主义把世界分割完毕必然导致帝国主义之间的战争。这种战争可能导致无产阶级从资本主义世界最薄弱的环节着手发动推翻资本主义世界体系的革命等。

斯大林以阶级与社会制度的差别为视角来分析国际体系。斯大林认为，俄国十月革命的成功，苏联社会主义国家的建立，标志着统一的资本主义世界政治体系的瓦解，在帝国主义国家及其殖民

①《马克思恩格斯选集》第一卷，人民出版社 2012 年版，第 404 页。

②《列宁全集》第二十七卷，人民出版社 2017 年版，第 361 页。

统治体系的汪洋大海中出现了第一个社会主义国家。苏维埃社会主义国家的存在和发展，打破了资本主义一统的世界政治经济体系，使资本主义体系出现了危机。整个国际体系出现了相互对立的“两个阵营”，即帝国主义阵营和社会主义阵营。这一时期的两个阵营所指的是以主要帝国主义大国为主的资本主义阵营和苏维埃俄国这个社会主义阵营。此时，进行“一国社会主义”建设的苏联处于资本主义国际体系包围之中。宏观地看，一战后到二战结束前的凡尔赛—华盛顿体系是压迫国家、被压迫国家与社会主义国家苏联三类国际行为体共存格局，西方帝国主义大国主导着这一时期的国际政治秩序。二战结束了凡尔赛—华盛顿体系并于战后开始了雅尔塔体系。与最初被排斥于凡尔赛—华盛顿体系不同，斯大林领导下的苏联不仅是雅尔塔体系的主要缔造者之一，而且主导和影响了雅尔塔体系的发展。斯大林不仅积极参与构建雅尔塔体系，而且努力维护和巩固雅尔塔体系。除了通过雅尔塔体系维护和扩展苏联的国家安全与利益、与以美国为首的西方资本主义国家进行地缘政治争夺外，斯大林也有用雅尔塔体系作为维护和扩展社会主义阵营、推进世界革命的长远战略考虑。雅尔塔体系下的“两个阵营”“两个市场”理论，反映了斯大林在二战后对国际体系变化的理论探索。

（二）马克思主义时代观

时代问题是国际战略思想中最基本的理论问题，对时代问题的认识属于宏观层次的战略判断，是观察和处理国际问题的立足点与出发点。科学观察和分析时代特征、正确估量和把握世界主题，是正确制定内外政策的基础和依据。马克思主义经典作家运用辩证唯物主义和历史唯物主义的世界观、方法论，揭示了国际社会演变和发展的客观规律。他们从经济和政治的互动关系中来观察和研究时代及其主题。

马克思、恩格斯划分时代的基本前提是以生产力和生产关系的矛盾统一体即生产方式的变更和阶级关系的分析为依据的。他们认为，“每一历史时代的经济生产以及必然由此产生的社会结构，是该时代政治的和精神的历史的基础”[①]，因此，“大体说来，亚细亚的、古希腊罗马的、封建的和现代资产阶级的生产方式可以看做是经济的社会形态演进的几个时代”[②]。恩格斯还按照人类文明的发展，把人类社会历史划分为三个大时代，即蒙昧时代、野蛮时代和文明时代。同时，他又把文明时代分为三大历史时期，即奴隶社会、封建社会、资本主义社会。他说：“随着在文明时代获得最充分发展的奴隶制的出现，就发生了社会分成剥削阶级和被剥削阶级的第一次大分裂。这种分裂继续存在于整个文明期。”[③]关于当时时代的主要内容，他们认为，“资产阶级和无产阶级都成了社会上两个起决定作用的阶级”[④]，它们的矛盾和斗争是这个时代的主题。马克思在《共产党宣言》中明确指出：“我们的时代，资产阶级时代，却有一个特点：它使阶级对立简单化了。整个社会日益分裂为两大敌对的阵营，分裂为两大相互直接对立的阶级：资产阶级和无产阶级。”[⑤]

列宁对时代的划分和论证，基本上遵循了马克思和恩格斯以生产方式的变更作为划分时代依据的方法，并在此基础上有所发展。列宁非常强调时代划分的意义。他认为，无产阶级政党必须正确地认识所处的时代及其发展的特点，才能够制定出符合客观实际的路线、方针和政策，去夺取革命的胜利。他指出：“哪一个阶级是这个或那个时代的中心，决定着时代的主要内容、时代发展的主要方向、时代的历史背景的主要特点等等，只有在这个基础上，即

①《马克思恩格斯选集》第一卷，人民出版社 2012 年版，第 380 页。
②《马克思恩格斯选集》第二卷，人民出版社 2012 年版，第 3 页。
③《马克思恩格斯选集》第四卷，人民出版社 2012 年版，第 192 页。
④《马克思恩格斯选集》第一卷，人民出版社 2012 年版，第 306 页。
⑤ 同上书，第 401 页。

首先考虑到各个‘时代’的不同的基本特征（而不是个别国家的个别历史事件），我们才能够正确地制订自己的策略。”[①]他认为，时代是世界性的，对时代发展产生影响的是整个世界的变化，而不是单个国家的发展变化。在此基础上，列宁提出了帝国主义时代的概念。列宁虽然强调资本主义的两个时代有着严格的区别，但它们只不过是资本主义发展过程中不同的表现形式而已，即自由资本主义阶段和垄断资本主义阶段。列宁认为，两者之间的最根本区别在于处于时代中心地位的阶级不同，前者是资产阶级处于主导地位，而后者是无产阶级。在帝国主义时代，世界被区分为压迫民族和被压迫民族——拥有巨额财富和雄厚军事实力的压迫民族和人数众多、处于附属地位、没有平等权利的被压迫民族。由于经济政治发展不平衡规律的作用，引起帝国主义之间实力发生变化。帝国主义国家为了瓜分和重新瓜分世界、兼并弱小民族、争夺世界霸权，战争是不可避免的。因此，帝国主义时代世界主题是战争与革命。自由资本主义时期出现了资产阶级和无产阶级之间的对立，而在垄断资本主义时期，帝国主义对殖民地半殖民地进行侵略扩张，从而把跨民族联合起来的资本同跨民族的工人运动的对抗提到第一位，造成帝国主义战争、两大对立的民族和两大对立的阶级之间的矛盾在世界范围内的展开，就使得世界无产阶级革命不可避免。

斯大林认为，第二次世界大战后国际社会所处的时代是帝国主义和无产阶级革命时代，这一时代是资本主义向社会主义过渡的历史转折时期，社会主义是时代发展的主要方向。资本主义体系的危机、冲突和战争加速了资本主义衰落和灭亡的历史发展进程。随着二战后东欧和亚洲社会主义国家相继建立，社会主义阵营从一国到多国发展，表明社会主义制度的生机与活力。两大阶级、两大阵

①《列宁全集》第二十六卷，人民出版社 2017 年版，第 143 页。

营之间的对抗与冲突，决定了该时代国际政治发展的基本趋势。简而言之，帝国主义和无产阶级革命时代是一个充满危机、革命和战争的时代，而在危机、革命与战争的间歇期是两个阶级、两种制度的和平共处时期。这一时代历史变革的根本方向就是社会主义。资本主义总危机是帝国主义和无产阶级革命时代的基本特征。资本主义总危机是帝国主义体系各种矛盾激化的表现，其直接后果就是引发了帝国主义国家之间的战争，进而引起无产阶级的世界革命。

战争与和平问题是国际政治的基本问题。马克思主义对战争的根源、性质及时代发展特征作了系统论述。关于战争的根源，马克思主义认为，战争与和平问题都有深刻的经济根源和阶级性质，都是国内政治的国际延续。私有制是产生战争的根源，战争将随着私有制的消亡而消亡。马克思和恩格斯历史地考察了人类全部战争史，区分了在人类社会产生阶级前后战争的不同起因。恩格斯指出，“以前打仗只是为了对侵犯进行报复，或者是为了扩大已经感到不够的领土”；而当生产力得到进一步发展，有了剩余产品，“社会又有了新的阶级划分……邻人的财富刺激了各民族的贪欲，在这些民族那里，获取财富已成为最重要的生活目的之一。他们是野蛮人：掠夺在他们看来比劳动获得更容易甚至更光荣……现在打仗，则纯粹是为了掠夺，战争成了经常性的行当”[①]。在阶级社会里，剥削阶级掠夺（不劳而获占有）他人财富是战争的基本根源。这是马克思和恩格斯所持的一个重要观点。恩格斯认为：“阶级之间的战争的进行，并不取决于是否采取真正的军事行动，它并不是永远都需要用街垒和刺刀来进行的；只要有利益相互对立、相互冲突和社会地位不同的阶级存在，阶级之间的战争就不会消灭。”[②]

战争的性质有正义和非正义之分。马克思和恩格斯从政治上

①《马克思恩格斯选集》第四卷，人民出版社 2012 年版，第 180—181 页。
②《马克思恩格斯全集》第十一卷，人民出版社 1995 年版，第 264 页。

区分战争的性质，认为革命性的、解放性的、防御性的和防卫性的战争是正义战争，而掠夺性的、侵略性的、争霸性的侵犯他国主权和利益的战争是非正义性战争。工人阶级及其政党对待战争的态度是支持正义的战争，反对非正义的战争。马克思对1870—1871年普鲁士和法国之间的一场战争进行了详细的观察，对这场战争的起因、进程、后果及性质等进行了深入的分析，认为这场战争是两国王朝为了自私的利益而进行的一场蓄谋已久的战争。法国方面一直怀有称霸欧洲的野心，发动战争既可以实现其野心，同时又可以转移人民的视线，扼杀国内的革命运动，维护王朝的统治；而普鲁士王朝也早想通过王朝战争在国内自下而上地完成德意志统一，对外削弱法国，夺取具有战略资源意义的阿尔萨斯—洛林地区，建立欧洲霸权。法国是进攻的、侵略的一方，普鲁士方面则是防御的、反侵略的一方。“战争不是法国人民，而是帝国发动的，俾斯麦实质上是和波拿巴一样有罪的。”[①]

列宁认为，现代战争产生于帝国主义，世界霸权是帝国主义政策的内容，而这种政策继续便是帝国主义战争。战争具有深刻的阶级性。战争与革命是世界的主题，帝国主义时代的战争区分为正义战争与非正义战争，突出的是帝国主义战争。帝国主义战争，即争夺世界霸权和扼杀各弱小民族的战争，是不可避免的，其主要原因根植于帝国主义的本质，是整个欧洲国家体系及欧洲各国经济和政治相互关系的产物，是帝国主义用来解决国际矛盾的合法方法，“它与和平一样，也是资本主义生活的一种合乎规律的形式”[②]。帝国主义战争产生于帝国主义，但不能说，帝国主义的本性就是战争。帝国主义本性是剥削和掠夺，战争只是帝国主义为了追逐高额利润所采取的一项政策，使用的一种形式。帝国主义时代的和平，

①《马克思恩格斯全集》第三十三卷，人民出版社1973年版，第279页。

②《列宁全集》第二十六卷，人民出版社2017年版，第44页。

区分为帝国主义的和平、人民群众的和平，以及社会民主党的和平。针对德国社会民主党人考茨基把帝国主义间的结盟说成是帝国主义的和平，列宁认为："'国际帝国主义的'或'超帝国主义的'联盟，不管形式如何，不管是一个帝国主义联盟去反对另一个帝国主义联盟，还是所有帝国主义大国结成一个总联盟，都不可避免地只会是两次战争之间的'喘息'。和平的联盟准备着战争，同时它又是从战争中生长出来的，两者互相制约，在世界经济和世界政治的帝国主义联系和相互关系这个同一基础上，形成和平斗争形式与非和平斗争形式的彼此交替。"① 帝国主义的和平是对人民群众的欺骗。人民群众的和平，只是反映了对战争的不满情绪，也是无法实现的。只有通过社会主义革命，才是真正的和平。因为"不进行革命斗争，争取和平的斗争就是空话和谎言，摆脱战争惨祸的唯一途径就是开展争取社会主义的革命斗争"②。战争引起革命，革命制止战争。革命本来是一国内部事务，让它走向世界，主要是帝国主义造成的。帝国主义殖民体系，将革命从国内推向世界，变成国际现象。

从历史唯物主义观点出发，斯大林认为，在帝国主义和无产阶级革命时代，两大阶级即资产阶级和无产阶级之间的矛盾是国际政治的根本矛盾。世界范围内的民族矛盾与资本主义的发展以及无产阶级的世界革命紧密联系在一起。被压迫民族和压迫民族之间的民族矛盾与无产阶级和资产阶级之间的阶级矛盾交织在一起，影响着帝国主义和无产阶级革命时代的国际政治主题。被压迫民族和殖民地国家在无产阶级世界革命的鼓舞和影响下，掀起的民族解放运动沉重打击了一战后和二战后的帝国主义殖民体系，进而影响了国际政治的发展进程。面对共同的帝国主义敌人，被压迫民族和压迫

①《列宁全集》第二十七卷，人民出版社 2017 年版，第 431 页。

② 同上书，第 45 页。

民族之间的民族斗争与无产阶级的世界革命运动相结合，一方面为争取自身民族解放运动创造条件，另一方面客观上推动了无产阶级世界革命的历史发展进程。战争与革命成为帝国主义和无产阶级革命时代的主题。战争与革命的根源在于发展到帝国主义阶段的资本主义体系的内外矛盾日益尖锐化。

斯大林以列宁的“帝国主义论”为分析框架，以一战结束以来的国际政治发展现实为论据，系统地提出了资本主义总危机理论，认为资本主义制度发生了总危机，这不是个别资本主义国家特有的现象，也不是资本主义发展中的某个具体的经济危机或者政治危机。而是世界资本主义整个体系的深刻而不可克服的全面危机，它包括资本主义的政治危机、经济危机、社会危机。世界经济危机“说明资本主义的稳定就要终结。说明群众革命运动的高潮将更加猛烈地增长起来。说明世界经济危机在许多国家里必定会转为政治危机。第一，这就是说，资产阶级在对内政策方面将从进一步法西斯化中寻找摆脱现状的出路……第二，这就是说，资产阶级在对外政策方面将从新的帝国主义战争中寻找出路。最后，这就是说，无产阶级在反对资本主义剥削、制止战争危险时，将从革命中寻找出路”[①]。斯大林认为，帝国主义国家之间的战争必然引起世界革命。革命制止战争，帝国主义国家之间的战争必然削弱帝国主义阵营的力量，为社会主义革命创造有利条件。当战争爆发后，苏联将在适当的时机介入战争，以推动世界革命。第二次世界大战后，社会主义国家增多，社会主义力量增大，建立了社会主义阵营，斯大林更加强调资本主义的总危机。他说：“世界资本主义体系的总危机，是在第一次世界大战时期，特别是在苏联脱离资本主义体系之后开始的。这是总危机的第一阶段。在第二次世界大战时期，特别是在

①《斯大林全集》第十二卷，人民出版社 1955 年版，第 222—223 页。

欧洲和亚洲的各人民民主国家脱离资本主义体系之后，展开了总危机的第二阶段。”[①] 斯大林把战争与帝国主义直接联系起来，他认为战争是资本主义总危机的一个结果。

（三）马克思主义国际格局观

马克思、恩格斯将国际关系的行为主体看作是阶级及其代理人。阶级是最根本的国际关系行为体，国家、政党、集团和政治家都是特定阶级的代言人，因此，阶级是分析国际政治及其时代特征的核心因素。马克思、恩格斯认为，资产阶级和无产阶级是国际社会“两个起决定作用的阶级”[②]，他们充当了国际政治的主要行为体。“工人没有祖国”，资产阶级也是到处落户，到处创业，到处建立联系，他们作为国际性阶级，不是就形式来说，而是指的内容。就形式来说，他们都是民族的阶级，就内容来说，他们的经济状况是国际的，他们相互敌视也是国际的。“现在存在着一种各民族资产阶级的兄弟联盟。就是压迫者对付被压迫者的兄弟联盟、剥削者对付被剥削者的兄弟联盟。一个国家里在资产阶级各个成员之间虽然存在着竞争和冲突，但资产阶级却总是联合起来并且建立兄弟联盟以反对本国的无产者；同样，各国的资产者虽然在世界市场上互相冲突和竞争，但总是联合起来并且建立兄弟联盟以反对各国的无产者。”[③] 因此，恩格斯号召“应当以各国工人的兄弟联盟来对抗各国资产者的兄弟联盟”[④]。无论在什么地方，国内也好，国际也好，他们之间的斗争均成为时代的主要斗争。马克思、恩格斯是从资本主义的生产关系和市场联系来确定国际政治行为体的地位，因而特别看重国际性的资产阶级企业和金融机构，如西欧各国的东印

①《斯大林文集（1934—1952 年）》，人民出版社 1985 年版，第 641 页。
②《马克思恩格斯选集》第一卷，人民出版社 2012 年版，第 306 页。
③ 同上书，第 313 页。
④ 同上书，第 316 页。

度公司和股份公司。这些企业和金融机构以资产阶级为主体，不属于国家直接控制。他们虽然也重视民族和国家特别是俄国、普鲁士、奥地利、英国和法国在国际社会的活动和作用，但总是寓国际关系于阶级关系之中。马克思、恩格斯亲自组织共产主义者同盟、第一国际和第二国际。他们号召“全世界无产者联合起来”，以无产阶级的国际联合对抗资产阶级的国际联合。

列宁将世界区分为压迫民族和被压迫民族，认为帝国主义、被压迫民族和殖民地民族超越两大国际性阶级成为国际政治最主要的行为体。国际资产阶级不再是兄弟的联合，而分裂为垄断资产阶级和殖民地半殖民地民族资产阶级，帝国主义造就了国内外两个对立面，把东方各族人民卷入了国际政治生活，“把小国卷进世界经济和世界政治的旋涡”[①]，从“国际政治的客体”变成“参与决定世界”命运的积极因素。国际无产阶级也一分为二，区别为革命部分和机会主义部分，压迫民族和被压迫民族的工人在经济上、政治上和思想上或精神上“有区别”，所处“实际地位”是“不一样”的。无产阶级所反对的不再是国际资产阶级的兄弟联盟，而只是帝国主义垄断资产阶级，它只有和被压迫民族（包括民族资产阶级）联合起来，才能实现自己的解放，完成肩负的历史使命。两大国际性阶级的活动虽然存在，但随帝国主义的出现而分化，被融合于两类世界性民族之内。十月革命胜利以后，列宁十分重视大国的活动，特别是苏维埃俄国的活动，认为“帝国主义战争以后，各民族的相互关系、全世界国家体系，将取决于少数帝国主义国家反对苏维埃运动和以苏维埃俄国为首的各个苏维埃国家的斗争”[②]。但列宁在战后世界的划分中明确把苏维埃俄国同殖民地半殖民地国家划为一类，不仅看作是国际无产阶级的代表，也视为被压迫民族的代

①《列宁全集》第二十八卷，人民出版社 2017 年版，第 96 页。
②《列宁全集》第三十九卷，人民出版社 2017 年版，第 233 页。

表，肩负起全部重担，“充当世界反帝国主义斗争的先锋”[①]。列宁完全肯定共产国际用“全世界无产者和被压迫民族联合起来”的口号“更改”马克思恩格斯的“全世界无产者联合起来”的口号“是正确的”。[②]这充分表明在当时全球范围的国际政治中，帝国主义民族同殖民地半殖民地被压迫民族的行为体作用及其相互关系具有重要地位。

基于世界范围内阶级对立和斗争的分析视角，斯大林把帝国主义和无产阶级革命时代的国际格局界定为“帝国主义阵营”和“社会主义阵营”之间对抗的基本格局。以二战为历史分界线，两个阵营对抗格局又可以划分为两种形态。第一种形态是“资本主义包围”格局，这一格局的特征就是世界上第一个社会主义国家苏联与整个敌视苏联的帝国主义国家集团之间的对立。随着苏维埃国家政权的建立及其初步巩固，斯大林于 1919 年提出“世界已经确定不移地分裂为两个阵营：帝国主义阵营和社会主义阵营……这两个阵营的斗争是整个现代生活的轴心，它构成旧世界和新世界的活动家当前对内对外政策的全部内容”[③]。20 世纪 20 年代后期，斯大林根据国际政治的发展进一步阐述了这一思想。他认为，在国际政治舞台上出现了两个世界规模的中心，“一个是把那些趋向于社会主义的国家集结在自己周围的社会主义中心，一个是把那些趋向于资本主义的国家集结在自己周围的资本主义中心”[④]。从“两个阵营”到“两个中心”，表明斯大林对两个阵营对抗格局基本走向的判断，即以苏联为核心的社会主义阵营和以主要资本主义国家为核心的帝国主义阵营，两个阵营处于动态的发展进程。此时的社会主

①《列宁全集》第三十七卷，人民出版社 2017 年版，第 361 页。
② 梁守德、洪银娴：《国际政治学概论》，中央编译出版社 1994 年版，第 15 页。
③《斯大林全集》第四卷，人民出版社 1956 年版，第 206 页。
④《斯大林全集》第十卷，人民出版社 1954 年版，第 118 页。

义阵营就是指社会主义国家苏联，而帝国主义阵营不仅包括主导战后国际体系的主要资本主义国家，而且在帝国主义体系统治下的广大殖民地和附属国家从属于帝国主义阵营。帝国主义阵营在国际政治中占据着主导性的优势地位，社会主义阵营处于被孤立和封锁状态，两个阵营之间的对抗格局表现为帝国主义阵营对社会主义阵营的包围。

第二次世界大战改变了“资本主义包围”的国际格局，两大阵营对抗格局进入第二种状态，即以意识形态和社会制度为分界的“两个阵营”对抗格局。在这一时期，阵营对抗格局的表现形式及其内容发生了变化。在二战后的雅尔塔体系下，东西方冷战使斯大林的“两个阵营”思想具体化和明确化。二战促使资本主义国家经过分裂和重组，进而形成以美国为核心的帝国主义阵营，而且在其内部存在着各种利益的冲突与矛盾。此时的社会主义阵营突破了第一种状态下被包围的被动局面，社会主义国家已经由一国扩展为多国，以共同的社会制度和意识形态为纽带组成以苏联为核心的、横跨欧亚大陆的社会主义阵营。两个阵营政治军事对抗的直接后果就是形成了两个平行的、对立的世界市场。两个阵营的理论是斯大林在 1952 年《苏联社会主义经济问题》一书中完整地提出来的。他指出，一系列人民民主国家已经脱离了资本主义体系，“和苏联一起形成了统一的和强大的社会主义阵营，而与资本主义阵营相对立。两个对立阵营的存在所造成的经济结果，就是统一的无所不包的世界市场瓦解了，因而现在就有了两个平行的也是互相对立的世界市场”[①]。“美国、英国及法国自己促成了这个新的平行的世界市场的形成和巩固，当然这不是出于它们的本意。它们对于没有加入‘马歇尔计划’体系的苏联、中国和欧洲各人民民主国家实行经

①《斯大林选集》（下卷），人民出版社 1979 年版，第 561 页。

济封锁，想以此窒杀它们。事实上并没有窒杀得了，反而巩固了这个新的市场”[①]。其“主要的问题不在于经济封锁，而是在于战后时期中这些国家在经济上结合起来了，并且建立了经济上的合作和互助”[②]。“两个阵营”对抗不仅表现在政治军事层面，而且渗入到经济层面。社会主义阵营以莫洛托夫计划和华沙条约组织为核心，帝国主义阵营则以马歇尔计划和北大西洋公约组织为核心。以冷战为开端，两个阵营开始在政治、经济、军事以及文化等诸领域展开了长期的对抗与斗争。

马克思主义国际战略理论对以毛泽东同志为核心的中国第一代领导人的国际战略理念产生了深刻的影响，马克思主义经典作家关于时代及时代主题理论在中国社会主义革命建设时期，不仅影响着中国国内政策的制定和实施，而且是中国国际战略理论与实践演变和发展的基本依据之一。

四、独立自主战略思想的提出及指导原则

所谓独立自主，是指一个国家和政权不受别的国家和政权控制而独自决策和处理国内外事务。独立自主原则早在中国革命的过程中就已经产生和形成，新中国成立后，成为指导中国外交的一个基本原则。

（一）独立自主外交战略思想的提出

新中国的独立自主思想形成于抗日战争时期。对内，主要是指在抗日民族统一战线中坚持中国共产党的独立自主地位，不能因为讲统一战线而放弃中共的原则和革命的利益，不能无原则地接受国民党提出的条件，一定要坚持中共在统一战线中的领导地位，不能把统一战线的领导权完全交给国民党。毛泽东这一时期尤其批评

①《斯大林选集》（下卷），人民出版社 1979 年版，第 561 页。
② 同上。

所谓一切经过统一战线的口号，认为这可能导致中共的独立性的丧失，对党来说是很危险的。对外，表现在中共既反对国民党完全依赖于英美帝国主义的政策，也反对中共内部盲目服从共产国际和苏联的做法，主张独立自主，在不丧失领土和主权的前提下，和一切反对日本帝国主义的国家订立反侵略同盟及抗日军事互助协定。1944 年下半年，在与美军延安观察组谈话中，毛泽东在向美国外交官谢伟思说明中共的外交政策时指出，我们首先是中国人，我们寻求友好关系，但我们不听从任何人的指挥，我们要自己决定自己的事。1945 年 4 月，毛泽东在《论联合政府》一文中，进一步明确了中共独立自主的外交思想。他指出："中国共产党的外交政策的基本原则，是在彻底打倒日本侵略者，保持世界和平，互相尊重国家的独立和平等地位，互相增进国家和人民的利益及友谊这些基础之上，同各国建立并巩固邦交，解决一切相互关系问题，例如配合作战、和平会议、通商、投资等等。""中国人民欢迎许多外国政府宣布废除对于中国的不平等条约，并和中国订立平等新约的措施。但是，我们认为平等条约的订立，并不就表示中国在实际上已经取得真正的平等地位。这种实际上的真正的平等地位，决不能单靠外国政府的给予，主要地应靠中国人民自己努力争取，而努力之道就是把中国在政治上经济上文化上建设成为一个新民主主义的国家，否则便只会有形式上的独立、平等，在实际上是不会有的。就是说，依据国民党政府的现行政策，决不会使中国获得真正的独立和平等。"[①] 在这里，毛泽东相对完整地表达了中共独立自主外交思想的实质。真正独立自主的地位，是靠中国人民自己的努力，是以国家实力的提高为后盾。

在新中国成立前夕，毛泽东和周恩来多次提到独立自主将是

① 中华人民共和国外交部、中共中央文献研究室:《毛泽东外交文选》，世界知识出版社 1994 年版，第 43—44 页。

新中国的基本国策。1949 年 1 月 19 日，毛泽东在审改《中共中央关于外交问题的指示稿》时，提出："最后，也是最重要的一项，不允许任何外国及联合国干涉中国内政。因为中国是独立国家，中国境内之事，应由中国人民及人民的政府自己解决。如有外国人提到外国政府调解中国内战等事，应完全拒绝之。"[①] 周恩来明确表示，"我们对外交问题有一个基本的立场，即中华民族独立的立场，独立自主、自力更生的立场"，并强调，实现独立自主的关键，在于"不要置身于一个国家的影响之下"，在于"任何国家都不能干涉中国的内政"。1949 年初，毛泽东在西柏坡会见苏共中央政治局委员米高扬，在谈到中国对外政策的总方针时，提出了"打扫干净屋子再请客"的外交方针。1949 年 9 月，在《中国人民政治协商会议共同纲领》（简称《共同纲领》）中，中共中央明确提出了中国独立自主外交战略思想。中央人民政府成立后，依据上述方针采取了一系列步骤和措施，彻底肃清了帝国主义在中国的一切政治、经济和文化特权，如不承认旧中国同外国缔结的一切不平等条约，对帝国主义在华开办的经济、文化事业进行了处理，建立了国家统制贸易制度，改革了海关制度，在利用外资方面实行集中管理、统一部署的方针。上述措施的实施，使中国对外经济关系在独立、平等、互利基础上得到了发展，又为国家的独立和主权完整提供了坚实保障。从此，中国以真正独立的面貌屹立在世界的东方。

（二）独立自主战略的指导原则

独立自主战略以马列主义、毛泽东思想的科学理论为基础，有着自己内在的丰富内涵和鲜明的指导原则。

其一，爱国主义和国际主义相结合。把爱国主义和国际主义结合起来是以毛泽东同志为核心的中央领导集体关于国际战略思想

① 中华人民共和国外交部、中共中央文献研究室：《毛泽东外交文选》，世界知识出版社 1994 年版，第 78 页。

的一个重要原则。其中包括两层含义：首先，维护民族的利益、国家的主权和独立是爱国主义的主要表现。以毛泽东同志为核心的中国共产党人具有强烈的爱国主义意识，他们把维护全民族的利益看作是自己神圣的职责，始终不渝地为中国的民族利益和民族尊严而斗争。因此，维护民族的利益、国家的主权和独立成为中国社会主义革命和建设时期的对外战略目标。为此，中国一方面强调，任何国家必须尊重中国的主权和领土完整，在平等互利的条件下同中国建立正常的外交关系；另一方面特别重视建立自己独立的、完整的工业体系和国民经济体系，建设中国的现代化，并坚持“自力更生为主，争取外援为辅”这个融经济上自主自立和政治上国家主权独立为一体的方针。其次，中国对外战略中的爱国主义是与国际主义相结合的爱国主义。它既维护本国的民族利益，也尊重别国人民的利益。早在战争年代，毛泽东就多次指出，中国革命与世界革命是相互联系和相互影响的，“中国共产党人必须将爱国主义和国际主义结合起来。我们是国际主义者，我们又是爱国主义者”[①]。新中国成立后，毛泽东仍强调要继续发扬国际主义精神，对全人类作出较大贡献。他指出：“我们的总任务是：团结全国人民，争取一切国际朋友的支援，为了建设一个伟大的社会主义国家而奋斗，为了保卫国际和平和发展人类进步事业而奋斗。”[②] 这充分体现了爱国主义和国际主义相结合的精神。新中国独立自主国际战略思想中的国际主义主要表现为：主张建立平等、和平的国际关系，反对以大凌小、以强欺弱的强权政治；支援世界人民的一切正义事业，特别是大力支持发展中国家的革命斗争，为这些国家的政治独立、经济发展及其在国际舞台上争取应有的地位作出自己的贡献；反对霸权主义，维护世界和平，提出中国永远不称霸。中国发扬爱国主义精

①《毛泽东选集》第二卷，人民出版社 1991 年版，第 520 页。
②《毛泽东文集》第六卷，人民出版社 1999 年版，第 350 页。

神，坚持民族独立自主，搞好本国的革命和建设，这本身就是对世界的和平和发展最有力的支持。而中国革命和建设事业之所以能够取得胜利，又是同世界各国人民的支持和帮助分不开的。这就是爱国主义和国际主义相结合的原则在中国对外战略中的体现。

其二，和平共处五项原则。和平共处五项原则是中国处理对外关系的基本指导原则，它的主要内容和精神首先是毛泽东提出来的，以后周恩来对这一原则作了系统阐发。新中国成立前夕，毛泽东就明确指出，中国的外交关系“必须建立在平等、互利、互相尊重主权和领土完整的基础上”[①]。按照这一原则，1954 年，中国政府同印度政府以联合声明的形式共同倡议和平共处五项原则。和平共处五项原则的措辞前后稍有改变，最终确定为互相尊重主权和领土完整、互不侵犯、互不干涉内政、平等互利、和平共处。在 1955 年万隆会议上又为亚非各国所充实、认同。和平共处五项原则同当时以美国为首的西方国家的强权政治和霸权主义外交形成鲜明的对照，是中国独立自主的对外战略的具体体现，向世界表明了中国对外战略的和平性质。这一原则表明，中国珍视和捍卫本国的独立和主权，也决不侵犯别国的独立和主权；中国需要和平，以加快本国社会主义建设。和平共处五项原则是一个有机的整体，其中互相尊重主权和领土完整是发展各国间相互关系的前提和核心；互不侵犯、互不干涉内政是坚持独立自主外交的基本要求；平等互利、和平共处是建立良好的国际关系的目标和保证。在国际关系中，坚持这五项原则，就能够有效维护中国的主权、安全和发展利益。五项原则中的任何一项遭到践踏，都会损害中国的国家利益。因而，和平共处五项原则成为中国对外政策的基石。

其三，反对霸权主义，维护世界和平。维护中国的独立和主

① 中共中央文献研究室、中央档案馆:《建党以来重要文献选编（1921—1949）》（第二十六册），中央文献出版社 2011 年版，第 352 页。

权，反对霸权主义，促进世界的和平与发展，是中国对外战略的基本目标。第二次世界大战结束后，旧的殖民体系瓦解，世界维护和平的力量逐步增强，这对抑制帝国主义的侵略扩张政策发挥了积极作用。但是，霸权主义、强权政治并没有消除。在新的历史条件下，超级大国凭借其强大的经济军事实力，仍在世界范围内推行其霸权主义政策，企图重新控制和奴役世界人民，这是战后国际局势动荡不安的主要根源，对世界和平构成严重威胁。因此，反对霸权主义成为中国对外战略的一项重要原则。

综上所述，彻底改变鸦片战争后中国百年屈辱的历史，实现国家富强、民族复兴，是新中国独立自主国家战略思想产生的历史背景。以美苏为首的两大阵营对峙为特点的战后国际格局，以及对中国革命的经验总结，是中国独立自主国际战略思想产生的现实条件。马克思主义国际战略思想为中国独立自主国际战略思想的形成提供了理论指导。在中国社会主义革命和建设时期，坚持独立自主的外交战略，坚持国际主义和爱国主义相结合的原则，坚持和平共处五项原则以及反对霸权主义，是这一时期中国对外战略的一个鲜明特点。

第二章 “一边倒”战略思想

新中国成立于以美苏为首的两大阵营对峙由欧洲向亚洲乃至全球扩展之际，新生的人民共和国如何处理好与两大阵营特别是美、苏两国的关系，是中国领导人在观察和处理国际事务时面临的首要问题。基于新民主主义革命时期中国共产党与美、苏两国打交道的经验教训，从维护新生共和国主权独立、国家安全及恢复发展经济的需要出发，以毛泽东同志为核心的党中央早在新中国成立前夕便作出了“一边倒”的战略决策。

一、“一边倒”战略的确立

追求在国际社会中的平等权是独立自主战略的重要内容。西方列强对中国近百年侵略、蹂躏的历史，使中国无比珍视在国际社会中的独立、平等地位。新中国成立前夕，毛泽东提出的“一边倒”对外战略是中国共产党人为实现新中国主权独立、在国际社会中的平等权所作出的战略决策。

（一）“一边倒”战略的提出

随着解放战争的顺利进行，中国共产党取得中国革命的最终胜利已势不可挡。即将成立的新中国以怎样的姿态走进世界舞台，如何处理与世界其他国家的关系问题，成为以毛泽东同志为核心的党中央面临的一个重要问题。为庆祝中国共产党成立 28 周年，1949 年 6 月，毛泽东发表了《论人民民主专政》。关于中国的对外战略，毛泽东指出：“联合世界上以平等待我的民族和各国人民，共同奋斗。这就是联合苏联，联合各人民民主国家，联合其他各国的无产阶级和广大人民，结成国际的统一战线。‘你们一边倒。’正是这样。一边倒，是孙中山的四十年经验和共产党的二十八年经验教给我们的，深知欲达到胜利和巩固胜利，必须一边倒。积四十年和二十八年的经验，中国人不是倒向帝国主义一边，就是倒向社会主义一边，绝无例外。骑墙是不行的，第三条道路是没有的。我们反对倒向帝国主义一边的蒋介石反动派，我们也反对第三条道路的幻想。"[①] 明确提出了新中国"一边倒"对外战略，排除了当时有些人所希望的平衡外交路线。9 月 30 日，中国人民政治协商会议通过的具有临时宪法作用的《中华人民共和国共同纲领》规定："中华人民共和国联合世界上一切爱好和平、自由的国家和人民，首先是联合苏联、各人民民主国家和各被压迫民族，站在国际和平民主阵营方面，共同反对帝国主义侵略，以保障世界的持久和平。"[②] 自此，"一边倒"战略上升为新中国的外交战略。

（二）"一边倒"战略提出的原因

新生共和国在国际上采取"一边倒"战略的主要考虑是维护新生政权的安全和独立自主的地位。由于中国革命的性质，中国共产党与苏联共产党（布尔什维克）同为马克思主义的政党，这使得新中国领导人对苏联有一种天然的亲近感。此外，中国革命及中国共产党与美、苏两国交往的经验，也使新中国领导人认识到站在和平民主阵营一边更有利于实现国家利益。

首先，"联合世界上以平等待我之民族"是中国近代伟大的民主革命先行者孙中山在弥留之际留下的遗嘱。遗嘱的主要内容是：余致力国民革命凡四十年，其目的在求中国之自由平等。积四十年之经验，深知欲达到此目的，必须唤起民众及联合世界上以平等待我之民族，共同奋斗。现在革命尚未成功，凡我同志，务须依照余所著《建国方略》《建国大纲》《三民主义》及《第一次全国代表大

---

①《毛泽东选集》第四卷，人民出版社 1991 年版，第 1472—1473 页。

② 全国人大常委会办公厅、中共中央文献研究室：《人民代表大会制度重要文献选编》（一），中国民主法制出版社 2015 年版，第 77 页。

会宣言》，继续努力，以求贯彻。最近主张开国民会议及废除不平等条约，尤须于最短期间促其实现。是所至嘱！[①]

孙中山将实现国民革命、统一中国，建设共和、民主、富强和文明、进步社会作为中国革命的奋斗目标。他提出，中国革命要取得最后的胜利，除了“唤起民众”之外，还必须“联合世界上以平等待我之民族，共同奋斗。”“唤起民众”是获取革命胜利的内部条件，是革命成功的基本因素；“联合世界上以平等待我之民族，共同奋斗”，是革命成功的外部条件，是重要的不可或缺的条件。孙中山将这两个重要条件作为遗嘱留下，是孙中山的政治智慧，也是他将中国反帝反封建的民族民主革命视为世界被压迫民族的共同事业。任何国家要实现民族独立和富强都不能离开世界爱好和平人民的共同支持，这是孙中山积数十年革命斗争的经验总结。孙中山在长期革命斗争中遇到许多挫折，也有许多教训，总结这些经验教训向革命党和人民作交代，对于中国未来具有重大意义，这是孙中山先生留给中国人民的宝贵政治和思想遗产。

1840 年鸦片战争后的中国近代史，是资本主义、帝国主义不断发动侵略中国的战争，强迫中国签订不平等条约，掠夺中国的领土和资源，攫取种种特权，使中国社会沦为半殖民地半封建社会的历史，也是中国人民起来反抗侵略和压迫的历史。要实现民族独立就要革命，要实现民主也必须革命。但是当时的帝国主义和封建主义反革命的力量是强大的，革命一方的力量是软弱的。所以，唤醒民族和联合世界革命的力量是革命的首要条件。孙中山晚年在谈到俄国苏维埃受到世界列强攻击的原因时，引述了列宁关于民族的论述：“世界上有两种人，一种是十二万万五千万人，一种是二万万五千万人；这十二万万五千万人，是受那二万万五千万人的

①《孙中山全集》第二卷，人民出版社 2015 年版，第 425 页。

压迫。那些压迫人的人，是逆天行道，不是顺天行道。我们去抵抗强权，才是顺天行道。我们要能够抵抗强权，就要我们四万万人和十二万万五千万人联合起来。我们要能够联合十二万万五千万人，就要提倡民族主义，自己先联合起来，推己及人，再把各弱小民族都联合起来，共同去打破二万万五千万人，共同用公理去打破强权。”①

涤荡和洗刷近代中国和中华民族所经受的凌辱，废除一切不平等条约，冲破帝国主义列强对中华民族的束缚，实现“振兴中华”、复兴中国是孙中山先生革命一生最主要的奋斗目标。1924—1927 年的北伐战争，旨在唤起民众，联合世界上以平等待我之民族，共同奋斗，打倒帝国主义列强，打倒封建军阀割据，统一中国，争取实现中国的民族独立、社会民主和国家富强。这场由孙中山发动的国共两党共同进行的革命，基本上实现了国家的统一，促进了全国统一政权的建立，这和以苏联为首的以平等待我之民族的帮助，以共产党为代表的广大工农大众的参与和支持分不开的。但由于国民党右派背叛了孙中山联俄、联共、扶助农工的政策，违反了孙中山的遗训，利用军政——训政——宪政的政治程序，排除其他爱国革命政党和社会团体，对原来患难与共的中国共产党及其他民主党派进行打击，实行所谓“一个国家、一个政党、一个领袖”的独裁统治，致使孙中山领导的革命事业和理想遭受挫折、失败。在此情势下，中国共产党别无选择，只有选择武装反抗、暴力革命的道路。国共两党的分与合，对于实现中国的独立、民主和富强，对于实现孙中山的理想都产生了重大影响。抗日战争时期，国共两党合作，彻底打败了日本帝国主义，并对世界反法西斯战争的胜利作出了重要贡献。抗日战争拯救了中华民族，拯救了中国，中国的

①《孙中山选集》(下)，人民出版社 2011 年版，第 680 页。

国际地位和影响力也得到提升。抗战胜利后，国民党政权为了实现国内的独裁统治，凭借美国等西方国家的支持，挑起内战，最终因逆历史潮流而以失败告终。在中国共产党的领导下，中国人民取得了新民主主义革命的伟大胜利，实现了中国从几千年封建专制政治向人民民主的伟大飞跃，也极大改变了世界政治格局，鼓舞了全世界被压迫民族和被压迫人民争取解放的斗争。

国际上，面对以美国为首的资本主义国家阵营与以苏联为首的社会主义国家阵营的对峙，为了使新生的共和国政权尽快得到国际社会的承认，使新中国屹立在世界民族之林，以毛泽东同志为核心的党中央，继承和发展孙中山的国际观，积极研判国际政治力量发展的趋势，全面总结中国革命的历史经验，作出了“联合世界上以平等待我的民族和各国人民，共同奋斗”的战略抉择。“联合世界上以平等待我的民族和各国人民”，就是“一边倒”决策，就是站在以苏联为首的国际和平民主阵营一边。

其次，这是中国共产党革命时期对美、苏外交经验的总结。抗日战争后期，毛泽东等中共领导人在讨论对外政策时，认为战后中国和中共所能指望得到的大国援助不是来自苏联，而是来自美国。1944 年六七月份，毛泽东在与美军赴延安观察组的接触中，多次表达了这一观点。8 月 23 日，毛泽东在与谢伟思的会谈中，进一步谈到希望得到美国的援助问题。针对谢伟思关于中共重视美国而忽视苏联的疑问，毛泽东指出:“苏联人在战争中已经遭受巨大的牺牲，将忙于他们自己的重建工作。我们并不期望苏联的帮助。再进一步说，国民党由于患有反共的恐惧病，所以它也是反苏的。因而国民党同苏联的合作是不可能的。至于我们去寻求同苏联的合作，那只会造成中国局势的进一步恶化，因为中国已经是够不统一的了！在任何情况下，即使国民党需要苏联的帮助，这也是不大可能的。然而，苏联却不会反对美国人对中国的关心，如果这种关心是建设性的和民主的。这样就不会有什么冲突的地方。苏联只需要一个友好的和民主的中国。美国同中国共产党的合作对有关各方面都将是有益的和符合要求的。”[①] 当谢伟思提出“共产主义者”的名称可能会使某些美国实业家不放心时，毛泽东指出：“如果人们了解他们，就不会感到害怕，中国共产党的政策全然是没有偏见的。”他介绍根据地土地改革政策后，进一步指出：“即使是最保守的美国实业家也不能从我们的纲领中找到可反对的东西。中国必须工业化。在中国，工业化只能通过自由企业和在外国资本帮助之下才能做到。中国和美国的利益是相同和互相关联的。他们可以在经济上和政治上互相配合。我们可以而且必须合作。”[②] 毛泽东在谈话中还多次强调，中国共产党必须得到美国的帮助，必须与美国合作；对于美国来说，中国共产党比国民党更容易合作；中国共产党欢迎美国的民主制度，绝不会冒险采取反对美国的政策。但是，中国共产党希望与美国合作的立场，并没有得到美国政府的认真对待。1945 年 4 月初，美国驻华大使赫尔利公开宣布了扶蒋反共的政策。此后，美国政府逐步走上与中国共产党完全对立的立场。到 1946 年，美国公开支持蒋介石国民党发动以消灭中国共产党为目标的战争。因此，美国最终拒绝与中国共产党合作，是中国共产党走向“一边倒”政策的重要原因之一。

中国共产党在积极寻求与美国合作时，并没有放弃与苏联的合作。美国扶蒋反共政策明确后，中国共产党在坚持独立自主的同时，积极争取苏联的支持。1945 年 4 月，中共七大前后，毛泽东指出：“苏联，毫无问题是朋友，是中国人民最好的朋友。”[③] 但是，

---

① 陕西省地方志编纂委员会：《陕西省志 · 外事志》，陕西人民出版社 2001 年版，第 831 页。

② 同上书，第 831—832 页。

③《毛泽东文集》第三卷，人民出版社 1996 年版，第 320 页。

此时也正是美、苏两国关于中国问题的交易之时。美国为实现尽快打败日本法西斯和战后控制中国的两项目标，迫切希望苏联做到：第一，在打败德国法西斯后参加对日作战；第二，在战后不支持中国共产党。美国以中国东北和东欧地区以及其他地区的部分权益为条件，来换取苏联支持美国的上述立场。美苏双方就上述企求和条件进行了交易。苏联最后基本同意美国提出的两点要求，美国则保证苏联获得美国允诺给予的权益。美、苏两国关于中国问题的交易集中体现于1945年2月苏、美、英三国首脑签订的《雅尔塔协定》和8月中、苏两国政府签订的《中苏友好同盟条约》。

由于美苏之间的交易，苏联表示支持美国的对华政策，即苏联也将只支持蒋介石国民党政府，而不支持中国共产党。据此，苏联政府在日本投降前后给予中共以很大的约束和限制。1945年8月国民党政府与苏联签订《中苏友好同盟条约》后，斯大林很快致电毛泽东，要求中共与美蒋合作，敦促毛泽东尽快去重庆与蒋介石谈判，并告诫中共应决心停止内战，取得蒋介石同意实行民主化。苏军参加对日作战进入中国东北，虽然对八路军和新四军先期进入东北和尽快占领东北给予了很大支持，但是在苏军留驻东北期间，也对中共在东北活动以相当的约束和限制。对此，毛泽东很有意见。毛泽东后来说“讲起斯大林，我们有三肚子火”，其中就包括抗战后期和战后初期对斯大林和苏联的不满[①]。针对斯大林告诫中共领导人说中共不要与蒋介石进行内战，否则中华民族有毁灭的危险，毛泽东指出：“我就不信，人民为了翻身搞斗争，民族就会灭亡。”[②]需要指出的是，中国共产党与苏联之间虽然有过一些历史的宿怨和矛盾，但双方毕竟是同甘苦、共患难的革命同志加朋友，共同的革命利益和革命目标将两者不可分割地联系在一起。

---

①《若干重大决策与事件的回顾》（上），中共中央党校出版社 1997 年版，第 490 页。
②《在历史巨人身边：师哲回忆录》，中央文献出版社 1991 年版，第 308 页。

到 1947 年，中国国内和国际局势都发生了重大变化。国内，中国革命战争的局面出现了根本性的转变。1947 年年中，中国共产党在军事上开始转守为攻，年底，已经在战场上取得了明显优势。在这种情况下，中国共产党要把战争“不间断地进行下去”，并准备反对国民党的和谈阴谋。对于国外的援助，中国共产党历来的方针是不能依赖，但不是不要。[①] 1948 年 9 月 13 日，毛泽东在中共中央政治局会议上讲到中国未来的发展时说，“关于完成新民主主义到社会主义的过渡的准备，苏联是会帮助我们的，首先帮助我们发展经济。我国在经济上完成民族独立，还要一二十年时间”[②]。因此，新中国未来的社会发展，需要苏联的帮助。国际上，1947 年 3 月，杜鲁门主义出台，紧随其后，北大西洋公约组织和共产党、工人党情报局先后成立，美苏冷战拉开序幕。苏联主导的社会主义阵营致力于团结世界上一切革命力量来对抗美国和西方阵营。中国共产党领导的革命力量被视为一支不可忽视的力量。苏联对中国共产党革命力量的支持在谨慎中不断扩大。1949 年，在中国革命胜利在即之际，经过中国共产党与苏联的多次沟通，苏联承诺在新中国成立后，将在国际承认及对中国经济、社会发展上给予支持与援助。中国共产党确信与苏联合作能够很好维护新生共和国的利益，因此，最终确立了“一边倒”战略。

再次，是由中国革命的性质和中国共产党所奉行的意识形态决定的。自中国革命兴起之日起，毛泽东等中国共产党人就始终将中国革命视为由苏联十月革命所开创并领导的世界无产阶级革命的重要组成部分，把中国人民反对美蒋的革命斗争看成是世界反帝斗争的重要方面。因此，中共领导人不仅从一开始就将苏联革命视为榜样，且始终把苏联看成是中国革命的支持者。新中国成立后，苏

①《毛泽东文集》第四卷，人民出版社 1996 年版，第 329—330 页。
②《毛泽东文集》第五卷，人民出版社 1996 年版，第 146 页。

联社会发展模式和管理经验也是中国共产党学习的榜样。为加强与中国共产党的沟通，斯大林派遣苏共中央政治局委员米高扬于1949年1月底2月初访问西柏坡。访问期间，毛泽东、刘少奇、任弼时等中共领导人在与米高扬会谈中多次谈道：中共完全缺乏管理城市和发展经济的经验。不知道应该如何制止通货膨胀，如何对待外国企业，如何在盐业、烟草和酒类方面实行国家垄断，也不知道如何对四大家族和大买办的资产实行国有化，如何对外贸实行垄断。这给米高扬留下了深刻印象。他在给斯大林的报告中写道：中共领导人对一般政治问题、党务问题、国际问题、农民问题和经济问题，都“非常内行，很有自信”，但是对经营管理问题却“知之不多”，“对工业、运输业和银行的概念模糊”，对中国的企业和经济状况不了解，也不知道应该如何去做。[①] 因此，中国共产党需要向苏联学习治理国家的经验，并得到苏联的帮助。在2月3日的会谈中，刘少奇说：“如果没有苏联和其他人民民主国家的帮助，在解放后的中国建立工业基础是不可想象的。这种帮助对我们将起决定性作用。我们想，这种帮助的形式可以是：1. 传授社会主义改造经济的经验。2. 提供相关的书籍，派遣各经济部门的顾问和技术人员。3. 向我们提供资金。”“有了苏联的帮助，我们会很快到达社会主义。”[②] 可见，中国共产党人与苏联意识形态的亲近感为中国共产党与苏联之间的合作提供了良好的基础，这也是中国共产党选择“一边倒”战略的一个基础性因素。虽然两党关系的发展并非一帆风顺，但由于苏联共产党奉行的毕竟是马克思主义意识形态，在这一点上两党可以取得完全一致，这就完全排除了与美国接近的可能性，甚至也排除了在美苏之间保持中立的可能性。从这个意义上

① 沈志华：《俄罗斯解密档案选编：中苏关系》第一卷，东方出版中心2015年版，第450页。

② 同上书，第408页。

说，“一边倒”政策的实行，是毛泽东同志对新中国成立之后坚持马克思主义和社会主义道路的公开宣言。

（三）对旧中国外交的立场与方针

在“一边倒”外交战略提出的同时，以毛泽东同志为核心的党中央还提出“另起炉灶”“打扫干净屋子再请客”等外交方针，以实现新中国的真正独立。“另起炉灶”就是不承认国民党政府同各国建立的旧的外交关系，而要在新的基础上同各国另行建立新的外交关系。毛泽东指出：“凡属被国民党政府所承认的资本主义国家的大使馆、公使馆、领事馆及其所属的外交机关和外交人员，在人民共和国和这些国家建立正式外交关系以前，我们一概不予承认，只把他们当作外国侨民待遇，但应予以切实保护。”[①] 我们断绝一切旧的外交关系，“这是一百多年来旧中国的政府所没有做到的”[②]。毛泽东还向全世界庄严宣告：“任何外国政府，只要它愿意断绝对于中国反动派的关系，不再勾结或援助中国反动派，并向人民的中国采取真正的而不是虚伪的友好态度，我们就愿意同它在平等、互利和互相尊重领土主权的原则的基础之上，谈判建立外交关系的问题。”[③]

依据这一方针，1949 年 10 月 1 日，毛泽东在开国大典上向全世界庄严宣告：“本政府为代表中华人民共和国全国人民的唯一合法政府。凡愿遵守平等、互利及互相尊重领土主权等项原则的任何外国政府，本政府均愿与之建立外交关系。”[④] 周恩来将此公告正

---

① 中华人民共和国外交部、中共中央文献研究室：《毛泽东外交文选》，中央文献出版社 1994 年版，第 77 页。

② 中华人民共和国外交部、中共中央文献研究室：《周恩来外交文选》，中央文献出版社 1990 年版，第 49 页。

③ 中华人民共和国外交部、中共中央文献研究室：《毛泽东外交文选》，中央文献出版社 1994 年版，第 91 页。

④ 全国人大常委会办公厅、中共中央文献研究室：《人民代表大会制度重要文献选编》（一），中国民主法制出版社 2015 年版，第 88 页。

式函告世界各国政府，并表示，中华人民共和国与世界各国建立正常的外交关系是需要的。这表明了新中国不继承旧中国的外交关系的立场，同时也表明了新中国同世界各国建立和发展新型平等外交关系的良好愿望。当时世界各国对中国的反应是复杂多样的。由于世界各国对新中国有着不同的立场和态度，新中国本着既要捍卫自己的独立主权和尊严，又要同各国发展友好关系的原则，根据愿同中国建交国家的实际情况，采取了区别对待的方针。一是与以苏联为首的各社会主义国家不经谈判迅速建交；二是同民族主义国家和资本主义国家先谈判后建交。这就是新中国的谈判建交原则。按照一般国际惯例，两国政府照会表示相互承认和建立外交关系意愿后，两国便可以建立外交关系。而新中国的谈判建交方式，在国际上并不多见，是新中国外交的一大创举。新中国之所以采取这种特殊做法，并非有意标新立异，而是从中国实际出发。当中华人民共和国中央人民政府宣告成立时，国民党政府残留还存在，由于以美国为首的西方国家的干涉和庇护，蒋介石国民党当局窃据台湾，还有一些国家同其保持着所谓的“外交关系”。在此情形下，如果按照上述国际社会建立外交关系的惯例，就会造成这样一个事实：一些国家在同国民党政府保持所谓“外交”关系的同时，又要求同新中国建立外交关系。这样就出现“两个中国”的严重问题。谈判建交可避免这类问题的发生。因此，新中国创造性地提出了“谈判建交”这一打破国际惯例的建交方式，并制定了三条具体的建交原则。即：凡愿与中国建交的国家，必须同盘踞在台湾的国民党集团断绝外交关系，承认中华人民共和国中央人民政府是代表中国的唯一合法政府，台湾是中国的一部分；对新中国采取友好态度，支持其恢复在联合国的合法席位；把现在该国领域内的属于中国的所有财产及其处置权完全移交给中华人民共和国政府。也就是说，凡是愿意在平等互利基础上与中华人民共和国建立外交关系的国家，在建交前，必须表明对中国所提先决条件的态度，只有当对方明确表示承认一个中国，即中华人民共和国，同国民党集团断绝“外交”关系，支持恢复中华人民共和国在联合国的合法席位时，才可就建交的具体程序等事宜进行磋商，最后再确定建交的时间和互派使节等问题。新中国的“谈判建交”这一积极而严肃的做法，体现了新中国外交的独立自主原则和独特风格，充分显示了新生的共和国政府捍卫国家的独立、主权和尊严的决心。

“打扫干净屋子再请客”，就是把帝国主义在华特权与势力清除干净以后，再谈与他们建立外交关系问题。毛泽东对这一方针有一个清晰的解释，他指出：“我们可以采取和应当采取有步骤地彻底地摧毁帝国主义在中国的控制权的方针。帝国主义者的这种控制权，表现在政治、经济和文化等方面。在国民党军队被消灭、国民党政府被打倒的每一个城市和每一个地方，帝国主义者在政治上的控制权即随之被打倒，他们在经济上和文化上的控制权也被打倒。但帝国主义者直接经营的经济事业和文化事业依然存在，被国民党承认的外交人员和新闻记者依然存在。对于这些，我们必须分别先后缓急，给以正当的解决。”[①] 1949 年 2 月，毛泽东会见苏共中央政治局委员米高扬，在谈到当时中国的状况时指出，如果形象地把它比作一个家庭来讲，它的屋内太脏了。新中国成立后我们必须认真地清理我们的屋子，从内到外，从各个角落以至门窗缝里，把那些东西打扫干净，再请客人进来。毛泽东还在中共七届二中全会上进一步指出，我们不承认国民党时代的一切卖国条约的继续存在，取消一切帝国主义在中国开办的宣传机关，立即统制对外贸易，改革海关制度，这些都是我们进入大城市的时候所必须首先采取的步骤。

之所以实施这一方针，是因为近代以来，西方列强通过一系

① 中华人民共和国外交部、中共中央文献研究室：《毛泽东外交文选》，中央文献出版社 1994 年版，第 80 页。

列不平等条约在华攫取了一系列的政治、经济、文化甚至军事特权，对中国的主权独立、领土完整等国家利益构成严重侵害。20世纪初期，统治阶级为维护其统治，尝试修订不平等条约，取消列强在华部分特权。特别是在第一次世界大战后，北京政府以收回战败国德奥两国在华特权为起点，开启了修约外交。第一次世界大战后，中国作为战胜国对在巴黎召开的和会抱有较大期望，希望能享受战胜国权利，收回山东权益、取消“二十一条”，结束德奥在华政治经济特权，废除列强各国在华特权，一举改变近 80 年受屈辱的历史和半殖民地的国际地位。中国代表团向和会提交《中国希望条件》说帖，希望废除列强在华 7 个方面的特权，即：“关于势力或利益范围”；“关于撤退外国军队、巡警”；“关于外国邮政及有线、无线电报机关”；“关于领事裁判权”；“关于租借地”；“关于外国租界”；“关于关税自由”等。[①] 而列强召开和会的目的，只在讨论对德奥等国的和约，瓜分德奥在亚非的势力范围，中国的要求不仅未能获得列强的支持，美、英、法三国还在 1919 年 4 月 30 日通过的“关于《凡尔赛和约》中山东条款的决议”中，将德国在中国山东的特权交给日本，主要内容是：“将公元 1898 年（清光绪二十四年）3 月 6 日《中德胶澳租界条约》中胶澳租界暨铁路、矿山及水底电线等项，与其他中、德迭次所订关于山东之各案先后所规定德国享受之种种权利及所有权或特权，完全让与日本，尤以 1898 年《中德胶澳租界条约》所规定者为最要。至德国对于胶济铁路及其支路所有一切权利，连同附属各该路之种种财产，如车站、机厂、工场及车辆并矿山、矿场与兴办各矿之一切材料及附属于各该项财产之权利及特权，现已为日本所取得者，仍归日本继续享有。至德国之国有胶沪、胶烟等水底电线及所有附属于各该电线

① 北京政府外交部：《外交公报》1919 年第 8 期，第 27—28 页。

之权利及特权暨财产，亦一律归日本所得，毋庸付费，并无附带条件。所有胶澳租界内德国之国有动产暨不动产以及该租界德国或因自行兴办各业与因直接或间接曾支出经费所应得之权利，现已为日本取得者，仍归日本继续享有，毋庸付费，亦并无附带条件。”[①]

中国人民对巴黎和会上中国外交的遭遇始终十分关注。社会舆论更是不断批评帝国主义列强的霸道行径和北京政府的妥协态度。在列强将德国在山东享有的特权交给日本的消息传到国内后，引发了国内的强烈反对。1919 年 5 月 4 日，北京爆发了青年学生的游行示威，他们高呼“取消二十一条”“还我青岛”“外争国权、内惩国贼”等口号。第二天，各地学生纷纷起而响应，声援北京学生。这便是开启现代中国先声的五四爱国运动。6 月初以后，全国包括工、商、农各界都起来支持学生运动。五四运动对北京政府在巴黎和会上的外交产生了直接影响，6 月 28 日，在国内人民的强大压力下，中国代表团拒绝在巴黎和约上签字。[②] 这是鸦片战争以后，中国外交史上史无前例的事，中国代表团终于敢于对列强侵害中国权益的行为说“不”，而列强们也无可奈何。中国代表拒绝在严重损害中国主权的和约上签字，是中国民族主义觉醒的反映，也是中国人民对列强长期压迫、凌辱中国的抵制。巴黎和约收回中国权益的努力受挫，并没有使北京政府的外交官们气馁。1921 年，在华盛顿会议上，中国再次提出关税自主，废除治外法权，收回租界地等要求。此次会议虽然将中国提出的各项要求列入议程，并进行了讨论，但会议所取得的进展是有限的，最大的成果是取消外国在华邮局。中国最为关心的关税自主和废除治外法权的问题被留待会后另行讨论。

---

① 程道德等:《中华民国外交史资料选编（1919—1931）》，北京大学出版社 1985 年版，第 52 页。

② 同上书，第 56 页。

当中国与西方列强交涉停滞不前之际，十月革命爆发，新成立的苏维埃政权在1919年7月至1923年9月间，先后三次发表对华宣言，宣布取消旧俄政府与中国订立的不平等条约，放弃所获得的特权。以此为契机，北京政府陆续取消了旧俄在华攫取的一些特权。自1923年9月起，北京政府与苏联就两国复交及两国间存在的中东铁路问题、外蒙古等问题进行谈判。1924年5月，中俄两国在北京签订《解决悬案大纲协定》，主要内容是：两缔约国同意在前条所定协议中，将中国政府与前俄帝国政府所订立之一切公约、条约、协定、议定书及合同等项概行废止，另本平等、相互、公平之原则，暨1919与1920两年苏联政府各宣言之精神，重订条约、协约、协定等项。苏联政府根据其政策及1919与1920两年宣言，声明前俄帝国政府与第三者所订立之一切条约、协定等项，有妨碍中国主权及利益者，概为无效。缔约两国政府声明，嗣后无论何方政府，不订立有损害对方缔约国主权及利益之条约及协定。苏联政府承认外蒙古为完全中华民国之一部分，及尊重在该领土内中国之主权。关于解决中东铁路的主要原则：两缔约国政府声明，中东铁路纯系商业性质；并声明，除该路本身营业事务直辖于该路外，所有关系中国国家及地方主权之各项事务，如司法、民政、军务、警务、市政、税务、地亩（除铁路自用地皮外）等，概由中国官府办理。苏联政府允诺，中国以中国资本赎回中东铁路及该路所属一切财产。两缔约国政府，承认对于中东铁路之前途，只能由中、俄两国解决，不许第三者干涉。苏联政府允予抛弃前俄政府在中国境内任何地方根据各种公约、条约、协定等所得之一切租界等等之特权及特许。[①] 中俄《解决悬案大纲协定》是一个平等协定，尽管苏俄政府此举有其自己的考虑，且其前后态度有明显变

① 王铁崖：《中外旧约章汇编》（第三册），生活·读书·新知三联书店1962年版，第423页。

化，在中东铁路和外蒙古问题上没有实质性的变化，但俄国在中国所获得的不平等特权毕竟大部分都取消了，这对于正在努力取消帝国主义在华特权的中国人民而言是一大鼓舞。

与此同时，随着中国共产党的成立、国民党的改组及国共合作局面的出现，全国掀起了一个要求召开国民会议、废除不平等条约的热潮。1925 年 5 月 30 日，在上海英租界南京路老闸巡捕房门首，英国巡捕竟开枪血腥镇压游行示威的中国民众，制造了五卅惨案。五卅惨案激起一场声势浩大的反帝爱国运动，全国各大、中城市工人学生纷纷罢工罢课，声援上海人民的反帝斗争，要求收回租界，取消治外法权，并进而废除一切不平等条约。北京政府也借五卅惨案的善后交涉，再度向西方列强提出了修改不平等条约的要求。1925 年 6 月 24 日，北京政府分别照会英、美、日、法、比、荷、意、葡 8 国驻华使署，敦促各国“亟宜将中外条约重行修正，俾适合于中国现状暨国际公理平允之原则”。照会指出，国际环境“业已大变，而外人所享政治经济之非常权利，依然永久存在，既于现情不合……且此种不平等情状及非常权利之存在，常为人民怨望之原因，甚至发生冲突，以扰及中外和好之友谊”。表示中国政府期望各国政府能够“重念中国人民正当之愿望，对于中国政府，依公平主义，修正条约之提议，予以满足之答复”。[①] 北京政府要求，召开华盛顿会议早已确定要召开的关税会议和法权会议。为了缓和五卅运动后中国人民高涨的反帝情绪，列强同意召开关税会议。随之，中国踏上了漫长的废除帝国主义在华特权之路。1943 年 1 月 11 日，中美签订《关于取消美国在华治外法权及处理有关问题之条约》（简称“中美新约”），主要内容包括：美利坚合众国撤废在华治外法权，终止 1901 年《辛丑条约》及其附件所给予美

① 程道德等：《中华民国外交史资料选编（1919—1931）》，北京大学出版社 1985 年版，第 232 页。

利坚合众国政府之一切权利，放弃在北平使馆界、上海及厦门公共租界，在中国通商口岸以及其商船、军舰在中国领水所享有的一切特权；中国承认及保护美国人民（包括公司及社团）或政府在华的一切合法权利；双方公民有在彼国旅行、居住、经商的权利；两国尽快签订一现代广泛之友好通商航海设领条约等。[①] 同一天，中英签署新约，内容与中美新约基本相同，仅多 1 款，规定新约适用之领土、人民及公司，包括大不列颠联合王国、北爱尔兰、印度，英王之一切殖民地、海外领土、保护国，在英王保护或宗主权下之一切疆土及其英国的一切委托统治地。[②] 中美、中英新约集中撤废了两国在政治、军事方面依据不平等条约在华享有的特权，但尚未完全解决经济、文化领域美、英两国依据不平等条约享有的特权。

不彻底肃清列强在华残留的特权，实现国家主权独立就是一句空话。在“打扫干净屋子再请客”方针的指引下，新中国成立后彻底肃清了近代以来帝国主义在华残留的如下特权：第一，收回海关管理权。1949 年 10 月，中国海关总署成立。1950 年 1 月，中央人民政府通过了《关于关税政策和海关工作的决定》，随后公布了《中华人民共和国暂行海关法》。第二，收回航运管理权。1950 年 7 月，中央人民政府政务院财经委员会发布统一航运管理的规定，规定外轮只有在特定条件下经政府有关部门批准，悬挂中国国旗，严格遵守中国的法令和规定方可驶入。第三，取消外国的军事特权。1950 年 1 月，北京市军管会宣告收回美国、法国和荷兰等国兵营的地产权，征用兵营和其他建筑。4 月，北京市军管会征用英国兵营。6 月，天津市军管会征用法国兵营。1951 年 9 月，上海市军管会宣布收回法国兵营。此外，新中国成立初期还收回了文

① 王铁崖：《中外旧约章汇编》（第三册），生活 · 读书 · 新知三联书店 1962 年版，第 1256—1260 页。

② 同上书，第 1262—1270 页。

教卫生事业管理权、宗教事务管理权等，逐步处理了外国人在华企业和房地产，以及外国政府、私人和团体在中国开办的宣传、文教、卫生和宗教等事业。

彻底肃清帝国主义国家在华特权，一方面保证了中国的完全独立和国家主权的完整，另一方面使中华人民共和国得以在平等的基础上，同世界各国建立和发展各方面的关系。

二、同苏联建立战略同盟关系

新中国成立后，苏联是世界上第一个承认新中国的国家，中苏两国因而很快建立起大使级外交关系。而中苏关系如何发展仍面临一些急需解决的问题。其中一个最为紧迫的问题是如何处理国民政府与苏联签订的《中苏友好同盟条约》，这是一个不平等的条约，其中一些条款的规定严重侵害了中国的国家利益。为了同苏联建立起相互尊重领土主权、平等、互利的新型关系，毛泽东访苏期间，与苏联签署《中苏友好同盟互助条约》，从而确立了两国的战略同盟关系。

（一）中苏同盟关系的确立

如前所述，新中国成立前夕，中共中央作出了“一边倒”的外交决策。1949 年 10 月 1 日，毛泽东主席在天安门城楼上宣读《中华人民共和国中央人民政府公告》，向全世界宣告中华人民共和国中央人民政府成立了。“本政府为代表中华人民共和国全国人民的唯一合法政府。凡愿遵守平等、互利及互相尊重领土主权等项原则的任何外国政府，本政府均愿与之建立外交关系。”[①] 当日，周恩来以外交部长名义，以公函形式将公告送到各国驻北京、南京、

① 全国人大常委会办公厅、中共中央文献研究室:《人民代表大会制度重要文献选编》(一)，中国民主法制出版社 2015 年版，第 89 页。

上海的原官方代表或机构，通过他们派致各国政府。[①] 苏联收到公函后的第二天，即 10 月 2 日，苏联外交部副部长葛罗米柯即致电周恩来称："由于力求与中国人民建立真正友好的关系的始终不渝的意愿，并确信中国中央人民政府是绝大多数中国人民意志的代表者，故特通知阁下：苏联政府决定建立苏联与中华人民共和国之间的外交关系，并互派大使。"同日，葛罗米柯代表苏联政府向国民党广州政府驻莫斯科代办发表声明称，苏联与广州当局的外交关系已经断绝，已决定自广州召回其外交代表。10 月 3 日，周恩来复电表示："中华人民共和国中央人民政府热忱欢迎立即建立中华人民共和国与苏联之间的外交关系，并互派大使。"[②] 这样，苏联成为第一个承认新中国并同新中国建交的国家。10 月 10 日、31 日，苏联首任驻华大使罗申、中国首任驻苏大使王稼祥分别抵达北京和莫斯科。

新中国与苏联的关系应该是一种新型的关系。国民政府与苏联于 1945 年 8 月签订的《中苏友好同盟条约》是一个不平等条约，它对中苏关系发展构成严重制约。签订新的条约替代《中苏友好同盟条约》，妥善处理苏联依据《雅尔塔协定》《中苏友好同盟条约》有关条款的规定，在中国旅顺港、大连港经营问题及其他对中国主权构成侵害的问题，明确中苏关系发展方向以及确立双边合作领域等问题，成为中国对苏外交面临的紧迫问题。鉴于此，1949 年 12 月 16 日至 1950 年 2 月 17 日，毛泽东率团访问苏联。中共中央决定毛泽东访苏的主要任务是：参加斯大林七十寿辰庆祝活动；就两党两国之间共同关心的问题交换意见；商谈和签订两国间

① 张宏喜：《新中国外交创始人、奠基者周恩来》，世界知识出版社 2018 年版，第 52 页。

② 中华人民共和国外交部档案馆、人民画报社：《解密外交文献——中华人民共和国建交档案（1949—1955）》，中国画报出版社 2006 年版，第 16—17 页。

的有关条约和协定等，并商议与解决有关两国利益的若干问题。具体讲：既要结盟，以确保安全和发展；又要消除特权，以确立新的原则和基础。12 月 16 日，毛泽东会见斯大林，提出签订中苏之间的友好同盟互助条约的问题。斯大林借口《中苏友好同盟条约》是依据《雅尔塔协定》签订的，担心苏联在千岛群岛、南库页岛的利益会受到影响，主张不宜改变中苏旧约的合法性。他说："苏中之间是根据雅尔塔协议缔结这个条约的，该协议规定了条约中最重要的几项条款（有关千岛群岛、南库页岛、旅顺问题等）。这就意味着，上述条约的缔结应该说是得到美国和英国同意的。鉴于这一情况，我们在小范围内决定暂时不改动这项条约的任何条款，因为哪怕改动一款，都可能给美国和英国提出修改条约中涉及千岛群岛、南库页岛等条款的问题提供法律上的借口。因此要寻求一种可行的办法，在形式上保留，而在实际上修改现行条约。"这就变相拒绝了中国签订新协定的建议。在中方的坚持下，苏方最终同意签订新协定。为具体处理签订新的条约及一些协定的技术性问题，1950 年 1 月 20 日，周恩来一行也到达莫斯科。22 日，毛泽东、周恩来与斯大林举行了会谈。会谈中商定，两国的合作关系以条约的形式固定下来，双方就条约的具体内容充分交换了意见，对条约的原则性问题很快达成了协议。2 月 14 日，双方签订了《中苏友好同盟互助条约》《关于中国长春铁路、旅顺口及大连的协定》和《关于贷款给中华人民共和国的协定》等文件，同时发表了《中苏两国关于缔结友好同盟互助条约及协定的公告》。公告声明："由于签订友好同盟互助条约及关于中国长春铁路、旅顺口及大连的协定，周恩来总理兼外长与维辛斯基外长互换照会声明，声明一九四五年八月十四日中苏间所缔结之相当的条约与协定，均失去其效力，同样，双方政府确认蒙古人民共和国之独立地位，已因其一九四五年的公民投票及中华人民共和国业已与其建立外交关系而获得了充分保证，同时，维辛斯基外长与周恩来总理兼外长对苏联政府将苏联经济机关在东北自日本所有者手中所获得之财产无偿地移交中华人民共和国政府的决定，以及苏联政府将过去北京兵营的全部房产无偿地移交中华人民共和国政府的决定，亦互换了照会。”①

《中苏友好同盟互助条约》的有效期为30年，主要内容是：1. 在军事方面，双方保证共同尽力采取一切必要的措施，以期制止日本或其他直接间接在侵略行为上与日本相勾结的任何国家之重新侵略与破坏和平。一旦一方受到日本或与日本同盟的国家之侵袭因而处于战争状态时，另一方即尽其全力给予军事及其他援助。2. 在政治方面，对有关中苏两国共同利益的一切重大国际问题，均将进行彼此协商。3. 在经济方面，双方保证以友好合作的精神，并遵照平等、互利、互相尊重国家主权和领土完整及不干涉对方内政的原则，发展和巩固中苏两国之间的经济与文化关系，彼此给予一切可能的经济援助，并进行必要的经济合作。②

在《关于中国长春铁路、旅顺口及大连的协定》中，苏联同意早日放弃1945年同国民党政府签订的有关协定及获得的某些特权。主要内容是：1. 不迟于1952年末，苏联政府将共同管理中国长春铁路的一切权利以及属于该铁路的全部财产无偿地移交给中华人民共和国政府；2. 苏军自共同使用的旅顺口海军根据地撤退，并将该地区的设备移交中华人民共和国政府；3. 关于大连港问题，在对日和约缔结后再予处理。实际上1951年初苏联便将大连的行政管理权完全交给了中华人民共和国。在《关于贷款给中华人民共和国的协定》中规定，苏方向中华人民共和国提供3亿美元的贷款（以35美元作为1盎司纯金计），年息为1%，从1950年始，每

① 中共中央文献研究室：《建国以来重要文献选编》（第一册），中央文献出版社1992年版，第118页。

② 同上书，第118—120页。

年以总额的 1/5 支付给中国并逐年完成。中方在 10 年内还清贷款和利息。[①]

《中苏友好同盟互助条约》的签订，对维护新中国的安全、巩固新生政权、恢复国民经济和顺利实现第一个五年计划、粉碎美国的遏制政策、在朝鲜战争中威慑美国等方面，都起到了不容忽视的积极作用。这一条约的签订，标志着中苏战略同盟关系的确立。

（二）中苏结盟的原因

新中国成立后便与苏联结盟，有着复杂的历史原因。

首先，是确立新中国与苏联建立新型外交关系的需要。新中国成立伊始，中共中央决定毛泽东出访苏联，借参加斯大林七十寿辰庆典之际，确立两国战略关系的方向。毛泽东此行的主要目的是同斯大林就中苏两国重大的政治、经济问题进行商谈，重点是处理 1945 年国民党政府与苏联签订的《中苏友好同盟条约》。这个条约是《雅尔塔协定》的产物，而《雅尔塔协定》是苏联和美国背着中国签订的严重损害中国主权和权益的条约。新中国不仅希望与苏联结盟，更希望这种结盟可以建立在新型外交关系的基础之上。新中国成立前后，斯大林对中国怀有疑虑，怀疑毛泽东不是真正的马克思主义者，怀疑中国革命是“铁托式”的胜利，担心中国实行亲英美的路线。由于这种不信任态度，苏联对华政策还比较保守，支持新中国还有所保留。

对中苏关系的实际状况，毛泽东有着清醒的认识和估计。访苏期间，毛泽东紧紧抓住中苏结盟这一关键问题而开展工作。1949 年 12 月 16 日，毛泽东抵达莫斯科车站时发表演说，指出：“目前的重要任务，是巩固以苏联为首的世界和平阵线，反对战争挑拨者，巩固中苏两大国家的邦交，和发展中苏人民的友谊。”[②] 在

---

① 中共中央文献研究室:《建国以来重要文献选编》（第一册），中央文献出版社 1992 年版，第 121—123 页。

②《巩固中苏两国邦交，发展中苏人民友谊》,《人民日报》1949 年 12 月 18 日第 1 版。

首次会见斯大林时，毛泽东就提出："恐怕是要经过双方协商搞个什么东西，这个东西应该是既好吃，又好看。"[①] 委婉含蓄地表达签订新的中苏条约的愿望。在双方谈判进展不大的情况下，毛泽东继续在签约这一关键问题上做文章。经王稼祥建议，毛泽东在接受塔斯社记者采访时表示："我逗留苏联时间的长短，部分地决定于解决有关中华人民共和国利益的各项问题所需的时间。""在这些问题当中，首先是现有的中苏友好同盟条约问题，苏联对中华人民共和国贷款问题，贵我两国贸易和贸易协定问题，以及其他问题。"[②] 毛泽东及时将中苏谈判的僵局公之于世，促使苏联改变保守犹豫态度，作出明确答复。苏联对中苏签约不积极的原因之一是担心中国走亲英美的道路。要促成中苏结盟，中国就必须表明自己的决心。

历史上，中国共产党是共产国际的一个支部，苏联是共产国际的大党，中苏双方有过分歧和矛盾。如何妥善看待两党的历史关系，进而正确处理现实的中苏关系，是不能逃避、必须正视的问题。早在《论人民民主专政》一文中，毛泽东在总结历史时就谈道："孙中山的一生中，曾经无数次地向资本主义国家呼吁过援助，结果一切落空，反而遭到了无情的打击。在孙中山一生中，只得过一次国际的援助，这就是苏联的援助。"[③] 出访苏联，下车伊始，毛泽东就在演说中指出："十月社会主义革命之后，苏维埃政府根据列宁斯大林的政策首先废除了帝俄时代对中国的不平等条约。在差不多三十年的时间内，苏联人民和苏联政府又曾几次援助了中国人民的解放事业。中国人民在患难中，得到苏联人民和苏联政府这种兄弟般的友谊，是永远不会忘记的。"[④] 在看待中苏历史关系时，

①《在历史巨人身边：师哲回忆录》，中央文献出版社 1991 年版，第 436 页。

②《毛主席答塔斯社记者问》，《人民日报》1950 年 1 月 3 日，第 1 版。

③ 中华人民共和国外交部、中共中央文献研究室：《毛泽东外交文选》，中央文献出版社 1994 年版，第 88 页。

④ 中共中央党史和文献研究院：《毛泽东年谱（1949—1976）》（四），中央文献出版社 2023 年，第 58 页。

毛泽东侧重强调苏联对中国革命的帮助，强调中苏友谊，相对淡化中苏历史分歧和矛盾，以免对中苏结盟产生不利影响。在现实关系上，则对苏联和斯大林表示极端尊重，承认苏联对国际共产主义运动的领导地位，是社会主义阵营的统领，承认苏联建设社会主义的经验具有普遍的指导意义，值得中国效法和借鉴。对于按照二战后雅尔塔格局和 1945 年 8 月 14 日签订的《中苏友好同盟条约》，苏联在中国侵占的特权等，毛泽东等中共和国家领导人对长远利益和暂时利益、全局利益和局部利益作出了全面把握，一定限度照顾苏联力图保留的在华特权，化解了中苏在利益问题上的潜在矛盾，使双方战略同盟关系得以确立。

其次，出于捍卫新中国国家安全的考虑。在建立新中国的过程中，毛泽东一再告诫全党："帝国主义者和国内反动派决不甘心于他们的失败，他们还要作最后的挣扎。在全国平定以后，他们也还会以各种方式从事破坏和捣乱，他们将每日每时企图在中国复辟。这是必然的，毫无疑义的，我们务必不要松懈自己的警惕性。"[①] 他专门就军队问题指出："人民解放军永远是一个战斗队。就是在全国胜利以后，在国内没有消灭阶级和世界上存在着帝国主义制度的历史时期内，我们的军队还是一个战斗队。对于这一点不能有任何误解和动摇。"[②] 毛泽东不仅提出巩固新中国的历史任务，而且把这一任务的完成置于二战后的世界格局和国际斗争之中来加以考虑，显示出远大的战略眼光。二战结束不久，他即指出："苏联是世界和平的保卫者，是阻碍美国反动派建立世界霸权的强大的因素，有了苏联，美国和世界反动派的野心就根本不能实现。"[③] 基于

① 《毛泽东著作摘录》，人民出版社 1964 年版，第 503 页。

② 同上书，第 1168 页。

③ 中华人民共和国外交部、中共中央文献研究室：《毛泽东外交文选》，中央文献出版社 1994 年版，第 88 页。

对战后世界格局是以美苏为首的两大阵营冷战对峙的认识，毛泽东提出："在帝国主义存在的时代，任何国家的真正的人民革命，如果没有国际革命力量在各种不同方式上的援助，要取得自己的胜利是不可能的。胜利了，要巩固，也是不可能的。"[①] 可见，中国促成中苏结盟，加深中苏合作的目的之一就是创造有利于新中国的国际环境，争取国际支持，捍卫国家安全，巩固国家独立。

再次，借鉴苏联建设社会主义的经验，争取苏联援助，建设新中国。新中国领导人清醒地认识到，近代以来，中国屡遭失败，权丧国辱，其原因在于："一是社会制度腐败，二是经济技术落后"[②]。建设新国家，改造社会制度，恢复发展经济的艰巨任务摆在中国共产党人的面前。在中共七届二中全会上，毛泽东号召全党："在革命胜利以后，迅速地恢复和发展生产，对付国外的帝国主义，使中国稳步地由农业国转变为工业国，把中国建设成一个伟大的社会主义国家。"[③] 对于怎样恢复和发展经济，建设新中国，毛泽东指出："人民民主专政和团结国际友人，将使我们的建设工作获得迅速的成功。"[④]1950 年，毛泽东出访苏联时提出，苏联经济文化及其他各项重要的建设经验，将成为新中国建设的榜样。学习苏联经验，争取苏联援助，促进中国自身的发展和建设，是新中国对苏外交的一个重要内容。毛泽东强调："我们要进行伟大的国家建设，我们面前的工作是艰苦的，我们的经验是不够的。因此，要认真学习苏联的先进经验。无论共产党内、共产党外、老干部、新干部、技术人员、知识分子以及工人群众和农民群众，都必须诚心诚意地向苏联学习。我们不仅要学习马克思、恩格斯、列宁、斯

①《毛泽东选集》第四卷，人民出版社 1991 年版，第 1473—1474 页。
②《毛泽东文集》第八卷，人民出版社 1999 年版，第 340 页。
③《毛泽东选集》第四卷，人民出版社 1991 年版，第 1437 页。
④《毛泽东文集》第五卷，人民出版社 1996 年版，第 345 页。

大林的理论，而且要学习苏联先进的科学技术。我们要在全国范围内掀起学习苏联的高潮，来建设我们的国家。”[①] 正如上文所述，中共领导人在 1949 年初会见米高扬时，就非常具体表达了新中国急需学习苏联社会发展的经验。与苏结盟，争取苏联的援助和支持，就能使新中国建设事业发展得到切实的保障。

（三）中苏同盟对两国关系的影响

《中苏友好同盟互助条约》签订后，中苏关系在政治、经济、文化等方面有了全面发展。

首先，在平等协商基础上两国在政治方面相互配合与支持。朝鲜战争爆发后，周恩来赴苏同斯大林等人共商大计。苏联以实际行动支持中国人民抗美援朝、保家卫国的正义战争。当美国操纵的联合国通过诬蔑中国为“侵略者”的提案时，苏联谴责这是“可耻的决定”。抗美援朝时，苏联以贷款方式向中国提供了大量军用物资。当朝鲜战争进行到对中朝方较为有利的阶段后，苏联同朝、中磋商，提出举行朝鲜停战谈判的倡议。在 1954 年召开的讨论朝鲜问题和印支问题的日内瓦会议上，中苏代表团相互配合、协调行动。由于中苏两国的共同努力，7 月 21 日，与会 9 国通过了关于恢复印度支那和平问题的日内瓦会议最后宣言，达成了关于在印支停战和恢复和平问题的协议，中苏两国共同为恢复印支和平作出了贡献。

1954 年在中华人民共和国成立五周年之际，苏联最高领导人赫鲁晓夫应邀于 9 月 29 日至 10 月 12 日率团来华，出席中华人民共和国成立五周年庆典。在华期间，苏方代表团同中国政府代表团举行了会谈，双方发表了会谈公报，并公布了中苏两国政府关于中苏关系和国际形势各项问题的联合声明。双方就对日关系问题、旅

---

① 中共中央党史和文献研究院：《建国以来毛泽东文稿》（八），中央文献出版社 2023 年版，第 66—67 页。

顺口海军基地问题、中苏合办股份公司问题、科学技术合作协定、修建兰州—乌鲁木齐—阿拉木图铁路和修建集宁—乌兰巴托铁路并组织联运的协定等问题签署了 10 项文件。继 1950 年给中国 3 亿美元贷款后，苏联又向中国提供 5 亿卢布贷款。赫鲁晓夫的这次访问，进一步奠定了中苏两国关系平等的基础。

其次，在平等互利基础上两国开展经济方面的互助合作。苏联对中国国民经济建设给予了大规模的援助和支持。在中国社会主义革命和建设时期的初期，中国现代工业基本建设的核心就是苏联帮助援建的重点项目，即人们常提到的 156 项引进工程中的第一批 50 个项目。1950 年，中苏领导人会谈的结果就是苏联政府答应帮助中国援建恢复经济急需的煤炭、电力钢铁、有色金属、化工、机械和军工部门的 50 个重点项目。在执行过程中，因情况变化，撤销了 1 个项目，合并了 2 个项目，实际建设项目为 47 个，其中，除西安、乌鲁木齐、郑州、重庆和太原 5 个电站，山西大同和长治各 1 个煤矿矿井建设项目，以及 3 个军工项目不在东北外，其余项目都集中安排在东北建设。其中能源工业项目 21 个，占比 44.7%，新建项目 22 个，占比 46.8%。[①] 这批项目对中国国民经济的恢复和基础奠定发挥了重要的作用。尽管这些重点项目完全建成投产尚待时日，但在新中国成立初期中国的经济增长中占有十分重要地位。1950 至 1952 年，全国固定资产实现新增金额合计 59 亿元，主要产品生产能力实现新增：电力钢材 1563.7 万吨 / 年，生铁 33.6 万吨 / 年。[②] 同时，中苏还开展了一系列科技合作。1950 至 1953 年，中苏签订技术成套设备进口合同总值 6.8 亿多卢布，

① 彭敏：《当代中国的基本建设》，中国社会科学出版社 1989 年版，第 14—15 页。

② 中国社会科学院、中央档案馆：《中华人民共和国经济档案资料选编（1949—1952）》（基本建设投资和建筑业卷），中国城市经济社会出版社 1989 年版，第 266、268、270 页。

三年累计实际进口近 4.7 亿卢布，完成合同 68.7%。[①] 1954 年 10 月，双方签订的《中苏科学技术合作协定》规定，苏联无偿向中国提供大量技术资料。1955 年 4 月，中苏签订《关于为国民经济发展需要利用原子能的协定》。该协定规定，在核科学方面，苏联将向中国出售一个 7000 千瓦的重水型实验性反应堆和直径 1.2 米的回旋加速器，并接受中国工程技术和科研人员去苏联考察学习反应堆和加速器的理论、运行、维修以及在这些设备上进行科学研究的有关技术工作。[②] 自此，苏联在和平利用原子能方面开始向中国提供帮助。中国为偿还贷款，向苏联出口它十分需要的矿产品和农产品，其中许多产品是苏联发展尖端武器所必需的。需要指出的是，中苏经济合作基本上是互利互惠的。如：1952 年周恩来访苏时，根据斯大林的建议，由苏联贷款 885 万卢布给中国，用以开办橡胶园，其产品以 70% 的优惠价卖给苏联。斯大林曾为此亲自向周恩来表示感谢。

再次，在平等友好基础上两国文化、教育往来频繁。这一时期，中苏两国在文化、教育等领域的交流和友好往来十分频繁。中苏双方签订了文化协定，每年有不少文化、艺术、科学、新闻等各界代表团或个人进行互访。中国向苏联派遣了大批留学生。苏联为中国培养了许多科技人才，其中不少人后来成为我国科技骨干。

总之，在《中苏友好同盟互助条约》签订后的一段时期内，两国在政治、经济、科技、文化、教育、军事等各个领域都有很好的合作与发展。周恩来指出，苏联政府的慷慨无私的援助，使我们能够顺利地巩固国防、战胜帝国主义国家的经济封锁，并使中国的

---

① 中国社会科学院、中央档案馆：《中华人民共和国经济档案资料选编（1953—1957）》（固定资产投资和建筑业卷），中国物价出版社 1998 年版，第 386—387 页。

② 中国原子能科学研究院：《中国原子能科学研究院简史（1950—2010）》，原子能出版社 2010 年版，第 11 页。

经济恢复工作取得迅速的成功。自 1956 年苏共二十大开始，中苏两国意识形态分歧逐步加大，随之，两国关系由意识形态分歧发展到两国对外方针政策的对立，再由公开论战发展到两国关系全面恶化，最终发生了严重的边界武装冲突，并形成了长达几十年的敌对和僵持状态。

三、加强战略应对，突破美国对中国的战略围堵

新中国成立后，美国对新中国采取敌对政策。政治上，不仅自己不承认新中国，而且阻挠西方阵营其他国家承认新中国。军事上，对新中国采取围堵战略，出兵朝鲜，对中国东北边境构成严重威胁；直接侵入中国台湾，挑战中国领土主权的安全；干预并介入印度支那事务，对中国南部边境安全构成压力；试图组建遏制中国的包围圈。经济上，对华实行封锁、制裁，试图将新生的共和国政权扼杀在摇篮中。对此，中国坚决予以反击。

（一）抗击美国的军事威胁

1950 年 6 月 25 日，朝鲜战争爆发。美国政府迅速决定直接军事干涉。美国领导人称，北朝鲜的军事行动是由苏联发动、支援和怂恿的，所以美国必须立即做出反应。在朝鲜战争爆发当天，美国推动联合国安全理事会召开紧急会议，在苏联代表缺席的情况下，通过了指责朝鲜进攻南朝鲜的决议。6 月 27 日，联合国安理会以维护集体安全为理由，通过了制裁朝鲜的提案。同日，美国总统杜鲁门发表声明，命令美国陆海空军全面参加朝鲜战争。与此同时，美国政府派遣美国海军第七舰队进入台湾海峡，以阻止解放军发动解放台湾的战争。美国政府还宣布加强驻菲律宾的美军力量，增加对法国在印度支那作战的军事援助。7 月 7 日，美国再次操纵联合国安理会非法通过决议，授权美国组成“联合国军”司令部，统一指挥参加侵朝战争的 16 个国家的军队。

朝鲜战争爆发和美国大规模的军事干涉，以及美国加强在亚洲地区的军事部署，对亚太地区的和平和中国的国家安全构成严重威胁。6 月 28 日，周恩来发表声明指出，“杜鲁门二十七日的声明和美国海军的行动，乃是对于中国领土的武装侵略，对于联合国宪章的彻底破坏……美国政府支持南朝鲜李承晚傀儡军队对朝鲜民主主义人民共和国的进攻，乃是美国的一个预定步骤，其目的是为美国侵略台湾、朝鲜、越南和菲律宾制造借口，也正是美帝国主义干涉亚洲事务的进一步行动”。[①] 中国人民对于同受美国侵略并同样进行反抗斗争的朝鲜人民表示同情和敬意。7 月 6 日，周恩来就联合国安理会 6 月 27 日通过的关于要求联合国会员国协助南朝鲜当局的决议致电联合国秘书长赖伊，代表中国政府声明：“联合国安全理事会于 6 月 27 日在美国指使和操纵下所通过的关于要求联合国会员国协助南朝鲜当局的决议，是支持美国武装侵略，干涉朝鲜内政和破坏世界和平的，并且这一决议是在没有中华人民共和国和苏联两个常任理事国参加下通过的，显然是非法的。《联合国宪章》不得授权联合国干涉在本质上属于任何国家国内管辖之事件，而安理会 6 月 27 日的决议正违反了《联合国宪章》这一重要原则。因此，安全理事会关于朝鲜问题的决议，不仅毫无法律效力，并且大大破坏了《联合国宪章》。”[②]

美国对朝鲜进行直接武装干涉后，美军飞机多次侵犯中国领空，轰炸和扫射中国东北边境地区，美国海军还在公海上炮击和强行盘查中国商船，在中国沿海袭击中国渔船，对中国进行武装挑衅。中国对此多次提出严正抗议。周恩来于 1950 年 8 月 27 日分别致电美国国务卿艾奇逊和联合国秘书长赖伊及安理会主席马

① 中华人民共和国外交部、中共中央文献研究室:《周恩来外交文选》，中央文献出版社 1990 年版，第 18—19 页。

② 李连庆:《大外交家周恩来》第一卷，人民出版社 2016 年版，第 97 页。

立克，8 月 30 日再次致电联合国秘书长赖伊和安理会主席马立克，就美军的挑衅活动和残暴行为，向美国政府提出严重抗议。周恩来指出："美国侵犯中国主权、残杀中国人民并企图扩大战争、破坏世界和平，是中国人民所决不能容忍的；要求联合国安理会立即采取有效措施，制止美国侵朝军队扩大侵略的行为，并从速撤退美国在朝鲜的侵略军队，以免事态扩大，从而有利于联合国和平调处朝鲜问题。"[①]9 月 10 日，周恩来又致电联合国秘书长赖伊和安理会主席杰伯，要求安理会在讨论上述问题时必须有中华人民共和国的代表参加。美国等国家在安理会拒绝了中国的合理主张和要求。1950 年 9 月 15 日，美军在仁川登陆，悍然北犯，扩大战争。同时，美国把战火引向中国边境，进行武力挑衅。

美军在仁川登陆后，中国政府开始采取外交预防措施，不断向美国发出警告。9 月 26 日，聂荣臻会见印度大使，指出如美军越过"三八线"，中国将干预。30 日，周恩来在政协全国委员会庆祝国庆的大会上发表讲话指出："中国人民热爱和平，但是为了保卫和平，从不也永不害怕反抗侵略战争。中国人民决不能容忍外国的侵略，也不能听任帝国主义者对自己的邻人肆行侵略而置之不理。"[②] 10 月 3 日，周恩来会见印度驻华大使潘尼迦，请他向美国政府转达中国政府的立场和警告："首先是美军不得越过三八线入侵北朝鲜，否则中国一定要管；其次是朝鲜立刻停战，外国军队撤出朝鲜半岛，在联合国谈判和平解决的办法。"[③] 但中国政府的外交预防措施未能迫使美国政府改变侵略朝鲜的政策。美国政府把中国政府的严正抗议、声明和警告皆视为"虚声恫吓""对外宣传"，

① 中共中央文献研究室：《周恩来年谱（1949—1976）》（上），中央文献出版社 2020 年版，第 69 页。

② 同上书，第 80 页。

③ 同上书，第 81 页。

错误地估计了中国人民的坚强意志和决心，肆意向鸭绿江进逼，频繁地空袭中国领土、袭击中国船只，中国的安全受到更为严重的威胁。在忍无可忍的情况下，毛泽东主席于 10 月 18 日命令中国人民志愿军自 19 日夜开始渡过鸭绿江，入朝作战。[①]

中国领导人作出抗美援朝、保家卫国的历史性决策，主要基于以下两个方面的考虑：一是抗美援朝是维护国家基本安全的需要。美国从决定进行军事干涉开始，就没有将军事行动仅仅限制在朝鲜半岛，而是同时宣布封锁台湾海峡和在东南亚加强军事部署。中国领导人认为，美国在东亚地区的这些军事行动显然是一场对朝鲜半岛、印度支那和台湾地区的全面干涉，而且包含着针对中国的强烈企图，朝鲜战争不过是美国在东亚进行军事扩张的借口。美国的扩张使中美冲突难以避免，不坚决予以反击，就不能维护国家的基本安全。二是坚决反击美国利用朝鲜战争封锁台湾海峡，阻挠中国完成国家统一的企图。在新中国成立前后，美国政府在对华政策上出现过摇摆。1949 年 10 月 1 日，中华人民共和国成立，10 月 3 日，美国宣布继续承认国民党政府。但 12 月 29 日，美国国务卿艾奇逊在会见军事人员时表示："必须承认，共产党事实上控制着中国，其原因主要是因为国民党自己崩溃，'在中国并无抵抗共产主义的基础'。即使由于美国增援而使台湾推迟一年'陷落'，代价也不值得。因为这将使美国再次在公开失败中丧失威信；引起全体中国人仇美；在全体亚洲人民面前成为腐朽的、威信扫地的国民党的支持者。"[②] 而在防务上，美国并不真正那么需要台湾。艾奇逊主张在中国问题上眼光要放远一点，"我们除非为了极为重要的

---

① 中共中央党史和文献研究院：《毛泽东年谱（1949—1976）》（四），中央文献出版社 2023 年版，第 216 页。

② 资中筠：《历史的考验——新中国诞生前后美国的对台政策》，《人民日报》1982 年 7 月 13 日，第 6 版。

战略目的，决不应自己取代苏联来作为对中国的帝国主义威胁”。他还警告说：“苏联在1927年被逐出中国，过了二十二年才恢复对中国的影响，美国这次如被逐出中国，也很可能要等这么长时间。”[①]1950年1月5日，杜鲁门在国民党集团迁往台湾后，正式就台湾问题发表声明，重申确认《开罗宣言》《波茨坦公告》关于台湾归还中国的条款，声明“美国对台湾和中国其他任何领土没有掠夺性意向。美国目前无意在台湾获取特别权利和特权，或建立军事基地。美国亦无意使用武装力量干预现在局势。美国政府将不遵循足以使之卷入中国内争的方针。同样地，美国将不对在台湾的中国军队提供军援或军事上的意见”[②]。《中苏友好同盟互助条约》签订后，3月15日，艾奇逊在关于美国对华政策的讲话中表示，中国不是应该从苏联而是应该从美国得到贷款援助，但中国必须不“抱敌意”，未来美国将一如既往地做中国人民的朋友，与中国发展贸易，不采取针对中国的进攻性冒险行为。[③]美国在军事介入朝鲜战争的同时，即派遣第七舰队封锁台湾海峡，对刚刚成立的新中国的安全构成了严重威胁，表明杜鲁门政府决心以武力阻挠中国完成国家统一，这在中国领导人看来是难以容忍的入侵和对抗行动。

1950年10月，中国人民志愿军入朝作战。至1950年12月底，通过发动三大战役，打过“三八线”，并逼近“三七线”，迫使美军再次全线后退，在国际上造成极大的震撼。中国获得了强有力的政治地位，并且基本奠定了对付美军反攻的战略地位和军事实力。1951年4月下旬，中国人民志愿军发动第五次战役后，作战方针开始由以进攻为主的运动战转为积极防御。1951年7月至

---

① 资中筠：《历史的考验——新中国诞生前后美国的对台政策》，《人民日报》1982年7月13日，第6版。

② *The U.S. Department of State Bulletin*, Vol.22, No.550（January16, 1950）, p79.

③ Ibid, p468−469.

1953年7月，抗美援朝战争进入打打谈谈阶段。1953年7月27日，人民军与中国人民志愿者代表团首席代表南日大将及联合国军代表团首席代表哈利逊中将在板门店签署《朝鲜停战协定》，抗美援朝战争以美方失败而告终。

抗美援朝战争的胜利，是中国自鸦片战争以来，首次在境外取得的决定性胜利，有力地震慑了美国，极大地震动了全世界，彻底把近代以来中国的国际形象，从被侵略、被拯救的可怜形象，改写成了拯救者、保护者的形象。抗美援朝战争向世界宣告："西方侵略者几百年来只要在东方一个海岸上架起几尊大炮就可霸占一个国家的时代是一去不复返了！"[①] 美国也不得不承认，中国"再也不是第二次世界大战时的那个软弱无能的国家了"[②]，中国在这场战争中赢得了声誉，提高了地位。同时，这场战争的胜利，遏止了美国在中国东北边陲侵略扩张的势头，稳定了朝鲜的局势，捍卫了中国大陆的安全，为中朝人民进行和平建设创造了必要的条件，为维护亚洲和世界和平作出了积极贡献。

抗美援朝战争的胜利，还打破了美国不可战胜的"神话"。抗美援朝战争是一场实力对比悬殊的较量。美国是世界经济、军事头号强国，美国军队武器装备先进，在朝鲜战场上出动陆海空三军联合立体作战，动用了当时除核武器以外所有新式武器，掌握着战场的制空权和制海权，地面部队全部机械化。中国是一个积贫积弱百余年、还没来得及喘口气的新生国家，忙于恢复经济和医治战争创伤，中国人民志愿军武器装备相当落后，基本上是陆军在少量坦克和炮兵支援下的单一地面作战，后期参战的少量空军也仅能掩护

---

① 中共中央文献研究室:《建国以来重要文献选编》(第四册)，中央文献出版社2011年版，第327页。

②[美]沃尔特·G. 赫姆斯:《朝鲜战争中的美国陆军》第一卷，国防大学出版社1988年版，第565页。

后方主要交通运输线和进行局部空中作战。这场战争打破了美国不可战胜的“神话”，全世界被压迫民族和人民争取民族独立和人民解放的正义事业受到极大鼓舞，有力推动了世界和平和人类进步事业。

（二）打破美国的政治孤立和经济封锁

美国不仅在军事上包围和威胁中国，而且在外交上和经济上也力图孤立和封锁中国。1949 年 10 月 1 日，美国驻北平总领事柯乐博收到中国政府的通函后，美国政府迅速作出了反应。10 月 3 日，杜鲁门总统指示：“我们不要那么匆匆忙忙承认这个政府，我们在承认苏联的共产党政权之前曾等待了 12 年。”12 日，国务卿艾奇逊在记者招待会上宣布了承认中华人民共和国的三项条件：一是有效地控制它声称治理的领土；二是承认其国际义务；三是其统治得到人民的认可。艾奇逊表示，由于中国新政府尚不符合这些标准，美国现在不能给予承认。同日，艾奇逊向参议院外交关系委员会解释这些条件时说，美国对华关系的“基本出发点是，这个政府实际上是俄国帝国主义的工具”。艾奇逊指示美国驻外使团称，中共政权的成立早在预料之中，“美国认为非共产党国家现在不必急于考虑承认”。[①] 美国还拉拢北大西洋集团及其他一些国家在承认中国问题上同美国保持一致，共同对中国施加压力。1949 年 11 月，艾奇逊在美、英、法三国巴黎外长会议上，再次要求英国外交大臣贝文保证，在承认中国问题上同美国保持一致。1950 年 4 月，美国照会拉丁美洲国家，威胁他们不得先于美国承认新中国。

与此同时，美国政府还操纵联合国阻挠新中国派遣合法代表取代国民党集团非法占据的席位。1951 年 11 月 13 日，美国操纵第六届联合国大会通过“延期讨论”恢复中华人民共和国的合法权

① 陶文钊:《中美关系史（1949—1972）》第二卷，上海人民出版社 2016 年版，第 9—10 页。

利的决议。之后，美国在历届联合国大会上都以“暂缓讨论”的蛮横手法，阻挠恢复中华人民共和国在联合国的合法权利。美国的目的是企图在国际上孤立中国，削弱中国的影响。

美国在经济上对华实行封锁和禁运，企图压服以至扼杀新中国。1949 年 11 月，美国纠集西方国家筹组巴黎统筹委员会，专门负责管制对苏联、东欧和中国的贸易问题。同时，极力支持和配合国民党集团利用海、空军优势，对上海、青岛、天津等沿海城市和港口进行封锁，并以布雷、轰炸和炮袭相威胁，阻挠任何国家商船进出中国的港口。1950 年 12 月 3 日，美国宣布对运往中国的一切货物实施许可证管制办法。[①] 这实际上对华实行全面禁运。12 月 16 日，美国宣布将中国在美国管辖内的一切资产置于管制之下，禁止在美国注册的船只驶往中国港口。[②] 这等于禁止了美国与中国的贸易及其他活动，冻结了中国在美国的一切公私财产，包括冻结了中国在美国的存款和扣留中国在美国的公私货物。1951 年 5 月 18 日，美国再次操纵联合国大会通过对中国和朝鲜禁运的提案，要求各会员国“对中国和朝鲜实行禁运武器、弹药和战争工具、原子能材料、石油、具有战略价值的运输器材以及对制造武器、弹药和战争工具有用的物质”，并要求各成员国“在其管辖范围内，使用一切办法防止任何逃避其他国家依本决议实施的货运管制的情事”[③]。1951 年 10 月 26 日，美国国会通过巴特尔法案，强迫更多的国家对中国实行禁运。[④] 规定接受美援的国家不得将战略物资运往中国等社会主义国家，如违反规定，美国即取消给它的军事、经济和财政援助。在美国的拉拢和压服下，到 1953 年 3 月，对中国实行禁运的国家多达 45 个。

---

①《中美关系资料汇编》（第二辑　上），世界知识出版社 1960 年版，第 320 页。
② 同上书，第 352 页。
③ 同上书，第 460 页。
④ 同上书，第 614—615 页。

为了打破美国对中国的政治孤立和经济封锁，中国政府加强了同苏联及其他社会主义国家的友好合作关系，在外交上相互配合、相互支持，在经济上互通有无、互相帮助。中国同亚洲许多国家以及欧洲一些中立国家也建立和发展了友好关系，扩大了贸易来往。锡兰等国还向中国提供了橡胶等战略物资。在坚持建交的原则下，中国采取区别对待和灵活的方式同英国、荷兰相互承认，并建立代办级关系，打破了美国要求西方国家在承认和封锁中国问题上的统一行动的企图。同时，广泛开展民间外交，以民促官，同许多未建交国家采取多种方式和渠道发展交往，进行经济、文化交流。例如，利用 1952 年 4 月在莫斯科举行的国际经济会议，中国国际贸易促进会的代表同英国、法国、比利时、荷兰、瑞士、锡兰、印尼、巴基斯坦、芬兰、意大利等国家的工商企业家签订进出口协议总金额就达2.2亿多美元[①]。中国还邀请日本参议院议员帆足计、高良富和众议院议员宫腰喜助来华访问[②]，代表团在华期间，与中国签订了中日贸易协议[③]。

美国不仅没有孤立和遏制住中国，反而使自己陷入了被动地位。周恩来在全国政协一届三次会议上指出:“美帝国主义者满以为‘封锁’和‘禁运’一定能给我国以沉重打击，但是他们完全错了。帝国主义者的‘封锁’和‘禁运’，正好被我们用以肃清在中国经济中的半殖民地的依赖性，缩短我们在经济上获取完全独立自主的过程，而真正受到打击的，反而是他们自己。美国的‘经济封锁’，也加速了我们清算美帝国主义者在中国的经济特权的进程。中国人民在抗美援朝运动中同时顺利地彻底地肃清了美帝国主义者对我国多年来的文化侵略活动，并逐步肃清亲美、崇美、恐美的思

①《我国已与十个国家签订贸易协议》，《人民日报》1952 年 4 月 20 日，第 1 版。
②《日本出席国际经济会议的代表昨天抵京》，《人民日报》1952 年 5 月 16 日，第 7 版。
③《中日贸易协议的签订》，《人民日报》1952 年 6 月 2 日，第 1 版。

想。这一切对于我们的国家和人民都是非常有利的。”①

（三）反对美国侵占中国台湾和干涉中国内政

杜鲁门总统宣布美国第七舰队进入台湾海峡，并侵入台湾，台湾便沦于美国的直接军事控制之下。之后，美国舰队一直在包括南起广东汕头北至山东青岛的靠近中国的海面上进行所谓巡逻和侦察，并占用台湾的高雄港、基隆港和澎湖列岛的马公港作为其海军基地。1950 年 8 月，美国远东空军司令部所属第十三航空队侵入台湾，建立了所谓“台湾前进指挥所”。美国政府派驻台湾的“军事援助顾问团”不断为蒋介石集团整编、装备和训练陆海空军部队。② 8 月 27 日，美国侵朝空军开始对中国东北领空进行侦察、扫射和轰炸，美国海军舰只也开始进入中国领海挑衅。同日，美国总统杜鲁门函告美驻联合国代表奥斯汀，要求奥斯汀在联合国在台湾问题上坚持 7 点原则，其中一点是向联合国提出“台湾中立化”方案，声称“台湾实际地位是盟国在太平洋战争胜利后而从日本手里接收的领土。像其他类似的领土一样，在未来国际社会采取决定它的前途的行动之前，它的法律地位是不能确定的”③。要求他敦促联合国讨论所谓“台湾问题”，企图使台湾问题国际化。

针对美国的侵略行为，8 月 24 日，周恩来致电联合国安理会主席马立克、联合国秘书长赖伊，提出“美国侵占台湾是对中国领土的直接武装侵略，是对《联合国宪章》的彻底破坏。为了维护国际和平和安全，为了维护《联合国宪章》的尊严，联合国安全理事会有义不容辞的责任，来制裁美国政府武装侵略中国领土的罪行，

---

① 中共中央文献研究室：《周恩来年谱（1949—1976）》（上），中央文献出版社 2020 年版，第 233—234 页。

②《中美关系资料汇编》（第二辑　下），世界知识出版社 1960 年版，第 2006 页。

③ Harry S. Truman, *Letter to Ambassador Warren Austin Restating the U.S. Position on Formosa*, August 27, 1950. http://www.presidency.ucsb.edu/documents/letter-ambassador-warren-austin-restating-the-us-position-formosa.

并应立即采取措施，使美国政府自台湾及其他属于中国的领土完全撤出它的武装侵略部队”[1]。8月31日，安理会把中国控诉美国侵略案列入议程，但把议题改为笼统的“控诉武装侵略福摩萨（中国台湾）案”。按照《联合国宪章》的规定，安理会讨论有争议的问题时，应邀请有关当事国参加讨论。据此，周恩来于9月10日向联合国提出，在安理会讨论中国提案时，必须有中华人民共和国代表参加。安理会于1950年9月29日通过决议，同意由中国政府派出代表团，出席联合国大会和安理会，参加“美国侵略台湾案”的讨论，陈述中国政府的立场，联合国秘书长赖伊于10月2日正式将这一决定通知中国。

中国政府经过慎重考虑，决定由伍修权作为特派代表前往联合国。10月23日，周恩来以外长名义电报通知联合国秘书长赖伊：“中华人民共和国中央人民政府业已任命伍修权为大使衔特派代表、乔冠华为顾问、其他7人为特派代表之助理人员，共9人出席联合国安理会，讨论中华人民共和国中央人民政府所提出的‘控诉美国武装侵略台湾案’的会议”。[2]并通知联合国秘书长赖伊为中国代表及其助手办理赴美入境手续。代表团全体成员除伍修权和乔冠华外，还有龚普生、安东、陈翘（即陈忠经）、浦山、周砚、孙彪和王乃静。11月24日，中国代表一行9人，由布拉格经伦敦飞抵纽约。

11月27日，伍修权和中国代表团其他成员首次出席了联合国政治委员会的会议。中国代表团在联合国官员的引导下，走到为中国代表安排的位置上，顺序入座。在伍修权面前的桌子上，放着写有“中华人民共和国”英文字样的席位标志。11月28日下

① 熊向晖：《我的情报与外交生涯》（第2版），中共党史出版社2006年版，第323页。

② 中共中央文献研究室：《周恩来年谱（1949—1976）》（上），中央文献出版社2020年版，第66页。

午，联合国开始讨论美国侵略台湾案。在这次会议上，伍修权代表中国政府发表了长篇演说。伍修权在发言中首先表明，其此行是“奉中华人民共和国中央人民政府之命，代表全中国人民来这里控诉美国政府武装侵略中国领土台湾（包括澎湖列岛）非法的和犯罪的行为”。并严正指出：“台湾是中国领土不可分割的一部分，美国政府的武装力量侵占了台湾，这就构成了美国政府对中国公开直接的武装侵略行为。”接着，他针对美国散布的“台湾地位未定”、需由美国“托管”或“中立化”等谬论，引用1943年的《开罗宣言》、1945年的《波茨坦公告》和1950年1月杜鲁门总统关于台湾属于中国的言论等，一一予以驳斥。伍修权揭露了美国的图谋，他说：“美国的实在企图是如麦克阿瑟所说的，为使台湾成为美国太平洋前线的总枢纽，用以控制自海参崴到新加坡的每一个亚洲海港，把台湾当成美国的‘不沉的航空母舰’。”伍修权强调，台湾的地位早就定了，台湾根本不存在什么地位问题。台湾只有一个问题，就是美国政府武装侵略中国领土台湾的问题。为了维护国际和平与安全，为了维护联合国宪章的庄严，伍修权代表中国政府向安理会建议：一是安理会公开谴责，并采取具体步骤严厉制裁美国政府武装侵略中国领土台湾和武装干涉朝鲜的罪行；二是安理会立即采取有效措施，使美国政府自台湾完全撤出它的武装侵略力量，以保证太平洋与亚洲的和平与安全；三是安理会立即采取有效措施，使美国及其他外国军队一律撤出朝鲜。[①] 11月29日，美国驻联合国代表奥斯汀在安理会就伍修权控诉美国侵略台湾的发言进行辩护称，自新中国成立后，“美国政府对中国、对于朝鲜或在朝鲜的行动从来就不是侵略的。在北朝鲜的进攻发生前的一年中，美国在亚洲没有采取任何可能被解释为侵略的行动”[②]。并称美国政府认为，

①《中美关系资料汇编》（第二辑　上），世界知识出版社1960年版，第289—308页。
② 同上书，第314页。

安理会应该把关于美国侵略台湾的控告暂行搁置。

12 月 7 日，美国操纵联合国通过决议，将诽谤中国“侵略朝鲜”的提案列入联合国大会议程。在这一图谋得逞后，美国又操纵联合国，在 12 月 15 日决定联合国大会无定期休会，以拖延战术，拒绝讨论苏联和中国向联大提出的关于美国侵略中国案。中国代表团于 12 月 16 日举行记者招待会，向各国记者揭露了美国的阴谋。伍修权指出:“我们是争取和平来的。为了制止侵略和恢复和平，我们向联合国安全理事会提议采取有效措施，使美国政府撤退其侵略我国领土台湾的武装力量，停止干涉朝鲜内政，撤退其一切干涉朝鲜的武装力量。但联合国安全理事会，在美英集团的操纵之下拒绝了我国政府这个合理的和平建议，对此，我们表示坚决的反对和抗议。我国政府又接受联合国之邀请，派遣我参加联合国第五届大会政治安全委员会关于苏联代表所提出的控诉美国侵略中国一案的讨论。苏联代表虽然力争政治安全委员会应该讨论此案，但由于美国政府的操纵，政治安全委员会一直到今天还没有继续讨论这一重大控诉案。这样，我们虽然被邀请来了，而且等待了很长的时间，我们却至今没有得到说话的机会。但是，我们以为中华人民共和国的声音是应该被全世界听到的。”[①] 伍修权在记者会上散发了中国代表准备的发言稿和有关资料，随后又将拟在联大政治委员会上的发言稿正式提交联合国秘书处，要求列入大会文件。尽管中国的建议没有被联合国安理会列入议程，但新中国利用联合国这一舞台向世界揭露了美国侵略中国台湾的事实。

抗美援朝的胜利使中国的国际地位得到大幅度提高。1954 年 4 月至 7 月，中国作为五大常任理事国之一出席了在日内瓦举行的讨论和平解决朝鲜问题和恢复印度支那和平问题的国际会议，为和

①《中美关系资料汇编》（第二辑　上），世界知识出版社 1960 年版，第 333 页。

平解决印度支那问题作出了积极贡献，树立了良好的和平形象。中国巍然屹立于世界东方，并昂首阔步地走向国际社会。这是美国不愿意看到的，美国便加紧构筑遏制中国的战略包围圈。早在 1949 年新中国成立前后，美国就曾试图组建针对新中国的多边军事条约“太平洋军事联盟”，这一图谋当时未能成功。美国转而与一系列国家签订了双边军事条约，如“美泰军事援助协定”“美菲共同防御条约”“日美安全保障条约”“美韩共同防御条约”“日美共同防御援助协定”“美澳新安全条约”等。美国通过消灭北朝鲜、从战略上逼近中国的计划落空后，再次加紧组建针对中国的多边军事条约体系。在日内瓦会议前夕，美国向英法提出了建立包括美、英、法、澳、新、巴、泰、菲等国的东南亚和西太平洋军事同盟的方案。日内瓦会议期间，美国又向日本和南朝鲜提出了建立“东北亚联盟”的计划。“东北亚联盟”计划由于日韩之间的固有矛盾而搁浅。而“东南亚集体防务条约”则于 1954 年 9 月 8 日在马尼拉签字。该条约规定：缔约国有责任以“自助和互助”的方法来“抵抗武装进攻”，“防止和反对受外界指挥”的“颠覆活动”，如果任何缔约国认为有关国家或地区的“领土、主权或政治独立的不可侵犯性或完整性受到武装进攻以外的任何方式的威胁”，缔约国“须立即磋商”，以便在“应当采取的措施上取得协议”。这个规定实际上是为美国干涉缔约各国内政提供了无限制的借口。此外，该条约还规定，“各缔约国今后可能经一致协议指定的任何国家或领土”都可包括在缔约国采取行动的范围之内[①]。该条约的议定书还公然违背《日内瓦协议》，把越南、老挝、柬埔寨划入其“保护范围”。

在台湾问题上，美国企图制造“一中一台”或“两个中国”，

---

① *Southeast Asia Collective Defense Treaty* (Manila Pact), September 8, 1954, The Avalon Project, Documents in Law, History and Diplomacy, Lilllian Goldman Law Library, Yale Law School. https://avalon.law.yale.edu/20th_century/usmu003.asp.

长期侵占台湾，把台湾作为其反共反华的前哨基地。“1953 年 9 月，美国同台湾国民党集团签订‘军事协调谅解协定’，规定国民党军队的整编、训练、监督和装备完全由美国负责，如果发生战争，国民党军队的调动指挥，必须得到美国的同意。把台湾、澎湖列岛及沿海一些岛屿列入协定中所包含的范围。还规定成立由美国控制的‘协调参谋部’。”①

为了维护中国的独立、主权和领土完整，中共中央于 1954 年 7 月作出了“一定要解放台湾”的决定。毛泽东指出：“在朝鲜战争结束之后我们没有及时（约迟了半年时间）地向全国人民提出这个任务，没有及时地根据这个任务在军事方面、外交方面和宣传方面采取必要措施和进行有效的工作，这是不妥当的，如果我们现在还不提出这个任务，还不进行工作，那我们将犯一个严重的政治错误。”② 8 月 11 日，周恩来总理在中央人民政府委员会第 33 次会议上所作有关日内瓦会议报告中就台湾问题郑重提出：“台湾是中国神圣不可侵犯的领土，决不容许美国侵占，也决不容许交给联合国托管。解放台湾是中国的主权和内政，决不容许他国干涉。美国政府和盘踞台湾的蒋介石卖国集团无论订立什么条约都是非法的，无效的。如果外国侵略者敢于阻止中国人民解放台湾，敢于侵犯我国主权和破坏我国领土完整，敢于干涉我国内政，那么，他们就必须承担这一侵略行为的一切严重后果。”③

但美国无视中国的警告，以武力相威胁，阻止中国人民解放军解放台湾。8 月 3 日，美国国务卿杜勒斯叫嚷，美国要用海空军

① 窦晖：《中华人民共和国对外关系概述》，上海外语教育出版社 1989 年版，第 33 页。

② 中共中央文献研究室：《毛泽东传（1949—1976）》（上），中央文献出版社 2003 年版，第 585 页。

③ 中共中央文献研究室、中央档案馆：《建国以来周恩来文稿》（第十一册），中央文献出版社 2018 年版，第 223—233 页。

"保护台湾和澎湖列岛";8月17日，美国总统艾森豪威尔宣称："在1953年一二月间已经向第七舰队发出了关于保卫台湾的训令。这些训令重申了自1950年以来对该舰队一直有效的训令。这些训令至今仍有效，我们可以认为是，将会发生的情况是：对于台湾的任何侵犯将不得不超过第七舰队这道关。"[①] 8月19日，美国6艘海军军舰侵入大陈岛一带海面，并出动160架飞机在大陈岛海面上空活动。[②] 8月8日至22日，短短半个月时间，美国8个将军密集"访问"台湾。他们是：美国太平洋舰队司令斯图普，美国第七舰队司令普赖德，美国第七舰队第七十二特遣舰队司令基维特，美国远东空军司令帕特里奇，美国驻日防空司令林恩，美国驻马里亚纳群岛海军司令墨菲，美国驻关岛空军轰炸师指挥官卡尔达拉，美国陆军情报处处长特鲁多。[③] 美国以此刻意制造紧张气氛，阻止中国人民解放军攻台。

为回击美国，1954年9月3日，中国人民解放军以声东击西的战略，开始炮击金门。解放军的军事行动向全世界昭示了中国实现国家统一的决心，亚太地区局势也随之出现震动。美国进一步加大干涉中国内政的力度。1954年12月2日，美国同蒋介石当局非法签订了"共同防御条约"。条约规定：美国"维持并发展"蒋介石集团的武装力量；"缔约国之领土被武装攻击"时，应采取共同行动；条约里的"领土"一词，为台湾与澎湖以及双方"经共同协议所决定之其他领土"。[④] 由于美国与亚洲、大洋洲和欧洲若干

---

① Dwight D. Eisenhower, *The President's News Conference*, August 17, 1954. https://www.presidency.ucsb.edu/documents/the-presidents-news-conference-455.

②《美国海空军公然勾结残余蒋匪军侵犯我浙东沿海地区》,《人民日报》1954年8月20日，第1版。

③ 谷音:《斯图普打算干什么》,《人民日报》1954年8月29日，第6版。

④ *Mutual Defense Treaty Between the United States and the Republic of China*, December 2, 1954, The Avalon Project, Documents in Law, History and Diplomacy, Lilllian Goldman Law Library, Yale Law School. https://avalon.law.yale.edu/20th_century/chin001.asp.

国家签订有适用于亚洲的双边或多边军事条约，因此美蒋“共同防御条约”实际上就成了把蒋介石集团与上述国家连在一起的战略同盟纽带。这一“条约”企图将美国对中国内政的干涉“合法化”。

为反击美蒋“共同防御条约”，显示中国维护国家主权和完成国家统一的决心，解放军于 1955 年 1 月 18 日发起攻占浙江沿海大陈岛的战役。首战攻克一江山岛，迫使美国撤走了它的舰队。美蒋集团一片混乱，惊恐万状。美国总统艾森豪威尔于第二天急切呼吁通过联合国斡旋“来停止中国沿海的战斗”。

中国人民解放军解放大陈岛后，中国方面立即做出主动缓和台湾海峡局势的举动。1955 年 1 月 31 日，联合国秘书长哈马舍尔德致电周恩来总理，称安理会第六九〇次会议决定把新西兰、苏联致安理会的两个议案①列入议程。安理会决定，将在完成对第一个议案的审议后，才讨论第二个议案。安理会还决定邀请中华人民共和国中央人民政府派遣一位代表在讨论第一个议案期间出席安理会并参加辩论，以便提出中国政府的意见。对此，2 月 3 日，周恩来回复表示：中国政府坚决反对干涉中国内政、掩盖美国对中国的侵略行为的新西兰建议。只有在为了讨论苏联的提案并在安理会驱逐蒋介石集团代表的情况下，中国政府才能同意派代表参加安全理事会的讨论。同时表示中国支持旨在缓和国际紧张局势的任何努力。② 4 月 23 日，周恩来在亚非会议期间再次表达了愿意缓和地区局势的立场，并发表声明：“中国政府愿意同美国政府坐下来谈判，讨论缓和远东紧张局势的问题，特别是缓和台湾地区紧张局势

① 新西兰代表于 1955 年 1 月 28 日致函安理会主席，提出关于在中国大陆沿岸某些岛屿地区的敌对行动问题的方案。苏联代表于 1 月 30 日致函安理会主席，提出关于美国在中国的台湾和其他岛屿地区对中华人民共和国的侵略行为问题的议案。

②《中美关系资料汇编》（第二辑　下），世界知识出版社 1960 年版，第 2198—2201 页。

的问题。"[①] 周恩来的声明引起了国际社会的重视，美国方面随后表示，不排除同中国谈判的可能。两国随后开启大使级会谈，暂时缓和了台海紧张的局势。

中美大使级会谈于 1955 年 8 月开始，经过 40 多天的会谈，达成了平民回国协议。9 月 14 日，两国大使级会谈进入第二阶段，中方提出美国解除对中国的贸易禁运和准备两国进行更高一级会谈等两项议题。中方的目的是希望通过消除美国的贸易禁运，以及建立两国外长之间的会谈机制，达到缓和台海地区紧张局势和缓和中美关系的目的。中方代表在会谈中阐述了两个基本原则。第一，中国政府一贯主张，中美之间的争端应通过和平的方式解决，中美应承诺互不使用武力。第二，中美之间互不使用武力，绝不等于中国政府承诺用不使用武力的方式解放台湾，中国政府一再声明愿通过和平方式解放台湾，但这是中国的内政，不能成为中美会谈的议题。中方在涉及台湾问题的谈判中，始终坚持这一原则立场。美国政府此时并不想同中国政府进一步达成协议。在会谈中，对中方提出的各种提案，美方一直拒绝讨论。美国政府坚持奉行遏制和孤立中国的政策，在台湾问题上的政策是企图使台海两岸分离的状态固定化，甚至永久化。在这种政策的指导下，美方继续谈判的目的只是为了缓和紧张局势，抑制中国政府采取进一步军事行动，解放福建沿海的金门、马祖等岛屿，从而造成因台海局势紧张而将美国拖入军事冲突的局面。1957 年 12 月，中美第二阶段大使会谈中断。

为了加强对台湾的控制，美国政府逐步增强了美国军队在台湾的军事指挥系统，在台湾派驻了美军"协防台湾司令"，将美军驻台军事顾问团扩充到 2600 人。台湾当局还修建了可供 B52 战略轰炸机使用的机场，随之美 B52 轰炸机部队驻扎台湾。1958 年 3

① 中共中央文献研究室:《周恩来年谱（1949—1976）》(上)，中央文献出版社 2020 年版，第 457—458 页。

月，美国又把驻台的 17 个不同系统的机构合并成为“美军驻台协防军援司令部”，其司令官拥有指挥在台湾地区的美军和台湾国民党军队的全权[①]。同时，台湾当局也强化了在金门、马祖等岛屿的军事力量。

此时，中国领导人在对国际形势及有关的一系列问题上也有了一些新的认识。1956 年 2 月，苏共举行二十大，赫鲁晓夫在会上作了反对斯大林的秘密报告，并提出以同资本主义世界“和平共处、和平竞赛”作为对外政策的总路线。毛泽东对此持不同看法。他认为，时代的性质没有变，当今的时代仍然是列宁所说的帝国主义与无产阶级革命的时代。既然这样，列宁关于战争与和平的论断，关于帝国主义是现代战争的根源的论断也没有过时，从根本上说，“只有帝国主义被消灭了，才会有太平”。苏共二十大的情况传开后，引起东欧国家共产党内部骚动，资本主义国家共产党内更是一片混乱。同年 10 月发生了匈牙利事件，毛泽东对苏共二十大的“和平共处”总路线更怀疑了。到 1957 年，毛泽东对国际形势作出了新的判断。他认为，“国际形势到了一个新的转折点”，“目前形势的特点是东风压倒西风，也就是说，社会主义的力量对于帝国主义的力量占了压倒的优势”“西方世界被抛到我们后面去了……永远地抛下去了”[②]。因此他认为，帝国主义更怕社会主义，而不是相反。毛泽东还认为，在反对帝国主义压迫上，亚非拉各国是朋友，大家处在同一条战线上，支持亚非拉的反帝独立运动是中国应尽的义务。

1958 年 7 月，中东发生危机，美国出兵黎巴嫩。为反对美国制造“两个中国”的阴谋，也为了配合阿拉伯人民反对美国侵略的斗争，8 月 23 日，毛泽东决定炮击金门、马祖，以挫败美国的战

① 李长久、施鲁佳:《中美关系二百年》，新华出版社 1984 版，第 191 页。
②《毛泽东文集》第五卷，人民出版社 1999 年版，第 321、325 页。

争边缘政策。解放军炮击金门后，美国立即做出反应。9月4日，艾森豪威尔和杜勒斯会谈后，授权杜勒斯发表声明，威胁要把美国在台湾海峡地区的侵略范围扩大到金门、马祖等中国沿海岛屿，并加强在台湾海峡地区的军事部署。随后，美国从地中海、美国的西海岸及菲律宾调来第六舰队的一半舰只及其他舰只，加强其在台湾海峡的第七舰队的兵力；美国海军陆战队则派出3000多人在台湾南部登陆。

中国政府和人民坚决反对美国侵犯中国主权、干涉中国内政。1958年9月4日，中国政府宣布，中国的领海宽度为12海里，一切外国飞机和军用船舶，未经中国政府的许可，不得进入中国的领海和领海上空。9月6日，周恩来总理发表了关于台湾海峡地区局势的声明，强烈谴责美国在台湾海峡地区大量集结武装力量，公开威胁要把它在台湾海峡地区的侵略范围扩大到金门、马祖等沿海岛屿的严重战争挑衅，重申“中国人民解放自己的领土台湾和澎湖列岛的决心是不可动摇的”。

金门的炮声引起苏联及各社会主义国家和世界其他国家的关注。苏联与其他社会主义国家和广大亚非拉国家纷纷谴责美国的军事冒险政策，积极声援和支持中国人民的反美斗争。中东国家认为，这是中国对他们有力的支援，减轻了美国对他们的压力。参加马尼拉条约组织的国家都表示，无意介入台湾地区的纷争。西方国家因为害怕卷入美国的侵华战争，也不支持美国的冒险政策。英国、法国、加拿大、澳大利亚等国的政府首脑或外交部长先后发表谈话，表示将不介入纷争。美国的军事冒险政策在国内也不得人心。美国政府看到不能以武力威胁来迫使中国放弃用武力解放金门、马祖，又担心台湾当局扩大冲突，拖美国下水，同中国发生直接武装冲突。应台湾当局的请求，艾森豪威尔总统虽决定给台湾国民党军护航，但美国第七舰队只为台湾国民党军的运输舰队提供护航，“条件是美国舰只必须停在卸货的海滩三公里以外的公海上”，以“避免”在中国内海内与中国发生冲突[①]。

1958 年炮击金门，是一场军事斗争与政治、外交斗争密切配合的特殊较量。作为军事行动，这项行动的首要目的是维护东南沿海地区的基本安全。它是中国人民解放军 1954 年制定的夺取东南沿海蒋占岛屿之军事计划的一部分，是 1954 年春季即逐步展开的军事行动在特殊国内外环境下的继续。作为政治、外交斗争，经过这场较量，中国领导人摸清了美国“协防台湾”的底牌，击破了美国割裂海峡两岸、制造“两个中国”的图谋。此事也充分反映出，解放台湾虽为中国内政问题，但实际上已变成一种错综复杂的国际斗争，台湾问题的解决将是一场军事、政治、外交、经济、宣传上的持久斗争。

四、和平共处五项原则成为开展新型国际关系的准则

和平共处五项原则是：互相尊重主权和领土完整，互不侵犯，互不干涉内政，平等互利，和平共处。这些原则是中国倡导构建新型国际关系的基础，以后逐步发展为国际社会处理国家关系公认的基本准则。

（一）和平共处五项原则的形成过程

和平共处五项原则是逐步形成的，文字表述上也是逐步完善的。1949 年 4 月 30 日，毛泽东以中国人民解放军总部发言人名义发表声明：未来新中国与其他国家的外交关系“必须建立在平等、互利、互相尊重主权和领土完整的基础上”[②]。这里虽然主要是谈建交问题，但也初步表述了和平共处五项原则的核心内容和基本

① [美] 德怀特 · D. 艾森豪威尔，复旦大学资本主义国家经济研究所译：《艾森豪威尔回忆录——白宫岁月：缔造和平》（下），生活 · 读书 · 新知三联书店 1977 年版，第 338 页。

②《毛泽东选集》第四卷，人民出版社 1966 年版，第 1398 页。

精神，即未来的中外关系必须建立在互相尊重的基础上，本质特征则必须是平等。《中国人民政治协商会议共同纲领》以法律形式确认了上述建交原则："凡与国民党反动派断绝关系、并对中华人民共和国采取友好态度的外国政府，中华人民共和国中央人民政府可在平等、互利及互相尊重领土主权的基础上，与之谈判，建立外交关系。"① 这些原则也纳入了《中苏友好同盟互助条约》。该条约第五条规定："缔约国双方保证以友好合作的精神，并遵照平等、互利、互相尊重国家主权与领土完整及不干涉对方内政的原则，发展和巩固两国之间的经济与文化关系，彼此给予一切可能的经济援助，并进行必要的经济合作。"②《中苏友好同盟互助条约》中增加了互不干涉内政的内容。这些原则成为指导中苏关系的基本原则。

1951 年 11 月 19 日，周恩来在一项声明中首次谈到"和平共处"这个概念。他在阐述中国外交政策时说："两年来，中华人民共和国中央人民政府基于和平共处的原则，曾经与许多和新中国社会制度基本不同的国家在平等、互利及互相尊重领土主权的基础上建立了正常外交关系。"③ 周恩来的声明第一次将平等、互利、互相尊重主权与领土完整等原则，概括到和平共处的思想中。

1953 年 12 月 31 日，周恩来在会见印度谈判代表团时提出，中印两国应遵循"互相尊重领土主权、互不侵犯、互不干涉内政、平等互惠和和平共处"的原则处理两国间的关系。从中印两国关系的复杂性和后来两国关系的曲折发展来看，周恩来当时系统地提出这些原则，是有很强的针对性和预见性的，对其中每一项原则的理

① 中共中央文献研究室：《建国以来重要文献选编》（第一册），中央文献出版社 1992 年版，第 13 页。

② 中华人民共和国外交部：《中华人民共和国条约集（1949—1951）》（第一集），法律出版社 1957 年版，第 2 页。

③《中华人民共和国对外关系文件集（1951—1953）》（第二集），世界知识出版社 1958 年版，第 55 页。

解和执行都影响着中印关系的发展。中印两国在1954年4月29日签订的《中印关于中国西藏地方和印度之间的通商和交通协定》的序文中，“双方同意基于（一）互相尊重领土主权、（二）互不侵犯、（三）互不干涉内政、（四）平等互惠、（五）和平共处的原则，缔结本协定”[①]。这是第一次在国际协议中完整地表述和平共处五项原则。

中国认为，五项原则不仅适用于中印两国之间，而且应该适用于广泛的国际关系之中。1954年6月，周恩来总理应邀访问了印度和缅甸。中印、中缅双方总理在联合声明中，正式倡议将和平共处五项原则作为国际关系的准则。6月28日，中印两国总理发表联合声明，重申了指导两国关系的五项原则，并表示“在他们与亚洲以及世界其他国家的关系中也应该适用这些原则。如果这些原则不仅适用于各国之间，而且适用于一般国际关系之中，它们将形成和平和安全的坚固基础，而现时存在的恐惧和疑虑，则将为信任感所代替”[②]。两国总理认为，“在亚洲及世界各地存在着不同的社会制度和政治制度。然而，如果接受上述各项原则并按照这些原则办事，任何一国又都不干涉另一国，这些差别就不应成为和平的障碍或造成冲突。有关各国中每一个国家的领土主权和互不侵犯有了保证，这些国家就能和平共处并相互友好。这就会缓和目前存在于世界上的紧张局势，并有助于创造和平的气氛”[③]。6月29日，中缅两国总埋发表联合声明，确认和平共处五项原则“也应该是指导中国和缅甸之间关系的原则”，并指出“如果这些原则能为一切国家所遵守，则社会制度不同的国家的和平共处就有了保证，而侵略和

① 中华人民共和国外交部:《中华人民共和国条约集（1954）》（第三集），法律出版社1958年版，第1页。

②《中印两国总理联合声明》，《人民日报》1954年6月29日，第1版。

③ 同上。

干涉内政的威胁和对于侵略和干涉内政的恐惧将为安全感和信任感所代替”[①]。在中印、中缅两个联合声明中，“平等互惠”改为了“平等互利”。

1955年4月18日至24日，亚非会议在印度尼西亚万隆举行。这是缅甸、锡兰（今斯里兰卡）、印度、印度尼西亚和巴基斯坦五国总理自1954年12月开始筹备和召开的一次没有西方殖民国家参加的国际会议。参加会议的有28个国家的政府组织和1个国家的民族解放组织的代表。这次会议的目的，是为了“促进亲善和合作”，讨论有关“民族主权”和“种族主义及殖民主义的问题”，以及“促进世界和平”，发展相互关系等问题。它反映了亚非人民反对殖民主义、反对侵略战争、维护民族独立和世界和平、促进各国友好合作的共同愿望和要求。中国代表团应邀参加这次会议，并为会议成功举办发挥了重要的作用。

某些西方国家当时反对召开这次没有西方国家参加的会议，更反对新中国参加这一会议。他们使用种种伎俩破坏亚非会议，甚至支持台湾特务制造“克什米尔公主号”飞机爆炸事件，企图阻挠中国代表团出席会议。这些阴谋失败后，他们又想方设法对会议进行干扰，企图把会议引向“反苏、反华、反共”的邪路，偏离原定的会议宗旨。有少数国家的代表发表了反对和平共处、渲染“共产主义颠覆活动”的言论，有的还提出所谓“福摩萨”（台湾）局势紧张，有意向中国代表团挑衅。对此，中国代表团秉持求同存异方针，强调和平共处五项原则是处理国家间关系的基本准则。1955年4月19日，中国代表团团长周恩来在亚非会议全体会议书面发言中指出：“只有互相尊重主权和领土完整，和平才有保障。对任何一个国家主权和领土的侵犯，对任何一个国家内政的干涉，都不

①《中缅两国总理联合声明》，《人民日报》1954年6月30日，第1版。

可避免地危及和平。如果各国保证互不侵犯，就可以在各国的关系中创造和平共处的条件。如果各国保证互不干涉内政，各国人民就有可能按照他们自己的意志选择他们自己的政治制度和生活方式。”[①] 周恩来在讲话中将“相互尊重领土主权”改为“相互尊重主权和领土完整”，至此，和平共处五项原则的完整表述正式形成。会议通过了关于促进世界和平和合作的宣言，列举了各国和平相处、友好合作的十项原则，即：一、尊重基本人权，尊重联合国宪章的宗旨和原则。二、尊重一切国家的主权和领土完整。三、承认一切种族的平等，承认一切大小国家的平等。四、不干预或干涉他国内政。五、尊重每一国家按照联合国宪章单独地或集体地进行自卫的权利。六、不使用集体防御的安排来为任何一个大国的特殊利益服务，任何国家不对其他国家施加压力。七、不以侵略行为或侵略威胁或使用武力来侵犯任何国家的领土完整或政治独立。八、按照联合国宪章，通过如谈判、调停、仲裁或司法解决等和平方法以及有关方面自己选择的任何其他和平方法，来解决一切国际争端。九、促进相互的利益和合作。十、尊重正义和国际义务。[②] 会议宣布，确信贯彻这些原则对于维持和促进国际和平和安全，必将会作出有效的贡献。这十项原则是和平共处五项原则的延伸和发展，成为亚非国家团结合作的指针。

（二）和平共处五项原则产生的基础

和平共处五项原则来源于列宁的和平共处思想。列宁根据当时世界政治的基本特征，提出社会主义可以在一个或几个国家中首先胜利，而不是像马克思、恩格斯等预言的那样，社会主义革命的

① 中华人民共和国外交部档案馆：《中华人民共和国外交档案选编：中国代表团出席1955年亚非会议》（第二集），世界知识出版社2007年版，第55页。

② 中华人民共和国外交部：《中华人民共和国条约集（1955）》（第四集），法律出版社1958年版，第21—22页。

胜利必须是世界性的。十月革命胜利后的实践也表明，社会主义在一国首先胜利后，并不必然会立即引起世界范围的革命，帝国主义国家也不可能用武力消灭社会主义国家，暂时的力量平衡导致双方都需要和平相处。因此列宁提出了和平共处的思想，中心内容是社会主义国家与资本主义国家之间存在一个互相不发生武力冲突的和平时期，在这个时期它们可以和平共处，建立正常的外交关系，进行正常的国家交往。不同社会制度的国家为了能够和平共处，需要遵循一些基本的原则，如民族自决、相互尊重主权与领土完整、互不干涉内政。

斯大林执政时期提出了三大矛盾的学说，即世界政治中存在帝国主义国家之间、社会主义国家与帝国主义国家之间、帝国主义宗主国与殖民地国家之间的矛盾这三大矛盾。在这三大矛盾中，帝国主义国家之间的矛盾、帝国主义宗主国与殖民地国家之间的矛盾等，都超过了帝国主义国家与社会主义国家的矛盾，殖民地、半殖民地国家争取民族解放和独立的政治运动是社会主义革命的同盟军，社会主义国家不仅可以与帝国主义国家和平共处，而且需要和可以与获得民族解放的原殖民地国家和平相处。和平共处五项原则反映了上述思想，它的核心就是不同社会制度的国家需要也可以和平共处。

和平共处五项原则是近代以来中国人民追求民族独立、国家平等理想的继承与发展。近代百年屈辱的历史，使追求国家之间平等和互相尊重成为中国近代对外关系思想史的重要内容。中国共产党革命运动的理念中有一部分继承了中国近代的平等思想。早期共产党人赞扬并试图效法俄国的十月革命，很重要的原因是列宁领导的苏维埃政府曾经公开表示，愿意废除沙俄与中国签订的不平等条约，平等对待中国。十月革命的胜利，在中国人看来，不仅意味着社会革命和政治革命，而且是要建立一种以平等为基本价值的国际新秩序，受压迫民族和国家可以获得平等的和受尊重的地位。从20 世纪 30 年代的中华苏维埃共和国宪法，到后来中共在抗日战争中的外交主张，再到《中国人民政治协商会议共同纲领》，都展示了与和平共处原则一致的平等精神，它们与近代中国主流的进步思想是一脉相承的，反映的是一个受压迫民族和国家对建立平等的国际秩序的追求与向往，这正是和平共处五项原则的生命力和感召力的源泉。平等是时代给中国外交留下的巨大精神遗产，在此基础上建构了中国当代外交的基本价值和伦理，构成了中国的国际正义观的基本内容。

和平共处五项原则是适应当时国际国内形势的需要而提出的。第二次世界大战后，出现了一批社会主义国家和新独立的民族主义国家，但殖民地和半殖民地国家的人民争取民族独立的任务尚未完成，新兴的独立国家还面临着帝国主义和新老殖民主义的侵略和战争的威胁。1954 年 8 月 11 日，周恩来总理兼外长在中央人民政府委员会第三十三次会议上的外交报告中，指出了当时国际形势的特点："为了追求世界霸权，美国侵略集团一贯地执行扩军备战的实力政策，并不断在亚洲和欧洲策动组织各种各样的以侵略为目的的对立的军事集团，以制造国际紧张局势，便于从中取利。尤其是在亚洲，他们的侵略活动更加露骨。美国侵略集团发动了侵略朝鲜的战争，加紧干涉了印度支那的战争，同时，侵占了我国领土台湾……美国侵略集团的这种侵略政策，就是亚洲及世界的和平不断遭受威胁的根源。"①

抗美援朝战争结束后，中国开始转入大规模经济建设。经济建设需要安定的国际环境，最起码需要安定的周边环境，这就需要争取改善和发展同新兴民族独立国家，尤其是同邻近的民族独立国

① 国务院台湾事务办公室研究局:《台湾问题文献资料选编》，人民出版社 1994 年版，第 51 页。

家的关系。中国周边国家中民族主义国家居多，由于历史的原因，这些国家或者对中国抱有不信任感，或者与中国有边界、侨民等纠葛，如果不与他们搞好关系，不仅中国周边地区难以保持稳定，而且还会被美国所利用。为了与周边国家形成睦邻友好关系，必须客观地认识和了解周边国家的实际情况。必须制订适合于同这一类型国家交往的新方针，以便消除这些国家对中华人民共和国的误解，加强中华人民共和国与这些国家的交往。基于此，中国创造性地提出了和平共处五项原则。

（三）和平共处五项原则思想的深远影响

和平共处五项原则最初是为处理中国与亚非民族独立国家的关系而提出的，但它提出之后很快就被中国领导人当作处理国与国关系的普遍准则。1956 年波兰、匈牙利事件发生后，中国政府于同年 11 月 1 日发表声明，指出社会主义国家之间的关系更应该建立在和平共处五项原则的基础之上。[①] 在中国对外政策中，和平共处五项原则不仅适用于处理与不同社会制度国家的关系，也被正式用于处理同社会主义国家的关系。从当时中国对外关系的全局来看，和平共处五项原则直接针对美国对新中国采取的遏制和孤立政策，是新中国突破美国的遏制和孤立、扩大对外交往、在国际舞台上同美国开展外交斗争的重要的外交思想武器。

和平共处五项原则是新中国独立自主和平外交政策的具体体现。新中国的外交思想与理论随着实践发展得到不断完善，并得到世界上越来越多国家的赞同。但也有一些国家对中国倡导的和平共处五项原则持怀疑态度，认为这是中国的权宜之计。为此，毛泽东及时提出了“五项原则是一个长期的方针”的战略观点。1954 年 12 月 11 日，毛泽东在会见缅甸总理吴努时说：“五项原则是一个

①《中华人民共和国政府关于苏联政府一九五六年十月三十日宣言的声明》，《人民日报》1956 年 11 月 2 日，第 2 版。

大发展，还要根据五项原则做些工作。我们应该采取些步骤使五项原则具体实现，不要使五项原则成为抽象的原则，讲讲就算了。现在世界上就有两种态度，一种是讲讲算了，另一种是要具体实现。英美也说要和平共处，但是它们是讲讲就算了的，真正要和平共处，它们就不干了。我们不是那样，我们认为，五项原则是一个长期方针，不是为了临时应付的。这五项原则是适合我国的情况的，我国需要长期的和平环境。五项原则也是适合你们国家的情况的，适合亚洲、非洲绝大多数国家的情况的。”① 和平共处五项原则是中国对当代国际政治理论的一大贡献。

综上所述，新中国在国际上采取“一边倒”战略的主要考虑是维护新生政权的安全和独立自主的地位，这是在中国革命及中国共产党与美、苏两国交往的经验基础上而形成的。在“一边倒”战略引领下，中国与苏联结盟，并赢得苏联及以苏联为首的社会主义阵营中的国家的承认和支持，新生共和国政权的安全得到了一定的保障。“一边倒”战略虽然在某种程度上是结盟战略，但中国的“一边倒”立足点是促进新中国在国际上获得独立自主的国际地位，因此，在彻底肃清近代以来西方国家在华残留的特权的同时，对于希望与中国建立外交关系的国家，提出建交“三原则”，中国愿意在平等互利基础上通过谈判与他们建立外交关系。通过谈判建交，是新中国独立自主外交的一个创举。中苏建立同盟关系后，美国及以其为首的西方国家对华采取了敌视战略，采取一系列手段对华进行孤立、遏制乃至威胁，新中国对此开展了一系列的针锋相对的反帝、反霸斗争，进一步维护了国家的安全利益。同时，也应该看到，这一战略在一定程度上诱发了以美国为首的西方阵营对华的

① 中华人民共和国外交部、中共中央文献研究室：《毛泽东外交文选》，中央文献出版社 1994 年版，第 186—187 页。

敌对立场。以美国为首的西方国家对华随之遏制、围堵、孤立，尽管最终以失败告终，但当时对新中国的外部环境还是产生了严重的不利影响。

第三章 “两条线”战略思想

自20世纪50年代末开始，中苏两国在意识形态问题、战略问题上的分歧日益加大，两国关系最终走向破裂直至恶化。苏联在中国北部边境不断增强的军事部署以及对中国边境地区的袭扰，对中国国家安全构成严重挑战。美国不断加大对印度支那问题的介入力度，发动对越南的地面战争，对中国南部边境造成威胁。为应对美、苏两个超级大国从南、北两个方向对中国构成的压力及围堵，中国采取两个“拳头”打人、“两条线”战略予以回击。同时，以“两个中间地带”思想为指导，积极寻求国际社会一切可以团结和支持的力量。

一、“两条线”战略思想产生的背景

20世纪50年代末至60年代中，国际格局的基本特点仍然是以美苏为首的两大阵营的对峙，但美苏对其各自盟国的控制力日渐削弱。世界局势动荡，社会主义阵营分裂，西方资本主义国家之间矛盾加深，民族解放运动蓬勃发展，不结盟运动兴起等，使国际局势呈现大动荡、大分化、大组织的局面。苏美两国为了对付对方扩张的威胁，都加紧对盟国的控制。苏联共产党要求社会主义国家服从其指挥，而中国坚持独立自主的外交战略。

（一）国际局势大动荡

在美苏对峙格局的大背景下，两大阵营内部发生了严重分化。与此同时，民族独立运动蓬勃发展，亚洲、非洲和拉丁美洲广大地区的许多民族国家纷纷宣告独立，在国际舞台上形成了一支新的重大力量。

20世纪60年代初，美苏两国在欧洲的争夺，导致柏林危机进一步加剧。这次危机虽然以苏联放弃最后通牒式的要求而缓解，但不久，美苏两国在加勒比海地区发生的古巴导弹危机，几乎把人类带到核战争的边缘。古巴导弹危机平息后，美苏双方都调整了核战略。美国以“相互确保摧毁”为战略目标，迅速建立起由陆基、海基和空基核武器所谓三个支柱构成的战略核力量，苏联则实施一项以核武器为中心的全面扩充军事力量的计划，最终在 60 年代末改变了美国独占核优势的局面。美苏双方积累的核武器足以把地球毁灭若干次，对人类生存和发展构成巨大威胁，从此，维护世界和平成为世界各国人民的共同要求。在美苏各自增强核威慑力量的同时，两个超级大国的双边关系呈现出新特点：一方面，双方继续在一系列问题上明争暗斗，竭力扩充势力范围；另一方面，又在一些重要问题上寻求妥协与合作，双方签署了部分禁止核试验条约、防止核扩散协议等。这充分表明，两个超级大国力图维持日益受到挑战的两极世界格局，实现美苏合作主宰世界的愿望，同时，双方又都利用这一暂时缓和的时机，积极在地缘政治方面为下一轮的霸权争夺做好准备。

古巴导弹危机爆发后，苏联在对外政策方面致力于加强集团内部的控制。苏联共产党以“老子党”自居，要求所有社会主义国家都服从它的指挥，都服从其与美国共同“主宰世界”的总体战略。为促使社会主义国家听命于其指挥，苏联置国际关系基本准则于不顾，公开干涉那些坚持独立自主的国家的内政，甚至使用军事干涉的手段将其意志强加于一些社会主义国家，进而否定这些国家的主权存在。苏联同阿尔巴尼亚关系的破裂，原因就出于此。苏共二十大后，中苏两国发生了重大分歧，特别是赫鲁晓夫访美后，中苏两国在对美战略与政策、中印边界问题、对待阿巴尼亚问题上分歧加大，与此同时，两国在意识形态问题上展开公开论战。苏联领导人为迫使中国屈服，把两国在意识形态问题上的分歧扩大到国家关系上，对中国施加强大的政治、经济、军事和外交压力，中苏关系急剧恶化。

资本主义阵营也发生了严重分化。由于资本主义世界政治经济发展不平衡规律的作用，资本主义阵营内部实力对比发生了重要变化。美国为了与苏联争霸，在军事上投入了巨额费用，特别是由于越南战争的巨额支出，导致连年出现财政赤字，对国内经济发展产生了相当影响，使美国国家实力严重受损。日本和西欧各主要资本主义国家政治上相对稳定，经济发展迅速，不仅发展速度超过美国，而且与美国的实力差距不断缩小。这种实力对比变化导致美国对西欧、日本等国的影响力、控制力不断下降。西欧、日本等国独立自主的要求日益强烈，他们不愿再充当美国的小伙伴，力图在国际舞台上发挥自己的独特作用。特别是随着西欧经济的不断发展和西欧共同市场的逐步形成，西欧国家联合自强的倾向逐渐抬头。法国在戴高乐将军重新上台执政后，为谋求世界大国的地位，实行独立自主的外交政策，拒绝在美、苏、英三国达成的《部分禁止核试验条约》上签字，坚持发展自己的核力量，并退出北大西洋公约组织的军事一体化机构。戴高乐政府还不顾美国的反对，果断地与中华人民共和国建立外交关系。法美矛盾的尖锐化，表明西方资本主义阵营在不断分化。联邦德国也基于国家和民族利益的考虑，提出了“新东方”政策，主动改善与苏联、民主德国及东欧各国的关系。

亚非拉地区民族解放运动的蓬勃发展，使世界格局发生了重要变化。万隆会议的成功召开，极大推动了亚非拉民族解放运动的发展。20 世纪 60 年代，亚非拉民族解放运动达到了高潮，涌现出一大批民族独立国家。同第二次世界大战结束时相比，全世界的主权国家数量增加了 2 倍。国际公认的国际法则规定，各民族国家在国际法上都享有主权平等地位。而新兴的民族主义国家，由于经济上长期遭受殖民压迫与剥削，政治上获得独立并不意味着已经摆脱了国际旧秩序的控制。他们不但继续面临着老殖民主义者卷土重来的危险，而且受到美国新殖民主义者的威胁。美国以其强大的经济、军事力量，用各种方式从经济上、政治上、军事上对新兴独立的国家实行渗透和干涉，甚至发动武装侵略。同时，由于战后国际关系中盛行强权政治，少数大国特别是美国和苏联，依仗自己的强大国力，操纵国际事务，使新兴独立国家处于无权地位，甚至连与本国利益直接相关的问题也无权参与决定。对此，新兴的民族主义国家奋起抗争。在外政策上，他们坚持独立自主和不结盟原则，反对殖民主义、强权政治和霸权主义，为争取国际关系中的平等地位和经济发展的自主权而积极斗争。1961 年不结盟国家首脑会议的召开、1964 年 77 国集团的诞生等，标志着民族主义国家作为一支新兴的政治力量在国际社会中崛起。新兴的民族主义国家崛起带来国际关系结构的变化，他们同发达国家之间的尖锐矛盾，直接影响国际关系的发展进程，对美苏两大阵营对峙的格局产生了重要影响。

中国的综合国力和国际影响不断提升，成为推动国际局势变化的一支重要力量。抗美援朝战争结束后，中国的社会主义建设取得了显著发展，工农业生产的各项主要指标与成立初期相比得到了大幅度增长，事关国民经济命脉的钢铁工业、石油工业的增幅多达几十倍，甚至上百倍。大规模的“三线建设”，不仅改变了中国的工业布局，而且为中国建立独立的比较完整的国防工业体系奠定了基础。中国坚决反对霸权主义和强权政治，坚决支持亚非拉民族解放运动，赢得了世界上许多国家的同情和支持。中国的综合国力有了较大发展，特别是“两弹一星”的成功发射，使中国的国防力量发生了质的飞跃。尽管中国经济在当时还比较落后，但是中国已经成为国际舞台上一支不可忽视的力量。

（二）中苏关系走向破裂

新中国成立后，中苏同盟关系的全面发展，对新生政权奠基固本、促进中国与其他社会主义国家间关系及提高中国的国际地位发挥了重要作用。然而，20 世纪 50 年代中后期起，中苏两党间关于意识形态问题的分歧逐步扩大到两国关于战略安全的分歧，加之苏联大国沙文主义对两国关系的干扰，导致两国关系最终走向破裂。

中苏两党分歧源于 1956 年苏共二十大。两党在涉及马克思列宁主义的一些理论问题以及国际共产主义运动的若干问题上产生了分歧。最初，为了不影响中苏友好的大局，维护社会主义阵营的团结和原有的格局，中共在许多问题上依然给予苏共支持，同时苏方也作了一定程度的让步，两党间的分歧暂时没有公开化。20 世纪 50 年代末期开始，随着赫鲁晓夫在党内地位的稳固，苏联固有的大国沙文主义逐渐显露出来，并开始对中国的内政外交干涉。在这种情况下，中苏两党之间原有的矛盾没有得到解决，新的分歧又产生了。

新中国成立后，随着海军的建设与发展，舰艇需要远离基岸，特别是潜艇，远离祖国海岸潜航在大洋深处，必须依靠无线电通信与指挥机关保持联系。在海军第一支潜艇部队建立之初，中国就开始着手长波电台的建设，经与苏联政府商谈，苏方向中国提供了三套“突浪型”长波电台设备，于 1957 年分别建在青岛、宁波、湛江地区。但是，这些都是中小功率的长波电台。随着潜艇部队的发展和远航训练任务的增多，迫切需要建设大功率的长波电台。鉴于中国当时承担这样的工程难度较大，便与苏联联系、商洽，希望他们能给予帮助。[1] 1958 年 1 月 6 日，苏联海军上将普拉东诺夫发

①《肖劲光回忆录》（续集），解放军出版社 1989 年版，第 200 页。

给肖劲光大将一份函件，信中写道：“为了苏联海军和中国海军设在太平洋西岸地区的长波台更加有序，和提高双方利用这些电台的效率，苏联海军首长认为，最好组织两国海军对设在海参崴、青岛、宁波和西营各地之TAPAH超长波电台的共同使用……”同时附有“协议草案”。[①] 这是苏方对中国的初步回应。

4月18日，苏联国防部长马利诺夫斯基元帅致函中国国防部长彭德怀，对于如何建长波电台提出了进一步的建议，建议从1958年至1962年在中国华南地区，由中苏共同建设1000瓦大功率长波电台，投资1.1亿卢布，苏联出7000万，中国出4000万，建成后中苏共同使用。[②] 但信中没有提到长波电台归谁所有和由谁控制问题。4月24日，毛泽东指示有关部门作如下答复：同意在中国建设该项设施，但费用全部由中国负担，所有权是中国的。[③] 根据毛泽东的意见，在5月10日召开的第一五二次军委会议上，彭德怀主张，电台不要合办，应由中国出钱自己办，平时可向苏方提供情报，战时苏方也可来人，总之不要让外国人在中国搞军事基地，这样影响不好。彭德怀表示：“外国人在中国搞军事基地不好，我准备先口头向他谈一次，然后再正式回复马利诺夫斯基。”会议确定将苏联的建议交海军和总参通信部研究并提出意见。6月4日，彭德怀向苏联在华军事总顾问杜鲁方诺夫陈述了中方的意见。6月5日，彭德怀将这次谈话记录呈送毛泽东，并报告说：“关于苏联请求在我国建立特种长波无线电台问题，苏方仍坚持原来双方共同投资建台的意见，并提议在6月上旬即派专家来华进行选址、勘察设计、拟制协定等工作。看来苏方是不会很快接受我们的意见的。

① 吴殿卿：《中苏共建超长波电台分歧始末》，《党员干部之友》2009年第7期，第54页。

② 王焰：《彭德怀年谱》，人民日报出版社1998年版，第681页。

③ 中国军事博物馆：《毛泽东军事活动纪事（1893—1976）》，解放军出版社1994年版，第907页。

因此，彭德怀建议，为了不影响勘察设计工作的进行，可先同意苏方专家来华着手进行一些技术性工作，有关投资和使用等问题可放在下一步解决。”[①]6月7日，毛泽东在谈话记录上批示：“可以照所拟办理。钱一定由中国出，不能由苏方出。使用共同。”“如果苏方施加压力，则不要回答，拖一时期再说。或者中央谈一下再答复。此事应由两国政府签订协定。”毛泽东还在彭德怀呈送的谈话记录“这个无线电中心的投资，应当由中国方面负担”后批注“中国责无旁贷”；在“建筑和装备等技术方面，请苏联同志帮助，所需设备，均应作价由我们付款。建成后可以共同使用”后加了“并且应当由两国政府签订正式协定。这是中国的意见，不是我个人的意见”[②]。

彭德怀接到毛泽东主席的信后，于6月12日正式复信给苏联国防部长，主要内容是：一、中国政府同意建设大功率长波电台，欢迎苏联在技术方面给予帮助，但一切费用应由中国全部承担，以确保中国的所有权和主权；二、该电台建成后可由中苏两国共同使用；三、建议两国政府就此签订一项协定。可是，苏方对中方要拥有电台的全部所有权这一原则性立场不予重视。[③]7月11日，苏联在向中方提出的协议草案中，仍坚持由中苏双方共同建设和管理，实际上还是要求此电台为中苏所共有。苏联的协定草案是中国所不能接受的。中方在对草案所提出的修改意见中再次明确表示：长波电台由中国负责建设，主权是中国的；装备器材凡中国不能自行解决的，向苏联订货；技术方面请苏联专家来中国帮助；建成后两国共同使用。这就使协定的性质变为由中国建设和管理、苏联只

① 中共中央党史和文献研究院：《建国以来毛泽东文稿》（十二），中央文献出版社2023年版，第422页。

② 同上书，第421—422页。

③ 刘志青：《恩怨历尽后的反思：中苏关系七十年》，黄河出版社1998年版，第418页。

提供某些援助的一项军事技术合作协定。[①] 7 月 22 日，毛泽东会见苏联驻华大使尤金，谈到长波电台问题时指出："这个问题和搞海军'合作社'一样，无法向人民讲，向国外讲，政治上不利。"[②]

这时，苏方又提出了"联合舰队"问题，这是长波电台问题后双方争执的一种变化方式。1958 年 4 月，中国海军领导人在向军委提交的一份报告中，建议以政府名义向苏联提出援助建设中国海军请求。6 月 28 日，周恩来致信赫鲁晓夫，希望苏联政府对中国海军给予新技术援助[③]。7 月 21 日，苏联驻华大使尤金要求紧急会见毛泽东主席。尤金以苏联领导人赫鲁晓夫的名义提出："苏联的自然条件使我们不可能充分发挥核潜艇舰队的作用，而中国的海岸线很长，条件很好。同时考虑到将来如果打仗的话，我们共同的敌人是美国。因此，赫鲁晓夫同志希望同中国一起商量一下，建立一支共同潜艇舰队，越南也可以参加。"尤金还说："希望中共中央派周恩来、彭德怀同志以及必要的助手到莫斯科，把我们的一切东西都看看，然后具体商量。"毛泽东表示："我们想叫你们帮助我们搞，但对'合作社'问题没想过，要研究一下。是否只搞'合作社'你们才干？首先要明确方针：是我们办，你们帮助，还是只能合办，不合办你们就不给帮助，就是你们强迫我们合办。我们先讨论，同意就去人，不同意，又不帮助，我们就不搞"。[④] 7 月 22 日，毛泽东和刘少奇、周恩来继续同尤金大使谈话，重申不搞联合舰队的立场，并明确告诉对方：中国决定撤销关于苏联为中国新型的海

① 刘志青：《恩怨历尽后的反思：中苏关系七十年》，黄河出版社 1998 年版，第 418—419 页。

② 中共中央党史和文献研究院：《毛泽东年谱（1949—1976）》（六），中央文献出版社 2023 年版，第 393 页。

③ 中共中央文献研究室：《周恩来年谱（1949—1976）》（中），中央文献出版社 2020 年版，第 145 页。

④ 中共中央党史和文献研究院：《毛泽东年谱（1949—1976）》（六），中央文献出版社 2023 年版，第 391—392 页。

军舰艇提供技术援助的要求。毛泽东认为，如同合资建设长波电台一样，建立共同潜艇舰队也是一个政治问题。毛泽东指出："那你们就帮我们建造核潜艇嘛！你们可以作顾问。为什么要提出所有权各半的问题？这是一个政治问题。要讲政治条件，连半个指头都不行。你可以告诉赫鲁晓夫同志，如果讲条件，我们双方都不必谈。如果他同意，他就来，不同意，就不要来，没有什么好谈的，有半个小指头的条件也不成……搞海军'合作社'，就是在斯大林活着的时候，我们也不干。"①

赫鲁晓夫收到尤金的报告后，感到十分震惊和不安。为解决争执，赫鲁晓夫于 1958 年 7 月 31 日至 8 月 3 日访华，就长波电台和联合舰队事宜向毛泽东等中国领导人作出解释，并不再坚持苏方原有建议。8 月 3 日，中苏两国国防部长签署了有关协定和订购设备及聘请专家的合同。

围绕长波电台和联合舰队问题而发生的争执刚告一段落，苏联又对中国为维护国家统一和领土完整而在台湾问题和中印边界问题上采取的措施表示不满，担心中国的这种行动发展下去会引起美苏冲突，影响苏联推行的"苏美联合主宰世界"战略。1958 年 8 月 23 日，中国开始炮击金门。赫鲁晓夫在得知中国政府的真实意图和不拖苏联下水的承诺后，虽然两次发表公开声明表示支持，但内心对中国的行动是耿耿于怀的，认为中国的行动与苏联推行的缓和紧张局势的外交方针背道而驰。1959 年 8 月下旬，中国边防部队同入侵的印度军队发生第一次武装冲突。事后不久，中国就向苏联通报了中印边界冲突真相以及中国方面力求避免冲突的方针。但是，苏联政府不顾中国的反对，在 9 月 9 日发表的塔斯社声明中明显表露出施压中国、偏袒印度的立场，从而第一次把中苏双方的

---

① 中共中央文献研究:《毛泽东年谱（1949—1976）》第三卷，中央文献出版社 2013 年版，第 392 页。

分歧暴露在全世界面前。9月12日，苏联又同印度在莫斯科签订了巨额贷款协议，再次向世界印证了中苏两国的分歧。9月30日，赫鲁晓夫在访美后抵达北京，参加中国国庆10周年庆典，但在宴会上作了喧宾夺主的长篇发言，对中国有关革命斗争的理论和方针大肆批评和攻击。10月2日，在同毛泽东等中国领导人的会谈中，赫鲁晓夫无端指责中国在台湾问题和中印边界问题上的严正立场，中国领导人对其指责予以严厉驳斥，会谈不欢而散。此后，中苏两党的分歧与争论逐渐从最初的意识形态扩展到国家利益层面，并且愈演愈烈。

1960年4月，在纪念列宁90周年诞辰时，《红旗》杂志、《人民日报》相继发表了《列宁主义万岁》《沿着伟大列宁的道路前进》《在列宁的革命旗帜下团结起来》3篇文章，集中阐明了中国共产党关于时代、战争与和平、无产阶级专政、反对现代修正主义等一系列重大问题的观点，借批判南斯拉夫的"修正主义"，对赫鲁晓夫的一系列观点进行不指名的批驳，苏联报刊随即作出激烈反应。中苏论战的序幕由此拉开。

6月下旬，赫鲁晓夫利用参加罗马尼亚工人党第三次代表大会的机会，策划和动员各兄弟党对中共的内政、外交政策进行批判。虽然中共代表团为顾全大局在修改后的会议公报草案上签了字，但会上与苏联针锋相对的斗争却让赫鲁晓夫十分不快。会后，苏联相继采取了一系列严重恶化两国关系的步骤。7月16日，苏联突然单方面决定召回全部的在华苏联专家和顾问。在一个多月的时间内，苏联将在华担负重要任务的1390名专家全部撤回国，同时撕毁了两国政府签订的12项协定和两国科学院签订的1个议定书以及343个专家合同和合同补充书，废除了257个科学技术合作项目。[①] 苏联的这一行为，不仅使中国蒙受巨大的经济损失，也给中苏关系蒙上了一层拨不开的阴影。

尽管苏联方面一系列的错误决定和做法给中国建设事业和中苏关系造成严重困难，但中国政府当时仍以团结为重，制定了"坚持原则，后发制人；坚持斗争，留有余地；坚持团结，反对分裂"的方针，号召全党全国扎扎实实搞好中苏两国的友好合作关系。1960 年 11 月 10 日至 12 月 1 日，以刘少奇为团长的中共代表团参加了 81 国共产党和工人党代表在莫斯科举行的会议。与会期间，中苏经协商后同意结束争论，使两国关系恢复到 1957 年的水平。会后，刘少奇应苏方邀请访问苏联，中苏关系一度有所缓和。但不久后，由于赫鲁晓夫在苏共二十二大的报告中将矛头直指与中共关系密切的阿尔巴尼亚劳动党，引起参会的中共代表团强烈不满。周恩来提出："兄弟党、兄弟国家之间，如果不幸发生了争执和分歧，应该本着无产阶级国际主义的精神、平等和协商一致的原则，耐心地加以解决。对任何一个兄弟党进行公开的片面的指责，是无助于团结，无助于问题的解决的。把兄弟党、兄弟国家之间的争执公开暴露在敌人的面前，不能认为是马克思列宁主义的郑重的态度。"[②] 1962 年四五月间，苏联在新疆伊犁和塔城地区策划中国 6 万多边境居民非法越境去苏联，企图颠覆和分裂中国，反华立场暴露无遗。不仅如此，苏联还支持印度在中印边界进行武装挑衅，不断增加在蒙古国和中苏边境的兵力，对中国边境安全构成巨大安全威胁，中苏关系雪上加霜。

1962 年 10 月 19 日至 11 月 9 日，苏共领导人先后在保加利亚、匈牙利等国的共产党代表大会上指名攻击中国共产党。面对以苏共

① 中共中央党史研究室：《中国共产党历史（1949—1978）》第二卷下册，中共党史出版社 2011 年版，第 643 页。

②《周恩来同志在苏共第二十二次代表大会上致贺词》，《人民日报》1961 年 10 月 20 日，第 1 版。

为首的几国共产党对中国共产党的公开指责，中共中央从 1962 年 12 月 15 日至 1963 年 3 月 8 日，以《人民日报》和《红旗》杂志社论等形式相继发表了《全世界无产者联合起来反对我们的共同敌人》等 7 篇理论文章予以反击。在这些文章中，中国共产党进一步阐述了关于当代世界的矛盾、战争与和平、国家与革命、反对现代修正主义、国际共产主义运动的内部团结等重大国际问题的立场和看法，实际上是对苏联在这些问题上的路线方针给予了不点名的批评。

论战之初，中苏双方仍在为举行两党会谈、结束争论的问题反复磋商。苏共中央 1963 年 3 月 30 日给中共中央的公开信和 6 月 14 日中共中央的复信中关于国际共运总路线问题的交锋，彻底暴露了中苏两党在一些重大原则问题上存在着根本分歧。为解决分歧，中苏两党于 7 月 6 日至 20 日在莫斯科举行高级会谈。7 月 14 日，苏共中央公布《给苏联各级党组织和全体共产党员的公开信》，继续对中共进行全面批判，导致会谈不欢而散。为回复苏共中央的公开信，从 1963 年 9 月到 1964 年 7 月，中国共产党以《人民日报》编辑部和《红旗》杂志编辑部的名义连续发表 9 篇评论文章，矛头直指苏共领导人，全面批评苏共的内外政策。与此同时，苏联方面也发表了一系列攻击中国的文章。中苏论战进入高潮阶段。

中苏两党这场规模空前的大论战前后历时 10 年。论战的实质，从整个国际共运来看，是国际共运传统模式发生危机的一种反映；从中苏两党关系来看，是中共反对苏共大党主义和大国沙文主义的一场斗争；从争论的内容来看，是中苏两党关于什么是马克思主义、什么是社会主义的争论；从结果来看，这场论战对国际共运和国际关系都产生了重大而深远的影响。论战不仅导致国际共产主义运动陷于分裂，而且也严重影响了中共对国际形势的判断和对社会主义的认识。

回顾这场论战的历史，在中苏两党发生意识形态分歧之后，苏联领导人首先把两党之间的意识形态争论上升为两国间争端，对中国施加政治上、经济上和军事上的巨大压力，这使得中国共产党不得不进行反对苏联“老子党”和大国沙文主义的斗争。邓小平对此指出：“真正的实质问题是不平等，中国人感到受屈辱。”[①]邓小平还指出：“大论战我们发表了九篇文章，这些工作我都参加了。从现在的观点看，好多观点是不对的。我们的错误不在个别观点，个别观点上谁对谁错很难讲，应该说，我们的许多观点现在看还是正确的。我们的真正错误是根据中国自己的经验和实践来论断和评价国际共运的是非，因此有些东西不符合唯物主义和辩证法的原则。主要是这个问题。至于这个观点、那个观点，都可以争论。关于国际共运如何处理兄弟党关系的准则，我们也改变了。对兄弟党，不要指手画脚，否则是很危险的。”“如果中国要对国际共运、对人类做出重大贡献的话，关键是生产力的发展。这种发展不仅表现在国际上社会主义对资本主义比重的增加，而且要体现在社会主义比资本主义更加优越。”[②]

史无前例的中苏论战虽然对两国关系带来严重的负面影响，但中国方面仍希望能有机会改善两国关系。1964 年 4 月 16 日，中国领导人电贺赫鲁晓夫生日，并在电文中提出分歧只是暂时的，希望两国在国际重大问题上，团结一致，共同对敌。但在 4 月 21 日，苏联《真理报》发表文章第一次称中国为“叛徒”。1964 年 10 月，苏共中央撤销赫鲁晓夫的领导职务，勃列日涅夫当选为苏共中央第一书记。中方希望继任的勃列日涅夫政权能改变赫鲁晓夫

① 《邓小平文选》第三卷，人民出版社 1993 年版，第 294—295 页。

② 中共中央文献研究室：《邓小平年谱（1975—1997）》（下），中央文献出版社 2004 年版，第 944 页。

时期的错误方针路线，包括改善中苏两党两国关系，加强国际共运的团结。为此，中国派周恩来总理率领中国党政代表团赴苏联参加十月革命 47 周年庆祝活动。在中国代表团与苏方举行会谈时，苏共中央第一书记勃列日涅夫声称，他们在同中共的思想分歧问题上和“赫鲁晓夫时期”是一致的，甚至没有细微差别。在庆典晚会上，苏联元帅马利诺夫斯基甚至公然声称，“赫鲁晓夫已下台，毛泽东也应下台”。这种挑衅的姿态显然表明，苏联新领导并没有真诚改善对华关系的愿望。

1965 年 2 月，苏联部长会议主席柯西金在访问越南和朝鲜途中，先后两次在北京停留，周恩来、陈毅与他进行了会谈，毛泽东也接见了他。由于双方都坚持各自的立场，两党、两国关系加速恶化。1965 年 3 月，勃列日涅夫在中国强烈反对的情况下，强行召集以集体谴责中共为目标的各国共产党和工人党会议的筹备会。由于苏联拒绝在会议召开之前同中共就原则问题上的重大分歧共同协商，以有效地促进国际共运的团结，因而中国、朝鲜、罗马尼亚等兄弟党拒绝参加，这标志着国际共运的全面分裂。1966 年 3 月，中共拒绝参加苏共二十三大，这标志着中苏两党关系完全破裂。

（三）国内“左”倾思潮不断上升

早在新中国成立前夕，毛泽东在中共七届二中全会上，对于建设新中国的工作就作了具体的阐述。他指出，新民主主义的新中国存在着五种经济成分，并认为“在革命胜利后一个相当长的时期内，还需要尽可能利用城乡私人资本主义的积极性，以利于国民经济的向前发展”。1953 年在恢复国民经济后，毛泽东指出，从共和国成立到社会主义改造基本完成称为过渡时期，这个时期的总路线、总任务是要在一个相当长的时期内，基本上实现国家工业化和对农业、手工业、资本主义工商业的社会主义改造，这个过渡时期要十年到十五年或者更多一些时间。但是这个对农、工、商私人资本主义的改造，实际上不出三年在 1956 年就基本完成了。1957 年国内开始整风运动，后来发展到反右运动，为“左”倾错误发生埋下了隐患。

苏共二十大及其引发的苏联阵营内部的震动，导致中共中央对一系列重大的理论与实践问题进行了重新思考。中共在对苏联经验的重新认识中打破了对苏联经验的盲目崇拜，开始思考苏联经验的不足。1956 年 4 月，毛泽东在中国共产党中央政治局扩大会议上作了《论十大关系》的报告，这是毛泽东开始探索中国不同于苏联的社会主义建设道路的一个起点。这次讲话也涉及了对中苏两国关系的重新认识。毛泽东打破了对苏联模式的崇拜，认为任何民族和国家包括苏联也有短处和缺点，对苏联经验也不能盲目地学，不能一切照抄，机械搬用。随后，中国领导人开始“以苏为鉴”，试图摆脱“斯大林模式”，着手探索中国式的社会主义建设道路。经过社会主义改造和全党整风、开展反右派斗争，中共中央认为，经济战线上的社会主义革命和政治思想战线上的社会主义革命都已经取得伟大胜利，广大人民群众热情高涨，经济建设应该搞得更快一些。1957 年 10 月，中共八届三中全会通过了《1956 年到 1967 年全国农业发展纲要（修正草案）》，并发出通知，要求组织全民讨论，掀起一个生产高潮。10 月 27 日，《人民日报》发表《建设社会主义农村的伟大纲领》的社论，提出“有关农业和农村各方面工作在十二年内都按照必要和可能，实现一个巨大的跃进”。1957 年 11 月，毛泽东率领中国党政代表团出席由 81 国共产党和工人党参加的莫斯科会议暨苏联十月革命 40 周年庆祝活动。苏联领导人赫鲁晓夫在会议上提出，苏联要用 15 年的时间在工农业最重要产品的产量方面赶上或超过美国。毛泽东在讲话中提出，中国再过 15 年或更多一点时间内，在钢铁和其他工业的产品产量方面可能赶上或者超过英国。[①] 这个口号由刘少奇代表中共中央在中国工会第八次全国代表大会上宣布后，极大地鼓舞了全国人民为改变贫穷落后面貌而奋斗的决心，也促进了“大跃进”运动的迅速兴起。

1958 年中国共产党八大二次会议通过的“鼓足干劲、力争上游、多快好省地建设社会主义”的总路线，与全国上下正在开展的“大跃进”、人民公社被称为“三面红旗”。在这“三面红旗”的指引下，各级领导为了争取先进，就层层加码推行，使得形势发展得很快，不到一年全国农村就人民公社化了，甚至一些城市内也搞人民公社运动。这种现象使得一些领导人头脑发热，急于求成，盲目地提出人民公社是早日向共产主义过渡的一种形式的口号。

外交是内政的延续。中国领导人对国际形势作出“东风压倒西风”的判断。1957 年 11 月，毛泽东在 81 国共产党和工人党代表莫斯科会议上的讲话中指出:“世界上现在有两股风: 东风，西风。中国有句成语: 不是东风压倒西风，就是西风压倒东风。我认为目前形势的特点是东风压倒西风，也就是说，社会主义的力量对于帝国主义的力量占了压倒的优势。”[②] 毛泽东讲了十件大事，从反法西斯战争、中国革命、朝鲜战争、越南战争、苏伊士运河事件，到解除叙利亚危机、苏联卫星上天、英国退出亚洲和非洲、荷兰退出印尼、法国退出北非。他认为，国际形势已经大为不同了，“我们的天上是一片光明，西方的天上是一片乌云。我们很乐观，而他们呢，却是皇皇不安。两个卫星上天，使他们睡不着觉。六十几国共产党在莫斯科开会是从来没有过的事，从来也没有这样大的规模”[③]。中国领导人对国际形势这种乐观判断对此后中国外交政策产生了不小影响。

---

①《毛泽东文集》第七卷，人民出版社 1999 年版，第 325—326 页。
② 同上书，第 321 页。
③ 同上书，第 322 页。

之后，随着中苏论战不断升级，中国领导人对苏联的批评开始公开。1965 年 5 月 25 日，中共中央政治局委员、中央书记处书记彭真在访问印度尼西亚期间，在印度尼西亚阿里亚哈姆社会科学学院的讲话中，就国际形势谈道："从世界的全局来看，亚洲、非洲和拉丁美洲被压迫民族同以美国为首的帝国主义之间的矛盾，是目前世界各种基本矛盾中最突出、最尖锐的矛盾，是目前世界的主要矛盾。第二次世界大战以后，在亚洲、非洲和拉丁美洲的广大地区，出现了巨大的革命风暴……目前，亚洲、非洲、拉丁美洲的民族民主革命运动继续高涨……亚洲、非洲和拉丁美洲是帝国主义赖以维持自己统治的生命线，又是帝国主义统治最薄弱的地区。目前，在这个广大地区存在着革命形势。这个地区的民族民主革命运动，是当前最重要的直接打击帝国主义的力量……亚洲、非洲和拉丁美洲的民族民主革命，是当代无产阶级世界革命的重要组成部分。它动摇了帝国主义的战略后方，削弱了帝国主义在本国的统治，促进和支持了帝国主义国家的无产阶级和其他劳动人民的革命……坚持马克思列宁主义路线的社会主义国家，坚持走革命道路的西欧、北美和大洋洲的无产阶级，都把坚决支持亚洲、非洲和拉丁美洲被压迫民族的反对帝国主义的革命斗争，当作自己最重要的国际主义义务。在这个问题上采取什么态度，是区别马克思列宁主义和现代修正主义的最重要标志，是区别革命反革命和真革命假革命的最重要标志"①。并强调，赫鲁晓夫修正主义者，提出"和平共处""和平竞赛""和平过渡"的总路线，"对帝国主义实行绥靖主义，实际是投降主义，为美帝国主义反革命全球战略服务"，"和平共处"的总路线，是"苏美合作主宰世界"的总路线。执行这样的路线，只能同美帝国主义团结，同各国反动派团结，同一切现代修正

① 彭真：《在印度尼西亚"阿里亚哈姆"社会科学学院的讲话》，《人民日报》1965 年 5 月 29 日，第 1 版。

主义者团结，而决不能同马克思列宁主义者团结，决不能同占世界人口 90% 以上的人民团结，“他们一定要把自己放在全世界人民反美统一战线的外边，同美帝国主义象棒打不散的鸳鸯一样，难解难分，打得火热”[①]。这是中国领导人首次公开将苏联排除于国际反美统一战线之外，中共反帝反修的战略思想初现雏形。

中苏关系破裂后，中国在国际上对苏联修正主义、社会帝国主义开展斗争，并高度警惕苏联在中国北部边境地区对中国安全造成的威胁。同时，对美国继续坚持的对华敌对政策及对中国南部边境安全的威胁展开针锋相对的斗争。同时在南北两个方向与两个超级大国开展战略博弈，也就是所谓的“两条线”战略。

二、全力支持越南反对美国侵略和干涉

印度支那邻接中国南部，该地区局势稳定与否对中国南部边疆的安全与稳定有着重要的影响。1954 年日内瓦会议结束后，由于美国的干涉，印度支那地区的局势一直不稳定。首先是越南南方的吴庭艳政权在美国的支持下，拒不执行日内瓦会议的决议，并在越南南方残酷地镇压越南共产党的力量。随后是在美国的干涉和操纵下，老挝不断出现政局动荡、军事政变，直到发生全面内战[②]。面对这种复杂的局面，中国政府出于维护地区稳定和发展同印度支那地区国家友好关系考虑，支持印度支那国家的和平中立政策，支持和帮助印度支那地区各国发展经济，反对外来干涉，尤其是积极

① 彭真:《在印度尼西亚“阿里亚哈姆”社会科学学院的讲话》,《人民日报》1965 年 5 月 29 日，第 1 版。

② 1958 年 7 月，老挝亲美的培・萨纳尼空推翻富马亲王的联合政府，组成新内阁，决定不再受日内瓦协议的约束；1960 年 8 月 9 日，原老挝王国伞兵第二营指挥官贡勒大尉发动政变，推翻亲美政权，组成新内阁，富马亲王任首相，宣布奉行和平、中立的政策；1960 年 12 月 16 日，美国又唆使富米・诺萨万集团进攻万象，以富马亲王为首的联合政府撤出万象后，同老挝爱国统一战线一起坚持斗争。老挝随之陷入内战。

援助越南，抗击美国的干涉和侵略。

（一）支持越南反对美国介入印度支那问题

如前所述，在1954年日内瓦会议上，关于印度支那问题达成了日内瓦协议，包括法国分别同越南、老挝和柬埔寨签订《关于在越南停止敌对行动的协定》《关于在老挝停止敌对行动的协定》和《关于在柬埔寨停止敌对行动的协定》。会议通过了一项“由柬埔寨、越南国、美利坚合众国、法兰西共和国、老挝、越南民主共和国、中华人民共和国、大不列颠及北爱尔兰联合王国、苏联社会主义共和国”等国发表的关于恢复印度支那和平问题的《日内瓦会议最后宣言》[①]，老挝、柬埔寨、法国的六个声明作为宣言的附件。这些协定、宣言、声明符合印度支那人民民族权利的原则，并照顾了法国的利益，宣告了持续八年的印度支那战争的结束。中国为推动日内瓦协议的达成发挥了十分积极的作用，从而在国际上赢得了良好的声誉。更为重要的是，会议挫败了美国变印度支那为反共反华军事基地的企图，维护了中国南大门的安全。

日内瓦协议关于越南问题的处理主要体现在《关于在越南停止敌对行动的协定》、《日内瓦会议最后宣言》（以下简称《最后宣言》）中，《关于在越南停止敌对行动的协定》规定：“在北纬十七度线以南、九号公路稍北划定一条临时军事分界线，此线以北为越南人民军集结地区，以南为法兰西联邦部队集结地区，在临时军事分界线两侧各不超过五公里的距离划定非军事区。”[②]双方部队完全进入临时军事分界线两侧和各自集结区所需的期限，不得超过本协定生效后的300天。一切部队、供应和装备应在本协定生效后25天内从非军事区撤出。美国从一开始就极力反对召开日内瓦会议，

① 齐世荣:《当代世界史资料选辑》（第三分册），首都师范大学出版社1996年版，第66—67页。

②《关于在越南停止敌对行动的协定》,《新华月报》1955年第1期，第194页。

会议开始后又竭力加以破坏，企图使会议不欢而散。但事与愿违，在中国的积极斡旋下，日内瓦会议取得了成功。《最后宣言》明确要求："在尊重独立、统一和领土完整的原则的基础上对各项政治问题的解决，应使越南人民享有经由秘密投票的自由普选而建立的民主机构所保证的基本自由。为使和平的恢复得到足够的进展，并为使自由表现民族意志的一切必要条件得以具备，将在 1956 年 7 月内，在停止敌对行动协定中所规定的国际监督和监察委员会成员国代表所组成的国际委员会的监督下举行普选。自 1955 年 7 月 20 日起，双方地区有代表性的负责当局，应就此项问题进行协商。"[①] 美国拒绝在《最后宣言》上签字。但美国并不完全反对越南的统一。日内瓦会议期间，美英达成的协定同意，"不排除以和平手段最终统一越南的可能性"。但他们希望的"统一"，无疑是要以反共的南越统一越南共产党控制的北越。然而，由于北越当时居于优势地位，依据《最后宣言》规定，要在两年时间内就实行全越大选，很难产生美国所期望的结果。因而，美国开始蓄意破坏《最后宣言》。1954 年 9 月，日内瓦会议结束后不到两个月时间，美国就策划、组织了东南亚军事联盟，其所签订的《东南亚集体防务条约议定书》中，把越南、柬埔寨、老挝划入东南亚军事联盟的"保护"区域。1954 年 11 月，美国总统艾森豪威尔派特使柯林斯将军到南越，声称美国要给吴庭艳政府"一切可能的"帮助。从 1955 年起，美国在政治、经济和军事上为南越提供了大力的支持。以美国中央情报局特工爱德华 · 兰斯代尔为首的中情局西贡分站，极力帮助和推动吴庭艳采取反共政策，并竭力"收买"高台、和好、平川三大帮派的领导人，争取他们对吴庭艳的支持，以扩大吴

① 齐世荣:《当代世界史资料选辑》(第三分册)，首都师范大学出版社 1996 年版，第 68 页。

庭艳政权的基础。在经济上，美国承担了吴庭艳政府部门、军队和警察的大部分开支和南越85%—90%的进口。1955年至1961年，美国无偿提供给南越的经济援助达14.47亿美元。南越成为美国对外援助最大的受援者之一。在军事上，美国军援顾问团协助南越整训15万人的政府军，美国为此提供的军事费用在1955年已达1亿美元，1956年增加到接近2亿美元[①]。在美国的扶助下，吴庭艳的权力和统治地位迅速得到巩固和增强。

按照《最后宣言》规定，1955年7月20日起，越南北、南两个地区的负责当局应就普选问题进行协商，1956年7月应在越南的国际委员会监督下举行普选。可是南越当局对此采取了根本否定的态度，声称它没有在日内瓦协议上签字，因而不受日内瓦协议的任何约束。南越当局这种态度，得到了美国的公开鼓励和全力支持。吴庭艳于1955年7月16日发表广播讲话，宣称北越不存在举行自由大选的条件，南越将不同北越进行有关大选的协商会议。10月底，吴庭艳通过弄虚作假的“公民投票”废黜了保大，并宣布成立“越南共和国”，自己出任总统。1956年3月，在美国的支持下，吴庭艳集团在南越搞了所谓“制宪议会”选举，给自己的专制政权披上了“民主”的外衣。与此同时，吴庭艳还断绝了同北越的一切往来，对北越领导人多次要求商讨全越大选问题的呼吁一概置之不理。吴庭艳集团彻底破坏了日内瓦协议关于通过全越南普选实现南北统一的规定，这些行为引起了南越人民强烈的反对，他们持续开展声势浩大的政治斗争，反对美吴集团的独裁统治，要求和平统一祖国。美吴集团对南越人民的反抗进行了镇压，他们逮捕和屠杀了大批抗战人员和主张和平统一的人士。这进一步引起南越人民的抗争，他们积极开展武装自卫斗争。到1959年，南越人民

① 陶文钊:《中美关系史（1949—1972）》第二卷，上海人民出版社2016年版，第232页。

的武装斗争已形成燎原之势。

作为日内瓦协议的签字国，中国一贯支持越南人民为维护日内瓦协议而进行的正义斗争。1958年3月9日，中国政府发表声明，对美吴集团破坏日内瓦协议的行为表示“严重关切”，支持越南民主共和国政府为促进越南和平统一事业所提出的具体倡议。中国人民还采取多种形式，举行盛大集会，组办“越南日”，支持越南人民的斗争，谴责美吴集团的镇压和备战活动，要求美国侵略势力撤出越南。

这一时期，中国的印支政策是以支援越南北方建设和维持现状为主。中国领导人在印支地区关心的核心问题是美国会不会发动侵略战争，以及一旦发生这种情况，越南北方和中国将如何应对。中越双方自1955年秋季开始磋商国防政策。1956年4月下旬，中国人民解放军副总参谋长陈赓率军事专家团专程访越，实地考察和研究越南北方的军事形势和国防状态。经过长时间考察之后，5月19日，陈赓向越方做了系统汇报。陈赓指出：美国发动侵越战争的可能性很低，即使美国发动第三次世界大战，其“进攻的主要矛头将是苏联和中国，而进攻苏联和中国的主要方向可能是在欧洲和中国的北部及沿海地区。一般地说，敌人从越南方向实施大规模进攻的可能性是较小的，除非美国犯了战略上的错误。即使美国通过越南侵入中国的滇桂粤地区，也不能对整个和平民主阵营造成威胁”。陈赓很明确地表示，即使美国发动侵越战争，“越南同志应该随时准备在比较困难的条件下，独立地进行作战。但从中国和其他兄弟国家的立场来说，大家决不会坐视越南被敌人侵略。他们必然会根据情况的需要，采取积极的支援行动。当然，支援的方式是多种多样的，决不能认为支援就一定是出兵参战”①。这一报告，对

①《陈赓军事文选》，解放军出版社2007年版，第743—745页。

这一时期的中国对越外交政策产生了重要影响。而此时，越南劳动党中央对南方革命发展方向的判断，主要依据苏联二十大倡导的“和平过渡”原则，强调按照和平发展的道路发展。

（二）支持越南南方人民抗击美国的干涉与侵略

20 世纪 60 年代后，越南劳动党调整了在南方问题上的政策，决定从总体上加强武装斗争。1960 年 9 月 5 日至 10 日，越南劳动党举行第三次全国代表大会，在南方问题上放弃了温和路线，决定将南方解放和北方建设置于同等地位。南方斗争目标是推翻吴庭艳统治，建立人民政权，并要求在南方建立反对美吴集团的广泛的统一阵线。随后，劳动党中央政治局按照“三大”决议精神，确立了武装斗争与政治斗争并重、在丛林和山区以武装斗争为主的路线。1960 年 12 月 20 日，按照“三大”决议，越南南方民族解放阵线宣布成立。对于外界，越南南方民族解放阵线宣称是一个独立的南方组织，与劳动党和北越没有联系。但实际上，它由劳动党的南方部分（1962 年 1 月起对外称“越南人民革命党”）领导，其首脑机构为党中央南方局。党的各级组织大体与越南南方民族解放阵线组织平行，在其中担负政治领导和政治教育责任。越南南方民族解放阵线宣告成立后，中国政府率先承认。

随着越南南方革命武装斗争的兴起，美国政府开始着手进行以“反游击战”或“反叛乱”为名的干涉。这种干涉起初尚限于向西贡部队提供战地指导。越南南方革命运动的进一步开展，使兰斯代尔对美国驻越军事顾问在反游击战方面的能力表示怀疑，认为这些人一般只懂正规战，而不知如何对付土生土长并得到大众支持的游击队。因此，他建议派美国陆军特种战争小组去南越指导西贡军队。当时，因碍于日内瓦协议所设军援顾问团人数限额，华盛顿方面未立即实行。1960 年 4 月，在这一限额刚被美国非法取消之后，三个特种战争小组（共 30 余人）即被派往南越，负责西贡军队的反游击战训练。此后，美国对越南问题的介入逐步加深。1961 年 5 月，美国派出“特种部队”进入南越开展所谓“特种战争”。1962 年 6 月 8 日，美国公然在南越成立“军事援助司令部”，统一指挥美吴军队镇压越南南方人民抗美斗争，并公然宣布，美军事人员在遇到射击时将予以还击。这表明美国实际上已在南越参加了一场“不宣而战”的战争。

面对越南南方的严峻形势，1962 年夏，越南劳动党中央委员会主席胡志明来到中国，与中国领导人一起分析美国入侵南越所造成的严重局势和应采取的对策。根据越方要求，中国政府决定立即开始向越南南方人民武装提供必要的援助。1963 年 3 月，中国人民解放军总参谋长罗瑞卿率中国军事代表团访越。5 月，中华人民共和国国家主席刘少奇在国务院副总理兼外长陈毅的陪同下访问了越南，表达了中国人民对越南人民抗美救国斗争的坚决支持。在刘少奇主席与胡志明主席发表的联合声明中，中方表示：“中国人民和越南人民是同甘苦、共患难的兄弟和战友。中国人民坚决支持英雄的越南南方人民反对美帝国主义和吴庭艳集团的爱国正义斗争，坚决支持越南全体人民争取祖国和平统一的神圣斗争，并且坚信这一斗争必能取得最后的胜利。”①

1963 年 8 月 20 日，吴庭艳集团在南越宣布戒严，并且大肆逮捕佛教徒和人民群众，南越人民奋起反抗。8 月 28 日，胡志明主席就此发表声明，表示强烈抗议。8 月 29 日，毛泽东主席发表《反对美国—吴庭艳集团侵略越南南方和屠杀越南南方人民的声明》，支持胡志明主席的声明，并“希望全世界工人阶级、革命人民和进步人士，都站在越南南方人民一边，响应胡志明主席的号召，支持英勇的越南南方人民的正义斗争，反对美吴反革命集团

①《刘少奇主席和胡志明主席联合声明》，《人民日报》1963 年 5 月 17 日，第 1 版。

的侵略和压迫，使越南南方人民免于被屠杀，并且获得彻底的解放”[①]。同年9月，越南人民军总参谋长文进勇率越南军事代表团访华，双方共同研究了如美军向越南北方进攻，中国如何援助越南和两国如何配合作战的问题，并就“中越两军协同作战计划”和“中国支援越南主要军事装备和后勤物资计划”达成了协议。中国随即按双方达成的计划进行部署落实。

随着越南南方战争的扩大，中国在更大规模上向越南南方人民无偿地提供各种枪支、火炮、弹药、布匹、粮食等军用品，甚至外汇支援。据不完全统计：“从1962年到1966年，中国援助越南南方各种枪支27万支、火炮540多门、枪弹2亿多发、炮弹90多万发、炸药700多吨、军服20万套、布匹400多万米以及大批蚊帐、胶鞋、副食、交通通信器材等。从1964年到1969年，中国向越南南方提供的各种现汇共计约达1.8亿美元。在越南南方人民遭到美国海、空封锁，粮食供应困难的艰苦岁月里，中国海员冒着被轰炸的危险，冲破封锁线，把船开到越南南方附近海面，把用多层塑料袋严密包装的大米顺潮漂放，支援越南南方人民。一些中国海员为此献出了自己的生命。为了迅速运送援助物资，中国还开辟了从柬埔寨到越南南方的运输线。另外，中国还在海南岛建立了援越港口基地。总之，中国人民用了一切可能的手段支持了越南南方人民的抗美斗争。”[②] 中国援助取得了显著成效。1963年上半年，南方民族解放阵线武装已明显地获得了战场主动权，美国发起的特种战争开始朝着彻底失败的方向迅速发展。

---

① 毛泽东：《反对美国—吴庭艳集团侵略越南南方和屠杀越南南方人民的声明》，《人民日报》1963年8月30日，第1版。

② 王泰平：《中华人民共和国外交史（1957—1969）》第二卷，世界知识出版社1998年版，第35页。

（三）全力支援越南抗击美国升级的侵越战争

为进一步促进南方革命战争形势向着有利的方向发展，防止美国可能把特种战争转变为“局部战争”，1963 年 12 月底，越南劳动党在河内举行三届九中全会。全会决定把迅速扩大解放武装并准备进行更艰苦的长期革命战争作为越南劳动党在南方的头等任务，并强调北方必须大幅度增加对南方革命的支持，为此要“修改北方的建设计划”，从而促进越南走向全民族抗美战争。三届九中全会后，南方革命战争进入了新高潮。美国为了挽救在越南南方的危局，决定轰炸越南北方，企图切断北方对南方的支援。

美国决策者早就考虑过轰炸北越。早在 1961 年 11 月初，美国参谋长联席会议主席泰勒在向肯尼迪呈交的赴越调查团报告中，就提出到一定时候轰炸北越这个“侵略根源”的设想。1964 年初，南越形势的恶化使要求轰炸北越的呼声随之而起。1 月 22 日，泰勒和美国助理国防部长成廉・邦迪主张直接打击北越。3 月 16 日，美国国防部长麦克纳马拉在访问西贡后提交的报告中，同样把攻击北越当作根本出路。他建议拟订两方面的计划：一是小规模的、短暂的报复性轰炸；二是大规模的、持续的战略轰炸，旨在直接压迫北越根本改变路线。但是，他不同意马上开始轰炸的主张，而是强调轰炸北越必须有较为稳定的南越基地。约翰逊总统立即批准了麦克纳马拉的报告。此前，1964 年 1 月 30 日，在美国的支持下，南越第一军区司令阮庆发动军事政变，建立了“革命军事委员会”，自己任主席，随后出任内阁总理。阮庆政权逐步稳固后，美国认为对北越实施轰炸的时机已经成熟。

1964 年 8 月，美国制造了所谓的“东京湾事件”，以此为借口对越南民主共和国进行了突然轰炸。这样，美国就跨过了“战争边缘”，走上了扩大印度支那战争的第一步。1965 年 3 月，美国约翰逊政府悍然派遣 3500 名海军陆战队在岘港登陆直接参加侵略战争。这是美国第一次派地面部队进入南越参战，是美国从根本上撕毁日内瓦协议，进一步扩大印度支那战争的重要一步。中国政府先后于 1964 年 8 月 6 日，1965 年 2 月 9 日、13 日和 3 月 4 日、12 日连续发表声明，强烈谴责美国的战争挑衅行为，声明严正指出：美国对越南民主共和国的侵犯就是对中国的侵犯，中国人民绝对不会坐视不救；中国人民决定无保留地支持兄弟的越南人民同美帝国主义斗争到底。声明还针对美国扬言要对中国实行“穷追”政策义正词严指出：中国人民不怕这一套，我们从来不把自己的安全建立在美国的不来侵略的善心上，我们是有准备的。与此同时，中国各民主党派、人民团体纷纷发表声明，中国各大城市举行共有 2000 多万人参加的集会示威，拥护中国政府的声明，声讨美国的侵略，支持越南人民的斗争。

为了让美国更明确地了解中国的态度，1965 年 4 月 2 日，周恩来总理请巴基斯坦总统阿尤布·汗向美国总统约翰逊转达三点意见：“一、中国不会主动挑起对美国的战争。二、中国人说话是算数的。三、中国已经做了准备。”[①] 还说“如果美国把战争强加于中国人民，中国人民将抵抗到底，别的出路是没有的。它在空中轰炸，我们在地面上可以用别的办法到处活动。如果美国对中国进行全面轰炸，那就是战争，而战争是没有界限的。”[②]

同时，中国政府和人民竭尽全力支援越南。根据越方要求，中越两国政府签订了相关援助协定。“从 1965 年到 1968 年，中国向越南派出防空、工程、铁道、后勤保障等支援部队先后总计 32 万余人，最高年份达 17 万余人。中国援越部队同越南人民一起，用鲜血和生命保卫了越南北方的领空，保证了越南北方运输线的畅

① 中共中央文献研究室：《周恩来年谱（1949—1976）》（中），中央文献出版社 1997 年版，第 723 页。

② 同上。

通，并使越南人民军得以抽调大批部队到越南南方作战。中国支援部队在完成任务后于1970年7月全部撤回中国。在越南的土地上，中国支援部队伤残4200余人，牺牲1442人。”①

针对美国加紧扩大侵略战争的形势，1965年3月22日，越南南方民族解放阵线中央委员会发表了五点声明：“一、美帝国主义是日内瓦协议的破坏者，是最厚颜无耻的战争贩子和侵略者，是越南人民不共戴天的敌人；二、英勇的越南南方人民决心赶走美帝国主义者，以便解放越南南方，实现一个独立的、民主的、和平的和中立的越南南方，实现民族统一；三、英勇的越南南方人民和越南南方解放军决心彻底完成他们的神圣任务，把美帝国主义赶出去，以便解放越南南方和保卫越南北方；四、越南南方人民深深感谢全世界爱好和平和正义的人民的衷心支持，并且准备接受他们在五大洲的朋友提供的一切援助，包括武器和其他一切作战物资；五、团结全体人民，武装全体人民，继续英勇地前进，决心战斗和击败美国侵略者和越南卖国贼。”② 1965年4月8日，越南民主共和国政府总理范文同向越南国会作政府报告，提出了关于解决越南问题的四项主张：“一、确认越南人民的基本民族权利：和平、独立、主权、统一和领土完整。根据日内瓦协议，美国政府必须把美国的军队、军事人员和各种武器从越南南方撤走，撤销美国在越南南方的军事基地，取消同南越的‘军事同盟’，同时停止对越南南方的干涉和侵略政策。根据日内瓦协议，美国政府必须停止对越南北方的战争行动，完全停止侵犯越南民主共和国领土和主权的一切活动。二、在越南尚未实现和平统一以前，在越南还暂时被分割为

① 王泰平：《中华人民共和国外交史（1957—1969）》第二卷，世界知识出版社1998年版，第37页。

②《越南南方民族解放阵线中央抗美帝在南越扩大战争发表声明　不惜一切牺牲抗战到底赶走美国侵略者　准备接受五大洲朋友们提供的一切援助》，《人民日报》1965年3月25日，第1版。

两个地区的时候，必须彻底尊重一九五四年关于越南问题的日内瓦协议的各项军事条款，如两地区都不准同外国缔结军事同盟，不准在自己的地区有外国的军事基地、军队和军事人员。三、根据越南南方民族解放阵线纲领，南方事务必须由南方人民自己来解决，不准外国加以干涉。四、实现越南和平统一的问题应由两个地区的越南人民自己来解决，不准外国干涉。”① 越南民主共和国国会根据范文同总理提出的四项主张向世界各国国会发出了呼吁书。中国第三届全国人民代表大会常务委员会第六次会议对越南国会的呼吁书作出了积极响应。1965 年 4 月 20 日，中国全国人大常委会通过了《关于支持越南民主共和国国会呼吁书的决议》："全国人民代表大会常务委员会，以六亿五千万中国人民的名义郑重宣告：中国将继续尽自己的一切可能，坚决地、无保留地支援正在进行抗美爱国正义斗争的越南人民。”②

（四）支持越南反对美国和谈阴谋

越南人民的顽强反抗，使美国依靠“特种战争”“海空优势”征服越南的图谋难以得逞。为挽回败局，美国约翰逊政府祭出和谈的伎俩。1965 年 4 月 7 日以后，约翰逊连续发表谈话，表示美国希望“和平解决越南问题”，准备“无条件讨论”，并宣布从 5 月 12 日起暂时“停止轰炸”越南民主共和国。越南政府外交部于 5 月 18 日发表声明予以拒绝。中国外交部 5 月 21 日发表声明表示，完全支持越南民主共和国的立场。声明指出：必须要求美国根据越南民主共和国政府 4 月 8 日提出的四项主张和越南南方民族解放阵线 3 月 22 日声明去做，才能为严格按照日内瓦协议和平解决越

①《在越南民主共和国第三届国会第二次会议上　范文同总理作越南民主共和国政府报告》，《人民日报》1965 年 4 月 14 日，第 3 版。

②《人大常委会通过决议完全赞同坚决支持越南国会四项主张　中国继续尽一切可能坚决地无保留地支援越南抗美救国》，《人民日报》1965 年 4 月 21 日，第 1 版。

南问题铺平道路。

1965 年 6 月 8 日，美政府正式下令美军在南越直接参战。6 月 27 日和 7 月 3 日，美军先后轰炸了河内以北地区和越南重工业城市南定，试图“以炸逼和”。与此同时，联合国秘书长吴丹，英国、印度等国呼应美国提出的“和谈”，试图调解越南问题。对此，越南国家主席胡志明在 1965 年 7 月 20 日就日内瓦会议 11 周年发表《告人民书》，号召越南人民“团结一心、坚决战斗，即使要战斗五年、十年、二十年甚至更长的时间，我们也要坚决战斗到完全胜利”。中国总理周恩来在 9 月 2 日越南大使举行的国庆招待会上表示，中国人民坚决支持越南人民这一严正立场。他指出：美国搞和谈阴谋的目的，就是要骗出一个谈判局面，以巩固它在南越的地位。9 月 29 日，中国副总理兼外长陈毅在北京的中外记者招待会上，针对当时一些试图调解越南问题的国家和个人说：“在越南问题上，如果不分是非，不分侵略者与被侵略者，进行调解活动，那么，不管他主观上怎么想，客观上都是有利于美帝国主义的。只有站在越南人民一边，反对美国侵略，直到美国侵略者滚出越南，越南和整个印度支那才能有和平”①。

美国的所谓“和谈”始终以武力作为后盾。为逼迫越南民主共和国接受其条件，以取得有利于自身的“和平解决”，美国于 1966 年 1 月 31 日恢复轰炸，6 月 29 日又把轰炸进一步升级，开始袭击越南首都河内和第二大城市海防。对此，胡志明主席于 7 月 17 日发表了《告全国同胞书》：美帝国主义“可以使用成千架飞机来加强对越南北方的轰炸，但是，他们绝不能动摇英雄的越南人民抗美救国的钢铁意志和决心。”“河内、海防和其他一些城市、企业

①《陈毅副总理兼外长举行中外记者招待会发表重要谈话　中国决心打败美帝作出一切必要的牺牲　打败美帝之后，全世界结束帝国主义殖民主义的时代就会到来》，《人民日报》1965 年 10 月 7 日，第 1 版。

可能被摧毁，但是越南人民是不会被吓倒的！没有什么能比独立、自由更为宝贵的了。在胜利的日子到来的时候，我国人民将重新把自己的祖国建设得更加堂皇，更加壮丽！”[①] 胡志明主席的《告全国同胞书》，鼓舞了越南人民抗美救国的志气，也沉重打击了美国“以炸逼和”的图谋。

《告全国同胞书》得到了中国人民的最有力的支持。中国国家主席刘少奇 1966 年 7 月 22 日发表声明，代表 7 亿中国人民向全世界庄严声明，中国政府和中国人民最坚决地、最热烈地支持胡志明主席的《告全国同胞书》。声明表示：“为了支持越南人民夺取抗美战争的彻底胜利，中国人民准备承担最大的民族牺牲。”“中国人民下定决心，做好了各种准备，随时随地采取中越两国人民认为必要的行动，共同打击美国侵略者。”[②] 中国全国人大常委会致电越南国会，中国各民主党派和各人民团体也纷纷发表声明，支持和拥护胡志明主席的《告全国同胞书》，支持刘少奇主席的声明。

1967 年 1 月 28 日，越南政府副总理兼外长阮维桢发表谈话指出，只要停炸就可以和谈。但是由于在战场上没有把美国打痛，美国对谈判要价很高，因此，双方未能就谈判问题达成协议。1967 年 3 月，美国在关岛召开会议，部署对越南战争新的升级，把侵越美军增加到 57 万多人，加强对越南的压力。在这种情况下，越南再次表示决心要打到底，强调谈判应以越南政府四点主张和南方民族解放阵线五点声明为基础，并于 3 月 28 日派出以范文同总理和武元甲副总理兼国防部长为首的党政代表团访问中国，与中方就越南形势交换意见。会谈中，周恩来总理表示：越方提出“边打

①《军民团结一致　不怕艰苦牺牲　彻底占胜美帝　胡志明主席发表〈告全国同胞书〉》，《人民日报》1966 年 7 月 18 日，第 1 版。

②《中华人民共和国主席刘少奇的声明　中国最坚决地最热烈地支持胡志明主席的战斗文告　中国准备承担最大民族牺牲支援越南人民战胜美帝》，《人民日报》1966 年 7 月 22 日，第 1 版。

边谈”原则上是可以成立的，因为战争打到一定程度必须要有所接触。周恩来还语重心长地说：“中国有句俗语，‘行路百里半九十’，就是说已经走了 90 里路，最后剩下 10 里更困难。爬山也是这样，比如喜马拉雅山，最后一段路是最难爬的。我们相信，你们一定会取得最后的胜利。我们要动员全世界人民支持你们取得胜利。”① 1967 年 12 月 19 日，毛泽东主席在给越南南方民族解放阵线中央委员会主席团主席阮友寿的贺电中表示：“七亿中国人民是越南人民的坚强后盾，辽阔的中国领土是越南人民的可靠后方。在我们两国人民坚强的战斗团结面前，美帝国主义的任何军事冒险和政治欺骗都是注定要失败的。”这充分表明了中国对越南问题的明确立场。

1967 年末，美国在越南的败局已定。那时美国在越南增兵已至 56 万，在侵越战争中动员了美国近 1/2 的陆军、1/4 的海军和 1/5 的空军，这几乎已经达到美国能动用的兵力的极限，因为美国不能只要越南，而不顾世界其他地方。另外，美国人民对侵越战争的不满情绪日益高涨，反战运动不断扩大，给美国统治阶级带来很大压力。而越南人民越战越勇，办法越打越多，美国侵略军在越南到处被动挨打，士气低落。1967 年 12 月 22 日，毛泽东主席在会见越南南方亚非团结委员会副主席阮春龙率领的越南南方人民代表团和越南南方民族解放阵线常驻中国代表团团长阮文广率领的越南南方民族解放阵线驻华代表团时说：“现在问题是最后胜利的问题，而不是胜利还是不胜利，或者大胜利还是小胜利的问题。你们已经取得了伟大的胜利，最后胜利已经看得见了，虽然还未到手，但是望得到了。”②

---

① 李连庆:《大外交家周恩来》第六卷，人民出版社 2016 年版，第 177 页。

② 中共中央文献研究室:《毛泽东年谱（1949—1976）》第六卷，中央文献出版社 2013 年版，第 147 页。

为取得最后的胜利，1968 年春，越南南方军民发动了春季攻势，取得了春季大捷。这一年又是美国的大选年。因此，约翰逊总统于 3 月 31 日发表电视讲话，再次提出愿意停炸、与越南谈判。4 月 3 日，越南政府发表声明，宣布越南政府随时准备派出代表团同美国代表接触，确定关于美国无条件停炸北方和停止其他一切战争行动问题，以便开始对话。5 月 3 日，越南政府外交部又发表声明，表示越方将于 5 月 10 日或以后数天之内在巴黎同美国开始举行“正式对话”。越南采取这个步骤不是策略考虑的权宜之计，而是根据“边打边谈”既定方针采取的一个重要的战略行动。5 月 13 日，越美在巴黎用公开和秘密两种方式开始正式谈判。经过多次秘密商谈，越美双方于 10 月 15 日初步达成协议。10 月 31 日，约翰逊政府宣布从 11 月 1 日晚 8 时起停止空军、海军、炮兵对越南民主共和国的轰炸和袭击。11 月 2 日，越南民主共和国政府发表声明，在重申越南政府的四项主张和越南南方民族解放阵线纲领的同时，表示在美国停炸后，越南将与美国方面讨论同双方有关的其他问题，并宣布，随时准备参加包括越南民主共和国代表、越南南方民族解放阵线代表和西贡代表在内的会议。11 月 3 日，胡志明主席发表了号召书，越南南方民族解放阵线中央委员会同时也发表了声明。从此，越南的抗美救国斗争进入了“边打边谈”的局面。11 月 17 日，毛泽东主席在会见范文同总理时表示：“我赞成你们又打又谈的方针。”

1969 年，尼克松入主白宫，在越南问题上继续推行两手政策。一方面强化越南南方的侵略战争，极力封锁和切断外部对越南南方人民的支援，以便关起门来消灭南方人民武装力量。同时扶植傀儡，加强伪军，逐步实现所谓侵略战争的“非美化”“越南化”。另一方面积极利用巴黎谈判，压越南让步。因此，从 1969 年 1 月开始的越南民主共和国、越南南方民族解放阵线、美国和西贡傀儡集团的四方会谈和同年8月开始的越美秘密会谈都没有取得大的进展。中国的态度是：只要越南坚持抗美救国斗争，越南打到什么时候，中国就支持到什么时候。1969年9月2日，胡志明主席不幸逝世，周恩来总理即于9月4日赶赴河内吊唁。不久，越南总理范文同率团来中国参加国庆并要求发表联合公报以示对越的支持。中方同意了越南的要求。在公报中双方一致指出："解决越南问题的唯一正确道路是，美帝国主义必须停止侵略越南的战争，美国侵略军及其仆从军必须无条件地、全部从越南南方撤出去，由越南人民在没有外来干涉的情况下处理自己的内部事务。"[①]"中国方面再次重申：中国人民将永远遵循伟大领袖毛主席：'七亿中国人民是越南人民的坚强后盾，辽阔的中国领土是越南人民的可靠后方'的教导，坚决支持和援助越南人民把抗美救国战争进行到底。"[②]从1968年到1972年间，中越两国政府共签订了40多个向越南提供无偿经济和军事援助的协定。

三、反对苏联大国沙文主义与侵略

中苏两党关系破裂后，两国关系也日益恶化。中苏两党关系破裂既进一步助长了国内的极左思潮，又对中国对苏战略产生了相当程度的影响。同时，苏联对华的大国沙文主义、强权政治进一步恶化了两国关系。

（一）中国国内高调"反修""防修"

自中共拒绝派代表团出席苏共二十三大，中苏两党的关系完全中断之后，中苏两国的关系也在势不两立、相互敌对的道路上越走越远。中共中央拒绝派代表出席苏共二十三大，使苏共新的领导层十分不悦。他们认为，此事表明中国采取了"公开敌视苏共

---

①《周恩来总理同范文同总理会谈公报》，《人民日报》1969年10月26日，第1版。
② 同上。

第二十三次代表大会的立场，走上了变本加厉反对苏共和苏联的道路”。为了报复中国，1966 年 3 月底召开的苏共二十三大对中共大加抨击。勃列日涅夫在大会上所作的总结报告中，一方面大唱“团结”的高调，一方面却又斥责中共“背离马克思列宁主义路线”，搞“民族主义”“沙文主义”“霸权主义”等等。此外，苏共中央还煽动其他国家共产党、工人党的代表在苏共二十三大上作公开攻击中共的发言。

对于苏联领导人在苏共二十三大期间对中方的态度，中国没有立即作出反应。此时，国内正在发动“文化大革命”。关于“文化大革命”发动原因，学者们有不同的看法，但普遍认为，中苏关系破裂推高的极左思潮成为中国“文化大革命”发生的一个致因。在中苏大论战中，中国共产党得出的一个基本结论就是：由于苏共党内出现了赫鲁晓夫修正主义，苏联不再是社会主义国家了，资本主义已经在苏联复辟。《九评苏共中央的公开信》指出：“在苏共第二十二次代表大会上，赫鲁晓夫修正主义集团不但把他们的所谓‘和平共处’‘和平竞赛’‘和平过渡’的反对革命的理论系统化，而且宣布无产阶级专政在苏联已经不必要，提出所谓‘全民国家’和‘全民党’的谬论，从而完成了他们的修正主义体系。”[①]“赫鲁晓夫修正主义集团在苏共第二十二次代表大会上提出的苏共纲领，是一个假共产主义的纲领，是一个反对无产阶级革命、取消无产阶级专政和无产阶级政党的修正主义纲领。赫鲁晓夫修正主义集团在所谓‘全民国家’的幌子下取消无产阶级专政，在所谓‘全民党’的幌子下改变苏联共产党的无产阶级性质，在所谓‘全面建设共产主义’的幌子下为复辟资本主义开辟道路。”[②]《九评苏共中央的公

①《关于赫鲁晓夫的假共产主义及其在世界历史上的教训　九评苏共中央的公开信（之一）》，《人民日报》1964 年 7 月 14 日，第 1 版。

② 同上。

开信》列举出资本主义已经在苏联复辟的几个方面表现：第一，抛弃了无产阶级专政；第二，一个与人民相对立的资产阶级特权阶层已经占据了党政、经济、文化等部门的统治地位；第三，正把全民所有制的企业逐步蜕变成为资本主义性质的企业，把集体所有制的集体农庄逐步蜕化为富农经济；第四，破坏了苏联的社会主义经济和“各尽所能，按劳分配”的原则；第五，复兴资产阶级思想，鼓吹物资刺激；第六，改变了国家的无产阶级专政性质，使之成为一小撮资产阶级特权阶层对苏联广大的工人阶级、农民和知识分子实行专政的工具。“只要拿科学共产主义的原理对照一下，就不难发现，无论从哪一方面来说，赫鲁晓夫修正主义集团正在使苏联脱离社会主义轨道，走上资本主义的轨道，因而距离‘各尽所能、按需分配’的共产主义目标，不是越来越近，而是越来越远了。”[①] 这种关于修正主义和资本主义复辟的认识，对随后中国的内政外交都产生了一定影响。

在“文化大革命”进入高潮后，1966 年 8 月，中央关于苏联的上述看法在中共八届第十一次全体会议上得到肯定。《中国共产党第八届中央委员会第十一次全体会议公报》(以下简称《公报》)指出：“毛泽东同志在近四年提出的关于社会主义革命和社会主义建设的一系列问题，大大加快我国社会主义事业的发展和胜利，对于巩固我国的无产阶级专政和社会主义制度，防止修正主义篡夺党和国家的领导，防止资本主义复辟，保证我国坚持无产阶级国际主义，积极支持世界各国人民的革命斗争，保证我国将来逐步过渡到共产主义，具有极为深远的意义。”“近几年来，我们党对赫鲁晓夫修正主义所进行的全面的公开的批判，是完全正确的，完全必要的。一九六三年六月十四日中共中央提出的《关于国际共产主义运

①《关于赫鲁晓夫的假共产主义及其在世界历史上的教训　九评苏共中央的公开信(之一)》，《人民日报》1964 年 7 月 14 日，第 1 版。

动总路线的建议》，是一个纲领性文献。在毛泽东同志亲自领导下制定的这个文件，和《人民日报》《红旗》杂志编辑部对苏共中央公开信的九篇评论，《评莫斯科三月会议》，以及林彪同志《人民战争胜利万岁》的文章等等，对当代世界革命一系列重大问题，做了马克思列宁主义的科学分析，是反对帝国主义和现代修正主义的强大思想武器。”[①]针对“苏修”，《公报》指出：“苏共新领导集团，继承赫鲁晓夫的衣钵，实行没有赫鲁晓夫的赫鲁晓夫修正主义。他们的路线就是，在资本主义世界维护帝国主义、殖民主义的统治，在社会主义世界实行资本主义复辟。苏共领导集团背叛了马克思列宁主义，背叛了国际无产阶级和被压迫人民、被压迫民族的革命事业，背叛了伟大的苏联人民和社会主义各国人民的利益。他们咒骂中国共产党是什么‘教条主义’‘宗派主义’‘左倾冒险主义’，其实，他们所攻击的恰恰是马克思列宁主义。他们正在联合以美国为首的帝国主义和各国反动派，结成一个反共、反人民、反革命、反中国的新神圣同盟。可是，这种反革命的神圣同盟，是注定要破产的，现在已经陷于分崩离析。”[②]

中共八届十一中全会之后，震惊全中国和全世界的红卫兵运动迅速扩展。以大、中、专学校青年学生为主体的红卫兵们，不但要在反对中国国内的“修正主义”方面，也要在反对“苏联现代修正主义”方面充当“急先锋”。1966 年 8 月下旬，北京某中学的红卫兵为向“苏修”显示中国人民的革命决心和革命威力，决定把苏联驻中国大使馆门前的马路改名为“反修路”，并在现场举行了“隆重”的命名大会。由于周恩来等人的劝说和预防，在这次行

①《中国共产党第八届中央委员会第十一次全会公报》，《人民日报》1966 年 8 月 14 日，第 1 版。

② 同上。

动中，红卫兵们虽然没有闯入苏联大使馆[①]，但将批判“苏修”的大字报和大标语贴满了“反修路”两旁的房屋和围墙上。此后一连数日，红卫兵和其他“革命群众”还在大使馆门前一次又一次地举行“反修”的示威游行。苏联方面指责说，示威时，红卫兵们还阻拦了一辆挂着苏联使馆牌照的汽车，并企图强迫坐在车里的苏联驻华临时代办和其他苏联外交官下车，让他们从立在马路上的毛泽东画像旁步行通过。就此，8 月 26 日，苏联政府正式照会中国政府，并提出强烈抗议，要求中国政府采取有效措施，以保证立即无条件地制止妨碍使馆正常活动和威胁使馆人员安全的行为。9 月 1 日，苏联报刊又发表文章，严厉抨击中共八届十一中全会的“反苏方针”，指责中国领导人旨在“重新使苏中关系急剧恶化”。[②]

国内极左思潮对中国的对苏战略产生了重要影响，在双边关系中，与苏对抗因素增强，在社会主义阵营中，尝试与苏联开展争夺影响力的斗争。中苏在抗美援越问题上的竞争就是一例。1965 年以前，苏联对越南的援助不太积极，而此后，苏联加大对越南的援助，与中国争取在越南的影响力，是苏联更为积极援越的一个原因。

（二）强烈谴责苏联侵略捷克斯洛伐克

随着 1953 年第一个五年计划的完成，捷克斯洛伐克也按照苏联的模式建立起中央集权的政治经济管理体制，党政大权集中在捷克总统诺沃提尼手里。受苏共二十大和赫鲁晓夫改革的影响，捷政府也推行了一些政治、经济改革措施，如平反冤假错案，改组工业管理机构，减少指令性计划，扩大企业的自主权，增加物质刺激

---

① 中共中央文献研究室:《周恩来年谱（1949—1976）》（下），中央文献出版社 2020 年版，第 51—52 页。

② ［苏］鲍里索夫、科洛斯科夫著，肖东川、谭实译:《苏中关系 1945—1980》，生活 · 读书 · 新知三联出版社 1982 年版，第 311—312 页。

等。这些改革措施曾一度使捷克斯洛伐克经济形势趋于好转。但到 60 年代初，由于经济计划冒进，农业在实现集体化过程中出现较多问题，受国际形势的影响导致出口下降等因素，捷国民经济举步不前。捷共中央 1965 年 1 月通过了《关于完善国民经济计划管理的主要方针》，并在全国 110 个企业单位进行试验。1966 年开始探索在国民经济主要部门实施新体制管理的基本原则。1967 年在整个国民经济体系中全面实施新体制管理。这次改革的主要内容是：改革制订计划的工作，扩大生产经济单位的权限，改革价格政策等等。这些改革无疑有利于经济的发展，但在具体实施中出现了不少问题：一些企业哄抬物价，牟取暴利；一些企业盲目生产，造成某些物资的积压，而人民生活所需要的一些产品却减少，甚至无人生产，造成市场供应紧张；有的企业由于合并或关闭而没有安排好职工的工作，致使部分工人失业。凡此种种，引起了捷克斯洛伐克广大群众的关注和不满。

社会上的种种问题和冲突在捷共党内引起强烈反响。1967 年 10 月，捷共中央召开全会，会上产生了严重的分歧，发生了激烈的辩论。以诺沃提尼为首的一派人认为，经济改革是放任自流，向资本主义倒退，强调必须保持和加强中央对经济的管理和指导，在政治生活中应加强党的领导作用，严格纪律。以亚历山大·杜布切克为首的一派人对诺沃提尼进行猛烈批评，指责他思想上保守，政治上不民主，不能平等对待斯洛伐克人，经济上改革不力。双方斗争的结果是，1968 年 3 月，捷共中央召开全会。在党内外改革派的压力下，保守派诺沃提尼被迫辞去捷共中央第一书记的职务，由改革派的代表人物杜布切克接任。会后，诺沃提尼又被迫辞去总统职务，由支持改革的斯沃博达接任[①]。4 月 5 日，改组后的捷共

① 王春良、张培义等：《世界现代史》（下），山东人民出版社 1985 年版，第 86 页。

中央再次举行全会，通过了以改革为主旨的《行动纲领》。《行动纲领》明确要求：在全国改革政治制度，发扬社会主义民主，保障人民群众的基本政治权利；改变经济制度，逐步改变工业结构和布局，在社会主义的计划经济的前提下扩大企业自主权，实现生产结构的多样化，反对分配上的平均主义。为了消除苏联和其他东欧国家的忧虑，《行动纲领》在宣布改革的同时，强调捷克斯洛伐克应继续同社会主义国家保持友好合作关系。[①] 这场改革运动后来被称为“布拉格之春”。“布拉格之春”的出现不是偶然现象，它是苏联长期以来对东欧各国严加控制，强迫东欧各国照搬苏联模式的必然结果。它反映出捷克斯洛伐克人民希望摆脱苏联的控制，摆脱苏联模式的束缚，走自己的发展道路的强烈愿望。

苏联密切关注捷克斯洛伐克推行的改革，对此坚决不能容忍。在苏联看来，捷克斯洛伐克的改革运动，无异于“离经叛道”。它不仅导致捷克斯洛伐克脱离所谓的“社会主义大家庭”，而且会在东欧其他国家产生连锁反应，导致苏联对整个东欧的失控。1968年1月，苏联领导人勃列日涅夫、波德戈尔内、柯西金就此接连出访波兰、民主德国等国，意在对捷共中央施加压力。然而，莫斯科的施压并没有阻止捷共党内改革派的上台。如前所述，1968年3月，捷共中央全会如期召开，并且改革派在会上还占了上风，并于4月5日召开的全会上通过了以改革为主旨的《行动纲领》。之后，苏联开始在报刊上发表文章，公开批评捷克斯洛伐克的改革。5月初，苏共领导人还把杜布切克、切尔尼克、斯姆尔科夫斯基等捷共领导人专门叫到莫斯科，名义上是就捷克斯洛伐克的局势问题进行双边会谈，实际上是向捷共领导人进一步施加压力。5月中旬，苏联国防部长格列奇科又率领一个军事代表团到布拉格访问。他向

① 周尚文等：《苏联兴亡史》，人民出版社1993年版，第644页。

捷方提出明确要求，将一个师的苏军驻留在捷西部边界，“以共同防御联邦德国”。对这一露骨地向捷克施加军事压力的做法，捷政府毫不客气地予以拒绝。但苏联人却不甘心，不久又提出在捷境内举行一次联合“军事演习”。捷政府无奈，只好表示同意。可“军事演习”结束后，参加演习的苏军却迟迟不肯撤走，滞留在捷克境内，以此向捷政府施压[①]。

面对越来越大的压力，捷克斯洛伐克政府和人民并不打算屈服，他们仍然继续推进改革。不过，改革派确实也意识到捷克斯洛伐克政府推行的改革有可能在莫斯科的压力下受挫。为了向世人表明改革的决心，部分改革派人士于6月27日联名发表了一份《两千字声明》，要求政府拒绝外来干涉，并表示改革派将“拿起武器”同政府站在一起[②]。

这一声明引起了苏联的严重不安，形势骤然变得紧张起来。1968年7月11日，苏联《真理报》发表长篇文章，把捷克斯洛伐克的形势看成是1956年匈牙利事件的重演，声称“反革命势力”正在捷克斯洛伐克“蔓延”。7月14日至15日，在捷克斯洛伐克领导人拒绝参加的情况下，苏联、波兰、匈牙利、保加利亚、民主德国等华沙条约国的5国首脑在华沙开会，会议通过了由苏联起草的5国共同签署的一封信。此信以极强硬的口气警告捷克斯洛伐克：“我们不能同意让敌对势力把你们国家从社会主义道路上拉开。这已不仅仅是你们的事了，这是我们华沙条约国的共同事业。”[③]再次向捷克斯洛伐克施压。捷共中央主席团在复信中要求5国不要干涉捷内政，同时表示愿意同5国分别地举行双边会谈。

7月19日，苏共领导人“邀请”捷共中央主席团全体委员于

① 孙其明:《中苏关系始末》，上海人民出版社2002年版，第575—576页。
② 周尚文等:《苏联兴亡史》，人民出版社1993年版，第645页。
③ 同上。

7月22日至23日在苏联某地——莫斯科、基辅或利沃夫，同苏共中央政治局举行会谈。由于捷共坚持谈判必须在捷境内举行，最后双方达成妥协，会谈于7月29日在捷克斯洛伐克东部离苏联国境只有3公里的边境小镇切尔纳举行。会谈过程中，双方唇枪舌剑，勃列日涅夫和苏共其他代表指责捷搞“自由化”的改革政策和对外政策，斯沃博达和杜布切克则对苏共的种种不实之词予以驳斥。由于勃列日涅夫心脏病发作，会谈只得暂停，双方达成协议，决定于8月初在捷克斯洛伐克首府布拉迪斯拉发举行捷领导人与5国领导人的联席会议。8月3日，捷克与苏联、波兰、匈牙利、保加利亚、民主德国6国会谈如期举行。本来，根据捷苏约定，会议只讨论社会主义国家在有关国际问题应予承担的义务和职责，而不讨论捷国内局势，但在会议上，苏联提出的联合声明草案有多处涉及捷内政问题，捷共则要求在声明草案中加上“同时要尊重各国的主权和民族独立”一句，遭到勃列日涅夫断然拒绝。[①]

1968年8月20日，苏联纠集波兰、匈牙利、保加利亚、民主德国等国大约50万大军，以突然袭击的方式，全面侵入捷克斯洛伐克，不仅占领了捷首都布拉格，而且迅速地控制了捷全国。当天，捷共中央主席团正在开会讨论进一步推进改革的问题。当捷共领导人获悉苏军等入侵时，杜布切克气愤地说：“我做梦也没有想到，那些家伙竟会对我们采取这么卑鄙的手段。”8月23日，在苏军已占领布拉格和捷克全国的情况下，苏联领导人开始在莫斯科同捷领导人“谈判”。最初，捷方参加谈判的只有斯沃博达一人，后来，经过激烈的争论，苏联领导人才不得不勉强同意让被苏军绑架到莫斯科的杜布切克、斯姆尔科夫斯基等参加“谈判”。谈判开始后，杜布切克等坚持原先立场，草拟了一份最后公报的方案，提出

① 周尚文等：《苏联兴亡史》，人民出版社1993年版，第645—646页。

5国必须撤军、捷国内政策仍以捷共《行动纲领》作为最后制定路线的基础。苏方不作丝毫让步，谈判多次陷入僵局。勃列日涅夫以屠杀捷克斯洛伐克平民相要挟，迫使杜布切克接受城下之盟。8月26日午夜，捷、苏两党《莫斯科会谈公报》签字。杜布切克等于27日返回捷克斯洛伐克。10月，苏捷签订了《关于苏军暂时留驻捷克斯洛伐克条件的条约》[①]。

中国共产党和中国政府对于苏联武装入侵捷克斯洛伐克一事的反应也十分强烈。1968年8月23日，《人民日报》发表《苏联现代修正主义的总破产》，指出苏联“对捷克斯洛伐克实行军事占领。这个赤裸裸的武装干涉的行动，充分地暴露了苏修叛徒集团的法西斯狰狞面目”，“苏修叛徒集团这次悍然出兵，是整个现代修正主义集团内部矛盾极度尖锐化的结果。是美帝国主义同苏联现代修正主义争夺东欧的矛盾极度尖锐化的结果。是美苏勾结妄图重新瓜分世界引起的结果。”[②]接着，周恩来总理又在当天晚上罗马尼亚驻华大使杜马举行的国庆招待会上发表讲话，谴责苏联侵略捷克斯洛伐克，并强调这是美苏合作主宰世界的体现。讲话指出：“自从葛拉斯堡罗会谈[③]以来，美帝、苏修在越南、中东和防止核扩散等

① 周尚文等：《苏联兴亡史》，人民出版社1993年版，第647页。

②《苏联现代修正主义的总破产》，《人民日报》1968年8月23日，第1版。

③ 第三次中东战争结束后不久，苏联要求联合国秘书长召开联合国大会紧急会议。美、苏两国虽然在联合国大会上针锋相对，但为了控制阿拉伯各国的反侵略斗争，它们迫使安理会作出决定，派遣“联合国观察员”进驻苏伊士运河区等地“监督停火”。1967年6月23日至25日，美苏又在纽约与华盛顿之间的葛拉斯堡罗举行两国首脑会谈。这是赫鲁晓夫下台后，两国举行的第一次首脑会谈。在会谈中，苏联坚持以色列军队应撤回到战争以前的停火线上，而约翰逊则要求，维持以色列已经侵占的阿拉伯国家大片领土的现状。正当两国开始会谈的6月23日，以色列国会不顾联合国的抗议，竟然通过了合并耶路撒冷阿拉伯地区的决议，而且美国表示同意这些地区进行合并。因此，这次美、苏两国首脑会谈，除双方承认以色列在中东的存在是合法的这项协议外，对中东问题的讨论未取得任何进展。后来，8个阿拉伯国家元首于8月28日在喀土穆举行会议，决定既不承认以色列，也不和它举行谈判或者签订和平条约。对于以色列合并耶路撒冷问题，会议坚决表示不予承认。

重大问题上就进行了一系列的肮脏交易。这一次的捷克斯洛伐克事件也不例外。这一事件是美帝和苏修在东欧争夺和划分势力范围的矛盾尖锐化的结果，也是美苏勾结妄图重新瓜分世界引起的结果。苏修的侵略是在美帝的默契下进行的。”①

苏联入侵捷克，在相当大的程度上引起了中国对本国安全的担心和警惕。尤其是在侵捷以后，勃列日涅夫等人为了替自己的侵略行为辩解，又制造了所谓的“有限主权论”“国际专政论”“社会主义大家庭论”，这就更使中国领导人感到担忧，有朝一日，莫斯科也有可能以武力侵略中国。苏联不断地向中蒙、中苏边境增调重兵，不断地在中苏边境进行挑衅。这些事实使中国领导人深切地感受到：中国的国家安全正面临着来自北方的巨大威胁。

（三）抗击苏联对中国边境的威胁

20 世纪 60 年代开始，由于中苏两党分歧不断增大，两国边境纠纷和冲突也逐渐增多。1960 年 8 月，中苏在新疆博孜艾格尔山口附近地区发生边境冲突后，两国之间的边界纠纷不断发生。1963 年 3 月，《人民日报》发表社论指出：《瑷珲条约》《北京条约》和《伊犁条约》，是沙皇俄国政府强迫中国政府签订的不平等条约。这种提法引起苏联方面的密切关注。在莫斯科看来，中国把“不平等条约”问题作为苏中关系中当前需要解决的问题，就是在“觊觎苏联的领土”②。

边界争端是接壤国家关系变化的晴雨表，中苏关系也不例外。中苏两国边界长达 7000 多千米，在中苏友好的 20 世纪 50 年代，这条世界上最长的国境线上曾是一片安宁和祥和的气氛。然而，到

---

①《周恩来总理在罗马尼亚驻华大使举行的国庆招待会上发表重要讲话　中国政府和人民强烈谴责苏修集团侵占捷克斯洛伐克　坚决支持捷克斯洛伐克人民反抗苏军占领的英勇斗争》，《人民日报》1968 年 8 月 24 日，第 1 版。

②［苏］A. 普罗霍罗夫：《关于苏中边界问题》，商务印书馆 1977 年版，第 211 页。

60 年代，随着中苏两党友好关系的分裂，这种安宁和平静便不复存在，边境冲突不断发生。中国与苏联的边界线分为东西两段。在历史上，沙皇俄国是一个欧洲国，同中国并不接壤。自 16 世纪起，沙俄开始向东扩张。到 17 世纪下半叶，它同中国才开始发生边界问题。1689 年，中俄签订第一个边界条约——《尼布楚条约》，规定了中俄东段边界。1727 年，中俄签订《布连斯奇条约》，规定了中俄中段边界（这段边界大部分后来成为蒙苏边界）。至于中国西部疆界，当时则在巴尔喀什湖，同沙俄的疆界相距尚远。1840 年鸦片战争后，沙皇俄国利用中国清政府的腐败和边界守备空虚，乘英法等国侵华之机，以武力入侵和外交讹诈，迫使清政府与它签订了一系列不平等条约，将原属中国的 150 多万平方公里的土地划归俄国。

苏联成立后，苏联政府于 1920 年 9 月 27 日发表声明宣布："所有俄国各前政府与中国所缔结之条约皆属无效，放弃侵占所得之中国领土及中国境内之俄国租界，并将俄皇政府及俄国资产阶级掠自中国者，皆无偿报酬的永久归还中国。"[①] 1924 年 5 月，苏联与中国签订《中俄解决悬案大纲协定》，否定了过去沙俄与中国缔结的一切不平等条约和秘密条约，放弃了俄国在中国的一切势力范围、治外法权以及领事裁判权。但是，中苏两国当时并没有处理边界问题。5 年后，苏联利用中国国内的混乱局面，又超越不平等条约的规定占领了部分中国领土。1929 年发生"中东铁路事件"时，苏联红军占领了黑龙江和乌苏里江交汇处的抚远三角洲（黑瞎子岛）。1944 年，苏联宣布将它早已控制的唐努乌梁海地区（苏方称为图瓦地区）并入苏联。[②] 这样，中苏边界上便出现了"中俄条约线""苏联地图线"和"实际控制线"交错的复杂情况。

① 外交学院：《中国外交史资料选辑（1917—1949）》（第二册），1958 年版第 3 页。
② 樊明方：《唐努乌梁海历史资料汇编》，西北大学出版社 1999 年版，第 284 页。

新中国成立后，尽管中苏双方对于边界部分地段的归属存在分歧，在中苏边境地区也发生过一些冲突，但由于两国关系友好和政府的克制，冲突都没有扩大。中苏关系恶化后，冲突不仅越来越多，程度也越来越严重。当时中国虽然在政治上“反修”，却不愿因边界问题进一步恶化中苏两国关系。

1960 年 2 月，苏联边防军占领中国内蒙古自治区与苏联接界的额尔古纳河上属于中国的克鲁赤纳岛。7 月 6 日，苏联边防军在新疆博孜艾格尔山口追打中国牧民，造成流血事件。这是新中国成立以来两国边界地区发生的第一起比较严重的冲突事件，标志着苏联将两党意识形态论战扩大到国家关系层面，催化了历史遗留的边界问题的发酵。1962 年 4 月，中国新疆发生“伊塔事件”。苏联驻华机构开始在新疆大规模地非法发展“苏侨”，引诱和鼓动伊宁、塔城一带边民去苏联。这些边民在苏联领事馆的煽动、哄骗和引诱下，在 6 月初发生了大规模边民逃往苏联的事件，致使当地生产和党政机关陷入瘫痪状态，损失极大。外逃人员前后共达 6.7 万人。[①] 1960 年初至 1964 年 10 月，苏方挑起的边境事件约 1676 起。中苏双方的资料都说明，这一时期边界地区是不平静的，冲突在不断升级。

在中国政府多次倡议下，1964 年 2 月至 8 月，中苏两国在北京举行了边界谈判。在谈判的第一次全体会议上，双方围绕历史上中俄不平等条约问题进行辩论。中方表示:“尽管目前有关中苏边界的条约是沙俄强加给中国的不平等条约，但中国政府仍准备以这些条约为基础解决两国边界问题，签订新的条约，不要求收回被割去的 150 多万平方公里中国领土。关于任何一方违反这些条约占据另一方的领土，原则上必须无条件归还。但双方可以根据平等协

① [苏] 鲍里索夫、科洛斯科夫著，肖东川、谭实译:《苏中关系 1945—1980》，生活 · 读书 · 新知三联出版社 1982 年版，第 225 页。

商、互谅互让的原则，考虑当地居民的利益，对某些地区的边界做必要的调整。”[①] 苏方基于自身利益考虑则认为，苏中边界是历史上形成的，两国间不存在领土问题。苏方不但不承认条约的不平等性质，也不同意以条约作为“唯一”基础解决边界问题。除“条约文件”划定的边界线外，苏方提出“‘历史形成线’和‘实际守卫线’也都是解决边界问题的基础，即所谓的‘三条线’”[②]。这实际上是要中方承认沙俄武力侵吞和苏联违约侵占的中国领土都是苏联的，中方理所当然不同意。此次谈判未能达成任何协议或谅解。

随着中苏边界摩擦事件的不断增多，以及中国对中苏边界问题立场的趋向强硬，苏联的回应带有了军事色彩：一方面，从1963 年起，莫斯科不仅增强在苏中边界地区的军事和安全力量，而且还加强对蒙古的军事援助，苏军也自是年开始重新进驻蒙古布防。[③] 7 月，苏联还与蒙古签订了《关于苏联帮助蒙古加强南部边界的防务协定》。根据该协定，苏军在蒙古各地构筑了大量针对中国的军事基地、军事设施。到 1965 年，苏军在蒙古南部边境省份先后设置电台、雷达站，在蒙古边境修建了能与苏联直接联系的有线电话网。[④] 其后，苏军派出许多勘探小分队，在蒙古的铁路两侧及其以东边境省份活动，为苏军的进驻勘察阵地。中苏两国关系破裂后，双方敌对情绪越来越严重。苏联为了进一步向中国施加压力，开始不断地向中蒙、中苏边境增兵。1966 年 1 月，勃列日涅夫访问蒙古，蒙苏签订了为期 20 年的《蒙苏友好合作互助条约》。条约规定，缔约双方保证在保障两国防御能力方面提供援助，就一切最重要的国际问题进行协商，采取包括军事措施在内的一切措施

① 李汇川:《中苏边界谈判的症结何在》,《人民日报》1981 年 6 月 17 日，第 1 版。
② 同上。
③ 王泰平:《中华人民共和国外交史（1957—1969）》第二卷，世界知识出版社 1998 年版，第 32 页。
④ 张宏儒:《二十世纪世界各国大事全书》，北京出版社 1993 年版，第 79 页。

来保障两国的安全和领土完整；共同防止和消除帝国主义的侵略和威胁。条约签订后，苏联开始在蒙古境内驻扎和集结大量的武装力量。[①] 据此条约，苏联迅速增加了驻蒙古的军队，在蒙古建立了苏军的军事基地和导弹基地，并将大批苏军推进到距离北京只有几百公里的中蒙边境。大批装备精良的苏军也源源不断地从苏联西部调来远东，部署到中苏边境地区。到 1969 年 3 月珍宝岛事件爆发前，中苏边境地区的苏军总兵力已从赫鲁晓夫时期的 10 多个师增加到 40 多个师。苏联如此重兵压境，不能不使中国方面提高警惕[②]。

与此同时，中苏边界冲突也逐步升级，冲突次数、范围、形式和规模都发生了变化。“从 1964 年 10 月至 1969 年 3 月，由苏方挑起的边境事件达 4189 起，比 1960 年至 1964 年期间增加了一倍半。中苏东段边界黑龙江上的吴八老岛、乌苏里江上的七里沁岛和珍宝岛的冲突最为激烈，成为边境冲突的焦点。”[③]1969 年 1 月至 2 月，苏联入侵珍宝岛地区达 8 次之多，苏联报刊也公开扬言，如果中国军队再敢上珍宝岛巡逻，就使用武力解决的办法。对于苏联不断挑起的边界事端，中国确实有一个忍让、准备的过程，但进行反击要选择时机。1969 年 1 月 4 日，中央军委下达指示，要求沈阳军区做好斗争准备，并提出了相关纪律。根据军委指示，黑龙江省军区提出了“珍宝岛地区反干涉斗争方案”，并在边防站成立前敌指挥所。总参谋部给沈阳军区和黑龙江军区的复电中要求，要选择重点，有准备地进行自卫还击。周恩来总理也强调，对苏边防斗争既要掌握好政治斗争的边防政策，又要准备好重点进行自卫反击斗争以为后盾。到 1969 年 2 月底，中方已对在珍宝岛地

---

① 陈有进等:《当代世界大事纵览（1945—1990）》，改革出版社 1991 年版，第 299 页。

② 孙其明:《中苏关系始末》，上海人民出版社 2002 年版，第 581 页。

③ 戴超武:《亚洲冷战史研究》，东方出版中心 2016 年版，第 373 页。

区进行自卫反击做好了部署。

1969 年 3 月上中旬，中苏之间在珍宝岛发生了军事冲突，后来被称为“珍宝岛事件”。珍宝岛位于黑龙江省鸡西市虎林县（今虎林市）的东部、完达山南麓、乌苏里江中上游主航道以西中国一侧。该岛以乌苏里江为界与苏联联邦滨海边疆区苏军库列比亚克内以及夏米海洛夫卡边防站隔水相望。珍宝岛地势平坦，南北最长处约 2000 米，东西最宽处 500 米，面积为 0.74 平方千米，因形状如同“元宝”，故取名珍宝岛。长期以来，该岛实际上归中国黑龙江省虎林县（今虎林市）管辖，苏联方面过去并没有提出过异议。但中苏关系恶化以后，莫斯科却声称“达曼斯基岛”（中国称“珍宝岛”）是苏联的领土。从此，围绕着珍宝岛的归属问题，中苏之间不断发生纠纷，直到发生武装冲突。

1969 年 3 月 2 日，苏联边防军在装甲车和指挥车的掩护、指挥下，悍然入侵珍宝岛，首先开枪打死、打伤中国边防战士多人。中国边防巡逻队被迫进行自卫还击。3 月 4 日，苏军出动边防军和坦克、装甲车、飞机，连续入侵珍宝岛，并炮击中国边境纵深地区。15 日，苏军出动几十辆坦克、装甲车，在飞机掩护下，进攻珍宝岛中国守军，并用重炮轰击中国境内纵深地区。17 日，苏军又出动步兵，在坦克支援下入侵珍宝岛。中国边防部队击退了苏联军队的入侵，捍卫了中国的领土主权，维护了中华民族的尊严。

珍宝岛之战虽然只是边界武装冲突性质的战争，但它的发生却激起了中苏两国的强烈反应，进一步恶化了两国关系，同时也使全世界为之震惊，对整个国际政治和国际关系的变化产生了重大影响。珍宝岛之战发生的当天，即 3 月 2 日，苏联政府便抢先发出并公布了给中国政府的抗议照会。照会称珍宝岛是苏联的领土，中国边防军在珍宝岛进行巡逻，是入侵苏联领土，中国边防军对苏军的袭击是严重的挑衅。照会对中国的所谓“侵略”提出“强烈的抗议”，并要求中国方面立即进行调查，严厉地惩办挑衅事件的肇事者。照会还说，苏联政府“坚决要求采取紧急措施，杜绝任何破坏苏中边界的事件”。[①]提出“强烈抗议”照会的同时，苏联当局还利用报纸杂志对中国进行攻击，并借机掀起新的反华浪潮。在官方的煽动和组织下，从3月3日起，莫斯科和其他地区近20个大中城市举行了群众大会和游行示威，“声讨”和“谴责”中国的“挑衅”行为。尤其是在莫斯科，示威者一连数日到中国驻苏联大使馆门前进行“抗议”，或呼口号，或贴标语，或扔石块等，中国使馆建筑临街的窗户大多被砸破。

珍宝岛事件发生后，中国方面作出强烈反应。3月2日，中国政府首先以外交部发言人的名义发表谈话，接着又向苏联政府提交了正式的抗议照会。3月4日至12日，中国在首都北京和全国城乡组织了大规模的群众示威游行，强烈抗议苏联侵犯中国领土珍宝岛。在不足10天的时间里，参加示威游行的军民已达4亿人次以上。[②]《人民日报》《解放军报》则以《打倒新沙皇！》为题发表社论，将苏联领导集团与老沙皇画上等号。随后，中共中央在全国范围内掀起了针对苏联的战备高潮。九大政治报告强调，要做好充分准备，准备美帝、苏修他们大打，早打，打常规战，打核大战。

四、团结“两个中间地带”中的力量

“中间地带”思想是以毛泽东同志为核心的党中央对国际格局力量分布及中国在其中地位的认识和看法，目的是在国际上寻求中国可以团结和依靠的力量，使中国在国际斗争中居于有利的地位。

---

①［苏］鲍里索夫、科洛斯科夫著，肖东川、谭实译：《苏中关系 1945—1980》，生活·读书·新知三联出版社 1982 年版，第 351 页。

②《打倒美帝！打倒苏修！打倒他们的走狗！毛泽东思想武装的中国人民无敌于天下　新沙皇疯狂反华只能加速它的彻底灭亡》，《人民日报》1969 年 3 月 13 日，第 1 版。

这一思想是中国共产党领导中国人民革命历史进程中的统一战线思想在国际领域中的反映。

（一）"两个中间地带"战略思想的形成

早在抗战期间，中共领导人就看到了亚、非、拉地区所蕴藏的巨大力量，他们将中国的民族独立和解放运动与全世界的民族独立运动联系起来，把世界上一切被压迫民族的斗争都看作是对自己的支持，也把中国共产党支持被压迫国家和人民争取独立的斗争作为自己应尽的国际主义义务。

第二次世界大战结束后，雅尔塔体制确立，国际格局呈现两极对峙的特点，中国共产党在两极对抗的环境中求生存、求发展。在这一历史时期，毛泽东根据他对矛盾斗争哲学的理解，对中国共产党人在新的国际格局中的地位以及如何利用纵横交错的矛盾帮助中国共产党取得政权作出了精辟的分析。他指出，中国共产党在世界外交中的原则同在国内的原则一样，依然是"统一战线""独立自主，自力更生"。为此，必须"分清敌我友"，抓住主要矛盾，团结一切可以团结的力量，打击首要敌人。中国内战的爆发，宣告美国"调停"的失败，也表明了中国共产党与美国关系的全面恶化。就在这个时期，毛泽东提出了"中间地带"的理论。

1946 年 8 月，毛泽东在接见安娜・路易斯・斯特朗时，针对美国是否可能发动反苏战争这个问题，首次提出"中间地带"理念。"中间地带"包含了苏联同美国之间广大的国家，中国也在其中。毛泽东指出：美国的确在准备反苏战争，但从当时的局势来讲，美国反苏战争的口号更主要的目的并不在于直接进攻苏联，而是"美国反动派用以掩盖当前美国帝国主义所直接面对着的许多实际矛盾，所放的烟幕"。因为"美国和苏联中间隔着极其辽阔的地带，这里有欧、亚、非三洲的许多资本主义国家和殖民地、半殖民地国家。美国反动派在没有压服这些国家前，是谈不到进攻苏联的”。美国在各种借口之下，其中也包括在反苏的借口之下，在许多国家进行大规模的军事布置，建立军事基地。“但是，在现时，首先受到美国侵略的不是苏联，而是这些被建立军事基地的国家。”①毛泽东认为，美国反苏的真实意图是同苏联争取中间地带，美国的目的不在于用军事手段来消灭苏联这个国家，而是防止苏联进一步越出其势力范围向外扩张。所以当前世界体系的主要矛盾是广大中间地带人民与美国反动派的矛盾。广大中间地带人民对美国扩张政策的斗争是延缓、阻止新的世界战争爆发的关键因素。为了战胜美帝国主义和各国反动派，美国人民、一切受到美国侵略威胁的国家的人民应该团结起来，反对美国反动派及其在各国走狗的进攻，苏联是世界的保卫者，有了苏联，美国和世界反动派的野心就不能实现。这一时期，毛泽东显然是把苏联看作中间地带的有力后盾，这与后来的“三个世界”理论是有区别的。

随着美国冷战政策的正式出台，东西方对抗气氛日益浓厚。1947 年 9 月底，欧洲共产党和工人党情报局在波兰召开成立大会，苏共中央书记处书记日丹诺夫在会上提出世界已经分裂成为以美国为首的帝国主义阵营和以苏联为首的民主阵营的理论。之后，中国共产党也随即放弃了“中间地带”理论，接受了“两大阵营”理论。同年 12 月，毛泽东在中共中央会议上作《目前形势和我们的任务》的报告，首次使用了“帝国主义阵营”和“全世界反帝国主义阵营”来划分世界力量的格局，也首次使用了“以苏联为首的反帝国主义阵营”这一概念。正在进行反对美帝国主义斗争的中国人民自然也属于苏联阵营。这样，中国共产党从基于“中间地带”理论的三分世界法过渡到了基于“两大阵营”理论的二分世界法，从而在理论上否定了中立的可能性。美苏冷战对抗和两大阵营的客观

① 中华人民共和国外交部、中共中央党史研究室:《毛泽东外交文选》，世界知识出版社 1994 年版，第 58—60 页。

环境是中国不得不放弃中立，选择“一边倒”的重要原因。

毛泽东在最初提出“中间地带”理论时，是把除美国和苏联以外的其他所有国家看作一个整体，并认为中国也属于中间地带国家。后来逐渐将社会主义国家看作一个整体，排除在中间地带之外。1957 年初，毛泽东在分析世界形势时认为，除了社会主义力量、帝国主义力量、亚非拉力量外，还存在第四种力量，即放下了强权和武力走入了没落的帝国主义国家和其他资本主义国家的力量，他们中的不少国家已同中国建立了关系。毛泽东认为，他们属于社会主义国家和美国之间的中间地带。

如前所述，20 世纪 60 年代，国际战略格局发生了新的变化。美苏两国都力图保持两极格局，但在他们的盟国中，独立自主的倾向开始有所发展。亚非拉民族独立运动空前高涨，越来越多的新兴国家在赢得独立后陆续走上中立的道路，不结盟运动应运而生并日益壮大。毛泽东根据世界格局的变化，提出了“两个中间地带”的新理论。1962 年 1 月 3 日，毛泽东在与日本客人的谈话中首次将“中间地带”界定为社会主义阵营和美国之外的广大地区。他说：“西德垄断资本想勾结美国又想抗拒美国，这点同日本相像。我们把这些地方都称作中间地带。社会主义阵营算一个方面，美国算另一个方面，除此之外，都算中间地带。”他还重申了“中间地带国家的性质也各不相同”这一论断，并根据中间地带国家的不同性质将它们划分为：有殖民地的国家，被剥夺了殖民地、但仍有强大垄断资本的国家，真正获得独立的国家，名义上独立、实际上仍然是附属国的国家四个层次。[①] 这其中的一个重要变化在于把中间地带中的西方国家与二战后出现的新兴独立国家区分开来，这是毛泽东中间地带思想向“三个世界”思想转化的一个重大的转折点。

① 中华人民共和国外交部、中共中央文献研究室：《毛泽东外交文选》，世界知识出版社 1994 年版，第 487 页。

1963 年以后，毛泽东进一步发展了这一思想，更加明确地提出了中间地带有两个的观点。毛泽东最初将两个中间地带概括为：一个是亚、非、拉，一个是欧洲。以后他逐渐明确第二个“中间地带”是指欧洲、大洋洲及日本等。1963 年 9 月 2 7 日，毛泽东在中共中央工作会议上讲话时指出，“我看中间地带有两个，一个是亚、非、拉，一个是欧洲。日本、加拿大对美国是不满意的。以戴高乐为代表的，有六国共同市场，都是些强大的资本主义国家。东方的日本，是个强大的资本主义国家，对美国不满意，对苏联也不满意。东欧国家对苏联赫鲁晓夫就那么满意？我不相信。情况还在发展。矛盾还在暴露。过去几年法国人闹独立性，但没有闹到今天这样的程度。苏联与东欧各国的矛盾也有明显发展，关系紧张得很。”① 1964 年 1 月 5 日，在同日共中央政治局委员听涛克己谈话时，毛泽东还进一步总结说：“中间地带有两部分：一部分是指亚洲、非洲和拉丁美洲的广大经济落后的国家，一部分是指以欧洲为代表的帝国主义国家和发达的资本主义国家。这两部分都反对美国的控制。在东欧各国则发生反对苏联控制的问题。这种情况看起来比较明显。”②

值得注意的是，毛泽东这时还使用“第三世界”这个概念来指称他所说的“中间地带”。1964 年 1 月 17 日，毛泽东在会见斯特朗、柯弗兰、爱德乐、李敦白等外国朋友时说：“美国现在在两个‘第三世界’都遇到抵抗。第一个‘第三世界’是指亚、非、拉。第二个‘第三世界’是指以西欧为主的一批资本主义高度发展的、有些还是帝国主义的国家，这些国家一方面压迫别人，另一方

① 中华人民共和国外交部、中共中央文献研究室：《毛泽东外交文选》，世界知识出版社 1994 年版，第 506—507 页。

② 同上书，第 508 页。

面又受美国压迫，同美国有矛盾。”[①] 他还说，美国不仅在两个“第三世界”遇到抵抗，在苏联和东欧也遇到抵抗。

在分析“两个中间地带”时，毛泽东不但指出了两个中间地带与美苏之间存在矛盾，都反对美国或苏联的控制，而且还认为，两个“中间地带”之间也有矛盾，两个“中间地带”实际是两种“中间地带”：一种是经济落后的不发达的国家，一种是经济实力较强的发达国家。在“中间地带”，发达国家为一方，不发达国家为另一方。值得注意的是，毛泽东在阐述“两个中间地带”理论时，不仅将东欧与苏联区别开来，把中国与苏联区别开来，而且强调“美、苏两国都有核武器，想统治全世界”，这实际上已开始把美国、苏联归为一类。

毛泽东对“三种力量和两类矛盾”的分析以及“两个中间地带”的理论，为当时中国认识世界格局的变化提供了指南，毛泽东还指出了当时国际格局各种力量的发展趋势：首先，苏美对各自盟国的控制大为削弱，战后世界上出现的两极体系正处于逐步瓦解之中。其次，“中间地带”的力量日益强大，逐步发展成为敢于同苏美抗衡的国际政治力量；同时“中间地带”内部有着不同的政治、经济利益，矛盾纵横交错，因此使整个世界呈现出多元化、多极化发展趋势。第三，由原两大阵营中分化出来的社会主义力量、民族独立运动的力量、人民革命斗争力量和和平运动力量汇合在一起，组成世界革命的部分，决定着世界的命运。

中国领导人在对世界基本格局、中国在这个格局中的位置及主要斗争目标作出新判断的基础上，进一步明确 20 世纪 50 年代后期至 60 年代末中国外交工作的战略目标。这就是：必须继续加强同亚、非、拉等被压迫民族国家的团结和合作，坚决反对帝国主

① 中共中央党史和文献研究院：《毛泽东年谱（1949—1976）》（八），中央文献出版社 2023 年出版，第 306 页。

义的战争政策；必须继续坚持和加强独立自主的原则立场，反对任何大国的控制，捍卫自己国家的独立和民族的尊严；必须在平等互利的原则基础上，继续改善和发展与美国以外的西方资本主义国家的关系，为赢得对社会主义建设有利的良好国际环境而继续努力。

（二）发展同亚非国家的团结与合作

随着中苏两国关系分歧越来越大，中国进一步加强了与亚非国家的团结与合作。1959 年，中印边境发生冲突，对中国与印度及中国同邻国关系产生了一定影响。

1954 年 4 月，中印签署《关于中国西藏地方和印度之间的通商和交通协定》。不久，印度就开始违反协定。1954 年印军首次侵入乌热。此后，印度军队先后侵占了西段的巴里加斯，中段的巨哇、曲惹、什普奇山口、波林三多、香扎、拉不底等地。[①]1958 年 9 月和 1959 年 7 月，印度派遣印军两批武装人员非法窜入中国境内进行侦察和勘查活动，先后在南疆大红柳滩和西藏班公湖地区为中国边防部队捕获，并且被遣送出境。[②]

1959 年 3 月，西藏上层反动集团在拉萨发动武装叛乱。为维护祖国统一和民族团结，中国政府迅速而彻底地平息了叛乱，并开始进行西藏的民主改革。平息西藏叛乱，实行民主改革，属于中国内政，任何国家都无权干涉。但是，面对西藏的变化，印度一方面在政治上大肆进行反华宣传，攻击中国政府，支持所谓“西藏人的自治”，另一方面，借机向中国政府提出领土要求，不但要把东段有争议的 9 万平方千米、中段有争议的 2000 平方千米的中国领土划入印度，而且要求把西段一向在中国政府有效管辖下的 3.3 万多平方千米的中国领土也划归印度。这些地方的总面积达 12.5 万平方千米，相当于四个比利时或三个荷兰的领土面积。印度政府还先

①《印度军队是怎样侵占中国领土的？》，《人民日报》1962 年 10 月 28 日，第 2 版。
②《中印边界问题》，《人民日报》1959 年 9 月 11 日，第 2 版。

后命令印军在兼则马尼（沙则）、朗久和塔马墩三地越过“麦克马洪线”。此后，又企图将西藏错那县（今错那市）的拉则拉山以南克节朗河两岸的大片中国领土划入“麦克马洪线”以南，纳入印度版图。印度政府在肆意篡改“麦克马洪线”走向的同时，从1959年起开始大量向中印边境东段地区增兵，并于8月下旬在中印东段边界越过“麦克马洪线”。1959年8月25日，侵入朗久的印军对中方驻马及墩的部队无端开火，挑起了整个中印边界上的第一次武装冲突事件。[①] 1959年10月，印军又在西段的空喀山口以南地区挑起了第二次武装冲突。[②]

朗久、空喀山口事件，加剧了中印边境地区的紧张局势。为了有效地维持两国边界现状，为友好地解决边界问题创造良好气氛，周恩来总理于1959年11月7日致信尼赫鲁，提出如下建议：“中印两国的武装部队立即从东边的所谓的麦克马洪线和西边的双方实际控制线各自后撤二十公里；在双方撤出武装部队的地区，双方保证不再派遣武装人员驻守和巡逻，但是仍然保留民政人员和非武装的警察，以执行行政任务和维持秩序。”同时提出“如果印度政府同意中国政府的这一建议，实施这一建议的具体措施，可以由两国政府立即通过外交途径商定。”11月16日，尼赫鲁在答复周恩来的信中，表示同意在适当的时间和地点，与周恩来进行会谈。同时尼赫鲁又提出一个反建议，他把东段、中段同西段区分开来，认为在东段和中段只要双方停止派遣前沿巡逻队就够了，而在西段，“印度政府应将其所有的人员撤退到据我们了解是中国政府最近的1956年地图上所标明的国际边界以西，同样，中国政府也应将其人员撤退到印度政府在以前的照会和信件中所描述的和官方地图上所标明的国际边界以东”。尼赫鲁的这个反建议，实际上只是

①《中印边界问题》，《人民日报》1959年9月11日，第2版。

②《印度军队是怎样侵占中国领土的？》，《人民日报》1962年10月28日，第2版。

重复印度政府要中国政府单方面从西段大片中国领土撤出的主张。对于尼赫鲁的不合理要求，中国政府没有接受，但为了表示中国政府坚持以和平协商的办法来解决边界问题的诚意，中国政府宣布单方面在实际控制线的中国一侧 20 公里内停止巡逻[①]。

中印边界冲突发生后，国际上对中国不友好的各种势力都企图乘机挑拨中国同邻国的关系。一些邻国对中国政策意图产生了怀疑。1960 年 4 月，周恩来总理和陈毅副总理访问了缅甸、印度、尼泊尔、柬埔寨、越南和蒙古 6 国。其中访问印度，是上文谈到的两国总理的相约而进行的。周总理通过这次访问，充分表达了中国愿意同自己的邻国睦邻友好的真诚愿望。他在出席尼赫鲁总理举行的宴会上表示："中印边界问题，比之维护两国友好合作的根本问题，仅仅是一个局部的、暂时的问题，是一个指头和九个指头的问题；为了寻求和平解决边界问题的各种途径，中国政府从不吝惜作出最大努力。"[②]但由于印度采取扩张主义立场，两国领导人关于边界及双边关系问题的会谈没有取得实质性进展。印度加大侵占中国领土的力度。从 1961 年 5 月起在西段碟穆绰克地区增设据点，至 1962 年 10 月初，印军在西段的中国境内设立的侵略据点共达 43 个。印军在新疆的奇普恰普河谷地区、加勒万河谷地区以及西藏的班公湖和斯潘古尔湖地区，不断蚕食中国领土。在中段，印方违反 1956 年中印双方达成的关于决不向乌热地区派遣军队的协议，派军进驻乌热。在边界东段，印军进一步在"麦克马洪线"以北扩大侵占范围。从 1962 年 6 月起，印度军队先后侵占了扯冬、绒不丢、扯果布、卡龙、章多、克宁乃、日挺布、汤、娘巴等地。在印度军队加紧对中国领土入侵的同时，印度飞机也愈来愈频繁地侵入中国

① 廖心文：《中央重大决策背后的故事》，辽宁人民出版社 2018 年版，第 107 页。

②《中华人民共和国对外关系文件集》（第七集），世界知识出版社 1962 年版，第 79—80 页。

领空，在1962年1月至9月间，印度有499架次飞机侵入中国领空[①]。中方忍无可忍，被迫自卫反击，1962年9月，中印两国在边界地区再度发生军事冲突，致使两国关系全面恶化。

周恩来总理访问尼泊尔期间，双方签订了《中尼和平友好条约》，并且交换了《中尼边界协定批准书》。周恩来在尼泊尔首相柯伊拉腊举行的国宴招待会上发表讲话，在谈到双方签订的协定时，周恩来肯定了两国在边界问题上的原则立场。他指出："我们两国边界长达一千公里以上，几千年从未勘定过。在这种情况下，两国对边界问题存在着某些分歧，是极其自然的。但是我们两国以友谊为重，既没有夸大分歧，更没有因为存在着分歧就伤害了和睦。我们根据和平共处五项原则，经过友好协商，对边界问题达成了双方满意的协议。我们一致同意两国的全部边界应该在现有的传统习惯线的基础上加以科学地划出和正式地标定。对于某些有争议的地段，我们同意根据平等互利和友好互让的原则进行调整。为了确保边境的安宁和友好，我们同意每方在边界本侧二十公里的地区内，不再派出武装人员进行巡逻。这些原则协议表明，只要坚持对己公平、对人也公平的互谅互让的精神，我们之间的任何问题是可以求得公平合理的解决的。"[②]周恩来总理高度赞赏尼泊尔政府坚持的中立政策，他强调："为了建设我们各自的国家，我们都需要一个和平的国际环境。最近一个时期，由于爱好和平的国家和人民的努力，国际形势出现了一定程度的和缓。亚洲、非洲和拉丁美洲反对帝国主义和殖民主义的斗争正在日益高涨。国际形势是对我们有利的。我们高兴地看到，尼泊尔王国所奉行的独立的中立政策，在维护亚非团结和世界和平的崇高事业中，起了良好的作用。中国政

①《印度军队是怎样侵占中国领土的？》，《人民日报》1962年10月28日，第2版。
② 李连庆：《大家外交周恩来》第五卷，人民出版社1996年版，第17页。

府和人民完全支持尼泊尔王国的这一政策。”[①]

对柬埔寨的访问原定于5月上旬进行，但4月初柬埔寨国王苏拉玛里特陛下去世，柬方表示，如周恩来总理按原定日期前往，由于正值柬埔寨国丧时期，可能会影响接待的规格，如延期到前国王火葬之后，将按原定计划受到隆重接待。但周总理和陈毅副总理决定仍按原定日期前往，以便亲自吊唁前国王，请柬方从简接待，并指出中柬友谊不在于接待的规格。西哈努克亲王对此表示十分感谢。在周恩来总理访问蒙古期间，双方签订了中蒙友好互助条约、经济援助协定和科技合作协定。

继周恩来总理访问亚洲6国后，陈毅副总理于同年8月和第二年春又先后访问了阿富汗和印尼，分别签订了中国同阿富汗的友好和互不侵犯条约、中国同印尼的友好条约。1963年12月13日到1964年2月5日，周恩来总理和陈毅副总理又先后访问了阿拉伯联合共和国、阿尔及利亚、摩洛哥、突尼斯、加纳、马里、几内亚、苏丹、埃塞俄比亚和索马里等10个非洲国家，接着在2月14日至26日访问了缅甸和巴基斯坦，2月26日至29日又同宋庆龄副主席一起访问了锡兰。这次亚非十三国之行，是中国同亚非国家发展友好关系的又一重要里程碑。

在访问过程中，周恩来总理同亚非各国的领导人就反对帝国主义、殖民主义、种族主义，保卫世界和平，加强亚非国家的团结，促进中国同亚非国家的友好合作关系等问题交换了意见，取得了广泛的共识。周恩来总理多次强调：国际问题不能只由几个大国来作出决定，站起来了的亚非新兴国家，在国际事务中发挥着日益重要的积极作用；无视亚非新兴国家的独立意志，企图抹杀这些国家的地位，是完全违背历史潮流的；世界上所有大国、小国，

①《坚持五项原则互谅互让任何问题都能合理解决　周恩来总理4月26日在柯伊拉腊首相举行的国宴上的讲话》，《人民日报》1960年4月29日，第1版。

强国、弱国，应该一律平等；任何人采取以大凌小，以强欺弱的做法，都是绝对行不通的。周恩来总理用自己在访问中的实际行动，表明中国决不以大国自居，十分尊重亚非中、小国家的意愿，体谅它们的处境。

周恩来总理访问加纳前，发生了企图暗害恩克鲁玛总统的事件，加纳国内局势不大稳定。但周恩来总理毅然决定按原计划前往，同时建议主人打破通常的礼宾惯例，取消机场迎送仪式，使加纳主人感到中国客人不愧为患难之交。周恩来总理应邀访问埃塞俄比亚时，海尔・塞拉西皇帝迫于外来压力，把会谈地点安排在远离首都的阿斯马拉。周恩来总理从加强两国友谊的大局出发，不拘泥于小节，欣然前往阿斯马拉。埃塞俄比亚方面说，它原则上承认中华人民共和国，但需要做些准备工作来应付美国的反对，因而不能使埃中关系立即正常化。周恩来总理马上表示，中国方面能够理解也能够谅解。

在周恩来总理此次访问埃塞俄比亚后不久，两国正式建立了外交关系。周恩来总理还经常用“天涯处处有芳草”的诗句，教育中国代表团全体人员应该向这些亚非国家学习一切有益的东西。他一再指出，非洲国家虽然遭受了几百年的殖民统治，但有很多长处是值得中国学习的。这也体现了中国“平等待人”的外交风格。特别需要指出的是：在阿拉伯联合共和国，周恩来总理提出了中国同阿拉伯国家相互关系的五项原则；在阿尔及利亚，又提出了中国同非洲国家相互关系的五项原则。概括说来，中国同阿拉伯国家和非洲国家相互关系的五项原则是：一是支持阿拉伯和非洲各国人民反对帝国主义和新老殖民主义、争取和维护民族独立的斗争。二是支持阿拉伯和非洲各国人民支持阿拉伯和非洲各国政府奉行和平中立的不结盟政策。三是支持阿拉伯和非洲各国人民用自己选择的方式实现团结和统一的愿望。四是支持阿拉伯和非洲国家通过和平协商解决彼此之间的争端。五是主张阿拉伯和非洲国家的主权应当得到一切其他国家的尊重，反对来自任何方面的侵略和干涉。[①] 这五项原则是和平共处五项原则的具体运用，也是万隆精神的发扬光大。

在访问期间，周恩来总理还明确指出：亚非新兴国家为巩固独立，需要发展自己的民族经济；亚非国家应该互相支援，以促进各国经济的共同高涨；亚非国家也不应排斥同世界其他国家互通有无，发展经济合作和贸易往来，但这种经济贸易联系必须符合平等互利的原则和亚非国家建立独立的民族经济的需要。周恩来总理反复强调，亚非国家在经济上的互相支援，是穷朋友间的同舟共济。周恩来总理在马里提出了中国对外援助的八项原则："第一，中国政府一贯根据平等互利的原则对外提供援助，从来不把这种援助看作是单方面的赐予，而认为援助是相互的。第二，中国政府在对外提供援助的时候，严格尊重受援国的主权，绝不附带任何条件，绝不要求任何特权。第三，中国政府以无息或者低息贷款的方式提供经济援助，在需要的时候延长还款期限，以尽量减少受援国的负担。第四，中国政府对外提供援助的目的，不是造成受援国对中国的依赖，而是帮助受援国逐步走上自力更生、独立发展的道路。第五，中国政府帮助受援国建设的项目，力求投资少，收效快，使受援国政府能够增加收入，积累资金。第六，中国政府提供自己所能生产的、质量最好的设备和物资，并且根据国际市场的价格议价。如果中国政府所提供的设备和物资不合乎商定的规格和质量，中国政府保证退换。第七，中国政府对外提供任何一种技术援助的时候，保证做到使受援国的人员充分掌握这种技术。第八，中国政府派到受援国帮助进行建设的专家，同受援国自己的专家享受同样的

① 中共中央文献研究室：《周恩来年谱（1949—1976）》（中），中央文献出版社 2020 年版，第 585—586 页。

物质待遇，不容许有任何特殊要求和享受。”[1]

周恩来总理结束非洲之行时，表示为非洲大陆的觉醒而欢呼。周恩来总理把对3个南亚国家的访问称为“旧地重游，倍感亲切”。十三国之行加强了中国同这些亚非国家的相互了解，促进了中国人民同亚非人民的传统友谊。尤其是周恩来总理提出的五项原则和八项原则，实际上为中国处理同所有第三世界国家的关系确立了具体的准则，也为中国开展同发展中国家外交奠定了良好基础。

（三）推进同第二个中间地带国家关系的发展

中国在加强同亚非国家的友好团结关系的同时，也推进同西欧、日本等国家的交往。随着欧洲经济的发展，法国等西欧国家与美国之间的矛盾逐渐加深，这为中国发展与这些西欧国家关系提供了契机。

中法建交被认为是1964年的“外交核爆炸”。新中国成立后，法国政府内部对是否同新中国建交有过激烈的争论，也曾表示过与新中国建交的愿望，但后来由于朝鲜战争的爆发以及印度支那战争的升级，中法建交一事便搁置下来。1958年戴高乐重新执政后，奉行维护民族独立和国家主权的外交政策。基于法国现实利益，他开始考虑与中国建交的问题，但当时法国同阿尔及利亚的战争又成了中法建立正常外交关系新的障碍。1962年法国与阿尔及利亚签署《埃维昂协议》，阿尔及利亚获得独立，扫清了中法建交道路上的又一个障碍。

1963年10月，戴高乐授权法国前总理富尔携带他的一封亲笔信前来中国，代表他同中国领导人商谈两国关系问题。富尔到达北京后，毛泽东、刘少奇分别予以接见。周恩来总理、陈毅外长在北京、上海分别与富尔进行了六次艰难而又具有实质性结果的建交

---

① 中共中央文献研究室：《周恩来年谱（1949—1976）》（中），中央文献出版社2020年版，第595页。

谈判。谈判的最大难点在于台湾问题。富尔此次访华带来了戴高乐对华建交的3个方案：一是无条件承认方案。即：法国政府正式宣布承认中国，中国表示同意。二是有条件承认方案。即：法国政府表示愿意承认中国提出承认的条件。三是近期承认方案。即：法国政府对中国形成特殊关系的局面。这三个方案是戴高乐同富尔商定的，戴高乐希望能争取到立即实现第一个方案，第二、第三方案是备用方案。[①]

周恩来总理会见富尔时，对戴高乐的建交三个方案明确作了答复：法国可以从与中国完全平等地位出发，在以下方式中任选：一、全建交方式，如瑞士与北欧诸国那样。即在解决法国对台湾关系问题的条件下，实现中法建交，也就是说，法国先同台湾“断交”，然后同大陆建交。二、半建交方式，如英国、荷兰那样。三、暂缓建交。双方应积极创造条件，采取促进早日建交的态度，而不是消极等待。周总理指出：中方欢迎积极的、直接的建交方式。富尔当即表示：戴高乐希望法中之间立即建立正常的外交关系，绝不仿效英国拖泥带水的半建交方式。法国也不愿意采取第三种方式。[②]富尔又说，希望中国不要坚持法国先同台湾断绝外交关系。同台湾断绝关系，对法国来说，若要驱逐蒋介石在巴黎的代表是不愉快的，这是一个礼遇问题而不是政治问题。周恩来总理听了富尔的话后，严正指出：蒋介石集团是被中国人民推翻和赶走的，这是中国人民意志表现的结果。蒋介石集团之所以能留在台湾，完全是由于美国的保护和对中国内政的干涉。中法都是“有自尊心的民族和奉行独立的国家”，中国反对“两个中国”的立场是坚定不移的[③]。中法建立正式外交关系，法国同台湾的关系是一个困难，“要

① 张锡昌：《亲历“外交核爆炸”》，《领导科学》2003年第9期，第36页。

② 黄舍骄：《春华秋实四十年——中法建交回忆录》，世界知识出版社2004年版，第243页。

③ 同上书，第244页。

解决总要有个合理的办法”。周恩来总理提出：“台湾问题解决以前不能建立外交关系和交换大使，但可以建立非正式的关系，如先设立贸易代表机构，半官方的、民间的都可以。”[①]周恩来总理强调，若中法建交，法国不应在台湾保留外交人员或机构，如采取英国那样的办法对双方都不愉快。之后，中国和法国之间进行了为期三个月的建交谈判。[②]

为了寻求摆脱法国涉台关系的办法，并照顾到戴高乐的处境，周恩来总理在坚持反对“两个中国”的原则立场的前提下，于10月31日提出积极地、有步骤地建交的变通方案，即中法建交三点内部默契：“11月2日，中方以《周恩来总理谈话要点》的形式，向富尔提供了中法建交的方案，内容有三点：1.法国政府向中国政府提出正式照会，承认中华人民共和国政府，并建议立即建交，互换大使。2.中国政府复照，中华人民共和国政府作为中国人民的唯一合法政府，欢迎法国政府的来照，愿立即建立外交关系，互换大使。3.双方同时发表上述照会，立即建馆，互派大使。周恩来总理提出的上述三点建交方案，非常合情合理。对于这样一个合情合理的建交方案，富尔欣然表示同意”[③]。至此，中法两国建立正常外交关系的初步的但又是实质性的谈判告一段落。

1964年1月8日，法国内阁召开会议，讨论并通过中法建交的协议。1月9日中法建交协议正式达成，并由双方谈判代表草签协议。1月11日和1月23日，中法双方分别再次向对方确认建交事宜。巴黎时间1月27日中午12时，中法两国同时发表中法建交公报：中华人民共和国政府和法兰西共和国政府一致决定建立外

① 中共中央文献研究室：《周恩来年谱（1949—1979）》（中），中央文献出版社2020年版，第575页。

② 同上。

③ 黄舍骄：《春华秋实四十年——中法建交回忆录》，世界知识出版社2004年版，第245页。

交关系。两国政府为此商定在三个月内任命大使。建交公报发表的第二天，按照事先约定，中国政府发表声明："中华人民共和国政府是作为代表全中国人民的唯一合法政府同法兰西共和国政府谈判并达成两国建交协议的。按照国际惯例，承认一个国家的新政府，不言而喻地意味着不再承认被这个国家人民所推翻的旧的统治集团。因此，这个国家的旧的统治集团的代表不能继续被看作是这个国家的代表，同这个国家新政府的代表同时存在于一个国家里，或者同一个国际组织中。中华人民共和国政府是根据这样的理解，同法兰西共和国政府达成中法建交和互换大使的协议的。中国政府认为有必要重申，台湾是中国的领土，任何把台湾从中国的版图割裂出去或者是其他制造'两个中国'的企图，都是中国政府和中国人民绝对不能同意的。"① 这样，台湾当局不得不在 1964 年 2 月 10 日宣布与法国"断交"。至此，法国成为第一个与新中国正式建交的西方大国。

中法建交对国际力量对比的变化产生了重要影响，有利于打破两大军事集团严重对立危及世界和平的局面，对缓和国际紧张局势、维护世界和平具有重要意义，对世界的两极格局产生了巨大的震荡，也是第二次世界大战后国际政治力量分化、改组的标志之一。同时，对推动中国与其他西欧国家关系的进一步发展起到了促进作用。

中法建交深深触动了其他西欧国家，一些国家开始与中国进行接触。但由于在台湾问题上追随美国，因此无法在建交问题上迈出关键一步。中国体谅它们的处境，采取了逐步前进的做法，先从发展民间贸易着手，为最后建交做准备。

中国与意大利互设商务处。20 世纪 60 年代中期，意大利传

①《中华人民共和国外交部发言人 奉命就中法建交事发表声明》，《人民日报》1964 年 1 月 29 日，第 1 版。

统的执政党天主教民主党执行“向左派开放”的“历史性妥协”政策，与左翼社会党组成了联合政府。1964 年 5 月，社会党国际部主任来华访问，在与陈毅外长会谈时表示，意大利社会党一直认为中华人民共和国政府是中国唯一合法的政府，但目前要意大利政府立即断绝与台湾当局的关系还有困难，社会党希望和中国朋友达成一项协议，先在两国互设贸易机构，走出这重要的一步就便于继续争取意大利联合政府承认中华人民共和国政府是中国唯一合法政府。陈毅外长表示，中国愿意发展中意关系，但鉴于意大利联合政府现在同台湾当局断绝关系还有困难，而中国也不能接受出现“两个中国”的局面，因此中国同意中意双方先签订一项民间性的贸易协定并互设民间贸易机构，这些机构享有外交待遇，希望这一步骤能有助于推动两国建交。同年 11 月，中国国际贸易促进会与意大利外贸协会在罗马签订了互设商务处的协定。

中国与奥地利互设民间贸易机构。中法建交后，奥地利政府也向中国表示了互设非官方性贸易机构的愿望。奥地利与台湾当局本来没有“外交关系”，中国曾倾向于中奥直接互设官方贸易机构，但奥地利慑于美国的压力，对此顾虑重重，中国最后同意两国互设非官方性的贸易机构。1964 年 12 月，中奥签订了互设民间贸易机构的协定。

日本政府继续追随美国，采取对华敌视政策。20 世纪 50 年代中期起，中日两国民间外交取得长足的进展，在“两个中间地带”理论的指导下，中国继续通过推进对日民间外交促进日本政府对华政策的转变。1960 年 7 月，日本自民党总裁池田勇人继任日本首相。池田勇人上台后，决定顺应国内和国际形势的发展，在对华政策上采取了积极的姿态。1960 年 8 月 27 日，周恩来总理在接见日中贸易促进会专务理事铃木一雄等人时，提出了中日贸易问题三原则，即：政府协定；民间合同；个别照顾。[1] 周恩来指出，政府之间的贸易协定“总要在两国政府向着友好方向发展，并且建立起正常关系的情况下才能签订，否则不可能签订。关于两国政府的关系，还是坚持过去我们说过的政治三原则”[2]。对日贸易三原则公布后，得到日本经济界的欢迎，一些中小企业纷纷要求同中国进行交易，不少大企业则希望在开展中日贸易方面迈出更大的步伐。中国方面也决定采取两条腿走路的方针：一方面继续同日本各友好公司打交道，以支持日本中、小企业和进步友好人士；另一方面也同日本的大企业做买卖，购买中国经济建设所需要的设备。在中日双方经济交往日益加强的背景下，政界交往也有所增多。1962 年 9 月 15 日，日本自由民主党顾问松村谦三一行访华。周恩来总理在会见松村时着重阐述了中国政府的对日政策，重申了中日关系“政治三原则”和政治经济不可分的原则。[3] 双方经过协商，就经济问题确定了几项原则：一是采用以货易货的方式，使双方进出口基本保持平衡；二是进行综合性贸易；三是贸易合同应当是长期的，以五年为期；四是采用延期付款方式向中国出口成套设备。[4] 双方还商定，依据上述达成的一致意见，在高碕达之助率团访华时，由高碕与廖承志具体协商执行和落实。

1962 年 10 月 26 日，高碕达之助率领包括 22 家大厂商代表

① 中共中央文献研究室：《周恩来年谱（1949—1976）》（中），中央文献出版社 2020 年版，第 335 页。

② 1958 年 7 月，日本社会党代表佐多忠隆和田崎末松为探讨缓和中日紧张关系的途径来华访问。在会谈中，廖承志向日方提出了改善中日关系的三项条件。这三项条件是：岸信介内阁必须停止敌视中国的言论和行动；停止制造“两个中国”的阴谋；保证不再阻挠中日关系的正常化。

③ 中共中央文献研究室：《周恩来年谱（1949—1976）》（中），中央文献出版社 2020 年版，第 483 页。

④ 张历历：《新中国和日本关系史（1949—2015）》，上海人民出版社 2016 年版，第 66—67 页。

在内的 42 人代表团抵达北京。中方由廖承志牵头，由外贸和外交部门的负责人组成的会谈小组同日方举行了多次会谈。11 月 9 日，廖承志和高碕达之助签订了《关于发展中日两国民间贸易的备忘录》(简称“LT 贸易”)，决定从 1963 年至 1967 年作为第一个五年安排，平均每年进出口交易总额为3600万英镑①。这一备忘录形式上虽是民间协定，但廖承志、高碕达之助实际上都是本国政府的代表，因此，备忘录贸易就近乎贸易三原则中提到的第一种贸易(政府协定)了。后来中日双方还于 1964 年 4 月就互设贸易代表机构问题达成协议，中方在日本设立“廖承志办事处驻东京联络事务所”，日方在中国设立“高碕办事处驻北京联络事务所”，双方负责保护对方人员的安全。

“LT 贸易”签订以后，中日两国的民间贸易有了新的发展，两国的政治关系在一定程度上也有所改善。1964 年 11 月，佐藤荣作就任日本首相后，追随美国搞“两个中国”的阴谋，公然推行“两个中国”政策，积极配合美国阻挠中国恢复在联合国的合法席位。佐藤还千方百计对中日民间贸易大肆干扰、阻挠。尽管如此，中日民间交流仍然克服重重阻碍，在困境中艰难前行。在民间贸易方面，1965 年 9 月 18 日和 1966 年 11 月 21 日，“LT 贸易”先后签订了第四次、第五次贸易协议事项，对实施 1966 年度和 1967 年度的贸易达成协议。1967 年底，为期五年的“LT 贸易”期限届满。受中日两国国内因素的相互影响，中国方面决定不再续签中日长期贸易协定，而改为每年签订一次年度协议事项的备忘录贸易方式。与此同时，将廖承志办事处和高碕事务所分别改称为中日备忘录贸易办事处和日中备忘录贸易办事处。中日两国民间友好经济贸易团体也克服各种障碍，积极进行协商和互访。1966 年 1

① 《日本问题文件汇编》(第四集)，世界知识出版社 1963 年版，第 90—91 页。

月8日，应中国国际贸易促进委员会的邀请，日本日中贸易促进会友好代表团来中国进行访问。22日，双方发表了“共同声明”。在声明中日本方面表示：“日本友好商社和许多友好的企业界决心站在政治三原则、贸易三原则和政治、经济不可分的原则基础上，排除一切政治障碍，为发展日中贸易而努力。”[①] 同年9月18日，中国国际贸易促进委员会与来华访问的日本国际贸易促进协会经济友好代表团发表了会谈纪要。在会谈纪要中，双方一致表示：“要更高地举起中日人民友好的旗帜，加强联系，密切合作，克服一切人为障碍，为中日两国人民的友好和贸易关系的进一步发展而共同奋斗。”[②]1967年2月27日，中国国际贸易促进委员会与日本国际贸易促进协会等六个组织的代表在北京签署了《关于促进中日两国人民友好贸易议定书》。议定书再次重申中日关系政治三原则、贸易三原则和政治、经济不可分的原则。双方还就1968年、1969年间互相举办展览会问题，以及有关海运业务问题达成了协议。[③]

综上所述，中苏两党关于意识形态的分歧严重恶化了两国关系。中苏关系破裂后，苏联在中苏、中蒙边境地区部署重兵驻守，对中国安全利益构成严重威胁。中苏两国在边境地区冲突不断，直至发生珍宝岛军事冲突。美国在印支半岛挑起的越南战争被中国领导人看作是对中国南部边境地区安全利益的威胁，中国在道义上、物质上给予越南民主共和国抗美斗争以大力的支持。中国“左右开弓”，既反美，又反苏，构成了“两条线”斗争的战略。同时与两

---

①《中国国际贸易促进委员会　日中贸易促进会友好代表团发表共同声明　谴责美帝侵越和佐藤政府敌视中国政策》，《人民日报》1966年1月23日，第3版。

②《更高地举起中日人民友好的旗帜　我国际贸易促进委员会同日本国际贸易促进协会代表团交换会谈纪要》，《人民日报》1966年9月19日，第4版。

③《中日两国友好贸易界在北京签订的议定书指出　中国“文化大革命”沉重打击了帝修反　发展中日贸易必须彻底肃清一小撮日本修正主义者的恶劣影响》，《人民日报》1967年2月28日，第6版。

个超级大国为敌，对中国外交战略空间构成严峻的挑战。为摆脱在国际上被孤立的局面，中国提出“两个中间地带”的战略思想，即“第一个中间地带”是指广大的亚、非、拉地区的民族国家；“第二个中间地带”是指欧洲、大洋洲及日本等。中国积极在“两个中间地带”寻求国际上可以团结和依靠的力量。中国通过发展援助，促进了同“第一个中间地带”中的国家特别是非洲国家的团结合作关系，通过“民间外交”促进了与“第二个中间地带”国家的沟通与联系。中国与法国建立大使级外交关系使这一时期中国外交取得重要进展，预示着美国等西方国家对华孤立封锁战略的失败。

第四章 “一条线”战略思想

苏联在中国北部边境及周边地区的军事部署，使中国的国家安全受到严重威胁。苏联趁美国深陷越南战争之机，加快了向全球扩张的步伐，美苏战略竞争态势由美攻苏守向苏攻美守方向转变。为改变在与苏联争霸中的被动局面，美国政府向中国抛出“橄榄枝”，试图联合中国共同对抗苏联在全球扩张的威胁。中国为改变与两个超级大国同时为敌的不利环境，及时调整对外战略，联合美国及其他西方阵营国家，共同对抗苏联的威胁，从而形成了“一条线”战略。中国与美国进行战略合作，使中国与西方国家的关系大为改善，中国面临的国际环境发生重大变化，特别是中国在联合国合法席位的恢复，奠定了中国在国际社会中的政治大国地位。

一、“一条线”战略思想的形成

中苏关系破裂后，苏联在战略上打压中国，对中国的威胁迅速上升。为了应对苏联在全球的快速扩张，改变在与苏联战略竞争中的不利局面，美国向中国发出了缓和两国关系的信号，着手调整对华政策。中国领导人及时抓住这一契机，调整与两个超级大国同时为敌的战略，联合美国及其他国家，共同对抗苏联的威胁。

（一）苏联对中国的威胁急剧上升

珍宝岛事件发生后，苏联用舆论战和军事部署两手对中国实施战略威胁。1969 年 6 月，苏联提出建立“亚洲集体安全体系”的倡议，旨在孤立中国，并扬言“苏联要用核武器轰炸中国的战略基地、原子基地”[①]。9 月 1 日，扎哈罗夫元帅在《消息报》上发表

① 中共中央文献研究室：《周恩来年谱（1949—1976）》（下），中央文献出版社 2020 年版，第 328 页。

文章，声称“消灭日军的历史经验令人信服地、清楚地表明，不管来自何方的想要侵犯苏联远东边境或破坏苏联的盟国蒙古人民共和国的领土完整和不可侵犯性的任何企图注定会遭到可耻的失败”[①]。同时，苏联试图对中国实施军事报复。苏军决策层紧急向中苏东段边界大批调运军队，在中苏东段边界增援兵力基本到位以后，又选择在中方防守兵力相对薄弱，且交通不便、鞭长莫及的中苏西段边界的新疆方向进行军事报复行动。8 月 13 日，苏联出动飞机两架，坦克、装甲车数十辆和武装部队数百人，侵入中国新疆维吾尔自治区裕民县铁列克提地区，无端地向正在执行正常巡逻任务的中国边防人员开枪射击，当场打死打伤中国边防战士多名，并向中国边防巡逻人员进逼包围。[②] 中苏两国之间的紧张局势陡然升级。为了使两国处于战争边缘的紧张关系缓和下来，同时摸清苏联对中国发动战争的意向，中国接受了苏方关于举行高级会谈的建议。1969 年 9 月 11 日，周恩来总理与苏联部长会议主席柯西金在北京举行了著名的机场会谈，双方讨论了两国关系的紧迫问题特别是边界问题。会谈中，周恩来总理指出：“在边界冲突问题上，中国是被动的。打开地图就会知道，今年发生冲突的地方都是争议地区。你们总说我们要打仗，我们现在自己国内的事还搞不过来，为什么要打仗呢？我国领土广大，足够我们去开发，我们没有任何军队驻在国外，我们也不会侵略别人，可是，你们调了很多兵力到远东。你们说我们想打核大战，我们的核武器达到了什么水平，你们是清楚的。”“你们要用先发制人的手段来摧毁我们的核基地，如果你们这样做，我们就宣布，这是战争，这是侵略，我们就要坚决抵抗，抵抗到底。”周恩来总理还恳切表示：“中苏之间的原则争论不应该妨

①《苏军头目继续发出反华叫嚣》，《参考消息》1969 年 9 月 4 日，第 4 版。

②《苏联政府指使苏联军队侵入我新疆铁列克提地区制造新的流血事件　我国政府向苏联政府提出强烈抗议》，《人民日报》1969 年 8 月 14 日，第 1 版。

碍两国国家关系的正常化，中苏两国不应该为边界问题而打仗，中苏边界谈判应该在不受任何威胁的情况下举行。”对此，柯西金主席表示同意。根据中国方面的提议，双方达成了谅解：首先签订一个关于维持边界现状、防止武装冲突、双方武装力量在边界争议地区脱离接触的临时措施的协议。①

根据两国领导人达成的协议，中苏双方商定，自10月20日起，在北京举行关于边界问题的副外长级谈判。然而，机场会谈并不能改变苏联在中苏边界陈兵百万的现实状况，苏联对中国北部边境的军事压力日益加重。根据《苏蒙友好合作互助条约》，苏蒙两国军事合作迅速加强。苏联派军事顾问团进驻蒙古国防部，苏联的军事顾问、专家和教官直接参与蒙军作战指挥、兵力部署、军事演习和训练等。苏联驻蒙古军队的人数多达约6万人，包括坦克兵种、摩托化步兵、炮兵和导弹部队，部署在乌兰巴托、乔巴山、赛音山达和达尔汗等地，由苏联远东指挥部统一指挥。苏联在中国北线的军事装备和兵力部署，对中国构成了巨大的压力。为避免在遭到苏联的突袭中陷入被动，毛泽东等中国领导人采取了应急措施。在中苏边界谈判开始前，根据毛泽东的意见和中共中央的统一部署，在京的一些党和国家领导人、大批党政机关及其干部家属，被“战备疏散”到外地。10月17日，国防部做出“关于加强战备，防止敌人突然袭击的紧急指示”，要求全军进入紧急战备状态。从中央到地方都处于临战状态，中苏边境地区的中国军民更是箭在弦上，两国关系进入敌对状态。

正是在这种严峻情势下，毛泽东开始调整中国的对外战略，作出打破中美关系僵局的重大决策，联合美国，集中力量对抗苏联。20世纪70年代初，随着中美关系的解冻，中苏两国关系最终

① 韩念龙:《当代中国外交》，中国社会科学出版社1988年版，第126页。

转入政治、军事上的对抗阶段。

（二）苏联在全球的战略进攻态势使美国感到压力倍增

自 1965 年起，随着越南战争的逐步升级，美国深陷其中难以自拔。越南战争的庞大开支严重阻碍了美国国内的经济发展，美国财政收支情况急剧恶化，由此导致了美元地位的衰落。“1965 至 1968 年财政年度，美国平均每年财政支出 1475 亿美元，4 年的赤字总额已达 393 亿美元，超过了此前 19 年赤字的总和，财政赤字的直接后果是通货膨胀。1961 年美国的通货膨胀率是 1.3%，1968 年达到 3.7%。美国的国际收支赤字也越来越大，1965 年到 1969 年平均每年的国际收支逆差达 34 亿美元。”[①] 旷日持久的越南战争还激化了美国国内的各种矛盾，遍及全国的反战运动如火如荼。

1964 年，勃列日涅夫上台后的苏联利用美国穷于应付越南战争的机会，在推进国内经济迅速发展的同时，加大了扩军备战的力度，美苏实力对比发生了重大变化。经济上双方差距不断缩小。据苏联提供的统计资料：“苏联国民收入 1950 年为美国的 31%，1970 年上升为美国的 65%。苏联工业总产值 1950 年相当于美国的 30%，1960 年上升到美国的 55% 至 65%。1970 年再上升到美国的 80%。1960 年，苏联已有十几种工业产品产量超过美国，到 70 年代前期苏联的钢铁、石油、水泥、化肥等主要工业产品的产量超过美国而跃居世界首位。军事上双方基本上形成了核均势。”[②] 据美国公布的统计资料：“1962 年古巴导弹危机时，美苏战略武器（包括洲际导弹、潜艇发射导弹和战略轰炸机）之比约为 4∶1，即

① 宫力：《毛泽东与美国——毛泽东对美政策思想的轨迹》，世界知识出版社 1999 年版，第 183 页。

② 周纪荣等：《国际关系史（1970—1979）》第十卷，世界知识出版社 1995 年版，第 2 页。

美国拥有 1038 件，苏联拥有 265 件。10 年后，美国拥有 2165 件，苏联拥有 2167 件，美国丧失了对苏联的压倒性核优势。”[①] 此外，苏联还建成了一支包括庞大核潜艇舰队在内的远洋海军，在常规兵力和大多数常规武器数量方面对美国占有优势。

随着军事实力的增长，苏联加快了向外扩张的步伐。1968 年，苏联一方面出兵捷克斯洛伐克，另一方面宣布“有限主权论”，加强对东欧的控制。同时，在欧洲，发动外交攻势，大力倡导欧洲集体安全体系，改善同西欧的关系，鼓励欧洲对美国的离心倾向，力图削弱美国在欧洲的影响。在东南亚，改变了赫鲁晓夫在印支的“脱身”政策，支持越南抗美救国战争，牵制美国的军事力量并扩大苏联在东南亚的影响。在南亚，既加强同印度的关系，又改善同巴基斯坦的关系，通过调解 1965 年印巴战争，提高苏联在南亚的地位。在中东，通过经济和军事援助，控制了埃及、叙利亚、伊拉克等国。

苏联势力的不断扩张，严重威胁到了美国的全球利益及自身安全。美国统治集团内部从自身的战略与经济利益出发，普遍赞同收缩海外力量，调整外交政策。1968 年 11 月 5 日，共和党人理查德 · 尼克松当选为美国第 37 任总统。为了使美国在力量相对削弱的情况下继续维持霸权地位，他同国家安全事务助理基辛格等人立即着手对美国的全球战略进行重大调整，对华政策调整是其一项重要的内容。

早在 1967 年 10 月，尼克松在《外交》季刊上发表文章指出，越南战争给美国经济、军事、政治和社会带来压力。美国对世界上不太稳定地区面临的威胁作出反应是必须的。但其他国家必须认识到，美国作为世界警察的作用在未来可能会受到限制。文章提出，

① 周纪荣等:《国际关系史（1970—1979）》第十卷，世界知识出版社 1995 年版，第 2 页。

未来美国在必要时作出反应的条件是：该地区各国自身应共同努力遏制来自亚洲的共产主义威胁；如果这一努力失败，他们集体向美国提出援助请求。这无论从各自的国家立场，还是从避免核冲突的角度来看都是重要的。[①] 1969 年 7 月 25 日，尼克松在关岛对随行的记者发表非正式谈话，透露他正在拟订一项使美国能在太平洋地区继续成为一个强国的政策。主要内容是："美国将遵守我们承担的全部条约的义务。在亚洲继续发挥重要作用；如果一个核国家威胁一个同我们结盟国家的自由，或是威胁一个我们认为其生存对我们的安全极为重要的国家的自由，我们将提供保护；如果涉及的是其他类型的侵略，我们将在接到要求时，根据条约义务，提供军事和经济援助，但是我们将指望直接受到威胁的国家为自己的防务担负提供人力的主要责任。"从尼克松的关岛讲话可以看出，美国一方面仍在亚太推行霸权主义，另一方面又感到力量不足，急需从亚洲收缩力量。[②] 关岛谈话立即引起各方不同的反响。美国参议院外交委员会主席曼斯菲尔德遂称这次谈话为"尼克松主义"。同年 11 月 3 日，尼克松对全国发表广播电视讲话，正式公布美国今后对亚洲政策调整的三项原则：一是美国将恪守所有的条约义务；二是如果某个核大国威胁美国的某个盟国的自由，或威胁某个美国认为其生存关系到美国安全的国家的自由，美国将提供保护；三是在涉及其他形式侵略的场合，美国将根据条约义务，在被要求时提供军事和经济援助。但美国指望直接遭受威胁的国家承担为本身防务提供人力的主要责任。[③] 1970 年 2 月 18 日，尼克松向美国国会递

① Richard Nixon, *Asia after Viet Nam*, Foreign Affairs, Vol. 46, No. 1 (October, 1967), p114.

② Richard Nixon, *Remarks on Arrival at Guam International Airport*, July 25, 1969. https://www.presidency.ucsb.edu/documents/remarks-arrival-guam-international-airport.

③ Richard Nixon, *Address to the Nation on the War in Vietnam*, November 3, 1969. https://www.presidency.ucsb.edu/documents/sddress-the-nation-the-war-vietnam.

交了一份国情咨文，进一步阐述了“尼克松主义”的基本内涵。咨文指出，美国将参加各盟国和朋友的防务和发展活动，但是美国不能包办一切。只有在美国的帮助真正起作用而且被认为是符合美国利益的时候，美国才会给予帮助。咨文强调了“尼克松主义”的三根支柱，即“需要实力地位、需要伙伴关系和需要谈判的诚意，建立较为均衡的伙伴关系，以此鼓励盟国承担更大的责任”[①]。“尼克松主义”的实质是美国对其盟国改变家长作风，对其敌手采取灵活态度，进行对话或谈判，以此实现力量平衡。无论对盟国还是对敌手，美国的政策都必须以实力为后盾。这标志着美国政府把尼克松的关岛谈话从对亚洲的政策推广为全球政策，从一种国家安全政策推广为包括政治、经济、军事等各方面处理盟友关系以及对苏对华关系的指导方针。基于上述对美国国情和国际形势总的分析判断，尼克松在其安全事务助理基辛格的协助下制定出一套新的军事战略和外交战略。

尼克松调整外交战略的一个重大步骤是改善同中国的关系。尼克松政府这一战略举动显然出于多种考虑：一是战后美国敌视和封锁中国的政策在铁的事实面前已宣告破产，不得不正视并承认中国在国际事务中日益上升的地位和影响。二是面临苏联咄咄逼人的进攻态势，美国希望借助中国抗衡苏联。苏联 1968 年入侵捷克斯洛伐克和 1969 年中苏珍宝岛事件后，中苏关系已严重恶化，美国认为中国在安全防务上“有求于美国”。三是美国需要通过在亚洲收缩力量，加强欧洲防线，以增强其对苏联争霸的力量。尽快从越南战争的泥潭中抽身是美国在该区域力量收缩的一个重要方面。在美国看来，越战能否结束“取决于北京”，而且越战结束后，在亚

① Richard Nixon, *First Annual Report to the Congress on United States Foreign Policy forthe1970's*, February 18, 1970. https://www.presidency.ucsb.edu/documents/first-annual-report-the-congress-united-states-foreign-policy-for-the-1970s.

洲保持均势更应有“北京的合作”。因此，尼克松总统执政后，先后通过法国、巴基斯坦和罗马尼亚等国领导人向中国转达美国愿意改善美中关系和结束越南战争的信息。1969 年底，中美双方商定在 1970 年 1 月 20 日恢复已经中断了两年的中美大使级会谈。

（三）“一条线”战略的确立

自 1970 年起，中美两国接触和信息交流开始增多，双方交往的层级不断提高。1970 年 1 月 20 日，中美大使级会谈第 135 次会议在华沙中国大使馆如期举行。美国大使斯托塞尔首先发言，表示美国政府愿意改善美中关系，说他们不否认两国政府间存在分歧，但认为应尽一切努力克服这种分歧。在台湾问题上，美国代表虽仍表示“将继续和台北保持友好关系”，但也首次提到，不妨碍两岸的中国人自己“达成任何和平解决”。他还说：“美国准备考虑派遣一名代表前往北京，同你方官员进行直接讨论，或在华盛顿接待你方政府的一名代表。”中方代表雷阳按照国内指示，重申中美间长时期存在争端的关键就是台湾问题，中国决不允许任何国家侵占自己的领土；对美国政府提出的任何符合和平共处五项原则，有助于从根本上改善中美关系的设想和建议，我们都愿意考虑和讨论，这种讨论可以在大使级会谈中进行，也可以在更高级的会谈中或以其他双方都能接受的途径进行。双方商定，以后的会谈将轮流在双方的大使馆举行。2 月 20 日，两国在美国大使馆举行了第 136 次大使级会议。

在华沙的这两次大使级会谈，为中美关系继续发展发挥了积极的作用。首先，这是两国代表第一次面对面地互相表达了改善关系的意愿，双方都表示了举行更高级别会谈的意向，双方还同意将下一轮会谈，即中美第 137 次大使级会谈的地点定在北京。其次，这次会谈基本上探明了中美在改善双边关系过程中所要解决的问题，美国政府首次表达了不妨碍中国人自己“和平解决”台湾问题，以及将从台湾撤军的立场；而中国政府也表现了一定的灵活性，不再坚持台湾问题不解决其他问题一概不谈的“一揽子”方案。双方还在以和平共处五项原则为基础发展关系的问题上取得了初步的共识。

1971 年 7 月和 10 月，美国国家安全事务顾问基辛格两次访华。通过多次会谈，中美之间虽然仍存在着严重分歧，但是已更加突出了双方共同的立场——都反对霸权，即苏联的扩张主义，都承诺要使双边关系正常化。1972 年 2 月，美国总统尼克松访华，与毛泽东主席、周恩来总理就中美关系正常化以及双方关心的其他问题进行了广泛、认真和坦率的讨论。2 月 27 日，中美双方在上海达成《联合公报》，其主要内容是：双方首先就国际形势阐明各自的立场和态度。中国方面声明：国家要独立，民族要解放，人民要革命，已成为不可抗拒的历史潮流。国家不分大小，应该一律平等，大国不应欺负小国，强国不应欺负弱国。中国决不做超级大国，并且反对任何霸权主义和强权政治。中国方面表示：坚决支持一切被压迫人民和被压迫民族争取自由、解放的斗争；各国人民有权按照自己的意愿，选择本国的社会制度，有权维护本国独立、主权和领土完整，反对外来侵略、干涉、控制和颠覆。一切外国军队都应撤回本国去。美国方面声明：为了亚洲和世界的和平，需要对缓和当前的紧张局势和消除冲突的基本原因作出努力。美国支持全世界各国人民在没有外来压力和干预的情况下取得个人自由和社会进步。美国相信，改善具有不同意识形态的国与国之间的联系，以便减少由于事故、错误估计或误会而引起的对峙的危险，有助于缓和紧张局势的努力。在此基础上，双方声明：中美两国关系走向正常化是符合所有国家的利益的，而且会对缓和亚洲及世界紧张局势作出贡献。双方都希望减少国际军事冲突的危险，任何一方都不应在亚太地区谋求霸权，各方都反对任何其他国家或国家集团建立这种霸权的努力，任何一方都不准备代表任何第三方进行谈判，也不准备同对方达成针对其他国家的协议或谅解。最后，双方就台湾问题表达了各自的立场。中国方面重申自己的立场，台湾问题是阻碍中美两国关系正常化的关键问题；中华人民共和国政府是中国的唯一合法政府；台湾是中国的一个省，早已归还祖国；解放台湾是中国内政，别国无权干涉；全部美国武装力量和军事设施必须从台湾撤走。中国政府坚决反对任何旨在制造“一中一台”“一个中国、两个政府”“两个中国”“台湾独立”和鼓吹“台湾地位未定”的活动。美国方面声明：美国认识到，在台湾海峡两边的所有中国人都认为只有一个中国，台湾是中国的一部分。美国政府对这一立场不提出异议。它重申它对由中国人自己和平解决台湾问题的关心。考虑到这一前景，它确认从台湾撤出全部美国武装力量和军事设施的最终目标。在此期间，它将随着这个地区紧张局势的缓和逐步减少它在台湾的武装力量和军事设施。①

在中美《联合公报》中，美国政府的承诺，与过去历届政府的对台政策相比，作出了 3 个方面的让步：一是美国政府认识到世界上只有一个中国，台湾是中国的一部分。美国终于放弃了“台湾地位未定”的错误认识，确立了美国在处理对华关系和台湾问题时“一个中国”的原则。二是美国第一次在形式上接受了台湾问题应由“中国人自己解决”的观点，接近中方一直坚持的“解决台湾问题是中国的内政”的立场，并与上述第一方面相联系，从某种程度上体现了中国在主权问题上的政治要求。三是美国明确承诺，“从台湾海峡撤出全部美国武装力量和军事设施”，是它的“最终目标”，这与中国一贯坚持的“美国军队、军事人员和军事设施必须从台湾和台湾海峡地区全部撤走”的原则立场有所接近。中美

①《联合公报》，《人民日报》1972 年 2 月 28 日，第 1 版。

《联合公报》的发表，是中美关系发展史上的一个里程碑，结束了中美两国 20 多年的敌对状态，标志着两国之间实现了和解。

中美双方高层会晤前后，双方通过信息、情报交流初步建立了战略互信。1971 年 7 月、10 月和 1972 年 2 月，基辛格和尼克松在与周恩来总理的会谈中，就苏联的动向向中方进行了通报。主要有：美苏峰会、欧安会、美苏贸易扩大、解决中东问题、苏联关注中美关系、美苏军控协议、苏联对中苏边界谈判的反应、柏林问题、苏联在世界裁军会议上的建议以及中东局势等。美方表示，尽管目前美国所拥有的信息交流渠道相当不完备，但是，仍然会把有关情况通告中国。周恩来总理则强调，重要的是双方交换看法并一起寻找共同点。核问题、美苏限制战略武器谈判是中美信息交流中重要问题之一。在 1971 年 7 月和 10 月的中美高层会晤中，基辛格表示，在核问题方面，美国的着力点主要放在美苏限制战略武器的谈判上。美方将向中方通报美苏之间谈判的任何信息，以减轻中方对此的忧虑。基辛格说，一旦中美之间建立起通信关系，美方将会把任何可能对中国产生影响的条款告诉中方。基辛格介绍了美国在限制战略武器会谈中拒绝“授权每个国家对正在策划挑起进攻的任何国家进行攻击”条款的情况，以及有关在军备控制领域里同中国签订防止意外战争协议的愿望。尼克松总统 1972 年访华时，向周恩来总理通报了美国的核政策。他指出，苏联近年来以令人警惕的速度发展核武器，为保持核均衡，美国决不能在核竞赛中落后，否则美国为北约国家提供的保护将一钱不值。周恩来则以中国情报回告尼克松：发现当美国军舰驶向印度洋时，苏联也非常迅速地把核潜艇从海参崴派往印度洋，而且一旦他们决定采取行动，其动作就非常快。他们甚至首次跨越可以看作日本北海道和本州之间的内海的轻津海峡，致使日本极为紧张和不满。尼克松称赞说：“你们的情报非常不错。”尼克松还向周恩来通报了苏军在中苏边界的部署情况。他说，美方有非常可靠的情报，苏联在苏中边境部署的军事力量要比对抗西欧联盟所部署的多。并说，他已经要求基辛格博士为中方所指定有必要知道的中方人士提供一个涉及非常机密的情报简报，其中包含美方认为完全可信的关于苏联针对中国所部署的军队的位置和核武器部署情况。这些情报有不少属于核心机密，反映了中美两国高层间已经有了一定程度的信任。

1973 年 2 月 15 日，基辛格第五次访华，再次向中国领导人强调双方所面对的共同威胁。毛泽东在会见基辛格和 1974 年 1 月 5 日会见日本外务大臣大平正芳时，分别提出了“一条线”及“一大片”的思想，认为中美两国“只要目标相同”，就可以“搞一条横线”，即把从中国、日本经巴基斯坦、伊朗、土耳其、欧洲到美国一线，及这条线周围一大片的所有国家团结起来，共同对付苏联的扩张。

二、恢复在联合国的合法席位

1949 年 10 月 1 日，中华人民共和国正式宣告成立。从此，中华人民共和国中央人民政府取代了国民政府，成为代表全中国人民的唯一合法政府。按照国际法惯例，新旧中国虽然在社会制度上截然不同，但中国的主权、国家地位并没有改变。作为一个主权国家，中国的国际法主体资格依然如旧。因此，在国际舞台上，中华人民共和国政府理当取代国民党政府而享有中国的唯一合法代表权，即只有中华人民共和国政府才能代表中国参与国际事务，只有中华人民共和国政府才能以中国国家的名义参加国际组织，中国在联合国的合法席位也应非中华人民共和国政府莫属。但当时的美国政府却从其全球战略利益出发，顽固坚持反华立场，制造种种借口阻挠新中国恢复在联合国的合法席位，试图长期把新中国拒之于联合国大门之外。

（一）新中国为争取恢复在联合国合法席位所作出的努力

恢复中华人民共和国在联合国的一切合法权利，就必须承认中华人民共和国政府的代表是中国驻联合国的唯一合法代表，承认中华人民共和国是安全理事会五个常任理事国之一，并立即把国民党集团的代表从联合国及其一切机构中驱逐出去。这是中国政府的原则立场。新中国成立后，中国政府为争取恢复在联合国的合法席位作出了积极努力。1949 年 11 月 15 日，周恩来致电联合国秘书长赖伊，指出“中国国民政府代表团”完全无权代表中国，要求联合国立即取消该“代表团”参加联合国的一切权利。电文称：“中华人民共和国中央人民政府业于十月一日正式成立。中央人民政府毛泽东主席于政府成立之日，即郑重向全世界宣言：只有中华人民共和国中央人民政府才是代表中华人民共和国全体人民的唯一合法政府。现在，中华人民共和国中央人民政府业已基本上解放了全中国的土地和人民，且已得到全中国人民的热烈拥护。而国民党反动政府则已流亡溃散，其残余力量不久即将消灭，它已丧失了代表中国人民的任何法律的与事实的根据。因此目前以代表中国人民名义参加联合国组织并出席本届联合国大会的所谓‘中国国民政府代表团’已经变成了一小堆流亡分子的御用工具，绝对没有代表中国人民的任何资格。我谨代表中华人民共和国中央人民政府正式要求联合国，根据联合国宪章的原则与精神，立即取消‘中国国民政府代表团’继续代表中国人民参加联合国的一切权利，以符合中国人民的愿望。”[①] 同时，周恩来还致电第 4 届联大主席罗慕洛，坚决否认“中国国民政府”派遣的由蒋廷黻所率代表团的合法地位。罗慕洛表示，中国政府的要求必须经过联合国大会总务委员会审查后，才可以决定是否列入大会议程。11 月 18 日，赖伊表示，中国政府的

①《中美关系资料汇编》（第二辑　上），世界知识出版社 1950 年版，第 5—6 页。

电报“并非来自联合国会员国”，只能列在非政府组织和非会员国的表册中备查。中国政府的要求，必须经过联合国大会总务委员会的审查，才能决定是否列入联大议程。这实际上是不承认中华人民共和国在联合国的合法权利。

1950 年，周恩来于 1 月 8 日致电联合国大会主席罗慕洛、秘书长赖伊并转安理会成员国称：中华人民共和国政府认为中国国民党代表留在联合国安全理事会是非法的，主张将其从安理会开除出去①。此后，安理会就国民党代表权问题展开激烈的斗争，苏联支持中国的声明，主张开除国民党代表，美、英、法等多数国家反对开除。为了使斗争向有利于中国的方向发展，1 月 13 日晚，苏联外长维辛斯基向正在苏联访问的毛泽东建议，中国应向联合国去电派遣自己的代表出席联合国会议和参加联合国工作，以代替国民党代表。毛泽东同意了这个建议，并于当晚致电刘少奇：“代表团首席人选请中央考虑电告，待恩来到此商决。”② 此时周恩来正乘火车赶赴莫斯科。在北京的刘少奇经商量后提名章汉夫为首席代表人选。1 月 18 日下午 4 时半，毛泽东同乘火车行至苏联斯维尔德洛夫斯克的周恩来通电话商量，周恩来提出张闻天任此职，毛泽东同意。③ 毛泽东随即致电刘少奇，请中央审议已拟好的致联合国电报，并称若中央同意即请于第二天（19 日）发出并公开发表。④

中共中央审议同意后，1 月 19 日，周恩来以外长名义致电联合国大会主席罗慕洛、联合国秘书长赖伊并转联合国及安理会各会

①《中美关系资料汇编》（第二辑　上），世界知识出版社 1950 年版，第 14 页。

② 中共中央文献研究室：《毛泽东年谱（1949—1976）》第一卷，中央文献出版社 2013 年版，第 78 页。

③ 中共中央文献研究室：《周恩来年谱（1949—1976）》（上），中央文献出版社 2020 年版，第 21 页。

④ 中共中央文献研究室：《毛泽东年谱（1949—1976）》第一卷，中央文献出版社 2013 年版，第 80 页。

员国代表团，主要内容为：中华人民共和国中央人民政府业已任命张闻天为出席联合国会议和参加联合国工作，包括安全理事会的会议及其工作的代表团的首席代表；国民党集团的非法代表仍留在联合国及其安理会是完全不合理的，并质问何时开除国民党集团的非法代表，以张闻天为首席代表的中国代表团何时可以出席联合国及其安理会并参加工作[①]。同日，新华社公布此事。随后，中国政府陆续致电联合国，通知中国已经向联合国相关机构派驻代表。2月2日，外交部副部长李克农致电联合国，称中国政府已任命冀朝鼎为中国出席联合国经济及社会理事会的代表。4月28日和5月8日，周恩来致电联合国，中国政府已任命冀朝鼎为出席联合国经社理事会亚洲及远东经济委员会的代表兼出席工业及贸易委员会会议的代表[②]。这充分反映了中国政府为恢复在联合国的合法席位所作的积极努力。

如前所述，朝鲜战争爆发之后，美国纠集了包括美国和朝鲜在内的16个国家，打着“联合国军”的旗号，公开干涉朝鲜内政，武装侵略朝鲜民主主义人民共和国。在朝鲜战争爆发的第3天，美国总统杜鲁门还悍然宣布了美国第七舰队侵入中国台湾海峡的命令。中国政府就此连续向美国提出严正抗议，并诉诸联合国。

1950年8月26日，在第5届联大开幕之前，周恩来致电联合国秘书长赖伊：中国政府已任命张闻天为出席第5届联大的首席代表，李一氓、周士第、冀朝鼎、孟用潜为代表，请即转达有关方。同时指出：“时至今日，联合国仍容留中国国民党反动残余集团的非法代表在联合国的各个机构之内……这不但违背了联合国宪章，而且漠视了中华人民共和国四万万七千五百万人民的正义要

①《中美关系资料汇编》（第二辑　上），世界知识出版社1950年版，第41页。

② 王泰平：《中华人民共和国外交史（1949—1956）》第一卷，世界知识出版社1998年版，第368—369页。

求。”[①]8 月 29 日和 31 日，苏联以安理会主席身份裁决把中国的控诉案列入议程，因美国阻止未成。9 月 10 日，周恩来致电联合国安理会主席及秘书长，要求在安理会讨论中国控诉美军飞机侵犯中国案时必须有中国代表参加。[②] 在第 5 届联大即将开幕之际，国民党集团的“中国国民政府代表团”仍非法前往纽约。9 月 17 日，周恩来再次致电赖伊秘书长，强烈要求“联合国第 5 届大会立即将国民党集团的非法代表驱逐出去，同时，立即办理一切手续，使中华人民共和国代表团得以出席此次联合国大会。联合国第 5 届大会如无中华人民共和国代表团参加，或容留中国国民党集团非法代表在内，其所作的一切与中国有关的决议均将是非法的，因而也是无效的”[③]。如前所述，11 月底至 12 月中，伍修权率领的中国代表团参加了联合国关于“美国侵略台湾案”的讨论，在联合国舞台上首次宣示了新中国的原则立场。

（二）美国阻挠新中国恢复在联合国的合法席位

美国坚持与新中国为敌的政策，费尽心机、蓄意阻挠讨论中国在联合国的席位问题。1949 年 11 月 22 日，联合国秘书处把 11 月 15 日周恩来的电报作为联合国正式文件分发给联合国各会员国后，美国驻联合国代表团声称，美国政府反对中国政府的电报，因为“该政府尚未为美国及其他许多联合国会员国所承认”。随后，美国、英国、菲律宾、澳大利亚等国家则公开发表声明，声称由于中华人民共和国政府尚未为美国及其他许多联合国会员国所承认，因此，对新中国的要求不予理睬。1950 年 9 月 19 日，第 5 届联大开幕。就中国代表权问题，印度代表劳氏提出立即接纳中华人民

① 中共中央文献研究室：《周恩来年谱（1949—1976）》（上），中央文献出版社 2020 年版，第 68 页。

②《中美关系资料汇编》（第二辑　上），世界知识出版社 1950 年版，第 159 页。

③ 同上书，第 162 页。

共和国代表的决议草案，苏联代表接着提出立即驱逐国民党集团代表和邀请中华人民共和国代表出席本届联大的两项提案。但在美国的操纵下，联合国大会通过了加拿大提出的“关于建立中国代表权问题特别委员会的决议”，决定由加拿大、厄瓜多尔、印度、伊拉克、墨西哥、菲律宾、波兰7国组成特别委员会，审议中国代表权问题并提出报告，而在大会对特别委员会的报告作出决议以前，国民党集团的代表仍应出席大会，并享有与其他代表同样的权利。中国代表权问题就此被搁置起来。

1951年，在第6届联大上，苏联等国代表再次提出将恢复中国合法席位问题列入联大议程的提案，美国以所谓中国“侵略”朝鲜为由，操纵联合国表决机器，使联大于11月13日通过“延期讨论”中国代表权问题的决议。

自1952年第7届联大起，关于“中国代表权问题”，美国不再指使其他国家提出议案，而由美国单独提出议案。第7届联大至第10届联大，美国提案的主要措辞是:“延期审议所有关于排除中华民国政府的代表出席和让中华人民共和国中央人民政府的代表取得席位的提议。”自第11届联大至第15届联大，美国提案的主要措辞是:“不审议关于排除中华民国政府的代表或让中华人民共和国中央人民政府的代表取得席位的任何提议。”在这9年中，美国提案均以多数票获得联合国大会通过。值得一提的是，尽管美国操纵第5届联大通过了诬蔑中国为对朝鲜的“侵略者”的决议，但在美国关于“中国代表权”的提案中，却多年使用“中华人民共和国中央人民政府”的称谓。①

直至1961年第16届联大前，美国年复一年采取“延期审议”的战术，操纵多数票否决苏联等国的合理提案。1961年，第16

① 熊向晖:《我的情报与外交生涯》(第2版)，中共党史出版社2006年版，第331页。

届联大突破了美国设置的障碍，同意将中国在联合国席位问题提交联大讨论。为了继续阻挠中华人民共和国恢复联合国的合法席位，美国采取新的手段，设法使联大通过决议，将中国的代表权问题列入“重要问题”议程。所谓“重要问题”提案，是指新会员国的加入、会员国权利的停止以及会员国的除名等问题。根据《联合国宪章》规定，“重要问题”需要得到联大以三分之二多数票才能通过。中华人民共和国恢复联合国席位的问题不属于该范畴，美国玩弄这个花招的主要目的是继续阻挠中华人民共和国恢复在联合国合法席位，干涉中国内政。

（三）中国在联合国的合法席位得到恢复

随着美苏战略竞争态势发生重大变化，中国国际地位的不断提高，美国继续阻挠中国重返联合国的企图已经越来越难以得逞。在 1970 年的第 25 届联大上，阿尔巴尼亚、阿尔及利亚等 18 国提出的提案以 51 票赞成、49 票反对（包括台湾当局的 1 票）、25 票弃权，首次获得了简单多数。由于受到“重要问题”提案的限制，这个提案因不足三分之二多数票仍然无法得到通过。然而这个结果所传递出的信息却令人鼓舞：中国最终重返联合国的时刻已经为期不远了。尼克松总统连续释放改善同中国的关系的信号，使美国政府的拖延政策越来越难以持续。

随着中美关系走向缓和，美国在中华人民共和国恢复联合国席位问题上面临的是一个日益尴尬而棘手的局面。尼克松总统和基辛格国务卿心里很明白：“到最后，反正我们无论采取什么立场总归是要失败的。”[①] 但是一方面迫于国内亲台势力的压力，另一方面为了维护美国的面子，美国政府还是要想尽一切手段阻止中华人民共和国恢复在联合国的合法席位、保住台湾当局的位子。因此，美

① [美] 亨利 · 基辛格著，杨静予、吴继淦等译：《白宫岁月》（第 3 册），世界知识出版社 2003 年版，第 992 页。

国又提出“双重代表权”方案，即：美国支持在联合国大会上要求使中华人民共和国取得席位的行动，同时美国反对任何驱逐中华民国的行动，或者以其他方式剥夺其在联合国的代表权的行动[①]。为了给这个方案造舆论，美国官员甚至再度放出“台湾地位未定论”的风声。

这个“双重代表权”方案实际上是根本行不通的。首先，它不仅遭到来自中国大陆的坚决抵制，也遭到了来自台湾当局的强烈反对。其次，它根本无视绝大多数支持中华人民共和国恢复在联合国席位的国家都支持“一个中国”立场。基辛格访华后，中美关系缓和的新动向，导致一些国家迅速调整对华政策，支持中华人民共和国恢复联合国合法席位的国家的数量大幅度提升。第三，它事实上再度使美国的对华政策陷入进退两难的境地。在联合国内制造“双重代表权”，事实上是继续为中美关系的发展制造障碍。甚至连制定这项政策的美国政府官员自己心里也很清楚，这是一项注定要失败的方案。

在联合国大会第 26 届会议即将召开之际，阿尔巴尼亚、阿尔及利亚等 18 国于 1971 年 7 月 15 日致函联合国秘书长，要求将恢复中华人民共和国的合法权利问题作为紧急问题列入第 26 届联大议程。8 月 2 日，美国国务卿罗杰斯在总统的“授权”下，提出美国国务院拟订的“双重代表权”方案，并发表声明称：“主张北京进入联合国，但反对驱逐台北。”8 月 17 日，美国驻联合国首席代表乔治 · 布什致函联合国秘书长，要求将“中国在联合国的代表权问题的议题，列入第 26 届大会议程”，并正式提出美国政府的主张。

中国外交部于 8 月 20 日发表声明指出：“美国政府宣称，‘中华人民共和国应当有代表权’，同时又主张‘应当不剥夺中华民国

① 熊向晖：《我的情报与外交生涯》（第 2 版），中共党史出版社 2006 年版，第 347 页。

（指蒋介石集团，下同）的代表权’。这是尼克松政府在联合国制造‘两个中国’的阴谋的大暴露。对此，中国政府和中国人民绝对不能容忍，并且坚决反对。”[①]声明指出：“美国政府说，‘在处理中国代表问题时，联合国应当认识到中华人民共和国和中华民国都是存在的，并且应当在规定中国代表权的方式中反映出这一不容争议的现实’。这真是荒谬绝伦。世界上根本不存在‘两个中国’，只有一个中国，就是中华人民共和国，台湾是中国领土的一部分，是中国的一个省，在二次大战后就已归还祖国。这才是不容争议的事实。”[②]声明进一步提出：“恢复中华人民共和国在联合国的合法权利和把蒋介石集团驱逐出联合国，这是一个问题的不可分割的两方面。”[③]“中国政府郑重声明：中国人民和中国政府坚决反对‘两个中国’‘一中一台’或类似的荒唐主张，坚决反对‘台湾地位未定’的谬论，坚决反对‘台湾独立’的阴谋。只要在联合国里出现‘两个中国’‘一中一台’‘台湾地位未定’或其他类似情况，中华人民共和国政府就坚决不同联合国发生任何关系。中国政府的这一严正立场是不可动摇的”[④]。

第 26 届联大自 1971 年 10 月 18 日至 25 日，对恢复中国在联合国的代表权问题的提案进行讨论和表决。10 月 25 日，阿尔巴尼亚、阿尔及利亚等 23 国的提案以 76 票赞成、35 票反对、17 票弃权的压倒多数获得通过，决定恢复中华人民共和国在联合国的一切合法权利，立即把国民党集团的代表从联合国一切机构驱逐出去（该案为第 2758 号决议），美、日的“双重代表权”提案成为废案被自动否决了。会议厅响起了经久不息的掌声。美国在联合国制造

①《中华人民共和国外交部声明》，《人民日报》1971 年 8 月 21 日，第 1 版。
② 同上。
③ 同上。
④ 同上。

"两个中国"的图谋终于破产，拖延了22年的中国在联合国的代表权问题终于以符合历史潮流的方式得到解决。

中国恢复在联合国的合法席位，是中国人民的重大胜利，反映了世界人心向背和时代潮流。中国真正作为一个政治大国登上世界舞台。从此，作为联合国安全理事会常任理事国之一的中国，在联合国组织内为实现联合国宪章的宗旨、维护世界和平、加强各国友好合作、促进人类进步事业中作出了积极贡献。

三、"三个世界"划分思想

"三个世界"划分思想，是毛泽东同志在对20世纪70年代世界力量对比变化的分析判断中逐步形成的，旨在为中国对外战略寻求团结和依靠的力量。20世纪60年代末70年代初，世界格局发生了显著变化。自第二次世界大战后形成的两极世界体系，由于其内部的各种力量的分化组合已经逐渐成为一种松散的体系，国际格局多极化趋势开始显现。由此，毛泽东同志提出了关于"三个世界"划分的思想。

（一）"三个世界"划分思想的提出

面对国际局势和各种力量出现的新的分化和改组，西方政治家大多从地缘政治、种族和实力分布等角度划分世界。例如，戴高乐曾以种族和地缘关系，把世界划分为三部分，一是从大西洋到乌拉尔的欧洲大陆；二是美、英、加、澳、新西兰在内的盎格鲁撒克逊种族共同体；三是包括日本在内的亚非拉有色人种共同体，并称之为第三世界。美国则以经济状况（人均年产值年收入）、制度和军事实力为标准，将美、日、西欧划入第一世界，同时又根据军事实力把世界划分为五个超级大国，中国属于其中之一。第三世界一些国家仅从民族主义出发，依据社会制度不同划分世界。他们把美国为首的帝国主义阵营叫作第一世界，把苏联为首的社会主义阵营叫作第二世界，把亚非拉已经独立或正在争取独立的国家叫作第三世界。一些西方学者也把资本主义工业化国家和社会主义以外的国家称作第三世界。

毛泽东根据马克思主义的矛盾分析方法，对世界上各种错综复杂的国际政治力量对比作出新判断，提出了著名的“三个世界”划分理论。基本内涵是：美国、苏联两个超级大国是第一世界，亚非拉和其他地区的发展中国家是第三世界，处于两者之间的西欧、日本等发达国家是第二世界。这一理论强调：中国属于第三世界；中国要和第三世界人民站在一起，同时团结第二世界，反对第一世界的霸权主义，维护世界和平；由于第一世界两个超级大国中，苏联当时处于攻势，对我们的威胁较大，必须侧重反对苏联的霸权主义。

这一理论的形成有一个过程。20 世纪 60 年代中期，毛泽东指出，世界政治格局不再是 50 年代那样简单地表现为社会主义阵营与资本主义阵营的对抗，已经出现了大动荡、大分化、大改组的新情况。从表面上看，帝国主义国家内部矛盾重重，社会主义国家之间也频频论战，亚非拉地区的殖民地和附属国纷纷要求独立，天下一派大乱的景象。毛泽东注意到这种大乱中的三个基本趋向：首先是长期以来被压迫、被奴役的亚非拉地区人民正在觉醒。周恩来当时形象地概括为：“国家要独立，民族要解放，人民要革命，已经成为不可抗拒的历史潮流。”[①] 其次是苏联在许多国际事务中，特别是在同一些社会主义国家的关系中，日益采取霸权主义，甚至是社会帝国主义的政策。再次是美国盟友的离心倾向日益发展，力图摆脱美国的控制。因此从 60 年代中后期起，中国就不再使用“社会主义阵营”“帝国主义阵营”这样的概念。进入 70 年代后，在西

① 周恩来：《在中国共产党第十次全国代表大会上的报告》，《人民日报》1973 年 9 月 1 日，第 1 版。

方出现了“大三角”的提法，尼克松、基辛格对此比较欣赏。但是毛泽东说，我不赞成“大三角”，我喜欢亚非拉，中国属于第三世界。1971 年 11 月 15 日，中国重返联合国时，乔冠华在大会上发言，公开阐述了毛泽东的这一主张。他指出：“没有经济上的独立，一个国家的独立是不完全的。亚、非、拉国家在经济上的落后，是帝国主义的掠夺造成的。反对经济掠夺，保护国家资源，是独立国家不可剥夺的主权。中国仍然是一个经济上落后的国家，也是一个正在发展中的国家。中国与绝大多数亚、非、拉国家一样，是属于第三世界的。”[①] 这一时期，毛泽东多次同外宾分析国际政治新格局，不断深化自己的思想。1973 年 6 月 22 日，毛泽东会见马里国家元首特拉奥雷时强调：“我们都是叫作第三世界，就是叫作发展中国家。”1974 年 2 月 22 日，毛泽东在同赞比亚总统卡翁达会见时，更加系统地讨论了这一问题。毛泽东不赞成把帝国主义、社会主义和介于这两者之间的亚非拉民族独立国家分别称为第一、第二、第三世界，说：“我看美国、苏联是第一世界。中间派，日本、欧洲、加拿大，是第二世界。咱们是第三世界。”“第三世界人口很多。亚洲除了日本都是第三世界。整个非洲是第三世界，拉丁美洲是第三世界。”[②] 毛泽东这些论述的基本特点是：改变了传统的以意识形态为标准划分世界政治格局的思路，主张以经济为基础的多因素标准划分世界政治格局。

20 世纪 70 年代初，世界能源危机后，亚非拉地区国家维护民族独立、捍卫国家主权和保护民族资源、发展民族经济的意愿更加强烈。1974 年 1 月 30 日，阿尔及利亚民主人民共和国革命委员会主席兼政府总理胡阿里 · 布迈丁以第四次不结盟国家首脑会

①《历史潮流不可抗拒——我国在联合国的一切合法权利胜利恢复》，人民出版社 1971 年版，第 8 页。

②《毛主席关于三个世界划分的理论是对马克思列宁主义的重大贡献（之一）》，《人民日报》1977 年 11 月 1 日，第 1 版。

议执行主席的名义，写信给联合国秘书长瓦尔德海姆，建议联合国大会特别会议讨论原料和发展问题。这个建议得到 100 多个国家赞同，联合国遂于当年 4 月举行联合国大会第 6 届特别会议。中国派国务院副总理邓小平率团出席了这次会议。4 月 10 日，为进一步促进第三世界国家团结合作，邓小平在特别会议上的发言中，全面阐述了毛泽东的“三个世界”思想以及在这一思想指导下中国将奉行的外交政策。邓小平在发言中指出：“从国际关系的变化看，现在的世界实际上存在着互相联系又互相矛盾着的三个方面、三个世界。美国、苏联是第一世界。亚、非、拉发展中国家和其他地区的发展中国家，是第三世界。处于这两者之间的发达国家是第二世界。”“关于第一世界，美国和苏联两个超级大国，妄图称霸世界，是当代最大的国际剥削者和压迫者，是新的世界战争的策源地。他们用不同的方式都想把亚非拉的发展中国家置于他们各自的控制之下，同时还要欺负那些实力不如他们的发达国家。关于第二世界的国家，处于超级大国和发展中国家之间的发达国家，一方面，还对第三世界国家保持着各种不同形态的殖民主义的关系，另一方面，都在不同程度上受着这个或那个超级大国的控制、威胁或欺负，其中有些国家在所谓‘大家庭’的幌子下，实际上被超级大国置于附庸的地位。这些国家都在不同程度上具有摆脱超级大国的奴役或控制，维护国家独立和主权完整的要求。关于第三世界的国家，长期遭受殖民主义、帝国主义的压迫和剥削。他们取得了政治上的独立，但都还面临着肃清殖民主义残余势力，发展民族经济，巩固民族独立的历史任务。这些国家地域辽阔，人口众多，资源丰富。这些国家受的压迫最深，反对压迫、谋求解放和发展的要求最为强烈。”[①] 邓小平代表中国政府郑重声明：“中国属于第三世界。”“坚决

①《中华人民共和国代表团团长邓小平在联大特别会议上的发言》，《人民日报》1974 年 4 月 11 日，第 1 版。

支持一切被压迫人民和被压迫民族争取和维护民族独立，发展民族经济，反对殖民主义、帝国主义、霸权主义的斗争。”“中国现在不是，将来也不做超级大国。”[①]

（二）“三个世界”划分思想的特点

“三个世界”划分思想反映了毛泽东在长期国内政治斗争中积累的经验，是毛泽东统一战线理论在国际问题上的运用。简言之，在实践中这个战略就是要依靠属于革命力量的第三世界，联合具有两重性的第二世界（中间力量），反对苏美。在苏美之间又要利用矛盾，孤立和打击最主要的敌人苏联。对美国则是既团结又斗争。可以看出，“三个世界”思想实际上是毛泽东在 20 世纪 40 年代、50 年代、60 年代相继提出的“中间地带”“两个中间地带”“两类矛盾三种力量”等理论的逻辑发展，这些思想前后之间有密切的内在联系。

毛泽东关于国际统一战线的重要战略思想，主要是“利用矛盾、争取多数、孤立少数、各个击破”。“三个世界”划分思想的主要特色在于矛盾论和统一战线理论的结合。运用矛盾论，根据一定时期的基本矛盾和主要矛盾，把矛盾分类，正确地反映了世界各种政治力量分化、组合的实际情况；运用统一战线理论来观察世界格局，确定力量分布，从而分清了敌我友并确定了中国在其中的位置。此外，毛泽东还抛开了社会制度的划分标准，淡化了意识形态色彩，以民族利益和民族平等为依据，应用民族和国家利益分析方法，结合实力和要求来划分世界，从而把中国划入了第三世界。

（三）“三个世界”划分思想的影响

从国际范围来看，“三个世界”划分思想为中国在变动的世界中寻求可以团结和利用的力量提供了理论依据，明确了在新国际格

①《中华人民共和国代表团团长邓小平在联大特别会议上的发言》，《人民日报》1974 年 4 月 11 日，第 1 版。

局下，中国的战略地位、战略基础。美国和苏联两个超级大国，凭借强大的经济力量和军事力量在世界范围内进行经济剥削、政治压迫和军事控制。他们为了达到各自独霸全世界的目的，不但彼此互相对抗，大搞核军备竞赛，而且极力压制甚至武装入侵其他弱小国家，威胁所有国家的独立和安全。战后此起彼伏、连绵不断的局部战争，大部分与两个超级大国的对抗有关。霸权主义既是两个超级大国准备战争的手段，又是它们发动战争的目的。美苏的争夺和军备竞赛，是世界局势动荡不安的主要根源，是新的世界战争的策源地，对世界和平与人类生存构成了严重的威胁。“三个世界”划分思想的一个重要意义，就是向全世界人民指出，团结起来战胜两个超级大国的霸权主义和战争政策，以维护世界和平与人类的安全，是世界政治的中心问题和斗争的大方向。

广大第三世界国家是在民族解放运动的历史潮流中，在同帝国主义、殖民主义、霸权主义进行长期坚决的斗争中先后获得独立和解放的，它们是一支反帝、反殖、反霸的主力军。第三世界国家由于社会制度和政治制度方面的差异以及一些历史原因，特别是帝国主义、超级大国的挑拨离间，某些国家之间、国内民族之间、政治派别之间还存在着各种内部矛盾和争端，甚至发生武装冲突，但从国际斗争的战略和第三世界国家的本质、主流上看，所有这些复杂状况都不能抹杀第三世界作为反帝反霸主力军的这个基本事实，都不能改变帝国主义、霸权主义同第三世界国家和人民的根本矛盾。“三个世界”划分思想，高度重视第三世界在反帝、反霸、反殖斗争中的主力军作用，强调中国是发展中的社会主义大国，属于第三世界，坚决支持第三世界国家和人民反对霸权主义，维持世界和平，发展本国经济，实现彻底的政治独立和经济独立。毛泽东反复指出：“中国人民在国际交往方面，应坚决、彻底、干净、全部消灭大国主义”，“对外国的任何小国一律要采取平等对待的态度”，

"永远不称霸"。这对增强第三世界国家和人民胜利的信心，更大地发挥反帝、反霸、反殖主力军的作用，有着非常重大的意义。

"三个世界"划分思想还包括下列内容：处于第一世界和第三世界之间的第二世界国家，同美国既有基于共同立场、共同利益的联盟关系，同时彼此又有着控制、干涉和反控制、反干涉以及贸易战、货币战等尖锐矛盾。这些第二世界国家既对被压迫民族进行压迫剥削，又受超级大国的控制，同第一世界和第三世界都有矛盾，具有两重性。但它们在遭到超级大国的霸权主义和战争政策的严重威胁时，可以成为第三世界反霸斗争中的同盟军。建立最广泛的反霸国际统一战线，是毛泽东根据长期国内政治斗争的丰富经验，将统一战线理论模式创造性地运用到国际政治斗争中。无论是"中间地带"思想，还是"三个世界"划分思想，都说明毛泽东从不把资本主义世界当成铁板一块，而是加以区别对待。"三个世界"划分思想，正是从世界各种政治力量复杂的矛盾斗争中，把握了苏美两霸的全球战略和全世界人民的反霸战略这个主要环节，明确了谁是主要的革命力量，谁是主要的敌人，谁是可以争取、联合的中间力量。这一划分有助于团结一切可以团结的力量，结成最广泛的统一战线，从而更加有力地反对超级大国的霸权主义和战争政策，维护世界和平，促进人类共同发展。

"三个世界"划分思想对于中国外交战略同样具有重要意义。主要表现在：其一，是为"一条线"战略提供了理论依据；其二，打破了中国与整个西方世界关系的僵局，为中国后来实行全方位的对外开放打下了基础。这一思想作为一种外交战略指导思想，其新颖之处在于：将第三世界的地位提到空前的高度；指出苏联是全世界人民和爱好和平力量的最主要、最危险的敌人；强调中国必须与西方结成统一战线。在毛泽东看来，"大动荡、大分化、大改组"这个过渡阶段结束，世界各种力量的重新组合已经完成，中国在其中的地位也已经确定。“三个世界”分别代表不同的利益关系。中国必须准确地分清敌我友，组成更为广泛的统一战线，即中国在国际斗争中必须依靠的力量是与自己有类似历史遭遇并面临相同现实任务的第三世界。应当争取的力量是与美苏两个超级大国具有两重性关系的第二世界，可以分化的是第一世界美苏两国。因此建立一条最广泛的、包含美国在内的国际反苏统一战线是可行的。“一条线”战略的实施，迅速改变了中国两面受敌的被动处境，增强了中国对付苏联战略威胁的力量。在“三个世界”划分思想指引下，中国积极开展外交工作，对外关系在坚持自己原则立场的基础上获得了空前的大发展。

“三个世界”划分思想是对“中间地带”思想的超越。“中间地带”思想虽然意味着对两极格局并不满意，但在当时的历史条件下，仍然是以苏美两极对抗格局为大前提的，因此中国虽然强调中间地带的作用，却长期将自己排除在中间地带之外。“三个世界”划分思想超越了这个思维框架，明确将中国划入第三世界，从而在很大程度上摆脱了意识形态因素的制约，在急剧变动的世界格局中为中国找到了一个与国力和国家利益相符合的战略地位。在“三个世界”划分思想的指导下，中国政府对西方国家的作用进行了重新估计，对中国与西方国家的关系进行了重新定位，从而促进了中国外交战略的调整。

四、推动构建反苏霸权的国际统一战线

“一条线”战略思想和“三个世界”划分思想提出后，中国政府着手推进与美国等西方国家的战略合作，使中国同西方发达国家的关系有了整体性的改善和提升。同时，进一步加强了同广大亚非拉国家的团结与合作。需要指出的是，在反苏霸权“一条线”战略背景下，中国与苏联、越南及蒙古等国的关系出现了进一步恶化或

恶化状况。

（一）推进中美战略合作关系逐步展开

推进与美国的战略合作，是中国建立反苏霸权国际统一战线的关键。中国推进与美国战略合作关系的发展是与推进中美关系正常化进程相辅相成的。与中国合作抗击苏联在全球扩张威胁，也是尼克松政府外交战略的重要一环。毫无疑问，中美两国关系早日实现正常化有助于两国进一步加强战略合作。

为便于加强联系，尼克松政府在筹划改善与中国的关系时，一直考虑在北京设立某种常驻机构，作为正式建交之前的过渡措施。1971 年 4 月 19 日，尼克松总统指示美国国务卿、国防部长以及中央情报局局长，就下一步可以采取的与中国“进一步改善关系”的外交措施进行研究。5 月 27 日，美国国家安全委员会中的东亚问题跨部门小组根据要求完成了一份报告，其中提出在华设立常驻机构的建议。1971 年 10 月，基辛格访华期间，在与周恩来总理讨论贸易问题时，曾建议在两国间设立一个“接触点”。但是，鉴于美台之间依然存在所谓的“外交关系”，排除了相互在对方首都设立官方办事处的可能性。1973 年 2 月，基辛格第 3 次访问中国期间，双方商定在对方首都互设“联络处”。中方提出，尽管中方要在华盛顿设立的这种办事处必须保持非官方的性质，且不会参加任何正式的外交活动，但必须获得外交豁免权。美方表示同意。最后，双方商定，在机构名称上，双方同意以“联络处”来称呼。联络处“不具备外交地位”，“但是双方出于礼节考虑将赋予其外交豁免权”。周恩来总理评论说，不同于中日之间以“贸易办公室”推动双边关系正常化的方式，“联络处”是中美“首创的新方法”。

中美就互设联络处达成共识后，双方加快了筹备步伐。尼克松和基辛格原先设想联络处主任由中级职业外交官担任，经过考虑，为了体现对联络处实际上也就是中美关系的高度重视，决定委派美国资深的外交官——戴维·布鲁斯担任。布鲁斯曾任美国驻法国、德国和英国大使，在1970年至1971年间担任出席巴黎越南问题会议代表团团长。1973年3月17日，尼克松总统在华盛顿举行临时记者招待会，正式宣布5月1日美国在北京设立联络处，并任命戴维·布鲁斯为联络处主任。

1973年3月4日，周恩来总理建议派驻法大使黄镇担任驻华盛顿中国联络处主任，得到毛泽东的批准。随后，中方加快了筹建驻美联络处的工作，并于3月29日通过新华社正式宣布，中国驻法大使黄镇将出任中国驻美联络处主任，外交部礼宾司司长韩叙将担任副主任。这样，黄镇、韩叙出使华盛顿，再加上已在纽约的驻联合国安理会首席代表黄华，中国对美外交就形成了外交规格最高，布局最强的格局。这反映了中国领导人对开展对美外交的重视。

由于中美两国决策层的高度重视，联络处的筹建工作进展顺利。1973年4月5日，由美国驻华联络处副主任詹金斯率领的第一批美国驻华联络处人员先期到达北京。以中国驻美联络处副主任韩叙为首的第一批中国驻美联络处人员也于4月18日飞抵华盛顿。在此前一天，美国国会于4月17日通过一项给中国驻美联络处以外交特权和豁免权的法案。4月21日，尼克松总统签署了这一法案。5月1日，中美双方互设的联络处正式开始工作。

中美两国在没有正式建立外交关系的情况下，双方各自在对方首都设立联络处，开始做正式外交机构可做的一切事情。它对中美两国保持经常性的交流，对促进两国的人员往来和各方面的合作，争取美国各界对两国关系正常化的支持，都起了十分积极的作用。当时，中国正处于“文化大革命”全国动乱中，美国也因为“水门事件”国内政治方面出现了巨大困难，联络处为维护中美关系继续发展的势头作出了重要贡献。可以说，没有联络处的沟通与协调，中美关系的发展在这几年当中很有可能是不进而退。

尼克松总统曾向中方承诺在第二任期内实现中美关系正常化。1973 年 1 月 20 日，尼克松开始总统第二任期,1974 年 8 月因“水门事件”辞职。在这近 19 个月的时间里，尼克松政府一开始确实试图继续推进中美关系正常化的进程，但由于受种种因素的影响，最终他没有兑现承诺。其中一个原因是尼克松政府在台湾问题上不敢向前迈出实质性的一步，试图脚踏“两只船”。1972 年 2 月，尼克松访问中国之前，在对国会的年度外交政策报告中，向国会保证:“我们与中华人民共和国的对话不会牺牲我们朋友的利益”，对台湾，“美国将保持我们的友谊，我们的外交纽带，信守我们的防御承诺”。福特继任美国总统后，其政府又允许台湾在美国开设两个新“领事馆”，使台湾在美“外交领事机构”数目达到 15 个，大大超过了美国的一些盟国，为台湾当局进一步影响美国公众舆论提供了便利。福特政府仍然幻想在与台湾保持“外交”关系的同时，与中国建立外交关系。1974 年 11 月 25 日，基辛格第七次访问中国，与邓小平副总理举行了多次会谈。关于两国关系正常化问题，基辛格提出的解决方案是:一是美国愿意按“日本方式”解决中美关系正常化问题，但要在台湾设“联络处”；二是美国将在 1977 年撤完驻台全部美军，但还没有找到妥善解决美台《共同防御条约》问题的方案，希望中国声明和平解放台湾，以便美国考虑放弃美台“防御关系”。邓小平当即指出:从本质上说，这不是“日本方式”，在建交问题上无非是一个“倒联络处”的方案，中国不能接受。至于美台《共同防御条约》，根据《联合公报》的原则必须加以废除；在美国同台湾地区断交、废约、撤军后，台湾问题应由中国人自己去解决，那是中国的内政，用什么方式解决也是中国人自己的事。

美国在寻求中美关系正常化的同时，也在寻求与苏联缓和关系。中美关系的缓和对美苏关系产生了重要影响。当美国对华政策口惠而实不至时，美苏关系却取得了实质性的成果，这不由得使中国领导人开始怀疑美国缓和对华关系的意图，担心美国“踩着中国的肩膀去跟苏联接近”。再加上国内极左思潮的影响，导致中美关系正常化进程停滞不前。

粉碎“四人帮”后，持续10年之久的“文化大革命”结束，极左思潮对中国外交工作的影响不复存在，制约中美关系正常化进程的国内不利政治因素也随之消失。随着国内关于真理标准问题大讨论的开展及国家工作重心的转移，实现中美两国关系正常化问题被提上中国政府的议事日程。1977年1月20日，吉米·卡特入主白宫，成为美国第39任总统。卡特政府逐步放弃了对中、苏平衡政策，决定接受中国就台湾问题提出的“断交、废约、撤军”三原则，同中国就中美建立正式外交关系开展谈判。

经过双方努力，中美两国就建立大使级外交关系达成共识。1978年12月16日上午10时（华盛顿时间15日晚9时），中共中央主席兼国务院总理华国锋和美国总统吉米·卡特在各自国家首都同时宣读了《中华人民共和国和美利坚合众国关于建立外交关系的联合公报》。公报说，两国商定自1979年1月1日起互相承认并建立外交关系，并将于1979年3月1日互派大使并建立大使馆。美国承认“中华人民共和国政府是中国的唯一合法政府。在此范围内，美国人民将同台湾人民保持文化、商务和其他非官方关系”。公报还说，美国政府“承认中国的立场，即只有一个中国，台湾是中国的一部分”。与此同时，中美两国政府分别发表声明。

中国政府的声明指出：“解决台湾回归祖国、完成国家统一的方式，这完全是中国的内政。”声明还表示，应美国政府的邀请，邓小平副总理将于1979年1月对美国进行正式访问。当记者问到

“是否允许美国继续向台湾提供用于防务目的的军事设备”时，华国锋主席说：美方在谈判中曾提到在正常化后美方将继续有限度地向台湾出售防御性的武器。对此，我们是坚决不能同意的。在谈判中，中国多次地明确表明了我们的态度。我们认为，在两国关系正常化后，美方继续向台湾出售武器，这不符合两国关系正常化的原则，不利于和平解决台湾问题，对亚太地区的安全和稳定也将产生不利的影响。这就是说，我们之间有不同的观点，有分歧，但我们还是达成了公报。①

美国政府的声明指出：1979 年 1 月 1 日，美利坚合众国将通知台湾，结束外交关系，美国和“中华民国”之间的共同防御条约也将按照条约的规定予以终止。美国还声明，在 4 个月内从台湾撤出美方余留的军事人员。今后，美国人民和台湾人民将在没有官方政府代表机构，也没有外交关系的情况下保持商务、文化和其他关系。本政府将寻求调整我们的法律和规章，以便在正常化以后的新情况下得以（与台湾）保持商务、文化和其他非政府的关系。美国深信，台湾人民将有一个和平与繁荣的未来。美国继续关心台湾问题的和平解决，并期望台湾问题将由中国人自己和平地加以解决。

中美正式建立大使级外交关系，结束了两国关系长达 7 年的正常化进程，有利于促进两国各领域合作关系的发展，特别是有利于进一步巩固和拓展两国间战略安全合作关系。

（二）中日关系取得历史性突破

日本是中国的邻国。战后日本政府实行追随美国敌视新中国的政策，拒绝承认新中国。自 20 世纪 50 年代中期起，中国政府通过推进对日“民间外交”的形式，加强了日本民间对华友好人士对中国的理解和支持。中美关系的改善和新中国在联合国合法席位

①《华主席就中美建交举行记者招待会》，《人民日报》1978 年 12 月 17 日，第 1 版。

的恢复，使日本政府受到强烈的震动，日本举国上下都受到很大的冲击。因此，要求改善中日关系、实现中日关系正常化的呼声越来越高。中国方面不失时机地提出了中日邦交正常化三原则：中华人民共和国政府是代表中国的唯一合法政府；台湾是中华人民共和国领土不可分割的一部分；“日台条约”是非法的，无效的，应予废除。这三项原则得到日本有识之士和日本人民的广泛欢迎。

1972 年 7 月 7 日，长期敌视新中国的左藤荣作在日本人民的强大压力下被迫辞去首相职务，田中角荣出任日本首相。田中首相对发展中日关系表现出积极态度，他在就任当天的第一次记者招待会上就宣布：“日中邦交正常化的时机已经成熟，我要认真处理这一历史性课题。”大平外相也向记者表示：“为实现日中邦交正常化，新内阁首相或外相需要前往中国访问，到日中两国邦交正常化时，不能想象‘日台条约’还会继续存在。”中国政府对日本新内阁的这一态度迅速作出了反应。7 月 9 日，周恩来总理表示：“田中内阁 7 日成立，在外交方面，声明要加紧实现中日邦交正常化，这是值得欢迎的。”[①] 7 月 16 日，周恩来总理在会见日本社会党前委员长佐佐木更三时明确表示：“如果现任首相、外相或其他大臣来华谈恢复日中邦交问题，北京机场准备向他们开放。”[②] 而“日台条约”问题是实现中日邦交正常化的最大制约因素。

为了加强沟通，田中首相先后派公明党委员长竹入义胜、自民党众议员古井喜实和中日邦交正常化协议会会长小坂善太郎访华。经过多次交换意见，双方对田中首相访华时将要签署的联合声明内容基本达成了共识。但是，对结束战争状态的提法、恢复中日

① 《在欢迎也门民主人民共和国政府代表团宴会上周恩来总理的讲话》，《人民日报》1972 年 7 月 10 日，第 2 版。

② 中共中央文献研究室：《周恩来年谱（1949—1976）》（下），中央文献出版社 2020 年版，第 522 页。

邦交三原则的表述以及如何表明断绝日台关系等问题，双方间还有差距，需待田中首相访华时两国领导人进一步磋商解决。[①]

在中日双方就中日关系正常化问题达成基本共识的基础上，1972 年 9 月 25 日，田中首相应邀访问中国。毛泽东主席会见了田中首相一行，周恩来总理与田中首相举行了 4 次会谈。两国外长举行了 2 次会谈。双方就解决两国邦交正常化问题充分、友好地交换了意见，并取得了一致的看法。9 月 29 日，中日签署《中华人民共和国政府和日本国政府联合声明》(以下简称《联合声明》)。

《联合声明》包括前言和九款条文。前言叙述了中日两国是一衣带水的邻邦，有着悠久的传统友好的历史。两国人民切望结束迄今存在于两国间的不正常状态。战争状态的结束，中日邦交的正常化，两国人民这种愿望的实现，将揭开两国关系史上新的一页。日本方面痛感日本国过去由于战争给中国人民造成的重大损害的责任，表示深刻的反省。日本方面重申站在充分理解中华人民共和国提出的“复交三原则”的立场上，谋求实现日中邦交正常化这一见解。声明主要内容是：宣布结束不正常状态；日本承认中华人民共和国政府，充分理解尊重中国政府关于台湾问题的立场，坚持遵循波茨坦公告第八条（以间接方式承认台湾是中国领土）；决定建立大使级外交关系；中国宣布放弃对日本国的战争赔偿要求；中日邦交正常化，不针对第三国，两国都不谋求霸权并反对其他国家建立霸权的努力；同意进行以缔结和平友好条约为目的的谈判；同意进行以贸易、航海、航空、渔业等协定的谈判等。[②]《联合声明》的发表，标志着中日关系实现了正常化，从法律上结束了两国间的战争状态，实现了两国人民多年来的共同心愿，在中日关系史上揭开

① 王泰平：《中华人民共和国外交史（1970—1978）》第三卷，世界知识出版社 1999 年版，第 21 页。

②《中华人民共和国政府　日本国政府联合声明》，《人民日报》1972 年 9 月 30 日，第 1 版。

了新的一页。

中日邦交正常化，为两国关系发展、为各个领域的密切交往和友好合作开辟了广阔道路。双方经过共同努力，先后签订了《中日海底电缆协议》《中日贸易协定》《中日航空运输协定》《中日海运协定》《中日渔业协定》等一系列务实性双边协定，大大促进了两国经济关系的发展。为使中日两国的睦邻友好合作关系在牢固的政治和法律基础上长期稳定发展，双方商定必须以两国最高立法机构批准的法律文件加以巩固。依据《联合声明》第八条规定，“中日两国政府为了巩固和发展两国间的和平友好关系，同意进行以缔结和平友好条约为目的的谈判”，中国政府于 1974 年秋把这一问题提上了议事日程，并委派韩念龙副外长访日，就这一问题同日本外务次官东乡文彦举行预备性会议。缔约谈判的运作正式开始。

就当时的国际关系而言，尼克松总统访华后中美关系日趋缓和，而苏联的霸权主义扩张野心与势头有增无减，直接威胁着中国安全。因此，在条约上明确写入反对霸权主义，消除对和平、安全的威胁，是中国对外战略的重要内容。中日谈判缔结和平友好条约，既能推动两国维护和平和发展友好事业，也可以牵制苏联军事威胁与扩张势头，符合两国人民的根本利益。日本方面虽然对缔约谈判作出了积极响应，但内心比较复杂。日本面临着苏联的现实威胁，对苏也并无好感，但也不愿因中日两国缔约而得罪苏联。1974 年 9 月，应日方要求，中国外长乔冠华和日本外相宫泽喜一在纽约就和平友好条约问题举行会谈。宫泽提出四条意见：一是日中双方各有各的反对霸权主义理由和立场；二是日本反对霸权主义不是针对特定的第三国的；三是反对霸权主义符合联合国宪章精神；四是反对霸权主义条款应适用于全世界所有地区。[①] 乔冠华外

① 王泰平:《中华人民共和国外交史（1970—1978）》第三卷，世界知识出版社 1999 年版，第 21 页。

长对此表示，反对霸权主义的含义是人所共知的，没有必要进行解释，以免使其概念支离破碎，失去其精神实质；反对霸权主义应是中日双方的共同观点，如各作解释，就不成其共同点了。

1974 年 12 月，三木武夫接替田中角荣出任日本首相。他一方面表示，尊重《联合声明》的精神，忠实地恪守《联合声明》所规定的各项原则，并打算促进日中和平友好条约的缔结。另一方面，三木修改了田中、大平时期的外交政策，声称在美、中、苏之间搞等距离外交。这实际上是害怕得罪苏联，同时也担心束缚自己，因此借口条约不能针对第三国，拒不同意把《联合声明》第七条关于不谋求霸权和反对谋求霸权两层意思原原本本写入条约。中方则认为，《联合声明》是指导和发展两国关系的准则，反对霸权主义条款是《联合声明》的一项重要内容，和平友好条约只能在《联合声明》的基础上前进，而决不能后退。因此，中日两国就和平友好条约进行谈判时，反霸条款就成了争论焦点。1975 年 10 月 3 日，邓小平副总理在会见日本自民党众议员小坂善太郎时进一步说明了中国政府的态度。他表示，“中日双方在签订中日和平友好条约问题上的立场已经非常清楚，就是个决断问题。日本政府认为现在不行，好吧，等一下，一年不行，一年不搞也可以，三年五年不行，三年五年不搞也可以。我们这个话的意思：第一表达了中日联合声明的原则不能改变；第二并不表明我们不希望早日缔结这个条约。”①

在对方提出能否设想在霸权主义这个词的含义上加些解释时指出：“不能从联合声明后退，任何解释实际上都是后退。”② 同年 11 月，日方向中方提交的条约修改草案和说明虽然写进了不谋求

① 中共中央文献研究室：《邓小平年谱（1975—1997）》（上），中央文献出版社 2004 年版，第 110 页。

② 同上。

霸权和反对谋求霸权两层意思，但又加进了宫泽的四点解释，强调“条约的任何规定都不得解释为针对任何第三国”等，因此，日方的草案没有实质性的进展。由于距《联合声明》所规定的原则精神还有距离，中方没有同意。双方关于和平条约的谈判陷入僵局。

在中日和平友好条约谈判期间，苏联极力进行阻挠。1975 年 6 月 12 日，苏联外交部长葛罗米柯召见日本驻苏大使称，中日和平友好条约写入反对霸权主义条款就是反苏，要求日本政府不要接受中国方案。6 月 17 日，苏联政府正式发表声明，反对中日两国将反对霸权主义条款写入和平友好条约。1976 年 1 月，葛罗米柯访问日本时向日本领导人表示，如中日缔结包含反对霸权主义内容的和平友好条约，苏联就要“重新考虑苏日关系”。苏联这一态度对三木内阁决策产生了一定影响。

20 世纪 70 年代后期，苏联在国际上咄咄逼人的军事威胁使日本逐步认清了苏联扩张野心的真面目。苏联飞速扩军，国防预算在其国内生产总值的比重超过美国。同时，苏联海军频繁通过对马、津轻和宗谷海峡，空军不断在日本海上空巡航，使日本对苏联的军事扩张和武力威胁忧心忡忡，日本的等距离外交政策难以为继。在这种背景下，日本朝野日益迫切感到应认真改变其政府的对外政策，要求日中缔约和以日美友好、日中合作来牵制苏联扩张的呼声不断高涨起来。① 这个时期，中美关系正常化进程加快，这对日本在缔约谈判中下决心也起了促进和推动作用。

1978 年 3 月 11 日，福田首相通过访华的公明党书记长矢野绚也向中方传话，要求中方理解，同任何国家都和平友好相处是日本外交的基本立场。如中方表示理解，即可进入条约谈判。如政治上有必要，将派园田外相访华。对此，中方于 3 月 15 日向矢野表

①《亲历与见闻：黄华回忆录》，世界知识出版社 2007 年版，第 225 页。

明了四点看法，请他转告福田首相：一是中国政府一贯主张在《联合声明》的基础上早日缔结中日和平友好条约，发展两国关系，这一点没有任何变化。二是中国方面认为，中日建立和发展和平友好关系不是针对第三国的，中日双方都不谋求霸权，并反对任何国家和国家集团谋求霸权。谁谋求霸权就反对谁。事实上，霸权主义既威胁着中国，也威胁着日本。三是中日两国反对霸权并不意味着两国政府采取什么联合行动。中日两国都有自己的独立自主的外交政策，双方都不干涉对方内政。四是恢复谈判，中国方面没有任何障碍，随时都可进行，我们希望福田首相早日作出决断。园田外相如有意访华，中国方面表示欢迎。[①] 随之，在北京进行的两国谈判进展顺利，至 8 月 11 日，双方就条约内容全部达成协议，并于 8 月 12 日在北京举行隆重的签字仪式。中共中央主席、国务院总理华国锋、国务院副总理邓小平出席了仪式。黄华外长和园田直外相分别代表各自政府在《中华人民共和国和日本国和平友好条约》上签字。华国锋主席和福田首相相互致电表示祝贺。《中华人民共和国和日本国和平友好条约》的签订，为中日关系健康、稳定发展奠定了稳固的政治基础。此后，中日两国各领域的合作关系得到迅速发展。

（三）中国西欧国家关系的全面改善

法国是最早与新中国建立外交关系的西方大国。中国政府对法国独立反霸斗争的作用十分重视。法国也有意借助中国进一步发挥其独立的作用。因此，法国领导人数次访华，进一步强化了两国关系。1973 年，法国总统蓬皮杜实现了他自 1969 年就任总统后多次提出的愿望，访问了中国。他当时已身患绝症，为避免戴高乐的遗憾（没能与毛泽东会面）再度发生，他急于在有生之年见到

① 王泰平：《中华人民共和国外交史（1970—1978）》第三卷，世界知识出版社 1999 年版，第 29—30 页。

毛泽东。蓬皮杜是中国邀请的首位访华的西欧国家最高领导人，法国方面和蓬皮杜总统对此十分高兴。毛泽东主席在会见蓬皮杜时，双方在战略上交换了意见，当蓬皮杜说美苏两国领导人有理由在现在成为爱好和平的人时。毛泽东说：我不信，战争总有一天是要打的。宁可放在这个“打”字上，第二才放在和平上，不然就要丧失警惕。在谈欧美国家的制度和政策时，蓬皮杜说，现在美国国会有相当的孤立主义。毛泽东说：“这个美国人到底搞不搞孤立主义，我是怀疑的。两次大战，它都是后参加的。不是孤立主义，但是后头参加。”[①] 蓬皮杜还传达了戴高乐将军生前一直希望与毛泽东会见的愿望。毛泽东高度评价戴高乐将军是反法西斯侵略、恢复法兰西独立的战士。还称赞戴高乐有勇气不受美国的压制，把北大西洋军事总部赶出法国。对于两国关系，毛泽东回顾道，10 年前在戴高乐将军的推动下，法国是西欧国家中第一个同中国建交的国家。并强调，中法关系一定要搞好[②]。蓬皮杜对这次访问非常满意，他说，两国都酷爱独立，决心不屈服于任何人，并始终保持警惕，这正是中法政治关系的基础。[③] 为进一步推动中法关系发展，中国决定从法国购买大型成套化纤设备。此后，中法关系进一步发展，法国方面甚至表示，愿意向中国出口所有的防御性武器。

为进一步促进中法关系的发展，1975 年 5 月 11 日至 17 日，国务院副总理邓小平应邀前往法国访问。13 日，邓小平与法国总理雅克 · 希拉克会谈时指出，随着中法两国政治关系的发展，应当进一步发展两国的经济关系。中国现在还是一个发展中国家，受经济发展水平的限制，有些问题现在还不可能一下解决，如贸易平

① 中共中央文献研究室：《毛泽东年谱（1949—1976）》第六卷，中央文献研究 2013 年版，第 498 页。

②《毛泽东与外交首脑及记者会谈录》，台海出版社 2012 年版，第 276 页。

③ 王泰平：《中华人民共和国外交史（1970—1978）》第三卷，世界知识出版社 1999 年版，第 312 页。

衡问题。就我们经济建设的需要来说，我们希望从一些发达国家购买更多的技术和产品，但受到支付能力和条件的限制。随着我们经济建设的发展，这个情况将逐步得到改善。从长远来说，中国同法国发展经济关系有着广阔的前景。我们同法国发展经济关系的原则是"同等优先"，就是说，在同其他国家同等条件下，我们首先考虑法国。这也是出于政治上考虑的。在谈到欧洲安全问题时，邓小平指出："现在世界面临危险，虽然有一些讲缓和、讲安全等表面现象，并不能解决两霸争夺世界和扩军备战的本质。欧洲如不能建立自己独立的防御能力总是危险的。"[①] 双方商定：一是两国外交部长根据需要不定期举行政治会晤；二是双方成立一个司局级的经济混合委员会，讨论经济贸易关系问题。5 月 13 日、14 日，邓小平副总理两次与法国总统瓦莱里 · 吉斯卡尔 · 德斯坦会谈。在谈到建立国际新经济秩序时，邓小平指出："美苏不夺取欧洲是称霸不了世界的。欧洲在政治、经济上的作用和力量，包括在军事上的力量是不可忽视的，条件是欧洲自己能团结起来、强大起来。第三世界要求改变旧的经济秩序，建立一个合乎现在实际的新经济秩序，这是合理的。中国政府支持这个立场。坚决维护旧经济秩序的主要有两个国家：美国和苏联。欧洲国家，首先是法国，主张用对话的方式而不是对抗的方式同石油生产国解决能源问题。我们欣赏这一立场。第三世界提出要把石油问题同其他原料问题一起考虑是无可非议的。只要按法国的主张采取对话方式，就能寻求到合理的途径解决原料和能源问题。"[②]

1978 年 1 月，法国总理雷蒙 · 巴尔率庞大代表团访华。华国锋会见巴尔时，强调了两国的共同点，指出中法都主张维护自己的

---

① 中共中央文献研究室：《邓小平思想年编（一九七五—一九九七）》，中央文献出版社 2011 年版，第 15 页。

② 同上书，第 17 页。

独立。巴尔转交了德斯坦总统对华国锋主席的邀请信。[①] 国务院副总理邓小平与巴尔进行了两次会谈。第一次会谈着重围绕战略安全问题。邓小平在会谈中指出："我们各自所处的地位不同，使我们之间对某些问题的看法有所不同，凡属这样的问题，朋友之间可以相互介绍自己的观点，提供对方考虑研究。我们认为，大国要保证不首先使用核武器，主要是美苏两家，这只是作为第一步。紧接着，就是全面禁止和逐步销毁，逐步达到彻底销毁核武器的目的。"第二次会谈着重围绕双边合作。邓小平在会谈中指出："中法两国间的合作、交往、经济关系可以得到广泛的发展。我们愿意在同样产品、同等质量和同等价格的前提下，优先考虑法国产品，但希望法国有关公司注意自己的竞争能力。随着中国经济的发展，我们的需要会逐渐增加。双方在经济领域、科技方面、文化方面都要创造条件，积极发展这些方面的关系，特别是要积极发展科学技术的交流。这方面，我们向你们要的东西多一些。"[②] 两国政府在北京签署的科学技术协定，为两国双边务实合作打下良好基础。

英国是最早承认新中国的西方大国。1972 年 3 月 13 日，中英将两国关系升格为大使级外交关系。1972 年 10 月，英国外交大臣霍姆对中国进行了访问。霍姆访华的主要目的是，就如何对付苏联问题同中国寻找共同点，探询中印关系和中国对印巴问题的态度，并商讨发展双边贸易和文化交流。周恩来总理会见了霍姆。1973 年 6 月，姬鹏飞外长访问了英国。这是新中国成立以来外交部长首次访问英国，受到英方隆重接待。希思首相会见了姬鹏飞一行。双方会谈中都表示支持西欧联合自强的努力。为推动建立世界反苏统一战线，中国加强了对欧洲反苏强硬派的工作，先后邀请

①《巴尔总理强调加强法中友好合作关系》，《人民日报》1978 年 1 月 27 日，第 5 版。

② 中共中央文献研究室：《邓小平年谱（1975—1997）》（上），中央文献出版社 2004 年版，第 256—257 页。

了英国保守党党魁希思和撒切尔夫人访华。希思下野后，在 1974 年至 1978 年间 3 次访问了中国。1974 年 5 月，希思首次访问中国，虽然他已不担任首相职务，中方还是给予了隆重接待。在领导人会见中，中方着重谈了支持西欧团结自强。毛泽东主席在会见希思时，双方就世界形势、欧洲安全等问题交换了意见。当希思说一个强大的欧洲很重要，可以使俄国发愁时，毛泽东说，你们欧洲强大起来，我们高兴啊。我们看欧洲、亚洲，包括日本，都不要吵架。要吵呢，可以，不要大吵。希思问中国对日本比较放心吗？毛泽东点头并说："对。"希思又问中国是否相信日本人的和平意图。毛泽东说："在可以估计到的一段时间内，将来很难说。但是我们不怕你们欧洲。"[①]邓小平副总理会见希思时强调说："我们赞成一个强大的、团结的欧洲。面对两霸争夺，西欧不团结不行，任何西欧单个国家是不行的。我们赞成英国加入共同市场的政策。"[②]希思表示，苏联扩张军事实力是主要威胁，欧洲必须团结，在团结的基础上发展自己的力量。1975 年 9 月和 1977 年 10 月，希思又两次访华。撒切尔夫人于 1975 年 2 月接替希思担任保守党领袖，并于 1977 年 4 月访问中国。撒切尔夫人在对外政策上同希思基本一致，主张依靠美国和北约，联合西欧，抗衡苏联。她对苏强硬，反对绥靖，经常尖锐揭露苏联假缓和、真扩张，旗帜鲜明，被苏联称为"铁女人"。撒切尔夫人重视同中国发展关系，主张借重中国力量抗衡苏联的扩张。这两位英国政界要人对中国的访问，进一步推动了西欧特别是英国和中国关系的发展，加深了中国和西欧重要政治家在联合抗苏方面的共识。

---

① 中共中央文献研究室：《毛泽东年谱（1949—1976）》第六卷，中央文献研究 2013 年版，第 534 页。

② 中共中央文献研究室：《邓小平年谱（1904—1974）》（下），中央文献出版社 2009 年版，第 2025 页。

中国与联邦德国（西德）的关系也实现了正常化。联邦德国是西欧大国，中国很早就想与之建立外交关系。1955 年 4 月 7 日，中国应民主德国政府要求，宣布结束对德战争状态。苏联在同年实现了与联邦德国建交，中国也想与联邦德国建交。但是联邦德国把注意力主要集中在美苏身上，对中国没有回应。20 世纪 60 年代中期，中苏关系开始恶化，联邦德国试图发展与中国的关系，双方进行了官方接触，但是在美国的压力和阻止下，联邦德国与中国的关系没有取得什么进展。

进入 70 年代后，西德在与美国结盟的总格局保持不变的形势下，逐渐改变了对美一边倒的状况，开始推行同苏联和东欧国家改善关系的“新东方政策”。出于利用中苏分歧牵制苏联的意图，西德不断试探同中国改善关系。到 70 年代初，西德各方要求同中国发展关系的愿望更加迫切，友好姿态日益增多。中国当时在西德的唯一正式机构——新华社驻波恩分社成了德方向中国传递信息的主要渠道。1970 年 1 月，西德外交部主管中国事务官员霍夫曼向新华分社首席记者王殊表示，西德外交部愿派人去北京或邀请中国外交部派人来波恩就双方感兴趣的问题进行谈判。1970 年 9 月，原德新社驻京记者巴格曼专访王殊，表示可安排王同勃兰特总理和谢尔外长会见。但是，这时苏联西德条约刚刚签订，中方对于同西德建交采取的态度是：德国问题错综复杂，中国同西德发展关系必须考虑中国同苏、美关系的全局以及中国在德国问题、柏林问题上的一贯原则立场，因此对西德方面急切希望同中国谈判的建议，没有立即给予回应。尼克松访华对联邦德国外交战略是一个重大冲击，中美关系的缓和激发了西德发展对华关系的积极性，西德国内要求同中国建立正常关系的呼声更高了。中国有选择地于 1972 年 7 月邀请了联邦德国议院外交委员会主席施罗德访问中国，周恩来总理会见了他，双方认为中德建交时机已经成熟。10 月 10 日，联邦德国政府在中国政府的严正抗议下，取消了台湾“代表”在波恩搞的“双十”庆祝活动，为中国和联邦德国建交扫清了最后障碍。10月11日，联邦德国外长谢尔访问中国，当天，他与姬鹏飞外长签署了两国建交公报。这样，中国与联邦德国于1972年10月11日正式建立了外交关系。

由于西德朝野对苏所持策略不同，因此对华态度也表现各异。勃兰特政府的对华政策显示出两面性：一方面从争取逐步摆脱美国控制、孤立打击东德和打入中国市场的目的出发，希望同中国发展关系；另一方面又担心在中苏尖锐对立的情况下，同中国发展关系会影响它推行“新东方政策”，因而要使对华关系服从于对苏关系，实行“先苏后华”政策，主张对华关系不宜操之过急。基督教社会联盟主席施特劳斯反对勃兰特的“新东方政策”，主张西欧联合，同美结盟，对付苏联威胁。自1970年开始，施特劳斯曾先后5次提出希望访华。1974年5月6日，施特劳斯又一次提出访华愿望。为推动西欧和西德局势继续朝着反对两霸、侧重打击苏联的方向发展，中方同意以外交学会名义邀请其访华。当时已商定西德新总理赫尔穆特·施密特于1975年三四月访华，毛泽东主席从战略高度出发，决定邀请施特劳斯在施密特之前访华。这样，施特劳斯终于在1975年1月实现了他的中国之行愿望。中共中央主席毛泽东、国务院总理周恩来和副总理邓小平分别会见了施特劳斯。中国给予施特劳斯破格接待，施特劳斯成为毛泽东会见的头一位西德政治家，在西德引起很大震动。

施密特1974年5月出任西德总理，8月即通过西德驻华大使致信周恩来总理，表示希望翌年春天访华，商谈发展双边关系和世界政治问题。施密特就任后，对勃兰特的外交政策作了一些调整，加强了同美国的关系，主张西欧联合，在对苏关系上采取“不急”的态度，“新东方政策”地位相对下降。施密特总理对中国态度比较积极，认为中国是潜在的大国。为加强双边关系，中国政府决定邀请施密特总理访华。1975 年 10 月，施密特访问中国。施密特是第一位访华的西德总理。毛泽东主席和全国人大常委会委员长朱德分别会见施密特总理，邓小平副总理同他进行了会谈。毛泽东会见施密特时，施密特说："西欧和北美的共同防务努力，足以使任何想对我们发动进攻、施加压力或施行侵略政策的人都感到那样做太冒险了。"毛泽东说："十年、二十年以后，会发生变化。如果你们十年不联合，不在军事、政治、经济上联合成一个共同体，会要吃亏。要靠欧洲自己为主。"[①] 施密特在会谈中表示，希望扩大两国经济文化交流，建议就法律和领事方面的合作进行会谈，并说西德关心扩大中国对西德的出口，拟增加给予中国的配额，西德工业界对中国原料很感兴趣，希望双方经贸混合委员会能有效地促进两国贸易。施密特还表示，感谢中国支持德国统一的立场。此时正值中国即将进入改革开放新时期，德国先进的技术和设备为两国合作关系拓展带来了机遇。1978 年 10 月 10 日，邓小平副总理在会见联邦德国新闻代表团时指出："要实现四个现代化，就要善于学习，大量取得国际上的帮助。要引进国际上的先进技术、先进装备，作为我们发展的起点。"[②]

这一时期，中国与绝大部分西欧国家的关系得到了全面改善。欧洲共同体早在 1971 年就试探与中国发展关系。1973 年，欧共体委员会副主席索姆斯说，加强欧共体和中国之间"在经济上对双方都有利的联系"，这将给双方"带来真正的政治利益"。中国方面曾经认为，欧共体是国家垄断资本主义的国际联盟。1972 年后，

① 中共中央文献研究室:《毛泽东年谱（1949—1976）》第六卷，中央文献出版社 2013 年版，第 618 页。

② 中共中央文献研究室:《邓小平年谱（1975—1997）》（上），中央文献出版社 2004 年版，第 399 页。

中国对欧共体的认识发生重大转变，毛泽东主席和党中央提出了支持西欧各国联合起来，维护独立和主权，反对强权政治和霸权主义。1974年，中国正式作出与欧共体建交的重大决策，双方经过谈判，于1975年5月6日正式建立外交关系。中国与欧共体建交，有利于加强中国与西欧各国的关系，有利于支持第二世界国家和人民反对超级大国的霸权主义和强权政治。

（四）发展与第三世界国家友好合作关系

中国同东盟国家关系取得新进展。东南亚国家联盟（简称“东盟”），成立于1967年8月8日，最初有5个成员国：印度尼西亚、马来西亚、菲律宾、新加坡和泰国。冷战时期，东南亚主要是美国的势力范围，建立东盟的目的是依靠美国军事上的保护，抵御中国和印度支那共产主义势力的影响。美国侵略越南战争中，菲律宾、泰国曾是美军的重要基地。进入70年代，随着国际格局和东南亚形势的变化，东盟的对外政策作了重大调整。1971年，在吉隆坡举行的东盟外长会议发表了《东南亚中立化宣言》，决定把东南亚建成“和平、自由和中立区”。1972年，尼克松总统访华，中美关系从敌对开始走向正常化。中国与日本正式建交，结束了战争状态。1973年初，巴黎协定签署，美国结束了侵略印度支那战争，撤出军队，也收缩了在东南亚的军事力量。在国际局势发生重大变化的情况下，东盟及其成员国不再单独依靠美国，希望改善同中国的关系，奉行大国平衡政策。

在东盟三大国中，马来西亚尚未同中国建交，于是马来西亚在东盟国家中率先考虑改变对中国的政策，期望同中国建立正常的国家关系。1970年底，马来西亚通过巴基斯坦驻华大使转达马方愿意与中国改善和建立外交关系的意愿。当时由于受马来亚共产党的影响，中国不承认“马来西亚”这一国号，认为双方建交时机和条件还不成熟。1971年，中马双方开始官方和半官方性质的交往，就两国建交问题非正式地交换了意见。根据马方建议，中马建交谈判在纽约联合国总部举行。中国驻联合国代表黄华与马来西亚驻联合国代表扎卡利亚于 1973 年 6 月 20 日就建交问题进行了首次会谈。但由于双方对建交障碍有不同意见，第一轮谈判未取得成效。双方争论的焦点是：一是关于马共问题。马方要求中方撤销马共驻京办事处和马共设在中国境内的广播电台，中方未予置理。二是关于华侨问题。中方阐述了有关华侨问题的一贯政策。马方要求就此问题单独签订协议。中方表示，可在建交公报中适当反映，不必签署单独协议。三是关于台湾问题。中方坚持一个中国的原则，马方同意断绝与台湾的领事关系和官方往来，废除与台湾的官方条约和协议，关闭台驻马的官方机构。到 1974 年 4 月，中马经过多次谈判，双方最终达成了建交协议，草签了协定文本。

为正式确立两国间大使级外交关系，1974 年 5 月 28 日至 6 月 2 日，马来西亚总理敦・阿卜杜勒・拉扎克・宾・达图・侯赛因率领党政代表团对中国进行正式访问。中共中央主席毛泽东会见了拉扎克，谈到中国共产党同其他国家共产党的关系时，毛泽东说："我们也是共产党，各国共产党我们不能拒绝他们到我们这个国家来，至于你们各国的内政，我们不能干涉。我们跟你们是国家关系，我们跟各国共产党很多都有关系，我们是党派之间的关系，我们不隐瞒这一点。共产党和共产党也不一致呢，比如我们跟苏联共产党就不一致。共产党很多呢，各有各的意见。"① 周恩来总理为拉扎克总理举行了欢迎宴会。在身体极度虚弱、医护人员随时准备抢救的情况下，周恩来仍坚持按原计划同拉扎克就中马两国建交问题举行会谈。关于华侨问题，周恩来提出：我一贯主张中国血统的人凡已取得或将取得当地国籍者，即成为当地公民，我不赞

① 中共中央党史和文献研究院：《毛泽东年谱（1949—1976）》（九），中央文献出版社 2023 年版，第 536 页。

成“双重国籍”。对尚未参加马国籍的二十万华人，如有愿加入马国籍的，中国政府表示鼓励；如要求保留中国籍，原则上可同意发护照，但要在建馆后，经过调查研究再解决。这是周恩来最后一次与外国首脑举行正式会谈。[①]会谈后，周恩来总理和拉扎克总理分别代表两国政府正式签署了中马建交公报。1974 年 5 月 31 日为中华人民共和国与马来西亚的建交日。马来西亚是东盟中第一个实现与中国关系正常化的国家。建交之后，中马两国关系发展基本正常，但马方在华人、华侨以及马共问题上仍对中国持有疑虑，双边关系发展进展缓慢。

在中国改革开放前夕，为了推进与东南亚国家的团结合作，1978 年 11 月 9 日，国务院副总理邓小平对马来西亚进行正式友好访问。邓小平会见了马来西亚国家元首，11 月 10 日、11 日与新任总理侯赛因先后举行了两次会谈。在第一次小范围的会谈中，着重谈了对国际局势的看法。邓小平指出：“国际总的局势是有利于被压迫民族，有利于发展中国家和第三世界国家的，但世界整个形势趋向紧张、不安宁。其根源是霸权主义争夺的结果。面对战争爆发的危险，各国政治家除注意提高警惕外，应找一条延缓战争爆发的办法，而不能无所作为。正是基于这样的判断和分析，中国的对外政策，除发展同世界各国的政治、经济、文化关系外，就是延缓这个战争的爆发。这是我们处理国际事务的根本依据。”[②]第二次大范围的会谈，就国际形势和双边关系交换了意见。邓小平指出：“拉扎克总理 1974 年到中国访问，双方在国与国和党与党的关系问题上达成谅解，实现了两国关系正常化。正是这种谅解，我们的

---

① 中共中央文献研究室:《周恩来年谱（1949—1976）》（下），中央文献出版社 2020 年版，第 656 页。

② 中共中央文献研究室:《邓小平年谱（1975—1997）》（上），中央文献出版社 2004 年版，第 424—425 页。

关系有了发展，保持这个谅解，我们的关系才能得到更大发展。”邓小平重申中国政府对华人、华侨的政策。他强调：中国的政策不是今天制定的，是过去一贯实行的。中国政府重申这个政策，有国外原因，也有国内原因。中国国内原因是，林彪、“四人帮”横行时，这个政策受到破坏，影响到华人和华侨的亲属，使他们受到摧残，正常的往来、探亲几乎不可能。正因为如此，我们有必要重申我们在这方面的政策。“中国不干涉别国的内政，你们国内这样那样的问题，是你们的内政。”[①] 此次访问，促进了两国关系的进一步改善。

进入70年代，随着国际形势的变化，菲律宾也开始调整对外政策。在依靠美国、借助东盟的条件下，菲律宾试图改善与中国的关系。特别是1973年印支战争结束后，美国减少了在东南亚的军事力量，苏联怂恿越南在东南亚推行扩张政策并趁机加强在亚太地区的军事扩张，对东盟及菲律宾的安全构成挑战。于是菲律宾积极加强与中国的交往，并努力争取实现两国关系正常化。1971年至1974年，菲律宾派出多个经济、贸易、总商会、文化代表团相继访华，转达菲政府希望改善与中国关系的愿望。

中国政府十分重视改善与菲律宾的关系。周恩来总理几乎每次会见菲代表团，都请他们转达对马科斯总统的问候，欢迎罗慕洛外长到北京进行私人访问，建议双方首先发展贸易和文化交流。中国也派国际贸易促进会代表团回访，马科斯总统也给予破格会见。应国务院总理周恩来的邀请，1974年9月20日至27日，菲律宾总统夫人伊梅尔达·罗穆亚尔德斯·马科斯作为马科斯总统的特别代表对中国进行友好访问。中方给予了高规格的友好接待，毛泽东主席、周恩来总理和李先念副总理分别会见了她。周恩来总

① 中共中央文献研究室：《邓小平年谱（1975—1997）》（上），中央文献出版社2004年版，第425—426页。

理会见马科斯夫人时，就中菲建交问题指出："马科斯总统了解我们的政策。我们建交的原则是，建交国必须与台湾断交。因为台湾是我们的一个省，解决建交必须要解决这个问题。我们与日本、马来西亚建交就是在这个基础上的。至于台湾在菲投资问题，可看作地区性的问题加以解决。中菲建交是两个国家之间的事，菲和台湾的关系是和中国一个地区的关系。"① 马科斯夫人在会见毛泽东主席时表示："我们是近邻，应该友好。我回去后，要提出尽快建立外交关系。三年前我访问苏联后，并没有提出类似的建议，这次我要这样做。我要诚心诚意地提出尽快建立外交关系。我盼望同你们有友好的联系和关系。"② 这次访问增进了双方的相互了解，为两国建交创造了有利条件。

随后，两国政府商定，中菲建交谈判在日本东京进行。1975年4月，中国驻日大使陈楚与菲律宾驻日大使罗伯特开始举行建交谈判。双方在会谈中有三个争论问题：一是菲方要求中方支持菲律宾关于"群岛原则"和"海洋经济区"的主张，并列入双方联合公报之中。中方认为，这些条款国际上尚未达成一致，问题比较复杂，不必列入中菲联合公报。二是中方要求，在建交公报中菲方应公开表示与台湾当局断绝"外交关系"和"官方往来"。菲方也不同意将此事列入联合公报，但允诺在中菲正式建交时，菲方将单方面发表与台湾关系的声明。三是菲方要求，双方承诺接受被对方驱赶出境的本国公民。中方担心菲方任意驱赶华人、华侨，不同意此项主张。经过三轮会谈，菲方不再提有关群岛原则和接受被驱赶的本国公民问题。中方也同意菲律宾就与台湾"断交"问题单方面发

---

① 中共中央文献研究室：《周恩来年谱（1949—1976）》（下），中央文献出版社2020年版，第661页。

② 中共中央党史和文献研究院：《毛泽东年谱（1949—1976）》（九），中央文献出版社2023年版，第548页。

表声明。[①] 这样，双方就中菲建交问题最终达成了协议。

应朱德委员长和周恩来总理的邀请，菲律宾总统马科斯于1975 年 6 月 7 日来华进行第一次正式友好访问。毛泽东主席、朱德委员长、周恩来总理分别会见马科斯总统。邓小平副总理同马科斯总统进行了 3 次会谈，介绍中国对当前国际形势的看法，就亚洲形势和双边关系交换意见。邓小平在 8 日下午的会谈中表示：中国支持东盟国家要求东南亚成为和平、中立地区的主张，支持波斯湾和平中立、拉美无核区、印度洋和平区等主张。中国对东南亚国家逐步脱离超级大国的影响、各国自己处理自己事务的倾向表示赞赏。9 日下午的会谈在谈到台湾问题时，邓小平重申：有人要我们保证不使用武力解决台湾问题，我们不作这个承诺。台湾问题是中国人的内部事务。我们希望用和平的方式解决，但是采用和平方式还是非和平的方式，那是我们的权利。[②] 关于双边关系，中国领导人表示：中国和菲律宾都是发展中国家，同属第三世界。两国应互相鼓舞、互相学习。中国永远不称霸。在中菲关系问题上，邓小平强调：两国关于南沙群岛的争议应先搁置起来，不要影响两国关系[③]。1975 年 6 月 9 日，双方举行中菲建交联合公报签字仪式，周恩来总理和马科斯总统出席，并分别代表本国政府签字，宣布即日起，中菲两国互相承认，并建立大使级外交关系。

为进一步巩固中菲双边关系，1978 年 3 月，国务院副总理李先念应菲律宾总统马科斯的邀请，对菲律宾进行正式友好访问。这是中国高级领导人第一次出访菲律宾，菲方十分重视，破格予以国

---

① 王泰平：《中华人民共和国外交史（1970—1978）》第三卷，世界知识出版社 1999 年版，第 94 页。

② 中共中央文献研究室：《邓小平年谱（1975—1997）》（上），中央文献出版社 2004 年版，第 54 页。

③ 王泰平：《中华人民共和国外交史（1970—1978）》第三卷，世界知识出版社 1999 年版，第 94—95 页。

家元首级的接待。马科斯与李先念进行了会谈，就双方关心的国际形势特别是东南亚形势深入地交换了意见。中方重申支持东盟关于和平、中立、自由的主张，反对超级大国的控制和干涉。双方还就两国关系交换了意见，签署了科技合作协定。

1975 年，印度支那三国人民的抗美救国战争取得完全胜利，美国随即决定美军撤离泰国，把军事基地移交泰方，不再向泰国提供无偿援助，改为低息贷款。随着东盟对外政策向建立“和平、自由和中立区”转变，作为东盟成员的泰国着手调整其对外政策。1975 年 3 月，新上任的泰国总理克立 · 巴莫在他的施政纲领中明确提出：泰国政府为了同各大国关系达到平衡，将承认中华人民共和国，并实现关系正常化。泰国外长差猜 · 春哈旺公开表示，希望尽快同中国建交。4 月，泰国驻联合国代表兼驻美大使阿南奉政府指示，约见中国驻联合国代表黄华，转达了泰国希望与中华人民共和国实现关系正常化的愿望，邀请有外交部官员参加的中国贸促会代表团访泰，并初步商谈两国建交事宜。经研究，中国政府决定请黄华大使回复泰方：中国政府对泰国政府关于使中泰关系正常化的态度表示欢迎，中方愿随时与泰国正式建立外交关系。泰国政府对中方的态度反应积极，提议加速谈判建交进程，于 6 月即派阿南大使来华进行建交谈判。中泰双方有共同的愿望，避免了某些争议，很快达成了协议，起草了建交联合公报。

应周恩来总理的邀请，泰国总理克立 · 巴莫于 1975 年 6 月 30 日来华进行正式友好访问，这是泰国政府首脑第一次访华。毛泽东主席、周恩来总理分别与克立 · 巴莫总理举行了会谈。7 月 1 日，周恩来总理抱病在医院与克立 · 巴莫总理正式签署了《中华人民共和国政府与泰王国政府关于建立外交关系的联合公报》，确认即日起中泰两国相互承认并建立外交关系。联合公报确定：中泰两国在和平共处五项原则基础上发展和平友好关系；泰王国政府承认中华人民共和国政府为中国的唯一合法政府，承认中国政府关于只有一个中国，台湾是中国领土不可分割的一部分的立场并决定在本公报签字三日起一个月内从台湾搬走一切官方代表机构。[①] 中泰两国政府签署的这项联合公报，标志着具有历史传统的中泰友好关系开始走向新阶段。泰国是东盟组织中第三个与中国建交的国家，这表明中国与东盟的关系又前进了一步。

20 世纪六七十年代，非洲的民族解放运动浪潮一浪高过一浪。中国领导人给予了极大的关注。毛泽东认为，整个非洲大陆处在反对帝国主义和反对殖民主义的浪潮中，全世界都关注非洲民族解放运动，只要加强团结，坚持战斗，非洲国家一定会取得民族解放战争的胜利。毛泽东多次指出：被压迫人民和被压迫民族，决不能把自己的解放寄托在帝国主义及其走狗的“明智”上面，而只有通过加强团结、坚持斗争，才能取得胜利。

中国与非洲国家的关系得到了历史性发展。非洲有 7 个新独立的国家与新中国建交，它们是：几内亚比绍、莫桑比克、科摩罗、圣多美和普林西比、佛得角、塞舌尔、吉布提；有 14 个国家以前与中国台湾地区建交，随着中国国际地位的提高，他们又陆续与新中国建交，它们是：喀麦隆、塞拉利昂、卢旺达、塞内加尔、毛里求斯、多哥、马达加斯加、乍得、上沃尔特、冈比亚、加蓬、尼日尔、博茨瓦纳、利比里亚。中国在与这 14 个国家建交时提出了一贯的要求：在建交公报中必须写明中华人民共和国政府是中国人民唯一合法政府；这些国家在与新中国建交后必须断绝与中国台湾地区当局的关系。此外，赤道几内亚、埃塞俄比亚、尼日利亚这 3 个国家没有与中国台湾地区建立“外交”关系，它们甚至坚决拒绝中国台湾地区的拉拢。由于国内情况不同，它们于 70 年代初期

①《中华人民共和国和泰王国关于建立外交关系的联合公报》，《人民日报》1975 年 7 月 2 日，第 1 版。

分别与新中国建立了外交关系。

非洲国家高度评价中国在国际事务中的重大作用，并对中国寄予厚望。萨达特在1970年成为埃及总统，他认为中国已经成为世界上“第三支力量”。他希望埃及的对外斗争能得到中国的支持。1973年，毛泽东主席在会见埃及副总统沙菲时说：“我们总是支持你们的。”毛泽东还问及埃及与美国改善关系的可能性。沙菲说，要有个条件，你美国帮助以色列可以，但是你有两只手，你拿一只给埃及，不要专门帮助以色列。同年，毛泽东在会见基辛格时也劝美国拿一只手给埃及，不要专门帮助以色列。后来，美国确实给了埃及一只手。埃及领导人多次表示，中国对埃及在政治上、精神上的支持是十分必要的，中国的支持是对美苏的压力。阿尔及利亚革命委员会主席布迈丁在1974年2月访问中国时对毛泽东说，他认为20世纪最伟大的一件事就是中国站了起来。第三世界国家对中国抱有很大希望。毛泽东在会见第三世界的一些领导人时常说，两个超级大国有点怕第三世界。坦桑尼亚总统尼雷尔在1974年对毛泽东说：“如果第三世界没有中国，他们就不会怕。”“第三世界没有中国，就成了纸老虎。”[①] 中国在国际事务中的重要作用得到了广大第三世界国家的广泛认可。

（五）反对苏联霸权主义

苏联不仅布重兵于中苏边界，派军队进驻蒙古人民共和国，而且支持越南侵柬反华，并自己出兵占领阿富汗，这就从北面、南面和西面对中国形成了军事包围之势，对中国安全构成进一步威胁。苏联还加快在亚非地区侵略扩张的步伐。1974年起，苏联插手安哥拉内战，干涉安哥拉内部事务，与美国争夺在安的影响力。在安哥拉，苏联利用雇佣军势力，于1977年和1978年两次在扎

---

① 中共中央文献研究室：《建国以来毛泽东文稿》（第十三册），中央文献出版社1998年版，第383—384页。

伊尔沙巴省挑起事端。1977—1978 年，埃塞俄比亚和索马里发生“欧加登战争”，苏联趁机向“非洲之角”扩张势力。苏联还极力干涉阿富汗内政。1978 年，为扶植亲苏势力上台，苏联不断插手阿政府首脑人事变动，直接导致 1979 年末，苏联直接对阿富汗武装入侵。中国对苏联在全球尤其是在中国周边地区的扩张行径始终保持高度警惕。中国把苏联霸权主义看作是当代最危险的战争根源，积极推动建立反苏的国际统一战线。中国呼吁各国人民要提高警惕，加强自卫力量，认真进行反侵略战争的准备，整个第三世界要有所准备，第二世界国家也要准备，要不断挫败超级大国特别是苏联的全球战略部署。

中苏边界冲突是中国安全受到威胁的一个重要反映，中国力求通过谈判来消除苏联对中国安全的威胁。1969 年 9 月，周恩来总理和苏联部长会议主席柯西金在北京机场会见后，双方于 10 月在北京恢复了边界谈判。中苏边界存在着争议地区，这是不容置辩的客观事实。中方一再强调：承认存在着争议地区，只是承认中苏双方对这些地区的领土归属有争议；关于这些争议地区究竟应归谁所有，需要留待将来讨论边界走向时解决。但苏方在边界谈判中却否认中苏边界存在争议地区，要中国承认苏联非法侵占的地区都是苏联的领土。由于苏方在历时将近 9 年的中苏边界谈判中，始终不承认中苏边界存在着争议地区这一客观事实，谈判未能取得进展。自 1978 年 7 月以后，谈判一直处于休会状态。

依据《中苏友好同盟互助条约》规定，该条约于 1950 年 4 月 11 日生效，有效期为 30 年，如果在期满前一年缔约的任何一方不提出终止该条约，则条约将自动延期 5 年。因此，到 1979 年，中国作为缔约一方，必须对这个条约是否延期作出决定。《中苏友好同盟互助条约》曾对保障中苏两国的安全、发展两国人民的友好合作、维护远东和世界的和平发挥过积极作用。但到 20 世纪 60 年代以后，由于国际形势和中苏关系都发生了重大变化，这个条约逐渐失去它存在的实际意义。签约之初，《中苏友好同盟互助条约》的主要目标是“共同防止日本帝国主义之再起”。签约以后，苏联与中国同日本的关系都发生了变化。苏联早在 1956 年就同日本发表了联合宣言，宣布结束战争状态，建立外交关系。苏联还一再提出要同日本缔结睦邻友好合作条约。中国与日本在 1972 年 9 月也实现了两国关系正常化，1978 年 8 月又签订了《中日和平友好条约》。这样，中苏条约中针对日本的这一主要条款显然已经过时。自 20 世纪 60 年代起，苏联领导人粗暴地践踏了《中苏友好同盟互助条约》的原则精神，导致两国关系的严重恶化。到 20 世纪 70 年代后期，苏联不但在中国的北部边境继续保持和加强其军事压力，而且在 1978 年 11 月同越南签订了带有军事同盟性质的“友好合作条约”，支持越南侵柬反华。作为缔约一方的苏联不但不再同中国一起共同捍卫两国的安全，而且对中国的安全构成了严重的威胁，这就使《中苏友好同盟互助条约》名存实亡。鉴于此，根据《中苏友好同盟互助条约》的有关规定，1979 年 4 月 3 日，中华人民共和国第五届全国人民代表大会常务委员会第七次会议作出了条约期满后不再延长的决定。同日，中国外交部长黄华会见了苏联驻华大使谢尔巴科夫，向他递交中国政府致苏联政府的照会，将全国人大常委会的上述决定通知了苏联方面。

尽管中国决定终止《中苏友好同盟互助条约》，但中国仍然希望中苏双方能在和平共处五项原则的基础上，保持和发展正常的国家关系。因此，中国政府在宣布不延长中苏条约的同时，向苏联政府建议：双方就两国关系进行范围广泛的谈判，解决中苏关系中悬而未决的问题，消除两国关系正常化的障碍，使中苏关系得到改善。经过外交途径商定，轮流在两国首都举行副外长级的中苏国家关系谈判。第一轮谈判于 1979 年 9 月下旬在莫斯科开始，中国代表为外交部副部长王幼平，苏联代表为外交部副部长伊利切夫。

中国坚持反对苏联支持越南在印支半岛的扩张政策，并支持印支人民反对越南的侵略。越南于1975年实现统一后，就在印支地区推行扩张政策控制老挝，扩大入侵柬埔寨，力图建立一个由其支配的“印支联邦”，摆出一派地区霸权主义架势。1977年越南侵略柬埔寨失败后，于1978年末再度发动更大规模的军事进攻。中国对越南的地区霸权主义行径始终持坚决反对的立场。1978年1月，正当柬埔寨军民准备迎击越军卷土重来之际，中国全国人大常委会副委员长邓颖超率团对柬埔寨进行了友好访问。邓颖超公开指出：“民主柬埔寨是一个独立的国家，柬埔寨人民保卫自己国家的独立、主权和领土完整是正义的事业，正在赢得世界人民的广泛同情和支持。”这次出访向全世界表明了中国对柬埔寨的坚决支持。1978年11月，在苏越刚签订所谓“友好合作条约”，越南可能更大规模军事侵柬之际，中国派出一个党政代表团访问了柬埔寨，再度明确表示中国政府和人民对柬埔寨的支持。与此同时，邓小平副总理出访东南亚联盟的一些国家，除了向这些国家领导人重申中国对柬的支持外，表示希望这些国家政府以适当方式给柬埔寨以道义上的支持。1978年12月25日，越南大举进攻柬埔寨，并于1979年1月7日占领柬埔寨首都金边。中国政府于1月7日和14日先后发表声明：“坚决支持柬埔寨人民把神圣的民族自卫战争进行到底，希望一切关心亚洲和世界和平与稳定的国家和人民，采取各种可能措施制止越南当局对东南亚一个主权国家的野蛮侵略。”中国坚决维护民主柬埔寨在国际组织中的代表权，明确指出民主柬埔寨政府“是柬埔寨人民的唯一合法政府”。

中国坚决支持柬埔寨抵抗越南的军事侵略，从一开始态度就是非常明朗的。中国认为：“越南侵略柬埔寨，苏联就给它出谋划策，制造舆论，向它提供大量武器和顾问。”它们在侵略扩张的共同基础上相互勾结，“苏联重新抛出‘亚洲集体安全体系’”，“越南就在东南亚搞‘独立、和平、自由、中立区’，并且千方百计试图打进东南亚联盟，为苏联在东盟内部充当‘特洛伊木马’。越南力图拼凑的‘印支联邦’，今天已成为苏联的‘亚安体系’蓝图中的一个组成部分”。[①] 越南在苏联支持下不仅在印支地区大搞侵略扩张，还试图插手东南亚联盟事务，置东南亚国家联盟所提出的建立东南亚“和平、自由、中立区”的主张于不顾，奢谈“东南亚国家的未来必须是真正的独立”，给东南亚国家和人民带来不祥之兆。1979 年 4 月，苏联军舰进驻越南金兰湾的消息，引发世界人民首先是东南亚人民极大的关注。在反对越南地区霸权主义同苏联相勾结的侵略扩张行为和反对越南军事占领柬埔寨的问题上，中国同泰国等东南亚国家存在基本共识，并在反对地区霸权斗争中相互配合。

综上所述，“一条线”战略思想提出的前提是苏联成为中国安全的主要威胁。为了维护国家主权、安全利益，中国政府调整了此前的“反帝”“反霸”“两条线”战略，在战略上主要与美国等西方国家合作，共同应对苏联在全球扩张的威胁。美国为摆脱与苏联在全球战略竞争中所处的不利局面，调整了其持续 20 多年的对华敌对政策，试图联合中国共同抗衡苏联的威胁。这使中国与美国等西方国家在战略合作上有了共同的基础。在“一条线”战略思想的引领下，中国与美国等西方国家关系取得了重大突破，中国面临的外部环境得到相当程度的改善。中国恢复了联合国的合法席位，奠定了中国在当今世界上政治大国地位的基础。“三个世界”划分战略思想的提出，反映了中国领导人对世界格局的最新认识，明确了中国的国际身份和在世界格局中的定位，从而确立了第三世界即发展

① 《越南当局想干什么？》，《人民日报》1978 年 11 月 10 日，第 1 版。

中国家在中国对外战略中的基础地位。同时也应该看到，“一条线”战略使中国与苏联的关系进一步走向对立。鉴于苏联对其他社会主义国家有较强的影响力，中国与以苏联为首的东方阵营中的一些国家的关系或多或少受中苏关系的影响，特别是中国与越南、蒙古关系的变化，给中国周边安全带来了不小的压力。

中　篇

改革开放和社会主义现代化建设时期国际战略思想

（1978—2012）

改革开放和社会主义现代化建设时期国际战略思想产生于国内改革开放由点到面不断拓展和深化时期。这一时期，国际格局出现重大调整，即由以美苏为首两极格局转变为冷战后“一超多强”国际格局，但中国始终坚持和平与发展是当今世界时代主题的判断。基于这一判断，中国对外战略目标是为国内社会主义现代化建设营造良好的国际环境，坚持全方位独立自主和平外交方针，在和平共处五项原则基础上发展同世界各国的友好合作关系，实行对外开放战略，在经济上全面与世界接轨，广泛参与多边组织。坚持和平与发展是这一时期中国处理国际问题的主题主线，因此，本篇把这一时期的国际战略思想总括为和平与发展国际战略思想。这一时期历时30多年，经历以邓小平、江泽民、胡锦涛为主要代表的中共中央三代领导集体。由于中国改革开放在不同发展阶段呈现不同的阶段性特征，不同的中央领导集体对国际局势的判断及实施的具体的对外战略也有所区别，据此，本篇以不同中央领导集体对外战略的主要特点为依据，把这一时期的国际战略思想分为全方位独立自主和平外交战略、多极化战略、和平崛起战略三部分。

第五章　和平与发展战略思想概述

和平与发展战略思想，是以邓小平同志为核心的中共中央领导集体基于和平与发展是当今世界时代主题的判断，对国际战略格局、中国战略利益及目标、中国对外战略方针的系统谋划，是20世纪80年代至21世纪中国外交战略的指导思想。中共十一届三中全会作出了把党和国家工作重心转移到经济建设上来的重大决策，中国进入改革开放和社会主义现代化建设新时期。中国领导人关于和平与发展是当今世界时代主题的判断，是中国发展战略调整的理论基础。为更好地服务国家发展战略，中国国际战略也作出了重大调整，将“一条线”战略调整为全方位独立自主的和平外交战略，旨在为国家经济建设营造良好的国际环境。20世纪末和21世纪初，虽然国际格局曾发生重大调整，中国的综合实力、国际影响力不断提升，但中国始终坚持走和平发展的道路，坚持在和平共处五项原则的基础上发展同世界各国的友好合作关系。

一、和平与发展是当今世界两大主题论断的提出

时代问题是国际战略中最基本的理论问题，是观察和处理国际问题的立足点和出发点。科学观察和分析时代特征，正确估量和把握世界主题，是制定内外政策的基础和依据。列宁指出：只有“首先考虑到各个‘时代’的不同基本特征（而不是个别国家的个别历史事件），我们才能够正确地制定自己的策略。了解了某一时代的基本特征，才能在这一基础上去考虑这个国家或那个国家的更具体的特点”[①]。而对战争与和平问题的认识，则是把握时代主题特

①《列宁全集》第二十六卷，人民出版社2017年版，第143页。

征的核心问题。

（一）对战争与和平问题作出新判断

世界范围的战争与和平问题，历来是观察和估量国际形势，制定和执行内外政策时必须关注和解决的首要问题。20 世纪 60 年代后期，中国领导人过高估计了世界战争爆发的危险性，把大量人力、物力、财力投到备战之中，不仅使中国的经济建设受到很大影响，国际形象受到极大损害，而且诱发和加深了在国内坚持“以阶级斗争为纲”的“左”倾错误，给国家和人民带来了灾难性的后果，这是一个沉痛的教训。

邓小平同志重新恢复工作后，实事求是地分析了当时国际形势发展中的重大变化，作出了世界大战可能避免，维护世界和平是有希望的新判断。1977 年 12 月 28 日，邓小平在中央军委全体会议上指出:“国际形势也是好的。我们有可能争取多一点时间不打仗……苏联的全球战略部署还没有准备好。美国在东南亚失败后，全球战略目前是防守的，打世界大战也没有准备好。所以，可以争取延缓战争的爆发。”[①] 这里邓小平比较明确表达了战争不再是一触即发了。

进入 20 世纪 80 年代后，世界形势又发生许多新的变化。邓小平对战争与和平问题进行了更深入更全面的思考，对发生新的世界大战的可能性、霸权主义与现代战争的关系、战争因素与和平因素的消长等问题，作了更精辟更透彻的论述。1980 年 1 月，邓小平指出:“我们有信心，如果反霸权主义斗争搞得好，可以延缓战争的爆发，争取更长一点时间的和平。这是可能的，我们也正是这样努力的。不仅世界人民，我们自己也确确实实需要一个和平的环境。”[②] 同年 10 月，邓小平在同中央负责人谈话时进一步指出:

---

①《邓小平文选》第二卷，人民出版社 1994 年版，第 77 页。

② 同上书，第 247 页。

"这里包括对世界大战的估计问题。我们还是认为，世界大战不可避免。但究竟什么时间打？我在一九七五年说过，五年打不起来。五年过去了，没有打。现在看，再有五年或者更多时间，也还是打不起来，因为双方的战略部署都还没有完成。"[①] 邓小平认为，世界大战有可能被推迟，一方面是因为美苏两个超级大国还没有完成战略部署，另一方面是国际社会制约战争的力量在增大。1982 年 8 月，在会见联合国秘书长德奎利亚尔时，邓小平表示："战争的因素在增长，但制止战争的因素也在增长。从联合国的角度可以看出，第二次世界大战以后，国际政治中积极的因素是第三世界的兴起。很多朋友说，中国是第三世界的头头。我们说，头头可不能当，头头一当就坏了。搞霸权主义的名誉很坏，当第三世界的头头名誉也不好。这不是客气话，这是一种真实的政治考虑。有人说中国好战，其实中国最希望和平。"[②]

随后，邓小平更为明确提出在较长时间内世界大战可以避免的论断，要求大家对此问题要做出理性判断。1983 年 3 月，邓小平在同中央领导人谈话时说："大战打不起来，不要怕，不存在什么冒险的问题。以前总是担心打仗，每年总要讲一次。现在看，担心过分了。我看至少十年打不起来。"[③] 1984 年 11 月，在讲到对国际形势的判断和中国的对外政策时，他又指出："讲战争危险，从毛主席那个时候讲起，讲了好多年了。粉碎'四人帮'后我们又讲了好久。现在我们应该真正冷静地做出新的判断。这个判断，对我们是非常重要的。首先就是我们能够安安心心地搞建设，把我们的重点转到建设上来。没有这个判断，一天诚惶诚恐的，怎么还能够

---

① 中共中央文献研究室：《邓小平思想年编（一九七五——一九九七）》，中央文献出版社 2011 年版，第 337 页。

② 同上书，第 427 页。

③《邓小平文选》第三卷，人民出版社 1993 年版，第 25 页。

安心地搞建设？”[①] 经过多年观察，邓小平关于战争与和平的认识，逐步从“世界大战可能被推迟”向“世界大战可以避免的”转变。1985 年 6 月，邓小平在中央军委扩大会议上讲话，系统阐述了这一观点。他指出：“这几年我们仔细地观察了形势，认为就打世界大战来说，只有两个超级大国有资格，一个苏联，一个美国，而这两家都还不敢打。首先，苏美两家原子弹多，常规武器也多，都有毁灭对手的力量，毁灭人类恐怕还办不到，但有本事把世界打得乱七八糟就是了，因此谁也不敢先动手。其次，苏美两家都在努力进行全球战略部署，但都受到了挫折，都没有完成，因此都不敢动。同时，苏美两家还在进行军备竞赛，世界战争的危险还是存在的，但是世界和平力量的增长超过战争力量的增长。这个和平力量，首先是第三世界，我们中国也属于第三世界。第三世界的人口占世界人口的四分之三，是不希望战争的。这个和平力量还应该包括美苏以外的发达国家，真要打仗，他们是不干的呀！美国人民、苏联人民也是不支持战争的。世界很大，复杂得很，但一分析，真正支持战争的没有多少，人民是要求和平、反对战争的。”[②] 邓小平由此得出结论，在较长时间内不发生大规模的世界战争是可能的，维护世界和平是有希望的。根据对世界大势以及对中国所处国际环境的这些新分析和判断，中国领导人从根本上改变了此前认为战争的危险迫在眉睫的看法。

同时，邓小平还利用会见外国领导人的机会，反复阐明中国对世界大战问题的新看法和新判断。1985 年 3 月 4 日，在会见日本商工会议所访华团时，邓小平说：“虽然战争的危险还存在，但是制约战争的力量有了可喜的发展。日本人民不希望有战争。欧

---

① 中共中央文献研究室：《邓小平思想年编（一九七五——一九九七）》，中央文献出版社 2011 年版，第 522 页。

②《邓小平文选》第三卷，人民出版社 1993 年版，第 127 页。

洲人民也不希望有战争。第三世界，包括中国，希望自己发展起来，而战争对他们毫无好处。第三世界的力量，特别是第三世界国家中人口最多的中国的力量，是世界和平力量发展的重要因素。”[①] 1987 年，在会见瑞典首相、瑞典社会民主党主席英瓦尔·卡尔松时，邓小平说：“战争的危险依然存在，可喜的是和平力量，包括欧洲的和平力量在发展。目前和平力量的发展超过了战争力量的发展，和平是有希望的。我们对每一件能缓和国际局势的事都是欢迎的。我们认为，对话比对抗好，缓和比紧张好。”[②]1987 年至 1988 年间，邓小平多次向来访的外宾，如荷兰、孟加拉国、阿根廷等国客人阐述中国在战争与和平问题上的立场，进一步向世界阐明中国关于世界大战可以避免的判断及其依据，强调：“争取比较长期的和平是可能的，战争是可以避免的。”[③]“现在看来，第三次世界大战短时期内不会打。当然战争的危险还是存在，但是可以争取相当长一段时间的和平。”[④]“世界总的趋势是和平力量有发展，特别是在欧洲。第三世界是和平力量的主力。”[⑤]“和平力量超过了战争力量。现在出现了对话代替对抗的新潮流，和平解决国际争端的趋势正在发展。”[⑥]邓小平指出，“从全局看，在本世纪和下一个世纪相当一段时间里仗打不起来。我们不要丧失这个时机，而要利用这

① 中共中央文献研究室：《邓小平思想年编（一九七五—一九九七）》，中央文献出版社 2011 年版，第 531—532 页。

②《邓小平会见瑞典首相卡尔松时说　对话比对抗好　缓和比紧张好　目前和平力量的发展超过了战争力量的发展　和平是有希望的》，《人民日报》1987 年 4 月 7 日，第 1 版。

③ 中共中央文献研究室：《邓小平年谱（1975—1997）》（下），中央文献出版社 2004 年版，第 1187 页。

④ 同上书，第 1199 页。

⑤ 中共中央文献研究室：《邓小平思想年编（一九七五—一九九七）》，中央文献出版社 2011 年版，第 621 页。

⑥ 中共中央文献研究室：《邓小平年谱（1975—1997）》（下），中央文献出版社 2004 年版，第 1231 页。

二十年、三十年、四十年的和平时间好好发展自己。”[①]“如果下一世纪五十年里，第三世界包括中国有一个可喜的发展，整个欧洲有一个可喜的发展，我看那个时候可以真正消除战争的危险。”[②]

邓小平关于新的世界大战可以避免，世界和平能够维护的分析和判断，是以冷静观察世界大势为基础，以客观分析国际上各种力量的相互关系为依据的。这些分析和判断，是邓小平对马克思主义国际关系理论的创造性运用和发展，为中国坚持不懈地开展和平外交，在相当长的一个历史时期内一心一意地进行社会主义现代化建设提供了科学依据。新的世界大战之所以能够避免，是由战后形势发展变化决定的。主要是：第一，资本主义国家间关系发生了深刻的变化。列宁认为帝国主义国家对市场、原料、资源、势力范围、殖民地的剧烈争夺，加上帝国主义发展的不平衡性，必然导致帝国主义战争。第二次世界大战后，随着经济上的相互依赖和国际化的空前发展，西方发达国家间的关系发生深刻变化。虽然资本主义发展不平衡依然存在，但是在战后世界经济和国际政治的条件下，这种发展不平衡所引起的矛盾和斗争，并非必然要用战争的手段来解决，而是主要用和平的方法来解决。而且战后资本主义大国逐步建立起一整套解决相互间矛盾和争端的机制，如西方七国首脑会议等，使他们间的矛盾不致激化。西方发达国家之间已不像战前那样进行激烈的军备竞赛，而主要是从事经济和技术方面的竞争。由于要共同对付社会主义阵营，他们在军事和防务上实行联合，因此，自二战结束后，帝国主义国家之间没有爆发过战争。

第二，超级大国争霸全球的战略部署受到多方牵制，难以得逞。新的世界大战的危险来自美苏两个超级大国，因为只有他们有

① 中共中央文献研究室：《邓小平年谱（1975—1997）》（下），中央文献出版社 2004 年版，第 1185 页。

② 同上书，第 1187 页。

能力发动世界大战。两个超级大国为了实现称霸世界的野心，在全球范围内展开激烈的争夺，挑起和支持动乱，不仅遭到第三世界国家的反对，也遭到其他发达国家和美苏两国人民的反对。美国侵略越南和苏联入侵阿富汗都以失败告终，说明他们在全球的战略部署遇到了难以克服的困难和障碍。同时，美苏都拥有毁灭对方的核武器库，但又都无法取得消灭对方而保存自己的绝对优势。双方处于“恐怖平衡”中，使得他们都不敢迎头相撞，这种平衡成了制约战争发生的重要因素。

第三，第三世界的崛起，成了反对霸权主义、维护世界和平的主要力量。和平力量的增长超过战争力量的增长。战后民族解放运动的蓬勃开展，使绝大多数殖民地、半殖民地国家砸碎了殖民枷锁，100 多个国家取得独立，帝国主义殖民体系土崩瓦解。第三世界国家坚决反对超级大国的军备竞赛，特别是核军备竞赛，反对超级大国的侵略政策和战争政策，反对霸权主义，主张维护世界和平，他们在国际上的地位不断加强，改变了国际关系的力量对比，使超级大国的扩张企图难以得逞。另外，欧洲、日本等发达国家也主张维护和平。美国和苏联人民也成为制约战争的力量。正是世界各国人民争取和平的共同努力，汇成了制止新的世界战争的时代洪流。

第四，国际竞争的核心日益转向以经济为基础、以科技为先导的综合国力的竞争。随着科学技术的发展，经济、科技因素在国际关系中的地位日益上升，各国纷纷把振兴经济谋求更有利的国际经济地位放在首要位置。世界多数国家都希望维持一个和平的国际环境来发展本国经济，提高人民生活水平。由于科学技术的发展，各国之间的经济贸易联系日趋紧密，经济利益相互交织的程度进一步加深，大国之间既有共同利益，又有矛盾分歧，形成一种既互相摩擦、互相竞争，又互相制约、互相合作的关系，避免发生全面对抗。冷战结束后，美国成为唯一超级大国。美国凭借超强的经济、军事实力，到处插手和干预，肆意侵略、扩张，推行“新干涉主义”，霸权主义气焰十分嚣张，导致新的“热点”不断出现，天下并不太平。但是由于和平力量不断增长，国际形势总体趋于缓和，世界大战在相当长时间内打不起来。江泽民同志在中共十五大报告中强调：“在相当长的时期内，避免新的世界大战是可能的，争取一个良好的国际和平环境和周边环境是可以实现的。”要抓住这个机遇，进一步深化改革开放，加快社会主义现代化建设，努力实现第三步战略的宏伟目标。进入 21 世纪后，以胡锦涛同志为总书记的党中央仍然坚持这一观点。

（二）和平与发展是当今世界两大主题

中国领导人在对战争与和平问题做出新判断的同时，还全面深入地分析了世界上的各种矛盾及其相互关系，紧紧抓住了国际社会面临的最本质最核心的问题，适时而鲜明地提出了和平与发展是当今世界两大战略问题的科学论断。

早在 20 世纪 80 年代初，邓小平就开始思考当代世界的和平与发展问题及其相互关系。他认为，国际社会在为反对霸权主义、反对战争威胁、争取世界和平而斗争的同时，必须始终不渝地关注和解决人类的发展问题。自 80 年代中期起，邓小平关于和平与发展是世界两大问题的思考逐步系统化。1984 年 5 月，邓小平在会见厄瓜多尔领导人时说：“我看世界现在存在两个最根本的问题。第一是反对霸权主义，维护世界和平。当今世界不安宁的根源来源于霸权主义的争夺，它损害的是第三世界国家的利益。第二是南北问题。这是今后国际问题中一个十分重要的方面。发达国家尽管也有其经济困难，总的说是越来越富。而第三世界是越来越穷。解决南北问题是实现国际局势稳定的一个长时间、很重要的问题。”① 随

① 中共中央文献研究室：《邓小平思想年编（一九七五—一九九七）》，中央文献出版社 2011 年版，第 496—497 页。

后，在会见巴西总统菲格雷多时，邓小平在谈到世界上比较突出的两个问题时指出："一是和平问题。现在有核武器，一旦发生战争，核武器就会给人类带来巨大的损失。要争取和平就必须反对霸权主义，反对强权政治。二是南北问题。这个问题在目前十分突出。发达国家越来越富，相对的是发展中国家越来越穷。南北问题不解决，就会对世界经济的发展带来障碍。解决这个问题当然要靠南北对话，我们主张南北对话，不过单靠南北对话还不行，还要加强第三世界之间的合作，也就是南南合作。"① 同年10月31日，在会见缅甸总统吴山友时，邓小平强调和平问题、南北问题是世界范围内全局性、战略性的问题。他指出："国际上有两大问题非常突出，一个是和平问题，一个是南北问题。还有其他许多问题，但都不像这两个问题关系全局，带有全局性、战略性的意义。现在世界上北方发达、富裕，南方不发达、贫困，而相对地说，富的愈来愈富，穷的愈来愈穷。南方要改变贫困和落后，北方也需要南方发展。南方不发展，北方还有什么市场？资本主义发达国家遇到的最大问题是发展速度问题，再发展问题。所以南南合作还有一个意义，可以推动南北合作。"② 邓小平在这些论述中，首先明确提出了当代世界第一大问题"和平问题"，另一大问题"发展问题"。

在此基础上，和平与发展是当今世界的时代主题的理念逐步得到完善。1985年3月4日，在会见日本商工会议所访华团时，邓小平再次谈到和平与发展问题。他指出："现在世界上真正大的问题，带全球性的战略问题，一个是和平问题，一个是经济问题或者说发展问题。和平问题是东西问题，发展问题是南北问题。概括起来就是东西南北四个字，南北问题是核心问题，欧美国家和日本

① 中共中央文献研究室：《邓小平思想年编（一九七五—一九九七）》，中央文献出版社2011年版，第500页。

② 同上书，第520页。

是发达国家，继续发展下去，面临的是什么问题？你们的资本要找出路，贸易要找出路，市场要找出路，不解决这个问题，你们的发展总是要受到限制。现在世界人口是四十几亿，第三世界人口大约占四分之三。其余四分之一的人口在发达国家，很难说这十一二亿人口的继续发展能够建筑在三十多亿人口的继续贫困的基础上。当然，第三世界有一部分国家开始好起来，但还不能说已经发达了，而大部分国家仍处于极其贫困的状态，他们的经济问题不解决，第三世界的发展，发达国家的继续发展，都不容易。总之，南方得不到适当的发展，北方的资本和商品出路就有限得很，如果南方（第三世界）继续贫困下去，北方（发达国家）就可能没有出路。”[①] 这里邓小平从全局性、战略性高度对和平与发展是当今世界的两大问题进行了完整的表述，并把和平与发展问题从国际战略格局视角进行了深入分析。

20 世纪 80 年代末 90 年代初，国际关系发生重大变化，两极格局瓦解，冷战宣告终结。冷战结束后，霸权主义、强权政治和不公正不合理的国际经济秩序依然存在。1990 年 3 月，邓小平指出：“国际形势的变化怎么看？旧的格局是不是已经完了，新的格局是不是已经定了？国际上议论纷纷，国内也有各种意见。看起来，我们过去对国际问题的许多提法，还是站得住的。现在旧的格局在改变中，但实际上并没有结束，新的格局还没有形成。和平与发展两大问题，和平问题没有得到解决，发展问题更加严重。”[②] 1992 年春，邓小平在著名的南方谈话中，又特别谈到世界和平与发展问题，这两大问题至今一个也没有解决。

和平与发展是带有战略性和全局性的问题。和平问题之所以

---

① 中共中央文献研究室：《邓小平思想年编（一九七五—一九九七）》，中央文献出版社 2011 年版，第 532 页。

②《邓小平文选》第三卷，人民出版社 1993 年版，第 353 页。

带有战略性和全局性，是因为它直接涉及人类的生存问题，与世界的命运紧密相关。20 世纪上半期，人类遭受两次世界大战的浩劫。第一次世界大战以欧洲为主战场，战火遍及欧洲、亚洲、非洲。先后参战国家 33 个，受战祸波及的人口 13 亿以上。交战双方动员兵力 7340 余万人，直接参战部队 2900 多万人，死伤 3000 余万人。战争造成的经济损失达 2700 亿美元。[①] 第二次世界大战规模更大，后果更惨重，共有 60 多个国家、20 多亿人卷入战争，仅中国和苏联伤亡的人口就达 6000 万左右，物质财富的破坏更是难以估量。二战后，美苏双方开始全面冷战，疯狂进行军备竞赛，特别是核军备竞赛不断升级。两国核武器的总当量超过 120 亿吨烈性炸药的当量，全世界人民笼罩在核战争的恐怖气氛中。到 20 世纪 80 年代末，全世界的现役军人达 2900 万人，一年军费开支高达 11000 多亿美元，有 2000 多万人死于各种局部战争和冲突之中。美苏争夺世界霸权，既是国际局势紧张的总根源，也是爆发世界大战的主要威胁。因此，解决世界和平问题，归根结底是要缓和因美苏争霸而造成的国际紧张局势，消除因两霸对抗而产生的战争威胁。这一问题实质上就是东西方关系问题[②]。

发展问题之所以带有战略性和全局性，是因为它不仅与第三世界各国人民的进步事业，同时也与全人类的文明进程密切相关。首先，发展中国家的首要任务是发展经济。发展中国家取得政治独立后，面临发展民族经济、取得经济独立的繁重任务。由于长达几个世纪的殖民统治，饱受帝国主义的掠夺和剥削，发展中国家生产力水平低下，经济发展水平很低，大多处在前工业化阶段。由于受到不公正、不合理的旧的国际经济秩序的影响，第三世界国家不得不在资金、技术、工业生产资料等方面严重依赖于西方国家，不

---

① 王伯恭：《中国百科大辞典》（2），中国大百科全书出版社 1999 年版，第 1081 页。
②《邓小平外交思想学习纲要》，世界知识出版社 2000 年版，第 34—35 页。

得不接受以不合理的国际分工为特征的国际生产体系，以不等价交换为特征的国际贸易体系和由国际垄断资本所控制的国际货币金融体系，从而使南北差距进一步扩大。“据世界银行统计，1950 年发达国家人均国民生产总值是发展中国家的 24.3 倍，1995 年上升为 60.6 倍，发达国家的恩格尔系数（食品支出在个人消费支出中所占的比重）在 10% 左右，而发展中国家在 50% 以上。从教育水平看，成人识字率，发达国家在 95% 以上，而发展中国家仅 35%；受高等教育人数，发达国家占三分之一，而发展中国家仅十五分之一。全球仍有 13 亿人口处于绝对贫困之中，有 10 多亿处于文盲状态，每年死于饥饿的人口达 2000 万，世界上 3 个最富有的人的私人财产，超过所有最不发达国家的国民生产总值。世界上最富的 20% 的人口和最穷的 20% 的人口的贫富差距，1960 年是 30 倍，1990 年上升为 60 倍，1997 年又高达 74 倍。最不发达国家的数目，1960 年是 24 个，1990 年上升为 42 个，到 2000 年增加到 49 个，其中非洲 34 个，亚洲 9 个，太平洋地区 5 个，拉美 1 个。同时，发展中国家的债务越来越多，1970 年发展中国家的债务总额不到 1000 亿美元，1993 年达 16290 亿美元，1998 年达 24650 亿美元。”[①] 以上情况表明，发展中国家必须把发展经济置于首位，只有始终不渝地尽快把经济搞上去，才能缩小与发达国家之间的差距，只有把经济搞上去，才能为解决各种社会问题奠定基础，也只有把经济搞上去，根本上改变在世界经济上的从属地位，才能对未来的世界经济发挥更大的作用和影响。

其次，发达国家也需要经济持续发展。第二次世界大战后，发达国家凭借巨大的经济、技术优势，通过不合理的国际经济旧秩序，操纵国际经济组织，垄断了世界工业品市场和技术贸易市场，

① 颜声毅：《当代中国外交》，复旦大学出版社 2009 年版，第 60 页。

在国际金融体系中处于支配地位。但发达国家在世界经济的发展与变革中，也充满着困扰和斗争，存在一系列问题和矛盾。如美国的巨额国际收支逆差和债务，西欧的高财政赤字、高社会福利和高失业率，日本的经济泡沫以及发达资本主义国家激烈的经济战（贸易战、投资战、货币战）等。由于科学技术日新月异的发展，谁能在高科技领域的竞争中获胜，谁就可能在经济竞争中立于不败之地。发达国家为了在激烈的斗争中独占鳌头，都在制定和实施发展战略和科技战略，不断调整内外政策，加速调整产业结构和产品结构，以提高本国的综合国力，这就势必把持续发展经济置于首位。

再次，在经济全球化和区域集团化两大趋势的作用下，各国经济联系变得空前密切，相互渗透、互相依存，利益交错、荣损与共。对任何国家来说，把经济发展问题摆在首位，积极参与国际分工、合作和竞争，把本国经济发展与世界经济发展联系起来，不仅是这个国家的事，而且是关系到世界各国和整个国际社会的事。世界各国都把经济置于国家发展战略的首要地位，都在寻求制订最佳经济政策，建立最有效的经济体制和运行机制，调整和构建最合理的经济结构和产业结构。在这种形势下，加快发展比什么都重要。谁能抓住机遇，加快发展，谁就能在世界经济竞争中把握主动权。邓小平强调，“发展问题是核心”。发展问题就是正确处理南北关系问题，不从根本上解决这一问题，全世界的经济发展就要受到严重阻碍。

二、中国是维护世界和平的重要力量

邓小平在提出和平与发展是当今世界两大问题的同时，对中国的国际战略地位和作用也做了深刻的阐述，强调中国是维护世界和平和地区稳定的坚定力量。

（一）维护世界和平是中国的一贯政策

1949 年 9 月 30 日，新中国成立前夕，中国人民政治协商会议第一次会议通过的具有临时宪法性质的《共同纲领》，便把“拥护国际的持久和平”作为中国外交政策的原则[①]。1954 年，第一部《中华人民共和国宪法》制定，将“为世界和平和人类进步的崇高目的而努力”作为中国“坚定不移的方针”。1982 年宪法，将“为维护世界和平和促进人类进步事业而努力”作为中国外交的基本内容[②]。此后,《中华人民共和国宪法》虽经多次修改，但这一内容得以完整保留，成为中国外交的目标和追求。

20 世纪 80 年代，邓小平反复强调，中国现在是维护世界和平和稳定的力量，不是破坏力量，中国发展得越强大，世界和平越靠得住。中国的发展是和平力量的发展，是制约战争力量的发展。这是因为：

首先，争取世界和平是中国对外政策的基本目标，这是由中国社会主义性质决定的。邓小平指出：“我们搞的是有中国特色的社会主义，是不断发展社会生产力的社会主义，是主张和平的社会主义。只有不断发展社会生产力，国家才能一步步富强起来，人民生活才能一步步改善。只有争取到和平的环境，才能比较顺利地发展。”[③] 中国作为一个和平力量，“现在这个力量还小，等到中国发展起来了，制约战争的和平力量将会大大增强。我可以大胆地说，到本世纪末，中国能达到国民生产总值翻两番的目标……达到小康水平，那时中国对于世界和平和国际局势的稳定肯定会起比较显著的作用。”[④] 独立自主的和平外交是中国外交政策的基本方针。在这

① 全国人大常委会办公厅、中共中央文献研究室：《人民代表大会制度重要文献选编》(一)，中国民主法制出版社 2015 年版，第 85 页。

② 同上书，第 236 页。

③《邓小平文选》第三卷，人民出版社 1993 年版，第 328 页。

④ 同上书，第 105 页。

一方针的指引下，对于国际事务，我们都是从中国人民和世界人民的根本利益出发，按照事件本身的是非曲直做出判断，决定对策。中国判断是非的标准就是看其是否有利于维护世界和平和促进经济发展。

其次，美苏两个超级大国疯狂进行军备竞赛，特别是核军备竞赛，对世界和平构成严重威胁。中国坚决反对军备竞赛，积极主张裁军。1954 年 4 月 28 日，周恩来在日内瓦会议上提出："为了和平的利益，必须停止扩张军备，实行普遍裁军，禁止使用原子武器，氢武器和其他大规模毁灭性的武器。"1964 年 10 月，中国成功爆炸第一颗原子弹后，中国政府在世界上第一个庄严承诺，无论在任何情况下，都不首先使用核武器，不对无核国家使用核武器，并阐明中国关于全面禁止和彻底销毁核武器的一贯立场。1971 年中国恢复在联合国合法席位后，在联合国积极倡议并推进裁军与军控。中国积极支持许多中小国家建立无核区与和平区的主张。1973 年 8 月，中国签署了《拉丁美洲禁止核武器条约》第二号附加议定书。中国赞赏并支持有关地区国家建立印度洋和平区、南亚无核区、中东无核区、非洲无核区的努力。中国反对在外层空间进行军备竞赛，主张外空非军事化。中国支持《全面禁止核试验条约》，主张防止核武器扩散。中国是无化学武器国家，并一贯主张坚决禁止和彻底销毁一切化学武器和生物武器。中国一贯主张，为了保证国际和平、安全与稳定，各国都不应谋求超出合理防卫所需要的常规军备，各国军备只适用于防御，而不能用来对别国进行武装侵略和干涉。

再次，中国实现发展战略目标，需要一个和平的环境。改革开放后，社会主义现代化建设成为党和国家的工作重心。为加快中国社会主义现代化建设步伐，中共中央确立了三步走的战略目标，争取到 2050 年左右达到中等发达国家的水平。而进行现代化建设，没有一个和平的国际环境是不行的。邓小平指出，我们维护世界和平，不是在讲空话，是基于我们自己的需要，当然也符合全世界人民的需要，特别是第三世界人民的需要。他还指出："我们把争取和平作为对外政策的首要任务。争取和平是世界人民的要求，也是我们搞建设的需要。没有一个和平环境，搞什么建设！"[①]"中国是一支和平力量，这一点很重要。中国最不希望发生战争。中国太穷，要发展自己，只有在和平的环境里才有可能。要争取和平的环境，就必须同世界上一切和平力量合作。"[②]"中国需要至少 20 年的和平，以便聚精会神地搞国内建设。""我们自己也确确实实需要一个和平的环境……寻求一个和平的环境来实现四个现代化。"邓小平的这些思想，既反映了世界人民要和平、谋发展的愿望，也体现了中国人民谋求世界和平的真诚用意，表明了中国维护世界和平与稳定同中国社会主义现代化建设之间的有机统一性。

最后，中国一贯坚决反对霸权主义。中国一贯坚持奉行独立自主的外交路线和对外政策，高举反对霸权主义、维护世界和平的旗帜，坚定地站在和平力量一边，谁搞霸权就反对谁，谁搞战争就反对谁，所以，中国的发展是和平力量的发展，是制约战争力量的发展。中国坚持在和平共处五项原则的基础上发展同世界各国的友好合作关系，这同一切扩张主义、霸权主义、强权政治国家彻底划清了界限，是社会主义新型的对外战略。中国领导人强调，搞社会主义，就绝对不能搞扩张主义、霸权主义。"打着社会主义旗号实行霸权主义正是取得了政权的马列主义党背叛社会主义原则的最显著标志。"[③]在这个问题上，我们绝不可以有丝毫的偏离和动摇。因此，邓小平指出："中国的对外政策，主要是两句话。一句话是反

①《邓小平文选》第三卷，人民出版社 1993 年版，第 116—117 页。
② 同上书，第 82 页。
③《邓小平文选》第二卷，人民出版社 1994 年版，第 172 页。

对霸权主义，维护世界和平，另一句话是中国永远属于第三世界。中国现在属于第三世界，将来发展富强起来，仍然属于第三世界。中国和所有第三世界国家的命运是共同的。中国永远不会称霸，永远不会欺负别人，永远站在第三世界一边。”[①] 如果10亿人的中国不坚持和平政策，不反对霸权主义，或者是随着经济的发展自己搞霸权主义，那对世界也是一个灾难。“如果中国还是社会主义国家，就不能实行霸权主义，仍然属于第三世界。如果那时中国翘起尾巴来了，在世界上称王称霸，指手画脚，那就会把自己开除出第三世界的‘界籍’，肯定就不再是社会主义国家了。”[②] 1974年4月，在联合国第六届特别会议上，邓小平代表中国政府庄严宣告：“中国现在不是，将来也不做超级大国。什么叫超级大国？超级大国就是到处对别国进行侵略、干涉、控制、颠覆和掠夺，谋求世界霸权的帝国主义国家。一个社会主义大国如果出现资本主义复辟，必然会变成超级大国。如果中国有朝一日变了颜色，变成一个超级大国，也在世界上称王称霸，到处欺负人家，侵略人家，剥削人家，那么，世界人民就应当给中国戴上一顶社会帝国主义的帽子，就应当揭露它，反对它，并且同中国人民一道，打倒它。”[③]

在这一思想指引下，中国持续奉行反对霸权主义，维护世界和平的外交政策。无论是冷战期间美国侵略朝鲜、越南，苏联入侵阿富汗，越南出兵柬埔寨的霸权行为，还是冷战后美国在中东、巴尔干和拉丁美洲的霸权主义行径，中国都坚决反对。

（二）“中国威胁论”是某些势力企图阻止中国发展的借口

20世纪90年代初，随着中国经济持续强劲发展和东欧剧变、

①《邓小平文选》第三卷，人民出版社1993年版，第56页。

②《邓小平文选》第二卷，人民出版社1994年版，第112页。

③ 中共中央文献研究室：《邓小平文集（1949—1974）》（中），人民出版社2014年版，第355页。

苏联解体后西方宣扬的“中国崩溃论”破灭，西方一些媒体、学者和政要开始鼓吹“中国威胁论”。他们鼓噪“中国威胁论”，目的是为西方国家对中国推行防范遏制政策造舆论、找借口，最终阻挡中国的发展复兴进程。

国际上煽动“中国威胁论”的始作俑者是日本防卫大学副教授村井龙秀，他在 1990 年日本《诸君》杂志上发表《论中国这个潜在的“威胁”》一文，以国力为依据把中国视为一个潜在的敌人[①]。但该文在当时并未引起人们的关注。罗斯 · 芒罗（Ross H. Munro）在美国《政策评论》杂志 1992 年秋季号上发表的《正在觉醒的巨龙——亚洲真正的威胁来自中国》一文，提出“中国威胁论”。文中认为：由于实行了一系列自由市场经济的改革，中国正处于前所未有的经济迅速发展之中。但是，中国正在以一种危险的方式使用新的财富，这就是用于大规模的军事集结，这种集结对东南亚国家构成威胁，并使中国走上可能与美国发生冲突的道路。中国谋求经济发展和军事扩张的计划已经起了作用。在贸易方面，中国实行补贴出口，严格限制进口的重商主义政策取得成功。在军事上，中国在南海极力扩大势力范围，中国在南海的行为引发了国际社会的担忧。中国正在对美国根本的经济、战略利益构成重要挑战。在可预见的将来，美中关系必须将经历艰难、复杂和危险的时期。美中关系中最大的问题不是人权问题，也不是双边贸易问题，是两国安全利益之间的根本冲突。[②] 此后，美国和其他西方国家的一些新闻媒体和专家学者，甚至某些政界领导人开始对中国国力的上升表示担忧，并从各种角度、在各种场合提出并宣扬“中国威胁论”，从而引发了“中国威胁论”在西方的第一次大规模泛滥，并

① 薛龙根：《主析中国威胁论》，《国外社会科学情况》1997 年第 5 期，第 25 页。

② Ross H. Munro, *Awakening Dragon: The Real Danger in Asia Is from China*, Policy Review; Washington D.C., Wash. Vol. 62, (Fall 1992), p10–16.

在国际舆论中开始赢得市场。

1997年，罗斯・芒罗与理查德・伯恩斯坦（Richard Bemstein）在合著的《即将到来的美中冲突》一书中宣称：中国在下世纪成为世界主导力量后，肯定是美国的长期敌人而不是战略伙伴。该书的出版掀起了第二轮“中国威胁论”。“中国威胁论”第三次甚嚣尘上是在1998至1999年，美国先后发布所谓的《考克斯报告》、发生“李文和案件”“政治献金案”。在这一过程中，“中国窃取美国核机密”“利用华人科学家和学生在美国广泛搜取情报”“企图收买美国政府”等论调此起彼伏，企图为“中国威胁论”火上浇油。2002年7月12日，小布什政府出笼的《美国国家战略报告》和《中国军事力量年度评估报告》掀起了第四轮“中国威胁论”。随着中国综合国力和国际影响力的进一步提高，不同论调的“中国威胁论”更加猖獗。国际上鼓吹的“中国威胁论”五花八门，诸如中国“政治威胁论”“军事威胁论”“经济威胁论”“文化威胁论”“生态环境威胁论”等。其中中国“政治威胁论”和“军事威胁论”带有一定的迷惑性和很大的欺骗性，在国际社会掀起一定涟漪。

所谓“中国政治威胁论”，鼓吹中国的社会主义制度和马克思主义意识形态同西方国家的资本主义制度和意识形态是根本对立的，势同水火，必然会发生冲突和斗争；中国在发展壮大后势必要将其社会制度和意识形态向外传播与推广，从而对主宰世界几百年的西方的政治制度与意识形态造成严重威胁，甚至会危及西方政治经济制度与意识形态。这些论调纯粹是冷战思维，同中国的政治与政策实践完全背道而驰。中国不存在“政治威胁”别国问题，这是因为：

第一，走和平发展道路是中国的既定国策和始终不变的战略选择。中国坚持以经济建设为中心，坚持改革开放，坚持吸收人类文明的一切优秀成果，须有一个和平稳定的国际环境，必须同各国互相尊重，和平友好相处，平等互利合作。维护世界和平，促进共同发展是中国实现发展战略目标的前提和根本利益之所在，这就决定了中国只会致力于同世界各国发展友好合作关系，而绝不会去威胁和挑战别国的利益。现实情况也充分证明了中国的发展是和平的发展，是同各国友好合作的发展，是与各国互利共赢的发展。

第二，中国实行独立自主的和平外交方针，坚持在和平共处五项原则的基础上同世界各国建立和发展正常的国家关系。中国十分珍惜和维护本国的独立与主权，反对任何国家侵犯中国的主权、干涉中国的内政，也十分珍惜和尊重他国的独立与主权，从不干涉他国的内政。维护世界和平是中国外交政策的总方针。为了促进世界和平，中国主张建立公正合理的国际新秩序，用和平手段解决一切国际争端。中国同英国、葡萄牙通过外交谈判，达成以“一国两制”方式顺利解决香港、澳门回归中国问题，为和平解决国际争端树立了典范。中国反对霸权主义、强权政治和侵略扩张，自己也从不搞霸权主义、强权政治，即使将来足够强大了，中国也永远不做超人一等的超级大国，永远不搞对外扩张，永远不称霸。这是中国对世界的庄严承诺，并始终用行动实践这一承诺，用行动证明中国是维护世界和平的坚定力量。

第三，中国尊重并维护世界文明的多样性，致力于促进文明对话，防止文明冲突。世界上有近 200 个国家，各国国情差异很大。各类国家有不同的文明样式，社会制度、意识形态也不尽相同。世界上不存在放之四海而皆准的文明种类和社会模式。中国坚决维护自己选择本国社会制度和发展模式的权利，也尊重他国选择自己社会制度和发展道路的权利。中国不搞文明和社会模式输出，不以社会制度和意识形态的异同决定国家关系亲疏远近，而是从中国人民和世界人民的根本利益出发，根据事物和问题本身的是非曲直决定自己的立场和行动。中国自改革开放后就调整了有关制度之争的观点，主张各种文明与社会制度和平共存，良性竞争，互相学习，取长补短，共同提高。至于各类文明和制度孰优孰劣，孰胜孰负，应由实践来证明，由历史去选择，最终由各国人民自己作决定。

由此可以看出，中国根本不存在对他国造成“政治威胁”的问题。中国的发展突破了以往大国通过战争和对外掠夺而崛起的模式，走上了和平理性发展的道路；中国打破了“国强必霸”的宿命，开创了强大而反霸、自己永不称霸的历史正道。

“中国军事威胁论”炒作者主要围绕20世纪90年代后中国军事力量的发展，渲染中国对亚太地区的影响。其所谓的“根据”是中国“大幅”增加军费，且军费“不透明”；中国强大的军事力量超出自卫防御的范围和能力，对台湾地区、对亚洲以至对美国都构成威胁。这些无疑是无稽之谈，是完全站不住脚的。应当指出，中国适当增加国防开支和发展足够强大的国防力量，对维护中国的主权、安全和发展利益是完全必要的，也是正当的。尽管中国总体安全形势较好，但仍面临着诸多传统与非传统安全的挑战。国际上，西方国家凭借全面力量优势，对中国推行遏制战略，有的西方大国还公然在涉台问题上干涉中国内政；中国周边存在着严重的大规模杀伤性武器扩散问题及领土、领海争端；“三股势力”猖獗，尤其是以“基地”组织为代表的国际恐怖主义支持中国新疆的“东突”分离势力，威胁和破坏中国西部边陲的安宁与稳定。在国内，“台独”“疆独”“藏独”在国际反华势力的支持下气焰嚣张，分裂活动频繁。面对严峻的安全形势，中国政府和人民只有提高警惕，加强国防力量，以随时制止国内外敌对势力对中国主权、安全和领土完整的侵犯与危害。中国加强国防力量本着两个原则，一是军力要同国力相适应，不超出国力水平去盲目发展军力；二是军力同国土防卫需要相适应，不超出防御能力范围去过度发展军事力量。因此，中国不同任何国家进行军备竞赛，中国发展军力始终以打赢现代化条件下自卫性质的局部战争为准线，也就是说，中国发展军事力量不会超出自卫范围。

美国是“中国军事威胁论”的主要炮制者和鼓吹者。如上文所述，美国的一些媒体、学者、政客早在20世纪90年代前期就带头狂热地宣扬“中国威胁论”，美国官方某些机构和政要也予以支持与附和。从2000年起，美国国防部每年都要发布《中国军力年度报告》，竭力夸大中国的军费开支和军力，歪曲中国的国防政策，渲染“中国军事威胁论”。美国国防部联合司令部2009年2月出台的《2008联合作战环境评价报告》，更是直接把中国列为美国的主要潜在“战略对手”，耸人听闻地说“中国将给美国带来最严重的威胁”。究竟谁威胁谁，事实胜于雄辩。冷战结束以后，美国仍抱住冷战思维不放，每年都要耗费巨资大力扩充军备，其国防开支比冷战高潮年代还要多许多。截至2007年，美国的国防预算是中国的12倍，其人均国防开支是中国的50多倍。美国依仗雄厚的经济力量和全世界最发达的科技力量，打造了全球最强大的常规和战略军力。其陆海空军全部都是高科技现代化装备，包括拥有最尖端的信息化武器与技术装备。美国是世界上唯一能向全球各地投放军事力量和能打接近零伤亡的现代化战争的国家。在战略武器方面，美国一直在更新和发展核武器，拥有全球最庞大和性能最好的核武库，其中战略核武器即达数千枚之多。美国还在加紧发展和部署反导系统，致力于拥有能摧毁任何其他国家并剥夺对手给美国以致命回击的能力。

为了谋求绝对军事优势，美国还大力发展太空武器。美国用于太空的军事开支是世界所有国家同类开支总和的95%。截至2007年，美国建立了全球最大的卫星导航系统，在太空飞行的卫星达450多颗，超过其他国家卫星的总和，其中很大部分是军用卫星。美国还在太空部署了反导系统和反卫星系统，建立了庞大的太空武器库。

自 20 世纪 90 年代起，随着中国经济实力的增强，中国军事现代化步伐有所加快，在 20 世纪末至 21 世纪初近 20 年的时间里，“中国军费支出年均增长达 15% 左右，但这在相当程度上是对前些年军费支出增长过低的补偿（1978 年至 1987 年军事年均增长仅为 3.5%），且其中 1/3 是用于改善官兵生活的。中国国防支出占国内生产总值的比重很小，远远低于西方的几个军事大国。如 2007 年，中国国防费仅占中国 GDP 的 1.38%，美国、英国、法国的国防费分别为其 GDP 的 4.3%、2.7%、1.92%。中国军人人均国防费与西方国家相比更是最低的，如 2007 年，中国军人人均国防费用仅为美国的 1/22、英国的 1/18、法国的 1/16、日本的 1/9、德国的 1/7。中国军费总额比美国少得多。2007 年美国军费总额为 6230 亿美元，中国为 467.75 亿美元，只有美国的 7.51%”[①]。

中国是一个爱好和平的国家，奉行防御性国防政策，坚持防御、自卫和后发制人原则。中国发展军事力量只是为了保障本国的主权、安全、领土完整和国家发展全局利益的需要。中国不搞扩军备战，不同任何国家进行军备竞赛。中国坚持不同其他国家或国家集团结盟，不参加军事集团，不同任何国家建立针对第三国的战略关系。中国不谋求也没有在海外建立军事基地，除了参加联合国维和行动之外，没有在海外驻留一兵一卒。中国根据平等、协作、互信、互利的新安全观，积极开展国际军事交流与合作，努力促进地区与世界的和平与安全。中国重视并支持国际军控、裁军和防扩散努力，采取切实措施严格履行相关国际义务，推进世界裁军与军控事业。

① 尹承德：《世界风云纵览——中国外交与国际问题探析》，中国言实出版社 2015 年版，第 166 页。

“中国威胁论”鼓吹者罔顾事实，极力渲染这一论调，是别有用心的。他们的主要用意是：其一，阻挠中国强大，永保美国对中国的强势地位。为此，美国把防止出现像苏联那样能挑战其霸权地位的超强国家作为其国家战略的核心目标。美国政府曾公开提出，绝不允许任何其他国家在综合国力特别是在军事实力上赶上美国，同美国并驾齐驱。美国把中国作为其防范的主要对象。尽管中国承诺永不当头，永远不称霸，而且中国的制度、政策、历史传统决定了自己只能走和平发展之路，中国实际上也是这样做的，但美国一直信奉“国强必霸”的论调，认为中国强大必将挑战美国主导的世界秩序，对美国霸权构成威胁和挑战，这是不能容忍的。炮制“中国威胁论”的实质就是为美国遏制中国制造借口。

其二，忌惮和打压中国模式，维系西方模式的主导地位。美国自认为其所信奉的西方政治经济制度代表了“普世价值”，是人类社会“最完美”的“终极模式”，其他模式尤其是社会主义模式最终将被西方模式所取代。美国自诩为西方领袖，以维护和传播西方模式为己任。但世界发展进程毕竟不以美国的意志为转移。中国改革开放 30 年来，坚持探索并逐步实行社会主义市场经济，取得了举世瞩目的伟大成就，国民经济年均增长速度达 9.7%，综合国力不断跃升新台阶，创造了大国发展史上一个历史新纪录。中国特色的社会主义制度和发展模式显示了强大的生命力，受到国际社会特别是发展中国家的普遍赞赏和好评。美国担心中国模式可能为其他国家所效法，在世界上引起连锁反应，甚至招致世界社会主义运动东山再起，对其赖以安身立命的西方政治经济模式造成严重冲击。美国等西方国家一些有心人士群起宣扬“中国威胁论”，给中国和中国模式抹黑，以冲淡和消弭其对西方模式的冲击，从而维系西方模式在世界上的主导地位。

其三，诬指中国有称霸亚洲之心，为其在该地区保留和扩大军事存在制造借口。美国把亚洲地区作为其全球战略的重点，长期在该地区保持强大军事存在，并同多个地区国家缔结了紧密的军事联盟关系，其目的是实现对这一地区的安全主导和遏制可能的战略对手，维持其全球霸权地位。冷战结束后，美国把中国作为其潜在的竞争对手，中国同亚洲国家的睦邻友好合作关系全面加强，在亚太事务中发挥着愈益重要的作用，美国视为对其亚太主导地位的挑战，因而不断散布中国要将美国“赶出亚洲”、中国要“取代美国在亚太的主导地位”、中国要“在亚洲称霸”等谎言。中国对亚太地区的政策目标是，在和平共处五项原则的基础上不断加强和深化与地区各国的战略伙伴关系，积极参加和推进地区一体化，促进地区的和平、稳定与繁荣。中国从不干涉地区国家的内部事务，更不会谋求对地区事务的主导。中国尊重各国的独立、主权和领土完整，尊重有关国家包括美国在亚太地区的传统和正当利益和关切。说中国要将美国“赶出亚洲”，要在“亚洲称霸”完全是无中生有，其目的是为炮制“中国威胁论”寻找“证据”，以挑起亚洲国家对中国的疑虑，为美国在亚太地区长期保持军事存在和军事同盟关系及确保其对该地区战略安全的主导制造借口。

其四，企图在国际上孤立中国。由于中国的和平发展道路、独立自主的和平外交政策以及增进与各国平等、合作、互利、共赢关系越来越深入人心，中国在处理与解决重大地区与国际问题上发挥着不可或缺的重要作用，对促进地区与世界和平与发展作出了越来越大的贡献，中国的国际影响力和地位空前提高。美国和西方一些别有用心的人不厌其烦地反复宣扬“中国威胁论”，就是企图逆转中国国际地位劲升的势头，挑起其他国家对中国的猜忌和反感，进而掀起反华浪潮，在国际上孤立中国。它们散布“中国威胁论”主要面向两类国家：一类是西方国家。企图以此来拨动西方国家的意识形态神经，加深它们同中国的分歧和矛盾，使它们更紧密地聚拢在美国的周围，一起来对付中国。另一类是中国周边的亚洲国家。企图以此来挑拨它们同中国的关系，引发中国周边国家对中国的疑忌和敌意，使其倒向美国和西方，从而破坏中国和平友好的周边环境，并为美国加强与它们的军事战略关系和在亚太地区的多组双边军事同盟关系，甚至为它在该地区筹组有针对中国性质的所谓“民主国家联盟”扫清道路。

三、实施对外开放战略

对外开放战略是中国政府根据中国社会发展的历史状况和现代化建设的实际要求，以及国际政治、经济发展的新形势、新格局提出来的。它是中国实现社会主义现代化的一项基本国策。对外开放战略对中国社会发展变化，对中国与世界关系的发展变化产生了极大的推动作用。

（一）对外开放战略的确立

20 世纪 70 年代以后，国际政治经济格局剧烈变化，这为中国的对外开放提供了良好的机遇。主要体现在以下几个方面：一是与西方国家外交关系大为改善。在这一时期，中国与西方国家的关系得到了全面发展，具备了进入世界主流市场的可能性。1979 年 8 月 28 日，美国副总统蒙代尔在北京举行的记者招待会上也公开表示，“一个安定的现代化的中国是符合美国的利益的”①。这不仅有利于推动中国与西方国家的政治、安全关系，也有利于推动中国同他们的经贸合作关系的发展。二是中国具备了承接劳动密集型产业的能力。20 世纪 70 年代以来，世界技术进步加速，特别是电子信息技术的广泛应用，使世界各国间的经济联系日益密切，相互依赖性显著加强，合作发展、互利共赢成为强大的世界潮流。伴随科

①《蒙代尔副总统在京举行记者招待会指出美中关系进入一个重要新阶段》，《人民日报》1979 年 8 月 29 日，第 5 版。

技进步的加速，产品生命周期缩短，发达国家面临着新一轮产业升级，需要寻找新的生产基地，把失去优势的劳动密集型产业转移出去。具有丰富廉价劳动力和巨大潜在市场的中国具备了承接劳动密集型产业的能力。三是日本及新兴工业化国家为中国的对外开放树立了成功的典范。20 世纪 50 年代，日本通过对外开放承接了战后第一轮世界产业转移，从而实现了经济腾飞。20 世纪六七十年代，"亚洲四小龙"——新加坡、韩国、中国台湾和中国香港通过对外开放，承接第二轮国际产业转移，发展对外贸易，积极参与国际竞争，经济获得持续高速增长，人民生活显著改善，成为新兴工业国家和地区，从而为发展中国家经济发展提供了有益借鉴。

从国内情况看，20 世纪 70 年代中期中国对外贸易发展和调整整顿为改革开放打下了一定基础。随着与西方国家关系的改善，中国对外贸易取得积极成效，发展与西方的经贸关系成为中国加速经济增长的重要方式。1972 年中美双方签署的《上海联合公报》指出："双方把双边贸易看作是另一个可以带来互利的领域，并一致认为平等互利的经济关系是符合两国人民的利益的。……他们同意为逐步发展两国间的贸易提供便利。"针对国民经济失调的状况，1975 年邓小平复出后开展了一系列调整与整顿工作。1975 年 8 月 18 日，国务院召开会议讨论国家计委起草的《关于加快工业发展的若干问题》时，邓小平指出，要"引进新技术、新设备，扩大进出口。可以考虑同外国签订长期合同，引进他们的技术装备开采煤矿，用煤炭偿付。这是一个大政策。总之，要争取多出口一点东西，换点高、精、尖的技术和设备回来，加速工业技术改造，提高劳动生产率"[①]。邓小平后来回顾这段历史时说："说到改革，其实在 1974 年到 1975 年我们已经试验过一段……那时的改革，用的

① 中共中央文献研究室:《邓小平思想年编（一九七五—一九九七）》，中央文献出版社 2011 年版，第 30 页。

名称是整顿，强调把经济搞上去，首先是恢复生产秩序。”[①] 这一时期对外贸易取得的成效及调整整顿成为实行改革开放伟大决策的实践基础。

粉碎“四人帮”和开展真理标准问题大讨论，为改革开放作了理论准备，奠定了思想基础。1978 年 5 月，《光明日报》发表《实践是检验真理的唯一标准》一文，引起广泛关注并掀起了一场全国性的大讨论。这场讨论从客观上有力地冲破了“两个凡是”等“左”倾错误思想长期以来对人们的束缚，为重新恢复和确立党的实事求是的正确思想路线创造了条件。中国领导人开始重新客观审视中国与世界的差距，特别是发达国家及周边国家和地区经济的飞速发展使中国产生了极大的紧迫感，因而以经济建设为中心逐渐成为全党全国的共识，如何加速实现中国的现代化成为当时紧迫的任务。

在总结自身经验教训、借鉴国际经验并审时度势的基础上，对外开放战略逐步酝酿形成。邓小平在总结中国发展战略时曾指出:“从 1957 年下半年开始，我们就犯了‘左’的错误。总的来说，就是对外封闭，对内以阶级斗争为纲，忽视发展生产力，制定的政策超越了社会主义初级阶段。”[②] 邓小平将当时中国所犯的“左”的错误首先归结为“对外封闭”。同时，他还深刻反思了中国近百年落后挨打的历史，果断提出了走开放之路的思想。他指出:“现在的世界是开放的世界。中国在西方国家产业革命以后变得落后了，一个重要原因就是闭关自守。建国以后，人家封锁我们，在某种程度上我们也还是闭关自守，这给我们带来了一些困难。三十几年的经验教训告诉我们，关起门来搞建设是不行的，发展不起来。关起门有两种，一种是对国外；还有一种是对国内，就

①《邓小平文选》第三卷，人民出版社 1993 年版，第 255 页。

② 同上书，第 269 页。

是一个地区对另外一个地区，一个部门对另外一个部门。我们提出要发展得快一点，太快不切合实际，要尽可能快一点，这就要求对内把经济搞活，对外实行开放政策。”[①]他还指出：“发展经济，不开放是很难搞起来的。世界各国的经济发展都要搞开放，西方国家在资金和技术上就是互相融合、交流的。”[②]邓小平的论述充分阐明了当代世界经济的一个鲜明特征，即开放已成为世界经济的潮流。中国的发展离不开世界，中国需要对外开放。

为加强对世界经济发展水平的深入了解，从 1977 年开始，中央派出多个国家级和地方级的代表团先后出国考察。1977 年至 1978 年间，中国对外贸易部部长李强对英国、法国、埃及、比利时、卢森堡、联邦德国、新西兰、澳大利亚等国家进行了友好访问。1977 年 9 月，应美中贸易全国委员会邀请，由中国国际贸易促进委员会主任王耀庭率领的代表团到美国进行访问。1978 年 5 月，国务院派出了由国务院副总理谷牧带队的赴西欧考察的经济代表团，他们在法国、德国、比利时、丹麦和瑞士进行了一个多月的考察。6 月下旬，中央政治局专门开会听取考察团的汇报。7 月，国务院召开关于经济建设的务虚会，充分讨论了对外经济合作的问题，并在几个重要问题上达成了共识：一是二战后，资本主义经济发达国家的社会经济都发生了重大的变化，科学技术和经济发展日新月异，资本主义有很多我们可以借鉴的地方；二是中国的社会主义建设虽然取得了很大的成绩，但与资本主义相比还比较落后，与发达国家的发展差距不是缩小了，而是拉大了；三是发达资本主义国家出于他们政治和经济的考虑也想和我们进行经济合作，他们需要投资的市场和产品销售的市场；四是在发展对外经济关系中，许多国际上流行的做法，包括补偿贸易、合作生产、吸收国外投资

---

①《邓小平文选》第三卷，人民出版社 1993 年版，第 64—65 页。

② 同上书，第 367 页。

等，我们都可以研究采用。[①] 这些海外考察活动开阔了中央领导决策层的视野，使他们进一步了解了现代经济发展的一些基本经验和路径，明确了中国经济发展的方向和基本道路。1978 年 2 月，国务院总理华国锋在五届人大一次会议的政府工作报告中提出，中国的对外贸易“要有一个大的发展”，“要认真总结对外贸易工作的经验，按照平等互利的原则，把生意做好做活”[②]。

与此同时，中国外资政策也发生了变化。此前，“文化大革命”时期，中国不允许向外国借款，不允许与外国举办合资企业。1978 年 4 月，中央工作会议后，逐步调整了外资政策。李先念在中央工作会议讲话中指出：我们搞现代化，当然要引进外国的先进技术和进口先进设备，利用国外的资金，中央关于这方面的决策是完全正确的[③]。1978 年 9 月召开的全国计划会议，进一步明确对外开放的思路。会议提出，经济战线必须实行三个转变，其中之一是从那种不同资本主义国家进行经济技术交流的闭关自守或半闭关自守状态，转到积极地引进国外先进技术、利用国外资金、大胆地进入国际市场的开放状态上来。会议特别提出，必须多方面地改变不适应生产力发展的生产关系，改变不适应经济基础的上层建筑，改变工农业企业的管理方式和思想方式，使之适应于现代化的大经济的需要。要在政治挂帅的前提下，放手发挥经济手段和经济组织的作用，按经济规律办事，改变那些不讲经济核算，不讲经济效果，不讲经济效率，不讲经济责任的老框框、老办法。各级领导干部要自觉地认识这些变革的重要性、复杂性、艰巨性，站在斗争的前列，依靠广大群众，大胆而又细致地去领导这些变革。这次会议从

---

① 汤应武:《改革开放 30 年重大决策纪实》，中共中央党校出版社 2008 年版，第 341—342 页。

② 本书编写组:《政府工作报告汇编》(上)，中国言实出版社 2017 年版，第 361 页。

③ 中共中央文献编辑委员会:《李先念文选》，人民出版社 1989 年版，第 357 页。

总体上明确了改革开放的发展思路。

在“对外贸易要大发展”的方针指引下，外经贸部门积极探索并尝试发展对外贸易的各类方式方法。1978年10月16日至11月2日，中国对外贸易部、联合国贸易和发展会议共同主办了中国对外贸易及经营管理座谈会，这是中国第一次举办这种类型的活动。座谈会在上海开幕，后来到广州继续举行，亚洲及太平洋地区15个国家和地区的高级贸易官员参加。中国对外贸易部、外贸学院、海关、中国银行、中国人民保险公司等单位的负责人和专家，在座谈会上作了中国对外贸易的方针政策等12个专题报告；与会各国代表分别就亚洲及太平洋地区的贸易合作等问题发表了演讲。外贸部副部长王润生在开幕式上致词。他说，这次座谈会肯定会有助于加深彼此间的了解，发展和加强我们之间的友谊和贸易关系①。1978年11月26日，邓小平在会见日本民社党访华团时对民社党委员长佐佐木良作说：“我们的方针是，尽量吸收国际先进经验，引进资金和技术，加速我们的发展。”②12月4日，《人民日报》发表题为《对外贸易要有一个大发展》的社论。社论指出：“大力发展对外贸易，灵活运用国际上通常采用的一些做法，利用国外资金，引进先进技术，目的就是为了加快发展我国的经济建设事业。这是当前政治、经济形势发展的需要，是加速实现四个现代化的需要。”③

1978年12月，中共十一届三中全会作出以经济建设为中心、进行改革开放、加速社会主义现代化建设的战略决策。全会明确提

①《中国对外贸易及经营管理座谈会在上海开幕》，《人民日报》1978年10月18日，第4版；《中国对外贸易经营管理座谈会结束》，《人民日报》1978年11月11日，第3版。

② 中共中央文献研究室：《邓小平思想年编（一九七五——一九九七）》，中央文献出版社2011年版，第193页。

③《对外贸易要有一个大发展》，《人民日报》1978年12月4日，第1版。

出:“在自力更生的基础上积极发展同世界各国平等互利的经济合作，努力采用世界先进技术和先进设备。”实行对外开放政策，作为党的一项重要决策被进一步明确。中共十一届三中全会后，国内各界积极推动对外开放。

中国的对外开放是向全世界开放。中国的对外开放是全方位的开放，既向西方发达国家开放，也向苏联东欧国家开放，同时还向第三世界开放。对外开放的重点是经济对外开放，但又不限于经济，同时也包括政治、文化、社会等方面。关于经济领域的对外开放，邓小平指出:“不仅要继续扩大对外贸易，而且可以让外商来华直接投资办企业、搞加工贸易，我们还可以间接使用外资，包括向国际金融机构、外国政府和商业银行贷款，甚至可以到国际市场融资等。”“还要考虑利用外国智力，请一些外国人来参加我们的重点建设以及各方面建设，请来之后，应该很好地发挥他们的作用。”[①] 1984 年 10 月，中共的十二届三中全会通过了《中共中央关于经济体制改革的决定》，正式将对外开放确定为中国的“长期基本国策”。至此，对外开放成为中国进行社会主义现代化建设坚定不移的方向。

（二）对外开放战略的推进

中国的对外开放作为社会主义国家的制度创新，没有成功的经验可以借鉴，也没有系统的理论提供指导，因而在实施和推进中存在着较大的不确定性。此外，在意识形态上还存在不少障碍，这就决定了对外开放只能是在实践探索基础上逐步推进。因此，中国的对外开放走了一条渐进式的道路。

基于沿海地区在地理位置、交通条件、经济发展水平、对外交往历史等方面的优势，中国政府决定首先开放沿海地区，再逐

①《邓小平文选》第三卷，人民出版社 1993 年版，第 32 页。

步向内地推进。“六五”计划把全国划分为沿海、内陆和西部少数民族地区，明确提出重视东部沿海地区的优先发展和带动作用。1984 年，中共十二届三中全会通过《中共中央关于经济体制改革的决定》，强调“闭关自守是不可能实现现代化的”，要求“今后必须继续放宽政策，按照既要调动各方面的积极性、又要实行统一对外的原则改革外贸体制，积极扩大对外经济技术交流和合作的规模”。由于中国沿海地区地域广大，各地经济发展条件差异显著，因而沿海的对外开放也不能一下子全面铺开，需要通过试点，分步骤、分层次逐步展开。

随着中国与世界交往的增多，人们发现世界上许多国家和地区发展经济的成功经验特别是设置经济性特区的做法值得借鉴。面对国外创办经济性特区的经验，根据中央提出实行改革开放政策的新形势和广东省特殊的有利条件，广东省一些负责同志产生了兴办出口特区的想法。为了加强对宝安、珠海地区生产建设的领导，加快建立出口基地，发展对外经济贸易，广东省于 1979 年 1 月 23 日作出决定，将宝安县改为深圳市、珠海县改为珠海市。这一决定 1979 年 3 月 5 日获得国务院批复同意。之后，广东省委、省政府初步决定先在深圳、珠海两地试办出口特区，并希望中央给广东放权，让广东充分发挥自己的优势。1979 年 4 月，中央召开工作会议，专门讨论经济建设问题。广东省委负责人在汇报工作时提出，希望中央下放一定的权力，允许广东有一定的自主权，允许参照“亚洲四小龙”的成功经验，在毗邻港澳的深圳、珠海、汕头举办出口加工业。会后，中共中央、国务院派当时主管对外经济工作的中央书记处书记、国务院副总理谷牧带领国务院有关部门组成的工作组前往广东、福建两省，同两省领导干部和相关专家共同进行深入细致的调查研究。与此同时，广东、福建两省分别进行了试办出口特区相关方案的制定工作。

1979 年 7 月 15 日，经过各方面的充分讨论和准备，中共中央、国务院批转了广东和福建两省分别提出的关于对外经济活动实行特殊政策和灵活措施的两个报告。中央指出："对两省对外经济活动实行特殊政策和灵活措施，给地方以更多的自主权，使之发挥优越条件，抓紧当前有利的国际形势，先走一步，把经济尽快搞上去，这是一项重大的改革。"中央批准："可先在深圳、珠海两市试办，待取得经验后，再考虑在汕头、厦门设置的问题。"①

中央之所以选定这 4 个地方举办特区，是因为这 4 个地方具有对外开放的区位优势。首先，深圳、珠海分别与香港、澳门毗邻，汕头和厦门都是著名的侨乡，开放后有利于吸引港澳及海外华商进行贸易与投资；其次，这些地方有着与海外交往的长期历史，开放意识较为强烈；第三，深圳是中国南方对外交通的重要陆路通道，汕头和厦门是中国南方的重要海运港口，进出便捷，且有广阔的腹地作为依托；第四，4 个地方均为东南沿海的中小城市，无论政治地位还是经济总量在全国所占比重均较小，改革开放的风险度较低。

此后，中国对外开放进入边实践、边总结、边推进阶段。1980 年 3 月 24 日至 30 日，受党中央、国务院委托，谷牧在广州召开广东、福建两省会议，检查总结 1979 年 7 月《中共中央、国务院批转广东省委、福建省委关于对外经济活动实行特殊政策和灵活措施的两个报告》贯彻执行情况，讨论研究面临的突出问题和下一步工作措施。会议肯定了两省省委和国务院有关部门在贯彻对外开放方针、试办出口特区等工作中取得的成果，指出这一重大改革受到了两省广大人民的欢迎，在国内外反响非常强烈。会议指出，当前两省的突出问题是：农业经济结构不合理；能源、运输等关键

① 广东省档案馆：《改革开放三十年重要档案文献 · 广东》（1），中国档案出版社 2008 年版，第 15 页。

环节薄弱；市场供应紧张；有关方面在一些问题上的认识还不够一致，领导工作也跟不上。会议统一了认识，确定了解决问题的具体方针和办法，并进一步明确，在特区发展中不但要办出口加工业，也要办商业和旅游业，不但要拓展出口贸易，还要在现代化建设中先走一步，在全国经济生活中发挥多方面的作用，如发挥技术的窗口、管理的窗口、知识的窗口和对外政策的窗口，以及“开放的基地”的作用。[①] 这次会议采纳了与会者的建议，将“出口特区”改名为“经济特区”。

1980 年 5 月 16 日，中共中央、国务院对“广东、福建两省会议纪要”作出批示，正式确认了“经济特区”这个名称。中央批示指出：“一年来的实践证明，中央决定广东、福建两省在对外经济活动中实行特殊政策和灵活措施是正确的。中央决定，在广东省的深圳市、珠海市、汕头市和福建省的厦门市各划出一定范围的区域，试办经济特区。”[②] 1980 年 8 月 26 日，五届人大常委会第十五次会议决定，批准国务院提出的在广东省的深圳、珠海、汕头和福建省的厦门设置经济特区，并批准公布了国务院提请审议的《广东省经济特区条例》。这标志着中国经济特区的正式诞生。随后，国务院批准上述 4 个经济特区的地理位置和区域范围，4 个经济特区相继投入开发建设。

经过初步试验，中共中央进一步明确了经济特区的定位和创办经济特区的目的。1984 年，国务院副总理谷牧指出，特区的“特”，在于实行特殊的经济政策和特殊的经济管理体制，具体可分为四点：特区的经济发展主要依靠利用外资；特区的经济活动是在社会主义计划指导下，充分发挥市场调节的作用，或者说以市场

① 全国人大常委会法制工作委员会审定：《沿海沿江沿边开放法律法规及规范性文件汇编》，法律出版社 1992 年版，第 335—342 页。

② 同上书，第 334 页。

调节为主；对前来投资的客商，在税收、土地使用费、入境出境管理方面给予特殊的优惠和方便；国家给特区比较多的经济活动自主权。这样一来，特区在对外贸易、利用外资、外汇使用、外经贸经营管理体制上均享有更为优惠的政策。在经济管理体制上享有省级经济管理权限，外商投资企业享有企业所得税按 15% 征收的优惠。[①] 经济特区的建立，发挥了如下重要功能：一是吸收外资、引进国外先进技术和管理经验，扩展对外贸易，获得国际经济信息；二是为全国经济体制改革摸索经验。作为社会主义大国，改革缺乏可借鉴的经验，在特区可以先行进行改革试验，有利于探索加快经济发展的路径，将成功经验向全国推广，将不成功的影响限制在较小范围内，从而实现整体改革成本的最小化。

四个经济特区通过享有国家特殊的经济政策，获得了难得的发展机遇。1980 年，深圳地区生产总值只有 2.7 亿美元。特区成立后，在特殊的开放政策下，吸引了大量内外资企业投资，到 1983 年，深圳吸引的外商直接投资（FDI）就超过了香港，工业产值达到 13 亿美元，比 1979 年增长了 20 倍，财政收入 4.5 亿美元，比 1979 年增长 10 余倍。到 1984 年底，四个经济特区与外商签订的各种经济合作协议累计达 4700 多项，外商协议投资额达 20 亿美元，实际利用外资 8.4 亿美元[②]。特区经济面貌发生了巨大变化，特别是深圳由一个边境小镇一跃成为初具规模的现代化的新兴城市。经济特区在短时间内取得突破性进展和巨大成就，极大地鼓舞了民心，扩大了对外开放的社会基础，也进一步坚定了决策层扩大对外开放的决心。

在特区的建设过程中，随着外资的涌入及市场机制的实施，

① 孙玉琴：《中国对外开放史》第三卷，对外经济贸易大学出版社 2012 年版，第 261 页。

② 同上。

社会上掀起了一场特区是姓“社”还是姓“资”的大论战。1984年2月，邓小平视察深圳、珠海、厦门及上海后，明确指出：“深圳的发展和经验表明，我们建立经济特区的政策是正确的。”为扩大开放成果，邓小平与中央有关领导谈话要求，可将厦门特区扩大为整个厦门岛，以吸收大批华侨、港台资金及外国人投资。同时他还提出：“除现在的特区外，可以考虑再开放几个港口城市……这些地方不叫特区，但可以实行特区的某些政策。”[①]

1984年3月26日至4月6日，中共中央书记处和国务院在北京召开由有关省市和部门负责人共90余人参加的沿海部分城市座谈会。会上介绍了深圳及蛇口工业建设的经验，论证了进一步开放的必要性和可能性，提出了开放沿海港口城市的初步设想。这次座谈会形成了《沿海部分城市座谈会纪要》（以下简称《纪要》）。《纪要》经4月30日中央政治局会议讨论通过，5月4日由中共中央、国务院转发全党和全国，正式宣布进一步开放天津、上海、大连、秦皇岛、烟台、青岛、连云港、南通、宁波、温州、福州、广州、湛江和北海14个沿海港口城市。中央重申，进一步开放沿海城市主要靠政策，一是给前来投资和提供先进技术的外商以优惠待遇，使其有利可图；二是扩大沿海港口城市的自主权，让其有充分的活力去开展对外经济活动。《纪要》明确提出，在中国工业化、现代化建设中，“要利用两种资源（国内资源和国外资源），打开两个市场（国内市场和国外市场），学会两套本领（组织国内建设和发展对外经济关系）”，这是“解决我们资金不足和技术落后的一条重要途径。到我们实现了工农业年总产值翻两番之后，仍然是促使经济持续高涨的一项重要措施”。[②]过去在经济建设中，对

①《邓小平文选》第二卷，人民出版社1993年版，第52页。

② 中共中央文献研究室：《十二大以来重要文献选编》（上），人民出版社1986年版，第452页。

坚持独立自主、自力更生方针存在着狭隘的理解，即在思维方式和工作习惯上，往往只注意国内资源、国内市场和组织国内建设这一面，而对国外资源、国外市场和发展对外经济关系方面，则重视不足。“利用两种资源，打开两个市场，学会两套本领”的提出，是中国社会主义工业化、现代化建设指导思想的重大战略转变，对发展沿海地区外向型经济有重要意义，这一提法丰富了中国对外开放的内涵。自此，中国对外开放向前推进了一步。

中国对沿海开放港口城市制定的主要政策包括：放宽利用外资建设项目的审批权及兴办经济技术开发区；鼓励利用外资对老企业进行技术改造，在结汇、关税、工商统一税、企业所得税等方面予以扶植；发展来料加工出口的生产；加强基础设施和服务设施的建设；各港口城市可参照经济特区的管理经验进行建设；增加外汇使用额度和外汇贷款，用以引进技术、进口必需的关键设备和仪器仪表等。

1984 年 9 月，国务院首先批准了大连市兴办经济技术开发区。随后，中央又陆续批准建立了一些经济技术开发区。先后批准了秦皇岛、烟台、青岛、宁波、湛江、天津、连云港、南通、福州、广州等 10 个城市举办经济技术开发区，并给予它们和沿海经济特区类似的优惠政策。1986 年 8 月，国务院批准设立上海闵行经济技术开发区和虹桥经济技术开发区，1988 年又批准了上海市举办以发展高新技术为主的漕河泾经济技术开发区。这样，中国的经济技术开发区已经达 14 个。到 1991 年底，14 个经济技术开发区累计开发土地面积达 30 万平方千米，批准外商投资项目 1501 个，协议吸收外资 27.2 亿美元，投产运营的企业达 821 家，经济技术开发区显示出勃勃生机。

依托良好的经济基础和对外开放的优惠政策，沿海开放城市经济发展速度大大加快，经济总量大幅攀升。1984 年，15 个城市 GDP 合计为 1075.5 亿元，到 1991 年达到 2980.5 亿元，

1998 年增至 14084 亿元，年均增速 16.67％，高出全国平均增速（10.98％） 5.69%，占全国 GDP 的比重从 1991 年的 13.79％上升为 1998 年的 17.74％。到 2001 年，15 个城市的 GDP 合计为 14219.8 亿元。沿海开放城市的经济潜力被激发出来。其中，开放前经济相对落后的中小城市，如威海、福州、温州、北海、青岛和烟台增速均超过 20％。

为适应加快沿海开放步伐的需要，国务院有关部门负责人深入到长江三角洲、珠江三角洲实地考察。1984 年 12 月提交的《关于沿海地区经济发展的几个问题》考察报告建议：开放珠江三角洲和长江三角洲，进而陆续开放辽东半岛，北起大连港，南至北海市，构成一个对外开放的经济地带。其后，国务院一些领导同志又提出了再开放泉州、漳州、闽南三角洲的建议。1985 年 1 月 25—31 日，国务院在北京召开了长江三角洲、珠江三角洲和闽南厦漳泉三角地区座谈会，三个“三角”地带所在的四省一市的负责人，以及中央各部委的负责同志出席会议。会议建议将这三个“三角”地带开辟为沿海经济开放区，并深入研讨了开辟三个“三角”地带为沿海经济开放区的战略意义、政策措施和开放后加强管理等问题。2 月 28 日，中共中央、国务院批转座谈会纪要，决定把长江三角洲、珠江三角洲和闽南厦漳泉三角地区开辟为沿海开放区。三个三角地区经济开放区市、县包括：江苏省苏州市及所辖的常熟市、吴县、沙洲县、太仓县、昆山县、吴江县张家港区；无锡市及所辖的无锡县、江阴县、宜兴县；常州市及所辖的武进县、金坛县、溧阳县。浙江省嘉兴市及所辖的嘉善县、桐乡县、海宁县；湖州市及所辖的德清县。上海市上海县、嘉定县、宝山县、川沙县、南汇县、奉贤县、松江县、金山县、青浦县、崇明县。广东省佛山市及所辖的中山市、南海县、顺德县、高明县；江门市及所辖的开平县、新会县、台山县、鹤山县、恩平县；广州市的番禺县、增城县；深圳市的宝安县；珠海市的斗门县；惠阳地区的东莞县。福建省厦门市的同安县；龙溪地区的漳州市、龙海县、漳浦县、东山县；晋江地区的泉州市、惠安县、南安县、晋江县、安溪县、永春县。这是中国进一步实行开放、加速沿海经济发展和内地经济开发作出的一项重大战略部署。

沿海经济开放区与为发挥毗邻国际市场优势而开放的经济特区和为发挥工业基础较好优势而开放的沿海城市不同，与以集中利用外资和开放新技术、新材料、新产品和发展新产业为主要功能的沿海城市中的技术开发区也不同，它所凭借的优势是农业基础好、农产品丰富、劳动力资源丰富、素质较好、劳务费低廉，适于发展密集型产业，以及劳动密集与知识密集相结合的产业，而且顺江近海，交通方便，对外联系广泛，具有一定的工业基础。开辟沿海经济开放区，旨在根据国家要求以及本地特点和基础情况，通过开放，建立起贸工农型的生产结构，即按出口贸易的需要发展加工业，按加工工业的需要来发展农业和其他原材料生产，使之成为对外贸易的基地，同时加强同其他地区的经济联系，共同合作，开发资源，带动其他地区经济发展。

沿海经济开放区发展以外向型经济为主，参照 14 个沿海开放城市执行一系列优惠政策。主要包括：扩大这些地区内省辖市人民政府利用外商投资的审批权限。国家对这些地区的技术改造和出口创汇项目，在资金、设备供应和技术指导等方面进行优先安排，所需进口的生产资料，在 1990 年以前一律免征关税和进口产品税（或增值税）。省辖市区、县的城关区（包括重点工业卫星镇）举办的中外合资企业、合作经营企业及外商独资企业，属生产性项目、科研项目和农业出口项目的，其企业所得税减按八折征收。外商投资 3000 万美元以上的生产性项目，按 15％的税率征收企业所得税。外商进口的用于本企业的生产资料、交通工具，免征进口关税和进口产品税，其产品出口免征出口关税和工商统一税；扩大这些地区的外贸出口经营权，属本地生产的非国家统一经营产品，下放给省、市经营或联营，自负盈亏。这些地区的省辖市，经省人民政府和中国人民银行批准，可在当地发行专项债券或股票等。[①]这些政策措施，在调动经济开放地区技术改造和出口创汇的积极性方面发挥了重要作用。

沿海经济开放区充分发挥自己的优势，探索出一条适合自己特点的开放之路。长江三角洲沿海经济开放区发挥工业基础雄厚、技术水平较高的优势，采取发展外向型工业，走“出口创汇—引进提高—扩大出口创汇”的道路，建立了强有力的出口创汇体系。珠江三角洲沿海经济开放区加快了农村商品生产和销售的步伐，其大量的鲜活农副产品在港澳市场受到欢迎。闽南厦漳泉沿海经济开放区以出口为导向，在经济一体化的基础上实行专业化分工协作生产，以发挥外向型食品加工业的明显优势。沿海经济开放区外向型经济的发展，使闽粤港澳之间形成了贸易加工活跃的经济圈，使全国各地与开放带、港澳地区及国际的经济联系密切起来。

经过 8 年对外开放探索和演进，中国对外开放的成就开始显现。1987 年 10 月，党的十三大决定进一步加快对外开放的步伐，把进一步扩大对外开放的广度和深度，不断发展对外经济技术交流与合作，列为中国今后发展战略的重要组成部分，要求经济特区和沿海开放地带着重发展外向型经济。根据这一精神，中央于 1987 年年底提出了沿海地区经济发展战略，主要内容是：沿海加工业要坚持“两头在外”，大进大出，重视引进外资，重点发展劳动密集型产业、劳动密集与知识密集相结合的产业。此后，沿海地区对外开放范围进一步扩大。

---

① 国务院法制办公室：《中华人民共和国法规汇编（1987—1988）》第八卷，中国法制出版社 2014 年版，第 423—424 页。

1988 年 3 月 4 日，国务院在北京召开沿海地区对外开放工作会议。会议建议国务院适当扩大沿海经济开放区范围，这个扩大的范围大体相当于过去 9 年开放范围的总和。3 月 18 日，国务院发出《关于进一步扩大沿海经济开发区范围的通知》(以下简称《通知》)。《通知》说，国务院决定适当扩大沿海经济开发区，并将沿海开放城市所辖的部分县划为沿海经济开放区。这次新划入沿海经济开发区的共 140 个市、县，其中包括杭州、南京，沈阳 3 个省会城市。这样，全国由经济特区、沿海开放城市和经济开发区构成的沿海对外开放前沿地带显著扩大，市、县增加到 288 个，面积约 32 万平方千米，人口增加到 1.6 亿。1988 年 3 月，沿海经济开放区进一步扩展到辽东、山东半岛等地区。

1988 年，中国对外开放又迈出新的一步——设立海南省，创办海南大特区。早在 1980 年 6 月至 7 月，中央有关部委和广东、海南的有关负责人在北京召开了海南岛问题座谈会。国务院于 7 月 24 日批转了会议纪要，提出对海南要放宽政策，把经济搞活。随后，几位中央领导先后视察海南。根据几位中央领导的意见，中共中央、国务院于 1983 年 4 月作出专项决定，赋予海南行政区较多的对外经济合作自主权，并在海南实行经济特区的某些政策。

1984 年，邓小平在谈到沿海地区对外开放时即提出："我们还要开放海南岛，如果能把海南岛的经济迅速发展起来，那就是很大的胜利。" 1986 年 8 月，国家赋予海南行政区省一级的经济管理权限，根据办特区的经验和海南的特殊战略地位，中共中央和国务院从 1987 年 4 月开始研究把海南办成全国面积最大的经济特区，并于 8 月 28 日由国务院向全国人大常委会提出建立海南省的议案。1988 年 4 月 13 日，七届全国人大一次会议作出《关于设立海南省的决定》，通过《关于建立海南经济特区的决议》。全国至此形成了包括经济特区、沿海开放城市在内的共 293 个市、县，2.8 亿人口，42.6 万平方千米面积的沿海开放地带，基本上所有沿海市、县都进入到对外开放的行列。这既扩大了对外开放的范围，又提高了对外开放的层次。

（三）全方位对外开放格局的形成

随着对外开放格局逐步形成，上海对外开放提上了国家领导人的议事日程。1990 年以前，中央鉴于上海这个全国最大的经济城市计划经济程度较高，又是当时中央政府财政收入的主要来源和全国商品生产的输送基地，没有将开放的重心放在上海，以避免万一改革尝试失败对全国经济可能产生的重大影响。在这样的情况下，虽然上海自身有很强的改革动力，但仍然配合中央的改革部署，在有限的政策空间内实施对外开放，总体上处于开放的后卫地位。

1984 年，在《上海经济发展战略汇报提纲》中，上海市委、市政府向国务院提出了开发浦东的问题。1985 年 2 月，国务院在对《上海经济发展战略汇报提纲》的批复中，同意创造条件开发浦东，筹划新市区的建设。1986 年 10 月，国务院又在《上海市城市总体规划方案》的批复中明确指出："当前特别要注意有计划地建设和改造浦东地区"，"使浦东成为现代化的新区"。党中央、国务院顺应国内外形势作出开发开放浦东的战略决策，把上海推向了改革开放的前沿。1990 年，上海市委、市政府向党中央、国务院提交《关于开发浦东的请示报告》，提出"贸易兴市""调整中心城市功能""东西联动、内外循环"三大战略，确立加速建设世界级大上海都市圈的目标。浦东结合自身发展特点，充分发挥潜在优势，通过不断解放思想，成功破解了开发开放中遇到的各种瓶颈，成为引领中国改革开放的示范地区[①]。

① 慎海雄等:《在改革开放的伟大旗帜下前进——党中央关怀浦东开发开放纪实》,《人民日报》2010 年 4 月 15 日，第 7 版。

1990 年 4 月 18 日，国务院总理李鹏在上海宣布了浦东开发开放的重大决定。6 月，国务院正式批复上海关于开发开放浦东的请示，指出:“开发和开放浦东是深化改革，进一步实行对外开放的重大部署。上海有良好的政治经济基础，有一批素质较高的科技和管理人才，有一支强大的产业工人队伍，有优越的地理环境和便利的交通运输条件，又同海外各地有着广泛的联系。充分利用这些优势，有计划、有步骤、积极稳妥地开发和开放浦东，必将对上海和全国的政治稳定与经济发展产生极其重要的影响。”[①] 由此，浦东的开发开放上升为国家战略。

经过二十几年对外开放战略的实施，中国已初步形成了经济特区—沿海港口城市—沿海经济开放区—沿海沿边开放区—广大内陆城市，由点到线，进而到面，全方位、多层次、多渠道、宽领域的对外开放格局。

中国对外开放战略的稳步实施，使人们从根本上改变了闭关自守、故步自封的保守心态，产生了与世界接轨的强烈愿望，进而促进了中国同外部世界的联系。中国以负责任大国形象走向世界，不仅对亚洲和太平洋地区的安全和稳定具有重要意义，而且对整个世界的稳定，也产生了重要的影响。

四、确立全方位独立自主的和平外交战略

独立自主是中国外交的基本方针。如上篇所述，新中国成立后，为维护国家独立、平等的权利及安全利益，中国先后采取了“一边倒”“两条线”及“一条线”战略，这些战略特别是“一边倒”“一条线”的共同特点，是在战略上“选边”站，这在一定程度上限制了中国外交战略的灵活性和回转空间。为了给中国国内建

---

① 陈夕:《中国共产党与经济特区》，中共党史出版社 2014 年版，第 293 页。

设营造更为有利的国际环境，中国对外交战略作出了重大调整，实行全方位独立自主的和平外交战略。

（一）全方位独立自主外交战略确立的依据

20 世纪 80 年代初，国际格局及中美苏三角关系的新变化，中国领导人对国际局势发展方向、中国国际地位、国家利益和目标的深刻认识和及时把握，是中国政府对外交战略进行重新审视和调整的现实基础。

第一，国际格局及中美、中苏关系的新变化是中国外交战略调整的客观依据。20 世纪 80 年代初，国际格局虽然仍是美苏两极对峙，但美苏两个超级大国的力量对比发生了变化。苏联在阿富汗战争中陷入了被动，国力削弱，对中国的威胁有所减弱。美国由于摆脱了越战的包袱，实力有所恢复和增强，特别是里根政府上台之后，提出了“重振国威”的口号，增加军费开支，实行强硬的对苏政策，加剧了与苏联的争夺，也加剧了国际紧张局势。美国和苏联之间的较量由之前的苏攻美守转入僵持、互有攻守的局面。中国作为国际格局中独立于美苏之外的一支重要力量，块头大，分量重，如果加在美苏任何一方，都会使国际战略力量失去平衡，而不利于国际局势的稳定，这对中国也不利。国际格局中的这种新变化使中国政府不得不去重新审视并在外交上做出相应调整。在美苏关系趋向紧张的同时，中美、中苏关系也发生了一些新变化。中美关系出现了一系列的波折、困难和摩擦。1981 年 1 月，美国总统里根入主白宫后，采取了被称为“双轨”的对华政策，一方面表示要继续发展中美两国的正常关系，另一方面却声称要“充分实施”“与台湾关系法”[①]，加强与台湾的实质关系。这一充满矛盾的政策，使刚刚启动的中美关系正常化面临严峻挑战。

---

① *The President's News Conference*, June 16, 1981, Public Papers of the Presidents, Ronald Reagan, 1981.

美国售台武器问题是这一时期中美关系面临的最大障碍。1982 年 1 月 12 日，美国政府宣布美国拟向台湾提供包括战斗机在内的所谓“防御物品”的决定。中国外交部发言人对此提出强烈抗议。[①] 因为有荷兰向台湾出售潜艇而引起中荷关系降级的先例，美国也意识到中国可能作出的反应。同时，美国也不希望中美关系倒退。后双方经过频繁接触，终于在当年 8 月 17 日，中美两国就美国售台武器问题发表了中美联合公报——“八一七公报”。“八一七公报”的发表，使中美之间因美国售台武器所引起的一场危机有所缓解。中美关系经历的这些波折和摩擦，引发了中国领导人关于中国对美政策的思考。这一时期，中苏关系露出一缕缓和的曙光。苏联为了应对美国的战略攻势，开始寻求缓和与中国的关系。1982 年 3 月 24 日，苏共中央总书记勃列日涅夫在塔什干就中苏关系发表讲话，表示希望改善中苏关系，呼吁中苏两国应该实现关系正常化。中美苏三角关系的这种微妙变化，为中国在美苏间争取更大的回旋余地提供了机会。

第二，中国领导人对国际局势的发展方向有了新的认识。新中国成立后，中国领导人在相当一段时间认为，由于帝国主义战争根源的存在，战争的危险性是一直存在的。还一度认为大战危险已经迫在眉睫，并在国内做好早打、大打及打核战争的准备。十一届三中全会后，中国领导人对国际局势的看法开始有所变化，认为世界和平的力量在增长，有可能争取延缓战争的爆发。基于对战争可以被延缓的判断，中国领导人考虑把反对霸权主义、争取和平的环境作为中国外交的一个重要目标。

第三，国家利益优先次序的变化是中国外交战略调整的现实需要。国家利益是指主权国家全体人民生存、发展所需要的物质和

---

①《我外交部发言人答记者问强烈抗议美国宣布拟向台湾出售飞机》，《人民日报》1982 年 1 月 13 日，第 1 版。

精神要素的综合。包括如下内容：国家的安全利益、经济利益、政治利益、文化利益。国家安全利益集中表现在捍卫国家有形本体的存在上，包括维护本国领土完整、人民生存不受外来势力的控制侵略等方面利益。这是一个国家首要的、根本的利益。国家的经济利益主要表现为一个国家经济发展、科技进步、人民生活水平不断提高和社会繁荣等方面利益。国家政治利益主要表现为主权独立、国际地位及国际影响力等方面利益。国家的文化利益主要表现在意识形态的维护、历史文化传统的保持、民族认同感的确立和维系等方面的利益。各种国家利益在不同条件下的重要性是不一样的。在一定条件下，当某种国家利益成为更紧迫实现的需要时，这种国家利益在排序上就先于其他种类的国家利益。党的十一届三中全会确定了实行改革开放，把党和国家工作的重心转移到社会主义现代化建设上来的战略决策。中共十二大对社会主义现代化建设作出了具体的战略部署，提出从 1981 年到 20 世纪末的 20 年间，中国经济建设总的奋斗目标是，在不断提高经济效益的前提下，力争使全国工农业的年总产值翻两番。[①] 中国要实现这样的经济建设目标，迫切需要一个和平的国际环境。正如邓小平所强调的：我们面临发展和摆脱落后的任务。我们希望有一个和平的国际环境。我们希望至少有 50 年到 70 年的和平时间。[②] 国家的外交战略是国家总体战略的重要组成部分，并为国家的总体战略服务。经济建设成为国家工作的重心，意味着发展利益上升为国家利益的核心，相应的中国外交目标也要从重点维护国家传统的安全利益转移到实现和维护国家的发展利益上来。这是中国外交战略调整的现实需要。

第四，“一条线”战略在中国外交实践中也产生了一些不利的

① 中共中央文献研究室：《十二大以来重要文献选编》（上），人民出版社 1986 年版，第 14 页。

②《邓小平文选》第二卷，人民出版社 1994 年版，第 241 页。

影响。首先，制约了中国外交的回旋余地，使中国外交上的灵活性和主动性受到一定的限制。“一条线”战略与“一边倒”战略一样，都是以战略关系划线。“一条线”战略强调“联美抗苏”，突出了中国与苏联的敌对关系。美国却利用其与中国的战略关系与苏联又争夺又对话，使中国在中美苏战略三角关系居于被动地位。其次，“一条线”战略不利于中国安全环境的进一步改善。由于中苏相邻，“一条线”战略框架下，中国处于反对苏联霸权的前沿阵地，中国的安全环境受到挑战。另一方面，由于中国采取“以苏划线”的做法，使中国与苏联集团、对苏联有好感及在中苏间保持中立的国家的关系变得或敌对，或复杂化，或越来越疏远，这对于中国安全环境的进一步改善十分不利。

（二）全方位独立自主和平战略确立的过程

中共十一届三中全会后，随着国家工作重心的转移，中国领导人开始酝酿调整中国的外交战略。1981 年 1 月，邓小平关于发展中美关系的谈话，表明了中国领导人着手考虑调整对美国政策。当时，美国一些人认为：中国太落后，不值得美国重视；中国有求于美国，而美国无求于中国；如果美国政府对苏联采取强硬政策，像台湾这样的问题，中国可以吞下去。对此，邓小平指出，中国人向来是根据自己的见解行事的。中国建设一定要坚持自力更生为主的原则。过去在非常困难的条件下，我们都能够生存，即使现在世界发生大的动乱和各种难测的变化，中国自己也能够活下去。以为中国有求于人的判断，会产生错误的决策。中国出于对苏联的战略会把台湾问题吞下去，这不可能。[①] 由于美国是当时国际社会两极格局中的一极，中美关系对于中国对外战略具有关键意义的影响，对美政策的调整就预示着中国对外战略的调整。1981 年 6 月，党

①《邓小平文选》第二卷，人民出版社 1994 年版，第 376—377 页。

的十一届六中全会对中国的外交工作必须坚持独立自主的原则做了比较明确的阐述。会议指出，尽管我国经济文化还比较落后，我们对待世界上任何大国、强国和富国，都必须坚持自己的民族自尊心和自信心，决不允许有任何奴颜婢膝、卑躬屈节的表现。[①]之后，中国领导人分析国际形势时，不再只是强调苏联的扩张，而是恢复了对两霸争夺世界霸权的抨击，认为当今世界紧张动荡的根源是两个超级大国的争夺。中国不会依附于任何一个超级大国。8 月 20 日，中国外长黄华在与联合国秘书长德奎利亚尔会谈时，强调了中国的外交方针。他说：我们外交政策的基本点是反对霸权主义，维护世界和平，不管这种霸权主义来自何方，中国不会依附任何一个超级大国，中国不会打“美国牌”去对付苏联，不会打“苏联牌”去对付美国，也决不允许任何人玩“中国牌”。[②]可以说，经过两年多的酝酿和探讨，在中共十二大召开前夕，中国领导人关于中国外交战略调整的考虑已经比较成熟。

党的十二大对中国外交战略作出正式调整。党的十二大确立的外交战略的基本方针是坚定地坚持独立自主的原则。1982 年 9 月，邓小平在党的十二大开幕词中对中国新的外交战略的原则进行了概述。邓小平指出：“中国的事情要按照中国的情况来办，要依靠中国人自己的力量来办。独立自主，自力更生，无论过去、现在和将来，都是我们的立足点。中国人民珍惜同其他国家和人民的友谊和合作，更加珍惜自己经过长期奋斗而得来的独立自主权利。任何外国不要指望中国做他们的附庸，不要指望中国会吞下损害我国利益的苦果。”[③]中共中央总书记胡耀邦在中共十二大报告《全面开

① 中共中央文献研究室:《三中全会以来重要文献选编》(下)，人民出版社 1982 年版，第 835 页。

②《黄华欢宴联合国秘书长一行同佩雷斯 · 德奎利亚尔举行会谈》,《人民日报》1982 年 8 月 21 日，第 4 版。

③《邓小平文选》第三卷，人民出版社 1993 年版，第 3 页。

创社会主义现代化建设的新局面》中，对新时期中国的外交政策进行了全面阐述。胡耀邦强调："我们坚持执行独立自主的对外政策，同我们履行维护世界和平、促进人类进步的崇高的国际义务是一致的。建国33年来，我们以实际行动向全世界表明：中国决不依附于任何大国或者国家集团，决不屈服于任何大国的压力。中国的对外政策是以马克思列宁主义、毛泽东思想的科学理论为基础的，是从中国人民和世界人民的根本利益出发的。它有长远的、全局的战略依据，决不迁就一时的事变，不受任何人的唆使和挑动。"① 可以看出，中共中央把维护国家独立，自主处理对内、对外事务的主权权益，作为新时期中国外交战略根本的出发点。

独立自主原则是新中国成立以来中国外交始终坚持的一项基本原则。早在新中国成立前夕，中共领导人毛泽东就指出：中国的事情必须由中国人民自己作主张，自己来处理，不容许任何帝国主义国家再有一丝一毫的干涉。1949年9月，具有新中国临时宪法性质的《中国人民政治协商会议共同纲领》也规定：中华人民共和国外交政策的原则，是保障本国独立、自由和领土主权的完整。② 这些规定确立了新中国独立自主外交政策的基本框架。在新中国成立后前30多年中国外交的实践中，无论是采取"一边倒"还是"一条线"的战略，都始终没有放弃坚持独立自主的原则立场。

中共十二大再次强调坚持独立自主的原则，并把它作为新时期中国外交战略的出发点，一方面是对中国长期以来始终坚持的独立自主原则的坚持与发展，另一方面在新的历史条件下，为独立自主外交战略注入了新的内容。主要体现在不同任何大国结盟。之前中国采取"一边倒""一条线"战略，虽然是依据当时的国际国内

① 中共中央文献研究室：《改革开放三十年重要文献选编》（上），中央文献出版社2008年版，第381—382页。

②《毛泽东选集》第四卷，人民出版社1991年版，第1465页。

形势及中国国家利益做出的战略选择，但是因为这两个战略的基本理念仍是结盟外交，苏联作为盟国，美国作为准结盟国，在当时都或多或少对中国独立自主的外交产生了负面影响。

新的外交战略在党的十二大正式确立之后，随着国际国内形势及中国外交实践的不断发展，这一战略的内容也不断得到丰富和完善。1984 年 5 月，邓小平会见巴西总统若昂·菲格雷多，对中国的国际立场、中国独立自主和平外交政策的特征及其目标作了进一步解释。关于中国的国际立场，邓小平指出：中国永远属于第三世界。中国现在属于第三世界，将来发展富强起来，仍然属于第三世界。中国和所有第三世界国家的命运是共同的。中国永远不会称霸，永远不会欺负别人，永远站在第三世界一边。关于中国独立自主和平外交政策的特征及其目标，邓小平强调：中国的对外政策是独立自主，是真正的不结盟。中国对外政策的目标是争取世界和平。在争取和平的前提下，一心一意搞现代化建设，发展自己的国家，建设具有中国特色的社会主义。[①] 邓小平明确提出，中国新的外交政策的主要特征是真正的不结盟。1984 年 10 月，邓小平会见缅甸总统吴山友时，谈到了对处理国际关系原则和方式的看法。邓小平指出：处理国与国之间关系，和平共处原则是最好的方式。其他方式，如"大家庭"方式，"集团政治"方式，"势力范围"方式，都会带来矛盾，激化国际局势。总结国际关系的实践，最具强大生命力的就是和平共处五项原则。[②] 1986 年 3 月 25 日，全国人大六届四次会议的政府工作报告中，对中国独立自主和平外交政策的主要内容和基本原则进行了较为系统的归纳。至此，中国独立自主和平外交政策最终确立。

---

① 中共中央文献研究室：《邓小平思想年编（一九七五—一九九七）》，中央文献出版社 2011 年版，第 501 页。

② 同上书，第 520 页。

全方位独立自主和平外交战略包括根本目标、基本原则和基本立场等内容。根本目标是：中国从本国人民和世界人民的长远利益和根本利益出发，反对霸权主义、维护世界和平、发展各国友好合作和促进共同经济繁荣。基本原则是：中国信守互相尊重主权和领土完整、互不侵犯、互不干涉内政、平等互利、和平共处五项原则，并努力在这个基础上同世界各国建立、恢复和发展正常关系，和睦相处，友好合作，而不以社会制度和意识形态的异同来决定亲疏、好恶。中国坚决反对任何国家以社会制度和意识形态的相同或不同作为占领别国领土、干涉别国内政的借口。中国坚决反对一切形式的恐怖主义活动，并且认为只有铲除产生这种活动的社会根源和政治根源，才能从根本上解决这个问题。基本立场是：1. 关于国际秩序的原则立场。中国主张世界上所有国家不论大小、富贫、强弱一律平等，坚决反对以大欺小，以富压贫，以强凌弱。各国的事应由各国人民自己去管，世界上的事应由各国协商解决，而不能由一两个超级大国说了算。中国自己决不称霸，也坚决反对来自任何方面和以任何形式出现的霸权主义。2. 关于处理具体国际问题的原则立场。中国在任何时候和任何情况下都坚持独立自主，对一切国际问题都根据其本身的是非曲直决定自己的态度和对策。中国判断是非的标准，就是看它是否有利于维护世界和平、发展各国友好合作和促进世界经济繁荣。3. 关于开展大国外交的原则立场。中国决不依附于任何一个超级大国，也决不同它们任何一方结盟或建立战略关系。中国坚持谋求的是，中美关系在严格遵守历次中美公报所规定的原则基础上稳定发展，中苏关系在采取实际行动消除三大障碍的过程中切实改善。4. 关于开展发展中国家外交的立场。中国属于第三世界，坚持把加强和发展同第三世界国家的团结与合作作为我国对外工作的一个基本立足点。中国坚决反对帝国主义、殖民主义和种族主义，支持第三世界国家争取和维护民族独立的正义斗争。中国支持第三世界国家发展民族经济、谋求改善南北关系和发展南南合作的努力。中国殷切希望第三世界国家加强团结，通过友好协商和平解决彼此之间的争端，反对外部势力的插手和干涉。5. 关于国家安全问题的立场。中国反对军备竞赛，反对把这种竞赛扩展到外层空间。中国在进行第一次核试验的时候，就提出全面禁止和彻底销毁核武器的主张，并且声明在任何时候、任何情况下决不首先使用核武器。当前的首要问题是，两个超级大国应当率先实现大幅度裁减核军备，从而为所有核国家的核裁军创造条件。中国还主张全面禁止和彻底销毁化学武器，在进行核裁军的同时大幅度裁减常规军备。6. 关于开展多边外交的立场。中国遵循联合国宪章的宗旨和原则，支持联合国组织根据宪章精神所进行的各项工作，积极参加联合国及其各专门机构开展的有利于世界和平与发展的活动。中国广泛参加各种国际组织，开展积极的多边外交活动，努力增进各国在各个领域的合作。

由此可见，中国独立自主和平外交的实质是：中国在任何时候和任何情况下都坚持独立自主，不同任何一个超级大国结盟或建立战略关系；反对霸权主义，中国自己决不称霸；在和平共处五项原则基础上同世界一切国家建立和发展各方面的关系。

（三）全方位独立自主和平外交战略的意义

全方位独立自主和平外交战略是对“一条线”战略的重大调整，是新中国成立以来中国外交战略发展史上的一次具有里程碑意义的重大调整，它不同于之前中国外交战略由“一边倒”到“反帝反修”、再到“一条线”的调整，它是中国外交战略思想、战略目标及战略途径的全面调整。新中国成立后前 30 多年，虽然依据国际国内局势的变化，中国外交战略经过了“一边倒”到“两条线”再到“一条线”的调整，但这些调整只是战略实现方式上的调整，中国外交战略的指导思想、战略目标及战略途径并没有发生根本性的改变。

新中国成立后前30多年，中国的外交战略主要是以无产阶级国际主义为指导。无产阶级国际主义的思想渊源是马克思在《共产党宣言》中提出的“全世界无产者，联合起来”的思想。《共产党宣言》把这一思想的基本内涵解释为：在各国无产者的斗争中，共产党人强调和坚持整个无产阶级的不分民族的共同利益；各国无产阶级的联合的行动，至少是各文明国家的联合的行动，是无产阶级获得解放的首要条件之一。[①]共产国际根据列宁的思想提出“全世界无产者和被压迫民族联合起来”，进一步丰富和发展了马克思和恩格斯的国际主义思想，把无产阶级的革命斗争和被压迫民族争取解放的斗争联系在一起。自第一个社会主义国家苏联诞生起，国际主义便是社会主义国家处理国际关系的一项基本原则，也是中国的外交战略的基本指导思想。其间，中国外交战略虽然也是以维护和实现中国的国家利益为目的，但是中国外交决策者更多的是从国际主义与爱国主义相结合的视角来理解中国的国家利益的，在国家利益中更多强调意识形态、阶级利益。中国外交战略的目标是维护国家的生存安全、获得国际社会的承认并提高中国的国际地位。战略途径主要是通过建立国际统一战线，团结可以团结的力量，反对对中国威胁最大的敌人。

全方位独立自主的和平外交战略，虽然仍包含一定的国际主义的内容，但开始把国家主义作为中国外交的指导思想，强调国家利益是中国外交的根本出发点，在国家利益中发展利益上升为国家的核心利益。中国外交战略的目标是为国内经济建设营造和平的国际环境，进一步提高中国的国际地位。战略途径是通过开展全方位的外交活动，以最大限度地维护和促进国家利益的实现。正如中共

①《马克思恩格斯选集》第一卷，人民出版社1995年版，第285、291页。

十一届三中全会在中国社会主义建设史上具有里程碑意义一样，中共十二大所确立的外交战略在中国外交战略发展史上具有重大里程碑意义。

综上所述，改革开放后，中国领导人在国际政治的核心问题——战争与和平问题上有了新的认识，调整了此前以毛泽东同志为核心的中国领导人关于国际局势的特点是世界大战“迫在眉睫”，立足“早打、大打”的认识和判断，作出了较长时间避免战争是有可能的新判断，进而提出和平与发展是当今世界的时代主题的科学论断，为中国国际国内战略调整提供了重要的理论和现实依据，由此形成了这一时期中国的和平发展国际战略思想。和平与发展国际战略思想的目标是为国内发展战略营造良好的国际环境，其基本内涵是推进中国对外开放战略，全方位推进中国独立自主的和平外交战略，坚持的基本原则是独立自主、和平、合作、互利共赢原则。

第六章　全方位独立自主和平外交战略思想

全方位独立自主和平外交战略是真正的不结盟战略，不同任何大国结盟，不搞对抗，不针对第三方。坚持反对霸权主义，谁搞霸权就反对谁。中国对一切国际问题都根据其本身的是非曲直决定自己的态度和对策。在这一战略指引下，中国所面临的国际环境得到大幅改善。中国同美国战略合作关系稳定发展，同苏联关系也得到逐步改善，并实现两国关系正常化。中美关系的发展促进了中国与美国结盟的国家如日本、西欧等国家关系的进一步发展。随着中苏关系的改善，中国与苏联盟友的关系也得到了改善，特别是与苏联亚洲盟友如蒙古、老挝及越南等国关系的逐步改善，使中国与周边国家的关系开始呈现出良好的发展态势。

一、促进中美战略合作关系稳步发展

中美建交后，在两国政府的积极努力下，两国关系得到全面发展，两国间战略合作关系也得到进一步加强。而美国国会通过的“与台湾关系法”特别是里根政府执政初期企图推进的售台武器问题，使刚刚启动的中美关系正常化面临倒退的危险。两国达成“八一七公报”后，尽管双方对对方的政策有所调整和猜疑，但总体来说，中美战略合作保持了稳定发展的态势。

（一）巩固中美战略关系

中美两国长达30年的不正常关系，使两国人民间的相互了解十分有限。由于美国国内长期对共产党国家妖魔化宣传，美国普通民众对中国的理解非常片面，而且负面居多。中美两国实现关系正常化，美国大多数民众是持欢迎的态度，希望进一步发展中美关系。特别是一些企业界人士，更希望在中美关系的进一步发展中，获得更多的利好。但他们对中国内政外交的走向不是很清楚，他们对中国改革开放政策的连续性问题尤为关心。美国政界对中美关系的发展也有不同的看法。中美关系正常化问题，是尼克松 1972 年访华后，美国政界争论比较激烈的问题之一。在中美关系正常化的进程中，美国行政部门为了排除干扰，完全主导了这一进程，中美建交几乎是在国会不知情的情况下完成的。美国国会中的一些议员对美国行政部门的这种做法表示不满，还有些议员对中美建交公报中的一些原则有不同的看法。中美建交公报发表后，美国政界围绕中美建交问题又掀起了一轮政治论争。

为增进中美之间的相互理解，加强双方战略合作，1979 年 1 月 28 日至 2 月 5 日，国务院副总理邓小平对美国进行国事访问。1 月 29 日和 30 日上午，邓小平与美国总统卡特进行了三次会谈，中美两国领导人就国际形势和双边关系问题广泛地交换了意见。29 日上午，会谈的主题是国际形势。邓小平指出：今天的世界很不安宁，存在着战争的危险，主要来自苏联。第三世界、第二世界应联合起来反对霸权主义。这一反霸统一战线，坦率地讲是包括美国在内的。对付苏联称霸世界，美国理所当然是一个主要力量。① 对于美苏限制战略武器会谈看法，邓小平认为，我们不反对美苏签订这种协议，但我们认为它管不住苏联，约束不住苏联的扩张政策。29 日下午，在小范围的会谈中，中美两国领导人就苏联支持下越南侵略柬埔寨问题交换了意见。30 日上午，卡特与邓小平首先在白宫椭圆形办公室单独见面，讨论“教训越南”的问题。②

① *Memorandum of Conversation, Washington*, January 29, 1979, FRUS 1977–1980，Vol. XIII, p744–748.

② *Memorandum of Conversation, Washington*, January 30, 1979, FRUS 1977–1980，Vol. XIII, p771–772.

之后，进行正式会谈，着重讨论双边关系问题。[①] 双方领导人就共同关注的问题进行沟通与交流，有益于巩固中美两国合作的战略基础。

访美期间，邓小平出席了近 80 场会谈、会见活动，参加了约 20 场宴请或招待会，发表了 22 次正式讲话，8 次会见记者或出席记者招待会。此外，还与美国政界人士包括国会议员、工商界人士进行了广泛接触，就重大的国际事务、中美关系及美国民众所关心的中美间及中国国内一切问题，特别是他们关心的中国政府对台政策问题明确表明了中国的原则立场。在这些面对面的交流中，美国民众对中国的内政外交有了比较深入的了解。美国经济、科学技术的发展状况，也给邓小平一行留下了深刻的印象。

邓小平访美促进了中美关系的全面开展，也推进了两国间安全合作关系的发展。1980 年 1 月，美国国防部长布朗成功对中国进行了访问，进一步促进了两国间的战略合作。布朗访华期间，答应美国准备在逐项处理的基础上，考虑向中国出售某些经过慎重选择的辅助性装备。[②] 1980 年 5 月，美国助理国防部长托马斯 · 罗斯在新闻发布会上宣布，美国政府已批准一些美国公司向中国出售某些军事装备的出口许可证，包括战术防空雷达、运输直升机、用于检验喷气发动机的压力感测器、牵引车、早期警报雷达天线、战术无线电设备和运输机等。

（二）中美关系面临严峻考验

在中美关系全面启动之际，美国为重新定位涉台关系而出台

---

① *Memorandum of Conversation, Washington*, January30, 1979, FRUS 1977–1980, Vol. XIII, p780–781.

② *Telegram From Secretary of Defense Harold Brown to President Carter, Secretary of State Vance, the Deputy Secretary of Defense (Clayt), and the President's Assistant for National Security Affairs* (Brzezinski, January 12, 1980 , FRUS 1977–1980, Vol.XIII, p1082.

的“与台湾关系法”，违背了两国在涉台问题上达成的共识和《上海公报》《中美建交联合公报》的原则精神，为两国关系发展投下阴影。而美国政府企图推进售台武器问题给刚刚启动的中美带来严峻挑战。

1979 年 4 月 10 日，美国国会通过“与台湾关系法”，使刚刚建交的中美关系面临挑战。该法不仅有一些严重违背《中美建交联合公报》基本原则的条款，而且还明确规定：美国应“向台湾提供防御性武器”和“向台湾提供使其能保持足够自卫能力所需数量的防御物资和防御服务”。中国政府对“与台湾关系法”在美国的生效表示愤慨。1979 年 4 月 19 日，邓小平在会见美国参议院外事委员会访华团时表示：对美国国会通过的“与台湾关系法”，“中国是不满意的。这个法案最本质的问题，是实际上不承认只有一个中国，法案的许多条款还是要保护台湾”[①]。“这个法案实际上否定了中美关系正常化的政治基础。我奉劝美国朋友注意这个问题，这样的事情不能干了。”[②] 4 月 28 日，中国外交部正式向美国驻华使馆提出抗议照会，指出“与台湾关系法”的许多条款都违反了中美建交协议，给两国关系造成伤害。中国政府决不同意美国继续向台湾出售武器，反对按照“与台湾关系法”来处理美台关系。[③] 客观来说，在卡特政府时期，美国在涉台问题上相对比较克制，台湾问题在中美之间并没有引起太大波澜。

里根入主白宫后，中美关系因美国售台武器陷入危机。此后，中美双方就售台武器问题进行了长期接触，但问题仍无进展。

---

① 中共中央文献研究室：《邓小平思想年编（一九七五——一九九七）》，中央文献出版社 2011 年版，第 235 页。

② 中共中央文献研究室：《邓小平年谱（1975—1997）》（上），中央文献出版社 2004 年版，第 507—508 页。

③ 刘连第、汪大为：《中美关系轨迹——建交以来中美大事纵览》，时事出版社 1995 年版，第 9 页。

1981年上半年，美国陆续向台湾出售了数额相当大的“防御物品”。这种侵犯中国主权、干涉中国内政的行为，破坏了两国之间的战略关系，使两国关系趋于紧张。1982年1月12日，正当中美两国政府就美国向台湾地区出售武器的问题进行商谈之际，美国政府却宣布美国拟向台湾地区提供包括战斗机在内的所谓“防御物品”的决定。中国外交部发言人对此提出强烈抗议。[①] 1982年4月，中国外交部发言人再次强烈抗议美国政府向台湾地区出售包括飞机在内的“防御物品”，以及价值6000万美元的“与军事有关的零配件”的决定。[②] 因为有荷兰向台湾地区出售潜艇而引起中荷关系降级的先例，美国也意识到中国可能作出的反应。同时，美国也不希望中美关系倒退。后经过双方共同努力，终于在当年8月17日，中美两国就美国售台武器问题签署了中美联合公报——“八一七公报”。公报的核心内容就是，美方承诺，今后每年售台武器的数量和质量均不得超过建交后到公报前最高的水平，而且今后需要逐渐减少，经过一段时间，达到零增长，就是停止对台军售。这是中美两国发表的第三个联合公报，这一公报成为中美解决美国售台武器问题的法律基础。“八一七公报”的发表，使中美关系因美国售台武器所引起的危机暂时得到了缓和。

（三）中美之间消除疑虑

“八一七公报”签署后，中美之间问题不断：美国在台湾问题上的一系列违背中美建交原则、“八一七公报”的行径，使中国对其能否执行双方达成的各项原则和承诺表示怀疑；美方在出口先进技术设备和在两国贸易关系以及科学教育来往中，对中国歧视的加

①《我外交部发言人答记者问强烈抗议美国宣布拟向台湾出售飞机》，《人民日报》1982年1月13日，第1版。

②《美国政府正式要求国会批准向台湾出售一批与军事有关的零配件》，《人民日报》1982年4月15日，第7版。

强引起中方的不满；美国在中美第二个纺织品贸易协议谈判中一些单方面行为遭到中国的强烈反对。中美间有一系列问题需要双方解决。随之而来，中国对外战略调整及中苏关系的缓和，引起美国政界高度关注，担心中国改变对美政策。里根政府急于了解中国调整外交战略的动向，于是派前总统尼克松和前国务卿基辛格分别来华探询此事。

尼克松于 1982 年 9 月 6 日至 11 日访华。他在会见中国党政领导人时一再询问中国对苏政策动向。中共中央副主席邓小平告诉尼克松，中国认为苏联新领导上台后，其政策不会变，因为苏联的政策不是某些个人的因素决定的，而是由其制度决定的。中国对苏联，作为国家关系，和你们美国一样，总还要同他来往，实际上我们对全球战略的看法没有变。胡耀邦总书记告诉尼克松，如苏联放弃霸权主义，中国准备同它实现关系正常化，但估计它不会改变。一旦中苏关系正常化了，中国仍希望同美国扩大发展关系。国务院总理在会见尼克松时说，中国重视发展中美关系，中美关系只有建立在互相尊重主权、互不干涉内政、平等互利的原则基础上，才能健康地向前发展。发展中美关系，既符合中国的利益，也符合美国的利益。那种认为发展中美关系只是中国单方面的需要的观点，是不符合实际的。[①] 美国前国务卿基辛格于 9 月 28 日至 30 日访华。他在会见中国领导人时，也着重了解中国调整后的对美对苏政策。中国领导人向他阐述了中国的对外政策，回答了他所关切的有关问题。10 月 1 日，新上任的国务卿舒尔茨在纽约会见出席联合国大会的中国外交部长黄华。黄华向他解释了中国宣布奉行独立自主的和平外交政策问题，表示中国将在和平共处五项原则基础上发展与

①《邓小平、胡耀邦、赵紫阳分别会见美国前总统尼克松》,《人民日报》1982 年 9 月 9 日，第 5 版。

各国的关系[①]。中国不同任何大国结盟，但由于苏联的扩张对中国仍存在现实威胁，因此，对于苏联的霸权主义，中国仍同美国采取并行不悖的行动。同时，对美国损害第三世界利益的行动，中国也要批评。

美国政府经过几个月的观察，对中国调整外交战略已比较了解，认为中苏关系会有所缓解，但不会过于密切，更不会重新结盟。中国在战略上开始同美国拉开了一定的距离，美国需要在经济合作上加强与中国的联系，一方面推动中国继续执行改革开放的政策，另一方面也牵制中苏关系的进一步发展。为加强两国间沟通，1983 年 2 月 3 日至 5 日，美国国务卿舒尔茨访华。来华前夕，舒尔茨在接受记者采访时称，他访华想了解美中关系能否建立在可靠稳定和日益发展的基础上，找到一个将使台湾问题“不再突出”的办法。[②]舒尔茨访华时不再对中苏接近感到不安，而是向中方强调，今后双方应从中美自身来对待中美关系，而非取决于反对另一国。他还说，美国对苏政策基于三点原则：一是要看苏联的行动；二是保持遏制苏联的实力；三是不放弃与苏联谈判解决问题的机会。舒尔茨向吴学谦外长表示，美国继续重视同中国发展关系，谋求与中国建立“稳定、持久、成熟”的关系。里根总统指示他向中方表明，美国将恪守“八一七公报”中所作的承诺，包括谈判最后阶段所作的口头诺言。[③]吴学谦外长再次向美方阐述了中国独立自主的和平外交政策，强调中国反对苏联霸权主义的立场未变，中方要求苏联消除中苏关系正常化的三个障碍。他指出，中国虽反对美国的

---

①《亲历与见闻：黄华回忆录》，世界知识出版社 2007 年版，第 267 页。

② 刘连第、汪大为：《中美关系的轨迹——建交以来大事纵览》，时事出版社 1995 年版，第 103 页。

③ 这是指谈判期间双方同意把互相尊重主权和领土完整、互不干涉内政，作为两国关系的指导原则，此点已写入“八一七公报”中。在谈判最后一天，中方代表韩叙副外长再次提出，上述指导原则也应适用于处理美国售台武器问题。美方代表恒安石大使表示同意。此即舒尔茨所指的美方所作的口头承诺。

霸权主义行为，但未把美苏相提并论，中美在反对苏联扩张主义上可各自从自己立场出发，采取必要的行动。舒尔茨表示，理解中方的立场，认为双方有并行不悖的利益。吴学谦要求美方全面履行“八一七公报”，废除或修改“与台湾关系法”，至少在执行时不违反中美建交原则，不能以任何形式使美台关系升级。舒尔茨承诺，美方将恪守“八一七公报”，售台武器数额会明显降低，在放宽对华技术转让上美国批准的出口证已大为增加，今后还会继续这一进程。

舒尔茨对国际形势及中美关系的看法，不同于其前任黑格。首先，他不像黑格那样强调苏联的威胁，突出美国在战略方面的弱点。相反，他突出美国在扭转战略平衡态势方面的成果，并表现出对美国这方面能力的坚定信心。其次，他不像黑格那样重视中国的战略价值，也不大重视基辛格战略大三角逻辑的重要性。黑格认为对于美国和西方的战略利益来说，中国“是世界上最重要的国家”。[①]舒尔茨也认为，作为联合国安理会常任理事国之一，作为世界上人口最多的国家和潜在的巨大的贸易和投资伙伴，中国具有“地缘战略的重要性”；但由于美国太重视美中关系，造成中国不断要求美国做出让步，这是两国关系中出现麻烦的主要原因。他认为，对于美国在亚太地区的利益来说，日本比中国更重要。1983年3月5日，舒尔茨在结束东亚之行回国后的一次讲话中，特别强调了美日之间的伙伴关系。讲到中美关系时，他虽然也说“美中之间更紧密的关系将造福于我们两国人民”，但又说“两国关系中的挫折和问题是不可避免的”，[②]反映了他对中美关系持一种比较消

① Alexander M. Haig, Jr. Caveat, *Realism, Reagan, and Foreign Policy*, Macmillan Publishing Company, 1984, p194.

② Robert Ross, *Negotiating Cooperation: The United States and China 1969–1989*, Stanford University Press, 1997, p205–206.

极的看法。

基于这一对华认识，在舒尔茨访华前后，美国也着手调整对华政策。事实上，早在 1983 年 1 月，舒尔茨就召开了有 11 名前政府高级官员、著名中国问题专家和 12 名政府官员参加的美中关系大型研讨会。1983 年春，美国新的对华政策大体成型，其主要内容是：一是不再强调中美两国的“战略关系”，而是强调“长期、持久和建设性的关系”。二是不再强调中国在全球战略中的作用，而是重视中国在亚太地区的区域性作用。三是为使中美关系的基础多样化，注重发展经济技术合作和贸易关系。四是现实地看待彼此的分歧。五是维持美台关系的现状，继续按照“与台湾关系法”和美国对三个公报的解释来处理台湾问题。[①]

值得注意的是，中美虽然都调整了对对方的政策，但两国关系并没有因此相互疏离，相反，两国很快打破了上述问题对两国关系所造成的僵局，并推进两国战略合作走上稳定发展的轨道。究其原因，主要是：从美国方面讲，一是美苏关系因互相争夺战略武器优势和地区控制影响而长期处于僵持状态。里根领导下的两届美国政府都想借助中国抗衡苏联。里根 1981 年执政后，一直在东欧、非洲、中东和亚洲等地区展开与苏联的激烈争夺，在战略核武器的竞争方面，不惜投入巨资，包括发展 M-X 重型导弹和 B-1 飞机，以及实施“战略防御计划”，谋求在军事上压倒苏联。他还公开宣布，美国的目标是“制止苏联维护其对东欧控制的努力”。尽管 1984 年里根宣布美苏军力对比已恢复均势，以后将按“实力加谈判”的原则与苏联对话，但双方要价均高，在军控谈判上难以取得实质性进展。在此情势下，中美关系受到美国的重视，并得到了较全面的发展。二是党的十一届三中全会后，中国拉开改革开放的

① 资中筠：《战后美国外交史》，世界知识出版社 1994 年版，第 923—924 页。

序幕，党和国家工作重心转移到经济建设上来，综合国力不断上升，国际地位显著提高。当时苏联和其他社会主义国家大多没有开始经济改革和对外开放，中国在改革开放方面走在了前面。这使某些美国人产生了一种幻想，希望中国成为“走资本主义道路的带头羊”。他们支持与中国交往和合作的政策，以便鼓励中国走他们所希望的道路。也有不少美国人从正面理解中国的变化，支持中国的改革开放政策，认为中国必将发展成一个富强的国家，美国与中国长期结好对双方都有好处，对亚洲和世界的和平与稳定都是一个有利因素。从中国方面讲，一是中苏关系从 1982 年开始缓和，但并没有实质性的进展，尤其是在消除中苏关系正常化“三大障碍”方面，苏联的立场没有明显的松动，因而苏联对中国的威胁仍然是实实在在的。特别是苏联在支持越南侵略柬埔寨问题上态度更为强硬。因此，仍然需要与美国加强合作以应对苏联的威胁。二是与美国开展合作对实现中国的发展战略具有重要的意义。改革开放后，中国社会主义现代化建设急需资金、技术和先进的管理经验，而作为当时世界上最大的发达国家，美国在这些方面具有明显的优势，中美两国在经贸、科技领域的互利合作，对中国的现代化建设能起到积极的促进作用。由于以上因素的影响以及美国对内对外的需要，中美关系进入了一个较为稳定发展的时期。

（四）中美关系在新的基础上实现新发展

自 20 世纪 80 年代中期起，中美双方高层互访增多。1984 年 1 月 7 日至 16 日，国务院总理应美国总统里根的邀请访问了美国。这是继国务院副总理邓小平 1979 年 1 月访美之后，中国政府首脑首次访美，是中美两国领导人为稳定中美关系大局进行的一次重要的会晤，因而美国方面对中国总理的访问十分重视。中国总理此行的目的主要有三个：一是关于台湾问题，通过两国领导人的直接对话，敦促美国能够尊重中美之间达成的三个公报的原则和精神；二是积极促进中美两国之间的经济贸易关系的发展；三是向美国领导人阐述中国对苏的立场。访问期间，两国签订了中美工业技术合作协定与中美科学和技术合作协定。

1984 年 4 月 26 日至 5 月 1 日，美国总统里根访问中国。他是中美建交后第一位访问中国的美国总统。访问期间，里根分别同中国党和国家领导人进行了会谈，就中美关系和许多重大国际问题交换了意见。4 月 28 日上午，邓小平会见里根。谈到国际局势、中美关系时，邓小平指出："和平问题是我们共同关心的首要问题。世界局势不稳定，但争取和平的前景良好。有资格发动世界战争的还是美苏两家。美国应从'四个航空母舰'的政策中走出来，否则将同世界上十几亿人口结成疙瘩。中美关系的主要障碍还是台湾问题。希望里根总统和美国政府认真考虑中国人民的感情，不要做使蒋经国翘尾巴的事情。我们已经做了一切可能做的事情，准备在不放弃主权原则的前提下，允许一个国家有两种制度。海峡两岸可以从逐步增加接触到谈判和平统一。如果美国按照杜勒斯的政策对待台湾，不知哪一天，台湾又成为爆炸性问题。中国的发展对中美关系的发展有利。中美两国在国际问题上有许多共同看法，也有不少分歧。两国都有发展关系的愿望。希望两国领导人、政府成员更多往来，交换意见，解开疙瘩，较快地发展中美交流和中美关系。"[①] 里根访华期间，两国政府签订了 5 项协议和议定书。

1985 年 7 月 11 日至 31 日，国家主席李先念访问美国。访问期间，中美两国政府签订了关于和平利用核能等 4 个协定。

1989 年 2 月 25 日至 26 日，布什刚就任美国总统就对中国进行了工作访问。他分别与中国领导人邓小平、杨尚昆、李鹏等进行会谈，就共同关心的国际问题及双边关系广泛地交换了意见。双方

① 中共中央文献研究室：《邓小平思想年编（一九七五—一九九七）》，中央文献出版社 2011 年版，第 497 页。

都认为，尽管中美之间存在着一些问题和分歧，但中美关系是稳定的。美方表示愿意在三个联合公报的基础上，进一步发展两国之间的政治经济关系。

中美之间在20世纪80年代中后期高层互访的增多，有助于中美两国加深对彼此的了解。双方认识到，台湾问题是中美两国之间关系的主要障碍。同时，出于战略考虑，美国视中国为其全球战略伙伴，因而尚未就其他问题为难中国。

这一时期，中国虽然表明不同任何超级大国搞战略关系，即不联合一方反对另一方，但基于战略利益的需要，同美国采取协调一致或并行不悖的行动仍然是一项基本政策。美国也基于对抗苏联的考虑仍谋求同中国发展事实上的“战略关系”，中美之间的军事交流与合作不断加强。1983年9月25日至29日，美国国防部长卡斯珀·温伯格应邀访问中国，中美军方高层对话恢复。1984年，中美两国领导人实现互访后，两国军事关系得以迅速发展。1984年6月，中国国防部长张爱萍对温伯格的访问进行了回访。此后，双方军事高层互访不断。1985年1月12日至19日、1986年5月3日至18日，美国参谋长联席会议主席约翰·维西上将与中国人民解放军总参谋长杨得志实现互访。在互访中，双方就国际战略问题广泛交换了意见，在阿富汗、柬埔寨等热点问题上取得了一致的看法。此外，双方还探讨了两军合作的问题。在涉及军事技术转让方面也取得了进展。温伯格访华期间，双方就军售和技术转让问题进行了进一步讨论。1984年6月，张爱萍访问美国期间，里根签署行政命令，批准中国享有对外军售法规定的权利，批准国防部以政府间交易方式向中国出售武器。至里根政府任期届满时，双方达成政府间的军事技术合作协议主要有：美国帮助中国更新和升级价值2200万美元的火炮及其弹药的引信装置；中国购买美国价值800万美元鱼雷系统，价值6200万美元的反火炮雷达；美方帮助中国升级价值5亿多美元战斗机项目。[①] 此外，中国还通过商业渠道从美国购买了一系列军事相关设备。主要有：1984年中国购买斯科斯基公司24架S-70C2“黑鹰”直升机；5套海军舰艇使用的LM2500燃油涡轮发动机、岸基雷达和通信设备等。[②] 1985年1月，中国海军代表团访问美国时，美国方面同意向中国出售声呐、鱼雷、船用柴油发动机和舰载反导弹火炮。另外，中美双方还就出售或合作生产陶氏反坦克导弹、改进型霍克防空导弹、轻型反潜鱼雷等项目进行了具体磋商。[③] 中美两军在军兵种、军事指挥及后勤等领域开始进行广泛的交流。1986年1月中旬，中国两艘海军舰只与美国两艘海军舰只在中国南海进行了作战演练。[④] 尽管美国与很多友好国家及其盟国的海军时常进行这样的例行演练，中国参与这次例行军演的规模也很小，但这表明两军关系迈出了值得关注的一步。1986年11月，美国第七舰队司令莱昂斯上将率3艘军舰访问了青岛。这是1949年以来第一次访问中国的美国舰队，在国际上引起了强烈的反响。次年，美军空军的“雷鸟”飞行队来北京进行了精彩的表演。1989年4月，中国海军“郑和号”远洋训练舰横渡太平洋，抵达美国夏威夷港进行访问。

技术出口是美国对华政策中一个十分敏感的问题，美国国内不少人对此表示坚决反对。但里根政府从全局出发，还是作出了关

① James Mann, *About Face: A History America's Curious Relationship with China from Nixon to Clinton*, Alfred A. Knopf, 1999, p141-142.

② Edward Ross, *U.S.-China Military Relations: A Presentation to the Heritage Foundation*, Asian Studies Center Seminar on United States-China Relations, January 28, 1986, http://www.ewross.com/US-China_Military_Relations_1986.pdf; Byong-Moo Hwang, *The Evolution of U.S.-China Security Relations and its Implications for the Korean Peninsula*, Asian Perspective Vol.14, No.1, Spring-Summer 1990, p75.

③ 熊志勇：《美国与中国：迈向新世纪的回顾》，河南人民出版社1995年版，第306页。

④ *Relations put in ship-shape*, South China Morning Post, January 18, 1986, p6.

键的决定。1983 年 6 月 21 日，美国商业部长鲍德里奇宣布，美国政府为提高向中国出口高级技术产品的水平，决定将中国从出口管制条例中的 P 类国家改为 V 类。[①] 美国把中国列入了与美国友好的非盟国一类。11 月，美国政府发布对华技术出口具体指导方针，同时宣布放宽七类高级电子技术产品的对华出口。6 月 21 日，鲍德里奇又公开宣布，美国准备大幅度增加出口到中国的技术的数量和尖端程度，但同时继续对那些“危及美国安全”的项目的出口加以控制。11 月 23 日，该政策生效，其中将技术出口分为三类（绿类、中间类、红类），区别对待。美国不断放宽对华技术出口管制有其自身的考虑，除了加强对华战略合作之外，增加美国的商业利益也是一个重要考虑。鲍德里奇在国会透露，如果巴黎统筹委员会同意放宽技术转让，那么美国由此得以对华出口的这类商品可能每年增加 12 亿美元；如果美国不向中国放宽技术转让，则可能使美国的竞争者得益。在此以后，美国对华技术转让陆续放宽。1987 年 1 月，里根要求美国政府对出口管制政策进行审查，进一步放宽对华技术转让。美国对华出口的绿区范围已扩大到 31 类，在技术水平上也有一定程度的放宽。1988 年 8 月 23 日，随同综合贸易法案一同生效的“1979 年出口管理法修正案”进一步放宽了对华出口管制：一是对华出口高技术实行分销许可证办法后，一种产品或技术在获准出口后两年内可以重复出口，不必重新办理审批手续。二是将中国转口产品中含美国控制的零部件比例提高 15 个百分点，达到 25%。三是取消对普通现代化电梯、一般医疗设备、通用办公用品的出口管制，对装有微电脑的通用设备也不再因装有电脑而加以管制。四是前往中国进行展览的产品，在能按时收回的前提下，不计其高技术水平，均予放行。进一步简化了对华技术出

① 刘连第、汪大为：《中美关系的轨迹——建交以来大事纵览》，时事出版社 1995 年版，第 124 页。

口审批的程序，降低了管制标准，这使美国对华技术出口的项目范围得到不断扩大。到 1989 年，美国对华技术出口已放宽到 30 个项目。[①] 这一时期成为中美关系史上美国对华技术出口管制最宽松的时期。

（五）中美之间存在的分歧和矛盾

台湾问题仍是主要问题。一是军售问题。美国对台军售虽然未突破“八一七公报”规定的水平，但与中方逐年减少的要求仍相去甚远，某些售台武器性能还有所提高，并且还通过技术转让、合作生产等方式，帮助台湾提高自制先进武器的能力。二是国会经常通过一些分裂中国、有制造“两个中国”之嫌的决议。例如 1983 年 11 月，美国参议院通过“台湾前途”决议案，鼓吹“自决”。同月，参众两院通过给国际金融机构的拨款法案，其中附有一项关于亚洲开发银行的修正案，反对在接纳中国时驱逐台湾代表，坚持以“中华民国台湾”名义保留台湾在亚行席位。经中方交涉，美国政府作了澄清和承诺，表示该法案不反映里根总统及其政府立场。尽管如此，中国认为，美国一再重申坚持“与台湾关系法”本身，便是违反三项公报，干涉中国内政。

美国国会对中国西藏事务的干涉也对中美关系的发展产生了负面影响。1987 年 12 月 3 日，美参众两院联席会议通过“中华人民共和国在西藏侵犯人权”修正案，12 月 15 日和 16 日，众参两院又分别正式通过“中华人民共和国在西藏侵犯人权”修正案。对此，12 月 10 日，外交部副部长朱启祯约见美国驻华大使洛德，向美国政府表示强烈不满和抗议。朱启祯指出：西藏自古以来就是中国领土不可分割的一部分，藏族人民是中华民族大家庭的一个成员，任何有关西藏的问题完全是中国的内部事务，外国无权干涉。

① 谢益显：《中国当代外交史（1949—2009）》，中国青年出版社 2009 年版，第 297 页。

中国政府强烈要求美国政府采取措施制止这一干涉中国内政的事件进一步发展，并防止此类损害中美关系的事情再次发生。1987 年 12 月 26 日，为了以正视听，全国人民代表大会民族委员会和外事委员会发表声明，批驳了美国的该项修正案，并以充分的史实与科学论证阐述了中国对西藏的政策，还历史以本来面目。1989 年 3 月，拉萨发生了极少数分裂分子制造的分裂中国的暴力行动，西藏自治区政府理所当然有权采取各种措施平息暴乱，维护国家的领土完整。但美国参议院再次通过有关西藏的决议，歪曲中国西藏地区的历史和现实，指责中国平息暴乱“侵犯人权”，要求美国当局和国际组织插手西藏事务。1989 年 3 月 19 日，全国人民代表大会外事委员会对此提出强烈抗议，并发表声明指出：最近在拉萨发生的事件是少数分裂分子预谋和蓄意制造的分裂祖国的暴力活动，对于这种分裂主义的暴力行为，任何主权国家都是不能容忍的。西藏是中国领土不可分割的一部分，西藏问题是中国的内政，任何外国政府、议会或国际组织都无权干涉。声明要求美国国会以维护中美友好关系这一大局为重，停止干涉中国内政的行动。3 月 20 日，政协全国委员会外事委员会也发表了类似的声明。

1987 年下半年，美国就所谓中国向伊朗出售“蚕”式导弹向中国施加压力。在发生伊朗用“蚕”式导弹袭击悬挂美国国旗的油轮事件后，美国政府宣布暂停审议放宽对华出口高技术产品。1988 年 7 月 27 日，参议院通过共和党领袖罗伯特 · 多尔提出的修正案，指责中国向中东出售导弹和其他“破坏稳定”的武器，并且提出：“如果中国不停止执行这种军火销售政策，美国应重新评估对华关系。”在此之前，120 名国会议员曾致函舒尔茨，要他在 7 月 14 日访华时通知中国政府，如果中国不停止这种不加区别的军火销售政策，未来中美技术和军事合作将受到危害。

在 20 世纪 80 年代中后期，中美关系的发展总体上是平稳的，这一方面是因为双方在战略上的相互需要，另一方面也是由于经济因素的作用推动双方互相接近。但由于美国长期秉持强权政治理念，不时地插手中国的内部事务，在台湾问题、西藏问题上频频制造麻烦。对此，中国始终保持高度的警惕，为维护国家主权与民族利益，不断地同美国进行有理、有利、有节的斗争。

二、实现中苏关系正常化

中苏关系经历了由对立到缓和、再到正常化的转变。苏联入侵阿富汗、支持和鼓动越南在印度支那进行侵略和扩张，加剧了中苏两国间的对立。美国总统里根上台初期在台湾问题上的强权行径，使中美关系面临严峻挑战，促使中国政府对中国的外交政策作出调整。苏联为改善其入侵阿富汗而陷入的内外交困局面，向中国作出了缓和两国关系的姿态。在此背景下，中苏关系开始有所缓和。后经双方的不懈努力，中苏关系最终实现正常化。中苏关系正常化是中国开展独立自主的和平外交的一个标志性成果。

（一）中苏关系从对立走向缓和

里根总统执政后，中美关系因美国售台武器问题面临危机。与此同时，中国改革开放的步伐更加坚定。根据国际国内形势的变化，中国领导人开始酝酿调整中国的对外战略。

苏联入侵阿富汗、支持越南侵略印度支那，加剧了中苏对抗，也使苏联陷入两线作战的两难境地。苏联在全球大肆扩张和与美军备竞赛，对它的经济造成严重影响，国内经济多年停滞不前。为了缓解其内外交困的局面，同时也主要是为了改变苏联与美国在全球战略争夺中的被动局面，苏联领导人希望改善苏中关系。中美两国因台湾问题发生纠纷及中国领导人调整外交战略的动向，被苏联领导人认为是接近中国的机会，于是，向中国释放出了缓和关系的信号。1982 年 3 月 24 日，在中亚塔什干的一次授勋大会上，苏联最高领导人勃列日涅夫在阐述苏联对华政策时称：尽管我们过去和现在都公开批评中国所奉行的政策中有许多不符合社会主义原则与准则的观点，但我们过去没有否认，现在也不想否认中国存在着社会主义制度。我们过去和现在从未以任何方式支持所谓“两个中国”的概念。过去完全承认、现在仍然承认中华人民共和国对台湾岛的主权。从苏联方面来说，过去和现在都没有对中华人民共和国进行任何威胁。我们过去没有、现在也没有对中国提出任何领土要求，并准备在任何时候就现存的边界问题举行谈判，以便达成彼此可以接受的解决办法。我们还准备讨论关于在苏中边界地区加强互相信任方面可能采取的措施。①

勃列日涅夫塔什干讲话发表之后，中国政府迅速做出回应。3月26日，外交部发言人在新闻发布会上回应称：“我们注意到3月24日苏联勃列日涅夫主席在塔什干发表的关于中苏关系的讲话。我们坚决拒绝讲话中对中国的攻击。在中苏两国关系和国际事务中，我们重视的是苏联的实际行动。”② 4月16日，中共中央副主席邓小平在会见来华访问的罗马尼亚总统齐奥塞斯库时谈到了中苏关系中的障碍问题。邓小平指出：“勃列日涅夫在塔什干的讲话，我们除了对他骂我们的话表示拒绝外，对其他的话我们表示注意到了。我们的立场在外交部发言人的谈话里都讲了。我们重视实际行动。同时，请齐奥塞斯库见到勃列日涅夫时带话：叫他先做一两件事看看，从柬埔寨、阿富汗事情上做起也可以，从中苏边界或蒙古撤出他的军队也可以。先从一两件事做起。”③ 中方还以实际行

① 上海国际问题研究所编：《国际形势年鉴（1983）》，中国大百科全书出版社1983年版，第348—349页。

②《就勃列日涅夫在塔什干的讲话我国外交部发言人发表谈话》，《人民日报》1982年3月27日，第1版。

③ 中共中央文献研究室编：《邓小平年谱（1975—1997）》（下），中央文献出版社2004年版，第815页。

动回应了苏联。1982 年 8 月，外交部派苏联东欧司司长于洪亮以巡视驻苏东地区中国使馆的名义，前往莫斯科向苏方传递谋求改善中苏关系的口信。8 月 10 日，于洪亮飞抵莫斯科，在中国驻苏使馆约见苏副外长伊利切夫，向他传达了根据邓小平指示起草的长达 1000 多字的说贴全文。在说贴中，我方指出，中苏两国关系不正常状况已经存在许多年了，中苏两国人民都不愿意看到这种状况长久继续下去。双方应当作出努力，使中苏关系走上正常轨道，并逐步建立起睦邻友好关系。中方建议双方坐下来平心静气地讨论，通过共同努力，设法排除妨碍两国关系的严重障碍，从有助于改善两大邻国关系的一两个实质问题着手，推动其他方面关系的发展。两国人民都希望改善两国关系，现在是到了该为此做些什么事情的时候了。于洪亮转达完口信后，即去驻波兰使馆，表示此行目的不在莫斯科，也是为了避开外国记者，同时给苏联准备答复的时间。8 月 20 日，苏联对中国的口信作出正式答复。苏联第一副外长马尔采夫约见中国驻苏使馆临时代办马叙生，说苏方对中方口信所提建议感到高兴，表示苏方愿意在任何时间、任何地点和任何级别上同中方讨论苏中双边关系正常化的问题，以便“消除关系正常化的障碍”。经过协商，双方决定从 1982 年 10 月开始，由两国政府特使（副外长级）轮流在北京和莫斯科就改善两国关系问题进行磋商。[①]

中苏副外长级特使第一轮政治磋商于 1982 年 10 月 5 日至 21 日在北京举行，其间共举行了六次会谈。谈判中，中方着重谈三大障碍问题，认为实现两国关系正常化的根本途径在于双方共同努力，扎扎实实地做些事情，以消除妨碍两国关系的严重障碍。苏方则是坚持以下几条原则：第一，中苏关系的改善不能有“先决条件”；第二，中苏关系正常化不应当损害“第三国利益”；第三，苏

① 田曾佩:《改革开放以来的中国外交》，世界知识出版社 1993 年版，第 291—292 页。

联“从不威胁中国”。重申苏联希望改善两国关系。建议共同制定中苏国家关系的基础文件，也可以先就改善和发展两国在经贸、科技和文化等各个领域的关系等达成协议。[①] 由于双方立场相去甚远，磋商过程中两位特使针锋相对，气氛有时非常紧张，但双方都保持了继续磋商的意愿。

1983 年 3 月，中苏副外长级特使第二轮政治磋商在莫斯科举行，但仍无实质性进展。到 1986 年 4 月中苏副外长级特使在莫斯科举行第八轮政治磋商为止，双方在消除三大障碍问题上一直未能取得任何进展，但任何一方都没有因为政治磋商旷日持久且毫无进展便提出中断谈判。由于中苏在全球战略、地区问题和双边关系三个层次都存在着相互冲突的利益和立场，副外长级政治磋商在无法取得进展的情况下仍能够长期持续，这也从一个侧面说明了两国领导人的确都有缓和与改善两国关系的意愿。

中苏政治磋商之所以持续数年无结果，主要是因为中苏双方对改善双边关系各有打算。苏方改善苏中关系的主要目的，是借苏中关系缓和缓解其与美争霸战略中的被动局面，并不是想实质性调整其对外战略和政策。中方提出要消除的三大障碍，几乎每一个都涉及苏联对外政策或者说是东亚政策的全局，只要其对外政策不出现根本性的调整，中苏关系很难迈出实质性的一步。

中方决定推动中苏关系正常化进程，是与中国调整对外战略相联系的。这次战略调整的主要目的是“与美拉开距离”。然而，中美关系却没有因中国对美政策调整而停滞或减速，相反，“八一七公报”签署后，两国关系得到稳定发展。1984 年上半年，中美两国领导人实现了互访。两国在经贸、军事、安全、科技、文化领域的合作关系得到了前所未有的发展。这表明，中国对美政策

---

① 钱其琛:《外交十记》，世界知识出版社 2003 年版，第 11 页。

的调整是有其内在限度的，主要是在安全战略上尽可能地避免被美国利用，但这并不意味着中国领导人不再重视和不想发展中美关系。随着中国改革开放不断深入，拥有大规模资金、先进生产技术和管理经验优势的美国，逐步成为中国发展对外关系的重中之重。这一时期，中苏关系虽然没有实质性的改善，但中国调整对苏政策的确改善了中国的战略地位，迫使美国不得不在处理对华关系上采取更加积极的态度，这也是 1984 年之后中美关系能够迅速发展的重要原因之一，而中美关系的发展又使中国在处理对苏关系时处于有利的地位。

中苏副外长级政治磋商的举行，表明中苏关系已经有所松动。但由于两国长期对抗，互信缺失，两国关系要取得实质性的变化并非易事。中方接连参加苏联已故领导人勃列日涅夫、安德罗波夫及契尔年科的三次“葬礼外交”，为推动中苏关系的发展提供了契机。1982 年 11 月 10 日，勃列日涅夫病逝。12 日下午，全国人大常委会副委员长乌兰夫、国务委员兼外交部长黄华代表全国人大常委会、中国政府和中国人民就勃列日涅夫逝世向苏联驻华大使表示深切哀悼。中国政府还派黄华作为政府特使赴莫斯科参加葬礼。这是在双方高层接触中断十多年后中国所采取的非同寻常的举措，引起国际社会和苏联的高度关注。黄华赴莫斯科之前，在首都机场发表谈话说：中国人民诚意地希望中苏两国关系能够排除障碍，得到真实的改善；希望安德罗波夫总书记和苏联党政当局作出新的努力，促使中苏关系得到改善。11 月 16 日，苏联外长葛罗米柯会见黄华，双方还就消除障碍、改善中苏关系问题交换了意见。1984 年 2 月 9 日，上任仅一年多的安德罗波夫又因年高体弱而病逝，国务院副总理万里率代表团赴莫斯科参加安德罗波夫的葬礼。在莫斯科期间，苏联对中国代表团给予了高规格的接待，部长会议第一副主席阿利耶夫会见了万里，双方进行了会谈。万里在会谈中表示：中国和苏联是邻国。我们真诚地希望实现中苏关系的正常化。近年来，我们两国关系有了发展，当然，我们两国关系中还存在着一些障碍，我们希望今年3月举行的第四轮中苏磋商在这方面取得实质性的进展。但由于苏联不愿意消除“三大障碍”，对当时中美关系的发展有疑虑，中苏关系改善的步伐比较缓慢。

1985年3月10日，接替安德罗波夫担任苏联最高领导人的契尔年科，又在上任一年零一个月之后病逝。此次中国政府派往莫斯科参加契尔年科葬礼的是以国务院副总理李鹏为团长的代表团，而苏联方面则给予中国代表团以更高的礼遇。3月14日，新任苏共中央总书记戈尔巴乔夫会见了李鹏，这也是苏联最高领导人自1964年以来第一次会见中国领导人，显示出戈尔巴乔夫比他的几位前任更加重视中苏关系。在这次会见中，戈尔巴乔夫重申了苏联希望苏中关系得到重大改善，并强调说苏中之间应继续进行对话，提高对话级别，缩小分歧，在更广泛的领域里取得进展。李鹏则转达了中共中央总书记胡耀邦对戈尔巴乔夫就任苏共中央总书记的衷心祝贺和良好祝愿，并说：戈尔巴乔夫总书记在最近举行的苏共中央非常全会上发表讲话时表示希望中苏关系能取得重大改善，我们对此表示同意。必须指出，在改善中苏关系的努力过程中，中国开展的三次“吊唁外交”或称“葬礼外交”取得了积极的效果，它在缓和中苏关系因多年对立而形成的敌对情绪、增进两国交流方面发挥了重要作用。事实上，从1982年冬至1985年春，尽管中苏两国举行的几轮磋商仍未就中国提出的消除“三大障碍”取得突破性进展，但在经济、贸易、科学、文化、体育等领域，双方的往来和联系却大大增加，两国的关系已取得明显的改善。

1984年12月21日，阿尔希波夫作为近20年来第一位副总理级的苏联高级领导人访华，访华期间和国务院副总理姚依林举行了多次会谈。中苏双方签订了《经济技术合作协定》《科学技术合作协定》《建立中苏经济、贸易、科技合作委员会协定》三个重要文件，并同意进一步谈判签署长期经济贸易协定。三个协定的签订，为恢复中苏之间的经济贸易与技术合作奠定了基础。

（二）中苏关系中“三大障碍”的消除

1985 年开始，中苏关系进入了一个新的历史阶段，即正常化阶段。在这个阶段中，两国领导人都表现出极大的主动性，特别是邓小平和戈尔巴乔夫在恢复两国关系正常化中起到了举足轻重的作用。

1985 年 3 月，戈尔巴乔夫就任苏共最高领导人。他在当选苏共中央总书记的苏共中央全会上就表示，苏联希望认真改善同中华人民共和国的关系。他说，只要双方都愿意，这是完全可能的。[①]中方很快就作出回应，派遣国务院副总理李鹏前往莫斯科，参加契尔年科的葬礼。1985 年 10 月 9 日，邓小平在会见罗马尼亚总统齐奥塞斯库时，请齐奥塞斯库给戈尔巴乔夫带口信：“如果苏联同我们达成谅解，越南从柬埔寨撤军，而且能够办到，我或者胡耀邦同志愿意跟戈尔巴乔夫会见。我出访的历史任务已经完成了，同志们也不让我出国了，但是如果同苏联能够达成这样一个谅解，我可以破一次例。为了这样一件好事，我愿意去。”[②]中国对加快中苏关系正常化表现出积极姿态，一方面与戈尔巴乔夫上台后表示愿意进一步改善中苏关系有关，另一方面也与中国发展战略的新进展有关。80 年代中期，邓小平明确提出和平与发展是当今世界两个主题的思想，这是中国领导人在“时代”问题认识上的巨大变化。与此相关，中国改革开放的发展战略即将全面展开，为经济建设营造和平稳定的国际环境成为中国对外战略的主要目标，实现中苏关系

---

①《戈尔巴乔夫言论选集（1984—1986）》，人民出版社 1987 年版，第 40 页。

② 中共中央文献研究室：《邓小平年谱（1975—1997）》（下），中央文献出版社 2004 年版，第 1085—1086 页。

正常化将极大改善中国的国际环境。

苏联在戈尔巴乔夫“新思维”的引领下，在外交上开始进行战略收缩，以集中精力在国内开展改革。1986 年 7 月 28 日，戈尔巴乔夫在海参崴发表讲话，其中涉及对外政策的不少内容与中苏关系有关。戈尔巴乔夫宣布：苏联正同蒙古人民共和国领导人一起研究关于相当大一部分苏联军队撤出蒙古的问题；苏联在各个领域发展同中国的合作，理解与尊重中国的国内政策，也愿意谈判解决黑龙江地区的边界遗留问题，而边界线的正式走向可以以主航道为界；苏联认为彻底削减亚洲的武装力量和常规武器并使之达到合理的限度具有重大意义，苏联愿意同中华人民共和国讨论旨在相应地降低陆军水平的具体步骤；苏联承认高棉人民遭受极大的牺牲，但同东南亚问题一样，这里的许多事情取决于中越关系正常化；苏联愿意应阿富汗政府的请求使驻在这个国家的苏联军队回国。[①] 戈尔巴乔夫这次讲话显示，苏方的立场有了重要变化。在“三大障碍”问题上，这次没有重弹“不设先决条件”“不损害第三国利益”“从不威胁中国”等老调，不再回避从阿富汗、蒙古和边境地区撤军问题。但在柬埔寨问题上，苏联的态度还没有发生实质性的变化。

戈尔巴乔夫的讲话引起了中方的高度重视。两天后，外交部发言人发表评论说：政治解决阿富汗问题的关键是苏军尽快全部撤出阿富汗。我们希望苏联同所有有关方面迅速达成协议，尽早提出苏军全面撤退的时间表。1986 年 9 月 2 日，邓小平在接受美国记者华莱士采访时指出：“戈尔巴乔夫在海参崴的讲话有点新东西，所以我们对他的新的带积极性的东西表示了谨慎的欢迎。但戈尔巴乔夫讲话也表明，他的步子迈得并不大。”在回答华莱士问他是否愿意与戈尔巴乔夫会晤时，他表示：“如果戈尔巴乔夫在消除中苏

---

①《戈尔巴乔夫言论选集（1984—1986）》，人民出版社 1987 年版，第 431 页。

间三大障碍，特别是在促使越南停止侵略柬埔寨和从柬埔寨撤军问题上走出扎扎实实的一步，我本人愿意跟他见面。要越南从柬埔寨全部撤军，对这个问题，苏联是能够有所作为的。因为如果苏联不帮助越南，越南一天仗都打不了。戈尔巴乔夫在海参崴讲话一直回避这个问题。”[①]

尽管中方对苏联在柬埔寨问题上的犹豫不决的立场有所不满，但在中苏两国领导人的推动下，整体来讲，中苏关系从 1985 年开始有了新的发展。1985 年夏，国务院副总理姚依林访问苏联，这是 20 年来中国第一位副总理正式访苏。中苏签订了《关于一九八六年到一九九〇年交换货物和付款协定》和《关于在中国建设和改造工业项目的经济技术合作协定》。根据前一个协定，中国将向苏联提供矿产品、大豆、玉米、猪肉及其制品、水果、茶叶、棉布、针织品、缝制品、轻工土畜产品、手工艺品、化工品等货物，苏联将向中国提供钢材、木材、化肥、有色金属、发电设备、铁路机车辆、汽车、飞机等货物。从 1986 年至 1990 年，中苏贸易总额将达到 350 亿瑞士法郎。[②] 1988 年 7 月 15 日，中苏两国在莫斯科签署了《中华人民共和国政府和苏维埃社会主义共和国联盟政府关于双方公民相互往来的协定》，根据这项协定，持有各种有效旅行证件的两国公民因公临时进出对方国境可以免办签证。1987 年，中断了九年的中苏边界问题谈判重新开始，先后于 2 月 9 日至 23 日在莫斯科、8 月 7 日至 21 日在北京、1988 年 10 月 20 日至 31 日在莫斯科举行了三轮谈判。第二轮谈判后，双方同意，通航河流以主航道中心线、非通航河流以河流中心线或主流中心线划界，合理解决东段边界问题。这为中苏关系的进一步改善

①《邓小平文选》第三卷，人民出版社 1993 年版，第 167—168 页。

② 沈一鸣：《中苏签订长期换货和付款协定、经济技术合作协定》，《人民日报》1985 年 7 月 11 日，第 1 版。

开辟了新的渠道。

1988年，苏联在消除中苏关系正常化的三大障碍上有了实质性的进展，中苏关系发展出现了新的转机。1988年4月14日，苏方在关于政治解决阿富汗问题的日内瓦会议上签字，承诺从5月15日起从阿富汗撤军，10个月内全部撤完。5月26日，越南方面宣布，于6月开始从柬埔寨撤出五万军队，剩下的军队将由金边政权指挥，并于1990年底前全部撤出。尽管越南宣布将从柬埔寨撤军，但对于其是否真正撤军，中国方面还是持怀疑态度。5月28日，外交部发言人就越南宣布从柬埔寨撤军问题答记者问时指出：越南已多次宣布从柬埔寨部分撤军，但迄今侵柬越军的数目并未见减少。人们怀疑，越南副外长26日宣布越方将撤军五万是故伎重演。而苏联在柬埔寨问题上的态度变得比较积极。在6月上旬的纽约联合国会议期间，苏联外长谢瓦尔德纳泽会见了中国外长钱其琛，主动提出希望双方召开专门会议讨论柬埔寨问题。[①] 6月13日至20日，第十二轮中苏副外长级政治磋商在莫斯科举行，会议结束时宣布不再有新一轮政治磋商。双方同意由专门解决柬埔寨问题的副部长级磋商代替它，以利于清除两国关系正常化的最后障碍。

为扫除影响两国关系正常化最后一个障碍——柬埔寨问题，中苏两国间持续数年的政治磋商升级为副外长级会谈。1988年8月27日至9月1日，中苏举行了关于柬埔寨问题的第一轮副外长级会谈。9月1日，中国外交部发言人在新闻发布会上谈到这次会谈时说，在这次会晤中，中苏副外长共举行了四次为时较长的会议，主要讨论了柬埔寨问题，特别是越南尽早从柬埔寨全部撤军的问题。双方都主张柬埔寨问题应该通过政治手段予以公正、合理的解

① 钱其琛：《外交十记》，世界知识出版社2003年版，第48页。

决，并且都表示将尽力促使这个目标的实现。中苏双方有共同点，也有分歧[①]。9月28日，中国外长钱其琛和苏联外长谢瓦尔德纳泽在纽约参加第四十三届联大时进行了会晤。双方认为，关于柬埔寨问题的讨论应该继续下去。中国方面认为，苏联方面表示愿意为促进越南从柬埔寨撤军作出努力，是朝着消除影响中苏关系正常化障碍方面迈出的重要一步。双方商定，钱其琛外长于年内访苏[②]。

随后中苏两国外长的互访进一步推进了两国关系正常化的进程。1988年12月1日至3日，中国外长钱其琛访苏。这是近30年来中国外长第一次正式访问苏联。访问期间，钱其琛同谢瓦尔德纳泽就柬埔寨问题、双边关系和其他双方共同关心的问题进行了广泛的讨论。关于柬埔寨问题，钱其琛提出："中苏在越南撤军的时间表上应该有一致的主张，并且促其实现；在越南全部撤军后，所有外国都应该停止对柬埔寨各派的军事援助，不支持任何一方打内战，建立以西哈努克为首的四方临时联合政府，冻结、削减以至解散各派军队，向柬埔寨派遣国际维和部队，对越南撤军和柬埔寨民族和解进程实行严格的国际监督和国际保证。"[③]与此同时，双方还讨论了关于苏联在蒙古驻军、两国边境地区驻军裁减、边界谈判等问题。访问结束时，苏共中央总书记、苏联最高苏维埃主席戈尔巴乔夫会见了钱其琛。双方表示，经过认真准备，中苏两国最高级会晤将在1989年上半年举行[④]。钱其琛在接受记者采访时说，几年来，我们一直主张消除障碍，实现中苏关系正常化。经过长期努力，事态开始朝着消除障碍、解决问题的方向发展，这一进程将继续进行下去。钱其琛外长对苏联的访问取得了积极成果，中苏两国

① 周慈朴等：《中苏副外长工作会晤结束》，《人民日报》1988年9月2日，第1版。
② 刘开宸等：《中苏外长在纽约会晤》，《人民日报》1988年9月29日，第6版。
③ 钱其琛：《外交十记》，世界知识出版社2003年版，第52页。
④ 唐修哲：《戈尔巴乔夫会见钱其琛》，《人民日报》1988年12月3日，第1版。

关系正常化已经开始迈向了一个新的进程[①]。

1989 年 2 月 1 日至 6 日，苏联外长谢瓦尔德纳泽对中国进行了正式访问，这是对钱其琛外长访苏的回访。访华期间，谢瓦尔德纳泽同钱其琛进行了正式会谈，继续就公正、合理的解决柬埔寨问题交换了意见，双方就解决柬埔寨问题达成九点一致看法。2 月 5 日，两国外长发表关于解决柬埔寨问题声明，主要内容为：一、双方注意到越南宣布的至迟于一九八九年九月底之前从柬埔寨全部撤军的决定，并希望这一决定付诸实施将促进解决柬埔寨问题其他方面的谈判进程。越南全部从柬埔寨撤军后，在柬埔寨领土上不能有外国军队和军事基地的存在。二、双方认为，随着越南军队从柬埔寨撤出，有关各国对柬埔寨任何一方的军事援助都应当逐步减少，直至完全停止。三、中苏两国认为，柬埔寨的内部问题应由柬埔寨各方在民族和解的基础上，在没有任何外来干涉的情况下通过谈判解决。双方欢迎柬埔寨四方对话，并希望这种对话能卓有成效地发展。四、双方关心并认为必要的是，在外国军队从柬埔寨撤出后，在这个国家不出现危险局势和发生内战。中苏双方认为，建立有效的国际监督机制，对越南撤军、外国停止军事援助、维持柬埔寨和平以及进行自由选举实行严格的国际监督是必要的和重要的。五、双方赞成在条件成熟时召开柬埔寨问题的国际会议。六、双方主张，在外国军队撤出后，应对柬埔寨作为独立、和平、中立、不结盟国家的地位进行国际保证。中苏两国表示，两国将愿意参加此项国际保证。[②] 声明的发表，预示着中国所说的最重要的一个障碍即柬埔寨问题基本上得到解决，由此为中苏高级会晤扫清了道路。与此同时，钱其琛外长受国家主席杨尚昆的委托，正式向戈尔巴乔夫

① 李惠生:《钱外长结束对苏联正式访问》,《人民日报》1988 年 12 月 5 日，第 6 版。

②《中苏两国外长关于解决柬埔寨问题声明》,《人民日报》1989 年 2 月 6 日，第 1 版。

发出了访华的邀请，并请谢瓦尔德纳泽予以转达。谢瓦尔德纳泽受戈尔巴乔夫总书记的委托愉快地接受了这一邀请，双方因此商定并公布了中苏高级会晤举行的时间和日程。

（三）中苏高层会晤和中苏关系正常化

应国家主席杨尚昆的邀请，苏共中央总书记戈尔巴乔夫于1989年5月15日至18日对中国进行正式访问。两国领导人对中苏关系的各个方面进行了充分的讨论并取得一致意见，这标志着两国关系和两党关系全面恢复正常。

来华的第二天，中共中央军委主席邓小平与戈尔巴乔夫进行了历史性的会晤。邓小平首先谈到两国在20世纪50年代末至60年代初的大辩论。他指出：多年来，存在一个对马克思主义、社会主义的理解问题。经过二十多年的实践，回过头来看，双方都讲了许多空话。马克思去世以后一百多年，究竟发生了什么变化，在变化的条件下，如何认识和发展马克思主义，没有搞清楚。绝不能要求马克思为解决他去世之后上百年、几百年所产生的问题提供现成答案。真正的马克思列宁主义者必须根据现在的情况，认识、继承和发展马克思列宁主义。革命成功后，各国必须根据自己的条件建设社会主义。固定的模式是没有的，也不可能有。墨守成规的观点只能导致落后，甚至失败。邓小平接着指出：我们这次会见的目的是八个字：结束过去，开辟未来。结束一下过去，就可以不谈过去了，重点放在开辟未来的事情上。但是，过去的事完全不讲恐怕也不好，总得有个交代。关于历史上中国在列强的压迫下遭受的损害，邓小平指出：从中国得利最大的，是两个国家，一个是日本，一个是沙俄，在一定时期一定问题上也包括苏联。关于对中国的威胁从何而来，邓小平指出：从六十年代中期起，我们的关系恶化了，基本上隔断了。这不是指意识形态争论的那些问题，这方面现在我们也不认为自己当时说的都是对的。真正的实质问题是不平等，中国人感到受屈辱。历史账讲了，这些问题一风吹，过去就结束了，这也是这次会晤取得的一个成果。在今后发展交往方面，我有一个重要建议：多做实事，少说空话。[①]

访问期间，戈尔巴乔夫在人民大会堂向中国学术界人士发表了长篇演讲。在谈到应从中苏关系的曲折中汲取什么教训时，戈尔巴乔夫认为：第一，懂得了破坏、恶化国与国之间的关系比建立、巩固和充实这种关系要简单得多。由于两三个不考虑伙伴利益的错误决定，企图把自己的观点强加给对方，把相互欺负推向政治高度，使意识形态上的争论和分歧发展成国家对立，结果在两个曾经友好的国家之间筑起一道猜疑和不信任之墙。第二，懂得了必须对彼此在政治上和行动上的不一致表现谅解。很自然，苏联和中国对各种问题和现象都有自己的立场和态度，不应把这点看成合作的绊脚石。努力寻找相互可以接受的解决办法，同时相互尊重对方的观点和立场，这是唯一合理的态度。1989 年 5 月 18 日，发表了《中苏联合公报》。该公报全文共 18 项条款。公报称："中苏两国领导人认为就中苏两国关系问题交换意见是有益的。双方一致认为，中苏两国高级会晤标志着中苏两国国家关系正常化。中苏关系正常化不针对第三国，不损害第三国的利益。双方声明，中华人民共和国和苏维埃社会主义共和国联盟将在互相尊重主权和领土完整，互不侵犯，互不干涉内政，平等互利，和平共处的国与国之间关系的普遍原则基础上发展相互关系。中苏双方愿意通过和平谈判解决两国之间的一切争端，相互不以任何形式，包括不利用同对方接壤的第三国的领土、领水和领空使用武力或以武力相威胁。"[②]

中苏高级领导人的成功会晤和中苏关系实现正常化，对两国双边关系发展具有深远的现实意义。中苏关系正常化促使两国关系

①《邓小平文选》第三卷，人民出版社 1993 年版，第 291—295 页。

②《中苏联合公报》，《人民日报》1989 年 5 月 19 日，第 1 版。

进入正常发展轨道，同时，又为20世纪90年代中国和苏联及独联体各国关系的发展打下了良好的基础。

（四）中国同东欧社会主义国家关系的恢复和改善

20世纪60年代中期后，受中苏关系破裂影响，中国同一些与苏联关系紧密的东欧国家的关系也相继恶化。党的十一届三中全会以后，中国同东欧国家的关系逐步得到缓和与恢复。进入80年代后，随着中苏关系正常化步伐逐步加快，中国同东欧国家的关系获得重大发展。

中国与东欧国家关系的发展同中苏关系缓和与中苏关系正常化的进程是一致的，也是互相促进的。由于东欧一些国家长期受到苏联的影响甚至控制，中苏关系的缓和与改善，自然会对中国与这些国家的关系产生积极的影响。同时，中共十二大提出处理各国党际关系的四个原则，即“独立自主、完全平等、互相尊重、互不干涉内部事务”，对中国发展与东欧国家的关系起了重要的指导作用。在这些原则指导下，中国与东欧国家关系呈现了稳定发展的趋势。

1984年至1987年间，捷克斯洛伐克、波兰、匈牙利、保加利亚等国领导人或执政党领导人先后访问中国，中国党政领导人也先后访问多个东欧国家。罗马尼亚总统齐奥塞斯库多次访问中国，中国领导人邓小平、彭真、李先念、华国锋、胡耀邦等也曾先后访问罗马尼亚。

随着中国同东欧国家关系的不断改善，中国与这些国家的经贸关系也有很大发展。1978年，中国分别同罗马尼亚和南斯拉夫成立了副总理级经济、科学技术合作委员会。1985年，中国又先后分别同波兰、民主德国、匈牙利、捷克斯洛伐克和保加利亚5国成立了部长级的经济、贸易和科技合作委员会。同年，中国与东欧8个国家分别签订了1986年至1990年长期贸易协定。中国国家计委和工业、财政、商业、银行及合作社等部门也分别同东欧国家的对口部门建立了直接联系，探讨扩大合作的可能性。中国先后同一些国家签订了关于避免双重征税和防止偷漏税协定、民用航空运输协定、对外贸易货物运输协定、相互促进和保护投资的协定，以及关于经济和科学技术长期合作基本方向的协定等，为双边经济贸易合作的进一步发展奠定了基础。1981 年，中国同捷克斯洛伐克、波兰、匈牙利、保加利亚、罗马尼亚、南斯拉夫和民主德国的贸易总额为 37.9 亿美元，1988 年为 41.7 亿美元。

1983 年，中国与阿尔巴尼亚恢复贸易关系后，两国经贸往来增多。1984 年，两国正式签订贸易协定，1985 年，两国签订了中阿 1986 年至 1990 年长期贸易协定，贸易总额为 1.3 亿美元。双方贸易额逐年增加，1984 年，中阿贸易总额 413 万美元，1988 年增长到 4420 万美元。

中国与东欧国家在政治、经济、科学文化等各个领域关系的稳定发展，为苏联、东欧剧变后中国能够在剧烈的政局变化中妥善地处理和发展与东欧国家的关系奠定了坚实基础。

三、主动营造和平稳定的国际环境

改革开放后，中国致力于四个现代化建设，迫切需要一个长期的、和平的国际环境，尤其是和平与稳定的周边环境。国家主权完整问题，中国与周边国家边界问题、近海岛礁主权争端问题等，对中国营造和平稳定国际环境的努力构成挑战。中国领导人积极探索解决这些问题的新思路。

（一）“一国两制”是和平解决国际争端的创新方式

中共中央副主席邓小平在党的十二大开幕词中指出，把加快社会主义现代化建设，争取实现包括台湾在内的祖国统一，反对霸权主义、维护世界和平作为中国 20 世纪 80 年代的三大任务。如何实现国家统一，一直是中国领导人思考的重大问题。中国领导人从国家和人民的根本利益出发，以尊重历史、尊重现实的务实态度，在长期实践的不断探索中，逐步提出了用“一国两制”的和平方式解决台湾问题的构想。

早在中美建交谈判期间，中国领导人关于解决台湾问题的方式，在坚持不承诺放弃武力解决的同时，在多个场合多次谈到用和平方式解决台湾问题的思路。1978 年 11 月 14 日，邓小平在访问泰国、马来西亚、新加坡后回国途经缅甸时，同缅甸总统吴奈温会谈。邓小平说：在解决台湾问题时，我们会尊重台湾的现实。比如，台湾的某些制度可以不动，美日在台湾的投资可以不动，那边的生活方式可以不动，但是要统一。[①] 这里已经蕴涵有“一国两制”的想法。1978 年 11 月 27 日，邓小平在会见美国专栏作家诺瓦克时说：“解放台湾是我们祖国统一的事业，我们也要尊重台湾的现实。我们是社会主义国家，台湾存在不同的社会制度。它们可以保留原来的社会制度、经济制度。这是在国家统一的情况下允许保留的。”[②] 在此实际上已提出了“一国两制”的基本要素。1979 年 12 月，邓小平在与日本首相大平正芳谈话时提出：“对台湾，我们的条件是很简单的，那就是，台湾的制度不变，生活方式不变，台湾与外国的民间关系不变。”“台湾作为一个地方政府，可以拥有自己的自卫力量，军事力量。条件只有一条，那就是，台湾要作为中国不可分的一部分。它作为中国的一个地方政府，拥有充分的自治权。”[③] 1981 年 9 月 30 日，全国人大常委会委员长叶剑英向

① 中共中央文献研究室：《邓小平思想年编（一九七五—一九九七）》，中央文献出版社 2011 年版，第 191 页。

② 外交部档案馆：《伟人的足迹——邓小平外交活动大事记》，世界知识出版社 1998 年版，第 196—197 页。

③ 中共中央文献研究室：《邓小平思想年编（一九七五—一九九七）》，中央文献出版社 2011 年版，第 281 页。

新华社记者发表谈话，明确提出了和平解决台湾问题的九条方针，主要内容是：建议举行中国共产党和中国国民党两党对等谈判，实行第三次合作，共同完成祖国统一大业。双方可先派人接触，充分交换意见；建议双方共同为通邮、通商、通航、探亲、旅游以及开展学术、文化、体育交流提供方便，达成有关协议；国家实现统一后，台湾可作为特别行政区，享有高度的自治权，并可保留军队；台湾现行社会、经济制度不变，生活方式不变，同外国的经济、文化关系不变；台湾当局和各界代表人士，可担任全国性政治机构的领导职务，参与国家管理；台湾地方财政遇有困难时，可由中央政府酌情补助；台湾各族人民、各界人士愿回祖国大陆定居者，保证妥善安排，不受歧视，来去自由[①]。1982年1月，邓小平在会见外宾时第一次把解决台湾问题的上述方针概括为“一国两制”，他指出，九条方针“实际上是‘一个国家，两种制度’。两制是可以允许的，他们不要破坏大陆的制度，我们也不要破坏他那个制度。不只是台湾，还有香港问题大体也是这九条”。[②]“一国两制”最早是为解决台湾问题而设想的，但因为解决香港问题的条件先于解决台湾问题的条件成熟，所以这一构想首先应用于香港问题的解决。

1972年3月8日，中国常驻联合国代表黄华奉命致函联合国非殖民化特别委员会主席，反对将香港、澳门列入殖民地地区名单，指出“香港、澳门是属于历史遗留下来的帝国主义强加于中国的一系列不平等条约的结果。香港、澳门是被英国和葡萄牙当局占领的中国领土的一部分，解决香港、澳门问题完全是属于中国主权范围内的问题，根本不属于通常所谓‘殖民地’范畴”。中国的合

① 中共中央文献研究室：《改革开放三十年重要文献选编》（上），中央文献出版社2008年版，第220—221页。

② 中共中央文献研究室：《邓小平思想年编（一九七五——九九七）》，中央文献出版社2011年版，第401页。

法要求得到了联合国的赞同，这一年召开的第 27 届联合国大会通过决议，从殖民地名单中删去了香港、澳门，为香港、澳门问题在中国主权的范畴内解决创造了有利条件。

随着英国“新界”租期期限（1997 年）临近，英国也有了解决香港问题的要求。因为届时英国将不再有任何哪怕是不平等条约的依据来继续占有这块土地，而“新界”的面积占香港总面积的 92%，当时香港的飞机场、大码头及主要服务设施都在新界，没有新界的支撑，香港其余部分是无法维持下去的。随着 1997 年的迫近，香港投资者心神不宁，房地产业租约因只能使用到 1997 年而无人敢再投资，香港普通居民对前途也感到不安。早在 1979 年 3 月，港督麦里浩访华时，就询问中国政府，港英当局能否宣布房地产业租约到 1997 年以后继续有效。当时中方回答，即使中国政府到时候做出某些政治安排，也不会伤害投资者利益。同年 7 月 5 日，英国向中国递交了《关于香港新界土地契约的问题的备忘录》，在这份备忘录中，英方不仅提出要取消新界土地租约不能超过 1997 年的限制，还提出要取消 1997 年后总督在法律上不能再管理“新界”的限制。备忘录说，为了解决这个问题的上述两个方面，英方将通过一项香港土地租约的法律，并将发布一项枢密院令。中国政府研究了这个备忘录，并公开答复，指出英方此举是“不必要的，也是不适当的”[①]。

上述事情摆在面前，促使中国领导人除了考虑台湾问题外，必须考虑香港问题。1981 年初，邓小平指出，香港问题已摆上日程，我们必须有一个明确的方针和态度。请有关部门研究提出方案，并尽快整理出材料，供中央参考。同年 3 月，廖承志、黄华等开始研究解决香港问题，并由廖承志主持起草了一份报告，建议

①《20 世纪的巨人：邓小平与现代中国》，中国青年出版社 1999 年版，第 360 页。

1997 年如期收回香港。这个报告后来经反复修改，最后形成了解决香港问题的十二条基本方针政策[①]。这些方针政策是：中国政府决定于 1997 年 7 月 1 日对香港地区恢复行使主权。恢复行使主权后，根据宪法第三十一条规定，在香港设立特别行政区，直辖于中央人民政府，享有高度自治权。特别行政区享有立法权，有独立的司法权和终审权。现行的法律、法令、条例基本不变。特别行政区政府由当地人组成。主要官员在当地通过选举或协商产生，由中央人民政府委任。原香港政府各部门的公务、警务人员可予留任。特别行政区各机构也可聘请英国及其他外籍人士担任顾问。现行的社会、经济制度不变，生活方式不变。香港特别行政区仍为自由港和独立关税地区。保持金融中心地位、特别行政区财政保持独立。特别行政区可同英国建立互惠经济关系。特别行政区可以“中国香港”的名义，单独地同世界各国、各地区以及有关国际组织保持和发展经济、文化关系，签订协议。特别行政区政府可自行签发出入香港的旅行证件。特别行政区的社会治安由特别行政区政府负责。上述方针政策，由全国人民代表大会以香港特别行政区基本法规定之，50 年不变。[②]这十二条基本方针政策后来成为中英关于香港问题联合声明的核心内容。

解决台湾问题方针提出后，英方急于了解中方对香港问题的立场。1982 年 9 月，英国首相撒切尔夫人就此访华。邓小平会见撒切尔夫人时，阐述了中国政府对香港问题的基本立场。邓小平指出：“这里主要有三个问题，一个是主权问题；再一个是 1997 年后中国采取什么方式来管理香港，继续保持香港繁荣；第三个是中英两国政府要妥善商谈如何使香港从现在到 1997 年的 15 年中不

①《20 世纪的巨人：邓小平与现代中国》，中国青年出版社 1999 年版，第 360 页。

②《中华人民共和国政府和大不列颠及北爱尔兰联合王国政府关于香港问题的联合声明》，《人民日报》1984 年 9 月 27 日，第 1 版。

出现大的波动。”邓小平强调：“中国在香港主权问题上没有回旋余地，1997 年中国将收回香港，不仅是新界，而且包括香港岛和九龙。1997 年后，香港现行的政治、经济制度基本不变，仍将实行资本主义。相信我们会制定出收回香港后应该实行的、能为各方面所接受的政策。”[①] 撒切尔夫人结束访华回国途经香港时发表讲话，称中国对主权问题有自己的看法，但英国有三项条约，其中两项是永久的，这些条约是有效的，英国对香港有道义上的责任，等等。这等于公开宣布了英国在谈判中将向中国提出的要价，概括起来有三点：一是香港岛和南九龙的主权是英国的，因为历史条约是有效的；二是主权与治权是可以分开考虑的；三是香港居民是英国的属土公民，因而英国对其有道义责任，在谈判中要以港人代表的身份发言。[②] 英国企图在香港问题上制造舆论，给中国政府施加压力，迫使中国政府接受既成事实。对此，中国外交部发言人声明：“香港是中国领土的一部分。过去英国政府同中国清政府签订的有关香港地区的条约是不平等条约，中国人民从来是不接受的。中华人民共和国政府的一贯立场是，不受这些不平等条约的约束，在条件成熟的时候收回整个香港地区。”[③] 新华社评论员针对英国的三点立场给予针锋相对的驳斥：“三个条约无效，主权问题不容谈判，这是整个谈判的前提；主权与治权不可分，治权是主权的体现，没有治权的主权是空的；香港居民是中国公民，中国不承认什么‘属土公民’，只有中华人民共和国政府，才有权利说对于香港的中国居民负有一个主权国家的责任。”[④]

---

① 中共中央文献研究室：《邓小平思想年编（一九七五—一九九七）》，中央文献出版社 2011 年版，第 435—437 页。

②《我们对香港问题的严正立场》，《人民日报》1982 年 10 月 1 日，第 2 版。

③《外交部新闻司发言人就香港问题答记者问》，《人民日报》1982 年 10 月 1 日，第 1 版。

④《我们对香港问题的严正立场》，《人民日报》1982 年 10 月 1 日，第 2 版。

在此背景下，1983 年 3 月，撒切尔夫人给中国总理来信，有条件地作了某些承诺，表示“如果双方谈判就维护香港繁荣能达成协议，英国政府可以向英国议会提出将主权交给中国”。6 月，双方在这一基础上就谈判程序进行谈判，并在程序性问题上达成协议。7 月，双方进入实质性问题谈判阶段。至 1984 年 9 月达成协议，共进行了 22 轮谈判。1984 年 9 月 18 日中英双方达成协议，9 月 26 日在北京草签了两国政府的《联合声明》及“中华人民共和国政府对香港的基本方针政策的具体说明”，“关于中英联合联络小组”和“关于土地契约”等三个附件。1984 年 12 月 19 日，英国首相撒切尔夫人再次访华，与中国总理联合签署了中英《联合声明》及上述三个附件。1985 年 5 月 27 日，两国政府互换了《联合声明》的批准书，《联合声明》从此生效。

在此之后，中国政府运用“一国两制”的和平方式解决与葡萄牙历史遗留的澳门问题。1987 年 3 月 26 日，中国政府和葡萄牙政府经过谈判，在北京草签了《关于澳门问题的联合声明》。《关于澳门问题的联合声明》明确指出，澳门是中国领土，中华人民共和国将于 1999 年 12 月 20 日对澳门恢复行使主权。中国政府宣布根据“一国两制”的方针，在澳门设立特别行政区。在联合声明生效之日起至 1999 年 12 月 19 日止的过渡时期内，葡萄牙政府负责澳门的行政管理，中国政府给予合作。在联合声明生效时成立中葡联合联络小组，根据声明附件的规定建立和履行职责。自此开始，中葡两国关系进入了一个新的阶段。1987 年 4 月 13 日，中葡两国正式签署《关于澳门问题的联合声明》，为澳门回归奠定了法律基础。

中英香港问题、中葡澳门问题的顺利解决，为发展中英关系、中葡关系及中欧关系扫除了政治障碍。中国以“一国两制”方式成功解决中英、中葡间的历史遗留问题，为国际社会和平解决历史遗留问题及国际问题提供了新思路。1987 年 4 月 13 日，邓小平在会见葡萄牙总理席尔瓦时指出：“中国在不长的时间内解决了香港问题、澳门问题，为处理国际上有争议的问题树立了一个范例。我们考虑用何种方式解决香港、澳门和台湾问题的立足点是，解决香港问题不仅要符合中国的利益，还要符合英国和香港的利益；解决澳门问题不仅要符合中国的利益，还要符合葡萄牙和澳门的利益；而解决台湾问题，则既要符合大陆的利益，也要符合台湾的利益。我们经过较长时间的考虑，从解决台湾问题着手，提出了‘一国两制’的构想。受台湾问题的启发，我们考虑用同样的方式解决香港、澳门问题。看来，用‘一国两制’方式解决这类问题是成功的，为解决国际争端、消除热点问题提供了经验。”①

（二）着眼长远发展中日关系

日本作为当时世界第二大经济体，在东亚区域乃至亚太区域有着重要影响。发展同日本的友好合作关系，有利于中国的改革开放和社会主义现代化建设，也有利于维护中国周边局势的和平与稳定。《中日和平友好条约》签署后，在两国政府的积极推动下，中日两国在各个领域的合作得到全面发展和加强。

两国高层互访频繁。1982 年，中国总理在中日建交 10 周年之际访问了日本，在同铃木首相会谈时，提出发展中日经济关系的三项原则：一是根据两国政府联合声明和中日和平友好条约，在两国之间和平友好关系的基础上，积极发展两国的经济关系；二是中日经济关系应遵循平等互利的原则，从各自的需要与可能出发，互通有无，取长补短，不断地向新的广度与深度发展；三是发展这种经济关系符合两国人民的根本利益和世世代代友好下去的愿望，应该是长期稳定的，不受国际风浪的影响。这三项原则归纳起来即

① 中共中央文献研究室：《邓小平思想年编（一九七五—一九九七）》，中央文献出版社 2011 年版，第 613 页。

“和平友好、平等互利、长期稳定”[①]，因而受到日本方面的支持。铃木首相表示，“全面赞同”中国总理提出的发展中日关系的设想。同年，铃木首相回访中国时，邓小平副总理同他会谈，指出：“中日两国人民要世世代代友好下去，我们党的十二大强调这一点，说明是中国的长期国策。”[②]为进一步促进中日关系的稳定发展，1983年11月23日至31日，中国共产党中央委员会总书记胡耀邦应日本政府的邀请抵达日本进行访问。这是日本政府第一次邀请中国共产党的主要领导人访日，也是胡耀邦以中国共产党总书记身份访问的第一个资本主义国家，说明中日两国对此次访问都很重视。关于此次访问日本的目的，胡耀邦总书记在日本机场发表讲话时说，“此次访问的目的，是谋求睦邻友好关系的长期稳定发展”，“中日两国长期友好相处，并致力于发展经济、文化等各方面的交流，这对于两国的安全和繁荣具有重大意义，对于维护亚洲和太平洋地区的和平与稳定，消除战争势力的威胁，是一个重要因素，因而也是维护世界和平的一个重要因素”。胡耀邦总书记抵达日本的第二天，同中曾根康弘首相就国际形势、中日两国关系以及其他共同关心的问题举行了会谈。在会谈中，中曾根首相首先表示，希望日中两国永远友好，并说：“我要亲眼看到两国和平友好关系不断发展下去。”胡耀邦则说：“我们要一代一代地把这种友好关系传下去。”为了在21世纪也要维持两国的和平友好关系，中曾根建议，在发展中日关系三项原则的基础上，加上“相互信赖”，成为“和平友好、平等互利、相互信赖、长期稳定”四项原则。胡耀邦对此表示同意。后经两国外长确认，一致同意把中日关系三项原则扩大为四项原则。“相互信赖”原则也同其他三项原则一样，对实现中日关

①《和平友好平等互利长期稳定》，《人民日报》1982年6月1日，第1版。

② 中共中央文献研究室：《邓小平思想年编（一九七五—一九九七）》，中央文献出版社2011年版，第437页。

系长期稳定的发展具有重要的意义。中日两国虽然一衣带水，但是由于两国的社会制度和意识形态各异，经济和社会发展水平也不相同，尤其是日本帝国主义对中国实行长期侵略给人们造成的心理创伤，以及第二次世界大战结束后两国间的正常关系长时间内没有得到恢复，使得相互隔绝的中日两国之间缺乏必要的了解和理解，因此相互间经常出现矛盾和分歧，也屡生疑虑，这严重地阻碍了中日两国关系的长期稳定发展。如果两国之间能够建立起基于相互了解和理解之上的“相互信赖”关系，就可以化解矛盾和分歧，消除疑虑，冲破各种阻碍，把中日两国关系长期稳定地发展下去。

这一时期，两国政府间逐步形成了一系列对口部门之间的经常性工作协商制度，如中日外交部门定期协商机制、政府成员会议、中日友好 21 世纪委员会等。中日经贸关系发展突飞猛进。双边贸易规模迅速扩大。1979 年，中日贸易总额为 67 亿美元，到 1988 年中日贸易总额达 190 亿美元，增长 280%，中日贸易总额约占中国对外贸易总额的 18%，在中国对外贸易中占第二位。[①] 中日经济合作日益加强。1978 年中国实行改革开放政策后，日本政府表示要给予支持。1979 年 12 月，日本首相大平正芳访华期间，与中国国务院总理华国锋就两国经济合作问题进行磋商。华国锋表示，为了促进经济建设，希望加强同日本和其他国家的经济合作。大平正芳表示，日本政府准备根据中国的愿望，开展积极的合作。日本政府对中国现代化建设中优先考虑的石臼所港建设项目、兖州—石臼所铁路建设项目、北京—秦皇岛铁路扩建项目、广州—衡阳铁路扩建项目、秦皇岛港扩建项目以及五强溪水力发电站建设项目，准备进行力所能及的支持，并表示日本政府准备提供不

---

① 数据来源:《中国统计年鉴（1981）》，中国统计出版社 1982 年版，第 355 页;《中国统计年鉴（1989）》，中国统计出版社 1989 年版，第 636 页。百分比是根据相关数据计算而来。

超过500亿日元的贷款作为1979年度的份额进行合作。[①]此后10年，日本先后向中国提供了两批总价值8709亿日元的政府贷款。[②]与此同时，日本对华直接投资增长也很快。根据中国有关方面的统计，从1979年至1989年的10年间，日本对华直接投资协议总额26.57亿美元，居中国香港、美国之后排在第三位，占外商来华投资总额的7.88%。[③]1981年起，日本开始向中国提供无偿资金援助，至1990年，日本政府向中国政府提供无偿资金援助约555亿日元（约合4.1亿美元），合作项目达28个。[④]其中比较著名的有中日友好医院、中日青年交流中心、中日友好环境保护中心等。

中日关系在全面发展的同时，也存在着一些制约因素。首先，历史问题成为影响中日关系最大的障碍。日本历史教科书问题对20世纪80年代中日关系产生了严重的负面影响。1982年6月，日本文部省对送审的高中、小学历史教科书进行了修改，试图歪曲历史真相，美化日本军国主义发动的侵华战争。教科书将其中记述的日本侵略他国，全部改为“进入他国”，并对南京大屠杀等历史事实进行了歪曲和删减，这激起了中国和亚洲其他国家人民的强烈不满。1982年7月26日，中国外交部第一亚洲司司长肖向前约见日本驻华公使渡边幸治，要求日方纠正文部省审定教科书中的错误。8月5日，中国外交部副部长吴学谦约见日本驻华大使鹿取泰卫，要求日方采取必要的措施，纠正文部省审定教科书中的错误。9月6日，日本驻华大使鹿取泰卫会见外交部副部长吴学谦，奉日本政府之命表示，日本政府根据铃木首相早日解决教科书问题的指示，对教科书问题的解决办法再次作了研究，决定采取进一步的措

① 《关于大平总理大臣访华联合新闻公报》，《人民日报》1979年12月8日，第1版。
② 金熙德：《日本政府开发援助》，社会科学文献出版社2000年版，第217页。
③ 根据《中国对外经济贸易年鉴》1984年至1990年卷中《我国利用外资协议（合同）分国别（地区）表》相关数据统计而得。
④ 《中国对外经济贸易年鉴（1990）》，中国财政经济出版社1991年版，第301页。

施。中国表示，日本提出纠正错误的具体措施，尽管还有一些含糊不清、不能令人满意之处，但同过去所作的说明相比，是前进了一步。对于铃木首相表达的维护中日友好关系的愿望和由日本政府负责纠正这个问题的决心，我们表示赞赏。

1986 年 5 月，日本文部省审定通过“保卫日本国民会议”送审的高中教科书《新编日本史》。该书多处严重歪曲历史事实，把日本发动的侵华战争说成是日军被迫应战，有意掩饰日军在南京进行大屠杀的真相，把日本发动的太平洋战争说成是从欧美列强统治下“解放”亚洲，并在日本领导下建设“大东亚共荣圈”等。中国外交部对于日本这部歪曲史实的教科书向日方提出了严正交涉。6 月 7 日，外交部副部长杨振亚约见日本驻华大使临时代办股野景亲，要求日本政府切实贯彻中日联合声明的精神，履行 1982 年所作的承诺，消除由于这一新事态给中日友好造成的不利影响。日方虽然对书中的一些明显错误进行了修改，但是仍有意掩饰日本军国主义发动侵略战争的责任。7 月，文部省审定该教科书合格。

此后，日本政府要求“保卫日本国民议会”对这本教科书进行一些修改。7 月 16 日，中国外交部新闻发言人谈到此事时说：“我们注意到日本政府所作的努力，对书中明显的错误记述已做了多处删改。但此书基调不好，有意掩盖日本军国主义向邻国发动侵略战争这一基本事实。对于一些历史事件的叙述，回避了日本军国主义应负的责任，因此，难以令人满意。”[①] 日本国内一部分人，包括一些有影响的政治家，回避发动侵略战争的责任，总想为这场侵略战争的性质翻案。这是因为在冷战的环境下，日本作为美国在亚洲的主要盟国，没有全面清算军国主义思想，也没有彻底扫除军国主义势力的缘故。在其影响之下，日本政府不断地发表有悖于历

①《外交部新闻发言人评〈新编日本史〉最终审定本》，《人民日报》1986 年 7 月 17 日，第 4 版。

史常识的言论，并采取相应的行动。1985 年，日本首相和其他政府成员正式参拜供有战犯牌位的靖国神社，遭到亚洲各国的强烈谴责。1989 年 2 月 14 日，竹下首相在回答国会在野党的质询时说："上次大战的宣战布告是在国务大臣的辅弼下发布的。是不是侵略战争，应该由后世历史学家来评价。"① 他的言论再次在亚洲引起强烈的反应。中国外交部发言人于 2 月 14 日和 22 日两次发表谈话指出：那场给中国和亚洲人民带来沉重灾难的侵略战争和战争责任是历史事实，谁也不可能改变。我们不能容忍有人对此加以歪曲或否认。任何模糊战争性质推卸战争责任的言行都是违背中日两国政府联合声明和中日和平友好条约原则和精神的，也必将伤害中国和亚洲其他战争受害国人民的感情，归根到底对日本自身也是十分不利的。在这个重大原则问题上，日本当局理应采取尊重历史事实的正确态度。2 月 22 日，日本驻华大使中岛敏次郎在奉命约见外交部副部长刘述卿时说，竹下首相对他在国会答辩中未能充分表述自己的真意感到遗憾。竹下首相的认识是：一是日本过去通过战争给近邻各国人民造成了重大损失。对日本上述行为，国际上认为是侵略并进行了严厉批判，这是事实，日本要充分认识这一事实。二是日本政府对过去行为的认识曾在 1972 年日中联合声明中表述过。这一认识至今毫无变化。对日本侵略中国的事实是不能否认的。三是日本作为和平国家，为了不使这样的事情重演，将为世界和平与稳定作出贡献。刘述卿重申日本政府应该正视和正确对待历史事实。②

关于涉台问题。在中日建交时，中日两国政府达成的协议是

①《竹下推称二战性质应由后世史学家评价》，《人民日报》1989 年 2 月 16 日，第 6 版。

②《如何对待侵略战争的性质和责任日驻华大使奉命说明竹下态度》，《人民日报》1989 年 2 月 23 日，第 1 版。

日本与台湾当局之间只能有民间和地方性关系。但日本方面在处理这个问题时，不时地采取基于“两个中国”或“一中一台”的行动。其中突出的事件是“光华寮问题”。光华寮是日本京都市的一幢5层的中国留学生宿舍，占地面积992.58平方米，是第二次世界大战后原国民党政府驻日代表团用变卖侵华日军在大陆掠夺的财产所获得公款而购置的，专用于中国留学生宿舍。1961年，台湾当局以“中华民国”的名义在日本登记为中国国家财产。1967年，台湾当局以“驻日本大使”陈之迈的名义就光华寮问题向京都地方法院起诉，要求中国留学生王灿寰等8人搬出光华寮。1977年9月16日，京都地方法院作出判决，确认该寮为中华人民共和国的国家财产，台湾当局的原诉被驳回。1977年10月，作为原诉的台湾方面不服而上诉至大阪高等法院。1982年4月14日，大阪高等法院宣布撤销原判决，将此案发回京都地方法院重审。1986年2月4日，京都地方法院推翻其于1977年9月16日所作出的判决，将光华寮改判归“中华民国”所有。中国留学生王灿寰等人不服此判决，遂向大阪高等法院提出上诉。1987年2月26日，大阪高等法院维持了京都地方法院的再审判决。日本司法机关受理以“中华民国”名义提起的关于属于中国国家财产的光华寮产权的诉讼，并将该房产判给台湾方面，这就严重地违反了中日联合声明，是制造“两个中国”的行为。当晚，刘述卿副外长紧急约见日本驻华大使中江要介，就这一事件进行严正的交涉，并提交了照会。照会指出：大阪高等法院就光华寮问题作出的判决，在政治上是错误的，法理上也是站不住脚的。这一判决侵犯了中华人民共和国的利益，伤害了中国人民的感情。照会提请日方认真严肃地对待这一问题，加以合理妥善处理，不要因此影响两国友好关系。日本政府以此案是民事产权诉讼，日本实行三权分立，政府不能干预司法为托词，推卸责任。1987年5月30日，王灿寰等人委托其辩护律师团通过大阪高等法院向日本最高法院提交了上诉书，要求日本最高法院将大阪高等法院作出的错误判决撤销，重新作出公正的判决。此事也引起中国高层的关注。1987 年 9 月 11 日，中央顾问委员会主任邓小平在会见日本民社党代表团时指出："光华寮问题，你们看成是法律问题，我们认为是政治问题，分歧就在这里。在处理国家关系问题时，任何国家的法律都不能离开政治原则。中日联合声明与中日和平友好条约就是关于中日关系政治原则的两个文件。"中国法律界和新闻界对大阪高等法院的错误判决反应强烈，纷纷发表文章进行批驳。1988 年竹下登首相访华时，表示日本政府重视光华寮问题，要以"一个中国"的原则来对待。李鹏总理说，这个问题涉及两国关系的基本原则，希望能切实按照两国政府声明和中日和平友好条约以及国际法准则，得到合理妥善的解决。

（三）中国周边环境显著改善

随着中苏关系的缓和及逐步升温，中蒙关系也逐步改善，中国北部边境紧张局势大幅度得到缓解。1984 年 7 月，蒙古第一副外长达・云登访华，中蒙双方在关于中蒙边界第一次联合检查议定书及其附图上签字。1985 年 2 月，中蒙两国签订 1985 年换货议定书。10 月，应中国对外友协和中蒙友协的邀请，蒙中友协代表团对内蒙古自治区进行了友好访问。12 月，中蒙商定恢复北京—乌兰巴托的航线。1986 年 4 月，中蒙两国签订了第一个长期贸易协定——《中华人民共和国和蒙古人民共和国政府 1986 年至 1990 年长期贸易协定》。1986 年 8 月，中国副外长刘述卿访蒙。访问期间，双方签订了中蒙之间的第一个领事条约。1987 年 1 月 9 日，中国外交部长助理唐龙彬和蒙古驻华大使鲁布桑楚勒特木在北京互换了中蒙领事条约批准书，根据有关规定，该条约自 1987 年 2 月 7 日起正式生效。1987 年，中蒙恢复了中断 20 余年的科学技术交流。同年6月28日至7月4日，由国家科学技术委员会国际科技合作局副局长潘志远率领的中国科技代表团访蒙。访问期间，双方签署了中国政府和蒙古政府1987年至1988年度科技合作计划。1988年9月12日至19日，应全国人民代表大会常务委员会的邀请，蒙古人民共和国大人民呼拉尔主席洛敦·林钦率团对中国进行了正式友好访问。这是自1960年以来，蒙古议会代表团第一次访华。访问期间，全国人大常委会副委员长彭冲同代表团举行了会谈，万里委员长、杨尚昆主席和吴学谦副总理分别会见了林钦主席及代表团。

中苏关系正常化出现实质性突破后，中蒙两国、两党关系也得到进一步提升。1989年3月30日至4月3日，蒙古外长策伦皮勒·贡布苏伦正式访问中国，这是中蒙建交40年以来到中国正式访问的第一位蒙古外长。访问期间，两国外长签署了关于成立中蒙经济、贸易、科技合作委员会等3个协定。杨尚昆主席和吴学谦副总理分别会见了贡布苏伦外长。1989年7月10日至17日，中共中央对外联络部部长朱良应蒙古人民革命党中央委员会的邀请访问了蒙古，通过访问，正式恢复了两党关系。8月31日至9月4日，中国外交部长钱其琛应蒙古政府的邀请，对蒙古进行了正式友好访问。访问期间，两国外长签署了中蒙两国关于民事和刑事司法协助条约。至此，中蒙两国、两党关系实现了正常化。

中国同南朝鲜的关系也开始从长期的敌对、隔绝转向松动。双方先是在多边国际场合有了接触，随后两国民间经贸往来逐渐增多。1984年，中国同南朝鲜开始了体育交往，同意互相参加体育比赛和国际会议。1984年，南朝鲜女子篮球队访问中国，这是中国与南朝鲜首次体育交流。1986年，中国参加了在汉城举办的第10届亚洲运动会。1988年，中国又派出庞大的代表团参加汉城奥运会。以此为契机，中国与南朝鲜人员交流迅速增加。1988年起，中国与南朝鲜间开辟了直接贸易渠道。

在南部，中国同东南亚一些国家以及东盟的双边关系取得了较大进展。中国同东南亚一些国家的高层互访增多。东南亚国家领导人访华的有：缅甸联邦社会主义共和国总统、国务委员会主席吴山友（1984 年 10 月），马来西亚总理马哈蒂尔（1985 年 2 月），缅甸总理吴貌貌卡（1986 年 4 月），菲律宾总统科·阿基诺（1988 年 4 月），新加坡总理李光耀（1988 年 9 月）。中国领导人访问东南亚国家的有：国家主席李先念访问缅甸和泰国（1985 年 3 月），国务院总理李鹏访问泰国（1988 年 11 月）。这些访问促进了中缅、中泰、中马、中新、中菲等国各领域关系的发展。

中国与东盟关系得到进一步改善。1985 年，国家主席李先念访问泰国时表示：同东南亚各国建立和发展长期稳定的睦邻友好关系，是中国外交政策的一个重要目标。中国支持东盟国家的主张，东南亚应该成为和平、自由、中立的地区，支持东南亚各国人民为实现这一目标作出的努力。1988 年 11 月，李鹏总理访问泰国时，提出了中国发展同东盟关系的四项原则：一是在国家关系中严格遵循和平共处五项原则；二是在任何情况下坚持反对霸权主义；三是在经济关系中坚持平等互利和共同发展；四是在国际事务中遵循独立自主、互相尊重、密切合作、相互支持的原则。

需要指出的是，中越关系这一时期经历了曲折。越南在中越边境地区持续不断地进行武装挑衅，同时还加紧强占中国南沙岛礁。1988 年 3 月 14 日，越南武装舰船非法侵入中国南沙群岛海域，并悍然向正在南沙群岛赤瓜礁海域进行正常考察和巡逻的中国船只发动武装袭击，中国船只被迫进行自卫还击。[①] 1989 年 6 月后，越南当局派遣军队先后非法侵占中国南沙群岛的蓬勃堡礁、万

①《越南武装舰船侵入南沙群岛海域袭击我船只我外交部照会越使馆提出强烈抗议》，《人民日报》1988 年 3 月 17 日，第 1 版。

安滩、广雅滩，越南非法侵占的中国南沙岛礁达 20 余个。[①] 对于越南自 1978 年底起在苏联支持下对柬埔寨的侵略行径，中国坚决支持柬埔寨的抗越救国斗争，并多次发表声明，谴责越南的侵略行为，要求越南撤退其侵柬军队，恢复柬埔寨的独立、统一、领土完整和不结盟的地位。

中国与印度的关系在震荡中缓和，并逐步提升。1981 年 6 月，国务院副总理兼外长黄华访问印度后，中印关系开始逐步走向缓和，但边界问题仍是中印关系进一步发展的制约因素。为加强两国间的沟通和理解，中印建立了年度官员会谈机制，轮流在北京和新德里举行。1981 年 12 月在北京举行了第一次会谈。1984 年 9 月，中印在北京举行第五轮官员会谈，双方本着积极的态度讨论了扩大两国之间的文化和科技交流问题，并取得了新的成果，双方都表示希望早日解决两国边界问题并为此继续作出积极的努力。1985 年 10 月，中国总理在出席联合国成立四十周年纪念活动期间，会见印度总理拉吉夫 · 甘地，向他介绍了中国的南亚政策，并表示中国政府真诚地希望同印度改善关系。甘地表示印度愿意发展印中友好关系。两国总理会见，进一步促进了两国关系的缓和。1985 年 11 月，中印在新德里举行了第六轮官员会谈，双方就边境问题进行了实质性讨论，并详尽阐述了各自的原则立场。双方都认为这种讨论是有益的，并有助于寻求边境问题的解决。然而，之后印度在中印边界问题上的一些举措，为缓和中的两国关系设置了障碍。1986 年 12 月 8 日和 9 日，印度议会两院通过一项法案，将印度在非法占领的中国领土上建立的“阿鲁纳恰尔”中央直辖区升格为“邦”。据此，1987 年 2 月 20 日，印度当局宣布所谓“阿鲁纳恰尔邦”正式成立。对此，中国政府郑重声明，印度议会通过的上

① 中华人民共和国外交部外交史编辑室:《中国外交概览（1990）》，世界知识出版社 1990 年版，第 49 页。

述法案完全是非法的，中国绝不承认在有最大争议的中印边界东段建立的所谓“阿鲁纳恰尔邦”。4 月，印度在中印边境集结军队开展军事演习，甚至入侵中国边境。对此，中方多次通过外交途径提出交涉，同时，中国重申关于解决中印边界的一贯主张，即：通过友好协商，互谅互让，早日合情合理地解决中印边界问题。在边界问题解决之前，双方应该维护中印边境地区的和平与安宁。1987 年 11 月 17 日，印度总理拉吉夫·甘地会见在新德里出席中印第八轮官员会谈会议的中国代表团团长、外交部副部长刘述卿和部分代表团成员，表示印度希望在互利的基础上发展和中国的关系，并赋予这种关系以新的生命力。拉吉夫·甘地和刘述卿就中印边界问题交换了意见。双方一致认为，只要双方都有积极态度和政治热情，边界问题不难解决。此后，两国关系逐步回暖。

应国务院总理李鹏的邀请，印度总理拉吉夫·甘地于 1988 年 12 月 19 日至 23 日对中国进行正式访问。访问期间，李鹏总理同拉吉夫·甘地总理举行了会谈。双方认为，应本着互谅互让、互利互惠原则通过和平协商解决边界问题，并同意建立关于边界问题的联合工作小组和经贸、科技联合小组。国家主席杨尚昆、中央军委主席邓小平等领导人先后会见了拉吉夫·甘地一行。中印两国签署了民用航空运输、科技合作和文化合作 3 个协定。这是 20 世纪 60 年代以来两国最高领导人间第一次访问，中印关系从此进入一个新的发展阶段。

四、在和平共处五项原则基础上建立国际新秩序

第二次世界大战结束后，美苏等国主导建立了以“雅尔塔体系”为核心的国际秩序。“雅尔塔体系”虽然在一定程度上是世界人民反法西斯战争胜利的产物，这使它与过去的国际秩序不尽相同，但从根本上说，它仍然没有摆脱大国主宰的窠臼，依旧打上了

强权政治的明显烙印。两大军事集团的尖锐对立，军备竞赛的剧烈进行，大国霸权的猖獗，成为这一体系的最大特点。在这样的秩序之下，剧烈的军备竞赛和全球范围的争夺，不仅使全世界始终处于世界大战的严重威胁之下，而且局部战争从未间断过。因此，包括中国在内的发展中国家持续为建立公正合理的国际秩序而努力。

（一）提出建立国际新秩序的理念

进入 20 世纪 70 年代后，中国倡导的和平共处五项原则已成为中国与世界上所有国家发展友好合作关系的指导方针。和平共处五项原则概括了最基本的国际关系准则，符合联合国宪章所规定的宗旨和原则。联合国大会通过的多个宣言中，诸如《关于各国内政不容干涉及其独立与主权之保护宣言》（1965 年）、《国际法原则宣言》（1970 年）、《各国经济权利与义务宪章》（1974 年）等，都以不同形式包含了和平共处五项原则的内容和精神，使和平共处五项原则成为规范国际关系的重要准则之一。

1985 年，戈尔巴乔夫就任苏联最高领导人后，美苏关系迅速从紧张转向缓和、从对抗转向对话。不少以两个超级大国争夺为背景的地区冲突和战争（如阿富汗、安哥拉、柬埔寨及中美洲等地）逐步走向政治解决。但在国际政治事务中，少数大国推行强权政治，以强凌弱、以大压小、以富欺贫、肆意干涉别国内政的情况仍时常发生。在此背景下，党和国家领导人在国内外多种场合阐述了中国对建立国际新秩序的立场。1988 年 9 月，邓小平会见斯里兰卡总理拉纳辛哈·普雷马达萨时指出：现在需要建立国际经济新秩序，也需要建立国际政治新秩序。新的政治秩序就是要结束霸权主义，实行和平共处五项原则。最经得住考验的不是霸权政治，不是集团政治，而是和平共处五项原则。我们要经过几十年的努力，在和平共处五项原则的基础上建立国与国之间的关系，特别是邻国之间的关系。[①] 10月，邓小平会见德意志联邦共和国前总理赫尔穆特·施密特时，再次指出：我对国际形势有个想法，请研究国际问题的人考虑，就是是否要提出建立一个国际政治新秩序的问题。过去的国际政治是霸权主义、集团政治，实践证明行不通。霸权主义伸出的手不能不收回了。国际关系要用什么新秩序、新原则来代替？就我个人的知识来说，经得起考验的是和平共处五项原则。[②] 12月19日，国务院总理李鹏就中国提出建立新的国际政治新秩序含义回答记者的提问时称：新的国际政治新秩序就是用和平共处五项原则来处理国与国之间的关系。12月24日，中央政治局举行第14次会议，讨论国际形势和中国外交工作，会议强调：我们要积极推动国际形势朝着长期缓和的方向发展，继续反对霸权主义和强权政治，积极倡导在和平共处五项原则的基础上建立国际政治新秩序和在平等互利的基础上建立国际经济新秩序。此后，中国领导人和政府高级官员在会见外宾及国际场合不断倡导在和平共处五项原则的基础上建立国际新秩序。

20世纪90年代，随着东欧剧变、德国统一、华约解体，国际局势发生了巨大变化，对于以什么样的秩序确保世界的和平与稳定，美、日、欧等世界主要力量主体都提出种种设想与主张。1991年4月，全国人大七届四次会议召开，国务院总理李鹏在《关于国民经济和社会发展十年规划和第八个五年计划纲要的报告》中，对中国的国际新秩序观的基本内容作出了具体阐述。同年9月，中国外交部长钱其琛在第四十六届联合国大会上发表讲话，从经济、政治、安全、社会等角度阐述了中国政府关于建立和平、公正、合理的国际新秩序的立场和主张。

① 中共中央文献研究室：《邓小平年谱（1975—1997）》（下），中央文献出版社2004年版，第1251页。

② 同上书，第1252页。

中国倡导的国际新秩序是一种新理念。它完全不同于过去那种以极少数大国霸权主义和强权政治为基础的旧秩序，它应该是一种新型的国际关系，这种新秩序应该建立在和平共处五项原则的基础上。

中国倡导的国际新秩序包括政治秩序和经济秩序。政治秩序和经济秩序是密切关联、相辅相成的一个整体。只有在既建立了国际政治新秩序又建立了国际经济新秩序的情况下，真正公正、合理的国际新秩序才能最终建立起来。

中国倡导的国际新秩序的核心是：各国不论大小、强弱、贫富，都是独立自主的，都是国际社会中平等的一员。

中国倡导的国际新秩序的基本内容是：各国有权根据本国国情，独立自主地选择本国的社会、政治、经济制度和发展道路，任何国家尤其是大国不得干涉别国的内政，不得把自己的价值观念、意识形态和发展模式强加于别国；互相尊重主权和领土完整，任何国家不得以任何借口吞并他国领土，国际争端应当通过和平谈判合理解决，反对诉诸武力或以武力相威胁，反对以战争手段解决国际争端；国际关系中不得以大欺小、以强凌弱、以富欺贫，国际事务应由世界各国平等参与协商解决，不能由一个或几个大国垄断，任何国家都不应谋求霸权和推行强权政治；改革旧的国际经济关系，代之以公正合理、平等互利、等价交换的国际经济新秩序。总之，中国政府主张要在和平共处五项原则的基础上，建立一个和平、稳定、公正、合理的国际新秩序。

（二）致力于推进构建国际经济新秩序

由于不平等的国际分工和贸易条件，国际经济关系严重失衡，世界范围的贫富两极分化不断加剧，广大发展中国家陷于更加困难的处境。1964 年，亚非拉国家组成 77 国集团，提出建立新的公正的世界经济秩序的要求，拉开了第三世界国家争取建立国际经济新秩序斗争的序幕。1974 年 4 月，联合国第六届特别会议专门通过了《建立新的国际经济秩序宣言》和《行动纲领》，明确了建立国际经济新秩序目标及其包含的具体内容。此后，发展中国家为建立国际经济新秩序的斗争虽有一定进展，但非常缓慢。中国一直支持发展中国家争取建立国际经济新秩序的努力。

进入 20 世纪 80 年代后，中国利用各种国际场合，多次阐述南北对话对于解决国际经济问题的重要性。1981 年，中国国务院总理出席了在墨西哥举行的南北对话——坎昆会议，来自 14 个发展中国家和 8 个发达国家的国家元首和政府首脑或他们的代表出席。中国就建立国际经济新秩序问题表达原则立场。中国认为："广大第三世界国家取得政治独立后的主要任务，就是发展独立的经济，减少和消除经济上的依附性，对独立前遗留下来的经济结构进行根本性的改革。这是时代的潮流。""旧的国际经济秩序没有适应时代的潮流作出应有的变化。这种旧秩序，就南北关系而言，表现为发展中国家在生产领域、贸易领域和货币金融领域中受到不公正和不平等的待遇，在国际经济事务中没有应有的发言权和决策权。这是南北双方在经济关系上的矛盾日益尖锐的症结所在。""只有按照平等互利、公平合理的原则，调整南北关系，建立新的国际经济秩序，才是明智的决策。"① 中国强调进行南北谈判有利于发展世界经济和维护世界和平。1983 年 6 月，国务院副总理姚依林在联合国贸易与发展会议第六届大会上，就建立国际经济新秩序，提出需要妥善处理好三个关系，即：一是解决当前紧迫问题和建立新的国际经济秩序的长远目标的关系；二是发展中国家的经济发展和振兴世界经济的关系；三是南北对话和南南合作的关系。②

①《黄华在合作和发展国际会议外长预备会上发表讲话》，《人民日报》1981 年 8 月 3 日，第 6 版。

②《姚依林在贸发大会上发言强调促进发展中国家经济持续发展推进建立新国际经济秩序进程》，《人民日报》1981 年 6 月 10 日，第 6 版。

对于1982年出现的拉美等许多发展中国家的债务危机问题，中国一直同情有关国家的立场，要求在发展经济的基础上合理解决外债负担，债权国和债务国共同承担责任，寻求从长期着眼综合解决债务问题的途径。在1987年的两次贸易和发展理事会上，中国代表指出，必须解决发展中国家的突出困难，只有发展中国家摆脱贫困，发达国家才会有稳定的繁荣。在以后举行的贸发大会上，中国国务院副总理田纪云强调，改变南北对话停滞不前的状态，"使南北关系建立在公正、互利、合作的基础上，是国际社会当前面临的一项重要任务"。中国代表在这一类有关国际经济和开发等问题的会议上，对现存亟待解决的债务、资金、贸易、技术转让等具体问题，阐明立场，提出建议措施，为维护第三世界国家的利益而尽了各种努力。从1986年开始的关贸总协定乌拉圭回合的历次谈判，包含有南北对话的内容，中国代表便利用列席会议的机会，对主要争论问题之一的服务贸易问题，强调应当充分照顾发展中国家的利益。1987年的世界银行和国际货币基金组织年会上，中国代表团团长陈慕华在发言时指出，主要工业国家应加强政策协调，促进货币稳定，并采取各种最有效办法减轻目前最紧迫的债务国的债务负担，使它们有足够的资金投入经济的发展。

在争取扩大南北合作的同时，中国不断地呼吁重视南南合作，也就是第三世界国家间的合作。1983年9月27日，中国外长吴学谦在第38届联大全体会议上说："南南合作是一种新型的国际经济关系。加强南南合作，走集体自力更生的道路，发展独立自主的民族经济，减少对发达国家的依赖，这是发展中国家争取经济繁荣、增强自身经济实力的可靠途径。"邓小平在会见巴西总统时也说：解决南北问题"当然要靠南北对话。我们主张南北对话。不过，单靠南北对话还不行，还要加强第三世界国家之间的合作，也就是南南合作。第三世界国家相互交流，相互学习，相互合作，可以解决许多问题，前景是很好的”[①]。这一时期，中国积极参加或支持体现南南合作的各种会议，诸如七十七国集团会议、加拉加斯会议（1981 年）、新德里会议（1981 年）、阿尔及尔会议（1982 年）、北京会议（1983 年）、卡塔纳赫会议（1984 年）等。中国也尽可能多地参加某些地区性的发展中国家的组织和活动。例如，1985 年 5 月 8 日和 10 日，中国先后加入非洲开发基金和非洲开发银行，成为该行第 25 名非洲以外的成员。从 1987 年起，中国参加这两个机构的各届年会。中国通过参加非洲开发银行这一多边金融机构，为非洲的经济发展和社会进步作出积极贡献，同时也为中国与非洲国家发展多边经济合作开辟了新渠道。中国还先后与太平洋经济合作会议、拉美加勒比委员会和太平洋常设委员会建立关系等。中国积极加强与亚非拉等地各种一体化组织的联系，对其加强相互协商、协调行动、促进社会经济发展的努力，始终给予明确的支持。在其他国际多边场合，中国也不失时机地提出有利于南南合作的建议，如加强和改进发展中国家技术合作政府间协商会议，并以实际行动给予支持，如支持商品基金方案和共同基金，对国际农业发展基金会认捐，帮助解决实际困难等等。

（三）致力于维护世界和平稳定

改革开放后，中国领导人对战争与和平问题有了新的看法，对裁减军备的态度也有了相应的变化。为了给四个现代化建设创造一个和平安宁的国际环境，中国积极参与国际裁军和军备控制的各项活动。

中国政府一贯反对军备竞赛，主张真正的裁军。早在 20 世纪 50 年代，中国就建议为了和平的利益而实行普遍裁军，禁止使用原子武器和其他大规模毁灭性武器。1963 年 7 月，中国政府声明

① 中共中央文献研究室:《邓小平思想年编（一九七五——九九七）》，中央文献出版社 2011 年版，第 500 页。

指出：建议全面、彻底、干净、坚决地禁止和销毁核武器，所有国家宣布不使用、不输出、不输入、不制造、不试验、不储存核武器，并召开各国政府首脑会议，讨论全面禁止和彻底销毁核武器问题。1964 年 10 月 17 日，国务院总理周恩来在中国首次成功进行核试验后致电各国政府首脑，宣布中国在任何时候、任何情况下都不会首先使用核武器，并再次建议召开世界各国首脑会议，讨论全面禁止和彻底销毁核武器问题。

进入 20 世纪 80 年代后，中国仍一贯主张全面禁止和彻底销毁核武器、化学武器、生物武器以及大量裁减常规军备，一贯反对任何国家在国外驻军和设立军事基地。1986 年 3 月 21 日，国务院总理在中国人民维护世界和平大会上发言，系统阐述了中国政府在裁军问题上的基本立场和主张，即：核裁军的最终目标应是全面禁止和彻底销毁核武器；美苏两国拥有最大的核武库，理应率先停止试验、生产和部署一切类型的核武器，大幅度地削减并就地销毁各自在其国内外任何地区的各种类型的核武器；所有核国家都应当承担在任何情况下不首先使用核武器以及不对无核国家和无核区使用或威胁使用核武器的义务；苏美部署在欧亚两洲的中程导弹应当同时均衡地裁减和就地销毁；在核裁军的同时，应当大幅度地进行常规军备的裁减；各国的常规军备应该只用于自卫防御，而不能用来威胁他国安全；外层空间应当专门用于和平目的，以造福全人类，任何国家都不应以任何方式发展、试验和部署外空武器，应尽快谈判缔结一项全面禁止外空武器的国际协定。9 月，吴学谦外长在联大发言中重申了中国政府对裁军问题的基本观点。

与此同时，中国积极参加国际多边裁军谈判，从维护中国人民和世界人民的共同利益出发，积极推动国际裁军进程。裁军谈判会议（又称“日内瓦四十国裁军谈判会议”）是一个重要的国际裁军谈判机制，其前身是 1962 年成立的十八国裁军委员会。1978

年 5 月 23 日至 6 月 30 日，关于裁军问题的第十届联合国特别大会（联合国第一届裁军特别大会）在纽约联合国总部召开，123 个国家、31 个非政府组织和一些联合国专门机构的代表出席。会议通过的《最后文件》决定：机构改称裁军谈判委员会；成员国增至 40 个，中国是成员国之一；废除美苏两主席制，改由成员国轮流担任主席。1979 年 1 月 24 日举行首次会议，1984 年 2 月又易名为裁军谈判会议。中国政府高度重视裁军谈判会议工作，自 1980 年 2 月起，中国出席了裁军谈判会议的每期会议。1983 年，中国派出专职裁军事务大使常驻日内瓦，参加谈判工作。中国在裁军谈判会议上的立场是：在坚持重视核裁军和常规裁军的同时，必须把全面禁止化学武器作为迫切与重要的任务和奋斗目标；裁军谈判会议成员国应加速谈判，尽早缔结一项包括禁止研制、生产、取得、储存、保留和使用化学武器的国际公约；新的公约应把彻底销毁现有化学武器及其生产设施、保证不再生产化学武器和防止出现新的化学武器作为首要目标；为确保遵约，应规定必要的和有效的核查措施。1986 年，在裁军谈判会议春季会议和夏季会议上，中国代表团参加了对禁止核试验、防止核战争、防止外空军备竞赛、禁止化学武器、综合裁军方案等议题的审议工作。在禁止核试验问题上中国宣布，如成立关于该议题的特设委员会，中国将参加其工作。此外，中国还提出了《防止核战争》的工作文件。1987 年，在裁军谈判会议夏季会议上，中国代表团提出一份关于核裁军的工作文件。

联合国裁军特别大会是另一个国际裁军谈判机制。作为安理会常任理事国，维护世界和平是中国的责任，因此，中国一直以高度负责的立场出席联合国历届裁军特别大会。1978 年 6 月 30 日，联合国第一届裁军特别大会通过的《最后文件》，强调联合国应当在世界裁军运动中努力发挥核心作用。中国代表团提出了关于裁军的工作文件，认为两个超级大国争夺霸权是军备竞赛的主要根源。

1982 年 6 月 7 日至 7 月 10 日，联合国第二届裁军特别大会在联合国总部举行，157 个国家和 80 多个非政府组织的代表出席此次会议。中国代表团向大会提交了《关于立即停止军备竞赛和进行裁军的主要措施的建议》。该建议包括六条基本原则和四项措施，其中第二项措施是：苏联和美国停止一切核试验，停止对它们的核武器作任何质量上的改进，停止生产任何种类的核武器，并将其现有的核武库，包括各种类型的洲际、中程和其他战术核武器及运载工具削减 50%。在这之后，所有核国家都应承担义务，停止一切核试验，停止从质量上改进它们的核武器和停止生产核武器，并按照商定的合理比例和程序削减其各自的核武器及其运载工具。中国进一步提出具体主张：美苏两国应停止试验、改进和生产核武器，并率先大幅度削减其各种类型的核武器和运载工具。中国所提出的“两超率先”的主张得到国际社会的一致赞同。

联合国第三届裁军特别大会于 1988 年 5 月 31 日至 6 月 26 日在联合国总部召开。会议讨论了与裁军有关的诸多议题，提案之多超过了前两次联合国裁军特别会议，但会议未能通过最后文件，仅通过了一项决议草案。中国代表团团长、外交部长钱其琛在发言中明确提出中国政府在裁军问题上的八点立场和主张：“核军备竞赛对世界和平与安全构成全局性的严重威胁，在各种军备的裁减中，核裁军占有优先地位；核裁军的最终目标，是全面禁止和彻底销毁一切核武器；两个超级大国负有特殊责任，应该率先停止试验、生产和部署一切类型的核武器，大幅度削减和销毁各自部署在其国内外任何地区的各种类型的核武器。此后可召开所有核国家参加的、具有广泛代表性的核裁军国际会议，以商议彻底销毁核武器的步骤和措施；在彻底消除核武器的目标实现之前，中国希望看到所有核国家都承担义务，不首先使用核武器，不对无核国家和无核地区使用核武器；常规军备也迫切需要大幅度裁减。各国的常规军备只用于防御，不用于侵略他国或威胁他国安全；早日缔结一项全面禁止和彻底销毁化学武器的国际公约；早日缔结一项全面禁止外空武器的国际协定；世界各国都有权在平等的基础上参与讨论和解决裁军问题，中小国家的合法利益和正当要求应该得到尊重。”[①] 会上，中国代表团还提出了全面反映中国政府裁军基本立场的工作文件，受到各方重视。

中国还在联合国大会期间积极提出中国关于国际裁军的立场和主张。1986 年，中国代表团在第四十一届联合国大会上提出了关于核裁军和常规裁军两项决议案，大会分别以协商一致和以 150 票赞成、2 票弃权、无人反对的绝对多数通过。这是中国首次在联合国大会单独提出并获通过的有关裁军问题的重要提案。这两项决议案确定了裁军的一些重要原则，其核心是突出强调苏美两个超级大国在裁军方面应担负“特殊责任”，必须“率先行动”。此后，中国又连续四次在联大提出这两项决议案，都获得通过。

此外，中国还加入了与裁军和军备控制有关的一系列条约，如《特定常规武器条约》《南极条约》《外空条约》和《生物武器公约》有关议定书等。中国积极参与国际裁军和军备控制的各项活动，为维护世界和平与稳定作出了积极贡献。

综上所述，全方位独立自主和平外交战略思想的目的，是为实现新时期中国发展战略的目标[②] 营造良好的国际环境。新时期发展战略目标的实现需要有资金、技术的支持，鉴于美国等西方国家

---

①《钱其琛在第三届裁军特别联大重申美苏应率先大幅度裁军裁减核武器》,《人民日报》1988 年 6 月 3 日，第 1 版。

② 中共十三大对中国经济建设作出“三步走”战略部署：第一步，实现国民生产总值比 1980 年翻一番，解决人民的温饱问题。第二步，到本世纪末，使国民生产总值再增长一倍，人民生活达到小康水平。第三步，到下个世纪中叶，人均国民生产总值达到中等发达国家水平，人民生活比较富裕，基本实现现代化。

在资金、技术及先进的管理经验等方面有较强的优势，而且苏联对中国的威胁依然未消除，因此，促进与美国等西方国家友好合作关系的发展，在相当程度上是中国全方位独立自主和平外交战略的优先方向。鉴于苏联在中国周边地区扩张对中国经济建设所需要的和平的国际环境构成严重威胁，因此，促进中苏关系正常化，缓解和消除苏联扩张所造成的中苏关系的紧张局面，是全方位独立自主和平外交战略的重要内容。在全方位独立自主和平外交战略思想引领下，中美关系稳步发展，两国各领域的合作关系，特别是两国间战略安全合作、科学技术合作关系达到两国关系史上最高水平。中国与日本、欧洲及其他西方发达国家的关系进展顺利。中苏关系缓和及两国关系实现正常化，极大改善了中国与其他社会主义国家的关系和中国周边的安全环境。战后国际秩序是世界反法西斯战争胜利的产物，虽然在维护战后国际局势的相对稳定及促进世界发展方面发挥了一定程度的积极作用，但从根本上说，它仍然没有摆脱大国主宰的窠臼，依旧打上了强权政治的明显烙印。中国积极主张在和平共处五项原则的基础上建立公正、合理的国际新秩序。

第七章　国际格局多极化战略思想

随着东欧剧变、苏联解体，持续近半个世纪的两极对峙格局结束，国际格局出现大动荡、大分化、大组合。苏联解体后，美国成为世界上唯一的超级大国，凭借其超强实力，试图打造其主导的单极世界。冷战格局下一些潜在矛盾和冲突迅速公开化，国际安全局势面临严重挑战。集中的全球统一大市场为经济全球化提供了广阔的发展空间，信息化又为经济全球化提供了便利的技术条件，世界各国把发展经济作为提升综合国力的主要任务。面对复杂多变的国际局势，中国坚持和平与发展是时代主题的判断，把发展经济作为第一要务，坚持改革开放的基本方略，对外在进一步推进全方位外交的同时，以更为开放的大国姿态积极融入世界，推进国际格局多极化，为维护世界和地区的和平与稳定作出了积极贡献。

一、国际战略格局出现重大调整

苏联解体后，国际格局出现重大调整，国际格局主特点由两极格局向“一超多强”转变。美国企图凭借其超强的综合实力，建立其“一超独霸”的国际秩序。但冷战后的国际事务很难做到由一国说了算，其他大国推进国际多极化的努力是美国推行“独霸”战略的最大的制约因素。经济全球化加速发展，以信息技术为核心的新一轮科技革命给人类社会生产、生活带来深刻变化。

（一）国际格局出现深刻调整

20 世纪 80 年代末 90 年代初，国际形势发生了急剧的变化。1989 年 1 月，波兰共产党（波兰统一工人党）中央全会通过关于国内政治多元化的决议，随后，统一工人党与各党派、团体、教会举行圆桌会议，最后达成实行政治改革、工会多元化、议会民主等协议，团结工会获得合法地位。1989 年 6 月，波兰举行议会选举，团结工会大获全胜，统一工人党惨败。统一工人党第一书记沃伊切赫・雅鲁泽尔斯基在接下来的总统选举中，仅以一票的微弱优势当选。8 月，团结工会领导人莱赫・瓦文萨的首席顾问塔德乌什・马佐维耶茨基出任总理，组成以团结工会为主的联合政府，在 23 名内阁成员中，统一工人党只占 4 席。自此开启东欧剧变的“潘多拉盒”。1989 年 6 月，匈牙利社会主义工人党中央领导层全面改组，激进改革派取得党的领导权。10 月 6 日，社会主义工人党举行第十四次代表大会，以压倒多数通过将党改组为社会党的决议，它的目标是建设“民主社会主义”。12 月，捷克斯洛伐克政府改组，21 名内阁成员中党外人士占了 11 名。不久，政府总理马里安・恰尔法和两名副总理退出共产党。1989 年 11 月 9 日，东德宣布开放边界，“柏林墙”实际已被冲毁；当月，西德提出将东德归并到西德的德国统一十点计划。1990 年 10 月，德国统一。1989 年底，罗马尼亚党的领导人齐奥塞斯库被杀。东欧各国出现的剧变事态很大程度上是受了苏联时局的影响，又反过来给予苏联以影响。1990 年 3 月，苏联在宪法中删去了关于苏共在社会、政治中的领导地位的规定。同月，立陶宛率先宣布独立，拉脱维亚和爱沙尼亚随后也宣布独立。此后，苏联走向分裂，并于 1991 年 12 月宣告解体。

东欧剧变和苏联解体，标志着美苏对峙的冷战两极格局终结，美国成为冷战后世界上唯一的超级大国。基辛格认为，苏联的解体是美国推动对苏和平演变战略的胜利。他说，20 世纪最后十年之初，来自苏联地缘政治和意识形态的挑战被美国战胜了，威尔逊的理想主义胜利了。在欢呼冷战胜利的同时，美国政府着手谋划建立其一超独霸的国际秩序。来自共和党的美国总统乔治・布什和来自民主党的美国总统威廉・杰斐逊・克林顿，均表示了“扩大民主”的外交新政策。在 1990 年美国发布的《国家安全战略报告》中，（老）布什政府认为：“我们与苏联的关系仍然是战略重点，因为苏联仍然是唯一的另一个军事超级大国。尽管紧张局势有所缓解，双方的军事力量都有所减少，但维持全球战略平衡仍是美国不可避免的担忧。我们的努力无可替代。即使双方的紧张局势有所缓和，美苏两国的军事力量都有所缩减，但维护全球战略平衡仍不可避免地成为美国关注的问题。我们的努力是无可替代的。我们的目标是超越遏制，寻求将苏联作为建设性伙伴纳入国际体系。战后这一目标第一次似乎唾手可得。在 70 年来试图破坏国际体系之后，苏联已朝着与国际体系和解的方向迈出了重大步伐：它否定阶级战争论和军事优越论，否定自己战后政策的主要信条。特别是‘苏联开始走向民主化’。”[①] 在此，（老）布什政府提出了“超越遏制”的战略，以取代“遏制”战略。其目的是，“把苏联作为一个建设性的伙伴纳入国际体系”[②]。克林顿执政后，提出了“参与和扩展战略”。1994 年美国发布的《国家安全战略报告》，提出并系统阐述了这一战略。报告指出，“参与和扩展战略”目标是：第一，用准备好进行战斗的军事力量，可靠地维护美国的安全；第二，促使美国经济重新恢复活力；第三，促使国外民主的发展。[③] 这三大目标被看成是美国冷战后外交战略的三大支柱。美国以冷战胜利者的姿态出现，信心满满要打造新的国际秩序。这是美国自 20 世纪以来第三次宣布有意建立世界新秩序，要把美国的价值观念推广到全世界，要依照美国的模式重塑国际环境。因为冷战后的世界里，美国已成为唯一的超级大国，世界上没有哪一个国家具备与美国抗衡的

① The White House, *National Security Strategy of the United States*, March 1990, p9.

② Ibid.

③ The White House, *A National Security Strategy of Engagement and Enlargement*, July 1994, p5.

实力。

苏联解体后，俄罗斯不仅实力与原来的苏联不可同日而语，而且在意识形态和社会制度上倒向了以美国为首的西方，更难以挑战美国的一超地位。对美国来说，其国际地位和安全形势达到了历史上最好的时期。美国著名国际问题专家、哈佛大学约翰·肯尼迪政治学院教授斯蒂芬·瓦尔特这样评价冷战结束对美国的意义："冷战结束使美国处于空前的优势地位。美国的经济比仅次于它的竞争对手大40%，并且它的防卫开支等于紧排其后的6个国家的总和。这6个国家中的4个是美国的亲密盟友。"①

冷战结束，国际局势出现深刻调整，但国际格局出现的多极化、经济全球化趋势没有发生逆转，并呈现新的特征。首先，国际政治格局呈现"一超多强"的特点。美国虽然企图凭借其超强的综合实力，建立其"一超独霸"的国际秩序，但冷战后的国际事务很难做到由一国说了算，其他大国推进国际多极化的努力是美国霸权战略的最大制约因素。俄罗斯虽因苏联解体等原因导致国力极大削弱，但其军事实力和潜在的战略实力仍是不容轻视的。据有关资料统计，20世纪80年代中期，美苏两国各自拥有的军事力量远远超出了自我防卫的需要。当时美国拥有总兵力215万人，苏联拥有450多万人；美国拥有作战飞机3700多架，苏联拥有7000架；作战舰艇，美国拥有206艘，苏联拥有293艘；坦克，美国拥有1万辆，苏联高达5.1万辆。至于核武器，美国拥有核弹头2.6万个，爆炸当量约160亿吨，战略运载工具2000件；苏联拥有核弹头2万个，爆炸当量100多亿吨，战略运载工具2600件。美苏两家的核力量占世界核武库的95%以上。②苏联解体后，其主要军事力量

---

① Stephen M. Walt, *Two Cheers for Clinton's Foreign Policy*, Foreign Affairs, March/April 2000, p64.

② 夏东民、陆树程:《江泽民战略思想研究》，苏州大学出版社2002年版，第296页。

和核力量大部分被俄罗斯占有。俄罗斯是国际上有着重要影响的大国和联合国安理会常任理事国，俄罗斯在国际事务中的影响力不可忽视。德国统一后，德国在地区及国际上的影响力大增，与法国一同推进欧洲合作向纵深发展。1991 年 12 月，欧共体马斯特里赫特首脑会议通过了《欧洲联盟条约》，从此，欧洲一体化进程迈上快车道，国际社会对欧盟在地区及国际事务中所发挥的作用有了较高的期待。日本经济虽然从 20 世纪 90 年代起处于低迷状态，但其世界经济大国的地位仍然十分稳固，同时还加快了走向世界政治大国和军事大国的步伐。中国经济发展迅猛，综合国力明显提高，国际影响大增。此外，印度的综合国力有较快的增长，正逐渐跻身"多强"的行列。在"多强"中，俄、中、印及欧盟的法国都公开积极倡导多极化，反对单极化。

（二）经济全球化加速发展

全球化包括经济、政治、文化、地理等多个层面，经济全球化是全球化的核心内容。所谓经济全球化，是指随着世界统一大市场的形成，科学技术的不断进步，跨国公司的蓬勃发展，国际贸易的迅速增长和国际金融市场的急剧膨胀，整个世界正日益紧密地联系在一起。从 20 世纪 70 年代开始，伴随着新科技革命浪潮风起云涌，经济全球化出现了新的高潮。冷战结束，经济全球化更是呈加速发展之势。世界各国各地区经济上的相互联系与依存、相互渗透与扩张、相互竞争与制约已经发展到了一个崭新的阶段和前所未有的高度，形成了全世界从经济资源配置、生产到流通和消费的多层次、多形式的交织和融合，全球经济形成一个不可分割的有机整体。

20 世纪 90 年代后，经济全球化的迅猛发展有其客观的必然性。第一，社会主义市场经济改革，计划经济逐步退出历史舞台，市场经济蓬勃发展，为经济的全球化加速发展奠定了基础。世界市场的全球化是经济全球化的基础。在冷战结束前，并没有形成全球的统一市场，即它始终是被割裂的，难以形成统一的格局、统一的规则和统一的运行机制。在世界被划分为资本主义和社会主义两大阵营之前，殖民地与宗主国之间的不平等关系和各宗主国之间的势力范围划分，要么破坏了市场交易主体之间的平等地位，使他们之间的贸易关系具有明显的掠夺性，要么使世界市场的格局服从各宗主国之间的势力范围划分，难以形成真正意义上的全球统一市场。在世界被划分为资本主义和社会主义两大阵营之后，世界各国又被分别纳入这两大政治上对立的国家集团之中，世界市场也随之被分割为两大并行的局部市场，在不同的国家集团内部，分别实行不同的经济体制，遵循不同的经济规则，这就决定了建立全球统一的市场毫无可能。冷战结束后，不仅殖民地与宗主国之间不平等的主权关系逐步消失，而且被长期分割的世界市场也得以统一，在此基础上经济全球化才变成了可能。

第二，冷战结束后，经济因素在整个国际关系中的地位变得更加突出。冷战结束，世界政治格局向多极化方向发展，国际形势进一步缓和，越来越多的国家把发展本国经济和提升综合国力摆到重要位置上，经济合作和竞争取代军事对抗成为世界各国社会生活的中心问题。围绕经济发展的主题，世界各国经济生活的国际化程度不断加深，经济交往不断扩大，国际分工不断发展，在世界范围内进行了一场以发达国家为主导的、以跨国公司为主要动力的产业结构调整。20 世纪 80 年代后，作为经济全球化载体和主要动力的跨国公司的发展也在加速推进。跨国公司的规模越来越大，分布日益全球化，跨国公司对发展中国家的投资规模迅速扩大，并在国际直接投资中占主导地位。事实证明，跨国公司的发展要求资本在世界各国流动，要求资源在全球范围内配置，从而加速了世界经济全球化的历史进程。

第三，信息技术的广泛应用，对于推进经济全球化的进程发挥了十分重要的作用。当代经济全球化的迅猛发展，得益于以信息技术革命为中心的高新技术的迅猛发展，信息技术革命为经济全球化提供了技术的支持。第二次世界大战后，发轫于美国，随后扩大到西欧、日本等国家，进而席卷全球的第三次科技革命，在深度和广度上都超过前两次。它以核技术、电子技术、空间技术为先导，进而引发了以电子计算机为代表的信息技术革命。正是以信息技术为核心的新一轮科技革命，使世界市场的各个组成部分的时间和空间距离大大缩短，为全球性的贸易、投资和金融业务的开展提供了最便捷的手段，从而使经济全球化发展到一个崭新的阶段和前所未有的高度。

但是，经济全球化又是一把双刃剑。一方面，它给当代世界带来了积极的变化，是当代世界经济增长和世界政治变化的主要原因之一。美国和其他西方经济体系依靠这一全球范围的市场革命和技术革命再造了经济结构，一些发展中国家通过改革与开放、利用后发优势以及其长期积累的基础，成功地从全球化中受益。另一方面，它的迅速发展又不可避免地产生了一系列严重问题。在某种意义上，由于这些问题的存在及其严重性，使得全球化已经处于一种危机和困境中。经济全球化下，国家内部和国际社会都出现了不同程度的治理危机。如“数字红利”与“数字鸿沟”并存，新经济与传统经济脱节，世界经济结构性失衡；经济增长忽视社会进步，环境退化与经济全球化同步，等等。世界正面临史无前例的全球化下的危机汇合。当然，这种危机主要来自它快速行进中的结构性缺陷，这提醒我们，世界需要的是一个更加包容、均衡和持久的，能造福于全体人类的和平与发展的全球化，只有有效克服经济全球化带来的诸多负面问题，人类才能迎来新兴的全球化文明。

（三）和平与发展依然是时代的主题

随着东欧剧变、苏联解体，延续近半个世纪的美苏冷战两极格局终结，世界进入大变动的历史时期。江泽民在党的十五大报告中指出："当前国际形势总体上继续趋向缓和……各国人民要求平等相待、友好相处的呼声日益高涨。要和平、求合作、促发展已经成为时代的主流。维护世界和平的因素正在不断增长。在相当长的时期内，避免新的世界大战是可能的，争取一个良好的国际和平环境和周边环境是可以实现的。"[①] 可以说，和平与发展依然是当今时代的主题。在这样的时代背景下，我们应该坚持和平与发展这个大局，不管国际风云如何变幻，都要紧紧抓住经济建设这个中心不放，在对外政策中以创造良好的有利于中国发展的国际环境为中心任务。当然，"和平与发展这两大课题至今一个都没有解决，天下仍很不太平。[②]"冷战虽然结束，但冷战思维依然严重存在，霸权主义和强权政治仍然是威胁世界和平的主要根源。西方敌对势力对中国进行"西化""分化"的战略图谋并未放弃，他们不愿看到一个强大的社会主义中国崛起，继续在人权、西藏、台湾等问题上制造麻烦，企图以此来削弱中国的国际影响，维护其霸权利益。警惕和抵御西方敌对势力"西化""分化"的战略图谋，是保障中国在国际事务中发挥独特作用、对世界和平和人类进步事业作出更大贡献的必然要求。同时，广大发展中国家是反对霸权主义和强权政治的主要力量，从整体趋势看，发展中国家的地位不断上升，团结反霸力量明显增强。中国充分发挥同发展中国家互相支持的政治优势，必将有力地遏制霸权主义和强权政治，并将在多极化格局中占有举足轻重的地位。

---

① 中共中央文献研究室:《改革开放三十年重要文献选编》(下)，中央文献出版社 2008 年版，第 913 页。

② 同上书，第 1185 页。

（四）中国领导人对国际局势的判断及战略应对

国际局势大变动也给中国带来了巨大的挑战。首先，世界社会主义运动陷入低潮，西方国家对华实施全面制裁，试图“以压促变”，中国在意识形态方面面临着严重压力；其次，苏联解体，中国西北边境又增加了多个邻国，苏联地区的民族矛盾、地区冲突不断加剧，中国面临的国际环境更加严峻复杂。

自 1989 年 4 月起，东欧国家原先执政的共产党先后离开政治中心、丧失领导地位，东欧国家先后出现政局动荡。1989 年春夏之交，中国发生了政治风波。从国际根源上说，这次风波是美国等西方国家对华长期推行和平演变的结果。这次风波发生后不久，美国总统就宣布对华制裁：暂停一切对华政府间和商业性武器出口；暂停中美间军界领导人的互访；有步骤地审查中国留学生要求延长在美滞留时间的请求；通过红十字会对受伤人员提供援助；根据中国事态的发展，重新研究中美双边关系的其他方面等。6 月 20 日，美国政府再次宣布一系列对中国的制裁措施：美国将寻求世界银行和国际货币基金组织这样一些国际金融机构的合作，推迟向中国提供新的贷款；中止两国政府之间所有高层接触。6 月 29 日，美国众议院以 418 票比 0 票的表决结果通过了制裁中国的修正案。[①] 此后，美国政府又宣布要对中国采取一系列制裁措施，主要包括：把布什政府原来宣布的制裁法律化；把武器出售的禁令扩大到用于治安目的的装备；禁止向中国运送原定由中国发射的一颗美国卫星；暂停一项有关在中国促进投资与贸易机会的计划；禁止向中国出售核设备和核燃料；不再提高向中国出口技术的水平；建立一个特别小组讨论帮助决定留在美国但没有资金来源的中国学生等。在美国的影响下，欧共体理事会于 6 月 27 日发表声明，对中国政府处理

① 刘连第、汪大为：《中美关系的轨迹——建交以来大事纵览》，时事出版社 1995 年版，第 280、282 页。

政治风波横加指责。7 月 16 日，七国首脑会议发表声明，指责中国应对政治风波的措施。随后，法、英、日、西德等西方国家都单方面作出损害与中国双边关系的决定。各种接触几乎都停滞了，应该到位的资金停止了，已经签订的贸易与经济合作协定无法执行，就连这些国家同中国的双边官方经济联合委员会或科学技术委员会的会议都终止了。中国在国际上面临着来自各方面前所未有的巨大压力。中国的社会主义制度、改革开放和现代化建设事业以及国家的主权和安全都面临着严峻的挑战。面对这种局面，邓小平同志纵观全局，审时度势，对错综复杂的国际形势作出了精辟的分析和判断，对中国外交何去何从提出了一系列高屋建瓴的指导性思想。

从 1989 年春季开始，中国领导人就开始密切关注苏联和东欧国家内部的动荡，以及可能由此引起的世界政治局势的变化。同时，深刻总结和吸取中国对外战略实践中的经验教训，有针对性地提出了一系列应对的原则和方针。1989 年 9 月 4 日，邓小平与中央几位负责同志谈话时指出："国际形势有一个战争问题。美苏两家打不起来，就没有世界大战。小的战争不可避免，现在不发达国家之间的战争，实际上是发达国家的需要。发达国家欺侮落后国家的政策没有变。中国自己要稳住阵脚，否则，人家就要打我们的主意。世界上希望我们好起来的人很多，想整我们的人也有的是。我们自己要保持警惕，放松不得。要维护我们独立自主、不信邪、不怕鬼的形象。我们绝不能示弱。你越怕，越示弱，人家劲头就越大。并不因为你软了人家就对你好一些，反倒是你软了人家看不起你……国际局势还有一个方面，就是社会主义国家动乱。东欧、苏联乱，我看也不可避免，至于乱到什么程度，现在不好预料，还要很冷静地观察。在这些国家动乱的时候，中国要真正按计划实现第二个翻番，这也就是社会主义的一个成功……现在的问题不是苏联的旗帜倒不倒，苏联肯定要乱，而是中国的旗帜倒不倒。因此，首先中国自己不要乱，认真地真正地把改革开放搞下去。中国只要这样搞下去，旗帜不倒，就会有很大影响。当然，发达国家会对我们戒心更大。不管怎么样，我们还是友好往来。朋友还要交，但心中要有数。不随便批评别人、指责别人，过头的话不要讲，过头的事不要做。我看总的局势是这样，唯一的办法是我们自己不乱。我们的基础好，是几十年打出来的，这个威势一直要传到后代，保持下去，这是本钱。别人的事情我们管不了，只讲一个道理：中国的社会主义是变不了的。中国肯定要沿着自己选择的社会主义道路走到底。谁也压不垮我们。只要中国不垮，世界上就有五分之一的人口在坚持社会主义。我们对社会主义的前途充满信心。总之，对于国际局势，概括起来就是三句话：第一句话，冷静观察；第二句话，稳住阵脚；第三句话，沉着应付。不要急，也急不得。要冷静、再冷静，埋头实干，做好一件事，我们自己的事。"[①] 在国际局势大变动的挑战面前，邓小平提出要保持自身的战略定力，保持清醒的头脑，稳住自己的阵脚，做好自己的事，自己不乱，别国也奈何不得。

针对一些国家希望中国当第三世界希望中国当头的倾向，邓小平叮嘱，中国永不称霸，永不当头。在 1990 年底与几位中央负责人的又一次谈话中，邓小平指出："现在国际形势不可测的因素多得很，矛盾越来越突出。过去两霸争夺世界，现在比那个时候要复杂得多，乱得多。怎样收拾，谁也没有个好主张。第三世界有一些国家希望中国当头。但是我们千万不要当头，这是一个根本国策。这个头我们当不起，自己力量也不够。当了绝无好处，许多主动都失掉了。中国永远站在第三世界一边，中国永远不称霸，中国也永远不当头。但在国际问题上无所作为不可能，还是要有所作

①《邓小平文选》第三卷，人民出版社 1993 年版，第 320—321 页。

为。作什么？我看要积极推动建立国际政治经济新秩序。我们谁也不怕，但谁也不得罪，按和平共处五项原则办事，在原则立场上把握。”[①]

在此基础上，中国政府逐渐提出了“韬光养晦、有所作为”的战略方针。1991 年 7 月 31 日，江泽民在第三期党建理论研究班上的讲话中，系统地引用了邓小平的外交战略方针，并阐述了这些方针的意义。他说，在当前风云变幻的国际形势下，我们要坚持贯彻邓小平提出的“冷静观察，稳住阵脚，沉着应付，韬光养晦，善于守拙，决不当头，有所作为”的战略方针。实践证明，这是正确的方针。江泽民认为，实行这种方针，绝不是表明我们的软弱、退让，更不是放弃原则，而是考虑到我们面临的错综复杂的国际形势，不要四面出击，到处树敌，同时又坚持我们的原则立场和独立自主、自力更生、奋发图强的精神。针对有的人主张一方面抓经济建设、一方面反和平演变，江泽民指出：“中心只有一个，就是以经济建设为中心”，[②] 不能搞“多中心论”。

二、沉着应对，稳定大局

“韬光养晦、有所作为”的战略思想，为中国外交摆脱困境奠定了战略和策略基础。在这一思想的指引下，中国经受住了东欧剧变和苏联解体的冲击，顶住了西方大国联合施加的制裁和压力，以我为主、主动作为、因势利导、化险为夷，使中国所处的国际环境得以改善，打开了中国外交的新局面，中国的国际地位得以巩固提高。

---

①《邓小平文选》第三卷，人民出版社 1993 年版，第 363 页。

② 中共中央文献研究室：《江泽民论有中国特色社会主义（专题摘编）》，中央文献出版社 2002 年版，第 527 页。

（一）同大多数西方国家的关系基本回到正常轨道

面对以美国为首的西方国家对中国的制裁，邓小平多次发表谈话，旗帜鲜明、立场坚定地表示要坚决顶住压力，明确表示中国的内政不容干涉。他指出："中国的内政决不允许任何人加以干涉，不管后果如何，中国都不会让步，中国的内政要由中国来管，什么灾难到来，中国都可以承受，决不会让步。"[①]对于西方的制裁，他说："中国人吓不倒。我们不想得罪人，我们要扎扎实实干自己的事，但谁要干涉或吓唬我们，都会落空。中国人有自信心，自卑没有出路。过去自卑了一个多世纪，在中国共产党领导下站起来了。庞然大物吓唬人，中国人不怕。""世界上最不怕孤立、最不怕封锁、最不怕制裁的就是中国。"[②]只要我们自己不乱，谁拿我们也没有办法。邓小平的这些谈话，为中国外交摆脱困境提供了战略指导。以此为指导，中国领导人沉着冷静，在国内继续坚持"一个中心，两个基本点"不动摇，即继续坚持以经济建设为中心，坚持四项基本原则，坚持改革开放的既定方针，坚持独立自主的和平外交政策，不怕压，不信邪，不怕威胁。这些措施保证了中国国内的社会稳定，使中国在国际形势剧变面前站稳了脚跟，为中国突破西方国家的制裁创造了良好的国内条件。

针对西方国家对华采取的霸权主义和强权政治行径，中国坚持有理、有利、有力的斗争原则，对西方的制裁进行严正的交涉。6月7日，中国外交部发言人就美国布什政府对中国局势的"指责"和宣布的制裁措施表示极大的遗憾。对于美国政府宣布中止同中国高层接触的决定，6 月 22 日外交部发言人表示，中国坚决反对美国干涉内政、施加压力。对 7 月 15 日西方七国首脑会议发表指责

① 中共中央文献研究室:《邓小平思想年谱（1975—1997）》，中央文献出版社 2011 年版，第 433 页。

②《邓小平文选》第三卷，人民出版社 1993 年版，第 326、329 页。

中国的政治宣言以及对中国施加压力的做法，中国外交部发言人表示极大遗憾。7 月 20 日，就美国众参两院通过的关于制裁中国的修正案，中国外交部部长助理刘华秋约见美国驻华大使李洁明，进行了严正的交涉。全国人大和全国政协外事委员会先后发表声明表示“极大的愤慨”。对于外交上其他有损中国主权的问题（如美方违背协议，采取措施使中国留学生不能按期回国等），中国政府提出了相应抗议。

值得注意的是，中国同西方大国的关系持续恶化，对中国国内经济建设所需要的和平稳定的国际环境产生了不利影响。为此，中国政府在坚持原则立场的同时，也积极采取措施突破西方的制裁。中国重视对美关系，希望双边关系能够平衡发展，这不仅符合两国人民的利益，也符合世界人民的根本利益。在中苏关系全面恢复的背景下，美国政府也不愿看到中美关系进一步下滑。因此，美国总统多次派遣特使来华访问，寻求解决两国间面临的问题。中国领导人在反对美国对华制裁的同时，也不失时机地向美国政府表达了促进中美关系发展的愿望。1990 年 11 月 30 日至 12 月 1 日，外交部长钱其琛应美国国务卿詹姆斯·贝克的邀请，对美国进行正式访问，同布什总统和多名美国国会议员进行会晤。这是 1989 年 6 月以来，中国高层官员首次访美。1991 年 11 月 15 日至 17 日，美国国务卿贝克正式访华，双方在武器出售、贸易和中国复关等问题上达成了有关协议。1992 年 1 月 31 日，国务院总理李鹏赴纽约出席联合国安理会首脑会议，在联合国总部与美国总统布什会晤。其后中国遵照双方协议正式加入了《不扩散核武器条约》，宣布遵守《导弹及其技术控制制度》的规则。双方还签署了知识产权协议、禁止劳改产品贸易和中美市场准入三个谅解备忘录，这表明中美双边关系开始走出谷底。

在中日两国政府的积极努力推动下，日本率先解除了对华制裁。1989 年 12 月 5 日，中日两国政府签署关于向中国提供无偿援助 50 亿日元的协议。1990 年 7 月，西方七国首脑在休斯敦举行会议期间，日本政府宣布，决定恢复对中国的第三批日元贷款。日本政府的这一做法，打破了以美国为首的西方国家对中国的经济制裁，其他国家随之逐步取消了对中国实行的经济制裁。1991 年 8 月 10 日至 13 日，日本首相海部俊树访华，中日关系恢复正常。这是 1989 年 6 月以后西方七国集团来华访问的最高级别的领导人。1990 年 10 月，欧共体外长会议决定恢复对华关系，取消除双方政府首脑级往来、军事合作、军品贸易以外的所有制裁限制。1991 年 7 月，欧共体又决定恢复同中国的政府首脑级会晤。1991 年 9 月，英国首相约翰·梅杰应国务院总理李鹏的邀请，对中国进行正式访问，进一步推动了两国友好合作关系的发展。访问期间，两国政府首脑在北京正式签署了《关于香港新机场建设及有关问题的谅解备忘录》。梅杰首相访华和谅解备忘录的签署，标志着中英关系的基本恢复。1990 年 3 月，应全国人大外事委员会邀请，法国参议院外交、国防和武装力量委员会主席让·勒卡尼埃率领代表团访问中国。国家领导人江泽民、李鹏和万里分别会见了代表团。至此，中法之间开始走出暂时的困难时期。9 月 5 日至 6 日，应法国外交部邀请，外交部副部长田曾佩顺访法国，同法外交部秘书长谢尔就国际问题和双边关系问题交换了意见。[①] 中法关系开始逐步改善和恢复。1990 年 9 月，中德外长在联大会晤，一致同意继续发展两国关系。两国关系开始逐步恢复。10 月 3 日，德国实现统一，中国国家主席杨尚昆、国务院总理李鹏和外交部长钱其琛分别致电德国总统里夏德·冯·魏茨泽克、总理赫尔穆特·科尔和外长汉斯－迪特里希·根舍，祝贺两德正式实现统一。10 月 26 日，

①《中法两国外交部负责人在巴黎会谈　双方认为两国关系在朝好的方向发展》,《人民日报》1990 年 9 月 8 日，第 6 版。

中国和德国政府在波恩签署了一项财政合作协定。按照该协定，德国复兴信贷银行将向中国提供500万马克的财政援助，用于青海省地震后的重建工作。[①] 10月30日，德国议会通过决议，决定恢复对华提供发展援助和出口信贷担保。1991年，国务院副总理兼上海市市长朱镕基、副总理邹家华先后访问德国。同年11月，德国经济部长尔根・默勒曼应中国经贸部长李岚清的邀请，率60余人的代表团前来访问，并出席中德经济混委会第七次全体会议。两国高层互访，推进了两国关系进一步恢复。

（二）与苏联东欧国家关系实现平稳过渡

东欧剧变和苏联解体后，中国政府坚持不干涉内政、尊重各国人民选择的原则，在和平共处五项原则的基础上，同苏东地区的所有国家建立和发展友好合作关系。

为增进新形势下中国与东欧国家之间的理解，1990年开始，中国通过走出去与请进来相结合的方式，加强与东欧国家的接触与交往。1990年1月中旬，波兰部长会议副主席兼科技进步与应用署署长扬・雅诺夫斯基率领波兰政府代表团前来中国，参加中国、波兰政府间经济、贸易、科技合作委员会第5次会议并对中国进行友好访问。其间，国务院总理李鹏会见波兰政府代表时表示，中国政府愿意在和平共处五项原则的基础上同波兰继续保持和发展友好关系和经贸合作。雅诺夫斯基表示，波兰新政府十分重视同中国的关系，并希望两国的友好合作进一步向前发展。1991年2月27日至3月2日和10月16日至19日，外交部长钱其琛与波兰外长斯库比舍夫斯基实现互访。之后，两国政府、各部委、各对口专业部门已经签订的协议和计划得到继续执行。

1989年12月22日，罗马尼亚政权更迭，齐奥塞斯库政府被

---

①《中德签署财政合作协定》，《人民日报》1990年10月28日，第6版。

推翻，成立了救国阵线委员会。对此，中国政府的立场是：不干涉罗马尼亚内政，并尊重罗马尼亚人民的选择。中国政府愿在和平共处五项原则基础上继续同罗马尼亚保持并发展友好关系。12月27日，国家主席杨尚昆和国务院总理李鹏分别向扬·伊利埃斯库和彼得·罗曼发贺电，祝贺他们分别就任救国阵线委员会主席和临时政府总理职务。1990年10月12日至16日，应外交部长钱其琛的邀请，罗马尼亚外交部长阿德里扬·讷斯塔塞对中国进行正式访问。国家主席杨尚昆会见讷斯塔塞。钱其琛外长同讷斯塔塞举行了会谈。双方签署了一项备忘录，对进一步扩大双边政治、经济关系作出了一系列的原则规定。1991年1月14日至19日，罗马尼亚总统伊利埃斯库应国家主席杨尚昆的邀请对中国进行正式访问。江泽民、杨尚昆分别会见了伊利埃斯库，国务院总理李鹏与伊利埃斯库进行了会谈。双方一致认为，两国传统的友好合作关系应进一步发展。自此，中罗各层次、各领域的交流合作得以继续进行。

1991年，苏联"八一九事件"发生后，中国政府密切关注事态的发展，并表示苏联发生的变化是苏联的内部事务，中国政府的一贯立场是，反对干涉别国内政，尊重各国人民的选择。1991年8月22日，钱其琛外长约见苏联驻华大使，表示中国政府一贯主张并始终认为，苏联的内部事务应由苏联人民自己来处理，我们尊重苏联人民的选择。1991年12月8日，俄罗斯、白俄罗斯和乌克兰在明斯克率先宣布成立"独立国家联合体"（简称"独联体"）。12月21日，俄罗斯等从苏联独立出来的11个独立国家领导人在哈萨克斯坦首都阿拉木图联合举行记者招待会，正式宣告建立独立国家联合体。[①] 25日，戈尔巴乔夫宣布辞去苏联总统职务，同时

---

① 周象光：《俄罗斯等11国首脑在阿拉木图举行会议宣告成立独立国家联合体苏联不复存在　并通知戈尔巴乔夫苏总统设置已停止存在》，《人民日报》1991年12月22日，第6版。

也辞去苏联武装力量最高统帅的职务。[①]苏联随之解体。

苏联解体对国际政治格局造成重大冲击，使刚刚全面恢复的中国对苏外交工作面临重大挑战。中国政府遵循“韬光养晦”的战略方针，依据互不干涉内政原则，积极促进与苏联的继承国俄罗斯关系的发展。12 月 27 日，国务委员兼外交部长钱其琛致电俄罗斯联邦外长科济列夫，宣布中华人民共和国政府承认俄罗斯联邦政府并决定中华人民共和国驻苏联特命全权大使王荩卿改任为驻俄罗斯联邦特命全权大使。

1992 年 1 月，国务院总理李鹏在出席联合国大会期间会见俄罗斯总统叶利钦，这是中国同俄罗斯领导人的首次会面，双方就发展两国关系交换了意见。叶利钦总统表示，俄罗斯联邦重视同中国的友好合作关系。俄罗斯将恪守 1989 年和 1991 年苏中两个联合公报的原则，尽快批准已经签署的中苏边界东段协定，发展同中国多领域、多渠道、多种形式合作的经济关系。[②]之后，中俄关系保持了中苏关系正常化后双边关系发展的良好势头并进一步向前发展。

这一时期，中国相继承认脱离苏联的爱沙尼亚、拉脱维亚、立陶宛、乌克兰、白俄罗斯、哈萨克斯坦、乌兹别克斯坦、塔吉克斯坦、吉尔吉斯斯坦、土库曼斯坦、格鲁吉亚、亚美尼亚、阿塞拜疆、摩尔多瓦等国家的独立，并分别与他们建立了正式的外交关系。

（三）周边外交实现重大进展

在国际政治格局大动荡、大变动、大重组的国际局势下，中

---

①《戈尔巴乔夫辞去武装力量统帅职务　核按钮已交给叶利钦》，《人民日报》1991 年 12 月 27 日，第 6 版。

② 张启昕、张亮:《李鹏总理会见叶利钦总统》，《人民日报》1992 年 2 月 1 日，第 1 版。

国积极开展睦邻友好外交，并取得显著进展，与所有邻国恢复和建立了正常的外交关系。

如前所述，自20世纪80年代中期起，中国与韩国两国民间交往逐步增多。在此基础上，中国同韩国之间开始了半官方及官方接触。1990年10月20日，中国国际商会和大韩贸易振兴公社签署互设代表处的协议。随后，1991年1月31日和4月9日，韩国大韩贸易振兴公社驻北京代表处及中国国际商会驻汉城（今首尔）代表处先后成立。1991年11月，国务委员兼外交部长钱其琛和对外经济贸易部部长李岚清率领的中国代表团在汉城（今首尔）出席亚洲及太平洋经济合作第三届部长级会议。韩国总统卢泰愚单独会见了钱其琛和李岚清。1992年8月23日至25日，应国务委员兼外交部长钱其琛的邀请，大韩民国外务部长官李相玉对中国进行正式访问。访问期间，双方外长就两国关系正常化问题举行会谈。钱其琛同李相玉签署了《中华人民共和国和大韩民国关于建立外交关系的联合公报》。韩国在联合公报中宣布，承认“中华人民共和国政府为中国的唯一合法政府，并尊重中方只有一个中国、台湾是中国的一部分之立场”[①]。同日，韩国总统卢泰愚就中韩建交发表特别声明指出，“韩国政府承认中华人民共和国是中国唯一合法代表，这是当今国际政治中一个不可改变的现实”[②]。中韩建交后，韩国立即同台湾断绝了“外交关系”。中韩建交结束了两国在历史上形成的长期隔绝状态，两国关系在和平共处五项原则基础上进入了一个新的发展阶段。1992年9月27日至30日，应杨尚昆主席邀请，韩国总统卢泰愚对中国进行了国事访问。访问期间，杨尚昆同卢泰愚会谈，中共中央总书记江泽民和国务院总理李鹏分别

①《中韩两国建交联合公报》，《人民日报》1992年8月25日，第1版。

②《韩国总统卢泰愚发表特别声明　韩中建交促进东北亚安全与繁荣》，《人民日报》1992年8月25日，第6版。

会见了卢泰愚总统。中韩发表了新闻公报，两国政府签署了贸易协定，投资保护协定，关于设立经济、贸易、技术联合委员会协定和科学技术合作4个协定。中韩两国领导人的会晤会谈，进一步推动了两国睦邻友好合作关系的发展。

随着柬埔寨问题政治解决不断取得进展，中越关系开始松动。1991年9月9日至14日，应中国国务委员兼外交部部长钱其琛的邀请，越南外交部部长阮孟琴正式访华。这是中越关系恶化以来越南外交部部长首次访华，表明中越关系正常化已提上日程。李鹏会见了阮孟琴，钱其琛与阮孟琴进行了正式会谈。双方表示，愿同国际社会一起努力，继续推动柬埔寨问题在联合国安理会框架文件基础上，在巴黎会议范围内，为最终获得全面政治解决作出积极努力。双方同意，将采取切实步骤，恢复两国经贸、科技、交通、文化等领域的交往与合作，逐步实现中越关系正常化。双方就今后两国关系的指导原则及越南领导人年内访华交换了意见，并取得一致看法。11月5日至10日，应中共中央总书记江泽民和国务院总理李鹏的邀请，越共中央总书记杜梅和越南部长会议主席武文杰率越南高级代表团正式访华。江泽民、李鹏同杜梅、武文杰举行了会谈。访问期间，双方签订了《中越贸易协定》和《中越关于处理两国边境事务的临时协定》。双方还发表了《中越联合公报》，宣布中越高级会晤标志着中越关系正常化，中越两国将在和平共处各项原则基础上发展睦邻友好关系，中国共产党和越南共产党将根据独立自主、完全平等、互相尊重、互不干涉内部事务的原则恢复正常关系。

此外，中国与印度尼西亚自1990年8月8日起恢复两国正常外交关系，与新加坡自1990年10月3日起建立正式外交关系，与文莱达鲁萨兰国自1991年9月30日起建立正式外交关系。至此，中国与所有周边国家都建立或恢复了正常的外交关系。

三、稳定中美关系发展的大局

冷战结束后，中美关系在冷战期间的战略基础——共同应对苏联在全球扩张的威胁不复存在，两国关系进入了战略调适期。作为一超独大的美国，为了维护其霸权地位，将中国作为其“潜在”的竞争对手，不时在台湾、经贸、人权等问题上制造摩擦，使得中美关系时常受到干扰破坏，危机不断，矛盾此起彼伏。在中国看来，中美之间虽然存在着意识形态和社会制度等方面的差异和矛盾，但在经济全球化的背景下，双方也有广泛的共同利益。发展中美关系符合两国的根本利益，也有利于世界的和平与稳定。因此，中国方面始终坚持斗而不破、争而不裂的原则，对美方制造的摩擦与问题积极应对，避免了双方的战略对抗，维护了中美关系大局的稳定。

（一）减少麻烦，不搞对抗

20 世纪 90 年代初，中国政府坚持内政不容干涉的原则，顶住了美国带头掀起的对华制裁浪潮。同时，中国政府又从维护两国关系大局的角度出发，一再呼吁美国政府正视现实，放弃制裁，使中美关系回到正常的发展轨道上来。中共十四大确立建立社会主义市场经济体制的目标，标志着中国的改革开放进一步向全方位扩展。改善和发展同美国的关系，有利于营造和平稳定的国际环境，加快社会主义现代化建设步伐。

为推动中美关系向前发展，中国领导人提出了中国对美政策的原则立场。1992 年 11 月底，中共中央总书记江泽民在会见美国众议院访华团时表示：“中国政府一贯重视中美关系，珍视两国人民共同努力所取得的来之不易的成果，并愿与美方一道继续推动两国关系向前进展。”“对于双方存在的分歧，可以在相互尊重和平等的基础上进行讨论，增进相互了解，求同存异。我们希望与美国增加信任，减少麻烦；发展合作，不搞对抗；对存在的问题愿意进行友好磋商，争吵是无益的。这样做完全是出于中美关系大局，出于中美两国人民和世界人民的根本利益。但中国的立场是众所周知的，不会因任何困难和压力而放弃原则。”① 江泽民对克林顿当选下任美国总统表示祝贺，并表示，中国愿在中美三个联合公报的基础上，同克林顿先生和美国新政府建立合作，为中美关系的改善和发展共同作出努力。

江泽民在第八次驻外使节会议上明确指出：“如何同美国打交道，是我们外交工作的一个重要课题。简要地说，既要有斗争也要有妥协，既要有斗争的勇气也要有斗争的艺术，要坚持有理、有利、有节，把维护我国的根本利益作为首要目标。当前，克林顿政府在对华政策上显示了一定程度的灵活性，并对改善中美关系做出了一些积极姿态。我们应该抓住有利时机，多做工作，争取中美关系尽早走向稳定，并不断有所改善和发展。同时，该顶的地方仍然要顶，对美国的一些无理做法不能迁就，否则它就会认为你软弱可欺，就会得寸进尺，这样反而影响中美关系的稳定和发展。我们要力争稳定中美关系，以带动中日、中欧以及中国同美国其他盟国关系进一步发展。反过来，也要积极发展同美国盟国的关系，以促进中美关系稳步前进。”②1994 年 11 月，江泽民在印度尼西亚雅加达会见克林顿时表示：“我们希望同美国增加信任、减少麻烦、发展合作、不搞对抗，遵循中美三个联合公报确定的原则，推动中美关系不断向前发展。我们希望美国政府也奉行对中国友好的政策。中美之间应该并完全可能建立建设性的新型关系。我们可在中美三个联合公报的基础上，共同确立以下主要原则：第一，双方都着眼于世界大局和 21 世纪，从更广泛的范围和长远的观点处理中美关系。

① 周慈朴：《在会见美国众议员访华团时江泽民谈中美关系　增加信任　减少麻烦　发展合作　不搞对抗》，《人民日报》1992 年 12 月 1 日，第 1 版。

②《江泽民文选》第一卷，人民出版社 2006 年版，第 313 页。

第二，相互尊重各自的国情和选择，摆脱社会制度和意识形态差异对两国关系的影响，以友好的精神处理相互间的一切问题。第三，充分利用各自经济的优势和特点，在平等互利基础上推动两国经济合作全面发展。第四，加强两国在国际事务和国际组织中的磋商与合作，在解决世界热点、大规模毁灭性武器扩散及环保、缉毒、恐怖主义、走私等社会问题上开展协作。第五，增进相互间的来往和交流，特别是高层互访和接触。"[①] 这些原则立场有助于稳定中美关系的大局，但由于美国对华政策方向仍待确立，因此总体上稳定中美关系尚需时日。

（二）推进中美关系在曲折中前进

冷战结束后，美国方面凸显与华在社会制度、意识形态方面的差异，并把中国看作"潜在"的战略竞争对手，频频利用最惠国待遇、人权、武器扩散、台湾等问题向中国施压，致使两国关系摩擦不断、危机四起。中国从维护两国关系正常发展的大局出发，坚持原则性和灵活性相统一的原则，以斗争求合作，促进中美关系在波折中前行。

中国以积极合作的姿态推进中美关系稳定发展，力求消除克林顿政府执政初期对华采取强硬政策给中美关系所制造的阴霾。然而，李登辉访美使两国关系再度陷入危机。1995 年 5 月，美方不顾中国政府的一再劝告、交涉，公然允许李登辉于 6 月 3 日至 11 日访美。美国政府这种危害中国主权、领土完整，干涉中国内政的行径理所当然地遭到了中国的坚决反对。为向国际社会昭示中国在台湾问题上的严正立场，中国政府先后采取了一系列应对措施：推迟国防部长迟浩田、国务委员李贵鲜、空军司令员于振武访

① 林皎明：《江主席在雅加达同八国领导人会晤》，《人民日报》1994 年 11 月 15 日，第 1 版。

美；[1]推迟美国助理国务卿访华；推迟中美关于“导弹及其技术控制制度”与核能合作的专家磋商。[2] 6月17日，中国政府宣布召回驻美大使李道豫。[3]此时美国驻华大使芮效俭任期满已回国。中美关系自此跌入建交以来的最低水平。1995年10月24日，国家主席江泽民在出席联合国成立50周年特别纪念会议期间，与克林顿会晤，提出从宏观角度讨论中美关系的重要性及其今后发展的框架，对于促使中美关系重新回到对话与合作的轨道将起到积极推动作用。1996年3月，台湾实行所谓“总统”直选。为进一步打击“台独”势力，中国人民解放军在东南沿海进行导弹发射训练和军事演习。美国政府支持“台独”势力，向中国台湾附近水域派遣两艘航空母舰，向中方炫耀武力。同时，美国众议院国际关系委员会通过“美国应帮助保卫台湾”的决议案，鼓噪美国使用武力“保卫台湾”。美方蓄意支持“台独”的行径对两国关系造成了严重的影响，两国关系濒临危机的边缘。

中国人民反分裂、反“台独”斗争的坚强意志和行动，触动了美国朝野，使他们认识到一味支持和鼓励“台独”倾向的危害性和危险性。克林顿政府对华政策经过数年战略论争，最终确立了对华采取接触遏制战略，并以接触为主。与此同时，中国睦邻友好外交取得了显著进展，与西方其他大国的外交日益活跃，关系逐步改善与深化，这使得美国对华强硬政策已难以为继。美国对中国缓和中美关系的提议也作出了积极回应，克林顿总统邀请中国国家主席江泽民访美，这标志着中美关系摆脱了美国制裁的阴影。1997年10月26日至11月3日，江泽民主席成功访美，这是12年来中

① 《外交部发言人宣布中国政府决定推迟迟浩田访美　李贵鲜于振武也分别中止对美访问》，《人民日报》1995年5月27日，第1版。

② 《我外交部发言人宣布我政府推迟中美导弹核能合作磋商　美国两项访华事宜也被要求推迟》，《人民日报》1995年5月29日，第1版。

③ 《中国驻美国大使李道豫奉召回国述职》，《人民日报》1995年6月17日，第1版。

国国家元首第一次正式访美。10 月 29 日，江泽民主席与克林顿总统进行会谈，双方一致认同要扩大在环保、能源、科技、法律、教育和文化等领域的交流与合作。10 月 30 日，江泽民主席在美中协会等六团体举行的午餐会上发表演讲，明确提出发展面向 21 世纪中美两国关系的指导方针："一、坚持用战略眼光和长远观点来审视和处理中美关系，牢牢把握两国关系的大局。二、积极寻求共同利益的汇合点，既要考虑自身的利益，也要考虑对方的利益。三、恪守中美三个联合公报，这是发展中美关系的基础。四、本着相互尊重、平等协商、求同存异的精神，正确处理两国间的分歧。五、妥善处理台湾问题。"[①] 访问期间，双方发表了《中美联合声明》，"决定中美两国通过增进合作，对付国际上的挑战，促进世界和平与发展，共同致力于建立中美建设性战略伙伴关系"[②]。江泽民对美国的成功访问，为中美两国致力于建立建设性战略伙伴关系确定了方向，有利于两国在双边、地区和世界范围的利益汇合点上加强合作，在分歧问题上采取平等而有理性的对话方式加以处理，以便使中美关系摆脱个别问题的干扰，朝着更加稳定、更加积极、更富有成果的方向发展。1998 年 6 月 25 日至 7 月 3 日，克林顿总统对华访问。期间，双方表示同意继续努力，向建立建设性战略伙伴关系的目标加速迈进。双方决定将首脑、内阁、次内阁级别官员互访定期化，并建立两国首脑电话热线等联系机制，以促进双边关系的进一步发展[③]。这次访问，进一步确认了两国关系的发展方向。

在中美关系迅速发展之际，美国反华势力又开始制造事端，企图恶化两国关系。1998 年 10 月，美国国会相继通过"1999 年

① 江泽民：《在美中协会等六团体举行的午餐会上的演讲》，《人民日报》1997 年 11 月 1 日，第 3 版。

②《中美联合声明》，《人民日报》，1997 年 10 月 31 日，第 1 版。

③ 刘连第：《中美关系的轨迹——1993 年—2000 年大事纵览》，时事出版社 2001 年版，第 215 页。

国防授权法”、支持台湾加入世界卫生组织的决议等多项干涉中国内政法案；11月，美能源部长访台，达赖访美；12月，关于中国窃取美国高科技和核机密的“考克斯报告”出笼。1999年1月，美少数议员和政客鼓噪将台湾纳入亚洲战区导弹防御系统；2月，美国国防部发表所谓“台湾海峡安全形势的报告”，散布中国大陆对台湾的导弹威胁[①]；3月，美国媒体虚构并大肆炒作“李文和间谍案”，美国参议院提出所谓《加强台湾安全法案》。5月8日，以美国为首的北约部队，公然轰炸中国驻南斯拉夫大使馆事件，激发了中国民众强烈的反美情绪。对此，中国政府作出了强烈反应：宣布推迟中美两军高层交往；推迟中美核扩散、军控和国际安全问题的磋商；中止中美在人权领域的对话。[②]首都高校学生在美国驻华大使馆门前，举行抗议示威活动，强烈谴责“炸馆”暴行。5月10日，唐家璇外长正式照会美驻华大使，再次向美方提出严正要求：“一、公开、正式向中国政府、中国人民和中国受害者道歉；二、对北约导弹袭击中国驻南斯拉夫联盟共和国大使馆进行全面、彻底的调查；三、迅速公布调查的详细结果；四、严惩肇事者。”[③]之后，中国驻美大使李肇星在接受美国电视台的采访中，再次阐述了中国政府的原则立场，敦促以美国为首的北约采取切实行动，向中国政府和人民作出交代。

对于中国政府的严正要求，克林顿政府作出回应。5月10日，克林顿总统在白宫公开向中国人民和中国领导人表示道歉，并重申将致力于加强美中两国之间的关系。5月14日，江泽民主席应约

① 张历历：《20世纪的中国（对外关系卷）》，甘肃人民出版社2000年版，第550页。

②《我外交部发言人宣布中国决定推迟中美两军高层交往；推迟中美防扩散军控和国际问题磋商；中止中美在人权领域的对话》，《人民日报》1999年5月11日，第1版。

③《唐家璇外长代表我国政府正式照会美驻华大使　再次向美方提出严正交涉》，《人民日报》1999年5月11日，第1版。

与克林顿总统通了电话。江泽民强调："以美国为首的北约对中国驻南斯拉夫联盟共和国大使馆进行导弹袭击，是一起震惊世界的严重事件，造成了我人员重大伤亡和馆舍毁坏，严重侵犯了中国主权，也是对《联合国宪章》和国际关系基本准则的粗暴践踏。""以美国为首的北约必须对这一事件承担全部责任。""美国政府要充分看到这个事件的严重性，它已经损害了中美关系。我们一贯重视改善和发展两国关系，关键是要严守和平共处五项原则，特别是相互尊重主权和领土完整的原则。"[①]江泽民进一步指出："当务之急，美国政府应该对这一事件进行全面、彻底、公正的调查，并迅速公布调查结果，满足中国政府和中国人民提出的全部要求。"[②]克林顿在电话中再次表达了歉意，表示将尽最大努力处理好这场"悲剧"，使两国关系恢复正常发展。7 月 15 日至 16 日、7 月 28 日至 30 日，中美举行关于"炸馆"事件的两轮谈判。双方就中国伤亡人员的赔偿问题达成了共识，美国承诺将尽快向中国政府支付 450 万美元的赔偿费。双方还决定将继续举行有关中国使馆财产损失的谈判。这一协议的达成对于修复受损的中美关系，促进双边关系回到正常轨道上来具有积极意义。

进入 21 世纪后，中美关系再掀波澜。2001 年 4 月 1 日晨，美军一架 EP-3 电子侦察机飞抵中国海南岛东南海域上空，中国空军两架歼 -8 战斗机立即起飞对其进行跟踪监视。9 时 7 分，美国侦察机违反飞行规则，突然大角度转向，撞上中方一架军机，致使飞机失控坠海，飞行员王伟失踪。受损的美机则在未经过许可的情况下，进入中国领空，并降落在海南陵水军用机场。撞机事件发生后，中国政府始终从中美关系大局出发，依照国际法和中国有关法

① 《克林顿总统与江泽民主席通电话　再次就我驻南使馆遭袭击事道歉　江泽民主席重申我政府严正立场》，《人民日报》1999 年 5 月 15 日，第 1 版。

② 同上。

律规定，采取冷静、克制的方式加以处理。中方有关部门本着人道主义精神，对美方侦察机上的 24 名机组人员给予了妥善安置，并安排美驻华大使、领馆人员多次同他们见面。4 月 1 日晚，外交部部长助理周文重紧急召见美国驻华大使普理赫，就撞机事件向美方提出严正交涉和抗议，强调事件的责任完全在美方，美方必须对中国人民作出解释。但是美方态度强硬，根本不想承担责任。4 月 4 日，外交部长唐家璇召见普理赫，再次向美方提出严正交涉。唐家璇指出：“这次事件完全是美方的错误造成的，美方理应承担全部责任，作出道歉……美方不仅不面对事实，承担责任，反而摆出霸道架势，强词夺理，混淆是非，一再对中方进行无理指责，这更是错上加错。”①

中国政府的正义立场受到了国际社会的广泛支持。美国政府显然也不打算因为这一突发事件彻底损害中美两国关系，4 月 11 日下午，美国政府处理军用侦察机撞毁中国军用飞机事件的全权代表、美国驻华大使普理赫向中国外交部长唐家璇递交致歉信。美方在信中表示，布什总统和鲍威尔国务卿对中方飞行人员失踪和飞机坠毁都表示遗憾。普里赫谨代表美国政府向中国人民和王伟的家属深表歉意，并就美方飞机未经许可进入中国领空和降落中方机场向中方深表歉意。美方还感谢中国为妥善安置美方机组人员所作的努力。同日，江泽民主席发表谈话，表示“希望美方认真对待中方的立场，妥善处理”，并且强调“中美关系的发展符合中美两国的共同利益，对亚太和世界和平与繁荣至关重要。中美关系的发展必须建立在中美三个联合公报和国际关系基本准则的基础上，这样才能妥善处理两国间的问题”②。2001 年 4 月 18 日，根据双方有关谅解，

---

①《唐家璇就美侦察机撞毁我飞机事件召见美驻华大使　再次向美方严正交涉》，《人民日报》2001 年 4 月 5 日，第 1 版。

② 王发恩、钱彤：《江泽民主席发表谈话》，《人民日报》2001 年 4 月 12 日，第 1 版。

中美两国在北京就美军侦察机撞毁中方飞机事件及其他有关问题举行谈判。4 月 29 日，经过多轮磋商，中方重申了对撞机事件的原则立场，美方同意考虑向中方进行有关支付，具体支付数目和项目另行商谈。关于今后如何避免类似事件的发生，双方同意通过进一步发展中美海上安全磋商机制进行讨论。

中国政府对美采取有理、有利、有节的斗争方式，有效制约了美国对华的一系列强权行为，使美国认识到两国合则两利、斗则两伤，最终在对华接触与遏制两手中选择了接触为主的战略。这一时期，中美关系始终保持斗而不破、争而不裂，呈现出在曲折中前行的态势。

（三）中美经贸关系成为两国关系发展的“压舱石”

与波折不断的中美政治、安全关系不同的是，中美两国经贸关系取得了长足的发展。据中国海关统计，在 1991 至 2001 年间，中美双边贸易额从 142 亿美元增加到 804.9 亿美元，年均增长 18.5%。1996 年以后，美国成为中国的第二大贸易伙伴，按照美方统计，1990 年中美贸易额为 200.3 亿美元，2001 年达到 1022.8 亿美元。1996 年以后中国成为美国第四大贸易伙伴，美国则是中国最大的贸易伙伴，美国市场是中国产品最大的海外市场。尽管两国的统计数字不尽相同，但双方的统计都表明，在这一时期两国贸易增长迅速。随着两国贸易的快速发展，美国对华投资也有很大增长。据统计，1989 年美对华直接投资为 2.84 亿美元，到 2002 年，美国对华直接投资增长到 58.8 亿美元，自 1999 年起，美国连续 4 年是中国最大外资来源国。美国对华投资项目也日益增多，从 1979 至 2001 年，美对华投资项目累计近 3.4 万个，合同金额 680 亿美元，实际投资累计金额近 350 亿美元。日益密切的经贸关系成为中美关系的稳压器和促进器。

中美完成中国加入世界贸易组织的谈判，为两国经贸关系的进一步发展提供了新的动力。中国1987年提出恢复关税及贸易总协定（GATT）缔约国地位的要求，随后便开展相关谈判工作。1995年世界贸易组织成立后，中国“复关”谈判转为“入世”谈判。中方为此作出了巨大的努力，但这一问题长期没有得到解决，美国是主要的制约因素。在长达13年之久的“复关”和“入世”谈判进程中，特别是在同美方的谈判中，中国作出了巨大的努力甚至是让步。美国却向中国政府提出了范围广泛的、相当程度超出中国承受能力的条件、要求和标准，作为中国“复关”和“入世”的条件，为中国“复关”和“入世”设置了重重障碍。但是，中国坚持以一个发展中国家的身份，以权利和义务平衡的原则去争取加入世贸组织，中国不能接受美方提出的超出中国经济发展水平的要求。双方的谈判异常艰难。经过十几年的讨价还价，1999年4月11日，中美农业合作协议签署，11月15日，中美最终达成关于中国加入世界贸易组织的双边协议，结束了中美关于中国入世问题的谈判，为中国入世扫除了最大的障碍。

《中美关于中国加入世界贸易组织的双边协议》的签署，有利于中国面向21世纪进一步推进改革开放和社会主义现代化建设事业，有利于加快中国加入世贸组织的进程，有利于中美关系的稳定与发展，并为世界经济的发展与繁荣注入了新的动力。中美关于中国“入世”的谈判不仅是一个经贸问题，而且是一个政治问题。尽管谈判历经曲折、艰辛，但最终达成了一个符合双方利益的协议，实现了“双赢”的目标。

四、构建与其他大国的伙伴关系

20世纪90年代，随着国际局势的变动，大国关系出现了重新调整、重新组合的发展动向。以江泽民同志为核心的党中央对大国关系新的特点作出了准确判断。江泽民指出：“大国关系的调整，是冷战结束后世界格局发展的必然结果，也是多极化趋势的一个突出表现。这种调整，从根本上讲是出于各国自身利益的需要，是为了争取在未来的世界格局中占据最为有利的地位。各大国都日益看重中国的地位和作用。我国在国际上的分量更重、回旋余地更大。我们奉行独立自主的和平外交政策，同各个大国广泛改善和发展关系，使我们在纷繁复杂的国际关系中能够处于主动和有利的地位。”[①] 为处理好中国与俄罗斯、欧洲和日本等大国的关系，以江泽民同志为核心的党中央团结带领全国人民，积极开展大国外交，与各大国建立了多种形式的伙伴关系。

（一）大力促进中俄睦邻友好合作关系

中国十分重视发展与俄罗斯这个最大邻国的睦邻友好合作关系，认为这是中国对外关系的重要方面。国家主席江泽民 1994 年 9 月访问俄罗斯期间，提出了发展中俄关系的基本主张：“（一）加强相互理解信任，坚持以长期睦邻友好精神处理相互关系中的一切问题。（二）相互尊重各自选择的发展道路，不断促进两国关系的正常发展。（三）不管形势如何发展变化，两国发展友好合作关系的基本方针不变。（四）充分利用两国天时地利条件，积极发展互利互补的经贸关系，促进共同繁荣。（五）加强法律与制度建设，健康有序地开展两国间的人员交往，把中俄边界建成和平、友好、繁荣的纽带。（六）加强相互磋商与合作，共同为世界的和平、稳定与发展发挥建设性的积极作用。”[②] 两国领导人就建立面向 21 世纪长期稳定的睦邻友好新型国家关系达成共识。两国领导人签署了《中俄联合声明》，并宣布建立“面向二十一世纪的建设性伙伴关

① 中共中央文献研究室：《江泽民论有中国特色社会主义（专题摘编）》，中央文献出版社 2002 年版，第 566 页。

②《江泽民主席在俄罗斯国际关系学院的演讲》，《人民日报》1994 年 9 月 4 日，第 6 版。

系”。两国领导人还宣布互不首先使用核武器和互不将战略核武器瞄准对方[①]。

此次访问为中俄关系的进一步发展奠定了良好基础。随后，两国关系进入快车道。1996年4月，叶利钦总统第二次访华。江泽民与叶利钦举行会谈，双方达成中俄“世代睦邻友好、相互尊重信任、平等互利合作、共同发展繁荣”的共识，宣布建立和发展“平等信任的、面向二十一世纪的战略协作伙伴关系”[②]。1998年11月，江泽民访问俄罗斯时，两国领导人为中俄战略协作伙伴关系确立了明确的发展方向和原则。两国还按照有关协定，建立了高层定期会晤和热线电话联系等机制，为两国战略协作关系增加了制度保障。[③] 2001年7月，江泽民访问俄罗斯期间，双方签署了《中俄睦邻友好合作条约》，宣布双方致力于“世代友好、永不为敌”，发展长期睦邻友好与互利合作关系。条约为两国关系的长期稳定发展提供了坚实的法律保障，也为建立中俄战略协作伙伴关系提供了指导。

20世纪90年代初，中苏两国基本解决了历史遗留的边界问题并就边界管理达成协议，消除了制约两国关系深入发展的一个重要因素。苏联解体后，俄罗斯联邦承诺继续履行苏联同中国签订的条约和义务。1992年2月13日，俄罗斯联邦议会批准了中苏国界东段协定。2月24日，全国人大常委会批准此协定。3月16日，中俄两国外长在北京互换了协定批准书。自此，中苏国界东段协定正式生效。1994年9月，双方签署了《中华人民共和国和俄罗斯联邦关于中俄国界西段的协定》。从而使中俄双方对东、西两段

---

①《中俄联合声明》，《人民日报》1994年9月4日，第1版。

②《中俄联合声明》，《人民日报》1996年4月26日，第1版。

③《世纪之交的中俄关系（中俄高级会晤结果联合声明）》，《人民日报》1998年11月24日，第1版。

的边界管理都有了共同遵循的法律依据。1998 年 11 月 23 日，中俄双方发表了《关于中俄边界问题的联合声明》，指出中俄国界西段勘界工作野外作业已经结束，中俄国界东、西两段已勘定的边界在两国关系史上首次在实地得到准确标示，双方将在商定的期限内完成全部勘界工作，并继续就尚未协商一致的个别地段的边界线走向问题进行谈判①。与此同时，两国就边界管理达成一系列共识并签署了协定。包括:《关于在边境地区相互裁减军事力量和加强军事领域信任问题的谅解备忘录》(1992 年 12 月)、《中华人民共和国政府和俄罗斯联邦政府关于中俄国界管理制度的协定》(1994 年 5 月)、《关于在边境地区加强军事领域信任的协定》(1996 年 12 月),《关于在边境地区相互裁减军事力量的协定》(1997 年 4 月)。这些共识和协定，为中俄边境地区信任措施建设提供了保障。

中俄在国际事务中的磋商与协作富有成效。冷战结束后，国际和地区形势发生了很大变化。中、俄、哈、吉、塔等国为加强睦邻互信与友好合作关系，加紧就边界地区信任和裁军问题举行谈判。1996 年 4 月，国家主席江泽民、俄罗斯总统叶利钦、哈萨克斯坦总统纳扎尔巴耶夫、吉尔吉斯斯坦总统阿卡耶夫、塔吉克斯坦总统拉赫莫诺夫在上海签署了《中华人民共和国和俄罗斯联邦、哈萨克斯坦共和国、吉尔吉斯斯坦共和国、塔吉克斯坦共和国关于在边境地区加强军事领域信任的协定》。1997 年 4 月 24 日，中、俄、哈、吉、塔五国元首在莫斯科会晤，并签署了五国《关于在边境地区相互裁减军事力量的协定》。上述两个协定是经过 7 年谈判达成，这是中国同俄、哈、吉、塔四国睦邻友好、互利合作关系不断发展和巩固的结果，是五国之间相互信任增强的体现。边境裁军协定是亚太地区第一个关于相互裁减军事力量的国家间文件。它的签署不

①《关于中俄边界问题的联合声明》,《人民日报》1998 年 11 月 24 日，第 1 版。

仅有利于维护中国同俄、哈、吉、塔四国边境地区的和平、稳定与安宁，促进五国间睦邻友好、平等信任、互利合作关系的进一步发展，而且对维护亚太地区乃至世界的和平、安全与稳定提供了一种不同于冷战思维的安全模式。中、俄、哈、吉、塔首脑会晤也就此机制化为“上海五国”机制。中俄两国间的磋商和合作，为地区的和平与稳定发挥了重要作用。

（二）积极推动中欧全面伙伴关系的发展

以江泽民同志为核心的党中央高度重视发展与欧盟及欧洲国家的关系。随着欧盟的扩大，欧元的正式启动，欧盟在世界经济和国际关系中的地位、作用和影响有了显著提高。改革开放以来，中国综合国力也有了很大的提高。中国和欧洲国家都是世界舞台上的重要力量，在世界多极化格局中，欧盟和中国是需要彼此借重的力量。

在政治、经济、文化、科技以及重大国际问题上，中欧有着广泛的共同利益，这是发展双方关系的战略依据。江泽民指出：“中国和欧洲国家同是世界舞台上的重要力量，在维护世界和平与稳定、促进经济共同发展等方面，有着广泛的共同利益。中国正致力于改革开放和现代化建设，西欧正在努力推进一体化建设，这为加强相互的友好交流与合作提供了新的动力。中国作为世界上最大的发展中国家，有着丰富的人力资源和广阔的市场，西欧作为发达国家最集中的地区，拥有雄厚的资金和先进的技术，双方在经贸、科技等领域的合作具有很强的互补性。中国和西欧都有自己的悠久历史和灿烂文化，都曾为人类文明进步作出过重大贡献，双方在自然科学、社会科学和文化艺术等领域可以相互借鉴，共同提高。这些共同点，为建立和发展中欧建设性伙伴关系提供了坚实的基础。”[①]

① 江泽民：《发展中欧友好合作推动建立国际新秩序——在瑞士工商界人士集会上的讲话》，《人民日报》1999 年 3 月 28 日，第 1 版。

江泽民把发展同欧洲国家之间的关系概括为四项原则：一是面向21世纪，努力发展长期稳定的友好合作关系。二是相互尊重，求同存异。三是互补互利，促进共同发展。四是加强在国际事务中的磋商与合作。[①]"中国与欧洲国家走过了不同的历史进程，相互之间在社会制度、经济水平、文化传统和价值观念等方面存在差异，对一些问题有不同看法，这并不奇怪，只要双方按照相互尊重、平等对待、求同存异、协商一致的原则，积极开展政治对话，就可以增进了解、减少分歧、增加信任、扩大共识，寻求共同利益的交汇点，从而使双方的平等互利合作在新世纪结出更加丰硕的果实。"[②]中国与欧洲国家之间没有历史遗留问题和地缘上的直接利害冲突。冷战结束以来，在经济全球化和世界多极化趋势进一步发展的形势下，中国与欧洲之间共同利益增多。中欧在反恐、防扩散、环保等重大国际问题上有共同看法。中国有着丰富的人力资源和广阔的市场，西欧拥有雄厚的资金和先进技术，双方在经贸、科技等领域的合作具有很强的互补性。中国经济改革卓有成效，呈现出无限的潜力，这对欧洲国家很有吸引力。欧洲国家加强同中国的经贸合作，当然有益于中国的发展；对占世界贸易总额1/4的欧洲国家而言，也必将为其创造就业机会、促进经济发展注入活力。中国和西欧都有自己的悠久历史和灿烂文化，都曾为人类文明进步作出过重大贡献，双方在自然科学、社会科学和文化艺术等领域也可以相互借鉴，共同提高。

按照江泽民主席提出的上述原则和方针，中国立足于多做工作，努力与欧洲国家发展互利合作关系，中欧关系发展顺利。

① 吕全成：《就中国改革开放、中法关系和中国同西欧国家关系等问题　江泽民主席在法国发表重要演讲》，《人民日报》1994年9月13日，第1版。

② 江泽民：《共同创造一个和平繁荣的新世纪——在德国外交政策协会的演讲》，《人民日报》2002年4月11日，第1版。

1994年底，欧盟正式宣布取消除军售外的对华所有制裁措施，中国与欧盟的关系重新走上正轨。1995年7月，欧盟通过了《中欧关系长期政策》，这是欧盟有史以来制订的第一个全面对华政策，表明欧盟希望同中国“发展政治、经济和贸易关系，加强双方在所有领域的合作”。欧盟认为，同中国发展关系、加强合作，不仅有利于亚洲和世界的稳定，也“符合欧盟国家的利益”。文件确定了支持中国加入世界贸易组织和其他国际经济机构、帮助欧盟企业增加对华投资等重点工作。[①] 1998年3月，欧盟委员会通过了《同中国建立全面伙伴关系》文件，这是欧盟通过的又一重要对华政策文件。该文件对中国的内外政策给予更加积极的评价，表达了要与中国加强友好合作的强烈愿望。文件建议把中欧双边政治关系提高到欧盟与美国、日本关系的同等水平，每年举行一次双边首脑会晤。中国也一再重申，强调中国与欧盟都是当今世界舞台上维护和平、促进发展的重要力量，全面发展同欧盟及其成员国长期稳定的互利合作关系，也是中国外交政策的重要组成部分。

从1998年开始，中欧之间建立了每年一次的领导人会晤制度，就双方共同关心的问题进行讨论和磋商。中欧这种高层次、多领域的对话和交流，加深了双方的理解，促进了中欧关系的发展。20世纪90年代，欧盟成为中国第三大贸易伙伴，中国则是欧盟的第四大贸易伙伴。欧盟也是中国引进外资和先进技术的重点地区。欧盟对华投资较大、项目较多而且技术含量高，芬兰诺基亚、德国大众、法国雪铁龙、荷兰菲利普、比利时贝尔等，都已成为中国人耳熟能详的欧洲公司。中国在发展同欧盟全面伙伴关系的同时，也大力加强同欧盟各成员国的双边关系。

中法两国克服了法国售台武器对两国关系的影响后，自1994

① 康新文:《欧盟制定对华战略　决定与中国全面发展政治经济贸易关系》,《人民日报》1995年7月7日，第7版。

年起，两国关系发展势头良好。1994 年 9 月，国家主席江泽民应邀访问法国，江泽民与法国总统密特朗进行了会谈，双方就双边关系和国际问题交换了意见。1997 年 5 月 16 日，法国总统雅克・勒内・希拉克应邀访华，中法签署联合声明，决定建立面向 21 世纪的全面伙伴关系。双方还签署了一系列政府间协议和换文。1999 年 4 月，国务院总理朱镕基对法国进行正式访问。朱镕基与法国总理利昂内尔・若斯潘举行了会谈，双方对 1997 年 5 月中法决定建立面向 21 世纪的全面伙伴关系以来两国在政治、经济等各个领域的合作情况表示满意，并就重大国际问题深入交换了意见。此后，两国全面伙伴关系不断充实和深化。

1997 年 7 月 1 日香港回归祖国后，制约中英两国关系发展的香港问题彻底解决，中英关系翻开了崭新的一页。此后，双方高层互访不断。1998 年 3 月 31 日至 4 月 5 日，国务院总理朱镕基应邀访英。1998 年 10 月 6 日至 10 日，英国首相布莱尔应邀访华。朱镕基与布莱尔成功互访并签署《中英联合声明》，宣布建立中英全面伙伴关系，为两国关系的发展确立了基本框架。1999 年 10 月 18 日至 22 日，国家主席江泽民对英国进行国事访问，这是中国国家元首首次对英国的国事访问，为两国关系在新世纪的发展奠定了重要基础。

在政治、人权等方面，欧洲有些人对中国持有偏见，总想按自己的“游戏规则”办事。对此，中方一方面坚定捍卫国家的政治利益，另一方面按照江泽民主席提出的“相互尊重、平等对待，求同存异、协商一致”的原则，与欧盟及其成员国积极开展政治对话，减少分歧，扩大共识，寻求共同利益的交汇点，从而使双方关系得到顺利发展。欧盟陆续推出的对华政策文件表明，它十分重视发展同中国的全面伙伴关系，对解决双方的分歧抱有积极态度。1997 年，欧盟成员国中的法国、德国、意大利、西班牙等国不再参与针对中国的提案。新的国际形势下，中欧关系不断向前发展。

（三）巩固和发展中日友好合作关系

中日关系恢复正常后，中国政府积极推动中日关系稳定发展。1992 年是中日邦交正常化 20 周年，4 月 6 日至 10 日，中共中央总书记江泽民访问日本。访问期间，江泽民总书记与明仁天皇、宫泽喜一首相及日本各界知名人士举行了会谈。[①] 两国领导人一致认为，应当建立为亚洲和世界的和平与稳定作出更大贡献的中日关系。1992 年 10 月 23 日至 28 日，日本明仁天皇及皇后对中国进行正式友好访问，这是中日 2000 年的交流史上日本天皇第一次访问中国。访华期间，日本天皇就历史问题表示："在两国关系悠久的历史上，曾经有过一段我国给中国人民带来深重苦难的不幸时期，我对此深感痛心。战争结束以后，我国国民基于不再重演这种战争的深刻反省，下定决心，一定要走和平国家的道路。"[②] 1995 年 5 月，日本首相村山富市对中国进行正式友好访问。国家主席江泽民、全国人大常委会委员长乔石分别会见了日本首相村山富市一行。江泽民在会见村山富市时指出，正确对待历史，将有助于中日关系的健康发展，有利于实现两国人民的世代友好，也会有利于日本实现同亚洲国家的真正和解，符合日本自身的长远和根本利益。村山富市表示，高度重视日中关系，愿在深刻反省历史的基础上推动日中友好，为维护亚太和平作出努力。[③] 8 月 15 日，村山富市就战后 50 周年发表正式谈话，表示由于日本的殖民统治和侵略，给亚洲各国人民造成了极大的损害与痛苦，对此表示深刻反省

① 孙东民、于青：《江泽民与宫泽举行正式会谈　就双边关系和广泛的国际问题交换意见》，《人民日报》1992 年 4 月 7 日，第 1 版。

② 田桓：《战后中日关系文献集（1971—1995）》，中国社会科学出版社 1997 年版，第 850 页。

③ 吴绮敏：《江主席会见村山首相　双方表示要正确对待历史，着眼未来推动两国关系向前发展》，《人民日报》1995 年 5 月 4 日，第 1 版。

和由衷歉意。强调必须把战争的悲惨告诉年轻一代，以便不再重犯过去的错误。[1] 1998 年是中日和平友好条约缔结 20 周年，11 月，国家主席江泽民对日本进行了国事访问。这是中国国家元首有史以来首次访问日本。访问期间，江泽民会见了日本天皇和皇后，与日本首相小渊惠三举行了会谈。江泽民在早稻田大学演讲时，提出发展中日关系的三项原则：第一，要百倍珍惜和维护中日两国人民历尽艰辛共同努力建立起来的睦邻友好关系。有利于中日友好的事，要竭尽全力去做。不利于中日友好的事，决不要去做。第二，要正视中日关系史上出现的那段不幸经历，从中真正吸取历史教训。“前事不忘，后事之师”。无论从日本的国家利益出发，还是从促进亚洲和世界的和平与发展出发，日本都应坚持走和平发展的道路，用正确的历史观引导国民和青年一代，而绝不能允许任何形式的军国主义思潮和势力重新抬头。第三，要随着时代的前进推动中日两国关系不断向前发展。应该以长远的观点来审视中日关系，顺应历史潮流，把握时代主题，排除各种干扰，严格按照国际关系的基本原则办事。[2] 这次访问，中日两国达成建立致力于和平与发展的友好合作伙伴关系的共识，构筑了面向 21 世纪的中日友好合作伙伴关系框架。随后，双方积极落实两国领导人达成的一系列重要共识，不断丰富和充实两国致力于和平与发展的友好合作伙伴关系内涵，中日两国各领域的友好交流与互利合作取得新的进展。2002 年是中日邦交正常化 30 周年，两国成功举办了一系列纪念邦交正常化 30 周年的活动，增进了两国人民的相互了解和友好感情，促进了两国关系的进一步发展。

① 张国成：《日本内阁首相村山发表谈话向亚洲各国人民道歉》，《人民日报》1995 年 8 月 16 日，第 7 版。

② 江泽民：《以史为鉴　开创未来——在日本早稻田大学的演讲》，《人民日报》1998 年 11 月 29 日，第 1 版。

但历史问题、涉台问题及钓鱼岛问题对中日两国关系产生了不少负面影响。在历史问题上，虽然日本明仁天皇、首相村山富市等人对历史问题有客观的认识，也表示了道歉，但日本一些右翼势力及政客不断在历史问题上挑事，对两国关系造成严重干扰。1994 年，日本自民党的 213 名议员建立所谓的“正确传授历史国会议员联盟”，试图为“大东亚战争”正名。1995 年，日本自民党历史研究委员会出版了题为《大东亚战争的总结》的图书，对日本的侵略历史进行了全面、系统的翻案。1996 年 5 月 28 日，日本参议员板垣正在自民党总务会上否认日本有过军妓的历史事实。6 月 4 日，日本国会议员、原法务大臣奥野诚亮就“慰安妇”问题大放厥词，称二战期间一些亚洲国家妇女“当慰安妇是商业行为，并非强迫所为”[①]。2000 年 1 月，日本右翼势力在大阪国际和平中心举办“20 世纪最大谎言——‘南京大屠杀’的彻底论证集会”，公然叫嚣“南京大屠杀”是虚构的，企图否认侵略罪行。[②] 值得注意的是，日本政客参拜靖国神社人数和次数也越来越多。1996 年 7 月，日本首相桥本龙太郎参拜靖国神社；1999 年 4 月，日本政府阁僚和政治家 100 多人集体参拜靖国神社；2001 年、2002 年，日本首相小泉纯一郎连续两年参拜靖国神社。这些活动均遭到中国政府和中国人民的强烈抗议和反对。这些活动也对两国政治关系造成严重影响。

关于台湾问题。日本在该问题上多次违背两国所达成的重要政治共识。从 1993 年开始，日本允许台湾当局所谓的一些“部长”访日。1994 年 10 月，日本邀请徐立德参加广岛亚运会开幕式，

① 《奥野就“慰安妇”问题大放厥词 韩国舆论予以强烈抨击》，《人民日报》1996 年 6 月 6 日，第 6 版。

② 徐机玲：《日本右翼势力组织召开否认南京大屠杀反动集会 中日两国人民同声谴责强烈抗议》，《人民日报》2000 年 1 月 14 日，第 4 版。

严重违背了《中日联合声明》的精神和一个中国原则。日本地方官员也开始窜访台湾。1999 年 11 月 13 日，日本东京都知事石原慎太郎访台。石原身居日本首都行政长官要职，其访台严重违背了日本对台湾问题所做的承诺和与中国所达成的原则共识。11 月 15 日，外交部发言人孙玉玺就石原慎太郎访问台湾一事发表评论，要求日本政府切实遵循中日联合声明、中日和平友好条约和 1998 年发表的联合宣言的原则，恪守日方就台湾问题向中方作出的郑重承诺，立即采取有效措施，消除石原此举给两国关系带来的恶劣影响，并以负责任的态度杜绝类似事件再次发生。①

关于钓鱼岛问题。日方一些右翼团体多次登上中国钓鱼岛，侵犯中国领土主权。1996 年 7 月，日本右翼团体多次非法登上钓鱼岛建造灯塔和立碑，日本政府则采取了纵容态度。② 1997 年 5 月，日本新进党国会议员非法登上钓鱼岛寻衅滋事。1999 年 9 月 5 日，日本右翼团体“日本青年社”3 名成员非法登上中国钓鱼岛。

尽管中日间由于历史问题、台湾问题及钓鱼岛问题等摩擦不断，但这一时期两国关系总体上还是维持了稳定发展的态势。

与冷战时期国家间的结盟相比，中国与上述国家建立的各种外交伙伴关系与以往相比有着很大的不同，具体表现在：

第一，伙伴关系具有不对抗、不结盟、不针对第三国的基本特征。中国与任何大国间双边关系的加强，并不意味着双方要结成同盟，也不意味着结成伙伴关系的国家要共同对抗或针对第三国。中国可以和世界上任何一个愿与其发展友好关系的国家建立伙伴关系。冷战时期，国际关系中的伙伴关系具有明确的针对他国的含

---

①《就日本东京都知事石原慎太郎访台破坏中国统一的言论　外交部发言人表示强烈愤慨》，《人民日报》1999 年 11 月 16 日，第 4 版。

② 刘文玉：《日在我钓鱼岛制造事端侵犯中国领土令人愤慨》，《人民日报》1996 年 8 月 30 日，第 6 版。

义，带有明显的对抗性，具有政治、军事结盟的性质。而中国坚持的新的伙伴外交战略，摈弃了冷战思维，超越了社会制度和意识形态的差异，与各大国建立的是广泛的新型伙伴关系。中国建立的一系列伙伴关系，均不具有针对第三国的含义，没有对抗的色彩，其主要目的是要争取一个长期和平稳定的国际环境，使中国可以专心于经济建设和发展，改善民生、增强国力。

第二，伙伴关系是在平等互利、互相尊重的基础上建立的。冷战期间，国际关系中的“伙伴”关系是不平等的，不同阵营的内部、各个结盟国家间的关系，是以不同国家的综合实力为基础，以资源占有和战略需求为框架，呈现出极不平等的同盟伙伴关系。无论内政还是外交，大国和强国往往在不同程度上操纵、影响小国和弱国。同时，资源贫乏、需要政治和军事支持的国家，也往往对大国和强国有严重的依赖性。而中国实行的伙伴外交战略，坚持在平等互利、互相尊重的基础上发展与他国的双边关系。在中国建立的新型伙伴关系中，平等是基础。中国认为，只有平等基础上的关系才可能称其为伙伴关系，如果是不平等为基础的，那么所谓的伙伴关系，实质上是依附的关系，这种依附关系是不能成为真正的伙伴关系的。

第三，中国的伙伴关系外交是以合作为目的的外交。国际合作是国际关系的一种常态。国际合作是指在一定领域内利益和目标基本一致或部分一致的各国际关系行为体所进行的不同程度的协调和联合。① 但中国的伙伴关系外交不同于集团外交、势力范围外交样式的合作。在这两种合作式样中，合作成员间一般都签署具有国际法意义的条约，相互间要承担约束力很强的责任与义务，而且为针对某些目标而合作。合作成员的地位实际上也是不平等的，有主

① 张季良:《国际关系学概论》，世界知识出版社 1997 年版，第 111 页。

导成员和附从成员之分，如为进行冷战目的而成立的联盟——北约和华约。而中国与伙伴方建立的伙伴关系，是为了更好地加强双方在具有共同利益的领域里的合作，促进双方各自利益的实现，不是为了共同对付或排斥第三国。中国与伙伴方不签署任何结盟条约，具有行为自由。

五、融入国际，履行大国责任和义务

20 世纪 90 年代，随着中国更深入、更广泛地融入国际社会，中国政府对多边外交的认识发生了深刻变化，“合作、对话、避免对抗”成为中国参与多边外交的基本原则，尤其是经济因素在中国多边外交中占有越来越重要的地位。中国开始以更为积极、主动、开放的姿态，投身于国际多边舞台，并借助这一渠道，进一步向国际社会阐明中国的对外方针和处理国际关系的原则与立场。

（一）深入参与联合国及其他全球性国际组织

冷战结束后，中国更加重视联合国的地位和作用，更加全面地参与联合国各领域的活动，每年都派出高级代表团参加联合国大会，就全球和地区热点问题阐明中国的立场，在联合国框架内为维护世界和平发挥越来越重要的作用。

积极参与联合国的军控和裁军活动。基于和平与发展的愿望，中国积极维护国际和平、安全与稳定，高度重视军控和裁军，一贯反对军备竞赛，主张通过军控与裁军减少和消除战争危险。中国一直认为，各国不论大小，均应享有参加裁军谈判的平等权利，而超级大国对全面禁止、彻底销毁核武器和其他大规模杀伤性武器，实现真正的裁军负有不可推卸的责任。中国作为发展中国家和联合国安理会常任理事国，主张国际社会促进公正、合理、全面、均衡的军控和裁军，并多次宣布单方面裁军，大幅度削减自己的军队规模，先后加入《不扩散核武器条约》（1992 年 3 月加入）、《核安全公约》(1994年签署，1996年4月交存批准书)、《关于禁止发展、生产、储存和使用化学武器及销毁此种武器的公约》(1993年1月签署，1997年4月交存批准书)、《非洲无核武器区条约》第一和第二议定书(1996年4月签署,1997年10月交存批准书)、《全面禁止核试验条约》(1996年9月签署)、《中华人民共和国和国际原子能机构关于在中国实施保障的协定的附加议定书》(1998年12月签署，2002年3月生效)、《禁止或限制使用某些可被认为具有过分伤害力或滥杀滥伤作用的常规武器公约》所附的《禁止或限制使用地雷、诱杀装置和其他装置的修正议定书》修订的第二号议定书(1998年11月交存批准书)、《禁止或限制使用某些可被认为具有过分伤害力或滥杀滥伤作用的常规武器公约》所附的《关于激光致盲武器的议定书》第四号议定书(1998年11月交存批准书)、《联合国打击跨国有组织犯罪公约》所附的《关于打击非法制造和贩运枪支及其零部件和弹药的补充议定书》(2002年12月签署)等国际军控条约和协定，为国际军控和裁军作出了积极贡献。

积极参与联合国的维和行动。维和行动是联合国履行维护国际和平与安全职责的核心手段之一，中国逐步成为联合国维和行动的积极支持者和参与者。2000年1月，中国政府向东帝汶过渡行政当局派遣了15名民事警察，这是中国政府首次派出民事警察执行联合国维和行动。2002年2月，中国正式派成建制非作战部队参加联合国维和行动第一级待命安排机制，向联合国维和任务提供1个联合国标准工程营、1个联合国标准医疗分队、2个联合国标准运输连。①

同时，中国积极参与联合国人权、社会、教科文等领域的多

① 中华人民共和国外交部政策研究室:《中国外交(2002)》，世界知识出版社2003年版，第329页。

边外交活动，并同联合国教育科学及文化组织、联合国妇女地位委员会、联合国儿童基金委员会、世界卫生组织等专门机构建立了广泛的合作关系。中国一贯赞成对联合国进行改革，认为联合国改革的目的是加强联合国的作用，提高其工作效率，改革的措施必须体现会员国的共同利益。2000 年，中国明确提出对联合国改革的立场："安理会的扩大应遵循公平的地域分配原则，首先解决发展中国家代表性不足的问题。安理会改革应该反映大多数会员国的意志，才经得起历史的考验。为了做到这一点，全体会员国应该进行耐心讨论，争取达成协商一致。"①

中国在参与联合国的活动中，既坚持原则又实事求是，既主持公道又真诚合作，中国在联合国的威望和作用不断得到提高。2000 年 9 月，江泽民在联合国千年首脑会议上发表重要讲话，阐述了关于建立国际政治经济新秩序的原则和主张，表达了各国人民尤其是广大发展中国家人民要和平、求发展的心声。在中国的倡议下，联合国安理会 5 个常任理事国举行了历史上的首次首脑会晤。中国提出了安理会 5 个常任理事国应遵循的四项原则：相互尊重、平等相待；扩大共识、求同存异；加强沟通、密切协调；顾全大局、促进合作。

中国以更为积极姿态推进"复关""入关"的谈判。1995 年 1 月，世界贸易组织（WTO）成立，取代关税及贸易总协定（GATT）。中国的"复关"谈判开始转为加入世界贸易组织的谈判。1995 年 7 月，世界贸易组织总理事会会议决定接纳中国为该组织的观察员。此后，根据世界贸易组织相关规定，中国与世界贸易组织成员方开始了拉锯式的双边谈判。1997 年底，中国与匈牙利、捷克、斯洛伐克、巴基斯坦率先完成了中国加入世界贸易组织

① 江泽民：《在安理会首脑会议上的讲话》，《人民日报》2000 年 9 月 8 日，第 1 版。

双边市场准入谈判并签署协议。1998 年 6 月，江泽民主席接受美国记者采访时，提出中国“入世”三原则：第一，世界贸易组织没有中国参加是不完整的。第二，中国毫无疑问要作为一个发展中国家加入世界贸易组织。第三，中国加入世界贸易组织是以权利和义务的平衡为原则的。[①] 2001 年 9 月 13 日，中国与最后一个谈判对手墨西哥达成协议。2001 年 9 月 17 日，世界贸易组织中国工作组第十八次会议通过中国入世法律文件。经过 15 年的不断努力和反复谈判，2001 年 12 月 11 日，中国正式加入世界贸易组织，成为世界贸易组织成员。

在整个“入世”谈判历程中，中国政府以“入世”三原则为指导，坚持中方原则与立场，坚持以发展中国家地位加入，强调权利与义务的平衡，坚持市场开放的速度和力度必须与中国的经济发展水平相一致，从而有效维护了自身利益。同时，中国庄严承诺，遵守国际规则，逐步开放市场。这不但有助于消除“中国威胁论”，为对外开放营造良好的国际环境，也有助于增加国外投资者的信心，不断完善投资环境，使中国经济成为世界经济的有机组成部分。加入世界贸易组织，是中国深度参与经济全球化的重要体现和重大契机。以“入世”为新起点，中国深入开展全方位、多层次的对外开放，加速与国际市场的接轨，在更广阔的天地参加国际竞争与合作。

（二）积极融入和构建亚洲地区的多边舞台

20 世纪 90 年代，中国在周边地区的多边外交蓬勃展开，并逐渐成为中国总体外交中的重要一环。中国积极参加亚太地区的多边组织，积极发挥建设性作用，同时也开始主动倡导和培育多边外交舞台，为探索冷战后新型区域合作途径提供了有益的经验。

---

① 中共中央文献研究室：《江泽民论有中国特色社会主义（专题摘编）》，中央文献出版社 2002 年版，第 192 页。

加强与东盟友好合作。20 世纪 90 年代初，东盟率先启动区域合作进程，逐步形成了以东盟为中心的一系列区域合作机制。1991 年，中国与东盟开始正式对话。1996 年，中国成为东盟的全面对话伙伴国并出席了东盟与对话伙伴国会议。此后，中国与东盟国家关系进入了一个新的阶段，双方高层互访频繁，政治、经贸等各个领域的合作全面展开。1997 年年底，中国与东盟举行了历史上的首次首脑会晤，发表了《中华人民共和国与东盟国家首脑会晤联合声明》，确定建立面向 21 世纪的睦邻互信伙伴关系的方向和指导原则。1997 年，东南亚地区爆发严重的金融危机，东南亚国家尤其是泰国、印度尼西亚和马来西亚、菲律宾等国所受打击更大，经济面临崩溃，引起社会动荡。在危机爆发的关键时刻，中国政府采取了积极行动，出面挽救危局。在自身出口大幅下滑的压力下，中国政府仍承诺并坚持人民币不贬值，并提供了总数 60 多亿美元的支持，积极帮助受危机重创的国家恢复经济活力。中国政府的做法对缓解危机、稳定东南亚地区经济乃至世界的金融秩序作出了重要贡献。同时，中国与亚洲地区多边对话与合作进一步向积极务实的方向发展。在中国倡议下，2000 年 5 月 6 日，东盟与中、日、韩（10+3）财政部长会议在清迈召开，通过了《清迈倡议》。9 月 25 日，第二次“10+3”财政部长会议在捷克布拉格举行，会议根据中国的建议，决定成立一个工作组，负责落实《清迈倡议》有关工作，就双边货币互换协议的原则进行磋商。[①] 2002 年 11 月，中国与东盟签署《中国与东盟全面经济合作框架协议》，确定了 2010 年建成中国—东盟自由贸易区的目标。中国与东盟还签署了《南海各方行为宣言》，为稳定南海局势提供了政治基础。

中国积极参与亚太经济合作组织（简称亚太经合组织 APEC）

① 中华人民共和国外交部政策研究室：《中国外交（2001）》，世界知识出版社 2001 年版，第 23 页。

的活动。1989 年 1 月，澳大利亚总理霍克提议召开亚太地区部长级会议，讨论加强相互间经济合作的问题。1989 年 11 月，澳大利亚、美国、日本、韩国、新西兰、加拿大及当时的东盟六国，在澳大利亚首都堪培拉举行了亚太经合组织首届部长级会议，会议主旨是推动自由贸易化，促进亚太地区经济、贸易、投资、技术等领域的合作。会议的召开，标志着亚太经济合作组织正式成立。该组织下设高级官员会议以及经济问题和区域贸易自由化问题两个特设工作组。高级官员会议下设贸易和投资资料、贸易促进、投资和技术转让、人力资源开发、能源、海洋资源保护、通讯、渔业、旅游、运输共 10 个专题工作组。1990 年 7 月，亚太经合组织第二次部长级会议在新加坡通过《联合声明》，欢迎中国、中国台北和香港尽早同时加入这一组织。1991 年 11 月，在“一个中国”和“区别主权国家和地区经济体”原则的基础上，中国、中国台北和香港（1997 年 7 月 1 日起改为“中国香港”）正式加入亚太经合组织。加入亚太经合组织后，中国在推动亚太经合组织合作议程、合作方式等方面发挥了积极作用。1993 年 11 月，亚太经合组织在美国西雅图召开了首次亚太经合组织领导人非正式会议，中国国家主席江泽民出席会议并就亚太地区展望、区域经济合作优先事项和区域经济合作的手段与机制等三项议题发表了重要讲话，提出“相互尊重、平等互利、彼此开放、共同繁荣”的区域经济合作指导原则。1996 年，中国首次提出了指导亚太经合组织合作的“APEC 方式”，主要是：承认多样性，强调灵活性、渐进性和开放性；遵循相互尊重、平等互利、协商一致、自主自愿的原则；单边行动与集体行动相结合。2001 年 10 月 20 日，中国成功举办亚太经合组织第九次领导人非正式会议。会议以“新世纪、新挑战：参与、合作，促进共同繁荣”为主题，通过了《亚太经合组织经济领导人宣言》《上海共识》《数字亚太经合组织战略》等重要文件，有力推动了中国与亚太经合组织有关成员双边关系的发展。通过亚太经合组织的一系列活动，中国在亚太地区发挥了极具建设性的作用，推动国际秩序朝着更加公正合理的方向发展。

中国倡导和创建上海合作组织。苏联解体后，中国与俄罗斯、哈萨克斯坦、吉尔吉斯斯坦、塔吉克斯坦等国家积极发展睦邻友好合作关系。1996 年 4 月，中国与俄罗斯、哈萨克斯坦、吉尔吉斯斯坦、塔吉克斯坦五国元首在上海举行了首次会晤，讨论了在边界地区加强军事信任的问题，签署了《关于在边境地区加强军事领域信任的协定》，正式启动“上海五国”合作机制。到 1999 年 8 月，中国同俄罗斯、哈萨克斯坦、吉尔吉斯斯坦、塔吉克斯坦等国的边界问题得到妥善解决。边界问题的解决，使中国与四国在安全问题上的信任度有所增加。政治军事互信的建立，为中国和俄罗斯及中亚四国各方面关系的发展奠定了良好的基础。此后，“上海五国”历年首脑会晤讨论的议题不断扩大，除了讨论五国边境地区的军事问题，还就五国和本地区及世界的政治、外交、军事、安全、经济等问题交换意见、协调立场、开展合作。从 1998 年起，“上海五国”机制逐渐将重心以军事安全合作为主扩展到地区安全合作、经济合作和反恐合作等方面。1998 年 7 月，五国领导人发表联合声明，表示“任何形式的民族分裂主义、民族排斥和宗教极端主义都是不能接受的”，五国“各方将采取措施，打击国际恐怖主义、有组织犯罪、偷运武器、贩卖毒品和麻醉品以及其他跨国犯罪活动”。[①] 至 2000 年，在“上海五国”框架内已先后建立起五国执法与安全、国防、外交等部门领导人的会晤机制。2001 年 6 月 14 日，中、俄、哈、吉、塔五国元首签署联合声明，决定接受乌兹别克斯坦作为完全平等成员加入“上海五国”机制。6 月 15 日，六

①《中哈吉俄塔联合声明》，《人民日报》1998 年 7 月 4 日，第 3 版。

国元首在上海签署了《上海合作组织成立宣言》，正式成立了上海合作组织（简称上合组织），这是第一个由中国主动倡导创建的国家间多边组织，是新世纪中国外交具有里程碑意义的成就。上海合作组织的成立，表明中国外交在营造本国安全环境方面开始了创造新机制的阶段，也标志着中国开始了积极开展多边外交的新阶段，既促进了中国同这些邻国的睦邻友好合作关系，也为探索冷战后新型区域合作途径提供了有益的经验。

（三）以更加主动和建设性的态度介入重大国际事务

冷战结束以后，那种因两种社会制度的对立引发世界大战危险的因素不复存在，但因为民族、宗教、领土、资源等因素发生的局部冲突却增多了。对于这些地区冲突和热点问题，中国按照联合国的有关决议认真履行自己的义务。同时，中国在有关国际场合均表明自己对有关事务和问题的看法和立场，主持公道、伸张正义，树立起了爱和平、负责任的大国形象。

关于朝鲜半岛和平问题。朝鲜战争结束已半个世纪，但至今尚未建立起稳定有效的和平机制。原来的停战协定已经不能适应形势发展的需要，迫切需要建立新的和平机制。可以说，建立半岛和平机制已经提上了日程。1993 年，朝鲜爆发核危机，朝鲜半岛南北关系和美朝关系急转直下。1994 年 4 月，朝鲜提出同美国举行会谈，建立新的和平保障机制的建议，同时要求美方撤走其驻朝鲜军事停战委员会代表团和停止中立国监察委员会的工作。1994 年，朝美谈判签署关于朝鲜核问题的框架协议，暂时化解了朝核危机。1996 年，韩美建议举行美、中、韩、朝四方会谈。虽然中国没有参与有关四方会谈建议的讨论，但中国理解包括朝鲜在内的有关各方希望建立半岛和平机制的愿望，中国愿为维护朝鲜半岛的和平与稳定继续发挥建设性作用。1997 年至 1999 年，中、美、朝、韩举行多次四方会谈，主要目的是建立一种新的和平机制。中国积极参与四方会谈并提出建设性的意见缓和朝鲜半岛紧张局势，得到了与会各方和国际社会的赞赏。同时，中国积极支持朝鲜半岛无核化，反对在朝鲜半岛制造、储存和运送核武器。中国政府认为，四方会谈的启动是朝鲜半岛和平进程中具有积极意义的重要一步，希望各方本着平等参与、耐心协商、求同存异、循序渐进的精神，为争取早日实现会谈的目标共同作出积极努力。1999 年 1 月下旬，在四方会谈第四次会议上，中国提出了关于缓和朝鲜半岛紧张局势的五项原则主张和关于建立半岛和平机制的四点基本内容。中国主张有关各方结束对抗，增进信任，改善关系，发展合作，防止冲突，和平解决争端，使半岛最终实现自主和平统一，并建议充分考虑有关各方的正当利益和合理要求，推动四方会谈沿着正确的轨道前进。2000 年 6 月，韩国总统金大中对朝鲜进行访问，同朝鲜民主主义人民共和国最高领导人金正日见面，实现了北南首脑的历史性会晤，北南关系取得突破性进展。中国高度评价朝鲜北南双方最高领导人实现会晤，欢迎和支持双方改善关系、开展交流与合作。江泽民主席于 2000 年 6 月 15 日致函金正日总书记和金大中总统，祝贺朝韩首脑会晤取得圆满成功。2000 年末，朝鲜特使赵明禄访问了美国，美国国务卿奥尔布赖特此后访问了朝鲜，美朝关系有所缓和。受其影响，朝鲜与西方许多国家的关系都得到改善，并与一些国家建立了外交关系。中国对此给予积极评价，表示欢迎朝美改善关系，也支持朝鲜与日本和其他西方国家改善关系。作为朝鲜“停战协定”的签字一方，中国支持朝鲜北南和解及北南自主和平统一，并始终致力于推动朝鲜半岛实现和平、缓和与稳定。

关于伊拉克问题。海湾战争后，联合国一直维持对伊拉克的制裁。美英在伊拉克的南北划出了禁飞区，对伊拉克保持高压和威慑。由于伊拉克与联合国特委会对伊武器核查小组在核查问题上的矛盾，美英多次绕过联合国安理会对伊拉克进行空中打击，造成伊拉克人员伤亡和财产损失。中国虽然支持特委会的核查，但认为必须严格按照安理会有关决议的规定执行其授权，安理会第 678 号决议应得到执行；同时，伊拉克是一个主权国家，其合理安全关切以及主权、领土完整和政治独立应该得到各方尊重。中国政府一贯反对动辄对一个国家实行制裁，也不赞成以制裁相威胁。在伊拉克发生所谓“核查”危机、多次处于“战”与“和”的关键时刻，中国同一些国家一道努力，致力于和平解决危机。1998 年底，美英以联合国特委会主席报告中所说的伊拉克未充分配合武器核查为由，未经安理会授权，单方面突然对伊拉克实施代号为“沙漠之狐”的军事打击。对这种违反《联合国宪章》和国际法准则的行为，中国予以谴责。事后，江泽民主席专门向克林顿总统致口信，并与俄罗斯总统叶利钦通电话，阐述中国反对武力解决伊拉克危机的立场。中国还在联合国安理会和一些国家的首脑与有关方面保持接触，敦促美英尽早停止军事行动。中国政府在多种场合提出，在伊拉克问题上应设立一个客观、公正、透明、负责的新机构，取代特委会，安理会必须对新机构进行绝对领导，实事求是地查清伊拉克裁军的遗留问题并逐步加以解决。总而言之，应尽快消除伊拉克平民多年来因制裁所遭受的人道主义苦难。

关于科索沃问题。自 1998 年 2 月开始，南联盟塞尔维亚共和国科索沃省的塞族警察与阿尔巴尼亚族分裂主义武装接连发生流血冲突。中国政府提出，科索沃问题应该由当事各方自行解决，有关各方应在尊重各民族权利的基础上，通过磋商解决彼此之间的冲突。针对北约以科索沃危机为由多次威胁对南联盟动用武力，中国政府强调，各国应该尊重南联盟的主权和领土完整，反对对一个主权国家使用武力。1999 年 3 月，以美国为首的北约未经联合国授权就出动军事力量，打着“人道主义干预”旗号，对南联盟进行空中打击，造成严重破坏和人道主义灾难。中国政府明确表示，反对北约绕开联合国对一个主权国家使用武力，呼吁国际社会维护联合国的权威，主张在尊重南联盟的主权与领土完整、保障科索沃各族合法权益的基础上政治解决争端。中国政府强烈要求立即停止对南联盟的军事袭击行动，呼吁国际社会及当事各方共同努力，尽快平息事态，化解危机。

作为联合国安理会常任理事国，中国坚持在科索沃问题上的原则立场。1998 年，安理会就科索沃问题通过三个决议和一个主席声明。中国对三个决议均投了弃权票。3 月 31 日，安理会以 14 票赞成，1 票弃权（中国）通过第 1160 号决议，决定对包括科索沃地区的南联盟实施武器禁运。9 月 23 日，安理会以 14 票赞成、1 票弃权（中国）通过第 1199 号决议，要求各方立即停火并以谈判方式解决争端，如果南联盟不停止军事行动，将根据《联合国宪章》第七章采取进一步行动。10 月 1 日，南联盟总统米洛舍维奇与美国特使霍尔布鲁克达成确保科索沃问题以和平方式解决的协定。10 月 24 日，安理会以 13 票赞成、2 票弃权（中国、俄罗斯）通过第 1203 号决议，要求南联盟和科索沃阿尔巴尼亚族领导人遵守安理会第 1160 和 1199 号决议，要求南联盟保障所有外交人员的安全，要求科索沃阿族领导人谴责恐怖主义行动，并立即停止这种行动。

中国常驻联合国大使对中国在 3 个决议上的立场作了解释性发言。关于 1160 号决议，中国常驻联合国副代表沈国放指出，科索沃问题是南联盟内部事务，应根据尊重南主权和领土完整的原则，由当事方通过谈判妥善解决。民族问题十分复杂，一方面，各民族的合法权益应得到保护；另一方面，也要防止各种极端主义分子的分裂活动。如果安理会在没有当事国的要求下介入争端，可能造成不良先例。有关决议草案无助于推动当事方尽早开始政治谈判，把南联盟与欧安组织关系、科索沃人权问题引入安理会、将南联盟重返国际社会与科索沃问题挂钩，都是不符合中方原则立场的。关于 1190 号决议和 1160 号决议，沈国放强调，中国主张国际社会实事求是地看待科索沃形势，客观、公正地评价南联盟政府的积极努力。中方不认为科索沃局势对国际和平与安全构成威胁。由于决议草案未能充分考虑科索沃的现实及南联盟在其主权范围内的正当权利，并轻率援引《联合国宪章》第七章对南联盟进行威胁，不但无助于从根本上解决科索沃问题，反而可能助长该地区的分离主义和恐怖主义势力，从而加剧紧张局势，中国代表团不能赞成该项决议草案。关于 1203 号决议，中国常驻联合国代表秦华孙指出，中国理解南联盟与有关方面围绕科索沃问题达成的协议。然而，就在上述协议达成的同时，有关区域组织却作出了对南联盟采取军事行动、干涉其内政的决定。更为严重的是，上述决定是在没有安理会授权的情况下单方面作出的。这一不负责任的做法，不仅不符合在科索沃问题上出现的和平气氛，无助于科索沃问题的解决，更违反了《联合国宪章》的宗旨、原则和有关规定，违反了国际法和公认的国家间关系准则，是对联合国和安理会权威的蔑视与挑战，在国际关系中开创了极其危险的先例。中国不赞成借安理会决议对南联盟施压、干涉南联盟内政。由于决议包含了超出认可南联盟与有关方面达成的协议以及干涉南联盟内政、援引宪章第七章等方面的内容，中国对决议投弃权票。

（四）就国际问题提出新理念新思想

冷战结束后，冷战思维依然存在，成为国际局势动荡不安的一个重要根源。个别国家打着“人权高于主权”的旗号，行干涉主权之实，并提出“文明冲突论”“民主和平论”等论调，为西方文明、西方民主制度唱赞歌。对此，中国政府提出了一系列的新理念新思想，切实维护国际局势安全和推动国际关系民主化进程。

倡导新安全观。冷战结束以后，国际形势总体趋向缓和，但在世界和地区范围内仍然存在一些不安定因素。霸权主义和强权政治仍然是威胁世界和平与稳定的根源；冷战思维及其影响还有一定市场，扩大军事集团、强化军事同盟给国际社会增加了不稳定因素；有的国家依仗军事优势对他国进行军事威胁，甚至武装干涉。中国政府认为："冷战时期以军事联盟为基础、以增加军备为手段的安全观念和体制不能营造和平。在新形势下，扩大军事集团、加强军事同盟有悖时代潮流。安全不能依靠增加军备，也不能依靠军事同盟。安全应当依靠相互之间的信任和共同利益的联系。通过对话增进信任，通过合作谋求安全，相互尊重主权，和平解决争端，谋求共同发展。要争取持久和平，必须摒弃冷战思维，培育新型的安全观，寻求维护和平的新方式。"[①] 这种新观念和方式"应该建立在和平共处五项原则基础上，不以任何借口干涉他国内政，更不应进行军事威胁和侵犯"；"通过在经济领域加强互利合作，相互开放，消除不平等现象和歧视政策，逐步缩小国家之间的发展差距，谋求共同繁荣，为全球和地区安全提供经济基础"；"通过对话与合作增进相互了解与信任，谋求以和平方式解决国家间的分歧和争端，这是确保和平与安全的新途径"[②]。1999 年 3 月，国家主席江泽民在日内瓦裁军谈判会议上发表讲话，全面阐述了中国倡导的新安全观的核心内容。江泽民主席指出："新安全观的核心，应该是互信、互利、平等、协作。各国互相尊重主权和领土完整、互不侵犯、互不干涉内政、平等互利、和平共处五项原则以及其他公认的国际关系准则，是维护和平的政治基础。互利合作、共同繁荣，是维护和平的经济保障。建立在平等基础上的对话、协商和谈判，

① 上海国际问题研究所：《国际形势年鉴（1999）》，上海教育出版社 1999 年版，第 383—384 页。

② 同上书，第 384 页。

是解决争端、维护和平的正确途径。”[①] 中国倡导的新安全观，既是针对冷战思维提出来的，也是在从战略高度看世界发展趋势的基础上提出来的。保障国家安全，是最根本的国家利益。但是，冷战期间的旧安全观，以军事联盟为基础，以加强军备为手段，以威胁、损害别国安全来保障自己的安全，特别是两个超级大国实行霸权主义和强权政治，大肆发展核武器和常规武器，扩军备战，对其他国家的安全和世界稳定造成严重威胁。个别国家在安全问题上仍停留在这一思维上。因此中国倡议，国际社会应该顺应时代潮流，树立以互信、互利、平等、合作为核心的新安全观。

阐述中国特色的人权观。人权保障是人类社会进步的重要标志。人权问题是联合国工作的主要内容之一。但是，冷战结束以后，一些西方国家却企图将联合国人权委员会变成一个审判发展中国家、推行人权双重标准的场所，他们无视自己国家人权方面的很多问题，专门夸大发展中国家的某些不足。中国一方面一如既往地积极推动中国人权事业的发展，另一方面坚决在人权问题上捍卫中国的国家利益和主权尊严，并在人权问题上坚持自己的主张，阐明自己的观点。中国政府对《世界人权宣言》也给予了高度的评价，认为“它作为第一个人权问题的国际文件，为国际人权领域的实践奠定了基础。但是，人权状况的发展受到各国历史、社会、经济、文化等条件的制约，是一个历史的发展过程。由于各国的历史背景、社会制度、文化传统、经济发展的状况有巨大差异，因而对人权的认识往往并不一致，对人权的实施也各有不同。对于联合国通过的一些公约，各国基于本国的情况，态度也不尽一致。人权问题虽然有其国际性的一面，但主要是一个国家主权范围内的问题。因此，观察一个国家的人权状况，不能割断该国的历史，不能脱离

①《江泽民文选》第二卷，人民出版社 2006 年版，第 313 页。

该国的国情；衡量一个国家的人权状况，不能按一个模式或某个国家和区域的情况来套”[1]。“对于一个国家和民族来说，人权首先是人民的生存权。没有生存权，其他一切人权均无从谈起。”[2]中国认为，所谓“人权高于主权”和可以容许“人道主义干预”等说法是不正确的，利用人权干涉中国或其他国家的内政都是不能容许的。国家主权和保障人权不是相互对立而是相辅相成的。为促进人权的普遍性得到保护，必须以联合国宪章和一系列国际人权领域的条约为依据，以对话代替对抗，并提供机会以积极展开人权领域的合作与交流。中国认为，承认世界的多样性，反对以一种模式强求各国一致，是促进人权普遍性的前提条件。人权观念应是完整的。在人权问题上需要遵循求同存异和开展对话、不搞对抗的原则，而且特别强调发展权优先的原则。当西方一些大国打着人权的旗号推行新干涉主义的时候，这些见解和主张尤其具有重大意义。

强调世界文明的多样性。1992 年美国学者亨廷顿发表“文明冲突论”，声称今后的世界进程已不是由政治经济等因素的矛盾发展所决定，而是由文明冲突所决定。他认为，文明之间的冲突是永恒的，历史上已经有多少文明遭到消灭的命运。当代存在着基督教文明、东正教文明、伊斯兰教文明和儒教文明等，而矛盾冲突则主要在它们之中的某几支文明之间发生着。一时间，不同文明之间展开冲突斗争成为国际政治的一个话题。1999 年 11 月 2 日，江泽民主席在访问沙特阿拉伯时指出：“人类社会在漫长的发展过程中，创造了多姿多彩的文明。这些文明既有共性，也有差异，但都是人类智慧的结晶。正是由于人类文明的这种多样性，我们这个有着近两百个国家、两千五百多个民族的星球才如此丰富多彩。不

① 中国人权发展基金会：《中国人权事业的进展——中国人权白皮书汇编》，新世界出版社 2003 年版，第 2—3 页。

② 同上书，第 4 页。

同文明应该在平等的基础上开展对话和交流，彼此借鉴，取长补短，在发展和丰富自己的同时推动人类文明走向新的繁荣。各民族在历史发展、社会背景、文化传统、生活方式等方面有差异，存在一些矛盾和分歧是难免的。只要相互尊重、平等对话和交流，这些矛盾和分歧是完全可以解决的，那种认为本民族文明至上，忽视甚至鄙夷其他文明，在文明的差异上大做文章，企图挑起不同文明之间的冲突的做法，是错误的。它有害于世界文明的进步，有害于世界和平与发展的崇高事业。”[①] 江泽民在联合国千年首脑会议上也谈了这一问题。

中国关于世界多样性的理念，是根据马克思主义的唯物史观，对人类文明发展历史和当代世界文明新特点的科学结论。世界多样性，是人类社会发展的必然结果和基本特征，是不可否认的客观事实。自从人类社会由野蛮时代进入文明时代，民族国家产生之后，世界上就出现了多种文明。随着人类社会的发展，世界文明多样性不断发展，各民族在长期的社会实践中，创造了各具特色的文化、思想意识和价值观，形成了多种政治、经济和社会制度、发展模式等，创造了丰富多彩的世界文明。当今世界的多样性，表现在社会生活的各个方面：首先，各个国家生产力水平、经济发展水平和人民生活水平不同，因而各国所选择的发展道路不同。发达国家和发展中国家的生产力水平差别很大，其发展道路、发展模式必然不会相同。其次，各国的社会制度不同，国家政体和国体的组织形式不同。当今世界上既存在资本主义和社会主义两大社会制度，也存在着封建制度的国家。即使同样是实行资本主义的国家，其政治经济制度也有很大区别，政治制度方面有共和制、君主立宪制，国家结构方面有单一制、复合制等。第三，各国的文化艺术、意识形态、

① 中共中央文献研究室：《江泽民思想年编（一九八九—二〇〇八）》，中央文献出版社 2010 年版，第 425 页。

道德伦理、宗教信仰、风俗习惯等精神文明和精神生活形形色色、千姿百态。目前全世界有 200 多个国家和地区，约有 2500 多个大小民族，约有 5600 多种语言和数百种文字，存在数百种宗教信仰。至于各国各民族的文学艺术、道德伦理、风俗习惯等，更是千差万别，丰富多彩。因此，世界文明的多样性，是一种客观存在，是人类社会的基本特征。

综上所述，国际格局多极化战略思想，是针对冷战结束后国际格局的大调整，尤其是美国一超独霸这种国际力量对比对中国及国际社会所带来的现实和潜在的挑战，中国为了维护国际局势的和平与稳定而形成的对冷战后国际战略格局发展态势的认识和判断，其目的是推动国际关系民主化，促进世界的和平与稳定，为国内社会主义市场经济建设创造一个有利的国际环境。在这一战略思想的指引下，中国在迅速突破以美国为首的西方国家的全面制裁后，积极开展伙伴关系外交，推动中国同各大国及地区重要国家间关系在相互尊重、平等互利基础上深入发展。冷战结束后，周边局势对中国外部环境的影响显著上升。中国政府坚持睦邻友好的周边外交方针，积极促进中国与周边国家关系的发展，取得了显著成效。中国历史性地与所有周边近邻都建立了大使级的外交关系。同时，中国以更加积极的姿态融入地区及国际事务中，并在其中发挥越来越重要的建设性作用。

第八章　和平崛起战略思想

2002年中共十六大召开，会议确立了21世纪前50年的长远战略规划，即到21世纪中叶基本实现现代化，把我国建成富强民主文明的社会主义国家。为了实现这一战略目标，中共中央明确了全党工作重心是聚精会神搞建设，一心一意谋发展，全心全意为人民服务，这是21世纪上半叶全党的中心任务和中国的基本国策。面对国际社会对中国崛起后战略意图的疑虑及各种形式的“中国威胁论”，中国政府强调中国坚决不走“国强必霸”的老路，而是要坚定走和平发展的道路，并提出一系列促进和平发展的战略方针。

一、明确提出始终不渝地走和平发展道路

进入21世纪，中国紧紧抓住经济全球化、第三次科技革命带来的战略机遇期，坚持发展是硬道理的战略思想，取得了经济连续10多年快速发展的佳绩，中国的经济总量和综合国力都得到前所未有的提升。中国崛起成为国内外战略家竞相讨论的热门话题。同时，国际社会对中国的战略意图也充满疑虑，担心中国走“国强必霸”的老路。对此，以胡锦涛同志为总书记的党中央坚持和平与发展是当今世界时代主题的科学判断，提出中国走和平发展道路的战略方针。

（一）坚持走和平发展道路战略的提出

面对国外舆论对中国崛起战略的种种猜测，中国从2003年开始就把探索中国崛起道路作为一个重要外交战略问题提到议事日程。2003年12月26日，在纪念毛泽东同志诞辰110周年座谈会上，国家主席胡锦涛明确指出，坚持中国特色社会主义道路，“就是要坚持走和平崛起的发展道路”。2004年4月，在博鳌亚洲论

坛年会开幕式上，胡锦涛再次强调：“中国将坚持和平发展的道路，高举和平、发展、合作的旗帜，同亚洲各国共创亚洲振兴的新局面，努力为人类和平与发展的崇高事业作出更大的贡献。”[①] 此后，在不同场合，胡锦涛分别阐释了中国走和平发展道路的内涵、原因及路径等问题。2005 年 10 月 15 日，胡锦涛在二十国集团（G20）财长和央行行长会议开幕式的讲话中，深刻阐述了中国和平发展道路的内涵。他指出：“中国将坚定不移地走和平发展道路，努力实现和平的发展、开放的发展、合作的发展。和平的发展，就是通过争取和平的国际环境来发展自己，又通过自己的发展来促进世界和平。开放的发展，就是中国将主要依靠自身力量实现发展，同时坚持对外开放战略，积极参与国际经济技术合作和竞争，不断优化投资环境，开放市场，全面提高对外开放水平。合作的发展，就是中国将同世界各国广泛开展交流合作，积极参与制定和实施国际经贸规则，共同解决合作中出现的分歧和问题，努力实现互利共赢。”[②] 2005 年 11 月 9 日，国家主席胡锦涛在访问英国时，深刻阐述了中国和平发展道路的必然性。他指出：“中国坚持走和平发展道路，既有着中国发展的现实需要，又有着中国发展的历史根源。中国坚持走和平发展道路，是基于中国国情的必然选择。中国虽然取得了巨大发展成就，但中国仍然是世界上最大的发展中国家……中国要达到中等发达国家的经济发展水平，还需要经过很长时期的艰苦奋斗。这一基本国情决定了，推动经济社会发展、不断改善人民生活始终是中国的中心任务。”[③] “中国坚持走和平发展道路，是基于中国历史文化传统的必然选择。中华民族历来讲信修睦、崇尚和

①《博鳌亚洲论坛 2004 年年会开幕　胡锦涛出席并发布重要演讲》，《人民日报》2004 年 4 月 25 日，第 1 版。

②《第七届二十国集团财长和央行行长会议在京开幕》，《人民日报》2005 年 10 月 16 日，第 1 版。

③《胡锦涛文选》第二卷，人民出版社 2016 年版，第 381—382 页。

平。中华文化历来强调以和为贵的价值观念。回顾中华民族五千多年的漫长历史，中国人民在对外交往中始终强调亲仁善邻、和而不同……在近代历史上，中国屡遭外来势力入侵和奴役，中国人民深知和平弥足珍贵。新中国成立以来，中国坚持独立自主的和平外交政策，坚持在和平共处五项原则的基础上发展同世界各国的友好合作，始终同世界各国和睦相处，从来都是维护世界和平、促进共同发展的坚定力量。”[①]“中国坚持走和平发展道路，是基于当今世界发展潮流的必然选择。求和平、促发展、谋合作，是世界各国人民的共同心愿，也是不可阻挡的历史潮流。任何国家要实现自己的发展目标，都必须顺应世界发展大势。中国外交政策的宗旨是维护世界和平、促进共同发展……中国将始终不渝地高举和平、发展、合作的旗帜，坚定不移地走和平发展道路，同世界各国人民一道，共同推进人类和平与发展的崇高事业。”[②]

为进一步向国际国内阐释中国为什么选择走和平发展道路，2005 年 12 月 22 日，国务院新闻办发表《中国的和平发展道路》白皮书，全面阐述了和平发展道路的必然性和中国走和平发展道路的立场和决心。白皮书从中国国情、历史文化传统及世界发展潮流 3 个方面阐述了中国走和平发展道路的依据。2006 年 4 月，胡锦涛访问美国期间，在美国友好团体举行的晚宴上发表讲话，进一步阐述了中国走和平发展道路的路径问题。胡锦涛强调：“中国高举和平、发展、合作的旗帜，奉行独立自主的和平外交政策，坚定不移走和平发展道路，既通过维护世界和平来发展自己，又通过自身发展来促进世界和平。中国坚持实施互利共赢的对外开放战略，真诚愿意同各国广泛开展合作，真诚愿意兼收并蓄、博采各种文明之长，以合作谋和平、以合作促发展，推动建设一个持久

①《胡锦涛文选》第二卷，人民出版社 2016 年版，第 382 页。
② 同上书，第 382—383 页。

和平、共同繁荣的和谐世界。”[①]2007 年，中共十七大报告中明确提出：“中国将始终不渝走和平发展道路。这是中国政府和人民根据时代发展潮流和自身根本利益作出的战略抉择。”2011 年 9 月，中国政府再次发表《中国的和平发展》白皮书，系统阐述了中国和平发展的目标、路径、意义等，向世界充分阐明了中国未来发展“向何处走”“怎么走”等重大问题。

以胡锦涛同志为总书记的党中央在系统回顾总结新中国对外战略发展历程的基础上，明确提出中国将始终不渝走和平发展道路，并从中国与世界、发展与和平关系视角阐述了坚持走和平发展道路的基本原则：坚持既通过维护世界和平发展自己，又通过自身发展维护世界和平；在强调依靠自身力量和改革创新实现发展的同时，坚持对外开放，学习借鉴他国长处；坚持把国家和人民的根本利益作为外交工作的出发点和落脚点，同时坚持把中国人民的利益同世界人民的共同利益结合起来，永不称霸，不搞扩张。

（二）和平发展道路是中国的战略选择

当今世界正处于大发展大变革大调整之中。一方面，世界仍然很不安宁。霸权主义和强权政治依然存在，局部冲突和热点问题此起彼伏，全球经济失衡加剧，南北差距拉大，传统安全威胁和非传统安全威胁相互交织，世界和平与发展面临诸多难题和挑战。另一方面，和平与发展仍然是时代主题。求和平、谋发展、促合作已经成为不可阻挡的时代潮流，国际力量对比朝着有利于维护世界和平方向发展，大的战争一时打不起来，争取一个较长时期的和平国际环境和良好的周边环境是完全有可能的。因此，21 世纪头 20 年，是中国必须紧紧抓住并且可以大有作为的重要战略机遇期。抓住并用好这一战略机遇期，对于实现全面建设小康社会的目标，推进中

①《胡锦涛文选》第二卷，人民出版社 2016 年版，第 439 页。

国特色社会主义事业，具有极其重大的意义。

坚持走和平发展道路是基于中国历史文化传统的必然选择。在中国五千多年的文明历史进程中，中华民族是一个崇尚和平的民族，“亲邻善友，国之宝也。”渴望和平、追求和谐，始终是中国人民的精神特征。600 年前，中国明代著名航海家郑和率领当时世界上最强大的船队“七下西洋”，远涉亚非 30 多个国家和地区，带去的是茶叶、瓷器、丝绸、工艺，没有侵占别国一寸土地，带给世界的是和平与文明，充分反映了古代中国与有关国家和人民加强交流的诚意。立足当代，中国的发展不仅造福中国人民，也给世界各国带来巨大的市场和发展机遇。中国的发展有利于世界和平力量的增长。国务院总理温家宝 2003 年在哈佛大学演讲时阐述了中国和平发展道路的传统文化底蕴:“‘和而不同’，是中国古代思想家提出的一个伟大思想。和谐而又不千篇一律，不同而又不彼此冲突；和谐以共生共长，不同以相辅相成。用‘和而不同’的观点观察、处理问题，不仅有利于我们善待友邦，也有利于国际社会化解矛盾。”① “和”是中华传统文化固有的特质，具有无所不包的融合性与无所不至的渗透性。20 世纪英国哲学家罗素高度赞赏中华民族“和”的品质。他指出:“在中国人所有的道德品质中，我最推崇的是他们平和的气质，这种气质使他们在寻求解决争端时更多的是讲究平等公正，而不是像西方人那样喜欢仰仗实力。”以“和”为特征的和睦、和平、和谐，是中华民族在长期历史发展过程中逐渐积累沉淀下来的精神财富，是中国传统文化的思想精髓，是中国和平发展道路的思想源泉。

走和平发展道路是基于对时代潮流、国际局势冷静分析和科学判断而做出的理性选择。就当今世界发展潮流而言，求和平、促

① 吕鸿、何洪泽、李学仁:《温家宝在美国哈佛大学演讲提出　广泛开展文明对话和文化交流》,《人民日报》2003 年 12 月 11 日，第 3 版。

发展、谋合作是世界各国人民的共同心愿，也是不可阻挡的历史潮流，这给世界和平与发展带来了新的机遇，争取较长时期的和平国际环境是可以实现的。同时，中国也清楚地认识到，世界上仍存在诸多不稳定不确定的因素，人类还面临着许多严峻挑战，但机遇大于挑战。世界多极化、经济全球化、社会信息化的深入发展，推动世界从割裂状态走向整体性发展，国际社会从“丛林世界”走向“地球村”，不同制度、不同文化、不同发展阶段的世界各国相互依存、利益交融，达到了人类历史上从未有过的广度和深度，实际上形成你中有我、我中有你、谁也离不开谁的命运共同体。恐怖主义、大规模杀伤性武器扩散、自然灾害、气候变化、环境事故、公共卫生问题、金融风险以及能源资源、粮食和水资源安全等，都在很大程度上危及人类生存和经济社会可持续发展。面对越来越多的全球性问题和人类共同挑战，国际社会必须超越不合时宜的零和博弈规则，超越危险的冷战热战思维，超越把人类一次次拖入对抗和战乱的老套路，同舟共济、携手应对，实现各国乃至世界的可持续和包容性发展。别的路是不能走、也走不通的。中国决不会逆历史潮流而动。中国反对霸权主义，决不走追逐霸权、“国强必霸”的老路。长期以来，中国坚持奉行独立自主的和平外交政策，宗旨就是维护世界和平、促进共同发展。早在 1974 年，邓小平率中国代表团前往美国纽约，出席联合国大会第六届特别会议时，就向全世界庄严宣告：即使中国强大了，也永不称霸。中国现在不是，将来也不做超级大国。改革开放以来，中国根据国际形势的变化趋势，坚持和平与发展是时代主题这一重大战略判断，多次公开阐明：中国过去不称霸，现在不称霸，将来强大了也不称霸。中国的发展不会对任何人构成威胁，只会给世界带来更多的发展机遇和更加广阔的市场。事实表明，中国经济的发展，正在成为亚太地区和世界经济增长的重要推动力量。维护世界和平，促进共同发展，已成为中国的国家意志。中国今天要走和平发展道路，将来强大了也要走和平发展道路。中国政府和中国人民走和平发展道路的决心是坚定不移的。

坚持走和平发展道路是基于中国现实国情的必然选择。1840年鸦片战争以后的100多年里，中国受尽了列强的欺辱。消除战争，实现和平，建设独立富强、民生幸福的国家，是近代以来中国人民孜孜以求的奋斗目标。今天的中国虽然取得了巨大的发展成就，但人口多、发展不平衡仍然是我国的基本国情，中国仍然是世界上最大的发展中国家。推动经济社会发展，不断改善人民生活始终是中国的中心任务。坚持走和平发展道路，是中国实现国家富强、人民幸福的必由之路。中国人民最需要、最珍爱和平的国际环境，愿尽自己所能，为推动各国共同发展作出积极贡献。中国的和平发展道路是中国现代化建设实践经验的总结。新中国成立以来特别是改革开放以来，中国的社会主义现代化建设的历程就是不断探索新型的现代化和平发展道路的过程，不仅自身取得了显著的发展成就，而且给世界带来了巨大福祉，既符合中国人民的利益，也符合全世界人民的共同利益。对这样一条经过实践检验、既造福于中国人民、又造福于全世界人民的道路，中国人没有任何理由不坚持和发展下去。

（三）中国和平发展的途径

中国走和平发展道路，是由中国国情决定的，既是外交，也是内政。从国内来讲，就是把发展放在主要依靠自己力量的基点上，依靠扩大内需来促进发展，不断满足人民群众日益增长的物质文化需求。中国拥有世界上最多的人口，有广袤的土地和比较丰富的资源，有潜力巨大的市场，这些都是中国能够依靠自力更生实现发展的重要基础。中国在发展中会遇到资源、能源、环境等问题，但坚持科学发展观，致力于建设资源节约型、环境友好型社会，中国就可以走出一条全面协调可持续的发展道路。同时，还要继续深化改革，扩大开放，不断消除影响发展的体制障碍，为现代化建设注入强大动力。讲清楚中国的发展主要靠自己、靠可持续发展，有利于从根本上消除外界认为中国发展到一定阶段就要对外掠夺和扩张的疑虑。事实上，中国发展了，不仅会对周边而且会对整个世界的发展作出越来越大的贡献。

就对外而言，就是要高举和平、发展、合作的旗帜，奉行独立自主的和平外交政策，维护国家主权、安全、发展利益，恪守维护世界和平、促进共同发展的外交政策宗旨。

第一，坚持独立自主的和平外交政策。维护国家的独立、主权、统一和领土完整；根据事情本身的是非曲直自主地、独立地判断国际问题，决定自己的立场和政策；不以意识形态和社会制度划线，不将自己的价值观强加于人，不同任何国家和国家集团结盟，不干涉别国内部事务，也不允许任何国家干涉中国内政；反对搞霸权主义和强权政治，自己也永远不称霸；无论国家大小贫富强弱，一视同仁，一律以平等的态度对待。

第二，坚定维护世界的和平与稳定。中华民族是热爱和平的民族，中国始终是维护世界和平的坚定力量。坚持把中国人民的利益同各国人民的共同利益结合起来，积极参与多边事务，承担相应国际义务，秉持公道，伸张正义。坚持国家不分大小、强弱、贫富一律平等，尊重各国人民自主选择发展道路的权利，不干涉别国内部事务，不把自己的意志强加于人。中国致力于和平解决国际争端和热点问题，推动国际和地区安全合作，反对一切形式的恐怖主义。中国是联合国安理会常任理事国，是许多重要国际组织的成员，长期以来中国始终积极参与国际规则的制定，推动国际政治经济秩序朝着公正合理的方向发展。2006 年 8 月，胡锦涛同志在中央外事工作会议上讲话时指出：“推动建设一个什么样的世界，是关系我国实现和平发展的大问题，也是关系世界格局和国际秩序的大问题。20 世纪 80 年代，邓小平同志就提出要推动建立国际政治经济新秩序。我们提出推动建设持久和平、共同繁荣的和谐世界，同推动建立公正合理的国际政治经济新秩序实质上是一致的。推动建设和谐世界，是我们坚持走和平发展道路的必然要求，也是我们实现和平发展的重要条件。我们要走和平发展道路，需要和谐的对外关系和稳定的外部环境，只有在相对安宁的国际环境中我们才能实现和平发展。同时，我们要以实际行动向世界表明，中国的发展对世界是机遇和贡献而不是挑战、更不是威胁，中国始终是维护世界和平、促进共同发展的建设性力量。”①

第三，始终不渝奉行互利共赢的开放战略。几十年来改革开放的实践使我们认识到，中国的发展离不开世界。在实现本国发展的同时，必须兼顾对方特别是发展中国家的正当关切。中国按照通行的国际经贸规则，扩大市场准入，依法保护合作者权益，支持国际社会帮助发展中国家增强自主发展能力、改善民生，缩小南北差距，支持完善国际贸易和金融体制，推进贸易和投资自由化便利化，通过磋商协作妥善处理经贸摩擦。党的十七大报告中明确宣告:“中国决不做损人利己、以邻为壑的事情。”

第四，坚持在和平共处五项原则基础上同所有国家开展友好合作。冷战结束后，中国同发达国家加强了战略对话，对于增进互信、深化合作、妥善处理分歧，推动相互关系长期稳定健康发展。“远亲不如近邻”，中国非常重视发展与周边国家的关系。中国坚持与邻为善、以邻为伴的周边外交方针，加强同周边国家的睦邻友好和务实合作，积极开展区域合作，共同营造和平稳定、平等互信、合作共赢的地区环境。中国还加强同广大发展中国家的团结合

①《胡锦涛文选》第二卷，人民出版社 2016 年版，第 515—516 页。

作，深化传统友谊，扩大务实合作，提供力所能及的援助，维护发展中国家的正当要求和共同利益。此外，继续开展同各国政党和政治组织的交流合作，加强人大、政协、军队、地方、民间团体的对外交往，增进中国人民和各国人民的相互了解和友谊。

坚持走和平发展道路，是中国必须长期坚持的战略选择和外交方针。坚持这个方针，就要抓住机遇，排除干扰，专心致志，发展自己，在国际上坚持不打旗、不当头。正是由于坚持了这一方针，中国外交为国家的发展营造了良好的国际环境，推动了国家综合实力的提高。进入 21 世纪，随着中国综合国力的增强和国际地位的不断提高，"走和平发展道路"已经成为中国人民的共识。

二、深化对中国发展重要战略机遇期的认识

能否抓住机遇加快发展，是关系到一个国家、一个民族兴衰成败的重大问题。20 世纪末，世界主要国家在展望 21 世纪时，都把 21 世纪头 20 年看作是各自的战略机遇期，据此，确立了各自的战略目标。中共中央也提出中国战略机遇期理念。进入新世纪后，以胡锦涛同志为总书记的党中央，综合判断国际国内大势，强调中国的发展是机遇与挑战并存，机遇大于挑战，仍处于可以大有作为的重要战略机遇期。

（一）战略机遇期的内涵

机遇主要有两层含义，一是指各种有利条件的综合，属空间范畴；二是指良好时机的耦合，属时间概念。[①] 战略机遇期主要是指国际国内各种因素综合作用形成的，能为实现战略目标提供良好机会和境遇，并对其历史命运产生全局性、长远性、决定性影响的

① 许正中、靳万军、时红秀：《面向二十一世纪的中国税收》，国家行政学院出版社 2005 年版，第 2 页。

某一特定历史时期。[①]战略机遇期的基本特征："一是针对性。战略机遇期总是针对一个特定国家实现其发展战略而言的，没有明确的发展战略，就谈不上战略机遇期问题。客观条件和环境可以提供时机，但并不能自动造就战略机遇期，还要靠主观的努力。二是阶段性。一方面，战略机遇期的具体环境和有利条件能够持续一个较长时期。抓住了这段时期的机遇，战略目标的实现就有了保障。另一方面，战略机遇期的持续时期总是有限的，不可能无限期持续下去。丧失了这段时期的机遇，将延迟战略目标的实现，甚至会使特定战略目标的实现成为泡影。因此，对一个国家发展的特定历史阶段而言，战略机遇期机不可失，时不再来。三是协同性。战略机遇期是由许多有利条件相互持续作用聚合而成的，这种协同效应取决于各种具体环境和条件的时间分布特性（影响持续的时间）和空间分布特性（影响覆盖的范围）。这些有利条件的聚合程度越高，影响覆盖的范围越广，对战略机遇期的持续就越有利；反之，战略机遇期持续的难度就越大。客观条件直接制约着国家战略的基本导向、目标选择、实施方式和推进速度。一个国家是否可以在一定时期内为自己确定某一战略目标，必须看客观上是否具备了某些必要条件。只有当国内外的形势提供了必要的条件和环境，国家战略提出某一目标定位的时机才会趋于成熟。"[②]

"重要战略机遇期"的提法出自美国，美国把21世纪头20年称作"不可多得的战略机遇期""千载难逢的战略机遇期"。世纪交替之际，世界各大力量主体都在为战略机遇期问题进行战略谋划。欧盟面向新世纪制定了"再造一个新欧洲"计划，力图建立"电子欧洲"。俄罗斯利用反恐和国际市场石油价格变化的机遇，

① 易金务：《论大有作为的重要战略机遇期》，《湖湘论坛》2003年第1期，第8页。

② 许正中、靳万军、时红秀：《面向二十一世纪的中国税收》，国家行政学院出版社2005年版，第2页。

打击国内分裂势力，迅速恢复国家财力，调整外交重点，将 21 世纪头 20 年看作是恢复其大国地位的战略机遇期。日本于 2000 年提出“新生行动计划”，力图用 5 年时间摆脱经济长期低迷状态，再现经济飞速发展的辉煌。印度希望用 20 年左右的时间，借助信息时代的优势，实施“信息技术立国”的“跨越性发展战略”，实现经济的跨越式发展。战略机遇期是一种客观实在，但需要人们的主观正确认识，否则就会与机遇失之交臂。

从历史上看，凡是世界强国崛起都与战略机遇期有关。但是，并不是所有的大国都能把握好战略机遇期。有的大国在其崛起的过程中作出错误的战略选择而失去了战略机遇，这种例子也为数不少。只有少数大国抓住了战略机遇期，充分利用内外各种有利条件，经过几十年到上百年的发展，一跃成为世界强国。因此，是否准确判断和抓住战略机遇期，就成为一个大国能否成为世界强国的关键因素。

（二）全球化进程中的战略机遇期

地理大发现以来，随着科技革命、产业革命迅速发展，世界全球化浪潮一浪高过一浪。与此相伴，世界上出现过多次战略机遇期。能够抓住机遇者，走到了世界的前列，而丧失机遇者，则落伍于时代。遗憾的是，中国多次错失了战略机遇期。

自 15 世纪末起，葡萄牙、西班牙、荷兰等国抓住地理大发现的时机，向全球扩张，率先获得了发展与崛起的机会。在此期间，欧洲出现了文艺复兴和宗教改革，进而促进了启蒙运动的兴起，形成了巨大的思想解放潮流。在此基础上，欧洲的资本主义开始兴起，并推动欧洲经济实现快速发展。此时欧洲还通过对外殖民掠夺和商业活动将欧洲的生产方式向全球扩展，欧洲新生的资本主义进入原始积累时期。这便是人类历史上的第一次全球化浪潮。中国跨洋航行虽然远早于欧洲，从 1405 年到 1433 年，郑和七下西洋，郑和船队从中国的东南部海岸出发，向西穿越印度洋，最远抵达非洲东海岸。当时中国明朝的船队规模、持续时间、航海里程和航海技术在世界上都是空前的。但是，之后先是郑和船队回国，不再出海，后来为防止倭寇侵扰等，封建王朝实施了海禁政策，中国不自觉地退出了正在酝酿形成中的世界市场，继而错失了第一次全球化浪潮。

18 世纪和 19 世纪，第一次工业革命浪潮出现。欧美国家抓住机遇，完成了革命或改革，建立了适合生产力发展的经济、政治、文化和制度等。中国此时经历了清王朝的“康乾盛世”。新的科技革命和资本主义的生长为中国带来了第二个战略机遇期，但是清王朝仍然处于封建落后状态，经济上重农抑商，政治上强化专制集权，文化上大兴文字狱，外交上沉浸在“中央帝国”自豪感中。西方列强对华侵略使中国一步步沦陷为半殖民地半封建国家，成为西方列强的原料产地、劳动力市场和商品倾销市场，被动纳入资本主义的全球体系中。

19 世纪 70 年代至 20 世纪初，以电气化为标志的第二次科技革命席卷全球。西方主要资本主义国家相继进入资本主义发展的高级阶段——帝国主义阶段。日本通过 1868 年的“明治维新”，推翻了统治日本 200 多年之久的德川幕府的封建统治，建立并巩固了以明治天皇为首的新政权，走上了发展资本主义的道路，接着通过推行“殖产兴业”“富国强兵”“文明开化”等为主旨的一系列改革，彻底摆脱了外来侵略和压迫，建立了独立自主的近代化国家，一跃成为世界强国。鸦片战争后，中国的先进知识分子和有识之士为了救亡图存，掀起了改良、革新运动。由于腐朽的封建制度的束缚，帝国主义的侵略和蹂躏，近代中国的各种救亡运动先后以失败而告终。辛亥革命虽然推翻了腐朽的清政府，但没能完成资产阶级民主革命所要完成的推翻帝国主义和封建主义反动统治的历史任务，中国仍然没能走上独立、自主、富强的道路。

第二次世界大战后，以原子能、电子计算机、空间技术和生物工程的发明和应用为主要标志的第三次科技革命浪潮，推动全球化进程进一步向纵深发展。世界主要国家和地区乘此次科技革命的东风，实现了经济腾飞。如美国借助以电子计算机、原子能为标志的科技革命，确立了当代世界霸主的地位;20 世纪 60 年代，日本、韩国、新加坡等国家、地区抓住了战后世界经济结构调整升级的机遇，承接发达国家的产业传递，迅速进入世界发达国家或新兴工业化地区的行列，创造了“日本奇迹”“汉江奇迹”和“东南亚奇迹”。而此时的中国，由于缺乏建设社会主义的经验，过高地估计了国际国内阶级斗争的形势，以阶级斗争为纲，关起门来搞建设，发生了“文化大革命”，中国又一次丧失了发展机遇期。

（三）改革开放后中国领导人对重要战略机遇期的认识

党的十一届三中全会以后，中共中央准确认识到重要战略机遇期的存在，并抓住世界和平发展的历史机遇，顺应新科技革命和经济全球化兴起的时代潮流，推行改革开放，坚定走中国特色的社会主义道路，社会主义现代化建设取得了巨大成就。

以邓小平同志为核心的党中央基于对国际形势的新判断，强调抓住“机遇”的重要性。20 世纪 80 年代，邓小平多次提到“争取比较长时间的和平是可能的”。他多次强调，要利用和平的环境来发展自己。他指出:“从全局看，在本世纪和下一个世纪相当一段时间里仗打不起来。我们不要丧失这个时机，而要利用这二十年、三十年、四十年的和平时间好好发展自己。”[①] 在面临东欧剧变、苏联解体的重要关头，邓小平反复叮嘱要保持战略定力，冷静观察，要抓住机遇，发展自己。1990 年 4 月，在谈到对西方国家

① 中共中央文献研究室:《邓小平思想年编（一九七五—一九九七）》，中央文献出版社 2011 年版，第 621 页。

"制裁"中国的看法时，邓小平指出："我们要利用机遇，把中国发展起来，少管别人的事。"[①] 1991 年 8 月，邓小平强调："现在世界发生大转折，就是个机遇。我们不抓住机会使经济上一个台阶，别人会跳得比我们快得多，我们就落在后面了。"[②] 邓小平在 1992 年初的"南方谈话"中说："抓住时机，发展自己，关键是发展经济。现在，周边一些国家和地区经济发展比我们快，如果我们不发展或发展得太慢，老百姓一比较就有问题了。"[③] 正是在以邓小平同志为核心的第二代中央领导集体这种时不我待的"机遇"意识的引领下，党和国家排除干扰，始终聚焦国内经济建设，为改革开放后中国经济持续快速发展奠定了良好的基础。

以江泽民同志为核心的第三代中央领导集体在总结中国革命与发展的历史经验和教训基础上，进一步发展了对"机遇"的认识，明确了中国的战略机遇期理念，并对如何用好战略机遇期进行了战略部署。江泽民总书记在党的十四届二中全会上发表讲话时指出："在整个九十年代，抓住国内和国际的有利时机，加快改革开放和现代化建设的步伐，这个指导思想要坚定不移，要深入贯彻到各方面工作中去。对于中国这样的大国来说，发展的机遇不是很多的。能不能抓住时机，做好深化改革的文章，促进国民经济隔几年上一个台阶，是对我们各级领导干部的考验，也是对全党领导经济工作水平的检验。"[④]1997 年 10 月，江泽民总书记在党的十五大报告中指出："把我们的事业全面推向二十一世纪，就是要抓住机遇而不可丧失机遇。""能否抓住机遇，历来是关系革命和建设兴

① 中共中央文献研究室：《邓小平思想年编（一九七五—一九九七）》，中央文献出版社 2011 年版，第 690 页。

② 同上书，第 701 页。

③《邓小平文选》第三卷，人民出版社 1993 年版，第 375 页。

④ 中共中央文献研究室：《江泽民思想年编（一九八九—二〇〇八）》，中央文献出版社 2010 年版，第 120 页。

衰成败的大问题。过去我们抓住了重要历史机遇，也丧失过某些机遇。现在全党一定要高度自觉，牢牢抓住世纪之交的历史机遇，迈出新的步伐。”[①]2000 年 2 月，江泽民在广东高州提出“三个代表”重要思想的同时，明确界定了机遇期的时间，认为 21 世纪的头 20 年，是党和人民事业发展至关紧要的时期。同年，江泽民进一步提出了如何才能“抓住机遇”的思想，指出：“抓住机遇，加快发展，在政治上、经济上对我们都很紧要。综合分析国际国内形势，我们完全有条件保持一个较快的发展速度。我们必须坚持扩大内需的方针，用发展的办法解决前进中的问题，及时采取有效的宏观调控，努力使我国经济保持实实在在、没有水分、可持续的发展，使经济、社会、生态环境全面发展。”[②] 2002 年 5 月 31 日，江泽民在中央党校省部级干部进修班毕业典礼上发表讲话，首次提出了“重要战略机遇期”概念。他指出：“综观全局，二十一世纪头一二十年，对我国来说，是必须紧紧抓住并且可以大有作为的重要战略机遇期。”[③] 同年，党的十六大报告完整准确地阐述了“重要战略机遇期”思想，指出：“根据十五大提出的到二〇一〇年、建党一百年和新中国成立一百年的发展目标，我们要在本世纪头二十年，集中力量，全面建设惠及十几亿人口的更高水平的小康社会，使经济更加繁荣、社会更加和谐、人民生活更加殷实。这是实现现代化建设第三步战略目标必经的承上启下的发展阶段，也是完善社会主义市场经济体制和扩大对外开放的关键阶段。经过这个阶段的建设，再继续奋斗几十年，到本世纪中叶基本实现现代化，把我国建成富强

---

① 中共中央文献研究室：《改革开放三十年重要文献选编》（下），中央文献出版社 2008 年版，第 891 页。

②《江泽民文选》第三卷，人民出版社 2006 年版，第 118 页。

③《江泽民在中央党校省部级干部进修班毕业典礼上强调　高举邓小平理论伟大旗帜　全面贯彻“三个代表”要求与时俱进努力开创建设有中国特色社会主义事业新局面》，《人民日报》2002 年 6 月 1 日，第 1 版。

民主文明的社会主义国家。”[①] 21 世纪的头 20 年是中国发展的“重要战略机遇期”，这是对中国特色社会主义发展阶段具有鲜明特色和阶段特征的认识，是中国制定各项政策的基础和前提。

中共中央总书记胡锦涛在党的十七大报告中指出：“当今世界正在发生广泛而深刻的变化，当代中国正在发生广泛而深刻的变革。机遇前所未有，挑战也前所未有，机遇大于挑战。全党必须坚定不移地高举中国特色社会主义伟大旗帜，带领人民从新的历史起点出发，抓住和用好重要战略机遇期，求真务实，锐意进取，继续全面建设小康社会、加快推进社会主义现代化，完成时代赋予的崇高使命。”[②]

进入 21 世纪第二个十年之际，国际上发生了一系列具有全局性和战略性影响的重大事件，对国际政治经济格局产生了重大而深远的影响。国际金融危机使现行国际经济金融体系、世界经济治理结构受到严重冲击。大国对外战略出现重大调整，相互合作和竞争更加明显。国际体系面临重大变革，各种国际力量博弈更加复杂。国际思想文化领域出现重大动向，软实力之争更加激烈。中国面临的机遇和挑战出现了一些新的变化。中国发展外部有利条件进一步增多，但不稳定不确定因素有所增加。中国整体战略环境进一步改善，但同西方国家的战略矛盾更加复杂。中国维护国家主权和安全能力进一步增强，但面临的挑战更加复杂。中国对周边事务的影响进一步扩大，但周边地区政治安全形势更加复杂。中国软实力影响进一步上升，但面临的国际舆论环境更加复杂。在此背景下，一些人士对中国是否还存在战略机遇提出疑问。胡锦涛在第十一次中国驻外使节会议上讲话强调：“综合分析各方面情况，本世纪头 20 年

---

① 中共中央文献研究室:《改革开放三十年重要文献选编》(下)，中央文献出版社 2008 年版，第 1249 页。

②《胡锦涛文选》第二卷，人民出版社 2016 年版，第 613 页。

我国发展的重要战略机遇期没有改变，同时我们面临的机遇和挑战出现了一些新的变化。我们要进一步增强机遇意识，加强和改进外交运筹，正确把握机遇和挑战的辩证关系，善于从变化的形势中把握和运用机遇，善于在严峻的挑战中捕捉和运用机遇，不断增强工作的前瞻性和主动性。我们要进一步增强忧患意识，始终居安思危，保持清醒头脑，做到未雨绸缪，充分估计前进道路上种种可以预料和难以预料的困难和风险，切实提高抓住机遇、化解挑战、驾驭复杂局面的能力，不断开创外交工作新局面。”① 胡锦涛还从党和国家前途命运高度认识抓住用好战略机遇期的重要性。他指出：“发展仍然是解决我国所有问题的关键。牢牢抓住和用好我国发展的重要战略机遇期，是我们赢得主动、赢得优势、赢得未来的关键所在，是对我们党执政能力的重大考验，也是对我们民族自强能力的重大考验。”②

机遇是为有准备者准备的，不同条件下有不同的机遇。在党的十八大报告中，胡锦涛提出“要准确判断重要战略机遇期内涵和条件的变化”③，他指出：“机遇和挑战是对立统一的，机遇中存在着挑战的一面，挑战也有转化为机遇的可能。机不可失，时不再来。如果机遇来了，我们认不清、抓不住，丧失了机遇，机遇可能变成挑战。反过来讲，如果我们面临挑战，我们能正确应对，努力化解其中的不利因素，挑战也可能变为机遇。关键看我们的工作做得如何。我们必须因势利导、趋利避害，充分利用有利条件和积极因素，努力化解不利条件和消极因素。”④

①《第十一次驻外使节会议在京召开》，《人民日报》2009 年 7 月 21 日，第 1 版。
②《胡锦涛文选》第二卷，人民出版社 2016 年版，第 536 页。
③ 同上书，第 625 页。
④《胡锦涛文选》第二卷，人民出版社 2016 年版，第 91 页。

（四）作出重要战略机遇期的判断依据

随着国际国内形势的深刻变化，特别是中国周边安全环境的重大变化和国内形势出现的新情况，有人认为中国战略机遇窗口已经关闭。但是，纵观国际国内大势，准确判断重要战略机遇期内涵和条件的变化，中国发展仍处于可以大有作为的重要战略机遇期。

就国际环境和形势来看，首先，和平、发展、合作仍是时代潮流。当今世界，虽然地区热点、局部冲突此起彼伏，但国际力量对比继续朝着有利于世界和平与发展的方向演化；虽然围绕资源、环境、贸易问题的摩擦日益增多，但各国经济相互依存度加大；虽然少数国家与中国存在某些领土、领海以及海洋利益争端，但中国周边安全环境总体平稳；尽管国际上有人炒作所谓的“中国威胁论”，少数国家企图遏制中国发展，但各国与中国经济技术合作的意愿进一步增强。如何解决全人类所面临的共同问题，如环境污染、资源短缺、生态恶化、各种疾病，以及如何打击国际恐怖主义、防止大规模杀伤性武器的扩散、对付跨国犯罪等，已成为国际社会所面临的主要任务。因此，和平、发展、合作作为时代潮流没有改变，国际局势总体和平、局部战争，总体缓和、局部紧张，总体稳定、局部动荡的特征还会延续下去，新的世界大战在可预见的时期内打不起来。这有利于中国争取较长时间的和平建设环境。

其次，国际关系格局的新特点有利于中国发展。随着国际格局的深刻变化和大国关系的重大调整，改革国际体系的呼声日益高涨。国际金融危机发生及对全球金融安全乃至经济安全所造成的冲击，使国际社会认识到加快国际金融体系改革、建立公正合理的国际政治经济新秩序的必要性和紧迫性。金融危机发生后，国际货币金融体系和世界经济治理机制改革得到推进，特别是 20 国集团作为促进国际经济合作的重要平台，增加了新兴国家的发言权和规则制定权，国际事务由西方主导的时代已经并将继续发生变化，全球治理结构面临重大调整，各大国基本力量对比和相对地位将进一步发生变化，国际体系变革趋势不可逆转。中国作为最大的发展中国家，国际地位显著上升，国际发言权和影响力进一步增强，是构建国际政治经济新秩序的参与者和推动者。中国将继续抓住机遇，通过积极参与国际体系的变革增加自身的国际话语权和国际规则制定权，主动塑造外部环境的空间，为实现中华民族伟大复兴大业创造良好外部条件。

再次，经济全球化继续为中国发展提供动力。经济全球化实现了资源在世界范围内的优化配置，为中国有效地利用国内外两种资源、两个市场提供了有利条件。中国已经成为世界最大的货物出口国和第二大货物进口国，西方国家为加快经济复苏步伐，不会放弃庞大的中国市场，日益紧密的经贸联系必然提升彼此依存度，进而为加强双方务实合作提供广阔空间和巨大潜力。世界范围的产业结构调整如火如荼，发达国家在发展新兴产业的同时，将会收缩部分传统产业或将其转移到发展中国家。中国在承接新一轮国际产业转移中具有比较优势，有利于经济结构的战略性升级，调整经济布局，优化产业结构。

最后，新技术革命有利于中国产业的更新和创新发展。以信息技术、生物技术等为标志的新科技革命的兴起，为中国新技术和新产业研发、应用提供了难得机遇，有利于中国加快实施科教兴国战略和人才强国战略，有利于中国产业结构优化升级和实现跨越式发展，有利于中国增强自主创新能力和缩小与发达国家的差距，有利于中国利用后发优势，实现生产力的跨越式发展。

就国内环境和形势而言，改革开放以来，中国生产力发展迅速，综合国力显著增强，奠定了进一步发展的物质基础。一是市场优势。中国是世界上人口最多、潜力巨大的市场。中国处在经济结构和消费结构的转型期，随着城乡居民人均收入的增长，多层次、多元化的市场需求正以惊人的速度扩张，扩大内需有很大的潜力。二是资金优势。改革开放以年，中国由外汇短缺国家一跃成为世界外汇储备大国。截至2012年末，中国外汇储备达3.312万亿美元，稳居世界第一；2012年，中国实际使用外资达1117.2亿美元；中国的储蓄率超过50%，是位居世界前列的国家之一。三是人力资源优势。中国具有丰富、高质量的人力资源，随着科教兴国战略的实施和国民教育的不断发展，居民科学文化素质不断提高，这方面的优势将更加显现，它必将大大降低生产成本，提高中国商品的竞争力。在21世纪头20年，中国劳动年龄人口比重最高，被抚养人口比重最低，人均受教育年数提高最快，乡村向城镇转移人口最多，是加快推进现代化的“人口机遇窗口期”。四是对外开放。对外开放为中国拓展了经济发展的战略空间，提供了稳定的对外经济贸易环境，中国可以更充分地利用国外市场和资源，更广泛地参与国际分工与合作，更好地分享经济全球化的利益。同时，对外开放要求中国转变政府职能，遵守国际经贸规则，这又可以推动中国进一步深化改革，进一步消除阻碍生产力发展的体制性障碍，释放发展的潜力活力，为发展注入强大动力。最重要的是，中国特色社会主义道路、理论体系和制度更加成熟，所有制结构不断优化，社会主义市场经济体制日趋完善，体制机制的优势不断扩展。

在深刻认识中国面临的难得的战略机遇期的同时，也要清醒地看到中国在前进中面临的挑战。国际上，美国次贷危机引发金融海啸后，世界经济复苏乏力，西方大国贸易保护主义、逆全球化思潮泛滥，改革开放以来中国以出口为导向的经济发展模式面临严重挑战。随着中国经济快速发展，中国综合国力、国际影响力大幅度提升，美国将迅速崛起的中国看作是对其亚太乃至全球霸权地位挑战的对手，在亚太战略部署中防范制约中国的因素增强。周边国家也借配合美国亚太战略部署之机，在海洋权益争端上频频挑起事端，对中国形成干扰和牵制，影响中国的和平发展环境。此外，“中国威胁论”“中国责任论”也在悄然兴起。一些国家和某些人士一方面叫嚣“中国威胁论”，挑拨中国同周边国家的关系、诋毁中国形象、遏制中国和平发展；另一方面在温室气体排放、国际人道主义援助等方面要求中国承担更多“责任”的呼声越来越高，中国发展的压力进一步加大。

在国内，经过改革开放探索与实践，中国的改革到了攻坚阶段。政治经济体制仍存在很多问题，市场经济体制亟待完善；社会发展中不平衡、不协调、不可持续问题日益突出；人口老龄化正在加剧，原有的“人口红利”正在逐步消退，主要依靠低要素成本参与国际竞争来拉动经济增长的局面难以为继；资源环境的承载能力受到挑战，部分地区的资源环境承载能力接近极限，主要依靠资源投入的传统经济增长模式与资源环境间的矛盾日益突出；财富集中、贫富差距扩大等矛盾比较突出。

综合判断国际国内形势，中国发展仍然是机遇和挑战并存，机遇大于挑战，中国发展仍处于可以大有作为的重要战略机遇期。

三、提出共同建设和谐世界的理念

党的十六大以后，中国逐步提出了一系列对外战略理念和思想，倡导并致力于推动建设持久和平、共同繁荣的和谐世界。这既是一个长期目标，也是这个时期中国的对外战略的直接目标。

（一）和谐世界理念的提出

和谐世界理念是继走和平发展道路之后，中国在国际上提出的又一个重要理念，是以胡锦涛同志为总书记的党中央在中国迅速崛起的背景下，基于和平与发展仍是当今世界时代主题的判断，为了更好地处理中国与世界的关系，为实现中国战略目标，就中国外交战略目标而提出的新理念。

进入21世纪后，国际恐怖主义日益猖獗，美国的反恐战略给国际局势带来了一系列新变化。为打击恐怖分子而开展的阿富汗战争、伊拉克战争，使一度缓和的中亚、中东局势再度紧张。这一时期，国际上关于“中国威胁”的论调甚嚣尘上。如何认识国际局势的基本特征，和平与发展是当今世界时代主题的判断是否过时，中国外交战略目标是否发生变化，是摆在中国领导人面前的新问题。2002年，党的十六大报告分析了进入新世纪以后的世界形势，认为“和平与发展仍是当今时代的主题”。“新的世界大战在可预见的时期内打不起来。争取较长时期的和平国际环境和良好周边环境是可以实现的”[①]。这一判断，是坚持20世纪80年代以来中国关于战争与和平时代主题特征问题的判断。2003年8月，在驻外使节小型座谈会上，胡锦涛明确指出，这个时期中国外交的根本任务，是“为改革开放和现代化建设争取和平良好国际环境和周边环境，为促进国家发展服务，为全面建设小康社会服务”[②]。具体而言就是：维护好中国发展的战略机遇期；营造和平稳定的国际环境、睦邻友好的周边环境、平等互利的合作环境、客观友善的舆论环境；“不断提高外交工作的能力和水平，努力使我国在政治上更有影响力、经济上更有竞争力、形象上更有亲和力、道义上更有感召力”[③]。

在此基础上，胡锦涛提出建设和谐世界的理念。2005年9月，胡锦涛在联合国成立60周年首脑会议上发表了题为《努力建设持久和平、共同繁荣的和谐世界》的讲话，全面系统阐述了中国的和谐世界理念。第一，坚持多边主义，实现共同安全。第二，坚持互利合作，实现共同繁荣。第三，坚持包容精神，共建和谐世界。第

①《江泽民文选》第三卷，人民出版社2006年版，第566页。
②《胡锦涛文选》第二卷，人民出版社2016年版，第87页。
③《胡锦涛文选》第三卷，人民出版社2016年版，第236页。

四，坚持积极稳妥方针，推进联合国改革。[①]同年12月，中国政府发表《中国的和平发展道路》白皮书，用民主、和睦、公正、包容四个词语概括和谐世界的内涵，从国际政治、安全、发展和文明对话等不同角度，简述了中国关于建设和谐世界的立场、观点和政策主张。

随后，和谐世界的理念不断得到丰富和发展。2006年6月15日，胡锦涛在上海合作组织成员国元首理事会第六次会议上发表讲话时提出："面对机遇和挑战，我们应该全面加强合作，努力把本地区建设成为持久和平、共同繁荣的和谐地区。"[②]这里第一次提出"和谐地区"的概念。在此前后，中国领导人在各种国际场合还相继提出建设"和谐亚洲""和谐中东""和谐东北亚"等各种建议和构想，进一步充实了和谐世界理念的内涵。

和谐世界理念提出后，逐步上升为国家的对外战略方针。2006年8月21日至23日，中央外事工作会议在北京举行，会议强调："新世纪新阶段的外事工作，要坚持以毛泽东思想、邓小平理论和'三个代表'重要思想为指导，全面贯彻落实科学发展观，紧紧围绕发展这个党执政兴国的第一要务，高举和平、发展、合作的旗帜，坚持独立自主的和平外交政策，坚定不移地走和平发展道路……为推动建设持久和平、共同繁荣的和谐世界作出贡献。""推动建设和谐世界，是我们坚持走和平发展道路的必然要求，也是我们实现和平发展的重要条件。"[③]2007年10月，党的十七大报告指出："和平与发展仍然是时代主题，求和平、谋发展、促合作已经成为不可阻挡的时代潮流。""共同分享发展机遇，共同应对各种挑

①《胡锦涛文选》第二卷，人民出版社2016年版，第352—355页。
② 胡锦涛:《共创上海合作组织更加美好的明天》,《人民日报》2006年6月16日，第1版。
③《胡锦涛文选》第二卷，人民出版社2016年版，第508、515页。

战，推进人类和平与发展的崇高事业，事关各国人民的根本利益，也是各国人民的共同心愿。我们主张，各国人民携手努力，推动建设持久和平、共同繁荣的和谐世界。”[①] 由此，和谐世界理念上升为中国共产党的国际战略理念，成为中国对外战略的重要遵循。

和谐世界理念是在中国与世界关系的重大发展变化背景下，对中国如何与世界相处作出的回应。改革开放以来，中国发生了巨大变化，中国的综合国力进一步上升。进入 21 世纪，中国的经济总量已经达到很大规模，成为一个具有世界性影响的区域大国。中国的进一步发展无疑会对全球局势产生更大的影响。而且，中国对国际事务的看法，包括在国际上的定位也在发生变化。比如，过去是作为革命者、旁观者的姿态出现在国际舞台上，现在中国更多是以国际体系的建设者、国际规则制订的参与者、国际秩序的利益攸关者身份出现。中国领导人提出“和谐世界”这一不同以往的外交新理念，正是考虑到中国发生的变化和发展的客观需要，是中国在国内提倡和谐社会理念的国际延伸。

与此同时，当今世界也在发生深刻变化，和平、发展与合作已成为时代的主题，世界多极化不可逆转，经济全球化深入发展。冷战结束后，大国之间的关系发生了很多变化，他们虽然有矛盾、竞争，但也有协调、合作。美国的单边主义外交政策受到越来越多因素的制约。在相当长的时间内，大国之间发生全面对抗的可能性比较小，世界和平力量在增强。经济全球化的深入发展也使许多重要地区重新焕发活力，长期为贫穷落后所困扰的非洲和拉丁美洲地区经济都呈现持续增长态势，贫困现象有所缓解。这些可喜的变化为构建和谐世界提供了机遇。

但不容否认的是，世界上依然有许多问题亟待解决，各种矛

①《胡锦涛文选》第二卷，人民出版社 2016 年版，第 649—650 页。

盾也在凸显，需要寻找更具包容性的办法，去化解矛盾解决问题。冷战结束后，一些地区武装冲突和政局动荡此起彼伏，造成重大伤亡的恐怖主义事件频繁发生，某些国家倚仗自己的强势地位奉行霸权政策和单边主义，这一切对世界和平与发展形成了重大威胁，特别是在全球化浪潮的冲击下，南北发展严重失衡，并激发了严重的对抗意识，这对国际关系的和谐发展产生了不容忽视的负面影响。

对此，中国提出了推动建设和谐世界的主张，从崭新的国际政治视角，推动国际关系向和平、合作、民主化方向发展。中国认为，世界的和平与发展需要协调各国的利益关系，协调各方面的发展，这样才有可能使各国的发展有一个宽松适宜的大环境，使我们这个地球村变得更美好。国际社会的和谐发展符合世界人民的利益，也符合中国人民的利益。

（二）构建和谐世界理念的内涵

构建和谐世界是以胡锦涛同志为总书记的党中央构建世纪初国际新秩序的理想追求，是中国和平外交思想的新发展。和谐世界的理念源于中华文化的深厚积淀，立足于对国际形势发展趋势的准确把握，着眼于妥善化解威胁国际安全的各种挑战，致力于实现人类持久和平与共同繁荣的目标，因而有着极为丰富而深刻的内涵。

一是在政治与安全上，强调相互尊重、互信协作，实现和谐共处与共同安全。胡锦涛指出："和平是人类社会实现发展目标的根本前提。没有和平，不仅新的建设无以推进，而且以往的发展成果也会因战乱而毁灭。"[①] 当前，对话与交流、和平相处已成为国际关系的主流，各国相互尊重、平等相待也日益成为国际社会的共识，但国际关系民主化尚未实现，强权政治依然存在。为实现人类的持久和平与共同繁荣，和谐世界理念要求政治上各国必须相互尊

①《胡锦涛文选》第二卷，人民出版社 2016 年版，第 352 页。

重、和谐共处。只有做到相互尊重、和谐共处，才能有效地解决相互间的分歧和矛盾，抑制冲突与战争，才能使各国通力合作，促进全球问题的解决。

在安全上，和谐世界理念强调坚持互信合作，共同应对全球安全威胁，以实现共同安全。伴随全球化的深入发展，安全的内涵也发生了变化，危及人类安全的因素突破了传统的政治、军事领域，扩展至经济、文化等非传统领域，形成了传统安全威胁和非传统安全威胁因素相互交织的局面。同时，各国自身的安全也受到国际社会系统安全的制约。面对这种新的安全特点，为实现共同安全，和谐世界理念强调：无论对于小国弱国还是大国强国，战争和冲突都是灾难。因此，各国应该携起手来，共同应对全球安全威胁。要摒弃冷战思维，树立互信、互利、平等、协作的新安全观，建立公平、有效的集体安全机制，共同防止冲突和战争，维护世界和平与安全。联合国作为集体安全机制的核心，在保障全球安全的国际合作中发挥着不可替代的作用，其作用只能加强，不能削弱。应该鼓励和支持以和平方式，通过协商、谈判解决国际争端或冲突，共同反对侵犯别国主权的行径，反对强行干涉他国内政，反对任意使用武力或以武力相威胁；应该加强反恐合作，坚持标本兼治，重在消除根源，坚决打击恐怖主义；应该按照公正、合理、全面、均衡的原则，实现有效裁军和军备控制，防止核扩散，积极推进国际核裁军进程，维护全球战略稳定。

二是在经济上，主张互利合作，实现普遍发展与共同繁荣。自 20 世纪 90 年代以来，发展的内涵经历了重大的转变：第一，发展的紧迫性大为加强。在不公正不合理的国际经济秩序的支配下，全球化使得南北差距越来越大。“数字鸿沟”日渐突出，而在以综合国力竞争日趋激烈的背景下，发展中国家经济发展的紧迫性凸显。第二，发展的双刃剑特征日益显现。发展既能推动和平，也能破坏和平。由于一些国家在发展过程中采取了不当的发展模式，竞相争夺领土与资源，引发了地区冲突和战争，对世界的和平与发展构成了威胁。因此，“发展事关各国人民的切身利益，也事关消除全球安全威胁根源。没有普遍发展和共同繁荣，世界难享太平。”[①]

人类的共同发展是构建和谐世界的根本保障。面对发展内涵的转变以及发展所面临的重大挑战，构建和谐世界的理念主张，必须通过互利合作实现普遍发展和共同繁荣，这是对发展内涵的进一步提升。首先，经济全球化应该使各国特别是广大发展中国家普遍受益，而不是造成两极分化。联合国应该采取切实措施，落实千年发展目标，特别是要大力推动发展中国家加快发展，使 21 世纪真正成为人人享有发展的世纪。发达国家应该为实现全球普遍、协调、均衡发展承担更多责任，进一步对发展中国家特别是重债穷国和最不发达国家开放市场，转让技术，增加援助，减免债务。发展中国家要充分利用自身优势推动发展，广泛开展南南合作，推动社会全面进步。中国将尽自己所能，为推动各国共同发展作出积极贡献。其次，加强对话与协作，积极推动全球和区域经济合作，共同解决全球经济发展中的诸多问题。应该加强全球能源对话和合作，共同维护能源安全和能源市场稳定，为世界经济增长营造充足、安全、经济、清洁的能源环境。再次，努力建立健全开放、公平、非歧视的多边贸易体制，进一步完善国际金融体制，为世界经济增长营造健康有序的贸易环境和稳定高效的金融环境，以实现优势互补，互利共赢，使所有国家都能从中受益。

三是在文化上，倡导开放包容，尊重文明多样性，实现文明的兼容并蓄。倡导开放包容精神，尊重文明多样性是和谐世界理念的一个重要特点。当今世界是个丰富多彩的世界，文明多样性是人

①《胡锦涛文选》第二卷，人民出版社 2016 年版，第 353 页。

类社会的基本特征，也是人类文明进步的重要动力。“在人类历史上，各种文明都以自己的方式为人类文明进步作出了积极贡献。存在差异，各种文明才能相互借鉴、共同提高；强求一律，只会导致人类文明失去动力、僵化衰落。各种文明有历史长短之分，无高低优劣之别。历史文化、社会制度、发展模式的差异不应成为各国交流的障碍，更不应成为相互对抗的理由。”[①] 文明发展是人类摆脱战争困扰的希望与动力所在，也是世界得以和谐的思想基础。没有文明间的沟通、对话和理解，和平与发展将难以实现。只有对不同文明持包容和尊重态度，才能构建持久和平与共同繁荣的和谐世界。

倡导开放包容，尊重文明多样性，可以从以下三个方面来理解：其一，尊重文明多样性不是指各文明的妄自尊大，也不是狭隘的封闭追求，而是要坚持各文明间的平等对话、交流合作，达到兼容并包，从而共同发展。其二，各个国家在长期的社会发展与历史演进过程中，形成了各具特色的文明样式，只有承认各国的历史文化、社会制度、价值观念以及发展模式的差异，国家之间、民族之间才能和谐共处。其三，每种文明都有自己的长处，对人类历史的发展都有过重要贡献，同样每种文明都有自身的缺陷和不足，因此各种文明要相互借鉴、取长补短、共同进步。

（三）建设和谐世界的路径

建设和谐世界是一个长期过程。从当前的条件和紧迫性来看，主要从以下几个方面入手：

一是推动建立和平、稳定、公正、合理的国际政治经济新秩序。当代国际旧秩序具有明显的霸权主义和强权政治色彩，具有极大的不合理性，是形成国际社会矛盾、冲突和危机的重要原因。建设和谐世界，就必须改革不合理的国际旧秩序，建立公正合理的

①《胡锦涛文选》第二卷，人民出版社 2016 年版，第 354 页。

国际政治经济新秩序。建立国际政治经济新秩序，必须恪守以主权平等和互不干涉内政为核心的国际关系准则，创造安全稳定的国际和平环境；必须遵循平等互利的原则，建立共同发展的新型国际关系，形成自主选择、求同存异、和谐合作、大小国家一律平等的国际局面；必须积极推动国际格局走向多极化，推进国际关系民主化。

二是支持和促进广大发展中国家加快发展，努力减少和消除贫困。国际社会不和谐的最根本原因是发展不平衡、发展不迅速、发展不和谐。大多数发展中国家经济发展困难很多，相当一部分发展中国家面临着被进一步边缘化的危险。胡锦涛指出："落实千年发展目标，特别是要大力推动发展中国家加快发展，使21世纪真正成为'人人享有发展的世纪'。"胡锦涛强调，要进一步改革完善国际金融体制，维护和完善多边贸易体制，为发展中国家营造健康有序的贸易环境和稳定高效的金融环境，使国际经济体制和规则更加公平合理，特别是要充分反映广大发展中国家的关切，促进经济全球化朝着均衡、普惠、共赢的方向发展。要尊重发展模式的多样性，加强发展经验的交流和借鉴，提高各国自我发展的能力。积极推动发达国家为实现全球普遍、协调、均衡发展承担更多责任，在消除贫困、资金援助、减免债务等重点问题上采取切实措施，帮助发展中国家加快发展。要加强联合国在推动国际发展合作中的作用，为各国特别是发展中国家的发展创造良好的国际环境，提供有力的帮助和支持。

三是树立新安全观，建立集体安全机制。历史表明，以军事联盟为基础、以加强军备为手段的旧安全观，无助于保障国际安全，更不能营造世界的持久和平。现实也反复证明，武力不能缔造和平，强权不能确保安全。新安全观以互信为本，反对依靠军事同盟和增加军备来保证自己的安全；主张互利原则，强调世界各国的共同安全和普遍安全；倡导各国在加强安全问题上的相互协作，保障共同安全和世界和平。联合国作为集体安全机制的核心，在保障全球安全的国际合作中发挥着不可替代的作用。要通过合理、必要的改革，维护联合国权威，提高联合国效率，更好地发挥联合国及其安理会在维护世界和平、促进共同发展中的积极作用，增强联合国应对新威胁新挑战的能力。

四是维护文明的多样性，推动各种文明和平共处。文明多样性是人类社会的基本特征，也是人类文明进步的重要动力。各种文明只有在对话和交流当中才能更好地发展、丰富与完善。不同文明之间的对话、沟通和理解，对不同文明持包容、尊重态度，不仅代表着人类社会的文明进步，同时也是维护世界的和平与发展所必需的。要尊重各国自主选择社会制度和发展道路的权利，相互借鉴而不是刻意排斥，取长补短而不是定于一尊，推动各国根据本国国情实现振兴和发展；要加强不同文明的对话和交流，在竞争比较中取长补短，在求同存异中共同发展，努力消除相互的疑虑和隔阂，使人类更加和睦，让世界更加丰富多彩；要以平等开放的精神，维护文明的多样性，协力构建各种文明兼容并蓄的和谐世界。

构建和谐世界，体现了历史与时代发展的客观要求，符合世界各国的根本利益，是国际关系发展的必由之路。只要世界各国团结一致，反对强权政治和单边主义，维护和尊重联合国的权威及其宪章的宗旨和原则，相互尊重，平等相待，和平共处，互利合作，就能不断推进并最终实现构建和谐世界的目标。

四、提出互利共赢的开放战略

互利共赢的开放战略是对 20 世纪 80 至 90 年代中国对外开放战略的继承与发展，是在中国经济日益融入经济全球化、国际经济地位大幅度提升的背景下，以胡锦涛同志为总书记的党中央就进一步发展中国与世界各国间互利合作的经济关系而提出的新理念。

（一）互利共赢开放战略的提出

随着经济全球化和科技进步的发展，中国同外部世界的利益融合达到前所未有的广度和深度。2001 年，中国加入世界贸易组织，深化了与世界的相互依赖关系，中国在实现国内经济发展的同时，也为世界经济的发展作出了贡献。与此同时，中国对外开放战略也发生了阶段性变化，特别是实现了从政策性开放向制度性开放转型。在这一时期，以胡锦涛同志为总书记的党中央提出了统筹国内发展和对外开放、实施互利共赢开放战略、完善开放型经济体系、转变对外经济发展方式等重大战略思想。

2003 年 10 月，中共十六届三中全会通过《关于完善社会主义市场经济体制若干问题的决定》，明确提出了“五个统筹”的要求，其中一个重要方面就是“统筹国内发展和对外开放”。2004 年 4 月，胡锦涛在博鳌亚洲论坛年会开幕式演讲中指出，中国真诚希望同亚洲各国发展全面、紧密的合作伙伴关系，在经济上实现互利共赢。同年年底召开的中央经济工作会议，总结了对外经济工作的四点启示，其中一点就是“增进合作，互利共赢”。2005 年 9 月，胡锦涛在墨西哥参议院的演讲中提出了要“坚持互利共赢的开放战略”[①]。当年 10 月召开的中共十六届五中全会通过的《中共中央关于制定国民经济和社会发展第十一个五年规划的建议》明确要求，“要实施互利共赢的开放战略”，正式提出把“互利共赢”上升到国家开放的战略高度。

党的十七大在总结中国对外开放的成功实践经验和对新时期国际国内形势的把握基础上，把“拓展对外开放广度和深度，提高开放型经济水平”作为促进国民经济又好又快发展的重要内容。为

①《胡锦涛文选》第二卷，人民出版社 2016 年版，第 513 页。

形成经济全球化条件下参与国际经济合作和竞争新优势，十七大报告要求："扩大开放领域，优化开放结构，提高开放质量，完善内外联动、互利共赢、安全高效的开放型经济体系"。[①]这里相对全面地概述了开放型经济的基本内涵。2007 年 12 月召开的中央经济工作会议，对提高开放型经济水平，开创对外开放新局面作出了全面部署，提出了把"引进来"和"走出去"更好地结合起来，"加快转变外贸增长方式，优化进出口商品结构""创新利用外资方式，优化利用外资结构""继续实施'走出去'战略，创新对外投资和合作方式""推进实施自由贸易区战略，加强双边多边经贸合作"等要求[②]。

在党的十七大报告中，胡锦涛进一步强调："中国将始终不渝奉行互利共赢的开放战略。我们将继续以自己的发展促进地区和世界共同发展，扩大同各方利益的汇合点，在实现本国发展的同时兼顾对方特别是发展中国家的正当关切……中国决不做损人利己、以邻为壑的事情。"[③]随后，胡锦涛进一步阐述了实施互利共赢开放战略的路径。2011 年 7 月 1 日，在庆祝中国共产党成立 90 周年大会上的讲话中，胡锦涛重申："我们将坚定不移实行对外开放的基本国策，完善开放型经济体系，全面提高开放型经济水平，加强同世界各国的互利合作，继续以自己的和平发展促进各国的共同发展。"[④]互利共赢体现了和平、发展、合作的时代潮流，体现了中国政府推动国际合作、增进各国共同利益的新理念，成为 21 世纪初中国对外战略的重要指导。

①《胡锦涛文选》第二卷，人民出版社 2016 年版，第 633—634 页。
②《中央经济工作会议在北京召开》，《人民日报》2007 年 12 月 6 日，第 1 版。
③《胡锦涛文选》第二卷，人民出版社 2016 年版，第 651 页。
④《胡锦涛文选》第三卷，人民出版社 2016 年版，第 542 页。

（二）提出互利共赢开放战略的依据

理论的创新必然是承前启后、继往开来的。中国互利共赢对外开放战略的提出，不仅与之前的理论一脉相承，而且有充分的理论依据。

一是坚持互利共赢的开放战略是经济全球化条件下谋求互利合作、实现共同繁荣的必然要求。坚持互利共赢的开放战略，就是既要通过对外开放实现自身发展，又要通过自身发展促进地区和世界共同发展。这体现了一种积极的开放观，有利于扩大同各方的利益汇合点。在国际交往中实现双赢、共赢，有利于推动建设持久和平、共同繁荣的和谐世界，既有利自身，也有利各方。经济全球化推动了生产要素在全球范围内的优化配置，有利于各国各地区加强经济技术合作，推动世界经济的发展。经济全球化使国与国之间的相互依赖不断加深，各国之间的共同利益增多，相互竞争也在加强。同时，经济全球化也使更多国家的企业能够通过在全球范围内配置资源而获利。要推动经济全球化朝着均衡、普惠、共赢方向发展，必须树立平等、合作、共赢的理念，完善国际经贸规则和制度，维护发展中国家的合法权益，推动国际经济秩序向更加公正合理的方向发展；必须摒弃贸易保护主义和双重标准，坚持通过磋商协作的方式妥善处理经贸摩擦，反对动辄使用制裁或以制裁相威胁。

二是坚持互利共赢的开放战略是中国改革开放成功经验的总结。改革开放以来，中国经济社会持续快速发展的一条重要经验，就是始终坚持平等互利的开放战略，主动迎接经济全球化挑战，不断提高对外开放水平。实行对外开放，是中国推进现代化建设的一项重大决策，也是中国一项长期的基本国策。中国全方位对外开放的格局已基本形成，开放型经济迅速发展，对外贸易不断增长，吸收外资不断增加，经济技术交流与合作不断加强，这不仅对中国经济社会发展发挥了有力的推动作用，也为各国各地区企业到中国寻找商机、进行合作创造了有利条件。正是坚持对外开放的战略，中国经济才取得巨大发展。这一战略推动了中国经济发展迅速融入世界经济体系之中，中国占世界贸易的比重持续提高。“1978 年，中国货物进出口总额只有 206 亿美元，在世界货物贸易中排名第 32 位，所占比重不足 1%。2010 年，中国货物进出口总额达到 29740 亿美元，比 1978 年增长了 143 倍，年均增长 16.8%。其中，出口总额 15778 亿美元，年均增长 17.2%；进口总额 13962 亿美元，年均增长 16.4%。中国出口总额和进口总额占世界货物出口和进口的比重分别提高到 10.4% 和 9.1%，成为世界货物贸易第一出口大国和第二进口大国。”“2001 年至 2010 年，中国服务贸易总额（不含政府服务）从 719 亿美元增加到 3624 亿美元，增长了 4 倍多。中国服务贸易出口在世界服务贸易出口中的比重从 2.4% 提高到 4.6%，2010 年达 1702 亿美元，从世界第 12 位上升到第 4 位；服务贸易进口比重从 2.6% 提高到 2010 年的 5.5%，2010 年达 1922 亿美元，从世界第 10 位上升到第 3 位。”[①] 实践证明，当今世界，任何国家都难以在封闭的状态下得到发展。我们应以更加积极的姿态，推进全方位、多层次、宽领域的对外开放，在更大范围、更广领域和更高层次上参与国际竞争与合作。通过开放既实现自身发展，也为其他国家提供发展机遇、促进共同发展，既给中国人民带来实惠，也为世界人民提供机遇。随着中国经济的进一步发展，中国市场规模、对外投资必将进一步扩大，也必将给世界带来更大的发展机遇。

三是坚持互利共赢的开放战略是中国长远发展的战略要求。改革开放以来，中国始终坚持对外开放的基本国策，坚持“走出去”和“引进来”相结合的基本方针。不仅致力于扩大对外开放，

① 中华人民共和国国务院新闻办公室：《中国的对外贸易》，《人民日报》2011 年 12 月 8 日，第 14 版。

创建有利的投资发展环境，吸引境外资本和人员到中国发展，而且鼓励中国的企业和人员积极走出去，扩大事业发展的舞台，利用自己的经验和优势促进其他地区经济社会发展。中国倡导国际社会帮助发展中国家发展经济，向其他发展中国家提供力所能及的援助。从来没有也永远不会谋求单方面利益的最大化，决不做损人利己、以邻为壑的事情。中国坚持既通过维护世界和平发展自己，又通过自身发展维护世界和平。中国的发展强大就是世界和平力量的发展壮大。中国通过和平发展所展现出的新的发展模式，贯穿着互利共赢的精神，是对人类和平与发展事业的重大贡献。

（三）互利共赢开放战略的主要内涵

互利共赢以经济全球化时代为背景，以深化国内经济体制改革为基础，以开展与世界各国的经济合作为实践途径，是科学发展观关于统筹国内发展和对外开放目标的具体体现。互利共赢作为新时期对外开放的新理念，有着深刻的内涵。

一是要用全球战略眼光看待中国互利共赢的开放战略。互利共赢的对外开放，预示着“全球因素”在国家发展大战略中的地位上升，标志着中国作为一个新兴的经济大国，开始以全球化趋势为前提，以国家利益为导向，立足全球视野，制定包括国内改革、应对国际经济摩擦、技术引进、能源与金融安全等一整套长远的系统性的发展方略，也表明中国经济发展的“全球战略”初步成型。以互利共赢的开放理念处理中国对外关系，更加强调对外开放的可持续性，强调不以牺牲明天发展今天，不以牺牲别人发展自己。中国愿尽自己所能，为推动各国共同发展作出积极贡献。互利共赢的开放战略在实质上是中国和平发展道路在对外开放战略上的具体体现。

二是互利共赢的开放战略核心在于“互利”，目标是为了实现“共赢”。所谓“互利”，就是指在制定对外开放政策和战略时，一国不仅要充分考虑本国的经济利益，实现本国经济与产业的健康发展，还要充分考虑本国经济发展对世界经济体系的影响。所谓“共赢”就是要把既符合本国利益又能促进共同发展作为处理中国与世界经贸关系的基本准则，实现对外经济交往中合作双方的共同发展。实施互利共赢开放战略，要求我们在对外开放、处理经贸关系的过程中，始终把维护国家整体利益放在首位，同时，也必须兼顾对外经贸伙伴的利益，促进共同发展、平等受益、互惠互利。

三是要以一个对世界负责任大国的立场，承担起对世界发展的时代与历史责任。中国在对外开放领域承担的国际责任主要体现在两个方面：一是要充分关注本国外向型经济发展对世界经济体系的影响与冲击，与世界其他国家一起解决世界经济发展的失衡问题；二是中国作为一个有世界影响力的发展中大国，要在国际经济合作与竞争以及国际规则制定中切实维护广大发展中国家的利益，为世界持久和平、共同繁荣贡献力量。

四是与各国加强合作，协调行动，为解决世界各国面临的困难和危机尽自己的力量。人类只有一个地球。中国是领土和人口大国，也是生产和消费大国。中国是世界上单位生产成本最高的国家之一，中国对粮食、肉类、煤炭、钢铁和石油五大基本商品的消耗居世界前列，二氧化碳等温室气体的排放量也名列前茅。因此，中国在发展过程中面临的资源和生态环境挑战已经不仅仅是国内问题。中国的发展模式不仅关系到民族的振兴，也影响着世界的经济。“中国威胁论”“美中必战论”反映了世界对中国的关注，有敌意也有疑虑。国家主席胡锦涛在亚太经合组织工商领导人峰会上的演讲中承诺：“我们将依靠科技进步，发挥市场机制和经济杠杆的作用，增强节约能源的能力，全面促进能源的节约和高效利用。”[①]

---

① 胡锦涛：《树立开放思维　实现合作共赢》，《人民日报》2005 年 11 月 20 日，第 1 版。

我们应该本着共同发展的理念，积极有效地同相关国家协调政策，多方面采取措施，共同维护世界安全、和平和稳定。

五、构筑中国外交战略构架

在和平发展战略思想的引领下，中国全方位独立自主的和平外交取得显著进展，形成了大国是关键，周边是首要，发展中国家是基础，多边是舞台的外交战略构架。

（一）积极运筹同大国关系

大国关系是国际政治的主线，往往左右着国际战略形势的演变，历来是中国外交的重点。以胡锦涛同志为总书记的党中央，高度重视中国大国外交，提出要以创新思想，探索发展大国关系的新路径。胡锦涛指出："争取同各大国建立和发展稳定的关系，对于争取有利的国际环境和周边环境具有重大意义。同各大国关系越发展，我国战略回旋空间就越大。"[①] 新世纪新阶段，中国积极从战略全局的高度运筹同各大国关系。

"9·11"事件对国际局势和美国的外交战略产生了重大影响。这一事件迫使美国放弃大国对抗的惯性安全思维模式，为应对恐怖主义和大规模杀伤性武器的威胁，确立了以大国合作为基础的反恐战略。美国总统布什因而调整了其执政之初对华强硬的立场，转而在反恐战略中寻求与中国开展合作。中国政府抓住中美两国之间在经贸、反恐等一系列问题上共同利益不断增多的现实，积极发展中美关系，促进"建设性合作关系"和"21 世纪积极合作全面的中美关系"的确立，使中美关系实现了重大发展。

中美高层保持密切的交往与接触。在布什总统 8 年任期内，胡锦涛与布什双边会晤多达 19 次，两国元首通话 30 余次。布什

①《胡锦涛文选》第二卷，人民出版社 2016 年版，第 96 页。

任内四次到访中国，超过以往任何一位美国总统。北京奥运会期间，布什顶住美国国内政治压力，坚持出席奥运会开幕式，显示了他本人对中美关系的高度重视。应美国总统布什邀请，国家主席胡锦涛2006年4月18至21日对美国进行国事访问。两国元首就中美关系、台湾问题等重大问题深入交换意见，并就全面推进21世纪中美建设性合作关系达成新的重要共识，确定了中美既是利益攸关方又是建设性合作者的两国关系新定位。应国家主席胡锦涛邀请，美国总统奥巴马2009年11月15日至18日对中国进行国事访问。两国元首就中美关系和其他共同关心的问题进行了深入、坦诚的会谈，成果丰富。双方重申致力于建设21世纪积极合作全面的中美关系，并将采取切实行动稳步建立应对共同挑战的伙伴关系。两国政府间、企业间签署《中国国家发展和改革委员会与美国环境保护局关于应对气候变化能力建设合作备忘录》等11个合作文件[①]。2011年1月，国家主席胡锦涛对美国成功进行国事访问，两国发表《中美联合声明》，确认中美双方将共同努力，建立“相互尊重、互利共赢的合作伙伴关系”，这是中美关系的新定位，这个定位进一步明晰了通过合作努力建设21世纪更加稳定、和平、繁荣的亚太地区的战略意向。双方还一致同意，建立全面互利的经济伙伴关系，推进两国和世界经济强劲、可持续、平衡增长[②]。此外，两国领导人多次在出席多边会议期间举行会晤。

两国领导人的频繁会晤，促进了中美交流与对话的机制化发展。截至2008年底，两国已经建立了60多个各类双边对话机制，[③]涵盖了政治、经济、军事、执法、科技、教育等多个领域，涉及反

① 《中美联合声明》，《人民日报》2009年11月18日，第1版。

② 吴绮敏：《开创中美伙伴合作新局面之旅》，《人民日报》2011年1月23日，第1版。

③ 温宪等：《让历史昭示未来》，《人民日报》2009年1月13日，第3版。

恐、能源、航空、气候变化、食品安全等多种议题，对话层次包括副总理级、部长级乃至工作级别的专业人员。这一时期，为应对中美间共同关心的战略问题，两国建立了战略对话、战略经济对话及战略与经济对话等高层对话机制。2005 年 3 月，在美国国务卿赖斯访华期间，双方确定将定期举行战略对话。[①] 8 月 1 日，中美首次战略对话在北京举行，中美战略对话机制正式启动，中国外交部副部长戴秉国和美国常务副国务卿佐利克等双方代表近 20 人就外交和经济等共同关心的战略性问题进行磋商。[②] 双方商定，此后每年举行两次对话会议，轮流在对方首都举行。2006 年胡锦涛主席访问美国期间，与布什总统就建立中美战略经济对话达成重要共识。当年 9 月 19 日至 22 日，美国财政部长鲍尔森就建立中美战略经济对话事宜访问中国。吴仪副总理与他举行了会谈，并共同宣布启动该对话机制。[③] 中美战略经济对话着重讨论中美两国共同关心的全局战略性、长期性经济问题，不取代、重复或削弱中美经贸领域的现有机制。中美战略经济对话也是每年举办两次，轮流在对方首都举行。2009 年 4 月，胡锦涛和奥巴马在英国伦敦会晤商定，在中美战略对话与中美战略经济对话机制的基础上，建立中美战略与经济对话机制。首轮中美战略与经济对话于 2009 年 7 月在华盛顿举行，主要涉及中美关系、国际和地区问题、全球性问题三个议题。中美战略与经济对话举办每年一次，轮流在对方首都举行。中美战略与经济对话机制是两国建立的级别最高、参与部门最多、讨论议题最广的机制，为两国加深了解、扩大共识、管控分歧、增进互信、促进合作提供了独特平台。对话为推进两国关系发展、丰富

① 张勇：《李肇星与赖斯会谈》，《人民日报》2005 年 3 月 22 日，第 2 版。
② 吴迎春：《中美首次战略对话在京举行》，《人民日报》2005 年 8 月 2 日，第 4 版。
③《中美关于启动两国战略经济对话机制的共同声明》，《人民日报》2006 年 9 月 21 日，第 4 版。

中美合作伙伴关系内涵发挥了重要作用。双方还决定，加强和更有效利用战略与经济对话及其框架下各种机制，就战略与经济问题进行高级别、机制化沟通。

两国领导人频繁会晤和交流沟通的机制化日益完善，对中美两国在各个领域内合作的不断深入起到了积极作用。如在台湾问题上，布什政府充分认识到中国对台湾问题的高度关切。针对台湾陈水扁当局抛出“一边一国”论，推出“公投制宪”的“‘台独’时间表”，制造“废统”事件、搞“入联公投”等，为防止台湾问题冲击中美合作的大局，布什总统在多个场合反复阐明坚持一个中国、不支持“台独”的政策立场，并在反对台湾民进党当局推动的“台独”路线方面与中国形成高度默契。中美经贸合作保持较快增长势头。截至 2012 年，中美互为第二大贸易伙伴，美国是中国第一大出口市场和第五大进口来源地，中国是美国第三大出口市场和第一大进口来源地。中美双边投资保持平稳较快发展。双边贸易总额自 2002 年的 971.8 亿美元增至 2012 年的 4847 亿美元，美国对华累计投资项目自 2002 年的 37268 个增至 2012 年 62369 个，累计合同金额从 2002 年的 762.8 亿美元增至 2012 年的 1693.48 亿美元，实际投入从 2002 年的 402.2 亿美元增至 2012 年的 701.9 亿美元。美国成为中国外资最大来源地之一。同时，中国企业赴美投资步伐加快，不仅投资领域众多，而且投资方式多样，投资地域广阔。截至 2012 年年底，中国企业在美非金融类直接投资存量为 93.7 亿美元。①

中俄战略协作伙伴关系在多个层面全方位推进。进入新世纪新阶段以后，中俄两国之间的战略协作伙伴关系不断强化，两国关系取得了前所未有的重大进展和重大突破。高层互访与接触密

① 中华人民共和国外交部政策研究室：《中国外交（2003）》，世界知识出版社 2003 年版，第 312 页；《中国外交（2013）》，世界知识出版社 2013 年版，第 201 页。

切并形成机制。主要包括：两国元首每年举行一次正式会晤，并利用亚太经合组织领导人会议、上海合作组织峰会等多边国际场合举行双边会晤。全国人大常委会委员长与俄罗斯联邦委员会（议会上院）和国家杜马（议会下院）主席互访。两国总理每年举行一次定期会晤，会晤前双方召开总理定期会晤委员会和教文卫体合作委员会会议，为总理定期会晤做准备。两国外长每年互访，并利用各种多边场合举行磋商。特别是两国高层互访，对两国战略协作关系发挥了重要引领作用。2005 年 7 月 1 日，中国国家主席胡锦涛和俄罗斯总统普京在莫斯科签署了《中俄关于二十一世纪国际秩序的联合声明》，进一步深化了中俄两国在国际领域的战略协作。2009 年 6 月，胡锦涛主席赴俄罗斯参加中俄建交 60 周年庆祝活动。17 日，胡锦涛主席与俄罗斯总统梅德韦杰夫举行会谈。胡锦涛提出了“讲互信、讲大局、讲长远”等三项指导原则，提出了深化政治合作、扩大经贸合作、重点发展两国地方和边境地区合作、在国际舞台上加强沟通和配合、在重大国际和地区问题上加强合作等五项建议。2010 年 9 月，梅德韦杰夫访华。两国元首签署了《中俄关于全面深化战略协作伙伴关系联合声明》，进一步推动中俄关系持续健康稳定向前发展。2011 年 6 月 16 日，胡锦涛在莫斯科同梅德韦杰夫举行会谈。两国元首全面总结中俄关系十年发展成果，并就下一个十年两国关系发展规划深入交换意见。双方签署《中俄关于当前国际形势和重大国际问题的联合声明》，发表了关于《中俄睦邻友好合作条约》签署 10 周年的联合声明。2012 年 6 月，俄罗斯总统普京对中国进行国事访问，并达成重要共识。

中俄在推进世界多极化，维护联合国对国际事务的主导作用，建立公正、合理的国际政治经济新秩序方面有着广泛的共同利益，立场基本一致。双方在联合国、二十国集团、世界贸易组织、金砖国家、上海合作组织、东亚峰会和其他多边机制下的协作进一步深化，在安理会改革、国际经济金融治理机制改革、可持续发展、防扩散、信息安全、反导、防止外空武器化和外空军备竞赛等问题上加强磋商与协调，在朝核、叙利亚、伊核、阿富汗等重大热点问题上保持密切沟通与配合，在维护各自国家独立、主权和领土完整问题上相互支持。

双方彻底解决了历史上遗留的边界问题。2004 年 10 月 14 日，普京总统访华期间，中俄两国外交部长签署了《中俄国界东段补充协定》。至此，长达 4300 多公里的中俄边界线全部划定。中俄剩余边界问题的解决，消除了两国关系中的长期隐患，有利于进一步深化和推进中俄战略协作伙伴关系的发展，有利于增进双方的睦邻友好和相互信任。

双方在经贸等各具体领域的务实合作全面发展。双边经贸持续稳定增长。2002 年贸易额 119.3 亿美元，2012 年增长到 882 亿美元。2011 年 6 月 16 日至 18 日，胡锦涛访问俄罗斯并出席第十五届圣彼得堡国际经济论坛，提出双边贸易额在 2015 年前达到 1000 亿美元、到 2020 年达到 2000 亿美元的总体目标，与梅德韦杰夫总统就完善中俄投资促进会议机制，不断扩大相互投资规模，全面推进能源领域合作，积极探索新的科技和创新合作方式，扩大和深化地区合作达成重要共识，宣布中俄将构建战略能源伙伴关系。军事安全合作更加密切。自 2005 年以来，中俄两国每年举行一次“和平使命”联合军事演习。2007 年 8 月，上海合作组织成员国在中国新疆和俄罗斯车里雅宾斯克共同举行了以打击恐怖主义、分裂主义、极端主义“三股势力”为课题的联合反恐军事演习，这是中国军队首次赴境外参加大规模陆空联合军事演习。9 月，中国人民武装警察部队与俄罗斯内卫部队以解救人质及捣毁恐怖组织团伙行动为课题，举行了代号为“合作—2007”的联合反恐演习，这是中国人民武装警察部队首次同外国武装力量举行此类演习。以2006年启动的互办“国家年”活动为契机，中俄两国之间的人文合作与交流深入开展，夯实了两国关系的社会基础。

随着中国经济持续快速增长，综合国力不断跃升，日本对中国崛起的焦虑感上升，不断在历史认识、台湾问题、海洋权益等问题上制造麻烦，损害了中日间政治基础，致使两国关系频频陷入困境。

如何认识和对待日本军国主义侵略中国的历史，是一个事关中日关系政治基础的重大原则问题。2001年4月，日本文部科学省宣布通过日本右翼学者团体“新历史教科书编撰会”编写的美化侵略历史的教科书。中国政府对此提出强烈抗议，要求日本政府纠正错误。8月，日本首相小泉纯一郎就任不久，参拜了靖国神社。中国外交部立即发表声明，对此表示强烈不满和愤慨，并通过外交渠道分别在北京和东京向日方提出了严正交涉。中方的强烈反应迫使小泉首相作出了回应。2001年10月8日，小泉首相来华进行了为期一天的工作访问。其间，小泉首相参观了位于卢沟桥的中国人民抗日战争纪念馆，就历史问题发表了讲话，但他始终回避是否还会继续参拜靖国神社的问题。在他此后任内，每年仍去参拜靖国神社，导致中日两国领导人互访中断。

台湾问题事关中国核心利益，日本在台湾问题上尊重一个中国原则是中日关系的政治基础。中方关于日本涉台问题的立场是明确的，即对日本与中国台湾地区开展民间往来不持异议，但坚决反对其进行任何形式的官方往来，反对搞“两个中国”或“一中一台”，并要求日方不要向“台独”势力发出错误信息。但日方却屡次在此问题上冲击中国政策底线。2001年4月，日本政府不顾中方一再反对，准许李登辉以“治病”为名赴日活动。中国政府就此向日方提出严正交涉，并采取了冻结中日高层交往、取消中国军舰访日、推迟双边安全对话等反制措施。2005年2月19日，日美安全磋商委员会会议发表的《日美联合声明》把“台湾问题”作为日美两国的“共同关心事项”，引起中方强烈不满。中方认为，日美同盟是一种双边安排，其作用应控制在双边范围之内，不应有损第三国的安全利益。台海局势复杂敏感，中方希望美日从维护地区和平稳定的大局出发，务必在台湾问题上慎重行事，不要向“台独”势力发出错误信息。

1972 年中日建交谈判时，中国政府从发展两国关系的大局出发，与日方达成了把双方在领土及海洋权益问题上的争议留待日后解决，在解决之前双方都不采取单方面行动改变现状的谅解。但日方没有切实履行相关承诺。在钓鱼岛及其附属岛屿问题上，不断制造事端。2005 年，日本政府把右翼团体在钓鱼岛上建造的灯塔“收归国有”，企图以单方面行动强化对钓鱼岛的“实效控制”。

中国领导人始终视日本为重要邻国和重要经贸合作伙伴，主张从战略高度认识中日关系的重要性，不能因为遭遇阶段性困难就对中日关系丧失信心。中国政府决定在继续同日本政府损害两国关系行径斗争的同时，抓紧做日本社会各方面的工作，推动中日关系逐步转圜。2006 年 9 月，安倍晋三当选日本首相。随后两国在东京举行的第六轮中日战略对话中，双方就克服影响中日关系的现实政治障碍、促进两国友好合作关系的健康发展达成一致。10 月，日本首相安倍晋三对中国开展国事访问。这次访问被称为“破冰之旅”。访华期间，安倍表示，中日双方不应仅仅是友好，而要构筑基于共同战略利益的互惠关系。为此，应使政治、经济两个车轮强力运转，把面向未来的日中关系发展到更高层次。关于历史问题，安倍表示，鉴于靖国神社问题已成为外交和政治问题，他不会明确表明是否要参拜，将根据克服政治困难和促进两国关系健康发展的共识作出适当处理。此后，尽管日本首相不断更迭，但中日关系仍然保持了改善和发展的势头。

然而，2010 年 9 月和 2012 年 9 月，日本先后挑起钓鱼岛“撞船事件”和“购岛”闹剧，对两国关系产生了严重负面影响，特别是“购岛”闹剧，引发中日关系严重倒退。

随着中国综合实力的不断增强，欧盟一方面出于借重中国力量和分享中国发展红利的需要，继续强调中欧伙伴关系的重要性，另一方面又在中欧关系不断发展的同时，越来越多地关注中国经济发展给欧洲带来的“挑战”；在注重合作的同时，越来越多地关注竞争；在突出互利共赢的同时，越来越多地强调中国的责任。2006 年 10 月 24 日，欧盟发表了第六份对华政策文件——《欧盟与中国：更紧密的伙伴，扩大的责任》。文件指出：“在过去十年中，中国重新崛起为一个主要大国。中国已成为世界第四大经济体和第三大出口国，同时也是一个日益重要的政治力量。中国的经济增长为中国更为积极和成熟的外交政策提供了支持。中国渴望发展，并寻求与其政治和经济实力相称的世界地位，是其政策的核心原则。鉴于中国的规模和惊人的增长，这些变化对全球政治和贸易产生了深远的影响。”“欧洲需要对中国的重新崛起作出有效回应。”文件还指出，欧盟对中国的根本方针必须体现主动合作和伙伴精神。但是更紧密的战略伙伴关系意味着双方责任的增强。伙伴关系应该符合双方的利益，而欧盟和中国需要共同努力承担更主动和有责任的国际角色，为建立一个强有力的、有效的多边体系提供支持和作出贡献。[①]所谓中欧之间建立更加紧密的战略伙伴关系需要双方承担更多责任，其实是欧盟希望中国承担更多责任的另一种表述。与此同时，作为这个文件的附件，欧盟还公布了《竞争与伙伴关系：欧中贸易和投资政策》，这是欧盟首份对华贸易战略文件。文件指出，中欧经贸关系是一种“竞争与伙伴关系”，欧盟必须接受来自中国的竞

①《欧盟—中国：更紧密的伙伴，扩大的责任》，搜狐新闻网 2006 年 10 月 25 日。

争，但中国必须保证竞争是公平的[①]。此外，一些欧盟大国在解除对华武器禁运、承认中国市场经济地位等问题上立场出现倒退，在知识产权保护、技术转让、环境保护、气候变化等领域加大了对中国的批评和施压力度。

尤其值得注意的是，欧盟价值观外交在中欧关系中重新抬头。西藏问题成为其制衡中国的一个重要手段，影响了中欧关系的顺利发展，中德、中法关系都先后因此而出现波折。2007 年 9 月 23 日，德国总理安格拉·默克尔在结束访华回国后仅二十多天，就不顾中方多次严正交涉，在总理府会见了达赖，开创了德国政府首脑会见达赖的恶劣先例，使中德关系陷入低谷。对此，中方采取了一系列反制措施，进行了旗帜鲜明的斗争。后经中德双方多轮磋商，德国外交部以信函方式向中方明确承诺，德国政府高度重视发展对华关系，将继续坚定奉行一个中国政策，西藏是中国领土的一部分，德国不支持、不鼓励谋求西藏“独立”的任何努力。在此基础上，中德关系于 2008 年初实现转圜，并逐步重回正常发展的轨道。2008 年，西藏“3·14”事件发生后，时任欧盟轮值主席、法国总统尼古拉·萨科齐公开声称，欧洲国家首脑应根据“北京与达赖对话”的情况来决定是否参加北京奥运会开幕式。此后，北京奥运会火炬海外传递在伦敦和巴黎两站遭遇“藏独”分子公然袭击，激起了包括广大海外华人在内的全体中华儿女的极大愤慨。为了平息事态，法国政府派出特使来华进行沟通，中法关系一度恢复正常。8 月 8 日，包括萨科齐在内的多位欧洲政要出席了北京奥运会开幕式。但是，在中欧双方积极筹备第十一次领导人会晤时，萨科齐突然宣布将会见达赖，并不顾中方的一再反对和交涉，于 2008 年 12 月 6 日执意以法国总统和欧盟轮值主席的双重身份会见了达

① Commission of the European Communities, *A policy paper on EU-China trade and investment: Competition and Partnership*, October 24, 2006.

赖。对此，中国政府不得不推迟原定在法国里昂举行的第十一次中欧领导人会晤。此后，经过双方多次磋商，中法两国于 2009 年 4 月 1 日发表《中法新闻公报》。法方表示“充分认识到西藏问题的重要性和敏感性，重申坚持一个中国政策，坚持西藏是中国领土不可分割的一部分。这一由戴高乐将军作出的决定没有也不会改变。本着这一精神，并根据不干涉内政的原则，法国拒绝支持任何形式的‘西藏独立’”。在此前提下，“双方决定适时举行高层接触与战略对话，促进双边各领域合作，推动中法关系和谐稳定发展”[①]。2009 年 5 月 20 日，中欧领导人第十一次会晤在捷克首都布拉格恢复举行。

欧盟的对华政策之所以会出现两面性，其中既有国际格局变化、大国关系调整造成的影响，也有欧盟成员国领导人更迭、欧盟扩大后内部整合困难等因素，但最重要的还是由于欧盟对中国快速发展带来的中欧力量对比深刻变化的不适应，对中国模式影响逐渐扩大、挑战欧洲模式的“酸涩”心理在作怪。从总体上来看，中欧关系在解决矛盾和分歧的过程中逐步发展和深化。

（二）构筑周边战略的依托

进入 21 世纪后，中国政府继续坚持在和平共处五项原则基础上发展同周边国家的睦邻友好合作关系。随着国际和地区形势的变化以及中国的快速发展，中国的周边环境出现了许多新变化，中国的周边外交政策也因此而有了新的丰富和发展。中国政府提出了“与邻为善、以邻为伴”方针和“睦邻、安邻、富邻”政策，以加强睦邻友好和推进区域合作为着力点，不断深化同周边国家的互利合作，为维护中国发展的战略机遇期创造了良好的周边环境，为中国发挥国际作用构筑了稳定的周边地缘战略依托。

①《中法新闻公报》，《人民日报》2009 年 4 月 2 日，第 1 版。

朝鲜半岛局势跌宕起伏，成为国际社会关注的热点地区之一。中国对朝鲜半岛始终坚持积极、稳妥、连贯的“双友好”政策，巩固与朝鲜的传统友谊，发展中韩战略合作伙伴关系。自 20 世纪 90 年代后期起，一度停顿的中朝两国高层交往开始恢复。2001 年 9 月 3 日至 5 日，国家主席江泽民对朝鲜进行正式友好访问。这是 11 年来中国最高领导人首次访问朝鲜。2005 年 10 月 28 日至 30 日，国家主席胡锦涛对朝鲜进行正式友好访问。在与金正日委员长的会谈中，胡锦涛就进一步发展两党两国关系提出四点建议：第一，继续密切高层往来，加强相互沟通；第二，拓展交流领域，丰富合作内涵；第三，推进经贸合作，促进共同发展；第四，积极协调配合，维护共同利益。金正日对此表示赞同，强调朝方将从战略高度把握朝中友好关系，把发展朝中友谊作为坚定不移的战略方针[①]。2010 年 3 月，“天安号事件”发生后，朝鲜半岛局势陡然紧张。朝鲜劳动党总书记、国防委员会委员长金正日于当年 5 月和 8 月两次来华进行非正式访问，就相关情况同中方进行了沟通和协调。

进入 21 世纪后，尽管韩国政府几经更迭，但中韩关系始终保持了良好发展的态势。中韩政治关系不断提升。两国领导人经常互访或在国际多边场合举行会晤，增进了相互理解和信任，有力推动了两国关系的发展。2003 年 7 月，韩国总统卢武铉访华，双方宣布建立中韩全面合作伙伴关系。2008 年 5 月，韩国总统李明博访华，双方宣布建立中韩战略合作伙伴关系。中韩经贸关系日益密切。中韩建交后，两国政府陆续签订了贸易协定和投资保护协定、关于成立经济贸易和技术合作联委会的协定、海运协定、避免双重征税和防止偷漏税协定、和平利用核能协定、渔业协定等一系列政

① 王恬等：《胡锦涛同金正日举行会谈》，《人民日报》2005 年 10 月 29 日，第 2 版。

府间协定，双边经贸合作稳步、健康、快速发展。截至2012年底，韩国累计对华投资项目59325个，实际投资金额563.2亿美元。2012年，中国对韩非金融类直接投资5317万美元。截至2012年底，中国累计对韩投资11.4亿美元。中国成为韩国第一大贸易伙伴，最大出口市场、最大进口来源国和最大海外投资对象国。韩国成为中国的第三大贸易伙伴和第三大外商直接投资来源国。

中韩人文交流迅速升温。2012年中韩人员往来达664万人次，韩国成为中国第一大入境客源国。截至2012年底，韩国在华留学生约7.2万人，中国在韩留学生近8万人，均居对方国家外国留学生人数之首。频繁的人员交流，促进了两国文化合作的迅速升温，"韩流"和"汉风"在中韩两国人民间产生了巨大的亲和作用。

中国一直积极推动朝鲜半岛的和平与稳定，支持任何有助于缓和半岛局势的建议和措施，反对不利于缓和、加剧半岛紧张局势的行动。2002年第二次朝核危机爆发后，中国为维护东北亚地区的和平与稳定，积极协调各方立场，为朝核危机的和平解决创造了重要条件。中国政府于2003年4月促成有朝鲜、中国、美国参加的朝核问题三方会谈。同年8月，中国又促成有中国、朝鲜、韩国、美国、日本、俄罗斯参加的朝核问题六方会谈，并确立了通过谈判和平解决朝核问题的原则。自2003年8月至2007年9月，中国作为东道主共主持了六轮朝核问题六方会谈，与各方共同努力促进了美朝之间的对话和各方对解决方案的探讨，加深了相互了解，明确了问题的重点和推进会谈进程的主要目标与行动原则[①]。2005年9月举行的第四轮六方会谈达成了《9·19共同声明》，朝鲜承诺放弃一切核武器及现有核开发计划，美方确认无意以核武器或常规武器攻击或入侵朝鲜，各方同意在适当时候讨论向朝鲜提供轻

① 崔立如：《朝鲜半岛安全问题：中国的作用》，《现代国际关系》2006年第9期，第47页。

水反应堆问题，并愿意向朝鲜提供能源援助。但是，《9·19共同声明》发表后，朝美双方对如何履行却迟迟达不成协议，导致六方会谈停滞不前。2007年2月，朝核问题第五轮六方会谈第三阶段会议在北京举行。会议经过多轮磋商，最终达成《落实共同声明起步行动》共同文件，标志着朝核问题的解决开始进入实质性阶段。2009年4月5日，朝鲜宣布成功发射“光明星2号”实验通信卫星，并于4月14日宣布退出朝核问题六方会谈，并将按原状恢复已去功能化的核设施，引发东北亚局势再度紧张。中方希望有关各方着眼大局，保持冷静和克制，共同维护六方会谈进程。2010年2月，中国政府任命武大伟为朝鲜半岛事务特别代表，主管六方会谈及相关事务。设立朝鲜半岛事务特别代表体现了中国政府对朝鲜半岛局势和六方会谈的重视，表明了中方愿与各方共同努力，推动尽早重启六方会谈的诚意。2010年，朝鲜半岛先后发生“天安号事件”“延坪岛事件”后，中国积极推动各方保持冷静克制，妥善处理有关问题，避免局势紧张升级。半岛局势从一触即发的战争边缘缓和下来。中方为维护朝鲜半岛的和平稳定作出了巨大贡献。

进入21世纪以来，中国以更加积极和进取的姿态发展与东南亚国家的睦邻友好合作关系，着力加强双边友好，积极推动区域合作，妥善处理热点问题和突发事件，既与东盟所有国家建立了密切的双边关系，又与东盟在“10+1”框架下建立了全方位合作关系，双方在政治、经济、安全、外交及社会等方面的联系与合作不断深化。

中国与东盟国家已建立起较为完善的对话合作机制，主要包括“10+3”“10+1”领导人会议，11个部长级会议机制和5个工作层面对话合作机制，保持了频繁的高层互访活动。双方整体关系全面发展。2003年10月，第七次中国—东盟领导人会议期间，国务院总理温家宝与东盟领导人签署了《面向和平与繁荣的战略伙伴关系联合宣言》，决定中国与东盟建立战略伙伴关系，在政治、经济、社会、安全以及地区和国际事务等领域展开全面、深入、稳定和持久的合作。中国因此成为东盟的第一个战略伙伴，东盟也成为中国第一个具有战略伙伴关系的地区性国际组织。中国还应东盟邀请，加入了《东南亚友好合作条约》，成为加入该条约的第一个东盟域外大国。这一法律文件成为东盟国家信任中国的法律依据和保障。作为东盟域外大国，中国主动积极地将自己置于条约的约束之下，以实际行动向东盟和世界作出了郑重承诺：作为一个正在发展中的大国，中国现在和将来都是东盟和其他邻国值得信任与合作的好邻居、好朋友、好伙伴。为推动中国—东盟战略伙伴关系的深入发展，加强中国同东盟的沟通和协调，2008 年 12 月 30 日，中国政府任命薛捍勤为首任驻东盟大使，充分显示了中国对东盟组织的重视、尊重和支持。

经贸合作是中国—东盟关系中的一个重要方面。2002 年 11 月，在第六次中国—东盟领导人会议上，国务院总理朱镕基和东盟十国领导人共同签署了《中国—东盟全面经济合作框架协议》，确定了 2010 年建成中国—东盟自由贸易区的目标。2004 年，温家宝出席第八次中国—东盟领导人会议，双方签署了《中国—东盟全面经济合作框架协议货物贸易协议》和《中国—东盟争端解决机制协议》，中国—东盟自由贸易区建设进入实质性操作阶段。自贸区的建立，极大促进了双方的经贸合作。2002 年，中国与东盟贸易总额 648 亿美元，2012 年，双方贸易额增长到达 4001 亿美元[①]。中国从 2002 年东盟的第四大贸易伙伴提升为 2012 年东盟的第一大贸易伙伴，东盟从 2002 年中国的第五大贸易伙伴提升为 2012 年中国的第三大贸易伙伴，每年保持了 30% 以上的增长率。

① 数据来源：《中国统计年鉴（2003）》，中国统计出版社 2003 年版，第 659 页；《中国统计年鉴（2013）》，中国统计出版社 2013 年版，第 232 页。

南海问题对中国与东盟国家关系及地区局势和平与稳定产生了重要影响。为维护地区和平与稳定，2002 年 11 月，中国与东盟国家签署《南海各方行为宣言》，强调“通过友好协商和谈判，以和平方式解决南海有关争议。在争议解决之前，各方承诺保持克制，不采取使争议复杂化和扩大化的行动，并本着合作与谅解的精神，寻求建立相互信任的途径”[①]，为最终解决争议创造了有利条件和良好气氛。2004 年 12 月，中国与东盟国家举行了落实《南海各方行为宣言》后续行动高官会，会议就启动南海合作达成了重要共识，并决定成立落实《南海各方行为宣言》联合工作组。2005 年 8 月，联合工作组在菲律宾举行了首次会议。然而，随着近年来美国“亚太再平衡”战略的实施，南海问题已呈现出越来越明显的国际化趋势。

中国同中亚国家间的睦邻友好合作关系进一步巩固和发展，通过上海合作组织极大地推进了中亚区域合作的开展。中国与中亚国家领导人频繁在国际多边会议、上海合作组织元首峰会和总理例会等场合举行会晤，就双边、地区和重大国际问题进行密切协调和磋商。政府部门和地区间的合作与交流也不断深入，极大地增进了相互了解与政治互信。2002 年中国与哈萨克斯坦缔结《中哈睦邻友好合作条约》，2005 年又签署了《中哈关于建立和发展战略伙伴关系的联合声明》，宣布两国建立战略伙伴关系。同年，中国分别与吉尔吉斯斯坦、乌兹别克斯坦缔结“睦邻友好合作条约”，宣布建立和发展友好合作伙伴关系。2007 年，中国与塔吉克斯坦签署《中塔睦邻友好合作条约》。

中国同中亚国家的经贸合作稳步推进。中国与中亚国家在能源领域的合作取得重大进展。继中哈石油管道开通之后，中国石油

① 米立公、张瑞:《中国与东盟签署南海各方行为宣言》,《人民日报》2005 年 11 月 5 日，第 1 版。

天然气集团公司又出资 33 亿美元，与哈方合作成功购进其石油生产商曼吉斯套州石油天然气公司（MMG）股份。中国与土、乌、哈的四国多边能源合作取得丰硕成果，中国—中亚天然气管道竣工并正式运营，标志着中国与中亚国家的能源合作实现了跨越式发展。

中国与中亚国家的安全合作日益密切。2002 年，中哈签署了《中哈打击恐怖主义、分裂主义和极端主义的合作协定》和《中哈两国政府关于预防危险军事活动的协定》。2002 年、2003 年，中吉、中乌分别签署了《关于打击恐怖主义、分裂主义和极端主义的合作协定》。从 2003 年开始，在上海合作组织框架内每年都举行联合反恐军事演习和观摩活动，加强了中国和中亚国家军事力量在非传统安全领域内的国际合作。

此外，上海合作组织框架下的中亚区域合作不断加强。上海合作组织自成立以来，极大地促进了中亚区域合作的开展。在安全合作方面，该组织先后通过了《打击恐怖主义、分裂主义和极端主义上海公约》《上海合作组织反恐怖主义公约》和《上海合作组织关于应对威胁本地区和平、安全与稳定事态的政治外交措施及机制条例》等重要文件。

中印关系得到全面改善和发展。2003 年 6 月，印度总理阿塔尔・比哈里・瓦杰帕伊访华。此访最大的成果是使中印双方进一步加深了政治互信，双方确认在和平共处五项原则基础上建立和发展建设性合作伙伴关系。两国总理签署的《中印关系原则和全面合作宣言》是一份具有历史意义的纲领性文件，明确了中印关系的发展方向、指导原则以及各领域合作的目标。2005 年 4 月，国务院总理温家宝访问印度，两国总理签署联合声明，宣布建立“面向和平与繁荣的战略合作伙伴关系”，达成解决边界问题政治指导原则的协定，确立了“对各自在边界问题上的主张作出富有意义的和双方均能接受的调整，一揽子解决边界问题”的原则，为边界问题的彻底解决确立了一个非常重要的谈判方向。2006年11月，国家主席胡锦涛访问印度。双方发表联合宣言，提出了充实和加强中印战略合作伙伴关系的十项战略。2008年1月，印度总理曼莫汉·辛格访华，两国总理签署了《中印关于二十一世纪的共同展望》。此后，中印关系呈现出全方位发展的态势。中印经贸合作取得长足发展。中印贸易额从2002年的49亿美元增加到2012年的近665亿美元[①]。从2008年起，中国成为印度的第一大贸易伙伴，印度是中国的第十大贸易伙伴。

但是，由于历史、现实等复杂因素的影响，中印关系在全面改善和发展的同时，“中国威胁论”在印度国内仍有一定市场，印度对中国与南亚其他国家尤其是同巴基斯坦关系的发展疑虑重重。在边界问题上，印度一方面表示将继续坚定地致力于通过和平谈判解决分歧，另一方面印度总统、总理、政府部长却不时到中印边境争议地区“视察”，宣称印方拥有“主权”。

（三）深化同发展中国家的团结与合作

发展中国家始终是中国在国际上可以依靠的基本力量，加强同发展中国家的团结与合作是中国对外政策的基本立足点。21世纪以来，中国继续巩固和加强同发展中国家的团结，深化传统友谊，扩大互利合作，夯实发展中国家在中国外交整体布局中的基础地位。

加强与非洲国家的关系。非洲是世界上发展中国家最集中的地区，中国是世界上最大的发展中国家。进入21世纪以来，中国一如既往重视对非关系，采取积极举措，推动中非关系步入全面、快速发展的新阶段。2004年2月，国家主席胡锦涛在访问非洲时

①《中印（度）经贸合作简况》，中华人民共和国商务部亚洲司网2013年2月18日。

提出了发展中非友好的三点倡议："坚持传统友好，推动中非关系新发展；坚持互利合作，促进中非共同繁荣；坚持密切合作，维护发展中国家的权益。" 2006 年 1 月，中国政府发表了《中国对非洲政策文件》，全面阐述了中国对非洲政策的目标及措施，规划了今后一段时期双方在各领域的合作。这是中国政府首次发表对非洲的政策文件。在全面发展中非关系的基础上，中国和非盟于 2008 年启动战略对话。

为了探索新形势下发展中非关系的新思路，根据部分非洲国家的建议，中国政府倡议成立的中非合作论坛，以平等磋商、增进了解、扩大共识、加强友谊、促进合作为宗旨，定期在中非轮流召开，成为新世纪中非合作的新平台。2000 年 10 月，在北京召开的中非合作论坛——北京 2000 年部长级会议上，中国作出了两年内减免非洲国家欠中国到期债务 100 亿元人民币等 4 项庄严承诺。2006 年 11 月，中非合作论坛首次峰会暨第三届部长级会议在北京举行，48 个非洲国家元首、政府首脑及国际组织代表出席峰会，开创了中非领导人之间在最高级别开展集体对话的模式。会议通过的《中非合作论坛北京峰会宣言》和《中非合作论坛——北京行动计划（2007—2009）》，确立了中非新型战略伙伴关系的定位和目标[①]。胡锦涛在这次峰会上宣布了 8 项措施，主要包括：扩大对非洲援助规模，到 2009 年使中国对非洲国家的援助规模比 2006 年增加 1 倍；随后 3 年内向非洲国家提供 30 亿美元的优惠贷款和 20 亿美元的优惠出口买方信贷；设立中非发展基金，基金总额逐步达到 50 亿美元；为支持非洲国家联合自强和一体化进程，援助建设非洲联盟会议中心；免除同中国有外交关系的所有非洲重债穷国和最不发达国家 2005 年底到期的政府无息贷款债务；进一步向非洲

①《中非合作论坛北京峰会召开》，《人民日报》2006 年 11 月 6 日，第 7 版。

开放市场，把同中国有外交关系的非洲最不发达国家输华商品零关税待遇受惠商品由190个税目扩大到440多个[①]。在遭受国际金融危机冲击、自身面临不少困难的情况下，中国全面落实北京峰会的承诺，到2009年底，对非援助规模翻了一番，不仅免除了33国168笔债务，而且提供总计50亿美元优惠性质的贷款，首期10亿美元的中非发展基金如期启动[②]。2012年7月，中非合作论坛第五届部长级会议在北京举行。胡锦涛在会议开幕式上发表重要讲话，提出了支持非洲和平与发展、推进中非新型战略伙伴关系的新举措。会议通过了《中非合作论坛第五届部长级会议北京宣言》和《中非合作论坛第五届部长级会议——北京行动计划（2013—2015年）》两个成果文件，为随后3年中非各领域合作绘制了美好蓝图。通过中非合作论坛这一新的交流和合作机制，中非在政治上互尊互信、友好关系全面发展，双方高层交往更加密切，对话交流更加深入，相互支持更加坚定，中国同非洲各国和非盟等地区组织关系深入发展。中国与非洲国家在联合国改革、应对气候变化、可持续发展、WTO多哈回合谈判等重大问题上密切配合，维护发展中国家共同利益，促进国际关系民主化，推动国际秩序朝着更加公正合理的方向发展。中非互利共赢的经贸合作务实拓展，贸易实现跨越式增长。中非贸易额从2002年的124亿美元增长到2012年的1984亿美元，中国成为非洲最大贸易伙伴；中国对非直接投资存量由2003年底的4.9亿美元迅速增长到2012年的150亿美元，中国成为对非洲投资规模最大的发展中国家[③]。中国对非工程承包业务迅猛拓展。到2012年，非洲成为中国在海外的第二大工程承

---

①《胡锦涛文选》第二卷，人民出版社2016年版，第535—536页。

② 温家宝：《全面推进中非新型战略伙伴关系——在中非合作论坛第四届部长级会议开幕式上的讲话》，《人民日报》2009年11月9日，第2版。

③ 罗建波：《中非关系为什么如此重要》，《学习时报》2013年4月1日，第2版。

包市场。在基础设施建设、医疗救助等许多艰苦和危险领域，中国向非洲投入了大量的人力物力。

中国同拉美国家在政治、经贸、人文等各领域交流合作不断扩大，呈现出全方位、宽领域、多层次发展的良好态势。在政治方面，中拉高层互访频繁，政治互信不断加强。2004 年 11 月和 2008 年 11 月，国家主席胡锦涛两次访问拉美，进一步增强了中国与拉美之间的互信。频繁的高层互访促进了中拉关系定位不断提升。在这个时期内，中国同巴西、墨西哥、阿根廷、委内瑞拉等国家先后建立了战略伙伴关系和政府间战略对话机制；同拉美和加勒比 21 个建交国都建立了外交部间政治磋商机制。2011 年 12 月，当拉美和加勒比地区 33 国峰会宣布成立拉丁美洲共同体（简称拉共体）之时，中国国家主席胡锦涛致电祝贺。拉共体成立后将发展对华关系作为优先重点，中国表示赞赏。2012 年，中方领导人提出中拉整体合作系列倡议，得到拉方积极响应。同年，中国同拉共体现任、前任、候任轮值主席国组成的“三驾马车”建立外长定期对话机制。此后，双方通过中国同拉共体间的对话交流，不断扩大和深化中拉各领域务实合作，积极推动中拉论坛的建立，推进中拉平等互利、共同发展的全面合作伙伴关系。为推进中国与拉美关系的深入发展，2008 年 11 月 5 日，中国政府发布了《中国对拉丁美洲和加勒比政策文件》，强调从战略高度看待中拉关系，致力于同拉美和加勒比国家建立和发展平等互利、共同发展的全面合作伙伴关系，并提出了中国对拉美政策的总体目标。

在经济方面，中国与拉美之间的合作日益升温。中国先后同拉美和加勒比 16 个国家签订了经济技术合作协定或经济合作协定，同 11 个国家签订了鼓励和相互保护投资协定，同 5 个国家签订了避免双重征税协议，与智利、秘鲁、哥斯达黎加达成了自贸协定。这些合作协定作为重要的制度安排，为中国同拉美相关国家经贸关系的健康稳定发展提供了保障。与此同时，中国企业配合“走出去”战略，在拉美地区积极开拓新的业务。截至 2012 年底，中国对拉美直接投资存量占整体对外直接投资存量的 12.8%，拉美成为中国对外投资第二大地区。同时，中国已成为巴西、墨西哥、阿根廷、智利和秘鲁等国最重要的贸易伙伴之一，并跃升为巴拿马运河第二大用户。截至 2012 年，中国同拉美和加勒比国家贸易额达 26.1 亿美元。

（四）在全球和地区多边外交舞台上展示负责任大国形象

联合国是当今世界最具普遍性、代表性和权威性的政府间国际组织，是中国开展全球性多边外交最重要的舞台。随着中国日益融入国际社会，中国更加积极地参与到联合国峰会、维和、发展、人权、裁军、环保等各个领域的活动中，尊重并支持联合国为维护世界和平、促进共同发展发挥核心作用。

首先，积极开展联合国峰会外交。中国国家领导人多次参加联合国重要会议，广泛接触各国领导人，宣示中国独立自主的和平外交政策，阐明中国对重大国际问题的立场。2005 年 9 月，国家主席胡锦涛出席了联合国成立 60 周年首脑会议，2009 年 9 月又出席了在纽约举行的联合国气候变化峰会、第六十四届联合国大会一般性辩论、安理会核不扩散与核裁军峰会。2008 年 9 月，国务院总理温家宝出席了第六十三届联合国大会，2010 年 9 月又应邀出席了在纽约联合国总部举行的联合国千年发展目标高级别会议和第六十五届联合国大会一般性辩论。胡锦涛、温家宝代表中国政府在联合国宣示了中国坚持和平发展、坚持改革开放、坚持独立自主的和平外交政策的坚定决心，表达了中国致力于促进共同发展的真诚意愿，在国际上产生了重要而积极的影响。

其次，扩大参与联合国维和行动。自 2002 年，正式加入联合国一级维和待命安排机制后，中国更加积极参与联合国的维和行动。2006 年 7 月黎以冲突爆发后，根据联合国决议和黎巴嫩政府的请求，中国政府决定向黎巴嫩增派维和部队至 1000 人[①]。截至 2012 年，中国共向 29 项联合国维和行动派出军事人员、警察和民事人员 2 万余人次。中国派遣的近 1900 名维和人员在中东、黎巴嫩、西撒哈拉、刚果（金）、利比里亚、科特迪瓦、苏丹达尔富尔、南苏丹、塞浦路斯九个任务区执行任务[②]。

进入 21 世纪后，随着经济全球化和世界多极化的进一步发展，特别是新兴发展中大国的群体性崛起，国际力量对比格局发生了显著变化，发达国家与发展中国家的利益融合不断加深，南北对话日益频繁。中国积极参加八国集团同发展中国家领导人对话会议、二十国集团等新型对话机制建设。

八国集团（G8）同发展中国家领导人对话会议始于 2002 年 6 月。当时，八国集团首脑与埃及、塞内加尔、尼日利亚、阿尔及利亚、南非五个非洲国家的代表以及联合国秘书长安南举行了对话会。2003 年 6 月，八国集团首脑会议东道国法国除了邀请上述五国之外，还邀请了中国、印度、巴西、墨西哥、沙特阿拉伯、摩洛哥和马来西亚七国。参加八国集团首脑会议前举行的南北领导人非正式对话会议，就世界经济和安全问题等交换意见。中国国家主席胡锦涛应邀参加这次对话会。2009 年 7 月，八国集团同发展中国家领导人对话会议在意大利拉奎拉举行。会议重点讨论了应对国际金融危机与推动解决世界经济复苏、气候变化、能源安全、粮食安全、国际贸易、经济发展等当时国际社会最为关心的问题。中国国务委员戴秉国代表国家主席胡锦涛出席对话会议，并就上述议题阐述了中方的原则立场。

① 中华人民共和国外交部政策研究室：《中国外交（2006）》，世界知识出版社 2007 年版，第 265 页。

② 同上书，第 222 页。

1997 年亚洲金融危机的爆发使国际社会认识到，国际金融问题的解决除西方发达国家外，还需要一些有影响力的发展中国家参与。1999 年 9 月，西方七国集团财政部长和中央银行行长在华盛顿发表声明，同意建立由主要发达国家和新兴市场国家组成的二十国集团，就改革国际金融体系问题进行磋商。1999 年 9 月 25 日，八国集团财长在华盛顿宣布成立二十国集团。二十国集团是在布雷顿森林体系框架内建立的一种非正式对话机制，其目的是推动发达国家和新兴市场国家之间就实质性问题进行探讨和研究，以寻求合作并促进国际金融稳定和经济持续增长。二十国集团以非正式的部长级会议形式运行，不设秘书处，主席采取轮换制。二十国集团财长和央行行长每年举行一次会议，并举行一至两次副手级会议。中国是二十国集团创始成员国，派员出席了历次二十国集团部长级会议及副手级会议。中国是 2005 年二十国集团轮值主席国，成功主办了第七届二十国集团财长和央行行长会议、两次副手级会议以及相关研讨会等活动。2008 年 9 月国际金融危机爆发后，二十国集团机制升格为领导人峰会，成为推动全球经济治理的重要平台和多极化发展的重要象征。

2009 年 9 月举行的二十国集团匹兹堡峰会将二十国集团确定为国际经济合作的主要论坛。峰会通过了一系列重要决定，为应对金融危机、促进世界经济复苏发挥了重要作用。截至 2011 年底，二十国集团先后在华盛顿、伦敦、匹兹堡、多伦多、首尔、戛纳举行了六次峰会。国家主席胡锦涛出席了上述六次峰会，并在每次峰会上都发表了重要讲话，就世界经济形势、国际经济合作以及二十国集团的定位、作用和发展方向等阐明了中方立场。中国在二十国集团中的建设性作用和在世界经济复苏中的带动性作用获得了国际社会的广泛认可和好评。

随着经济发展水平的大幅提升，中国、印度、巴西、俄罗斯等“金砖国家”的国际影响力与日俱增，相互之间的对话合作不断加强。2008 年 9 月国际金融危机爆发后，四国间的接触越来越频繁。为应对危机、共克时艰，四国领导人于 2009 年 6 月 16 日在俄罗斯叶卡捷琳堡举行首次正式会晤。会晤中，四国领导人重点就应对国际金融危机冲击、二十国集团峰会进程、国际金融机构改革、粮食安全、能源安全、气候变化以及“金砖四国”对话未来发展等重大问题交换了意见，并在会后发表了《“金砖四国”领导人俄罗斯叶卡捷琳堡会晤联合声明》。胡锦涛在会上就“金砖四国”未来合作和发展提出增强政治互信、深化经济合作、推进人文交流、提倡经验互鉴四点建议[①]。四国领导人首次正式会晤，将“金砖四国”从一个经济学概念转化为一个全新的国际合作平台，使“金砖四国”机制成为不同地域、不同制度、不同模式、不同文明携手合作的范例。2010 年 4 月 15 日，第二次“金砖四国”首脑会议在巴西首都巴西利亚举行。四国领导人就世界经济金融形势、国际金融机构改革、气候变化、“金砖四国”对话与合作等问题深入交换了意见，并发表了《联合声明》。胡锦涛在会上发表了题为《合作、开放、互利、共赢》的讲话。2010 年 12 月，南非加入后，该组织改名为“金砖国家”（BRICS）。2011 年 4 月，金砖国家领导人第三次会晤在中国海南三亚举行，会议通过《三亚宣言》。胡锦涛在会上全面阐述了中国的主张和看法，提出要努力促进各国携手合作，充分利用联合国、二十国集团、金砖国家等各层次多边合作机制，开展务实有效的合作。2012 年 3 月，在印度新德里举行的金砖国家领导人第四次会晤，胡锦涛在大范围和小范围会谈中分别发言，就进一步加强金砖国家合作提出 4 点建议：一是坚持共同发展，促进共同繁荣；二是坚持平等协商，深化政治互

①《胡锦涛文选》第三卷，人民出版社 2016 年版，第 218 页。

信；三是坚持务实合作，夯实合作基础；四是坚持国际合作，促进世界发展。

面对亚洲及周边地区经济与社会发展成就日益突出且在国际和地区事务中的影响力不断上升，经亚太地区一些政治家倡议以及中国政府的支持，博鳌亚洲论坛于 2001 年 2 月 27 日在中国海南博鳌成立。该论坛在性质上属于非官方、非营利、定期、定址、开放性的国际会议组织，最初目标是建立一个类似达沃斯“世界经济论坛”的“亚洲论坛”；基本原则是以平等、互惠、合作和共赢为主旨，立足亚洲，推动亚洲各国间的经济交流、协调与合作，同时又面向世界，增强亚洲与世界其他地区的对话与经济联系。博鳌亚洲论坛自成立以来，其影响力不断扩大，已经成为亚太地区政府间合作组织的有益补充，在中国多边外交中发挥着独特作用。作为东道国，中国政府一直为论坛的健康发展提供支持，中国领导人出席了历次论坛年会开幕式。在成立后的 10 余年里，博鳌亚洲论坛已成为世界各国政要、企业领袖和专家学者就国际和亚太经济形势交换意见的重要平台，也是中国多边外交的重要舞台。

上海合作组织自 2001 年 6 月正式成立后，已经成为稳定中国西北边疆、增进中国与中亚国家关系的重要区域组织，对维护地区安全稳定、促进地区经贸合作与区域经济发展发挥了重要作用。作为上合组织创始成员国，中国始终高度重视并全面参与其框架内的各项活动，积极开展同其他成员国、观察员国和对话伙伴的互利合作。中国政府领导人每年均出席该组织有关会议，先后提出一系列安全、经贸、人文等领域合作倡议，得到各方积极响应与支持，为维护本地区和平、安全与稳定，促进地区国家共同发展与繁荣作出了重要贡献。中国积极实践、倡导和推动“上海精神”，坚持国家不论大小一律平等的原则，是国际和地区新秩序的推动者。而且，作为世界第二大经济体和地区经济的领导者，中国是上合组织内重要一员和积极推动方，为该组织发展提供了巨大资金等多方面支持，不仅使该组织充满活力，而且也带动了地区经济社会发展。

综上所述，进入 21 世纪后，中国紧紧抓住新一轮经济全球化带来的战略机遇期，把发展作为第一要务，一心一意搞建设，中国经济实现持续快速增长，中国的综合国力、国际影响力都得到大幅度的提高。中国的快速崛起引发国际上一些国家包括中国周边一些邻国的担心和焦虑，他们对中国的战略意图感到担心，担心中国会挑战现有的国际秩序，会走传统大国崛起所走的“国强必霸”的强权之路。在这一背景下，国际上新一轮“中国威胁论”再度暗流涌动，大国关系虽然合作的一面仍是主流，但竞争的一面也在加强。为了回应国际社会有关中国崛起后战略意图的疑虑，以胡锦涛同志为总书记的党中央，坚持和平与发展仍是当今时代的主题的判断，提出坚持走和平发展道路战略，重申对重要战略机遇的判断，提出构建和谐世界的重要理念，向世界传递中国始终做世界和平的建设者的坚定信心。这些是和平崛起战略思想的基本内涵。在这一思想的引领，逐步形成了大国是关键，周边是首要，发展中国家是基础，多边是舞台的战略框架。

下　篇

中国特色社会主义新时代国际战略思想

（2012年至今）

中国特色社会主义进入新时代后，国际国内形势面临深刻而复杂的变化，世界面临百年未有之大变局，国际力量对比发生重大变化。美国虽然仍是世界上唯一超级大国，但其优势程度大大缩小，主导和控制世界事务的能力不断下降。中国和新兴经济体的快速发展，正日益改变国际格局的权力结构，全球经济和战略重心发生重大变化，亚太地区日益成为国际战略力量角逐的战场和争夺的焦点。经济全球化、信息社会化飞速发展，并以前所未有的速度改变着当今国际社会的生产方式和生活方式，世界各国间相互依存日益加深。与此同时，国际社会面临着越来越严峻的传统安全和非传统安全问题的挑战。国内正处于“两个一百年”奋斗目标的历史交汇期，短期目标是进入全面建成小康社会的攻坚阶段，长远目标是进入全面建成社会主义现代化强国的新阶段，中国从来也没有像今天这样接近实现中华民族伟大复兴的中国梦的目标。但国内发展也面临一系列的问题。这一时期中国国际战略思想的出发点和立足点是为实现建设社会主义现代化强国目标，为实现中华民族伟大复兴的中国梦创造有利的外部环境。新时代中国国际战略思想的核心内容是构建人类命运共同体，推动建设新型国际关系。“一带一路”倡议是推动构建人类命运共同体的现实实践。新时代中国对外战略凸显大国风格、大国气派，因此这一时期中国国际战略思想被称为新时代中国特色大国外交战略思想。

第九章　中国特色大国战略思想生成环境

2010 年中国国内生产总值（GDP）超过日本成为世界第二大经济体。作为联合国安理会常任理事国，世界最大的发展中国家、最大的社会主义国家，再加上世界第二大经济体的身份，中国与世界的关系发生了历史性的变化。中国从国际舞台边缘越来越接近国际舞台的中央。面对复杂多变的国际局势，国际社会对中国在国际上发挥更为积极的作用充满期待。与此同时，中国特色社会主义进入新时代。中国全面建成小康社会进入最后的攻坚阶段，中国的社会主义现代化建设处于实现“两个一百年”奋斗目标的历史交汇期，中国正迈向实现中华民族伟大复兴的中国梦的新征程。在这一时代背景下，如何处理好中国与世界的关系，需要有大国的智慧和大国的战略思维。新时代中国特色大国战略思想应运而生。

一、中国特色大国战略思想产生的背景

进入 21 世纪第二个十年以来，国际局势发生了深刻而复杂的变化，但和平与发展仍是时代主题。中国特色社会主义现代化建设在取得举世瞩目成就的同时，也面临着不少困难和问题，主要是发展中不平衡、不协调、不可持续问题依然突出。这些困难和问题是发展中的困难和问题，只有通过发展来解决。以习近平同志为核心的党中央准确把握国际国内大局，对发展新时代中国与世界的关系提出了一系列创新性的战略应对措施。

（一）面临世界百年未有之大变局

当今世界正处于大发展、大变革、大调整时期。世界多极化、经济全球化、社会信息化、文化多样化深入发展，全球治理体系和国际秩序变革加速推进，各国相互联系和依存日益加深，国际力量

对比更趋平衡，和平发展大势不可逆转。同时，国际力量对比深刻调整，单边主义、保护主义、霸权主义、强权政治对世界和平与发展造成新的威胁，逆全球化思潮上升，世界进入动荡变革期。世界经济增长动能不足，贫富分化日益严重，地区热点问题此起彼伏，恐怖主义、网络安全、重大传染性疾病、气候变化等非传统安全威胁持续蔓延，人类面临着许多共同挑战。

1. 和平与发展仍是时代主题

时代主题反映了特定历史时期世界需要解决的主要战略性问题，以及世界发展的基本方向和主流趋势。科学观察和分析时代特征、准确估量和把握时代主题，是正确制定内外政策的基础和依据。尽管世界上风险和挑战层出不穷，但和平与发展仍是时代主题，合作、共赢已成为不可阻挡的时代潮流。

以中国为代表的一大批新兴市场国家和其他一些发展中国家走上发展的快车道，十几亿、几十亿人口正在加速走向现代化，多个发展中心在世界各地区逐渐形成，国际力量对比继续朝着有利于世界和平与发展的方向发展。全球治理结构、亚太地缘战略格局和国际经济、科技、军事竞争格局正在发生历史性变化。维护和平的力量正在上升，世界的和平态势可望继续保持。

与此同时，新一轮科技革命和产业变革“蓄势待发”，国际能源格局正在酝酿大的调整，全球治理体系发生深刻变革，发展中国家的治理能力和治理话语权继续攀升，国际投资贸易规则体系加快重构……这将为世界经济发展提供新的动能。

然而，人类和平与发展的美好愿望至今没有完全彻底实现。一方面，世界依然面临现实的和潜在的局部战争威胁，小战不断、冲突不止、危机频发仍是一些地区的常态。霸权主义、强权政治和新干涉主义有所抬头，各种国际力量围绕权力、权益再分配的斗争更为激烈，民族宗教矛盾、边界领土争端等复杂多变。这些传统安全领域的问题不仅依然存在，而且有可能激化。另一方面，非传统安全威胁不断上升。美国“9·11事件”的发生极大地冲击了人们对国家安全的认知，使人们开始对以恐怖主义为代表的各种非传统安全问题给予更高的重视。面对气候变化、金融危机、网络安全、难民危机、自然灾害、能源与粮食安全、重大传染性疾病等全球性挑战，没有哪一个国家能够独善其身。

以信息化为核心的世界新军事革命深入发展。这场世界新军事革命以重塑军事体系为目标，涉及军事战略、军事技术、作战思想、作战力量、编制体制和军事管理等方方面面，几乎覆盖战争和军队建设全部领域。其速度之快、范围之广、程度之深、影响之大，为第二次世界大战结束以来所罕见。[①] 高新技术的发展运用将形成新的作战力量，催生新的攻防手段，产生新的作战样式，从根本上改变战争形态。未来战争将可能由以信息技术和精确打击武器为核心的“初智”阶段，跃升为以生物、纳米、“无人”等技术为支撑的“高智”阶段，作战领域由陆、海、空三维空间拓展到陆、海、空、天、电、网（计算机）、心（认知）七维空间。战争节奏日益加快，所用时间越来越短。军队作战一体化程度日益提高。现代战争，各军兵种横向联系日益密切，普通士兵在信息化条件下可随时调动炮兵，可随时调动空军甚至海军对其进行增援。这种作战一体化程度的提高，使整个军队横向纵向成为网状，作战效益显著提高，前方与后方的界线日趋模糊。各大国竞相开展新军事技术的竞争，对世界和平的发展态势构成严峻挑战。

与此同时，全球发展问题也面临严峻挑战。工业化国家集体深陷二战以来最为艰难的发展困局之中。2008年发端于美国的国际金融危机，引发了工业化国家二战后最为严重的、持续时间最长

①《总体国家安全观干部读本》编委会：《总体国家安全观干部读本》，人民出版社2016年版，第6页。

的系统性衰退。“2009 年经合组织国家国内生产总值（GDP）增长 -3.6%，是二战后唯一一次负增长；2008—2017 年经合组织国家国内生产总值（GDP）年均增长 1.2%，是二战后经济增长最差的 10 年。西方世界将这次经济衰退专门命名为‘大衰退’，与 20 世纪 30 年代的‘大萧条’相提并论。”[①] 更为重要的是，工业化国家的整体经济增长不理想还不能简单地视为偶发的周期性波动，更可能是一种长期的趋势性变化。主要表现在：首先，工业化国家发展增速不断下降。工业化国家长期增速不断下降的趋势实际上已经持续了半个多世纪——经合组织国家在“20 世纪 60 年代年均增长 5.6%，此后，在 70 年代、80 年代、90 年代分别年均增长 3.8%、3.0%、2.6%，2000 年后至金融危机前年均增长 2.5%，危机后十年增长 1.2%，这反映了世界大战以极其惨重的代价为西方世界带来的结构调整‘红利’已近于消耗殆尽，而其深层次矛盾持续积累”[②]。其次，决定工业化国家未来长期增长趋势的基本面因素在持续恶化。以美国为代表的主要经济体的全要素生产率增速、人力资本增速、劳动参与率在不断下降，部分国家相关指标已接近零增长甚至是负增长，以至于有的西方学者作出了“长期停滞”的判断。同时，持续恶化的财富和收入分配格局导致工业化国家的精英阶层与一般民众之间形成严重的利益对立，这些工业化国家已难以在既有国家治理体系下解决其长期存在的结构性矛盾，只能依靠宽松货币、扩张负债、调整税收等短期政策来刺激经济，在结构性矛盾没有根本解决的情况下，短期刺激政策短期内会有一些收益，但从长远看，将会付出更大的代价。俄罗斯、巴西、南非等在发展中遇到了更大的困难和挑战，对世界经济的引领作用下降。国际金融市场

① 侯永志、贾珅：《认识和把握重要战略机遇期的新内涵》，《中国经济时报》2019 年 10 月 28 日，第 5 版。

② 同上。

动荡不稳，大宗商品价格大幅波动，全球贸易持续低迷。全球经济结构性失衡、有效需求不足、债务积累过多等问题难以得到根本性改善。在新的经济增长点尚未形成、潜在增长率下降等因素的叠加作用下，世界经济进入低速增长常态化时期，而发展中国家面临着比发达国家更为严重的经济复苏压力。如何从经济发展困境中走出来，是世界各国包括主要国家面临的首要问题。

尽管当今世界和平与发展主题面临诸多挑战，但求和平、谋合作、促发展仍是当前国际社会的共同心声。人类社会发展的历史证明，无论遇到什么样的曲折，历史总是按其内在的规律向前发展，没有任何力量能够阻挡历史前进的车轮。

2. 国际力量对比发生深刻变化

“一超多强”是后冷战时代的国际格局。然而，随着新兴大国群体性崛起，这一结构不断趋于弱化。美国虽然仍是世界上唯一超级大国，但其优势程度大大缩小，主导和控制世界事务的能力下降。与此同时，多强分化明显，中国从多强中脱颖而出，与美国的实力差距明显减小。

冷战的结束导致了世界两极格局的终结，苏联和华约的解体使世界上再也没有一个国家或集团能够与美国相抗衡，国际格局呈现“一超多强”态势。其主要特征是：美国一超加上多强共同主导国际事务，多强具体说，包括欧盟、中国、俄罗斯和日本四强，笼统说，还包括东盟、联合国、北约及世界贸易组织等国家集团或国际组织。但必须看到，“一超多强”是不平衡的力量结构，表面上看是一个多极态势，实质上是美国单极主导的格局。进入 21 世纪，国际格局转型加快。一方面，多极化因素不断增长，新兴国家的群体性崛起正在深刻改变着世界经济和政治格局。“在经济增长方面，2000 年至 2013 年，新兴市场与发展中国家平均增长率为 6.1%，2013 年其 GDP 总额达到 28.64 万亿美元，占全球 GDP 份额的38.7%。从经济规模的增量来看，2008年至2013年5年间，新兴市场与发展中国家的GDP总额净增约9.45万亿美元，占全球GDP增量的77.9%；而七国集团（G7）净增1.88万亿美元，只占全球GDP增量的15.5%。”[①]另一方面，美国国力出现相对衰落迹象，特别是美国发动的阿富汗战争和伊拉克战争，使美国耗费了数万亿美元的巨资，再加上金融危机的打击和全球化发展导致的产业外流，美国的实力和战略优势呈相对下滑之势，其主导国际事务的能力也随之大大下降。

美国国内社会经济问题日益严峻，也严重制约了美国主导国际事务的能力。自2008年金融危机以来，世界经济复苏一直困难重重，一个重要原因就是发达国家经济复苏非常艰难。虽然从统计数据看，发达国家尤其是美国经济已经持续增长10年有余，但导致金融危机的深层原因，如发展失衡、结构失调、金融过度、实体虚脱、分配不均、贫富差距等，迄今远未消除，且持续至今的宽松货币政策，使发达国家陷入债台高筑的泥淖。这种现象将持续并长期制约发达国家经济的发展。在金融危机冲击下，发达国家经济的制度性弊端已经暴露无遗。例如，让美国人一直引以为傲的美国梦——享有基本医疗、良好教育和就业的平等机会等，金融危机后的美国正在失去实现这一梦想的可能性。尤其是对于大多数中下层阶级、蓝领工人来说，这一切已经成为不可能实现的美国梦。“自1980年以来，全美处于底层的60%黄金年龄工人的实际收入几乎没有增长。同期，最富有的10%人群的收入已翻了一番，而最富有的1%人群的收入则翻了三倍。在今天的美国，最富有的1%人口的财富是最底层的90%人口的财富的总和，当下的贫富差距已与20世纪30年代大萧条时期相同，最富有的40%人群的财富平

① 徐秀军：《新兴国家视角下的金砖国家与全球经济治理体系变革》，《当代世界》2014年第8期，第1页。

均是最贫穷的 60% 人群的 10 倍以上。”①

事实上，今天的西方世界面临的最大问题是公平社会的制度性缺失，社会各阶层间贫富差距加剧了他们在收入、教育、财富、机会方面的差距。因为富裕家庭子女往往接受更好教育，毕业后就业、工资、财富收入明显好于贫穷家庭子女；因为接受教育程度低，贫穷家庭子女的就业机会差，工资收入低。这种贫富差距扩大在代际关系上显得尤为突出。另外，低程度教育和贫穷对健康造成的后果和经济代价日益高昂。美国“自 2000 年以来，过早死亡人数在 60% 以下的人群中增加了约 20%，收入最低的 20% 的男性预期寿命比收入最高 20% 的男性少 10 年左右。这种收入、财富、机会差距，一定程度上削弱了国家经济实力和国际竞争力，也导致其国内各阶层和族群间矛盾和冲突上升”②。突如其来的全球新冠疫情对国际局势造成猛烈冲击。美国一度成为全球疫情重灾区。在 2020 年春至 2022 年春，美国有近 8000 万人感染，近 100 万人死亡，死亡人数超过越南战争、伊拉克战争、阿富汗战争之和，甚至超过美军在第二次世界大战中的死亡人数。2020 年，美国年度人均预期寿命降幅创第二次世界大战以来最高纪录，自 2019 年的 78.9 岁降至 2020 年的 77.4 岁③。软硬实力同时受挫，使美国的国际影响力大幅下滑。

中国和新兴经济体的快速发展，正日益改变国际格局的权力结构，全球经济和战略重心发生重大变化，亚太地区日益成为国际战略力量角逐的战场和争夺的焦点。改革开放 40 多年以来，尤其是中国加入世界贸易组织后的 20 年，中国经济崛起速度之快

---

① Ray Drlio, *Why and How Capitalism Needs to Be Reformed*, 2019, Bridgewater Association, LP, https://www.bridgewater.com/_document/why-and-how-capitalism-needs-to be-reformed?id=00000173-dab5-dd98-abf7-dbb58ae70000, p2.

② Ibid, p10.

③ 王鑫方:《美国去年人均预期寿命缩短 1.5 岁》，新华网 2021 年 7 月 22 日。

超出预期，是促使经济全球化发生质变的关键因素。从经济上看，2000 年中国的 GDP 总量约为 1.21 万亿美元，美国为 10.25 万亿美元，中国只相当于美国的 11.8% 左右。而 2015 年中国的 GDP 总量为 11.06 万亿美元，美国为 18.24 万亿美元，中国约为美国的 60.6%。中国的追赶速度可谓惊人。2020 年，中国的 GDP 总量为 14.72 万亿美元，美国为 20.95 万亿美元，中国 GDP 占美国比重超过 70.9%[①]。从军事上看，2000 年中国的国防支出 1207.54 亿元（约为 146 亿美元）[②]，美国约为 2944 亿美元，中国仅为美国的 5%。而 2019 年中国的国防预算 10432.37 亿元（约为 1776.1 亿美元）[③]，美国为7163亿美元，中国相当于美国的24.8%。从2016 年到 2020 年，随着航空母舰、战略核潜艇、第四代战斗机、北斗导航系统等一批高精尖军事装备投入使用并形成战斗力，中国人民解放军的作战能力有了更大的提高。以中国为代表的新兴国家的快速发展，使国际格局的权力结构发展变化。尽管美欧主导全球事务的局面未变，但中国已经成功跻身国际权力体系核心的前列，俄罗斯、巴西、印度等战略力量也在不断发挥作用。

与西方国家出现的各种问题和矛盾相比，亚太地区的经济增长十分明显。为此，美国提出"亚太再平衡"战略、印太战略，把其战略重心由欧洲转向亚太，特别是东亚地区，试图继续维持其在亚太地区的独霸地位，防范和遏制正在迅速崛起的中国是其战略的核心。西方大国势力也纷纷"向东"转向，将其战略关注点投向亚太地区。亚太地区在国际格局演变的几百年历史进程中从未有过像今天这么高的关注程度。

---

①《中国、美国历年 GDP 数据比较》，快易理财网 2021 年 10 月 26 日。

② 中华人民共和国国务院新闻办公室:《2002 年中国的国防》，《人民日报》2002 年 12 月 10 日，第 5 版。

③ 中华人民共和国国务院新闻办公室:《新时代的中国国防》，《人民日报》2019 年 7 月 25 日，第 19 版。

国际战略力量对比发生显著变化，引发国际秩序与规制之争，给国际格局演变带来长远影响。全球化起源于美欧发达国家，在一个特定的历史时期给资本主义社会带来了经济繁荣和国际地位的提升。最典型的就是欧盟。欧洲一体化依托经济全球化取得显著成就。但全球化是把双刃剑。2007 年美国次贷危机和 2009 年欧洲债务危机的爆发，充分显露出西方传统的政治制度与发展模式存在弊端。西方主导战后国际秩序及全球化也面临越来越多的挑战。一面是西方发达国家经济复苏缓慢，反全球化思潮逆势上扬，传统的治国理政办法不灵验了；另一面是以中国为代表的新兴经济体综合实力日益增强，要求参与国际体系、发挥自身独特作用的愿望越来越强烈。一面是西方大国极力维系并强化对国际体系的主导权和新规则的制定权；另一面则是中国等新兴经济体及广大发展中国家要求改革旧的不公正、不合理的国际秩序的呼声越来越高。围绕制度性话语权的斗争正在展开。什么样的经济全球化才符合大多数国家和人民的发展需求？良好的全球治理体系和国家治理体系有哪些特征？这些重大理论问题亟待国际社会来共同探讨和解决。

应该看到，多极格局的形成将是一个曲折的、长期的过程。多极格局的形成是世界各种力量重新组合和利益重新分配的过程，各国相互间利益的冲突与整合是必然的，世界多极化进程中将充满矛盾和斗争。作为世界上唯一的超级大国，美国一直借助强大的实力维护其“一超”地位，这种逆时代潮流而动的做法是多极化进程中的最大障碍。

3. 经济全球化深入发展

经济全球化一个最基本的特征就是商品、技术、信息，特别是资本在全球范围内自由流动和配置，造成包括发达国家和发展中国家在内的各国经济你中有我、我中有你相互交织的复杂局面。出现这种全球化趋势不是偶然的。一是世界局势总体上趋向缓和，各国都把发展经济作为首要任务，积极走向国际市场，相互协调和竞争不断加强。二是以信息科技、生命科技为主要标志的新科技革命有力地推动了世界经济的发展，空前加深了各国的经济联系。三是全球和地区贸易以及投资自由化进程不断加快，特别是国际金融市场加速扩展，金融工具不断创新，资金交易的规模和速度前所未有。四是跨国公司的规模不断扩大，成为经济全球化的主要载体。

冷战结束以来，随着经济全球化快速发展，国家之间的相互依存度不断加深，一国经济发展对世界市场依存度越来越高。一国商品生产离不开他国的原材料，产品行销需要开拓国外市场，扩大投资需要吸纳他国资本，就连国家制定经济政策也必须考虑国际因素。在这一进程中，国际经济交往日益扩大，一些国际性的经济治理组织与经济实体不断涌现，地区经济一体化日益深化。经济全球化的巨大力量使各国相互依存度日益提升。作为经济全球化最为显性的表现之一，贸易的迅速扩张将经济全球化推向新的水平。根据联合国贸易和发展会议（UNCTAD）统计数据，2017 年全球名义货物贸易额达到 17.73 万亿美元，这一数字为战后初期 1948 年全球货物贸易额的 302 倍多，与冷战结束初期的 1989 年相比，增长了 4.7 倍。①

贸易和投资是经济全球化的两大核心指标。金融危机前，国际贸易增长高于世界经济增长，全球直接投资增长快于国际贸易增长，贸易与投资名副其实地成为推进经济全球化发展的两大引擎。然而，金融危机后，全球经济发展总体趋缓，特别是发达国家经济复苏相当艰难，中国经济则进入“新常态”，经济增速也明显放缓。加之美国等发达国家保护主义和民粹主义上升，贸易壁垒逐渐增强，使得贸易增长难以恢复到危机前水平。据世界贸易组织统

① 联合国贸发会议数据库(UNCTADSTAT)，2019 年 12 月 30 日。

计:“1990 年至 2007 年,全球贸易平均增速比国内生产总值增长快 2.1 倍,但自 2011 年以来,国际贸易增速仅比国内生产总值增长快 1.1 倍。”[①] 世界贸易组织报告显示,2018 年全球贸易增长 3%,2019 年仅为 2.6%,到 2020 年回到 3%。世界贸易组织认为,贸易紧张局势升级是导致全球贸易增速下挫的主要因素。因此造成的不确定性,令贸易无法在推动国内生产总值增长方面发挥应有作用。全球贸易增长乏力现象或成为世界经济发展的一种新常态。即使经济全球化趋势未逆转,但贸易增长已经很难回到金融危机前的高水平发展状态。

与此同时,全球直接投资(FDI)复苏迟缓。世界贸易组织报告认为,国际贸易关系紧张引发的不确定性已经影响到国际投资和消费,而投资不振反过来又对贸易产生巨大影响。当前国际贸易增长低迷在一定程度上与全球直接投资持续下降有关系。金融危机已经过去十年有余,迄今全球直接投资依然未能恢复到危机前水平。据联合国贸易和发展会议估计,2018 年全球直接投资总规模下跌 19%,为 1.2 万亿美元,是全球直接投资连续第三年缩水,投资规模跌至金融危机出现后的最低水平。全球直接投资下跌主要集中在发达国家,2018 年整体下跌四成,规模缩为 4510 亿美元。主要原因是特朗普政府的税制改革,导致美国跨国公司将累积海外收入转移回国,结果是流入欧洲的全球直接投资下跌 73%,仅为 1000 亿美元,相当于 20 世纪 90 年代的水平。另外,2018 年流入美国的全球直接投资下跌了 18%,为 2260 亿美元。流入发展中国家的全球直接投资势头依然强劲,2018 年的总规模增长 3%,增至 6940 亿美元,占全球直接投资流入的比例上升到 58%。其中,增长最快的地区集中在东亚和东南亚,亚洲发展中国家和地区吸引了

① 华强森、成政珉:《麦肯锡全球研究院:全球价值链变革与新“中国效应”》,澎湃新闻 2019 年 4 月 18 日。

5020 亿美元，增速达 5%，其中东南亚增长了 11%，引资达到创纪录的 1450 亿美元。按国家计算，美国依旧是吸引全球直接投资最多的市场，中国以 1420 亿美元位列第二，英国以 1220 亿美元随后[①]。随着以美国为首的发达国家加强安全审查，全球直接投资很难出现强劲反弹。但在世界经济增长低迷时，跨国公司往往会加快并购，这可能会推动全球直接投资缓慢复苏，但直接投资正在失去作为推动经济全球化主要引擎的地位。

反全球化现象和“逆全球化”思潮对世界经济发展产生相当大的负面影响。由于资源短缺、外部需求减弱、世界经济转入低速增长，部分国家和个人在全球化过程中成为受损者和失意者，他们对全球化的发展存在强烈的抵触心理，并以各种方式反对全球化进程。这也导致全球贸易投资的发展环境有所恶化，全球治理和宏观政策协调难度加大。

尽管经济全球化发展面临一些挑战，但推动全球化发展的主要动力没有消失。比如，贸易投资自由化的大趋势没有改变。在政策层面，国际金融危机后各国投资政策出现双向调整的迹象，多数国家继续开放并进一步加强投资促进政策。在制度安排层面，区域和双边自由贸易安排持续快速增长。与此同时，跨国公司继续在全球配置资源和国际化生产布局的全球经济中占据更加重要的地位。由于日益重视拓展海外业务，跨国公司国际化生产近年来呈总体上升趋势。另外，以信息技术深入发展和应用、新材料和新能源开发为特点的新一轮技术创新不断取得突破，为全球经济增长注入了新的活力，有助于各国加快结构调整和增长方式的转变。

随着经济全球化深入发展，社会信息化进程进一步加快。社会信息化是指以信息技术为核心的新技术革命影响和改变社会生活

① UNCTAD, *Global Investment Trend Monitor*, No. 31, January 21, 2019, https://unctad.org/system/files/official-document/diaeiainf2019d1_SpecialEdition_en.pdf.

方式与管理方式的过程。当前，以信息技术为代表的新一轮科技革命方兴未艾，互联网日益成为创新驱动发展的先导力量。信息技术与生物技术、新能源技术、新材料技术等交叉融合，正在引发以绿色、智能、泛在为特征的群体性技术突破。信息、资本、技术、人才在全球范围内加速流动。互联网推动产业变革，促进工业经济向信息经济转型，国际分工新体系正在形成。互联网、信息化代表新的生产力、新的发展方向，推动人类认识世界、改造世界的能力空前提升，正在深刻改变着人们的生产生活方式，并带来生产力质的飞跃，引发生产关系重大变革，成为重塑国际经济、政治、文化、社会、生态、军事发展新格局的主导力量之一。全球信息化进入全面渗透、跨界融合、加速创新、引领发展的新阶段。

社会信息化的发展使社会和经济生活呈现信息大联动、平台大集群、流程大互通、产品大升级、计算大覆盖、办公大自由、行业大融合、跨界大协同、管理大整合的趋势。也就是说，人类社会与经济生活的方方面面都因信息化而走向"互联互通"。面对这种形势，"谁在信息化上占据制高点，谁就能够掌握先机、赢得优势、赢得安全、赢得未来。发达国家持续推动信息技术创新，不断加快经济社会数字化进程，全力巩固领先优势。发展中国家抢抓产业链重组和调整机遇，以信息化促转型发展，积极谋求掌握发展主动权。世界各国加快网络空间战略布局，围绕关键资源获取、国际规则制定的博弈日趋尖锐复杂。加快信息化发展，建设数字国家已经成为全球共识。"①

4. 新一轮科技革命和产业革命深入发展

人类经历了农业革命、工业革命，正在经历信息革命，每一次科技和产业革命都会带来社会生产力的大解放，带来生活方式的

①《中办国办印发〈国家信息化发展战略纲要〉》，《人民日报》2016 年 7 月 28 日，第 17 版。

改变及生活水平的提高，进而从根本上改变人类历史的发展轨迹。新一轮科技革命和产业变革正处在实现重大突破的历史关口。

新一轮科技革命涵盖众多科技领域，内容十分丰富。从机器人到人工智能，从3D打印到精准医学，从新能源到新材料，各个领域的新技术突破不断涌现，相伴而生，相互促进，交叉融合。“交叉融合”成为新一轮科技革命和产业变革的突出特点。在新一轮科技革命中，大多数新技术领域不是“单独的”技术，而是“融合的”或“复合的”技术。几乎任何技术领域都离不开信息技术，离不开新材料，因此，任何技术领域至少已经是某项技术与信息技术和新材料技术的“交叉融合”。比如，3D技术与基因编辑技术融合而成的“生物打印”技术，可用于制作皮肤、骨骼乃至心脏和心血管组织等移植器官；电动汽车与人工智能、计算机视觉、激光雷达、“机器对机器通信”等高精尖技术融合而成的自动驾驶技术；生物芯片（又称蛋白芯片或基因芯片）是脱氧核糖核酸（DNA）探针技术与半导体工业技术相结合的结晶；虚拟现实技术是仿真技术与计算机图形学、人机接口技术、多媒体技术、传感技术、网络技术等多种技术的集合，不仅可用于医疗、船舶设计、汽车研发等广泛领域，还可用于军事与航天的模拟训练。

新一轮科技革命和产业革命正在孕育兴起，“正在对人类社会带来难以估量的作用和影响，将引发未来世界经济政治格局深刻调整，可能重塑国家竞争力在全球的位置，颠覆现有很多产业的形态、分工和组织方式”[①]。

历史上，每一次大国的崛起都与当时科技革命与产业革命的兴起密不可分，例如英国的崛起得益于第一次工业革命的兴起。当今，敢于和善于抓住新一轮科技革命机遇的国家通过科技发展进一

① 李克强：《准确把握世界科技革命产业变革新趋势　深入实施创新动力　努力赢得发展未来》，《人民日报》2017年6月26日，第1版。

步促进经济增长、军力增强及相对实力地位的提高，而错失科技革命机遇的国家其相对实力地位则会下降，新一轮科技革命正以“量变到质变”的渐进方式深刻影响国家力量的兴衰和实力对比的消长。在这一背景下，各主要经济体围绕前沿关键技术展开前所未有的激烈竞争，并进一步强化顶层设计和资金投入。“美国参议院通过《美国创新与竞争法案》，将科技投入上升为国家战略，拟投资 1900 亿美元用于芯片、锂电池、人工智能、量子等关键技术；《2022 财年国防授权法案》批准科技研发费用 147 亿美元，重点投资微电子、高超声速、人工智能和 5G 等‘先进能力赋能器’技术。”[①] 美国还加大在人工智能领域的投入。2021 年 1 月，“白宫宣布设立国家人工智能计划办公室。3 月，美国人工智能国家安全委员会向国会递交报告称，美国在人工智能关键领域落后，联邦政府应优先加快在该领域创新的步伐，投资 400 亿美元以促进该领域的发展，并大力培养技能人才”[②]。“欧盟 2022 财年研发和创新投入约 131 亿欧元，设立欧洲创新理事会，并计划在未来 7 年额外投资逾 100 亿欧元用于自我感知人工智能、细胞和基因治疗、绿氢和活性材料等绿色、数字和健康技术。日本拟定 2022 财年科研预算 107 亿美元，重点投资人工智能、大数据、物联网量子技术、太空技术等领域。此外，法国发布《未来投资计划》、英国发布《英国创新战略》。”[③] 俄罗斯批准了“‘2021 年至 2030 年前基础科学研究计划’，该计划由 6 个子计划构成，主要任务是建立有效的科学研究管理体系；建立科学创造的自由环境；公平公正的竞争；

① 侯晓轩、贾舒喆、杨金洁：《2021 年世界前沿科技发展态势及 2022 年趋势展望——综述篇》，国务院发展研究中心国际技术经济研究所官方账号。

②《风物长宜放眼量——2021 年世界科技发展回顾 · 科技政策》，《科技日报》2022 年 1 月 4 日，第 4 版。

③ 侯晓轩、贾舒喆、杨金洁：《2021 年世界前沿科技发展态势及 2022 年趋势展望——综述篇》，国务院发展研究中心国际技术经济研究所官方账号。

对科研结果和技术转让的责任；对国家重大挑战的预判及其应对体系的建立；保障国家国防和安全的科学研究；提升俄罗斯科学地位并吸引外国合作伙伴；传播和普及科学知识；建立突破性科研结果资源库；促进大学和实体经济融合。俄政府将提供超过 2.1 万亿卢布的经费支持。该计划由俄罗斯科学院在其他部委和重要科研机构的参与下制定。”①

《中国国民经济和社会发展“十四五”规划和 2035 年远景目标纲要》提出：“加强原创性引领性科技攻关。在事关国家安全和发展全局的基础核心领域，制定实施战略性科学计划和科学工程。瞄准人工智能、量子信息、集成电路、生命健康、脑科学、生物育种、空天科技、深地深海等前沿领域，实施一批具有前瞻性、战略性的国家重大科技项目。从国家急迫需要和长远需求出发，集中优势资源攻关新发突发传染病和生物安全风险防控、医药和医疗设备、关键元器件零部件和基础材料、油气勘探开发等领域关键核心技术。”② 由此可见，各大国均已在积极布局，力争在新一轮科技革命和产业革命中占据优势。

5. 国际安全形势复杂多变

尽管和平、发展、合作、共赢已经成为当今时代的主题和发展潮流，国际力量对比朝着有利于维护世界和平的方向发展，但是世界仍然很不安宁，霸权主义、强权政治和新干涉主义有所上升，战火和战争的危险依然存在，局部动荡频繁发生，地区热点持续升温，这些都严重威胁并冲击着人们生活环境的和平与安定。

国际局势正处于深刻变动之中，矛盾性、复杂性与不可预期

---

①《风物长宜放眼量——2021 年世界科技发展回顾 · 科技政策》，《科技日报》2022 年 1 月 4 日，第 4 版。

②《中华人民共和国国民经济和社会发展第十四个五年规划和 2035 年远景目标纲要》，《人民日报》2021 年 3 月 13 日，第 1 版。

性凸显。大国战略博弈日趋激烈。大国既是国际体系变革的主导性力量，同时对国际体系的变化也十分敏感。大国重视国际体系的塑造，并将其作为占据国际政治、经济、文化等各领域制高点的有效途径。从历史上看，国际体系剧烈变动时期，主要因国际力量格局的再调整、再平衡所起，而这一过程往往伴随着战争与动荡。如前所述，进入 21 世纪以来，国际力量对比发生了重大变化，西方国家特别是美国对中国综合国力迅速提高感到焦虑，美国将中国作为其重要竞争对手，并将大国竞争代替反恐作为其对外战略的重点。自 2018 年以来，美国对华采取全领域的打压、遏制措施，使两国关系不断下滑。2014 年，乌克兰危机后，俄罗斯与美欧国家间的对立加剧。2022 年 2 月 24 日俄罗斯对乌克兰采取“特别军事行动”后，俄罗斯与美欧国家间关系更是急转直下。目前双方在乌克兰问题上的博弈仍在加剧。当前，大国间特别是美欧与俄罗斯在乌克兰问题上的激烈博弈对欧洲安全乃至世界安全局势产生了严重影响。

世界经济进入深度调整期。民粹主义、贸易保护主义抬头，贸易壁垒逐渐增加，逆全球化浪潮来袭，叠加新冠疫情冲击，全球经济不确定性增加。2008 年的金融危机所引发的后续效应仍未消除，全球贸易和投资低迷，国际大宗商品价格持续波动，世界经济处于艰难复苏之中。国家间共同利益逐渐让位于竞争性利益，甚至排他性利益，国际关系“以邻为壑”的现象有可能重现。在国际体系中占据主导地位的西方国家政策内顾倾向加重，保护主义抬头，甚至推卸、逃避国际责任，全球安全、繁荣等“公共产品”的供给有出现严重危机的风险。面对如此之多的问题，现有全球治理体系不仅无法从根本上给出解决方案，甚至还使经济不平等、发展失衡等问题进一步扩大化。

地缘政治因素错综复杂，地区热点问题难以破解，安全困境日渐深化，恐怖主义、极端主义扩张，以及技术进步所带来的复合影响，传统安全和非传统安全风险相互交织与叠加，这些都增加了未来世界发生冲突的危险。叙利亚内战是美国在中东发起“阿拉伯之春”的产物，而叙利亚国内长期存在的社会矛盾，特别是教派矛盾为美国留下了可乘之机。叙利亚反对派要求总统巴沙尔·阿萨德下台，巴沙尔·阿萨德同意通过和谈解决叙利亚国内的矛盾，但遭到叙利亚反对派的拒绝。叙利亚的反政府示威活动于 2011 年 1 月 26 日开始并于 3 月 15 日升级，随后反政府示威活动演变成了武装冲突。叙利亚内战很快演变成一场乱战。战争刺激了穆斯林圣战者，他们很快加入各自的教派阵营参加战斗。而在叙利亚乱局中快速崛起的极端组织“伊拉克和沙姆伊斯兰国”（ISIS），和反对派结成同一阵线共同反对巴沙尔政权。叙利亚政府面临着两条战线作战。2014 年俄罗斯的介入，为叙利亚政府提供了强大的军事和政治支持，促使美国等西方国家调整在叙利亚问题上的立场。大国博弈使叙利亚问题更趋复杂。除美俄两个大国之外，伊朗、土耳其、以色列也是卷入叙利亚内战的国家，各方力量之间的角逐和缠斗是叙利亚内战复杂化、长期化的主要原因。

持续多年的乌克兰危机折射出的是 21 世纪初大国间的冲突和博弈：美俄斗争、美欧分歧、俄乌冲突以及俄欧矛盾相互交织，乌克兰成为大国地缘政治战略的博弈场。2013 年底，乌克兰亲俄派总统亚努科维奇中止和欧洲联盟伙伴联系国协议[①]，欲强化和俄罗斯的关系。自 2013 年 11 月 21 日起，乌克兰亲欧洲派在基辅发起反政府示威，抗议群众要求政府和欧盟签署协议、亚努科维奇下台、提前举行选举[②]。2014 年 2 月 22 日，乌克兰议会罢免了亚努

① 谢亚宏：《乌克兰暂停与欧盟签署联系国协定》，《人民日报》2013 年 11 月 23 日，第 11 版。

② 林雪丹：《乌克兰反对派合力冲击大选》，《人民日报》2014 年 1 月 7 日，第 21 版。

科维奇的总统职务，并宣布提前于同年 5 月 25 日举行总统大选[①]。亚努科维奇被罢免后，乌克兰东部地区出现分离趋向。3 月 11 日，克里米亚议会通过了克里米亚独立宣言[②]。不久，克里米亚归入俄罗斯。4 月 7 日，乌克兰顿涅茨克州政府的"约 50 名亲俄代表召开会议，表决通过顿涅茨克人民共和国主权宣言，并宣布将在 5 月 11 日前就顿涅茨克州主权问题举行全民公决"[③]。4 月 30 日，乌克兰代总统图尔奇诺夫宣布，乌武装力量进入全面战备状态[④]，决定征兵。5 月 12 日，乌克兰东部顿涅茨克州和卢甘斯克州宣布成立独立"主权国家"[⑤]。乌克兰内战由此爆发。2014 年 9 月 5 日，乌克兰政府军与东部武装在白俄罗斯首都明斯克签署停火协议。10 月 12 日，俄罗斯总统普京下令开始从乌克兰边境撤兵。然而，在乌克兰问题没有得到最终解决、各方利益没有达成一致的情况下，这份和平无疑是脆弱的。10 月 17 日，乌克兰亲俄分离分子与乌克兰政府军围绕顿涅茨克机场的争夺战再次升级。普京表示，明斯克协议是乌克兰危机解决的方针，但显然乌克兰内战各方均没有完全履行明斯克协议。在亚欧峰会上，俄罗斯与乌克兰两国首脑进行了多次会谈，均未能取得实质性的进展，而两国间的天然气供气谈判也不可避免地成为两国政治博弈的附属品。

2022 年，乌克兰问题再度升温，双方不仅在两国边境地区持续增兵，部署了大量军事人员和武器装备，美国及北约也开始向波兰等地调兵遣将，并威胁称如果俄罗斯发动"侵略"，必定遭到

① 陈效卫等:《乌克兰局势出现急剧变化》,《人民日报》2014 年 2 月 23 日，第 3 版。

② 张晓东等:《克里米亚自治共和国议会通过独立宣言》,《人民日报》2014 年 3 月 12 日，第 3 版。

③ 谢亚宏等:《乌克兰东部抗议活动愈演愈烈》,《人民日报》2014 年 4 月 9 日，第 21 版。

④ 陈效卫:《乌宣布军队进入全面战备状态》,《人民日报》2014 年 5 月 1 日，第 5 版。

⑤ 谢亚宏等:《乌东部两州公投赞成独立　俄与美欧争端继续加剧》,《人民日报》2014 年 5 月 13 日，第 21 版。

"最严厉"的制裁和反击，军事冲突一触即发。2月24日，俄罗斯宣布在乌东地区开展"特别军事行动"，进而引发俄乌军事冲突。截至目前，两国间虽然也为解决冲突开展过一定意义上的对话，但从双方立场看，最后解决冲突的基础尚不存在，因此，乌克兰冲突解决尚需时日。

与此同时，恐怖主义、网络安全、难民潮及环境问题等非传统安全对国际社会的威胁日益严重。ISIS的出现不仅恶化了本已动荡不堪的中东地区安全局势，而且给美国的对外政策以及全球反恐斗争带来了新的问题和挑战。

2013年12月30日，伊拉克安全部队对拉马迪附近一个大型反政府示威营地展开清理行动，并与示威者及部族武装发生冲突。随后，冲突蔓延到安巴尔省其他地区。为缓和该省局势，伊拉克总理贾瓦德·马利基12月31日宣布，伊拉克安全部队从安巴尔省一些城市撤出。2014年1月1日，部族武装开始接管拉马迪和费卢杰等城市。然而，大批"基地"组织武装人员趁乱闯入这些城市，攻占警察局，释放囚犯，并同部族武装爆发激烈冲突。3日，"基地"组织分支"伊拉克和黎凡特伊斯兰国"宣称占领伊拉克首都附近重镇费卢杰，并成立"伊斯兰酋长国"。[①] 极端组织"伊拉克和黎凡特伊斯兰国"随之不断在伊境内制造暴力袭击、武装冲突和扩大占领区域。4月3日，极端组织"伊拉克和黎凡特伊斯兰国"在伊境内多起暴力袭击和武装冲突中造成至少53人死亡。[②] 6月13日，极端组织"伊拉克和黎凡特伊斯兰国"攻占伊拉克北部大片地区，逼近首都巴格达，数以万计伊拉克人沦为难民[③]，伊拉克

---

① 张梦旭:《伊拉克政府面临安全考验》,《人民日报》2014年1月5日，第3版。
② 刘水明等:《"大中东"反恐形势更趋严峻》,《人民日报》2014年4月5日，第5版。
③ 王云松:《伊拉克又有两座城镇被极端武装占领》,《人民日报》2014年6月14日，第11版。

安全形势不断恶化。6 月 25 日，极端组织“伊拉克和黎凡特伊斯兰国”武装在伊北部袭击了两座隶属什叶派的土库曼人村庄[①]。在短短半年时间，极端组织“伊拉克和黎凡特伊斯兰国”迅速攻占了伊拉克北部和西部的多个重镇，伊拉克政府军措手不及，节节败退。6 月 29 日，极端组织“伊拉克和黎凡特伊斯兰国”正式宣布建立一个“伊斯兰国”，实行伊斯兰教律法，任命该组织领导人阿布·贝克尔·巴格达迪为新一任哈里发（伊斯兰教信徒的最高统治者）[②]。其目标是建立一个实行严格伊斯兰教法、地域辽阔的伊斯兰王国，实现对全世界穆斯林的宗教统治。由于其采取了严酷残忍的手段，“伊斯兰国”遭到了几乎所有中东国家和国际社会的一致谴责。经过国际社会多年联合打击，直到 2017 年，“伊斯兰国”的嚣张气焰才得到基本控制。“伊斯兰国”在中东战场上的节节败退，迫使其“由明转暗”，通过向欧美国家输出恐怖分子的方式大规模展开报复，国际反恐的压力由此不降反增。从全球范围看，超过一半的恐怖袭击事件发生在伊拉克、阿富汗、巴基斯坦、印度和菲律宾这 5 个国家，而近年来欧洲和美国则被恐怖主义的阴影笼罩，重大恐怖袭击事件接连不断发生。2017 年 10 月 14 日，索马里首都摩加迪沙发生汽车炸弹袭击，造成至少 358 人死亡、约 300 人受伤和失踪的惨剧[③]。一些国家如菲律宾和缅甸，由于内部矛盾激化，本已得到遏制的恐怖主义活动再度猖獗。

欧洲的难民危机引起国际社会的关注。从 2010 年底爆发“阿拉伯之春”后，数量激增的难民从中东、非洲和亚洲等地经地中海及巴尔干半岛进入欧盟国家寻求居留而产生了移民潮。特别是自

① 刘水明等:《中国政府高度关注中方人员安全》,《人民日报》2014 年 6 月 27 日，第 3 版。

②《伊拉克的斋月不太平》,《人民日报》2014 年 7 月 1 日，第 21 版。

③《索马里首都汽车炸弹袭击死亡人数升至 358 人》，人民网 2017 年 10 月 21 日。

2015 年上半年起，难民数量大幅度上升，已在欧洲引发严重的社会及经济危机。2016 年初，一度有超过 20 万难民滞留德国，入境难民超过 60 万。但是包括德国在内的欧洲各国政府与民间组织并没有对难民危机做好充足的准备，没有足够的住房和后勤供应，基础设施的短缺也是欧洲接收难民面临的一个巨大问题。每一天难民所消耗的金钱和人力物力成本，相当于一支集团军的消耗，本来就经济萎靡的欧洲遭受迎头痛击，显得更加一蹶不振。同时，因为难民的过多涌入，大量占用了原本欧洲国民的设施和福利，引起了很多国家国民强烈的抗议，丹麦、瑞典更是爆发了反难民冲突[①]。在诸多导致难民移民问题的因素中，武装冲突和战争引发的危机最为引人关注。一方面，它是地区政治和安全局势恶化造成的后果；另一方面，它同样会反作用于难民所在国家或地区的政治和安全局势。欧洲右翼政党影响力的上升以及民粹主义的崛起，都与难民和移民问题有关。

近年来，虽然欧洲没再发生像 2015 年那样大规模的难民潮，但难民和移民问题已成为一些国家国内政治斗争的热点问题。欧盟成员国的移民和难民政策持续收紧。2018 年 6 月，奥地利政府在奥地利和斯洛文尼亚边境进行驱逐难民的训练，并声称“一个不能有效捍卫边界的国家，将失掉公信力”。2018 年 7 月，奥地利作为欧盟轮值主席国，提出“保护欧洲”的口号，强调打击非法移民和保护欧盟外部边界，该口号得到了欧盟各成员国的支持[②]。随后，德国政府强化了难民申请家庭团聚的政策，并且设置了每月 1000 名的限额[③]。法国出台了移民和避难法案，加大打击非法移民

---

①《欧洲遭遇前所未有的难民危机：困境与出路》，中国新闻网 2015 年 9 月 5 日。

②《保加利亚结束半年使命　奥地利接任欧盟轮值主席国》，新华网 2018 年 6 月 28 日。

③《德国总理呼吁欧盟共同解决难民问题》，央广网 2018 年 7 月 5 日。

力度。该法案主要内容包括：延长行政留置时间，加速避难申请审核程序，缩短申请驳回者上诉期限，加强软禁措施，设立非法越境罪，惩处持伪造居留证的外国劳工等[①]。意大利国会通过了国家安全法修正案议案，首次将国家安全与移民问题联系在一起，并将移民问题纳入国家安全法条款，旨在强化国家安全法，规范和简化对移民问题处理的司法程序，增强执法机构的行政处置权[②]。2020 年 10 月 19 日，希腊政府决定在希腊与土耳其边境修建隔离墙，以防止大量移民非法进入希腊。希腊政府发言人佩特萨斯表示，将在现有的 10 千米长围栏基础上，再修建 27 千米长的围墙，此项目于 2021 年 4 月底完工[③]。

俄乌冲突爆发后，乌克兰难民再度涌向欧洲。联合国难民署 2022 年 4 月 20 日表示，自俄罗斯 2 月 24 日在乌克兰发起特别军事行动以来，已有 5034439 名乌克兰人离开该国。联合国国际移民组织（IOM）表示，超过 218000 名第三国国民从乌克兰逃离，这意味着自战争爆发以来，乌克兰有 525 万多人逃离[④]，绝大多数难民涌入邻国。有超过 56% 的难民逃往波兰，约 282.5 万人；俄罗斯接纳难民 55 万人，匈牙利和摩尔多瓦各接收了 40 多万人，白俄罗斯则接纳了 2.4 万人[⑤]。乌克兰难民在其邻国及欧洲其他国家受到热情款待，并被鼓励继续积极地生活。短期这一局面还能维护，但若难民较长时间迟迟不回国，必将给难民接纳国带来一系列社会问题。而且接纳乌克兰难民较多的国家，多是欧洲经济相对落

①《法国新移民法案引争议执政党阵营现裂痕》，中国新闻网 2018 年 2 月 22 日。

②《意大利国家安全法修正案被指“反移民”》，中国新闻网 2018 年 9 月 26 日。

③《希腊拟在与土耳其边境建隔离墙以遏制非法移民涌入》，中国新闻网 2020 年 10 月 20 日。

④ 南博一：《联合国难民署：俄乌冲突爆发后，逾 500 万乌克兰人逃离该国》，澎湃新闻 2022 年 4 月 20 日。

⑤ 王一雪：《500 万人出逃！乌克兰难民潮涌向何方？》，《南方都市报》2022 年 4 月 21 日。

后的国家，这些国家自身多年来就面临一系列经济、社会问题，突然大规模涌入这么多难民，必将挤占这些国家本来就有限的社会资源，日久必将给这些国家造成不小的压力。据波兰通讯社（PAP）报道，2022 年 3 月 14 日，波兰卫生部副部长瓦尔德马·克拉斯卡表示，“如果给 100 万名难民提供处方报销和医疗服务，每月大约需要 2 亿波兰兹罗提（约合人民币 3 亿元），我没法想象欧盟不支援我们帮助难民（的情形）”[①]。这些由战乱、冲突引发的一波又一波的难民潮，不仅给欧洲也给国际社会带来了严峻挑战。

随着社会信息化深入发展，网络安全问题备受关注。从全球范围看，不仅网络攻击次数不断增加，而且攻击目标更为明确，其后果和影响也不断扩大。据世界经济论坛统计，2012 年至 2021 年 10 年间全球前五大风险中，有 4 年列入了网络攻击项，分别是 2012 年、2014 年、2018 年、2019 年，其中 2018 年网络攻击成为全球第三大安全风险[②]。世界经济论坛发布的《全球风险报告 2018》称，企业监测到的网络攻击活动在五年中几乎翻番。赛门铁克发布的《2018 年互联网安全威胁报告》显示，2017 年有目的的攻击行为增长了 10%，中美成为全球范围内受攻击最多的两个国家，政府、能源、金融、国防及互联网被关注的程度最高。

全球性的流行病对人类生命安全构成严重威胁。2020 年初，突如其来的新冠疫情迅速在全球肆虐，对世界公共卫生安全造成严重威胁。截至 2022 年 4 月 14 日，新冠病毒在全球已经造成累计感染人数超过 5 亿人，累计死亡人数近 620 万人。短短两年多的时间，已经出现多波流行，人类历史上发生过的大流行病与其相比，流行速度、泛滥范围、感染人数及死亡人数等有过之而无不

①《接纳 300 万乌克兰难民，张开双臂的欧洲仍面临许多难题》，澎湃新闻 2022 年 3 月 24 日。

②《全球风险报告 2021》，世界经济论坛 2021 年 1 月 19 日。

及。此次疫情的影响超过 2008 年至 2009 年的金融危机，甚至堪比 1929 年至 1933 年世界经济大萧条。国际货币组织在 2021 年 1 月发布的《世界经济展望》报告中，评估全球 GDP 下降 3.5%，[①] 超过 2008 年至 2009 年全球金融危机对全球经济的冲击。2021 年 12 月，根据世界卫生组织和世界银行联合发布的一项报告，新冠疫情造成的健康成本和经济后果，将使全球共计约 5 亿人陷入极端贫困的境地。由于突发公共卫生事件，2020 年医疗卫生服务几近崩溃，疫苗接种活动大幅下降，出现了过去十年内的最大跌幅，发展中国家的结核病和疟疾致死人数显著上升。这场大流行引发的经济危机也严重影响了人们的收入。由于新冠疫情大流行导致收入大幅减少，许多政府可能被迫削减对医疗卫生领域的投资，这将使全球基本卫生服务覆盖的范围进一步缩小。受缺乏卫生服务影响最大的是那些生活在农村或偏远地区的人口[②]。疫情所造成的公共安全威胁正在一定程度上改变全球化的进程，加快国际力量的对比变化，甚至有可能成为世界历史发展的一道分水岭。

为应对这次全球性公共卫生危机，世界卫生组织（WHO）及其他国际多边机制采取了多项行动。例如，世界卫生组织于 2020 年 2 月初制定了新型冠状病毒 COVID-19 战略防范和应对计划（SPRP），同时建议联合国人权理事会国别人权审查工作组（UNCTS）和合作伙伴在与战略防范和应对计划保持一致的情况下，建立国别防范和应对计划，以识别受影响国家在应对疫情方面的不足和需要，为相关国家提供快速支持。此外，世界卫生组织还建立了 COVID-19 全球监测系统和数据库，以监测疫情在国家间的传播情况，为应对疫情、实施公共卫生政策提供支持。其他国际组织也积极动员各方资源，帮助受影响国家应对疫情。2020

①《世界经济展望》，国际货币基金组织网 2021 年 1 月 25 日。

②《报告认为：新冠致全球 5 亿人陷入极端贫困》，参考消息网 2021 年 12 月 15 日。

年3月初，联合国从中央应急基金中拨款1500万美元给世界卫生组织以及联合国儿童基金会，用于监测病毒传播、调查病例等工作。3月，世界银行宣布提供最高120亿美元支持各成员应对疫情。同期，国际货币基金组织（IMF）也宣布将通过紧急融资机制向低收入和新兴市场国家提供500亿美元的可用资金，以应对新冠疫情。

但是，从应对此次疫情的实际效果看，现有的全球公共卫生安全机制的防控能力仍存在明显不足，国家间的信任缺失和大国领导缺失是导致疫情泛滥这一局面出现的重要原因。《国际卫生条例（2005）》第七条规定，在突发公共卫生事件期间，成员方应保持卫生数据和信息的共享。但实际情况是，各国并没有就相关数据实现充分共享[①]。此外，作为世界唯一超级大国，一度是此次疫情最严重的国家，美国并没有积极承担应对此次全球疫情的领导责任，相反，特朗普政府于4月15日以世卫组织处理新冠疫情时管理不善为由，宣布暂停向世卫组织提供所有资金[②]。2020年7月初，特朗普政府正式通知美国国会和联合国，美国正式退出世界卫生组织。作为世界卫生组织最重要的成员和最大的出资国，美国的"退群"行动严重损害了世界卫生组织协调全球合作抗击疫情的能力，人为加剧了此次全球公共卫生危机。

（二）中国国内处在两个"百年"历史交汇期

党的十八大以来，中国特色社会主义现代化建设进入了新时代。中国对世界的影响，从未像今天这样全面、深刻、长远；世界

---

① *WHO Director-General's Opening Remarks at the Mission Briefing on COVID-19*, February 26, 2020,https://www.who.int/dg/speeches/detail/who-director-general-s-opening-remarks-at-the-mission-briefing-on-covid-19-26-february-2020.

② *President Donald J.Trump is Demanding Accountability from the World Health Organization*, April 15, 2020, https://www.whitehouse.gov/briefings-statements/president-donald-j-trump-demanding-accountability-world-health-organization.

对中国的关注，也从未像今天这样广泛、深切、聚焦。

中国特色社会主义现代化建设取得了举世瞩目的成就。经济实力显著增强。从 1952 年至 2018 年，中国工业增加值从 120 亿元增加到 305160 亿元，按不变价格计算增长 970 倍，年均增长 11%；国内生产总值从 679 亿元增加到 90 万亿元，按不变价计算增长 174 倍，年均增长 8.1%；人均国内生产总值从 119 元增加到 64644 元，按不变价计算增长 70 倍。根据世界银行数据，按市场汇率计算，2018 年中国经济规模为 13.6 万亿美元，仅次于美国的 20.5 万亿美元[①]。目前，中国是世界上唯一拥有联合国产业分类目录中所有工业门类的国家，多项工业品产量居世界第一。科技发展成就显著。“两弹一星”、载人航天、超级杂交水稻、高性能计算机、人工合成牛胰岛素、青蒿素、高速铁路等重大科技成果，为经济社会发展提供了有力支撑。对外贸易持续增加。2009 年中国成为全球最大货物出口国、第二大货物进口国，2013 年成为全球货物贸易第一大国。改革开放以来，中国引进外资大幅增加，日益成为吸引全球投资的热土。中国已经成为世界第二大经济体、制造业第一大国、货物贸易第一大国、商品消费第二大国、外资流入第二大国、外汇储备第一大国。[②]

但是中国前进道路上仍然存在不少困难和问题。主要是:“发展中不平衡、不协调、不可持续问题依然突出，科技创新能力不强，产业结构不合理，农业基础依然薄弱，资源环境约束加剧，制约科学发展的体制机制障碍较多，深化改革开放和转变经济发展方式任务艰巨；城乡区域发展差距和居民收入分配差距依然较大；社会矛盾明显增多，教育、就业、社会保障、医疗、住房、生态环

① 中华人民共和国国务院新闻办公室:《新时代的中国与世界》，《人民日报》2019 年 9 月 28 日，第 11 版。

② 同上。

境、食品药品安全、安全生产、社会治安、执法司法等关系群众切身利益的问题较多，部分群众生活比较困难；一些领域存在道德失范、诚信缺失现象；一些干部领导科学发展能力不强，一些基层党组织软弱涣散，少数党员干部理想信念动摇、宗旨意识淡薄，形式主义、官僚主义问题突出，奢侈浪费现象严重；一些领域消极腐败现象易发多发，反腐败斗争形势依然严峻。”[①]

中国面临的困难和问题是发展中的困难和问题，也只有通过发展来解决。党的十八大提出全面建成小康社会和全面深化改革开放的目标，以习近平同志为核心的党中央，为推进党的十八大部署落地落实，召开了七次全会，就政府机构改革和职能转变、全面深化改革、全面推进依法治国、制定“十三五”规划、全面从严治党等重大问题作出具体部署，统筹推进“五位一体”总体布局、协调推进“四个全面”战略布局，开创了党和国家事业发展的新局面。在党的十九大报告中，习近平总书记明确指出：“中国特色社会主义进入了新时代。”“这个新时代，是承前启后、继往开来、在新的历史条件下继续夺取中国特色社会主义伟大胜利的时代，是决胜全面建成小康社会、进而全面建设社会主义现代化强国的时代，是全国各族人民团结奋斗、不断创造美好生活、逐步实现全体人民共同富裕的时代，是全体中华儿女勠力同心、奋力实现中华民族伟大复兴中国梦的时代，是我国日益走近世界舞台中央、不断为人类作出更大贡献的时代。”中国特色社会主义进入新时代，中国社会主要矛盾已经转化为人民日益增长的美好生活需要和不平衡不充分的发展之间的矛盾。新时代中国共产党的历史使命是实现中华民族伟大复兴。

党的十九大对决胜全面建成小康社会，开启全面建设社会主

① 中共中央文献研究室：《十八大以来重要文献选编》（上），中央文献出版社 2014 年版，第 4 页。

义现代化国家新征程作出战略部署，提出从党的十九大到2020年，是全面建成小康社会的决胜期，要紧扣中国社会主要矛盾变化，统筹推进经济建设、政治建设、文化建设、社会建设、生态文明建设，坚定实施科教兴国战略、人才强国战略、创新驱动发展战略、乡村振兴战略、区域协调发展战略、可持续发展战略、军民融合发展战略，突出抓重点、补短板、强弱项，特别是要坚决打好防范化解重大风险、精准脱贫、污染防治的攻坚战，使全面建成小康社会得到人民认可、经得起历史检验。从二〇二〇年至本世纪中叶，分两个阶段来安排。第一个阶段，从二〇二〇年到二〇三五年，在全面建成小康社会的基础上，再奋斗十五年，基本实现社会主义现代化。第二个阶段，从二〇三五年到本世纪中叶，在基本实现现代化的基础上，再奋斗十五年，把我国建成富强民主文明和谐美丽的社会主义现代化强国。

2020年，在中国共产党的领导下，中国已经如期实现脱贫攻坚，基本实现全面建成小康社会目标。党的十九届五中全会提出，全面建成小康社会，实现第一个百年奋斗目标之后，要乘势而上，开启全面建设社会主义现代化国家新征程，向第二个百年奋斗目标进军。十九届五中全会审议通过了《中共中央关于制定国民经济和社会发展第十四个五年规划和二〇三五年远景目标的建议》，据此，国务院编制了《中华人民共和国国民经济和社会发展第十四个五年（2021—2025年）规划和2035年远景目标纲要》。由此开启全面建设社会主义现代化国家新征程的宏伟蓝图已经绘就，全国各族人民共同的行动纲领已经明确。中国由此进入了新发展阶段。

国际国内环境的深刻变化既带来了一系列发展机遇，也带来一系列挑战。国际环境日趋复杂，不稳定性不确定性明显增加。为了给新时代中国发展营造更加有利的国际环境，以习近平同志为核心的党中央，牢牢把握两个大局，对中国国际战略作出全面擘画。

二、中国特色大国战略思想目标

发展是硬道理，而发展需要一个良好的外部环境。中国特色大国外交战略目标是为实现国家发展战略和完成国家的历史使命服务的。

（一）积极打造中国发展的重要战略机遇期

百年变局加速演进，世界进入新的动荡变革期。当前和今后一个时期，中国发展仍然处于重要战略机遇期。但机遇和挑战都有新的发展变化，机遇和挑战之大都前所未有。中国国际战略要统筹“两个大局”，为新时代中国打造重要的战略机遇期。

早在2002年，中国共产党就公开提出重要战略机遇期这一重大判断。江泽民总书记在中共十六大报告中指出：“综观全局，二十一世纪头二十年，对我国来说，是一个必须紧紧抓住并且可以大有作为的重要战略机遇期。”[①] 这一论述写进了当年党的十六大报告。当时提出这一重大判断，主要基于如下国际国内环境和条件：就国内而言，“我国进入了实现现代化建设第三步战略目标必经的承上启下的发展阶段，进入了完善社会主义市场经济体制和扩大对外开放的关键阶段”[②]，发展成为第一要务。这在主观上需要我们更聚焦于发展，解决发展面临的难题和困境。在客观上，经过20多年的改革开放，中国进入全面提高对外开放水平的新时期，改革的红利在这一时期得到更好的释放，中国具备实现进一步发展的能力和物质基础。争取一段可以实现国家跨越式发展的时期，自然就成为中国在这一时期的强烈意愿。在国际上，有两大背景尤为值得关注：一是2001年底中国加入世界贸易组织，开始全面参与国际分工和经济全球化进程，这为中国发展提供了更为广阔的国际市场和

---

①《江泽民文选》第三卷，人民出版社2006年版，第542页。

② 同上书，第543页。

国际资源，尤其是来自既有国际机制、国际规则的制约大大减少。二是2001年美国“9·11”事件发生，国际恐怖主义和美国单边主义霸权的冲突对抗成为当时国际矛盾的焦点。这在很大程度上避免了中国成为国际冲突的焦点和大国对抗的主要目标，国际环境出现有利于中国的一面。

从实践结果看，21世纪初，中国紧紧抓住了利于中国的各种因素，实现了综合国力的快速发展。值得注意的是，在同一时期，不仅是中国充分抓住战略机遇期实现了快速发展，世界其他大国也在此时纷纷利用世界政治经济结构变化所提供的战略空间，积极调整自己的策略，完善相关部署，争夺战略机遇的制高点。美国利用反恐之机，加紧在全球的地缘政治部署，强化了其作为全球霸主地位的权力基础。俄罗斯利用反恐和国际市场石油价格变化的机遇，全力打击国内分裂势力，迅速恢复国家财力，调整外交重点，确定到2020年恢复其大国地位。印度抓住反恐和世界信息产业结构调整的机遇，进一步巩固了其在南亚和印度洋的战略优势，并且占据了世界软件业第二的位置。欧盟通过欧元流通和欧盟扩大的历史性突破，并抓住伊拉克战争中美国单边主义造成的局面，努力形成独立于美国的世界第二大经济政治力量。日本则利用美国反恐战争对美日同盟的需求，实现其向海外派兵、走向军事大国的长期目标[①]。

与其他大国争夺传统安全和国际政治权力博弈的制高点不同，中国将战略机遇期的重心集中于国内经济社会发展和市场竞争力的提高，这显然与国内实现现代化的长远发展预期和到2020年全面建成小康社会的发展目标相一致。这意味着，从更广泛的意义上讲，战略机遇期并不像我们想象的那样稀缺，它可能存在于每一个历史时期，关键在于我们是否具备识别、争取和主动打造它的能力

① 黄仁伟:《论战略机遇期》,《世界经济研究》2003年第6期，第7页。

和意愿，并将之有效地融入国家发展战略的进程中。

新时代党中央作出“我国发展仍处于重要战略机遇期”的判断具有新的内涵。从国内环境讲：改革发展所面临的各种矛盾、问题、风险、挑战叠加升级、错综复杂，结构性、体制性、周期性问题相互交织，各地区各领域发展不平衡不充分问题仍然突出。而致力于在发展过程中达到相对平衡状态，是历史发展的必然要求，也是进一步推进中华民族伟大复兴的必要前提。中国经济长期企稳向好局面没有变，内生动力强，国家仍处于发展上升期。仅从经济方面看，可以概括为五个新机遇。一是加快经济结构优化升级带来新机遇。全球新一轮科技革命和产业变革同中国经济结构优化升级交汇融合。只有加快经济结构优化升级、推动高质量发展，才能构建起面向未来的经济结构。二是提升科技创新能力带来新机遇。核心技术受制于人是我们最大的隐患，不掌握核心技术，我们就会被卡脖子、牵鼻子。必须坚持自主创新、自力更生、奋起直追，在关键核心技术创新上取得重大突破，为中国经济发展增添新的动能和优势。三是深化改革开放带来新机遇。中国经济要发展壮大，就必须到世界经济大海中去搏击。要把改革之路走得更快、开放之门开得更大，以改革开放新突破带来社会生产力大跃升。四是加快绿色发展带来新机遇。气候变化是人类面临的共同挑战，各国期待中国发挥引领作用。中国要加大生态文明建设力度，既推动经济可持续发展，又拓展这个领域的国际合作和发展空间。五是参与全球经济治理体系变革带来新机遇。当前全球经济治理体系变革处于重要时期，中国完全可以发挥更大作用，推动建设开放型世界经济，为经济发展营造更好的外部环境。

从国际环境讲：首先，发达国家长期深陷发展困局，对中国外部环境的影响是深刻而复杂的，既有机遇也有挑战。从挑战层面看，相关国家为应对衰退而煽动民粹情绪，向外转嫁矛盾的动机明显增强，保护主义、单边主义政策大幅增多，外需环境变化对中国宏观经济管理和结构调整造成明显压力，外部衰退的长期性使得我们一些传统的短期对冲政策手段实施空间大大压缩。从机遇层面看，主要国家的相对衰退，尤其是国外特殊利益集团实力的相对削弱，将提升中国在国际政治经济政策协调和政策博弈过程中的议价底线和谈判能力，重点是我们能否根据形势演变及时准确地判断、识别并有效利用外部形势变化带来的机遇。

其次，西方发达国家倡导的自由主义发展模式和制度体系弊端充分显现，全球迫切呼唤出现能够引领人类社会走出当前困境、实现持续发展的新理论、新道路。二战后，美国在构建其经济霸权的过程中，也在向其他国家持续输出以新自由主义为典型代表的发展理念模式。自 20 世纪 80 年代起，新自由主义全球化进程似乎取得了不可逆转的胜利。美国著名学者弗朗西斯·福山在其 1992 年出版的名噪一时的畅销书《历史的终结及最后之人》中认为，苏联解体后，西方自由民主制度取得最终胜利，成为人类最后一种统治形式。拉美国家、非洲国家、苏联、东欧一些国家在新自由主义思潮的影响下，先后于 20 世纪 80 年代到 90 年代实行了激进的结构改革和政治经济体制转型。然而，2008 年至 2009 年的全球金融危机，打破了新自由主义全球化日益增长的发展趋势。此外，世界多个地区的市场化民主化转型遭受严重挫折，不仅造成了巨大的经济和社会损失，而且还使全球遭遇长期挫折与不确定性。日益明显的去全球化趋势表明，以新自由主义经济正统论和西方民主制度范本为基础的世界秩序模型是存在缺陷的。现实与“理论”的巨大反差，使世界各国有识之士开始对西方国家倡导的发展模式提出疑问，并重新思考和探索真正适合于欠发达国家的发展道路。2008 年国际金融危机不仅引发了现实世界的巨大震荡，也对全球思想领域形成了巨大冲击，反全球化、反自由贸易、反多边主义浪潮此起彼伏，反映出人们已经认识到新自由主义模式存在巨大弊端，但一时又尚未找到能够指引人类社会走出当前困局、实现持续发展的新理论新模式。西方自由主义发展模式出现危机，有助于我们在现代化建设的征程上破除迷信思想、坚定信念；全球对新发展理念和模式的迫切需求前所未有，也为我们加快探索发展新道路提出了更高要求。如果中国能够通过发展实践走出一条符合自身条件和人类社会进步方向的现代化道路，为世界上那些既希望加快发展又希望保持自身独立性的国家和民族提出全新选择，将是一项意义十分重大的全球性公共品和对人类社会的重要贡献。

从中国自身讲，中国影响和创造战略机遇期的能力显著增强。首先，习近平新时代中国特色社会主义思想的形成，为中国应对百年未有之大变局提供了科学的理论指导。习近平新时代中国特色社会主义思想用“十个明确”和“十四个坚持”，从理论和实践上系统回答了新时代坚持和发展什么样的中国特色社会主义、怎样坚持和发展中国特色社会主义这个重大时代课题。习近平通过对经济、军事、外交和生态文明建设以及其他治国理政重大问题的阐述，明确了中国如何进行经济建设、军队建设、外交和生态文明建设，如何在国内国际各方面推进改革发展，参与全球治理体系改革和建设；通过对中国在本世纪中叶建成富强民主文明和谐美丽的社会主义现代化强国“两步走”战略的阐述，明确了中国未来一个时期内的发展目标和战略部署，为中国新时代发展指明了方向和道路。

其次，中国特色社会主义制度的完善，为中国应对百年未有之大变局提供了根本的保障。中国特色社会主义最本质的特征是中国共产党领导，中国特色社会主义制度的最大优势是中国共产党领导。党对经济、政治、文化、社会等的全面领导和统筹，有效地凝聚共识、形成合力，确保了国家发展方向的正确与社会的和谐稳定。以人民为中心的制度设计，人民代表大会制度，公有制为主体、多种所有制经济共同发展的基本经济制度，保证了国家的人民性，确保了发展的成果由大多数人共享，经济发展充满活力。民主集中制的组织方式，保证了制度的高效运行，使得我们办大多数事情、做大多数工作时，比别的组织方式更加高效。实事求是的原则，保证了中国特色社会主义制度在 40 多年的改革开放中实现了不断发展，使得这一制度在社会主义现代化建设和中华民族伟大复兴的进程中拥有强大的生命力。

中国特色社会主义道路的开辟，为中国应对百年未有之大变局打下了坚实的基础。改革开放之初，按照名义汇率计算，中国经济总量占全球经济总量的比重不到 2%，即便是到党的十六大首次提出“重要战略机遇期”概念的 2002 年，中国经济总量仅占全球比重的 4%。那时，思考战略机遇期，基本将外部环境作为一个不可控的外生变量。而今，中国经济总量占全球比重已经达到 17% 以上，成为对全球经济运行影响最大的经济体之一。我国主动影响外部环境、创造有利条件、开拓发展空间的能力显著提升，“战略机遇期”的内生性日益增强，这是我国主动作为，“化危为机、转危为安”的重要前提。

从对全球经济总体运行的影响看，中国已成为全球经济增长最主要的贡献者。根据世界银行提供的不变价美元数据测算，2009—2017 年，美国、欧盟、日本对全球经济增长的贡献率分别为 14.6%、8.6%、2.4%，而中国对全球经济增长的贡献率达到 32.6%，大幅超过美、欧、日贡献的总和。这一事实表明，在全球经济面临困局乃至遭遇重大曲折时，中国依然有能力实现相对稳定的发展，并为全球经济增长提供支撑。

从国家间经贸联系看，随着对外开放不断扩大，中国已与越来越多的国家形成紧密的发展利益共同体。“2001 年中国加入世界贸易组织后，与世界其他国家的经贸联系进一步密切，我国在全球贸易中的地位加快提高。根据相关统计，2006 年，美国是全球 127 个国家的最大贸易伙伴，中国是全球 70 个国家的最大贸易伙伴。到 2011 年，这一情形已实现完全逆转，中国成为 124 个国家的最大贸易伙伴，美国则下降至 76 个。到 2020 年，中国成为全球 150 个国家和地区的最大贸易伙伴。”[①] 贸易联通是政策沟通、民心相通的坚实基础，在全球贸易格局中占据中心地位，将极大提升我国在国际交往中的影响力和话语权。独立完整的工业体系和自主性日益增强的科技创新体系，为中国积极把握变局、主动引导变局提供了有力支撑。如上文所述，中国是世界上唯一拥有联合国产业分类目录中所有工业门类的国家。在科技创新领域，中国研发投入规模居世界第二位，科技进步贡献率提高到接近 60%，在传统短板领域的追赶步伐正在加快，在部分新兴领域开始呈现与发达国家并跑乃至领跑的局面。工业体系和科技创新体系的发展，使我国在应对外部环境变化时拥有更大的回旋空间，在发展路径和政策的选择上具备更强的自主性，在产业技术革命爆发的窗口期到来时有更加充分的条件实施转化。

塑造战略机遇期要紧扣重要战略机遇期的新内涵，树立机遇意识，调动和运用好国内外形势变化带来的一切积极因素，充分发挥我国的独特优势，抢占未来发展制高点。要防微虑远、谋定后动，做好万全准备，同时善于学会利用危机，在应对危机中创造机遇，化危为机，转危为安，变外部压力为发展动力。

（二）为实现中华民族伟大复兴保驾护航

实现中华民族伟大复兴是历史发展赋予中国共产党的使命。新中国成立以来，在中国共产党领导下，中国人民赢得了民族独立，继而开展经济社会建设，并在这个过程中努力探索适合中国

① 侯永志、贾珅:《认识和把握重要战略机遇期的新内涵》,《中国经济时报》2019 年 10 月 28 日，第 5 版。

国情的发展道路，特别是通过改革开放取得了现代化建设的伟大成就，在实现中华民族伟大复兴的历史征程中取得了一个个胜利。党的十八大闭幕不久，习近平总书记就用中国梦的标识性概念作出实现中华民族伟大复兴的话语表达。关于实现中国梦的一系列重要论述，成为激励全党全国各族人民砥砺奋进的强大精神力量。“五位一体”总体布局和“四个全面”战略布局，推动中国特色社会主义进入新时代。党中央适时提出了全面建成小康社会、开启全面建设社会主义现代化国家新征程的战略谋划，实现了“两个一百年”奋斗目标的相互衔接。2035 年远景目标和本世纪中叶“两个十五年”的部署，揭示了新时代党领导人民进行新的伟大实践的方向标、时间表和路线图。中华民族伟大复兴的战略全局是解决中国特色社会主义事业发展的根本方向问题。

中华民族伟大复兴战略全局意味着：一是任何利益都不能高于这个利益，任何阻碍中华民族伟大复兴的问题都必须予以解决。这既是中华民族为之奋斗了 180 多年的伟大梦想，也是中国共产党为之奋斗了一百年的伟大理想。二是国家完全统一是伟大复兴的内在组成部分，因此，任何形式的国家分裂行为都必须坚决反对。2019 年 1 月，习近平总书记在《告台湾同胞书》发表 40 周年纪念会上的讲话中指出：“民族复兴、国家统一是大势所趋、大义所在、民心所向。”[①] 中华民族的伟大复兴，意味着中国大国地位的重新被肯定。世界近代史上一些大国崛起，通常走的老路都是建立殖民体系、争夺势力范围、对外武力扩张，在追求自身发展的同时给其他国家造成巨大损害。特别是在 20 世纪，大国追逐霸权、实力对抗、兵戎相见，更使人类惨遭两次世界大战的浩劫。这些都是殖民主义、资本主义、帝国主义、霸权主义带来的恶果。而且，建立

①《习近平谈治国理政》第三卷，外文出版社 2020 年版，第 405 页。

在殖民主义、帝国主义、霸权主义基础上的旧秩序，使得贫国愈贫，富国愈富，贫国和富国的差距越来越大。[①]党的十八大以来，在以习近平同志为核心的党中央坚强领导下，中国特色社会主义建设取得全方位的、开创性的历史性成就，进入了中国特色社会主义新时代。这意味着“近代以来久经磨难的中华民族迎来了从站起来、富起来到强起来的伟大飞跃，迎来了实现中华民族伟大复兴的光明前景；意味着科学社会主义在二十一世纪的中国焕发出强大生机活力，在世界上高高举起了中国特色社会主义伟大旗帜；意味着中国特色社会主义道路、理论、制度、文化不断发展，拓展了发展中国家走向现代化的途径，给世界上那些既希望加快发展又希望保持自身独立性的国家和民族提供了全新选择，为解决人类问题贡献了中国智慧和中国方案”[②]。这些伟大成就之所以能够取得，都是由于中国不断发展和完善中国特色社会主义、坚持走和平发展道路。

中国的实践将为人类新的文明轴心和世界秩序带来全新的视野。习近平总书记在党的十九大报告中强调：“我们比历史上任何时期都更接近、更有信心和能力实现中华民族伟大复兴的目标。”[③]“我们有坚强决心、坚定意志、坚实国力应对挑战，有足够的底气、能力、智慧战胜各种风险考验，任何国家任何人都不能阻挡中华民族实现伟大复兴的历史步伐。”[④]这是经历了多少奋斗和牺牲、艰辛和苦难才赢得的伟大成就，必须倍加珍惜。在社会主义现代化基础上实现中华民族伟大复兴，是党和人民的最高利益所在，必须坚定不移、排除万难向着这个既定目标持续不断地迈进，任何可能迟滞或中断中华民族伟大复兴进程的重大风险挑战，都必须毫不含

---

①《邓小平外交思想学习纲要》，世界知识出版社2000年版，第10页。

② 中共中央党史和文献研究院：《十九大以来重要文献选编》（上），中央文献出版社2019年版，第6—7页。

③《习近平谈治国理政》第三卷，外文出版社2020年版，第12页。

④《中共中央召开党外人士座谈会》，《人民日报》2020年7月31日，第1版。

糊地全力防范、妥善化解。

实现中华民族伟大复兴，绝不可能是轻轻松松、一帆风顺的，必然要经历一番艰苦的磨炼和斗争。大国的复兴代表了一个民族的重新崛起，这不仅将对国家内部产生深远影响，同时也将对原有的国际政治秩序带来影响。美国学者约翰·米尔斯海默在《大国政治的悲剧》中提出，国际政治是大国政治。国际体系是一个险恶而残忍的角斗场，要想在其中生存，只得为权力而相互竞争。1500年以来的世界历史证明，任何一个大国的兴起，都会给既有的国际体系带来巨大的冲击。由于近代以来的国家始终生活在“每个国家反对每个国家”的“霍布斯时代”，所以所有的大国都对新兴大国的崛起充满疑惑。荷兰之于葡萄牙、西班牙，英法之于荷兰，英国之于法国，美国之于英法，都曾经历这些难题。因此，跨越传统大国崛起的困境，为实现中华民族伟大复兴创造良好的国际环境，是新时代中国国际战略总的出发点。

综上所述，中国特色社会主义进入新时代后，国际国内形势面临深刻而复杂的变化，世界面临百年未有之大变局，和平与发展仍是时代主题。国际力量对比发生重大变化，经济全球化、信息社会化飞速发展，并在以前所未有的速度改变着当今国际社会的生产方式和生活方式，世界各国间相互依存日益加深。与此同时，国际社会面临越来越严峻诸多问题的挑战。大国竞争程度加深，美国对华战略中防范、遏制的一面上升。中国能否跨越大国崛起的历史周期率，成为国际国内战略人士关注的焦点。国内正处于“两个一百年”奋斗目标的历史交汇期，短期目标是中国进入全面建成小康社会的决胜阶段，长远目标是中国进入全面建设社会主义现代化强国的新阶段，中国从来也没有像今天这样接近实现中华民族伟大复兴的中国梦的目标。但国内发展也面临一系列的问题。中国经济发展进入新常态，改革开放进入攻坚阶段。中国存在的问题是发展中的问题，而发展需要一个良好的国际环境。基于国内国际两个大局的中国特色大国战略思想的出发点和立足点是，为实现建设社会主义现代化强国目标，为实现中华民族伟大复兴的中国梦创造有利的国际环境。

第十章　中国特色大国战略思想基本内涵

进入新时代以来，以习近平同志为核心的党中央，站在统筹中华民族伟大复兴的战略全局和世界百年未有之大变局的高度，科学把握当今时代发展潮流和新时代中国历史方位，统筹国内国际两个大局、统筹安全发展两件大事，坚持独立自主的和平外交方针，坚定不移走和平发展道路，坚定不移维护世界和平、促进共同发展，推动构建以合作共赢为核心的新型国际关系，打造人类命运共同体，大力推进新时代中国国际战略理论和实践创新，丰富了中国国际战略思想体系。

一、推动构建人类命运共同体

命运共同体理念是新时代中国国际战略思想的核心内容，是为应对世界百年未有之大变局和全球性治理问题而提出的审慎的重大倡议，具有时代性、全局性和系统性。

（一）命运共同体理念的产生和发展

用“命运共同体”来描述国际体系未来发展方向的提法源于2011年《中国的和平发展》白皮书，其中提出：“不同制度、不同类型、不同发展阶段的国家相互依存、利益交融，形成‘你中有我、我中有你’的命运共同体。”[①] 针对恐怖主义、大规模杀伤性武器扩散、金融危机、严重自然灾害、气候变化、能源资源安全、粮食安全、公共卫生安全等攸关人类生存和经济社会可持续发展的全球性问题对人类共同安全带来的挑战，中国倡议：“国际社会应该超越国际关系中陈旧的零和博弈，超越危险的冷战、热战思维，超

① 中华人民共和国国务院新闻办公室：《中国的和平发展》，《人民日报》2011年9月7日，第15版。

越曾把人类一次次拖入对抗和战乱的老路。要以命运共同体的新视角，以同舟共济、合作共赢的新理念，寻求多元文明交流互鉴的新局面，寻求人类共同利益和共同价值的新内涵，寻求各国合作应对多样化挑战和实现包容性发展的新道路。”[①]

2012年11月，党的十八大报告在谈及“促进人类和平与发展”问题时，正式提出“人类命运共同体”概念。报告指出：“要倡导人类命运共同体意识，在追求本国利益时兼顾他国合理关切，在谋求本国发展中促进各国共同发展，建立更加平等均衡的新型全球发展伙伴关系，同舟共济，权责共担，增进人类共同利益。”[②]此后，习近平总书记又在不同场合对人类命运共同体的内涵进行了阐述，形成了比较完整的思想理念。

国际上，“命运共同体”理念是沿着周边—发展中国家—国际多边场合这一轨迹被推向国际社会的。应俄罗斯总统普京的邀请，国家主席习近平于2013年3月对俄罗斯进行国事访问，这是习近平就任国家主席之后的首访，可见他对中俄关系的重视。访问期间，习近平主席在莫斯科国际关系学院发表了《顺应时代前进潮流，促进世界和平发展》的重要演讲。习近平在演讲中指出：“这个世界，各国相互联系、相互依存的程度空前加深，人类生活在同一个地球村里，生活在历史和现实交汇的同一个时空里，越来越成为你中有我、我中有你的命运共同体。”[③]这是习近平首次在外交场合提出“人类命运共同体”理念。

2013年秋，国家主席习近平在访问印度尼西亚时，从区域视角再次谈到命运共同体的理念。10月3日，习近平在印度尼西亚

① 中华人民共和国国务院新闻办公室：《中国的和平发展》，《人民日报》2011年9月7日，第15版。

② 中共中央文献研究室编：《十八大以来重要文献选编》（上），中央文献出版社2014年版，第37页。

③《习近平谈治国理政》，外文出版社2014年版，第272页。

发表《携手建设中国—东盟命运共同体》的演讲中指出："在漫长历史进程中，中国和东盟国家人民创造了丰富多彩、享誉世界的辉煌文明。这里是充满多样性的区域，各种文明在相互影响中融合演进，为中国和东盟国家人民相互学习、相互借鉴、相互促进提供了重要文化基础。我们要积极借鉴其他地区发展经验，欢迎域外国家为本地区发展稳定发挥建设性作用。同时，域外国家也应该尊重本地区的多样性，多做有利于本地区发展稳定的事情。中国—东盟命运共同体和东盟共同体、东亚共同体息息相关，应发挥各自优势，实现多元共生、包容共进，共同造福于本地区人民和世界各国人民。"① 习近平提议将坚持讲信修睦，坚持合作共赢，坚持守望相助，坚持心心相印，坚持开放包容五个方面作为中国、东盟双方要着重努力的方向，强调一个更加紧密的中国—东盟命运共同体，符合求和平、谋发展、促合作、图共赢的时代潮流，符合亚洲和世界各国人民共同利益，具有广阔发展空间和巨大发展潜力。

2013 年 10 月 25 日，中共中央召开新中国成立以来首次周边外交工作座谈会。习近平总书记在会上发表了重要讲话，要求将命运共同体意识贯彻到周边外交工作中，携手周边国家构建命运共同体。习近平强调，"我国周边外交的战略目标，就是服从和服务于实现"两个一百年"奋斗目标、实现中华民族伟大复兴，全面发展同周边国家的关系，巩固睦邻友好，深化互利合作，维护和用好我国发展的重要战略机遇期，维护国家主权、安全、发展利益，努力使周边同我国政治关系更加友好、经济纽带更加牢固、安全合作更加深化、人文联系更加紧密。"② "要对外介绍好我国的内外方针政策，讲好中国故事，传播好中国声音，把中国梦同周边各国人民过上美好生活的愿望、同地区发展前景对接起来，让命运共同体意识

①《习近平谈治国理政》，外文出版社 2014 年版，第 294—295 页。

② 同上书，第 297 页。

在周边国家落地生根。”[①]

此后，中国领导人持续在国际场合倡导人类命运共同体理念，命运共同理念逐渐成为中国对外战略的指导思想。2014年6月，习近平在中阿合作论坛第六届部长级会议开幕式上发表讲话，呼吁弘扬丝路精神，坚持共商、共建、共享原则，共建“一带一路”，以推进中阿双方的务实合作深化发展，实现互利共赢，打造中阿利益共同体和命运共同体“[②]。同年7月，中国—拉美和加勒比国家领导人会晤在巴西利亚举行，习近平围绕“平等互利、合作共赢、共同发展”的主题，发表了《努力构建携手共进的命运共同体》的主旨讲话。习近平指出:“中国人民正在为实现中华民族伟大复兴的中国梦而奋斗，拉美和加勒比各国人民也在为实现团结协作、发展振兴的拉美梦而努力。共同的梦想和共同的追求，将中拉双方紧紧联系在一起。让我们抓住机遇，开拓进取，努力构建携手共进的命运共同体，共创中拉关系的美好未来。”[③]就构建政治上真诚互信、经贸上合作共赢、人文上互学互鉴、国际事务中密切协作、整体合作和双边关系相互促进的中拉关系“五位一体”新格局，习近平主席提出5点建议:第一，坚持平等相待，始终真诚相助;第二，坚持互利合作，促进共同发展;第三，坚持交流互鉴，巩固世代友好;第四，坚持国际协作，维护共同权益;第五，坚持整体合作，促进双边关系。[④]

在博鳌亚洲论坛2015年年会上，国家主席习近平以《迈向命运共同体　开创亚洲新未来》为题做主旨演讲，提出亚洲命运共同体理念，并首次阐释迈向命运共同体的内涵。习近平指出:“人

①《习近平谈治国理政》，外文出版社2014年版，第299页。

② 同上书，第316页。

③ 习近平:《努力构建携手共进的命运共同体——在中国—拉美和加勒比国家领导人会晤上的主旨讲话》,《人民日报》2014年7月19日，第2版。

④ 同上。

类只有一个地球，各国共处一个世界。世界好，亚洲才能好；亚洲好，世界才能好。面对风云变幻的国际和地区形势，我们要把握世界大势，跟上时代潮流，共同营造对亚洲、对世界都更为有利的地区秩序，通过迈向亚洲命运共同体，推动建设人类命运共同体。”[①] 习近平就迈向命运共同体提出“四个必须坚持”：必须坚持各国相互尊重、平等相待；必须坚持合作共赢、共同发展；必须坚持共同、综合、合作、可持续的安全；必须坚持不同文明兼容并蓄、交流互鉴。[②]

亚非会议是亚非国家在历史上第一次自己组织和发起的国际性会议，会议高举独立、和平、友好与合作的旗帜，形成了举世闻名的万隆精神，对战后国际新秩序的构建发挥了积极作用。构建人类命运共同体是在新的历史条件下构建国际新秩序的目标追求。2015 年 4 月，亚非领导人会议和万隆会议 60 周年纪念活动在印度尼西亚雅加达举行，国家主席习近平应邀出席会议。习近平在亚非领导人会议上发表讲话，阐述了万隆精神与构建人类命运共同体的关系。习近平指出，60 年前，亚非 29 个国家和地区领导人出席了万隆会议，形成了团结、友谊、合作的万隆精神，促进了亚非拉民族解放运动，加速了全球殖民体系瓦解的历史进程。会议在和平共处五项原则基础上，提出处理国家间关系的十项原则，为推动国际关系朝着正确方向发展，为推动亚非合作、南南合作，为促进南北合作，发挥了重大历史性作用。因此，万隆会议是亚非人民团结合作的一个里程碑。60 年后的今天，和平、发展、合作、共赢的时代潮流更加强劲，各国越来越成为你中有我、我中有你的命运共同体。同时，应该看到，世界还很不太平，局部动荡此起彼伏，恐

① 习近平：《迈向命运共同体　开创亚洲新未来》，《人民日报》2015 年 3 月 29 日，第 1 版。

② 同上。

怖主义、重大传染性疾病等全球性问题不断增多，南北差距依然悬殊，亚非国家的主权安全、团结合作、共同发展依然面临不少困难和挑战。习近平表示：新形势下，万隆精神仍然具有强大生命力。我们要大力弘扬万隆精神，不断赋予其新的时代内涵，推动构建以合作共赢为核心的新型国际关系，推动国际秩序和国际体系朝着更加公正合理的方向发展，推动建设人类命运共同体，更好造福亚非人民及其他地区人民。①

"命运共同体"理念在党的十八大报告中正式提出后，党和国家领导人在国际上不同场合多次提及，并从不同方面对"命运共同体"理念进行了阐述，先后提出中国—东盟命运共同体理念、中国同周边国家的命运共同体理念、中阿利益共同体和命运共同体理念、中拉努力构建携手共进的命运共同体、亚洲共同体理念和人类命运共同体理念，丰富了"命运共同体"理念的内涵。2015 年 9 月 3 日，在纪念中国人民抗日战争暨世界反法西斯战争胜利 70 周年大会上，习近平发表了《铭记历史、缅怀先烈、珍爱和平、开创未来》的讲话，初步阐述了推动构建命运共同体应当坚持的原则。习近平指出："为了和平，我们要牢固树立人类命运共同体意识。偏见和歧视、仇恨和战争，只会带来灾难和痛苦。相互尊重、平等相处、和平发展、共同繁荣，才是人间正道。世界各国应该共同维护以联合国宪章宗旨和原则为核心的国际秩序和国际体系，积极构建以合作共赢为核心的新型国际关系，共同推进世界和平与发展的崇高事业。"②

2015 年 9 月 28 日，习近平主席在纽约联合国总部出席第七十届联合国大会一般性辩论时，发表了《携手构建合作共赢新伙

---

① 习近平：《弘扬万隆精神　推进合作共赢——在亚非领导人会议上的讲话》，《人民日报》2015 年 4 月 23 日，第 2 版。

②《习近平谈治国理政》第二卷，外文出版社 2017 年版，第 446 页。

伴　同心打造人类命运共同体》的重要讲话，比较系统地提出了人类命运共同体理念的框架，阐述了打造人类命运共同体“五位一体”的总方略，呼吁国际社会为构建人类命运共同体而不懈努力。习近平指出，70 年前，我们的先辈集各方智慧，制定了联合国宪章，奠定了现代国际秩序基石，确立了当代国际关系基本准则。和平、发展、公平、正义、民主、自由，是全人类的共同价值，也是联合国的崇高目标。目标远未完成，我们仍须努力。当今世界，各国相互依存、休戚与共。我们要继承和弘扬联合国宪章的宗旨和原则，构建以合作共赢为核心的新型国际关系，打造人类命运共同体。习近平在讲话中提出了五个方面的努力方向：一是要建立平等相待、互商互谅的伙伴关系。世界各国一律平等，不能以大压小、以强凌弱、以富欺贫，要在国际和区域层面建设全球伙伴关系。二是要营造公道正义、共建共享的安全格局。摒弃一切形式的冷战思维，树立共同、综合、合作、可持续安全的新观念，要充分发挥联合国及其安理会在止战维和方面的核心作用，通过和平解决争端和强制性行动双轨并举，化干戈为玉帛。要统筹应对传统和非传统安全威胁，防战争祸患于未然。三是要谋求开放创新、包容互惠的发展前景。要吸取 2008 年国际经济金融危机放任资本逐利教训，用好“看不见的手”和“看得见的手”，努力形成市场作用和政府作用有机统一、相互促进，打造兼顾效率和公平的规范格局。四是要促进和而不同、兼收并蓄的文明交流。文明相处需要和而不同的精神。文明之间要对话，不要排斥；要交流，不要取代。要尊重各种文明，平等相待，互学互鉴，兼收并蓄，推动人类文明实现创造性发展。五是要构筑尊崇自然、绿色发展的生态体系。国际社会要牢固树立尊重自然、顺应自然、保护自然的意识，坚持走绿色、低碳、循环、可持续发展之路。[①]这里，习近平把和平、发展、公平、正义、民主、自由作为全人类的共同价值，并把它和联合国宪章所倡导的原则精神一起作为构建人类命运共同体的原则和基础。

对非外交一直是中国外交的一个重要基础。新时代中国积极倡导以命运共同体理念引领中非友好合作关系进一步走向深入。2015 年 12 月 4 日，国家主席习近平在中非合作论坛约翰内斯堡会议上发表题为《开启中非合作共赢、共同发展的新时代》的讲话，明确提出中非命运共同的理念，以及构建中非命运共同体的原则和建议。习近平指出，中非历来是命运共同体。共同的历史遭遇、共同的奋斗历程，让中非人民结下了深厚的友谊。长期以来，我们始终风雨同舟、相互支持；未来，我们将携手迈向合作共赢、共同发展的新时代。为此，我们要坚持政治上平等互信、经济上合作共赢、文明上交流互鉴、安全上守望相助、国际事务中团结协作。中方将秉持真实亲诚对非政策理念和正确义利观，同非洲朋友携手迈向合作共赢、共同发展的新时代。习近平提议，将中非新型战略伙伴关系提升为全面战略合作伙伴关系，并为此做强和夯实"五大支柱"："第一，坚持政治上平等互信。高度政治互信是中非友好的基石。我们要尊重各自选择的发展道路，不把自己的意志强加给对方。在事关双方核心利益和重大关切问题上，要坚持相互理解、相互支持，共同维护公平正义。中方始终主张，非洲是非洲人的非洲，非洲的事情应该由非洲人说了算。第二，坚持经济上合作共赢。中国人讲究'义利相兼，以义为先'。中非关系最大的'义'，就是用中国发展助力非洲的发展，最终实现互利共赢、共同发展。我们要充分发挥中非政治互信和经济互补的优势，以产能合作、三网一化为抓手，全面深化中非各领域合作，让中非人民共

---

① 中共中央文献研究室：《十八大以来重要文献选编》（中），中央文献出版社 2016 年版，第 696—698 页。

享双方合作发展成果。第三，坚持文明上交流互鉴。世界因为多彩而美丽。我们为中非都拥有悠久灿烂的文明而自豪。我们要加强中非两大文明交流互鉴，着力加强青年、妇女、智库、媒体、高校等各界人员往来，促进文化融通、政策贯通、人心相通，推动共同进步，让中非人民世代友好。第四，坚持安全上守望相助。贫困是动荡的根源，和平是发展的保障，发展是解决一切问题的总钥匙。中方支持非洲人以非洲方式解决非洲问题，主张解决安全问题要标本兼治、综合施策，愿意积极参与非洲加强维护和平安全能力建设，支持非洲加快发展，消除贫困，实现持久和平。第五，坚持国际事务中团结协作。中非在国际事务中拥有广泛的共同语言和共同利益。我们要加强协商协作，推动全球治理体系向着更加公正合理的方向发展，维护共同利益。中方将继续在联合国等场合为非洲仗义执言、伸张正义，支持非洲在国际舞台上发挥更大作用。”①

进入21世纪以来，随着信息化深入发展，互联网为当今世界生产、生活提供了极大的便利。但“互联网是一把双刃剑，用得好，它是阿里巴巴的宝库，里面有取之不尽的宝物；用不好，它是潘多拉的魔盒，给人类自己带来无尽的伤害”②。互联网发展对国家主权、安全、发展利益提出了新的挑战，迫切需要国际社会认真应对、谋求共治、实现共赢。为此，中国自2014年起在浙江乌镇每年举行一次世界互联网大会，“旨在让各国在争议中求共识、在共识中谋合作、在合作中创共赢，让互联网造福世界”③。在此基础上，中国领导人提出构建网络空间命运共同体的理念。2015年12月16日，国家主席习近平在第二届世界互联网大会开幕式上发表

① 习近平：《开启中非合作共赢、共同发展的新时代——在中非合作论坛约翰内斯堡峰会开幕式上的致辞》，《人民日报》2015年12月5日，第2版。

② 张洋：《用法治规范网络空间》，《人民日报》2014年10月31日，第12版。

③ 同上。

讲话指出："网络空间是人类共同的活动空间，网络空间前途命运应由世界各国共同掌握。各国应该加强沟通、扩大共识、深化合作，共同构建网络空间命运共同体。"①为此，习近平提出5点主张：第一，加快全球网络基础设施建设，促进互联互通。中国愿同各方一道，加大资金投入，加强技术支持，共同推动全球网络基础设施建设，让更多发展中国家和人民共享互联网带来的发展机遇。第二，打造网上文化交流共享平台，促进交流互鉴。中国愿通过互联网架设国际交流桥梁，推动世界优秀文化交流互鉴，推动各国人民情感交流、心灵沟通。我们愿同各国一道，发挥互联网传播平台优势，让各国人民了解中华优秀文化，让中国人民了解各国优秀文化，共同推动网络文化繁荣发展，丰富人们精神世界，促进人类文明进步。第三，推动网络经济创新发展，促进共同繁荣。中国开放的大门永远不会关上，利用外资的政策不会变，对外商投资企业合法权益的保障不会变，为各国企业在华投资兴业提供更好服务的方向不会变。只要遵守中国法律，我们热情欢迎各国企业和创业者在华投资兴业。我们愿意同各国加强合作，通过发展跨境电子商务、建设信息经济示范区等，促进世界范围内投资和贸易发展，推动全球数字经济发展。第四，保障网络安全，促进有序发展。各国应该携手努力，共同遏制信息技术滥用，反对网络监听和网络攻击，反对网络空间军备竞赛。中国愿同各国一道，加强对话交流，有效管控分歧，推动制定各方普遍接受的网络空间国际规则，制定网络空间国际反恐公约，健全打击网络犯罪司法协助机制，共同维护网络空间和平安全。第五，构建互联网治理体系，促进公平正义。国际网络空间治理，应该坚持多边参与、多方参与，由大家商量着办，发挥政府、国际组织、互联网企业、技术社群、民间机构、公民个

① 习近平：《在第二届世界互联网大会开幕式上的讲话》，《人民日报》2015年12月17日，第2版。

人等各个主体作用，不搞单边主义，不搞一方主导或由几方凑在一起说了算。各国应该加强沟通交流，完善网络空间对话协商机制，研究制定全球互联网治理规则，使全球互联网治理体系更加公正合理，更加平衡地反映大多数国家意愿和利益。①

自 20 世纪上半叶核武器出现以来，核问题一直是攸关世界安全的重大问题，国际社会为此建立了一系列涉核的机制和机构，旨在加强国际社会在核安全方面的合作与共识，防范核安全问题对人类社会带来的威胁。2016 年 4 月 1 日，国家主席习近平在华盛顿出席第四届核安全峰会期间，提出了核安全命运共同体的理念，展现了中国对核安全问题的高度重视，体现了中国对全球安全治理的大国担当。习近平指出:“核恐怖主义是全人类的公敌，核安全事件的影响超越国界。在互联互通时代，没有哪个国家能够独自应对，也没有哪个国家可以置身事外。在尊重各国主权的前提下，所有国家都要参与到核安全事务中来，以开放包容的精神，努力打造核安全命运共同体。”② 习近平通过全面阐释和深入解读“合作共赢”“共同安全”“共享发展”等理念，为全球治理提供了全新的思路与模式，成为国际舆论热议并接受的重要论断。

作为 2017 年中国外交的开篇之举，国家主席习近平于 1 月中旬对瑞士进行国事访问，出席世界经济论坛 2017 年年会并访问瑞士国际组织。中国国家主席出席在瑞士达沃斯举行的世界经济论坛年会、访问世界卫生组织和国际奥委会都是中国外交史上的首次。此次访问，充分彰显了中国领导人对多边主义的重视，在中国同有关国际组织合作历史上留下了深刻印记③。在访问联合国日内瓦

---

① 习近平:《在第二届世界互联网大会开幕式上的讲话》,《人民日报》2015 年 12 月 17 日，第 2 版。

② 习近平:《加强国际核安全体系　推进全球核安全治理》,《人民日报》2016 年 4 月 3 日，第 2 版。

③ 杜尚泽等:《习近平将对瑞士进行国事访问、出席世界经济论坛 2017 年年会并访问瑞士国际组织》,《人民日报》2017 年 1 月 12 日，第 3 版。

总部期间，习近平主席发表《共同构建人类命运共同体》的主旨演讲，全面阐述人类命运共同体理念，就事关人类前途命运的重大问题提供中国方案。针对全球化问题给人类带来的挑战，他提出的中国方案是：构建人类命运共同体，实现共赢共享。“纵观近代以来的历史，建立公正合理的国际秩序是人类孜孜以求的目标。从 360 多年前《威斯特伐利亚和约》确立的平等和主权原则，到 150 多年前日内瓦公约确立的国际人道主义精神；从 70 多年前联合国宪章明确的四大宗旨和七项原则，到 60 多年前万隆会议倡导的和平共处五项原则，国际关系演变积累了一系列公认的原则。这些原则应该成为构建人类命运共同体的基本遵循。”[①] 习近平强调，国际社会要从伙伴关系、安全格局、经济发展、文明交流、生态安全等方面作出努力，坚持对话协商、共建共享、合作共赢、交流互鉴、绿色低碳等原则，建设一个持久和平、普遍安全、共同繁荣、开放包容、清洁美丽的世界，共同推进构建人类命运共同体伟大进程。习近平向全世界庄严宣告：中国维护世界和平的决心不会改变，中国促进共同发展的决心不会改变，中国打造伙伴关系的决心不会改变，中国支持多边主义的决心不会改变。[②] 此次演讲全面明确了“人类命运共同体”理念的动因、愿景与实施路径，极大提升了这一理念的影响力和感召力。

随着“一带一路”建设不断取得新进展，中国同沿线国家间务实合作关系也在不断深化。“一带一路”倡导的“共商、共建、共享”合作模式成为国际关系中一种新的合作模式，其目的是促进合作方共同发展和繁荣，这也是构建人类命运共同体理念的应有之义。2017 年 5 月，国家主席习近平在第一届“一带一路”国际合作高峰论坛圆桌峰会开幕词中对此进行了阐述。习近平指出：“在

①《习近平谈治国理政》第二卷，外文出版社 2017 年版，第 539 页。
② 同上书，第 541—547 页。

‘一带一路’建设国际合作框架内，各方秉持共商、共建、共享原则，携手应对世界经济面临的挑战，开创发展新机遇，谋求发展新动力，拓展发展新空间，实现优势互补、互利共赢，不断朝着人类命运共同体方向迈进。这是我提出这一倡议的初衷，也是希望通过这一倡议实现的最高目标。”[①]“‘一带一路’建设不是另起炉灶、推倒重来，而是实现战略对接、优势互补，”[②]把沿线各国人民紧密联系在一起，致力于合作共赢、共同发展，让各国人民更好共享发展成果，这也是中方倡议共建人类命运共同体的重要目标。

经过几年的发展完善，中国关于命运共同理念基本成熟。2017 年 10 月 18 日，中国共产党第十九次全国代表大会召开。中共中央总书记习近平在《决胜全面建成小康社会夺取新时代中国特色社会主义伟大胜利》的报告中，反复谈到“人类命运共同体”理念。这一理念成为习近平新时代中国特色社会主义思想的重要内容，也成为中国国际战略思想的核心内容。

（二）推动构建人类命运共同体理念的内涵

构建人类命运共同体绝不只是一个口号、一个概念，而是有着丰富内容的科学体系，概括起来就是党的十九大报告提出的“建设持久和平、普遍安全、共同繁荣、开放包容、清洁美丽的世界”。它深刻地回答了“建设一个什么样的世界，怎样建设这个世界”的问题。

在政治上，坚持互相尊重、平等协商，坚决摒弃冷战思维和强权政治，走对话而不对抗、结伴而不结盟的国与国交往新路。主张坚持和平共处五项原则，遵循联合国宪章宗旨。坚持国家不分大小强弱一律平等，尊重各国人民自主选择本国发展道路和社会制

① 习近平:《开辟合作新起点　谋求发展新动力》,《人民日报》2017 年 5 月 15 日，第 3 版。

②《习近平谈治国理政》第二卷，外文出版社 2017 年版，第 509 页。

度，维护国际公平正义，反对把自己的意志强加于他人，反对干涉别国内政，反对以强凌弱。不同国家和民族之间既有特殊价值，又有人类共同价值。习近平主席明确指出，构建“人类命运共同体”，就是希望各国都要建立平等相待、互商互谅的伙伴关系，能够基于自愿自觉形成一种自然聚合，反对建立针对第三方的联盟。

在安全上，坚持对话解决争端、以协商化解分歧，统筹应对传统和非传统安全威胁，反对一切形式的恐怖主义。早在博鳌亚洲论坛2013年年会上，习近平主席在发表主旨演讲时指出：“国家不论大小、强弱、贫富，都应该做和平的维护者和促进者。国际社会应该倡导综合安全、共同安全、合作安全的理念，使我们的地球村成为共谋发展的大舞台，而不是相互角力的竞技场，更不能为一己之私把一个地区乃至世界搞乱。”2015年5月7日，在出席俄罗斯纪念卫国战争胜利70周年庆典并访问俄罗斯前夕，国家主席习近平在俄罗斯《俄罗斯报》发表题为《铭记历史，开创未来》的署名文章。文章指出：“第二次世界大战的惨痛教训告诉人们，弱肉强食、丛林法则不是人类共存之道，穷兵黩武、强权独霸不是人类和平之策，赢者通吃、零和博弈不是人类发展之路。和平而不是战争，合作而不是对抗，共赢而不是零和，才是人类社会和平、进步、发展的永恒主题。”[①]中国倡导国际社会要恪守尊重主权、独立和领土完整、互不干涉内政等国际关系基本准则，统筹维护传统和非传统安全。各国都有平等参与地区安全事务的权力，也都有维护地区安全的责任，要以对话协商、互利合作的方式解决安全问题。

坚持共同、综合、合作、可持续的新安全观，营造公平正义、共建共享的安全格局。共同，就是要尊重和保障每一个国家安全。安全应该是普遍的、平等的。任何国家都不应该谋求垄断地区安全

① 习近平：《铭记历史，开创未来》，《人民日报》2015年5月8日，第3版。

事务，侵害其他国家正当权益。综合，就是要统筹维护传统领域和非传统领域安全。安全问题极为复杂，既有领土主权争端、军事入侵又有民族宗教矛盾，恐怖主义、跨国犯罪、环境安全、网络安全、能源资源安全、重大自然灾害等带来的挑战明显上升，传统安全威胁和非传统安全威胁相互交织。合作，就是要通过对话合作促进各国和本地区安全。要通过坦诚深入的对话沟通，增进战略互信，减少相互猜疑，求同化异、和睦相处。要着眼各国共同安全利益，从低敏感领域入手，积极培育合作应对安全挑战的意识，不断扩大合作领域、创新合作方式，以合作谋和平、以合作促安全。要坚持以和平方式解决争端，反对动辄使用武力或以武力相威胁，反对为一己之私挑起事端、激化矛盾，反对以邻为壑、损人利己。可持续，就是要发展和安全并重以实现持久安全。发展是安全的基础，安全是发展的条件。贫瘠的土地上长不成和平的大树，连天的烽火中结不出发展的硕果。对大多数国家来说，发展就是最大安全，也是解决地区安全问题的“总钥匙”。

在经济上，坚持同舟共济，促进贸易和投资自由化便利化，推动经济全球化朝着更加开放、包容、普惠、平衡、共赢的方向发展。把本国发展和世界各国的共同发展紧密联系起来，维护多边贸易体系。不断扩大对外开放，开展经贸技术合作，强化国与国、人与人之间的交流互动，主张国家不论大小、强弱、贫富，都应该平等相待，既把自己发展好，也帮助其他国家发展好。大家都好，世界才能更美好。坚持合作共赢、共同发展的理念，通过共建“一带一路”和亚洲基础设施投资银行等具体机制，将自身发展经验和机遇同世界各国分享，通过自身发展带动世界共同发展，使经济交往成果惠及各方，走出一条互利互惠，公平、开放、全面、创新的新型发展之路，实现各国的共同发展。

在文化上，主张互相包容借鉴，尊重世界文明的多样性。人类创造了丰富多样的文化和文明，具有多样性、民族性、时代性特征的文化与具有悠久性、持续性、兼容性特征的文明构成了人类社会的有机整体，不同文化之间进行交流与合作，不同文明形态之间进行融合与互鉴，可以极大地促进人类社会的共同进步。人类命运共同体理念强调尊重世界多样性和差异性，各种民族文化和而不同、兼蓄并包、互相借鉴、互相学习、互相交流、取长补短，通过协商对话，求同存异，共同推进人类文明的大发展大繁荣。

在生态上，主张尊崇自然和绿色发展，坚持走绿色、低碳、循环可持续发展之路。人与自然是一个不可分割的整体。人类是自然界的产物，人类所创造的一切物质财富，无一不是源于自然界的慷慨恩赐。然而，进入工业社会以后，随着机器的普及和科学技术的进步，人类利用自然、改造自然的能力空前增强，在创造了巨大的物质财富的同时，也面临着自然资源日趋匮乏、生态环境污染和生态破坏等严重问题，致使生态效益与经济效益失衡。因此，必须积极倡导遵循天人合一、道法自然的理念，寻求永续发展之路；倡导绿色、低碳、循环、可持续的生产生活方式，平衡推进 2030 年可持续发展议程，不断开拓生产发展、生活富裕、生态良好的文明发展道路。要合理利用自然，正确处理人与自然的关系，进而促进人与自然的和谐共生。

（三）构建人类命运共同体理念的影响及意义

“命运共同体”理念在提出和不断丰富完善过程中，引起了国际社会的广泛关注。早在“命运共同体”理念提出之初，即在海外引起积极反响。综合分析 2013 年至 2015 年国际主要媒体及智库言论可以发现，在此期间，包括美国等西方舆论在内，国际社会已经普遍意识到该理念具有全新指导意义和实用价值，对这一理念给予充分肯定和高度评价。俄罗斯国际事务理事会主任安德烈·科尔图诺夫认为：“习近平的‘命运共同体’理念首次提出时，就以长远眼光和宏大目标给人留下深刻印象。随着这些年的发展，命运共同体的蓝图日益清晰，影响范围远远超出欧亚大陆，这对阻止世界向单极化方向发展具有重要意义。”① 法国巴黎第八大学中国问题专家皮埃尔·皮卡尔认为：“这一理念体现了中国促进人类和平与发展的态度，‘构建命运共同体’理念对于全球发展具有非常重要的意义。”②

2015 年 9 月至 2016 年 12 月间，国际智库及主要媒体涉及“人类命运共同体”理念的内容迅速增加，数量同比增长在 150% 以上，且正面解读言论明显增多。日本前首相福田康夫认为，这一理念指向“创造所有人幸福生活的人类共同理想”，揭示“只顾自己发展的思维是不行的，要兼顾他人，兼顾世界”。英国 48 家集团俱乐部主席斯蒂芬·佩里认为，这一主张表明“中国希望与世界分享繁荣与利益，在经济、安全等方面承担责任”。随着“人类命运共同体”理念不断系统化，国际社会的认同度不断提升。世界经济论坛的创始人克劳斯·施瓦布认为，这一讲话“具有历史意义”。联合国社会发展委员会第 55 届会议主席菲利普·查沃斯认为，这一理念体现了中国人着眼于维护人类长远利益的远见卓识，符合《联合国宪章》的宗旨原则，对联合国推动世界各国实现可持续发展目标非常重要。③ 英国剑桥大学教授马丁·雅克认为：“中国提供了一种‘新的可能’，这就是摒弃丛林法则、不搞强权独霸、超越零和博弈，开辟一条合作共赢、共建共享的文明发展新道

---

① 杜尚泽等：《习近平致力倡建“人类命运共同体”》，《人民日报》2018 年 10 月 7 日，第 1 版。

② 宗敏：《人类命运共同体理念的形成、实践与时代价值》，《学习时报》2019 年 3 月 29 日，第 2 版。

③ 吴刚：《“‘构建人类命运共同体’理念体现中国维护人类长远利益远见卓识”——访联合国社会发展委员会第 55 届会议主席菲利普·查沃斯》，新华社 2017 年 2 月 19 日。

路。这是前无古人的伟大创举，也是改变世界的伟大创造。”[①]

中国倡导的构建人类命运共同体理念不断被纳入联合国所属机构的相关文件中，成为相关合作领域国际社会共同倡导的理念。2017 年 2 月 10 日，联合国社会发展委员会第 55 届会议经过协商，一致通过“非洲发展新伙伴关系的社会层面”决议，呼吁国际社会本着合作共赢和构建人类命运共同体的精神，加强对非洲经济社会发展的支持。这是联合国决议首次写入“构建人类命运共同体”理念。[②] 2017 年 3 月 17 日，联合国安理会以 15 票赞成，一致通过关于阿富汗问题的第 2344 号决议，强调应本着合作共赢精神推进地区合作，以有效促进阿富汗及地区安全、稳定和发展，构建人类命运共同体。[③]“构建人类命运共同体”理念首次被写入联合国安理会决议中。2017 年 3 月 23 日，联合国人权理事会第三十四次会议通过关于“经济、社会、文化权利”和“粮食权”两个决议，决议明确表示要“构建人类命运共同体”。这是人类命运共同体重大理念首次载入联合国人权理事会决议。[④] 2017 年 11 月 1 日，第七十二届联大负责裁军和国际安全事务第一委员会（联大一委）通过的“防止外空军备竞赛进一步切实措施”和“不首先在外空放置武器”两份安全决议，“构建人类命运共同体”理念再次载入这两份联合国决议，这也是这一理念首次被纳入联合国安全决议。[⑤] 这

---

① 张红：《习近平提出“人类命运共同体”：中国方案激荡》，人民网 2018 年 1 月 27 日。

② 李秉新等：《“构建人类命运共同体”首次写入联合国决议》，《人民日报》2017 年 2 月 12 日，第 12 版。

③ 倪红梅等：《安理会决议呼吁构建人类命运共同体》，《人民日报》2017 年 3 月 19 日，第 3 版。

④ 吴刚：《人类命运共同体理念首次载入联合国人权理事会决议》《人民日报》2017 年 3 月 25 日，第 2 版。

⑤ 殷淼等：《“构建人类命运共同体”理念再次写入联合国决议》，《人民日报》2017 年 11 月 3 日，第 21 版。

充分体现构建人类命运共同体理念已经得到联合国广大会员国的普遍认同，彰显了中国对全球治理的巨大贡献。

构建人类命运共同体理念，既反映了当代国际关系实际，又将人类共同价值和中华优秀文化在新高度上弘扬光大，反映了全人类的普遍愿望和共同心声，是中国引领时代潮流和人类文明进步方向的鲜明旗帜。

第一，构建人类命运共同体理念是马克思主义中国化的最新成果，也是对中国传统文化的继承和创新发展。马克思和恩格斯一生的革命追求，是无产阶级联合起来暴力推翻资产阶级的统治，建立无产阶级自己的政权，最终实现共产主义。共产主义条件下的共同体形式是“人的自由全面发展”的“真正共同体”，马克思恩格斯认为：“只有在共同体中，个人才能获得全面发展其才能的手段，也就是说，只有在共同体中才可能有个人自由。”[①] 中国共产党是为中国人民谋幸福的政党，也是为人类进步事业而奋斗的政党。始终把为人类作出新的更大的贡献作为自己的使命。倡导构建人类命运共同体，就是希望为人类作出新的更大的贡献的具体体现。

中华民族历来追求和睦、爱好和平、倡导和谐，在悠久的历史长河中，形成了博大精深的中华优秀传统文化，包括“天下为公”“兼济天下”的天下情怀，追求“和而不同”“和衷共济”的“和合”文化。中国传统文化中蕴含了和谐的文化精神、价值理念和哲学思维，富含“仁”“爱”“和”的优秀基因。这些优秀传统文化，是中华文明得以传承和繁荣的精神支柱，也是构建人类命运共同体的思想渊源。构建人类命运共同体思想，正是在继承和发扬中国传统文化与智慧的基础之上，将中华优秀传统文化的精髓推向世界，加深了世界对中国的了解，坚定了世界各国对中国的正确认

①《马克思恩格斯选集》第一卷，人民出版社 2012 年版，第 199 页。

识，极大地促进了各国与中国的交流与合作。

第二，构建人类命运共同体理念继承和发展了新中国优秀外交思想。新中国成立以来，为更好地处理中国与世界的关系，中国领导人提出了一系列具有中国特色的外交思想。20 世纪 50 年代，中国提出了和平共处五项原则，主张各国不论社会制度异同，都应根据和平共处五项原则来处理国家关系。20 世纪 70 年代，毛泽东同志首次提出了“三个世界划分”的思想，提出中国属于第三世界，不称霸，把与第三世界的团结合作作为中国发展对外关系的基本立足点。改革开放以来，邓小平同志提出和平与发展是带全球性的两大战略问题的科学理论，强调维护世界和平、促进共同发展是中国外交政策的宗旨，也是义不容辞的责任。中国反对任何形式的霸权主义。中国永远不称霸，谁坚持霸权主义就反对谁。江泽民、胡锦涛同志关于世界多极化、经济全球化、国际关系民主化，维护世界多样性，建立以互信、互利、平等、协作为核心的新安全观，统筹国内国际两个大局，坚持走和平发展道路，奉行互利共赢的开放战略，推动建设持久和平、共同繁荣的和谐世界等一系列重要论述，都进一步丰富和发展了中国特色社会主义外交理论体系。进入新时代，随着中国日益走近世界舞台的中央，中国外交站在了新的历史起点上。习近平总书记指出，中国必须有自己特色的大国外交。我们要在总结实践经验的基础上，丰富和发展对外工作理念，使中国对外工作有鲜明的中国特色、中国风格、中国气派。中国特色意味着走出一条与历史上传统大国不同的道路，彰显中国外交和平、发展、合作、共赢的鲜明特色，在实现中国和平发展的同时，与世界各国共享和平、共同发展。中国注重在追求本国利益时兼顾他国合理关切，把本国利益同各国共同利益结合起来，努力扩大各方共同利益的汇合点，增进人类共同利益。推动构建人类命运共同体，就是要建设持久和平、普遍安全、共同繁荣、开放包容、清洁美丽的世界。美国席勒研究所旧金山湾区负责人迈克尔·斯泰格认为，当今世界仍充斥着负面情绪，缺乏信任，而习近平主席提出的构建人类命运共同体理念和“一带一路”倡议为人类和世界最基本的发展创造了机遇。他说：“现在最重要的是美国、俄罗斯、中国以及来自亚洲和欧洲的重要伙伴相互合作。可能在未来十年或二十年内在全球范围解决恐怖主义、饥饿和贫穷、供水问题、健康、教育这些最基本的问题。我认为构建人类命运共同体是起步，更为重要的任务是我们应当将世界视为一个整体。每一位到过宇宙空间站的宇航员或在环绕月球时，从太空望向地球，他们都意识到全人类是一体的。我认为，这是习近平主席所想表达的，我们要开始携手合作，解决竞争所阻碍的发展问题。”① 中国提出并倡导构建人类命运共同体，既是基于应对人类面临的共同挑战、维护和平发展国际环境的现实需要作出的外交战略新部署，也是面对中国与世界各国如何相处、人类文明向何处去等重大课题作出的战略思考。

第三，构建人类命运共同体理念为完善全球治理体系指明了新的探索方向。自 20 世纪七八十年代以来，经济全球化、信息化的不断深化和发展，开放、合作和包容的力量快速增长。也引发了众多具有高度复杂性和高度不确定性的全球治理难题。这些问题包括世界经济增长乏力、金融危机、发展鸿沟、环境问题、气候变化、重大传染性疾病、冷战思维和强权政治阴魂不散、难民危机、恐怖主义和战争等。这些全球治理难题是未来人类生存、发展和繁荣必须要面对和解决的。

构建人类命运共同体理念倡导多边主义，不搞封闭排他的小圈子，超越了以往构建国际秩序的思维和视野，打破了既往国际秩序中的“中心—边缘”结构，有利于促进世界各国互联互通、政治

①《美国专家：构建人类命运共同体为人类创造更繁荣的未来》，人民网 2018 年 2 月 7 日。

互信和共建共享。构建人类命运共同体有效推动了世界各国各施所长、各尽所能，以双边合作、多边合作等方式充分发挥优势和潜能。中国通过“一带一路”建设，既实现了沿线国家商品、资金、技术、人员快速而有效的流通，又推动了经济全球化逐渐朝着更加开放、包容、普惠、平衡、共赢的方向发展，为促进相关国家的共同繁荣带来了新机遇。构建人类命运共同体理念是基于当今世界发展形势作出的明智、审慎、正义的政治判断，为完善全球治理体系指明了新的探索方向。

总之，构建人类命运共同体是为解决全球性治理焦虑而提出的审慎的重大倡议，具有时代性、全局性和系统性。目前，构建人类命运共同体倡议产生了重大国际国内影响，而且这种影响将会一直持续。构建人类命运共同体倡议产生了巨大力量，不仅推进了中国和世界各国在多领域的合作，而且促使世界各国形成了诸多新政治决策。同时，构建人类命运共同体思想，已经融入联合国的相关决议中，推动了联合国新的政治决策，对顺应、完善、形成新的全球治理体系产生了重要的影响。

二、推动建立新型国际关系

面对国际局势的深刻调整和变革，构建一个什么样的国际体系来维持世界的和平与发展，一直是世界各国致力解决的重要问题。以习近平同志为核心的党中央，深刻把握世界格局变幻，高瞻远瞩地提出了建立以合作共赢为核心的新型国际关系，给出了中国的解决方案。

（一）推动构建新型国际关系理念的提出

中国一直是建立新型国际关系的积极探索者和实践者。新中国成立之初，就致力于寻求与当时的各类国家（包括社会主义国家、资本主义国家、新兴民族国家等）建立新型国家间关系，和平共处五项原则的提出和落实，是一项重要的标志性成果。改革开放之后，为了给国内经济建设营造良好的国际环境，塑造新型国际关系成为中国必然的诉求。中共十二大确立的不结盟战略与独立自主和平外交政策是一个重要的里程碑，和平共处五项原则、不结盟成为中国探索新型国际关系的重要思想基础。冷战结束后，中国积极推进的伙伴关系外交，是在新的国际局势下构建新型国际关系的一次新的实践。

进入 21 世纪以来，针对现行国际秩序和体系面临的新挑战，中国提出了构建人类命运共同体的理念，并把推动建立以合作共赢为核心的新型国际关系作为构建人类命运共同体的主要路径。中国提出构建新型国际关系理念起初是着眼于探索新型大国相处之道，此后逐步发展为新时代中国对外战略思想的重要内容。

中国构建新型国际关系理念是从“新型大国关系”理念发展而来的。2012 年 2 月，时任国家副主席习近平访美，在同美国总统奥巴马的会见中，首次提到“中美新型大国关系”的概念，指出共建中美新型大国关系是一个创举，没有任何先例可以遵循，全靠我们去创造，迈开双腿，走出一条新型大国关系的道路。会后，“中美新型大国关系”一词并未被披露，表明美国政府并未积极响应。成为超级大国以来，美国习惯于在国际事务和双边互动中发挥主导作用。21 世纪初，美国领导人明确表示不做“老二”，要继续做下一个百年的世界领导者，不愿容忍其他大国跟它平起平坐。因此，对由中国设计并提出的“中美新型大国关系”战略目标，美国迟迟没有正式和正面回应，甚至一度回避“中美新型大国关系”的提法。对于美国的反应和态度，中国领导人早有预判。2012 年 5 月在北京召开的第四次战略与经济对话会议，构建中美新型大国关系成为中美两国此次战略与经济对话会议的主题。国家主席胡锦涛出席开幕式并发表讲话指出：“中美分别是当今世界最大的发展中国家和最大的发达国家，中美关系持续健康稳定向前发展，不仅能给两国人民带来实实在在的利益，而且将为促进世界和平、稳定、繁荣作出宝贵贡献。无论国际风云如何变幻，无论中美两国国内情况如何发展，双方都应该坚定推进合作伙伴关系建设，努力发展让两国人民放心、让各国人民安心的新型大国关系。”奥巴马在书面致辞中说，“美国坚定致力于建设相互尊重、互利共赢的美中合作伙伴关系”。时任国家副主席习近平在会见来京出席第四轮中美战略与经济对话的美国总统奥巴马特别代表国务卿希拉里·克林顿和财政部长盖特纳时强调：“胡锦涛主席和奥巴马总统关于共建相互尊重、互利共赢的中美合作伙伴关系的重要共识，为双方探索新型大国关系之路指明了方向、确立了原则。中美作为政治制度、历史文化背景、经济发展水平不同的两个大国，构建新型大国关系，既要有‘不到长城非好汉’的决心和信心，也要有‘摸着石头过河’的耐心和智慧。双方应持续不断增进相互了解信任，深化互利共赢格局，加强在重大国际和地区问题上的协调合作，促进人民友好。今年对中美关系是十分关键的一年，希望美方着眼大局和长远，排除干扰，与中方共同努力，维护和促进中美关系健康稳定发展。”[①] 此次对话，中美双方就两国关系的未来发展方向达成了一定程度的共识。会后发表的联合新闻稿称：“双方决定进一步强化双边关系，包括加强在一系列紧迫全球和地区问题上的协调与合作，构建 21 世纪新型国家关系模式”[②]。这里“21 世纪新型国家关系模式”也就是中方所称的“中美新型大国关系”。同年 11 月，党的十八大报告提出，中国将“改善和发展同发达国家关系，拓宽

① 王莉等：《习近平会见美国总统特别代表国务卿克林顿和财长盖特纳》，《人民日报》2012 年 5 月 4 日，第 1 版。

② 王莉：《第四轮中美战略与经济对话联合新闻稿》，《人民日报》2012 年 5 月 5 日，第 2 版。

合作领域，妥善处理分歧，推动建立长期稳定健康发展的新型大国关系”。这意味着构建中美新型大国关系已上升为中国外交工作的一项重大战略。2013 年 6 月，习近平在当选国家主席后首次访美，与美国总统奥巴马在安纳伯格庄园会谈时，阐明了“中美新型大国关系”的核心内涵，即:“不冲突、不对抗，相互尊重，合作共赢”。这一理念成为奥巴马时期中国对美外交的主导思想。

与此同时，中国领导人积极推动构建新型国际关系向纵深发展。2013 年 3 月 23 日，习近平主席访俄期间，在莫斯科国际关系学院发表演讲时指出:“面对国际形势的深刻变化和世界各国同舟共济的客观要求，要跟上时代前进步伐，就不能身体已进入 21 世纪，而脑袋还停留在过去，停留在殖民扩张的旧时代里，停留在冷战思维、零和博弈的老框框内。各国应该共同推动建立以合作共赢为核心的新型国际关系，各国人民应该一起来维护世界和平、促进共同发展”。[①] 这是习近平主席第一次鲜明提出建立“新型国际关系”的理念。2014 年 4 月，中国政府发表《中国对欧盟政策文件》指出:“中国综合国力大幅度提升，在重大国际和地区事务中发挥着举足轻重的作用。但中国仍是一个发展中国家，发展不平衡、不协调、不可持续问题依然突出。中国致力于对内全面深化改革，努力实现全面建成小康社会的目标，对外坚持扩大开放，坚持走和平发展道路，推动建设开放型世界经济，建立以平等互信、包容互鉴、合作共赢为核心的新型国际关系，为维护世界和平、促进共同发展作出更大贡献。”[②] 并把加强与发展中欧关系作为中国推动建立长期稳定健康发展的新型大国关系的重要组成部分和中国外交

① 杜尚泽等:《习近平在莫斯科国际关系学院发表重要演讲时强调　建立以合作共赢为核心的新型国际关系》,《人民日报》2013 年 3 月 24 日，第 1 版。

②《深化互利共赢的中欧全面战略伙伴关系——中国对欧盟政策文件》,《人民日报》2014 年 4 月 3 日，第 8 版。

政策的优先方向之一。

中国领导人随后在多个国际场合关于构建新型国际关系的讲话，进一步丰富和充实了新型国际关系的理论内涵。2014 年 6 月，在纪念和平共处五项原则发表 60 周年纪念大会上，习近平发表演讲指出："我们共同纪念和平共处五项原则发表 60 周年，就是要探讨新形势下如何更好弘扬这五项原则，推动建立新型国际关系，共同建设合作共赢的美好世界。"[①] 习近平就新形势下推动建立新型国际关系提出了 6 点意见：第一，坚持主权平等。主权和领土完整不容侵犯，各国应该尊重彼此核心利益和重大关切。这些都是硬道理，任何时候都不能丢弃，任何时候都不应动摇。第二，坚持共同安全。安全应该是普遍的。各国都有平等参与国际和地区安全事务的权利，也都有维护国际和地区安全的责任。我们要倡导共同、综合、合作、可持续安全的理念，尊重和保障每一个国家的安全。不能一个国家安全而其他国家不安全，一部分国家安全而另一部分国家不安全，更不能牺牲别国安全谋求自身所谓绝对安全。第三，坚持共同发展。一些国家越来越富裕，另一些国家长期贫穷落后，这样的局面是不可持续的。水涨船高，小河有水大河满，大家发展才能发展大家。各国在谋求自身发展时，应该积极促进其他国家共同发展，让发展成果更多更好惠及各国人民。第四，坚持合作共赢。合作共赢是普遍适用的原则，不仅适用于经济领域，而且适用于政治、安全、文化等其他领域。第五，坚持包容互鉴。文明多样性是人类社会的基本特征。不同民族、不同文明多姿多彩、各有千秋，没有优劣之分，只有特色之别。要尊重文明多样性，推动不同文明交流对话、和平共处、和谐共生，不能唯我独尊、贬低其他文明和民族。第六，坚持公平正义。公平正义是世界各国人民在国际关系

① 习近平：《弘扬和平共处五项原则　建设合作共赢美好世界——在和平共处五项原则发表 60 周年纪念大会上的讲话》，《人民日报》2014 年 6 月 29 日，第 2 版。

领域追求的崇高目标。[1] 这里习近平较为系统阐述了新型国际关系理念的基本内涵。2014 年 11 月，习近平总书记在中央外事工作会议上强调："我们要坚持合作共赢，推动建立以合作共赢为核心的新型国际关系，坚持互利共赢的开放战略，把合作共赢理念体现到政治、经济、安全、文化等对外合作的方方面面。"[2] 由此，构建以合作共赢为核心的新型国际关系理念上升为中国外交的重要指导思想。2015 年 9 月，国家主席习近平在出席联合国成立 70 周年系列峰会期间，在联合国讲坛上提出："要继承和弘扬联合国宪章的宗旨和原则，构建以合作共赢为核心的新型国际关系"，"同心打造人类命运共同体"，[3] 得到国际社会的广泛赞誉。

与此同时，中国领导人在各种重要国际场合，无论是接待外国来宾会谈中，还是重要国际会议中，中国外交始终强调以合作共赢为核心的新型国际关系，把构建新型国际关系作为中国外交的重要目标和任务。2017 年 10 月，新型国际关系理念写入党的十九大报告，报告中明确指出："中国将高举和平、发展、合作、共赢的旗帜，恪守维护世界和平、促进共同发展的外交政策宗旨，坚定不移在和平共处五项原则基础上发展同各国的友好合作，推动建设相互尊重、公平正义、合作共赢的新型国际关系。"[4] 如此，新型国际关系理念成为新时代中国国际战略思想的重要内容。

（二）推动构建新型国际关系理念的内涵

构建新型国际关系理念体现了新时代中国主张以合作取代对

① 习近平：《弘扬和平共处五项原则　建设合作共赢美好世界——在和平共处五项原则发表 60 周年纪念大会上的讲话》，《人民日报》2014 年 6 月 29 日，第 2 版。

②《习近平谈治国理政》第二卷，外文出版社 2017 年版，第 443 页。

③ 杜尚泽等：《习近平出席第七十届联合国大会一般性辩论并发表重要讲话》，《人民日报》2015 年 9 月 29 日，第 1 版。

④ 中共中央党史和文献研究院：《十九大以来重要文献选编》（上），中央文献出版社 2019 年版，第 41 页。

抗、以共赢取代独占的新思路来处理国家之间错综复杂的关系。它有着丰富的内涵，中共十九大将其高度概括为：相互尊重、公平正义、合作共赢。

相互尊重是构建新型国际关系的前提。相互尊重强调国家不论大小、强弱、贫富，一律平等，均可平等参与讨论，共同协商制定规则，描绘人类的发展蓝图。要相互尊重对方的领土主权完整，尊重彼此的核心利益和战略关切，尊重各国人民自主选择的发展道路，政治制度，反对干涉别国内政。不能以大压小、以强凌弱、以富欺贫。在这里，中国倡议的是一种不分国家大小强弱，都要相互尊重国际关系文化，并且在政治上相互尊重、平等协商，共同推进国际关系民主化。因此，相互尊重是建设新型国际关系的前提性条件。只有国家之间互不以对方为敌、平等而相互尊重、互不干涉内政、相互寻求共同的政治经济利益，才能保持并推进双方关系发展的良好状态。

公平正义是建立新型国际关系的基础。在国际体系内行为体的互动中，不仅有权力的分配，还应当有价值构建的过程。世界各国在相互交往时，不应当以国家的强弱作为行为的依据，而应当遵照公平与正义的价值标准。早期资本主义世界体系便是按照社会达尔文主义的弱肉强食观所构建的，强国欺凌弱国，强国为了赤裸裸的利益不惜发动战争，由此而引发的第一次世界大战和第二次世界大战给全世界人民带来了巨大的伤痛。冷战结束以后，霸权主义、强权政治依然存在，归根结底是一些西方国家抱持西方优越论和欧洲中心论，置国际公平和正义于不顾。公平正义就是强调国家无论大小都要公平对待，公道处事，恪守国家法原则和国际关系准则，坚决反对把自己的意志强加于人，反对干涉别国内政，反对一切形式的以大压小、以强凌弱和霸权主义与强权政治。新型国际关系是一种集体安全和共同安全的游戏，国际秩序是大国共同治理的产物。新型国际关系并不回避大国竞争，任何国家之间都有竞争，竞争是普遍存在的。在和平和发展成为时代主题的背景下，国家之间的竞争越来越转移到提高综合国力上来，转移到经济竞争、科技竞争和人才竞争上来，而且是一种合作性的竞争，也是一种在国际和地区制度框架内展开的竞争。新型国际关系的关键在于推动国际体制机制的改革，维护国际公平正义。

合作共赢是构建新型国际关系的核心。过去处理国际关系问题多采用现实主义原则，很多时候受到零和博弈的影响，要么是我赢你输，要么是你赢我输。在零和博弈中，双方不可能都赢，也不可能都获利。这种零和博弈实际上在相当意义上主导了近代以来的国际关系。而合作共赢则强调正和博弈，即国际关系各方都能够从合作中得到好处，包括安全利益、经济利益和其他方面的国家利益。

合作是构建新型国际关系的路径。当今世界，各国相互联系、相互依存、相互合作、相互促进、休戚与共，人类生活在同一个地球村，生活在历史和现实交汇的同一个时空里，国际社会日益成为一个你中有我、我中有你的命运共同体。人类命运共同体的连带效应越来越明显。唯有合作才能维护世界和平，唯有合作才能促进共同发展。中国与世界的互动和利益融合越来越紧密，中国对世界的依靠、对国际事务的参与在不断加深，世界对中国的依靠、对中国的影响也在不断加深。中国改革开放 40 多年的历程，坚持以合作而不是对抗的方式与世界打交道，走的就是合作共赢道路。共赢是构建新型国际关系的目标。习近平在参加第七十届联合国大会一般性辩论时指出："大家一起发展才是真发展，可持续发展才是好发展。要实现这一目标，就应该秉承开放精神，推进互帮互助、互惠互利。"[①] 在国际社会日益成为一个你中有我、我中有你的命运共同

① 中共中央文献研究室：《十八大以来重要文献选编》（中），中央文献出版社 2016 年版，第 697 页。

体的时代背景下，共赢的价值和意义正日益得到彰显。要坚持正确义利观，讲信义、重情义、扬正义、树道义，真正做到义利兼顾、弘义融利。同时，必须反对霸权主义和强权政治，在追求本国利益时兼顾他国合理关切，在谋求本国发展中促进各国共同发展。而合作共赢目标，需要通过合作、对话、协商等渠道实现。

构建新型国际关系理念的提出，表明中国强调的是共同发展，利益共享。中国自己决不会以牺牲别国利益为代价来发展自己。而对外，中国则要推动构建新型大国关系，对发展中国家坚持正确义利观，致力于建立更加平等均衡的新型全球发展伙伴关系，让构建人类命运共同体成为国际社会共同奋斗的目标。

（三）推动构建新型国际关系理念的影响及意义

进入 21 世纪后，国际关系中各种强权政治、单边主义行径依然频繁发生，地区冲突、恐怖袭击等乱象此起彼伏。构建新型国际关系理念的提出，彰显了新时代的中国致力于为世界和平与发展作出更大贡献的大国担当和崇高使命，展现了“以和为贵”“和而不同”“包容万物”等中华优秀传统文化的价值追求。阿根廷战略规划研究所所长豪尔赫 · 卡斯特罗认为，中国提出构建新型国际关系，“不只是中国对于当前世界关系格局的一种立场或看法，更是这个大国对自身发展经验的智慧总结”。

构建新型国际关系理念是对西方主导的国际关系模式的超越。近代以来的国际关系理论与国际关系模式，主要是由西方国家主导构建的，它反映的是西方国家的利益诉求，也折射出其狭隘的价值观及国际行为模式。在贯穿其中的“丛林法则”“弱肉强食”“强者为王”“赢家通吃”等理念推动下，实力、结盟、战争成为贯彻国家政策的工具，侵略扩张、殖民掠夺、大国欺负小国、强国欺负弱国等各种不公平不公正现象，成为近代以来国际关系模式的基本内容。其导致的后果，必然是不断升级的国际矛盾和国际冲突，甚至会导致大规模的国际战争。两次世界大战和冷战对峙等等，都与这种国际关系模式密不可分。

构建新型国际关系理念提出后，一些战略分析人士和学者，曾经提出过质疑，认为它不过是中国外交的宣传口号，是一厢情愿的政策宣示，在理论上无法逻辑自洽，在实践中将举步维艰。自近代以来，在国际关系问题上一直存在一个重要的历史现象：大国政治的悲剧。也就是说，大国政治的前景极其悲观，特别是在霸权国和挑战国之间，存在着双向激化的冲突发生进程，在霸权结构中，结构性的对抗安全困境的模式难以避免。美国耶鲁大学历史学教授保罗·肯尼迪（Paul Kennedy）和普林斯顿大学国际关系学教授罗伯特·吉尔平（Robert Gilpin）对此进行了理论阐释，他们认为历史上守成大国与崛起大国的关系，免不了相互猜忌、冲突甚至战争。哈佛大学教授格雷厄姆·艾利森（Graham Allison）提出的基于均势原理和权力转移理论的“修昔底德陷阱论”，在国际上产生了广泛的影响。根据该理论，崛起国与霸权国之间存在根本的结构性矛盾，崛起国经济、军事力量的上升，导致崛起国和霸权国之间的结构性矛盾面临上升的压力，战略较量因此无法避免。然而，所有这些解释的理论依据都是基于权力政治和均势政治，其最大的缺陷是对全球化和以信息技术革命为支柱的社会变革视而不见，仅仅看到与 18 世纪几乎没有差异的、基于均势原则的战略角逐，选择性忽视全球化带来的国家与社会的关系的变化，没有抓住国际关系的时代本质。

针对进入 21 世纪以来，世界面临的各种不稳定性不确定性，构建新型国际关系理念，秉承中国外交优良传统，符合联合国宪章关于主权平等、和平解决国际争端、促成国际合作等宗旨和原则，契合当今时代发展潮流，是对传统国际关系理论的超越与创新。

构建新型国际关系理念是对中国和平外交思想的创新发展。

和平是国家发展的基石。中国坚持和平共处五项原则，提出和平发展是世界主题、坚持走和平发展道路、和谐世界等战略思想，体现了对和平的一贯追求。毛泽东提出“和平为上”的主张，认为世界和平需要各国人民去争取、去斗争。邓小平适时而鲜明地提出了和平与发展是当今世界两大问题的科学判断，认为解决和平与发展问题，既要扩大国际合作，又要坚持必要的斗争。江泽民强调要和平、求合作、促发展已经成为时代的主流，把中国传统文化中“和而不同”的思想运用到国际政治的实践领域，主张和谐而又不千篇一律，不同而又不相互冲突。和谐以共生共长，不同以相辅相成，既赋予中华优秀传统文化时代气息，也使当代国际社会从中国传统智慧中获得启迪。胡锦涛明确提出中国将始终不渝走和平发展道路，既通过维护世界和平发展自己，又通过自身发展维护世界和平。面临世界百年未有之大变局，以习近平同志为核心的党中央强调，和平与发展是当今世界的时代主题，强调走和平发展道路是中国人民对实现自身发展目标的自信和自觉。提出构建新型国际关系理念，主张以合作取代冲突、以结伴取代结盟、以对话取代对抗，坚持开放的发展、合作的发展、共赢的发展，体现了中国和平思想的创新。

构建以合作共赢为核心的新型国际关系理念是对当代中国国际秩序观的继承与创新。新中国成立后，中国一直是现行国际秩序的改革者。自恢复在联合国的合法席位以来，特别是改革开放后，中国在逐步全面参与西方主导的国际体系的同时，一直站在发展中国家立场上，持续为建立公正合理的国际政治经济新秩序而努力。进入21世纪以来，随着中国国际地位的不断攀升，中国对待国际秩序的观点和主张更加辩证，注重以渐进、和平、民主的方式改革现有国际政治经济秩序中不公正、不合理的一面，更加注重发挥自身的建设性作用。2005年7月，《中华人民共和国和俄罗斯联邦关于二十一世纪国际秩序的联合声明》对新世纪国际秩序观的原则基础进行了具体阐述，进一步拓展了中国国际秩序观的内容。推动构建新型国际关系理念是中共中央为应对日益复杂的国际局势而提出的，这一理念超越了零和博弈、冷战思维等旧观念，主张在国际关系中尊重各国自主选择的社会制度和发展道路，坚持正确义利观，在维护自身利益的同时兼顾各方利益，在谋求自身发展的同时促进共同发展，致力于实现双赢、多赢、共赢。这些主张顺应了国际社会的普遍愿望，为推动国际秩序朝着更加公正合理的方向发展提供了新思路，也充分体现了中国作为大国的责任意识和担当意识。正如习近平总书记在2016年“七一”重要讲话所指出的：“今天的人类比以往任何时候都更有条件共同朝着和平与发展的目标迈进。中国主张各国人民同心协力，变压力为动力，化危机为生机，以合作取代对抗，以共赢取代独占。什么样的国际秩序和全球治理体系对世界好、对世界各国人民好，要由各国人民商量，不能由一家说了算，不能由少数人说了算。中国将积极参与全球治理体系建设，努力为完善全球治理贡献中国智慧，同世界各国人民一道，推动国际秩序和全球治理体系朝着更加公正合理方向发展。”①

中国倡导构建新型国际关系理念体现了中国国际塑造力的不断提升。首先，中国的塑造力基于自身发展的突破。改革开放以来，中国取得了改革开放和社会主义现代化建设的历史性成就，国家经济实力、科技实力、国防实力、综合国力进入世界前列。中国拥有世界五分之一的人口，作为世界第一大贸易国、第二大经济体，联合国安理会常任理事国，中国是具有世界影响的大国。其次，中国的塑造力源自中国共产党的初心。中国共产党始终把为人类作出新的更大的贡献作为自己的使命。中国站在构建人类命运共

①《习近平谈治国理政》第二卷，外文出版社2017年版，第41—42页。

同体的高度，站在各国通过合作共赢共同应对各种全球性问题的高度，站在促进全人类和平、发展、合作、共赢的高度，提出“推动建设相互尊重、公平正义、合作共赢的新型国际关系”的主张，顺应了时代发展进步的潮流，也符合大多数国家的愿望，必将得到国际社会的积极响应。这不仅是中国国际塑造力不断提升的表现，也是中国共产党为人类作出新的更大贡献的具体体现。

三、“一带一路”建设倡议

“一带一路”建设倡议是改革开放以来中国坚持对外开放战略在新时代的创新发展。针对进入 21 世纪第二个十年后世界经济面临的一系列问题，中国顺应世界多极化、经济全球化、文化多样化、社会信息化的潮流，秉持开放的区域合作精神，致力于维护全球自由贸易体系和开放型世界经济，提出的促进各国实现共同发展的新的国际合作模式，体现了中国的大国担当。

（一）“一带一路”建设倡议的提出

“一带一路”是“丝绸之路经济带”和“21 世纪海上丝绸之路”的简称。“一带一路”建设倡议是以习近平同志为核心的党中央站在党和国家事业发展全局的高度，主动应对世界形势的深刻调整变化，统筹国内、国际两个大局，顺应地区和全球合作潮流，契合沿线国家和地区发展需要，立足当前、着眼长远而作出的重大决策，是实施新一轮扩大开放的重要举措。习近平总书记形象地指出，“一带一路”建设“就是要再为我们这只大鹏插上两只翅膀，建设好了，大鹏就可以飞得更高更远”。通过“一带一路”建设，共同打造开放、包容、均衡、普惠的区域合作框架，必将为构建人类命运共同体、利益共同体和责任共同体开启新的航程。

丝绸之路起始于古代中国，是连接亚洲、非洲和欧洲的古代商业贸易路线，最初的作用是运输古代中国出产的丝绸、瓷器等商品，后来成为东方与西方之间在经济、政治、文化等诸多方面进行交流的主要道路。丝绸之路从运输方式上主要分为陆上丝绸之路和海上丝绸之路。陆上丝绸之路，是指西汉时汉武帝派张骞出使西域开辟的以首都长安（今陕西西安）为起点，东汉时以都城洛阳（今河南洛阳）为起点，经凉州、酒泉、瓜州、敦煌、中亚国家、阿富汗、伊朗、伊拉克、叙利亚等而达地中海，以罗马为终点，全长 6440 千米的贸易之路。这条路被认为是联结亚欧大陆的古代东西方文明的交汇之路，而丝绸则是最具代表性的货物。海上丝绸之路，是指古代中国与世界其他地区进行经济文化交流交往的海上通道。两千多年前，一条以中国徐闻港、合浦港等港口为起点的海上丝绸之路成就了世界性的贸易网络。唐代，中国东南沿海有一条叫作“广州通海夷道”的海上航路，这便是中国海上丝绸之路的最早叫法。古代海上丝绸之路从中国东南沿海，经过中南半岛，穿过印度洋，进入红海，抵达东非和欧洲，成为中国与外国贸易往来和文化交流的海上大通道，并推动了沿线各国的共同发展。中国输往世界各地的主要货物，从丝绸到瓷器与茶叶，形成一股持续吹向全球的东方文明之风。宋元时期，中国造船技术和航海技术的大幅提升以及指南针的航海运用，全面提升了商船远航能力，私人海上贸易也得到发展。这一时期，中国同世界 60 多个国家有着直接的“海上丝路”商贸往来，引发了西方世界一窥东方文明的大航海时代的热潮。明代郑和远航的成功，标志着明朝时期海上丝路发展到了极盛时期。中国境内海上丝绸之路主要由广州、泉州、宁波 3 个主港和扬州、福州等其他支线港组成。广州是世界海上交通史上唯一两千多年长盛不衰的港。历史上，陆上丝绸之路和海上丝绸之路就是中国同东亚、东南亚、南亚、西亚、东非、欧洲经贸和文化交流的大通道。除了陆上丝绸之路和海上丝绸之路，还有北向蒙古高原，再西行天山北麓进入中亚的“草原丝绸之路”等。古丝绸之路绵亘万里，延续千年，积淀了以和平合作、开放包容、互学互鉴、互利共赢为核心的丝路精神。这是人类文明的宝贵遗产。

为弘扬“丝路”精神，2013 年，习近平主席在访问中亚和东南亚时，分别提出建设丝绸之路经济带和 21 世纪海上丝绸之路的建议。2013 年 9 月 7 日，习近平主席在哈萨克斯坦纳扎尔巴耶夫大学发表题为《弘扬人民友谊　共创美好未来》的重要演讲，盛赞中哈传统友好，全面阐述中国对中亚国家睦邻友好合作政策，倡议用创新的合作模式，共同建设“丝绸之路经济带”，将其作为一项造福沿途各国人民的大事业。习近平指出：2100 多年前，中国汉代的张骞肩负和平友好使命，两次出访中亚，开启了中国同中亚各国友好交往的大门，开辟出一条横贯东西、连接欧亚的丝绸之路。千百年来，在这条古老的丝绸之路上，各国人民共同谱写出千古传诵的友好篇章。两千多年的交往历史证明，只要坚持团结互信、平等互利、包容互鉴、合作共赢，不同种族、不同信仰、不同文化背景的国家完全可以共享和平，共同发展。这是古丝绸之路留给我们的宝贵启示。20 多年来，随着中国同欧亚国家关系快速发展，古老的丝绸之路日益焕发出新的生机活力，以新的形式把中国同欧亚国家的互利合作不断推向新的历史高度。远亲不如近邻。中国同中亚国家是山水相连的友好邻邦。中国高度重视发展同中亚各国的友好合作关系，将其视为外交优先方向。当前，世界经济融合加速发展，区域合作方兴未艾。欧亚地区已经建立起多个区域合作组织。为了使欧亚各国经济联系更加紧密、相互合作更加深入、发展空间更加广阔，我们可以用创新的合作模式，共同建设“丝绸之路经济带”。习近平倡议，通过加强政策沟通、道路联通、贸易畅通、货币流通、民心相通，以点带面，从线到片，逐步形成区域大合作。[①]

① 习近平：《弘扬人民友谊　共创美好未来》，《人民日报》2013 年 9 月 8 日，第 3 版。

东南亚自汉代起便是中国古代南海航线的必经之路。《汉书·地理志》记载，公元前115年，汉武帝派遣的使者和应募的商人出海贸易，从岭南日南、徐闻、合浦等地乘船，沿着海岸线航行，5个月可到马来半岛，继续航行4个月即抵达今天的泰国西海岸。在泰国西岸和缅甸东南岸航行20余日后登陆，再步行10余日，到达缅甸西南部。再从那里坐船航行约2个月，就能抵达黄支国（今印度南部海岸康契普腊姆）。[①] 2013年10月3日，习近平主席在印度尼西亚国会发表题为《携手建设中国—东盟命运共同体》的重要演讲时，首次提出了“海上丝绸之路”理念。习近平指出:“东南亚地区自古以来就是‘海上丝绸之路’的重要枢纽，中国愿同东盟国家加强海上合作，使用好中国政府设立的中国—东盟海上合作基金，发展好海洋合作伙伴关系，共同建设21世纪‘海上丝绸之路’。中国愿通过扩大同东盟国家各领域务实合作，互通有无、优势互补，同东盟国家共享机遇、共迎挑战，实现共同发展、共同繁荣。”[②]

丝绸之路经济带、21世纪海上丝绸之路分别在中亚、东南亚中国周边国家提出，成为中国同周边国家开展务实合作的又一个重要抓手，充分反映了周边外交在新时代中国对外战略中的重要性。2013年10月25日，习近平总书记在周边外交工作座谈会上的讲话中，对建设丝绸之路经济带、21世纪海上丝绸之路作出重要部署。他强调:“要同有关国家共同努力，加快基础设施互联互通，建设好丝绸之路经济带、21世纪海上丝绸之路。要以周边为基础加快实施自由贸易区战略，扩大贸易、投资合作空间，构建区域经济一体化新格局。要不断深化区域金融合作，积极筹建亚洲基

① 王巧荣:《海上丝绸之路南海航线对于中国南海权益的历史价值》,《桂海论丛》,2018年第4期，第52页。

②《习近平谈治国理政》，外文出版社2014年版，第293页。

础设施投资银行，完善区域金融安全网络。要加快沿边地区开放，深化沿边省区同周边国家的互利合作。"① 以习近平同志为核心的党中央站在构建区域经济一体化新格局的高度，将丝绸之路经济带、21 世纪海上丝绸之路建设纳入区域经济合作的大局。2013 年 11 月 12 日，党的十八届三中全会通过的《中共中央关于全面深化改革若干重大问题的决定》，明确提出了"一带一路"建设的倡议，并指出：加快沿边开放步伐，允许沿边重点口岸、边境城市、经济合作区在人员往来、加工物流、旅游等方面实行特殊方式和政策；建立开发性金融机构，加快同周边国家和区域基础设施互联互通建设，推进丝绸之路经济带、海上丝绸之路建设，形成全方位开放新格局。2014 年 3 月 5 日，在《政府工作报告》中，明确将建设丝绸之路经济带、21 世纪海上丝绸之路的构想作为中国推动开放向深度拓展的重要内容，要求抓紧规划建设丝绸之路经济带和 21 世纪海上丝绸之路，推进孟中印缅、中巴经济走廊建设，推出一批重大支撑项目，加快基础设施互联互通，拓展国际经济技术合作新空间。② "一带一路"建设成为推进新时代中国构建全方位开放新格局的重要举措。

为推进"一带一路"建设，2014 年 11 月 8 日，在亚太经合组织领导人非正式会议北京年会召开前夕，国家主席习近平主持召开了"加强互联互通伙伴关系"东道主伙伴对话会，孟加拉国、老挝、蒙古国、缅甸、塔吉克斯坦、柬埔寨、巴基斯坦等国领导人出席。习近平主席在对话会上发表《联通引领发展，伙伴聚焦合作》的讲话，对"互联互通"内涵作出界定。习近平指出："我们要建设的互联互通，不仅是修路架桥，不光是平面化和单线条的联通，

①《习近平谈治国理政》，外文出版社 2014 年版，第 298 页。

② 中共中央文献研究室：《十八大以来重要文献选编》（上），中央文献出版社 2014 年版，第 843 页。

而更应该是基础设施、制度规章、人员交流三位一体，应该是政策沟通、设施联通、贸易畅通、资金融通、民心相通五大领域齐头并进。这是全方位、立体化、网络状的大联通，是生机勃勃、群策群力的开放系统。”① 习近平在阐述互联互通与‘一带一路’的关系时指出：“‘一带一路’和互联互通是相融相近、相辅相成的。如果将‘一带一路’比喻为亚洲腾飞的两只翅膀，那么互联互通就是两只翅膀的血脉经络。”② 习近平就推进“一带一路”建设提出5点倡议：一是以亚洲国家为重点方向，率先实现亚洲互联互通。二是以经济走廊为依托，建立亚洲互联互通的基本框架。三是以交通基础设施为突破，实现亚洲互联互通的早期收获。四是以建设融资平台为抓手，打破亚洲互联互通的瓶颈。五是以人文交流为纽带，夯实亚洲互联互通的社会根基。③

“一带一路”建设倡议是对中国古代丝绸之路精神的传承，具有十分丰富的时代内涵。“一带一路”建设倡议是建立在中国与其他国家多边机制的基础上的，既借助了之前区域合作的平台，也引用了古代丝绸之路的历史符号，中国主动发展与周边国家的关系，共建和平、共融的经济共同体。共建“一带一路”是中国的倡议，也是中国与沿线国家的共同愿望。站在新的起点上，中国愿与沿线国家一道，以共建“一带一路”为契机，平等协商，兼顾各方利益，反映各方诉求，携手推动更大范围、更高水平、更深层次的大开放、大交流、大融合。

与此同时，国内相关部门也在为推动“一带一路”倡议落地落实进行战略筹谋。2014 年 11 月 4 日，中央财经领导小组举行

① 中共中央文献研究室：《十八大以来重要文献选编》（中），中央文献出版社 2016 年版，第 209 页。
② 同上书，第 211 页。
③ 同上书，第 212—213 页。

第八次会议，研究丝绸之路经济带和 21 世纪海上丝绸之路规划、发起建立亚洲基础设施投资银行和设立丝路基金等事宜。习近平发表重要讲话强调，丝绸之路经济带和 21 世纪海上丝绸之路倡议，顺应了时代要求和各国加快发展的愿望，提供了一个包容性巨大的发展平台，具有深厚历史渊源和人文基础，能够把快速发展的中国经济同沿线国家的利益结合起来。要集中力量办好这件大事，秉持亲、诚、惠、容的周边外交理念，近睦远交，使沿线国家对我们更认同、更亲近、更支持。①

2014 年的中央经济工作会议将优化经济发展空间格局列为 2015 年经济工作的主要任务之一，要求进一步完善区域政策，促进各地区协调发展、协同发展、共同发展。会议强调：要重点实施"一带一路"、京津冀协同发展、长江经济带三大战略。在经济进入新常态下，"一带一路"倡议的提出，为中西部地区提高对外开放水平提供了重大历史机遇，也为缩小东西部差距提供了重要机遇。

"一带一路"倡议更加注重区域联动和西部、中部、东北、东部四大板块之间的互动。即：通过经济纽带将各个板块联系在一起，通过市场的力量促进区域之间的互动，通过在更大的经济发展空间格局内调动国际和国内两个市场、两种资源，实现经济发展空间格局的优化。2015 年 3 月 5 日，在《政府工作报告》中指出，要推进丝绸之路经济带和 21 世纪海上丝绸之路合作建设，筹建亚洲基础设施投资银行，设立丝路基金。加快互联互通、大通关和国际物流大通道建设。构建中巴、孟中印缅等经济走廊。扩大内陆和沿边开放，促进经济技术开发区创新发展，提高边境经济合作区、跨境经济合作区发展水平。积极推动上海、广东、天津、福建自贸

①《加快推进丝绸之路经济带和二十一世纪海上丝绸之路建设》，《人民日报》2014 年 11 月 7 日，第 1 版。

试验区建设，在全国推广成熟经验，形成各具特色的改革开放高地。统筹多双边和区域开放合作。[①] 由此可见，“一带一路”已经成为国内区域发展战略布局的重要一环。

2015 年 3 月 28 日，国家发展改革委、外交部、商务部联合发布了《推动共建丝绸之路经济带和 21 世纪海上丝绸之路的愿景与行动》，从时代背景、共建原则、框架思路、合作重点、合作机制、中国各地方开放态势、中国积极行动、共创美好未来八个方面阐述了中国与丝路沿线国家共建丝绸之路经济带和 21 世纪海上丝绸之路的愿景和行动，系统勾勒出“一带一路”路线图，标志着“一带一路”建设倡议进入全面推进阶段。

（二）“一带一路”建设倡议的主要内容

“一带一路”建设倡导的合作共赢理念，是指所有国家不论大小、强弱，都可以平等地参与“一带一路”建设项目。所有参加国共同寻找利益契合点，并在此基础上开展合作，是共赢的概念，而不是零和博弈的概念。

“一带一路”建设坚持共建原则。恪守联合国宪章的宗旨和原则，遵守和平共处五项原则，即：尊重各国主权和领土完整、互不侵犯、互不干涉内政、和平共处、平等互利。坚持开放合作：“一带一路”建设相关的国家基于但不限于古代丝绸之路的范围，各国和国际、地区组织均可参与，让共建成果惠及更广泛的区域。坚持和谐包容：倡导文明宽容，尊重各国发展道路和模式的选择，加强不同文明之间的对话，求同存异、兼容并蓄、和平共处、共生共荣。坚持市场运作：遵循市场规律和国际通行规则，充分发挥市场在资源配置中的决定性作用和各类企业的主体作用，同时发挥好政府的作用。坚持互利共赢：兼顾各方利益和关切，寻求利益契合点

① 中共中央文献研究室：《十八大以来重要文献选编》（中），中央文献出版社 2016 年版，第 383 页。

和合作最大公约数，体现各方智慧和创意，各施所长，各尽所能，把各方优势和潜力充分发挥出来。

“一带一路”建设是促进共同发展、实现共同繁荣的合作共赢之路，是增进理解信任、加强全方位交流的和平友谊之路。中国政府倡议，秉持和平合作、开放包容、互学互鉴、互利共赢的理念，全方位推进务实合作，打造政治互信、经济融合、文化包容的利益共同体、命运共同体和责任共同体。

“一带一路”建设贯穿亚欧非大陆，一头是活跃的东亚经济圈，一头是发达的欧洲经济圈，中间广大腹地国家经济发展潜力巨大。陆上依托国际大通道，以沿线中心城市为支撑，以重点经贸产业园区为合作平台，共同打造新亚欧大陆桥、中蒙俄、中国—中亚—西亚、中国—中南半岛等国际经济合作走廊；海上以重点港口为节点，共同建设通畅安全高效的运输大通道。中巴、孟中印缅两个经济走廊与推进“一带一路”建设关联紧密，要进一步推动合作，取得更大进展。

“丝绸之路经济带”是在“古丝绸之路”概念基础上形成的一个新的经济发展区域。“丝绸之路经济带”首先是个“经济带”概念，体现的是经济带上各城市集中协调发展的思路。丝绸之路沿线大部分国家处在欧洲、东亚两个经济引擎之间的“塌陷地带”，整个区域存在“两边高，中间低”的现象，发展经济与追求美好生活是本地区国家与民众的普遍诉求。这方面的需求与两大经济引擎通联的需求叠加在一起，共同构筑了“丝绸之路经济带”的国际基础。“丝绸之路经济带”分为三条线路：以亚欧大陆桥为主的北线（北京—俄罗斯—德国—北欧）、以石油天然气管道为主的中线（北京—西安—乌鲁木齐—阿富汗哈萨克斯坦—匈牙利—巴黎）、以跨国公路为主的南线（北京—南疆—巴基斯坦—伊朗—伊拉克—土耳其—意大利西班牙）。

“丝绸之路经济带”重点畅通三大通道，即：中国经中亚、俄罗斯至欧洲（波罗的海）；中国经中亚、西亚至波斯湾、地中海；中国至东南亚、南亚、印度洋。中巴、孟中印缅、新亚欧大陆桥及中蒙俄等经济走廊基本构成“丝绸之路经济带”的陆地骨架。其中，中巴经济走廊注重石油运输，孟中印缅强调与东盟贸易往来，新亚欧大陆桥是中国直通欧洲的物流主通道，中蒙俄经济走廊偏重国家安全与能源开发。

“21 世纪海上丝绸之路”则以泉州等地为起点，横跨太平洋、印度洋，历经南海、马六甲海峡、孟加拉湾、阿拉伯海、亚丁湾、波斯湾，涉及东盟、南亚、西亚、东北非等相关国家。主要通道是：从中国沿海港口过南海到印度洋，延伸至欧洲；从中国沿海港口过南海到南太平洋。

海洋是各国经贸文化交流的天然纽带，共建“21 世纪海上丝绸之路”是在全球政治、贸易格局不断变化的形势下中国连接世界的新型贸易之路，其核心价值是通道价值和战略安全。尤其在中国成为世界上第二大经济体、全球政治经济格局合纵连横的背景下，“21 世纪海上丝绸之路”的开辟和拓展，无疑将大大增强中国的经济活力和国家安全。该倡议的合作伙伴并不仅限于东盟，而是以点带线、以线带面，以重点港口为节点，共同建设通畅安全高效的运输大通道，增进同沿边国家和地区的交往，串起连通东盟、南亚、西亚、北非、欧洲等各大经济板块的市场链，发展面向南海、太平洋和印度洋的合作经济带，以亚欧非经济贸易一体化为发展的长期目标。

沿线各国资源禀赋各异，经济互补性较强，彼此合作潜力和空间很大。以政策沟通、设施联通、贸易畅通、资金融通、民心相通为主要内容，“一带一路”建设重点在以下方面加强合作。

一是政策沟通。加强政策沟通是“一带一路”建设的重要保障。加强政府间合作，积极构建多层次政府间宏观政策沟通交流机制，深化利益融合，促进政治互信，达成合作新共识。沿线各国可以就经济发展战略和对外政策进行充分交流对接，共同制定推进区域合作的规划和措施，协商解决合作中的问题，共同为务实合作及大型项目实施提供政策支持。

二是设施联通。基础设施互联互通是“一带一路”建设的优先领域。在尊重相关国家主权和安全关切的基础上，沿线国家宜加强基础设施建设规划和技术标准体系的对接，共同推进国际骨干通道建设，逐步形成连接亚洲各地区以及亚欧非之间的基础设施网络。强化基础设施绿色低碳化建设和运营管理，在建设中充分考虑气候变化影响。设施联通主要包括：第一，加强交通基础设施联通。抓住交通基础设施的关键通道、关键节点和重点工程，优先打通缺失路段，畅通瓶颈路段，配套完善道路安全防护设施和交通管理设施设备，提升道路通达水平。推进建立统一的全程运输协调机制，促进国际通关、换装、多式联运有机衔接，逐步形成兼容规范的运输规则，实现国际运输便利化。加强口岸基础设施建设，畅通陆水联运通道，推进港口合作建设，增加海上航线和班次，加强海上物流信息化合作。拓展建立民航全面合作的平台和机制，加快提升航空基础设施水平。第二，加强能源基础设施联通。加强能源基础设施互联互通合作，共同维护输油、输气管道等运输通道安全，推进跨境电力与输电通道建设，积极开展区域电网升级改造合作。第三，加强通信干线网络联通。共同推进跨境光缆等通信干线网络建设，提高国际通信互联互通水平。加快推进双边跨境光缆等建设，规划建设洲际海底光缆项目，完善空中（卫星）信息通道，扩大信息交流与合作。

三是贸易畅通。投资贸易合作是“一带一路”建设的重点内容。着力研究解决投资贸易便利化问题，消除投资和贸易壁垒，构建区域内良好的营商环境，积极同沿线国家和地区共同商建自由贸易区，激发释放合作潜力，做大做好合作“蛋糕”。沿线国家应当加强信息互换、监管互认、执法互助的海关合作，以及检验检疫、认证认可、标准计量、统计信息等方面的双边多边合作，推动世界贸易组织《贸易便利化协定》全面实施。改善边境口岸通关设施条件，加快边境口岸“单一窗口”建设，降低通关成本，提升通关能力。加强供应链安全与便利化合作，推进跨境监管程序协调，推动检验检疫证书国际互联网核查，开展“经认证的经营者”（AEO）互认。降低非关税壁垒，共同提高技术性贸易措施透明度，提高贸易自由化便利化水平。拓宽贸易领域，优化贸易结构，挖掘贸易新增长点，促进贸易平衡。创新贸易方式，发展跨境电子商务等新的商业业态。建立健全服务贸易促进体系，巩固和扩大传统贸易，大力发展现代服务贸易。把投资和贸易有机结合起来，以投资带动贸易发展。加快投资便利化进程，消除投资壁垒。加强双边投资保护协定、避免双重征税协定磋商，保护投资者的合法权益。

四是资金融通。资金融通是“一带一路”建设的重要支撑。深化金融合作，推进亚洲货币稳定体系、投融资体系和信用体系建设。扩大沿线国家双边本币互换、结算的范围和规模。推动亚洲债券市场的开放和发展。共同推进亚洲基础设施投资银行、金砖国家新开发银行筹建，有关各方就建立上海合作组织融资机构开展磋商。加快丝路基金组建运营。深化中国—东盟银行联合体、上合组织银行联合体务实合作，以银团贷款、银行授信等方式开展多边金融合作。支持沿线国家政府和信用等级较高的企业以及金融机构在中国境内发行人民币债券。符合条件的中国境内金融机构和企业在境外发行人民币债券和外币债券，鼓励在沿线国家使用所筹资金。加强金融监管合作，推动签署双边监管合作谅解备忘录，逐步在区域内建立高效监管协调机制。完善风险应对和危机处置制度安排，构建区域性金融风险预警系统，形成应对跨境风险和危机处置的交流合作机制。加强征信管理部门、征信机构和评级机构之间的跨境交流与合作。充分发挥丝路基金以及各国主权基金作用，引导商业性股权投资基金和社会资金共同参与“一带一路”重点项目建设。

五是民心相通。民心相通是“一带一路”建设的社会根基，旨在传承“丝绸之路”精神，通过推动各国民众之间的交往交流交融，增进信任、促进友谊、深化合作、共同发展的目的。民心相通首先是增进彼此了解。要深入了解其他国家社会的方方面面，也要让国际社会全面深入了解中国。其次是在了解的基础上形成好感，巩固友谊，深化互信。最后是争取对全球治理规则、不同文明间关系、合作共赢的新型国际关系理论形成共识，共同推动人类文明进步。

“一带一路”建设不是“另起炉灶”，而是积极利用现有双边多边合作机制，促进区域合作蓬勃发展。加强双边合作，开展多层次、多渠道沟通磋商，推动双边关系全面发展。推动签署合作备忘录或合作规划，建设一批双边合作示范项目。建立完善双边联合工作机制，研究推进“一带一路”建设的实施方案、行动路线图。充分发挥现有联委会、混委会、协委会、指导委员会、管理委员会等双边机制作用，协调推动合作项目实施。

强化多边合作机制作用，发挥上海合作组织（SCO）、中国—东盟（“10+1”）、亚太经合组织（APEC）、亚欧会议（ASEM）、亚洲合作对话（ACD）、亚信会议（CICA）、中阿合作论坛、中国—海合会战略对话、大湄公河次区域经济合作（GMS）、中亚区域经济合作（CAREC）等现有多边合作机制作用，让更多国家和地区参与“一带一路”建设。

继续发挥沿线各国区域、次区域相关国际论坛、展会以及博鳌亚洲论坛、中国—东盟博览会、中国—亚欧博览会、欧亚经济论坛、中国国际投资贸易洽谈会，以及中国—南亚博览会、中国—阿拉伯博览会、中国西部国际博览会、中国—俄罗斯博览会、前海合作论坛等平台的建设性作用。支持沿线国家地方、民间挖掘“一带一路”历史文化遗产，联合举办专项投资、贸易、文化交流活动，办好丝绸之路（敦煌）国际文化博览会、丝绸之路国际电影节和图书展。倡议建立“一带一路”国际高峰论坛。

中国各地方积极打造开放态势。在推进“一带一路”建设，中国充分发挥国内各地区比较优势，实行更加积极主动的开放战略，加强东中西互动合作，全面提升开放型经济水平。在西北、东北地区，发挥新疆独特的区位优势和向西开放重要窗口作用，深化与中亚、南亚、西亚等国家交流合作，形成丝绸之路经济带上重要的交通枢纽、商贸物流和文化科教中心，打造丝绸之路经济带核心区。发挥陕西、甘肃综合经济文化优势和宁夏青海民族人文优势，打造西安内陆型改革开放新高地。加快兰州、西宁开发开放，推进宁夏内陆开放型经济试验区建设，形成面向中亚、南亚、西亚国家的通道、商贸物流枢纽、重要产业和人文交流基地。发挥内蒙古联通俄蒙的区位优势，完善黑龙江对俄铁路通道和区域铁路网，以及黑龙江、吉林、辽宁与俄远东地区陆海联运合作，推进构建北京—莫斯科欧亚高速运输走廊，建设向北开放的重要窗口。在西南地区，发挥广西与东盟国家陆海相邻的独特优势，加快北部湾经济区和珠江—西江经济带开放发展，构建面向东盟区域的国际通道，打造西南、中南地区开放发展新的战略支点，形成21世纪海上丝绸之路与丝绸之路经济带有机衔接的重要门户。发挥云南区位优势，推进与周边国家的国际运输通道建设，打造大湄公河次区域经济合作新高地，使其尽快成为面向南亚、东南亚的辐射中心。推进西藏地区与尼泊尔等国家边境贸易和旅游文化合作。在沿海和港澳台地区，利用长三角、珠三角、海峡西岸、环渤海等经济区开放程度高、经济实力强、辐射带动作用大的优势，加快推进中国（上海）自由贸易试验区建设，支持福建建设21世纪海上丝绸之路核心区。在内陆地区，利用内陆纵深广阔、人力资源丰富、产业基础较好优势，依托长江中游城市群、成渝城市群、中原城市群、呼包鄂榆城市群、哈长城市群等重点区域，推动区域互动合作和产业集聚发展，打造重庆西部开发开放重要支撑和成都、郑州、武汉、长沙、南昌、合肥等内陆开放型经济高地。加快推动长江中上游地区和俄罗斯伏尔加河沿岸联邦区的合作。建立中欧通道铁路运输、口岸通关协调机制，打造“中欧班列”品牌，建设沟通境内外、连接东中西的运输通道。支持郑州、西安等内陆城市建设航空港、国际陆港，加强内陆口岸与沿海、沿边口岸通关合作，开展跨境贸易电子商务服务试点。优化海关特殊监管区域布局，创新加工贸易模式，深化与沿线国家的产业合作。

（三）“一带一路”建设倡议的意义

“一带一路”建设是构建中国开放型经济新体系的顶层设计，是实现中华民族伟大复兴的中国梦的重大举措，是中国为世界实现共同繁荣发展而提出的方案，是构建人类命运共同体的实践平台。

首先，“一带一路”建设是中国更高层次开放的选择。中国改革开放40多年，总体上是以引进资本和技术、开放本国的市场和产业、融入世界经济体系为基本经济特征的。通过对内改革和对外开放的互动，中国经济获得了快速的发展，1979年至2013年，中国国内生产总值平均每年递增9.8%，经济规模不断扩大，自2010年起超过日本成为第二大经济体。与此同时，中国经济融入世界经济的程度也不断提高，中国的贸易规模由1980年排名世界第23位成长为世界第1位。中国每年吸引的境外直接投资规模一直稳居全球第2位，从2011年后一直稳定在1000亿美元以上，2016年达到1260亿美元。中国从2005年开始对外投资进入了快车道，2016 年对外直接投资高达 1701 亿美元，超过了吸引的外资数量，中国已经成为第二大对外投资国。从这些基本的数据看，中国外向型的经济格局非常明显，对外开放的程度已经很高。

但需要指出的是，这样一种开放经济形态具有明显的赶超型经济体的特征，与发达经济体的开放特征有很大的不同。第一，中国经济的对外开放结构不够均衡，主要表现在其资源内敛型上，对外发散的程度不高。中国的出口有超过 50% 仍然是跨国公司的加工贸易出口，是由跨国公司将全球资源汇聚到中国，与中国的优势要素相结合，然后将加工的产成品再销售到世界，因此决定了中国的贸易长期顺差。在资本流向上，中国企业走出去投资只是在 21 世纪第二个十年才大规模兴起，而且对发达国家的投资比较多。第二，中国对外开放的区域不够均衡，主要是对发达国家和东亚邻国的开放，对于中亚、西亚、中东欧、南亚相对开放度不高，经贸关系不够密切，对于拉丁美洲和非洲的开放也有待于进一步拓展。而从中国自身的对外开放区域格局看，东部沿海开放程度高，内陆和西部对外开放程度低。第三，中国的开放基本上是通过一系列的政策安排，鼓励资源在中国集聚来提升中国的竞争力和生产力，开放型经济所需要的制度体系尚不完善。很多开放性的政策是中央政府和地方政府的内部规章和规则所赋予的权利，与国际惯例和制度存在差距，稳定性不够。第四，中国经济的开放领域有很强的选择性，宽度和深度有待提高。中国以往 40 多年改革开放的重点是在制造业和商品贸易领域，因此中国的制造业和商品贸易在对外开放的进程中经历了痛苦的调整，增强了竞争力，在国际市场上有了自己的地位，尽管尚需要进一步调整往更高的价值链转移。而在服务业上，中国还有很多领域未开放，需要在新一轮开放中扩大和提升开放的程度。

从全球看，由美欧主导的新一轮更高层次的开放也逐渐成为一个新的趋势，其开放的核心内容不仅仅是商品市场的开放和与国际规范和制度的接轨，而且包括服务业开放以及与整个贸易相关的国内制度体系的开放。美国主导的跨太平洋伙伴关系协定（TPP）虽然被特朗普就任总统后否决，但是高水平的贸易投资开放的大趋势已经难以逆转。在 WTO 框架里服务贸易协定谈判（TISA）也反映了这一趋势。面对这样一些新的发展趋势，中国力图通过构建自由贸易试验区，将中国对外开放的水平和层次提高到一个新阶段。在这一时期，中国不仅需要应对外部环境变化产生的新压力，更重要的是要将中国过去 40 多年来改革开放形成的竞争力和优势化为下一个阶段增长的新动力和新资源，主动地参与到国际经济新规则的制定中，实现中国由经济大国向经济强国的过渡。

在这个新的开放阶段，中国的企业需要走出国门投资，将中国的金融资源变成境外的硬资产；中国的贸易需要更加平衡地发展，不仅使出口与进口更加平衡，也要使服务贸易和货物贸易更加平衡地发展；国内更要形成全方位开放，让中部和西部省份走到开放的前沿；中国的金融市场需要更加开放，人民币要走出国门，而不再仅仅是不断地吸纳美元，要从资源内敛转向内敛与对外溢出和发散相平衡；在对外开放的制度层面，需要构建与国际惯例相衔接的开放型经济体制，并使其和保持中国特色相平衡。

这个更高层次的开放需要若干个抓手，对内就是推进自贸试验区的先行先试，对外就是“一带一路”建设、亚太自贸区建设和人民币国际化等。在这些抓手中，“一带一路”建设又居于特殊重要的地位，因为“一带一路”建设是全方位对外开放，并与人民币国际化互动。目前中国对外开放的主要特点是以沿海和面向太平洋为重点的对外开放，西部和中部省份开放度相对偏低，面向中亚、西亚和中东欧的开放度也不高。中国与东北亚、东南亚国家的合作相对紧密，而与南亚印度洋沿岸国家的合作相对松散。“一带一路”

建设正是着眼于改变这种对外开放和对外合作的失衡，实现全方位的开放。“一带一路”建设还与推进人民币国际化、中国资源由内敛为向外溢出和辐射直接相关。中国通过40多年的改革开放，集聚了超过3万多亿美元的外汇盈余资金，无论是从更好地让这些资金为中国经济发展服务还是从分散风险的角度出发，都需要使这些资金从目前的流动性外汇储备资产，转变成更有价值的有形硬资产和优质资源。“一带一路”建设可以提供这样的机会，因为“一带一路”沿线国家在金融资源以及经济发展所需要的基础建设方面正好与中国所需要的对外投资相契合，而中国进出口平衡发展，也给“一带一路”沿线国家带来更多的出口商品到中国的机会。

其次，有利于走出去配置要素资源，提升中国在全球价值链中的位置。过去，中国参与全球分工的主要模式是，通过积极利用外资和扩大出口来嵌入发达国家主导建立的全球生产网络，并未占据产业链和价值链高端位置。后来，中国已从“引进来”为主进入到“引进来”与“走出去”并重的阶段。2014年，中国对外直接投资达1231.2亿美元，首次超过实际利用外资规模。“一带一路”的实施，有利于中国加快走出去，主动配置资源要素，提升在全球价值链中的位势，实现更有质量的发展。从中高端行业看，中国在高铁、核电、汽车、光伏发电等领域已经具备一定技术和人才优势，部分环节与发达国家差距不大甚至有所超越。把中国的技术和人才优势与沿线国家的市场和资源优势结合起来，提升中国在全球价值链中的地位，实现高质量的发展，并促进沿线国家的共同发展。从产能过剩行业看，中国在钢铁、冶金、建材等领域存在大量过剩产能，而沿线国家工业化和城镇化才刚刚起步，中国的过剩产能对沿线很多国家而言，是优质产能。积极与沿线国家开展相关领域的产能合作，在甩掉“包袱”的同时，促进东道国工业化和城镇化协调发展，有利于巩固提升这些行业的竞争力。从劳动密集行业看，中国在劳动密集行业的竞争优势趋于弱化。以劳动力成本较低、资源丰富、环境容量大的沿线国家为重点，加快对外投资，建设海外生产制造基地，同时加强技术、品牌、营销、服务等环节建设，有利于中国在这些行业向“微笑曲线”[①]两端延伸，实现制造业价值链的延展和提升。从基础设施领域看，中国的工程作业与建设施工能力全球领先。在公路、铁路、港口、机场、电力、信息基础设施等领域，积极与沿线国家开展工程承包与劳务合作，带动国内设计、咨询、制造、金融、保险等行业发展，带动相关设备与技术出口，是提升中国在全球价值链中位势的有效途径。

再次，有利于经略周边、布局全球，构建中国和平崛起的地缘依托。没有一个安全稳定的周边环境，中国要想发展将是高成本和难以保障的。“一带一路”建设，有利于周边国家与中国共创共享发展机遇。中国同14个国家接壤，与8个国家海上相邻。无论是从地理方位、自然环境还是从相互关系看，周边国家与中国地缘相近、人缘相亲、文缘相通，加强合作对彼此都具有重要的意义。“一带一路”建设注重中国与沿线各国发展战略和规划对接、政策相互协调、基础设施互联互通、人文交流互动，强化彼此之间的利益联结纽带，加强教育、文化、旅游、体育、卫生、科技等领域合作。“一带一路”建设既可以使中国发展更多惠及周边国家、实现共同发展，又可以提升中国参与国际合作的亲和力和影响力，为国内发展创造和平、稳定的周边环境。

---

① 微笑曲线理论的形成，源于国际分工模式由产品分工向要素分工的转变，也就是参与国际分工合作的世界各国企业，由生产最终产品转变为依据各自的要素禀赋，只完成最终产品形成过程中某个环节的工作。最终产品的生产，经过市场调研、创意形成、技术研发、模块制造与组装，加上市场营销、售后服务等环节，形成了一个完整链条，这就是全球产业链。微笑嘴型的一条曲线，两端朝上。在产业链中，附加值更多体现在两端——设计和销售，处于中间环节的制造附加值最低。

综上所述，新时代中国特色大国战略思想有着丰富的内涵，构建人类命运共同体理念是其核心内涵。构建人类命运共同体是为应对世界百年未有之大变局而提出的构建公平合理的国际新秩序的目标追求，旨在建立持久和平的世界、普遍安全的世界、共同繁荣的世界、开放包容的世界、清洁美丽的世界。构建新型国际关系是应对当前国际关系特别是大国关系深刻变化而提出的中国方案，它所倡导的相互尊重、公平正义、合作共赢的原则是对冷战思维等旧观念的超越，主张在维护自身利益的同时兼顾各方利益，在谋求自身发展的同时促进共同发展，致力于实现双赢、多赢、共赢，是推动构建人类命运共体的重要路径。“一带一路”建设通过“共商、共建、共享”促进中国与沿线国家互利合作关系的发展，为新时代中国经济发展开辟更为广阔的国际空间，也让中国发展惠及沿线国家，促进共同发展。“一带一路”建设是推动构建人类命运共同体的又一条重要路径。

第十一章　中国特色大国战略思想的实践

进入新时代以来，以习近平同志为核心的党中央，深刻认识和正确把握新时代中国和世界发展大势，实施更加奋发有为的外交政策，积极推动外交理论和实践创新，注重阐述中国梦的世界意义，丰富和平发展战略思想，强调建立以合作共赢为核心的新型国际关系，提出和贯彻正确义利观，倡导共同、综合、合作、可持续的安全观，推动构建新型大国关系，提出亲诚惠容的周边外交理念、真实亲诚的对非工作方针，引领中国特色的大国外交向全方位、多层次、立体化方向推进。

一、推动新型大国关系稳定均衡发展

大国关系是世界和平与稳定的基石，也是中国营造良好国际发展环境的前提和保障。在国际格局、国际秩序面临历史性大变革的关键时期，促进大国关系稳定均衡发展显得尤为重要。

（一）力免中美两国陷入“修昔底德陷阱”

中美关系一直是中国特色大国外交的重中之重。2012 年后，以习近平同志为核心的党中央高度重视发展对美外交。为推动中美关系朝着稳定均衡方向发展，中国政府作出了巨大的努力。

2018 年以前，中美两国高层保持密切互动。两国领导人每年都会在多边或双边不同场合进行会晤。2013 年至 2016 年间，国家主席习近平与美国总统奥巴马在双边和多边场合会晤 9 次，通话 8 次，多次通信，就中美关系及共同关心的问题保持密切沟通。2013 年 6 月 7 日至 8 日，习近平主席在美国加利福尼亚州安纳伯格庄园同奥巴马总统举行会晤。这是两国政府换届后，中美元首首次面对面接触，双方就共同关心的重大战略性问题进行了广泛深入沟通，就建设中美新型大国关系达成共识。2014 年 11 月 10 日至 12 日，奥巴马来华出席亚太经合组织第二十二次领导人非正式会议并对中国进行国事访问。在与奥巴马会谈中，习近平提出要从六个重点方向进一步推进中美新型大国关系建设，包括加强高层沟通和交往，增进战略互信，在相互尊重基础上处理两国关系，深化各领域交流合作，以建设性方式管控分歧和敏感问题，在亚太地区开展包容协作，共同应对各种地区和全球性挑战等。奥巴马表示，美方愿意同中方共同为此作出努力。① 两国元首达成了 27 项成果与共识。2015 年 9 月 22 日至 25 日，习近平对美国进行国事访问。访问期间，习近平广泛接触美国政府和社会各界人士。中美双方领导人就共同关心的问题坦诚深入沟通，一致同意继续努力构建基于相互尊重、合作共赢的中美新型大国关系。访问期间，双方共达成 50 项重要成果与共识。

特朗普就任美国总统后，中美两国高层继续保持密切的互动，仅 2017 年，两国元首就进行 3 次会晤，9 次通话，多次通信。2017 年 4 月 6 日至 7 日，国家主席习近平应邀赴美国佛罗里达州海湖庄园同美国总统特朗普举行会晤。双方就中美关系和共同关心的重大国际与地区问题深入交换意见，达成多项重要共识，包括建立外交安全对话、全面经济对话、执法及网络安全对话、社会和人文对话 4 个高级别对话机制，并就建立两军联合参谋部对话机制达成重要共识。同年 11 月 8 日至 10 日，特朗普对中国进行国事访问。访问期间，双方就中美关系和共同关心的重大国际与地区问题坦诚、深入交换了意见。两国元首共同见证了能源、制造业、农业、航空、电气、汽车等领域商业合同和双向投资协议的签署。

① 刘华等:《习近平同奥巴马在中南海会晤　强调要以积水成渊、积土成山的精神推进中美新型大国关系建设》,《人民日报》2014 年 11 月 12 日，第 1 版。

中美两国企业共签署合作项目 34 个，总金额达 2535 亿美元。[①] 2018 年，特朗普政府调整美国安全战略目标，以大国竞争取代反恐作为美国安全战略的目标，进而发起对华全方位、全政府、全领域打压，两国关系出现断崖式下降。

2017 年 12 月，美国发布的《美国国家安全战略》报告，将中国视为“战略竞争对手”。[②] 2018 年 1 月，美国国防部发布《国防战略报告》，认为全球安全环境日益复杂，国家间的长期战略竞争再度回归，中国和俄罗斯是美国面临的最大威胁。[③] 随之，特朗普政府调整对华战略，将大国竞争作为其对华战略的主基调。首先在经贸领域，进而在高科技、地缘政治和意识形态等多领域展开对华战略竞争，对两国关系产生了严重的负面影响。2020 年初，新冠疫情显著改变世界政治面貌，国际秩序面临前所未见的多重挑战，中美关系更是雪上加霜。突发公共卫生危机原本可能成为美国施展其既有世界领导权的机遇、中美双方放下争端密切合作的契机，但是特朗普政府反而围绕疫情议题，大肆污损中国，严重恶化了中美关系的氛围。2020 年 5 月 20 日，白宫发布《美国对中国战略方针》，认为中国对美国的经济、价值、安全等领域利益形成了挑战。随之，美国开启全政府、全方位、全领域对华打压。6 月下旬至 7 月间，国务卿迈克・蓬佩奥、司法部部长威廉・巴尔、白宫国家安全顾问罗伯特・奥布莱恩、联邦调查局局长克里斯托弗・雷等四位美国政府高官接连发表涉华讲话，掀起对华意识形态的攻击。特朗普竞选连任失败后变本加厉对华施压，在策划意识形态对抗方面越走越远。

---

①《中美元首会晤达成多方面重要共识同意共同努力推动两国关系取得更大发展》，《人民日报》2017 年 11 月 10 日，第 2 版。

② The White House, *National Security Strategy of the United States*, December 2017, p2–3.

③ U.S. Department of Defense, *Summary of the 2018 National Defense Strategy of the United States of America*, January 19, 2018, p1.

2021年2月，拜登执政后，延续了特朗普执政时期关于中国是战略竞争对手的定位，并声称美国将为与中国长期战略竞争做准备。2021年3月3日，美国国务卿布林肯申明新政府外交政策时，将中国列为唯一的独特挑战者，强调美国对华政策是：应该竞争时竞争，能够合作时合作，必须对抗时对抗。所有这些都需要从实力出发应对中国问题。[①]

特朗普政府时期美国对华施压方式以单边打击为主。拜登就任总统后，美国转而联合盟友一起围困中国，打击手段增多、力度不断加大。经贸领域虽然不再是美国对华政策的重点，但是美国政府并没有放弃在此领域对华施压。在特朗普的科技战之后，拜登政府以“弹性供应链战略”阻止中国产业升级，并拉拢欧、日、加、澳等筹划扼杀中国科技的“技术联盟”。

为管控中美两国间分歧，稳定两国关系的大局，习近平主席除多次与特朗普总统通话外，还在出席多边会议期间与他会晤。2018年12月1日，国家主席习近平在阿根廷布宜诺斯艾利斯出席二十国集团领导人峰会期间，应邀与美国总统特朗普共进晚餐并举行会晤，双方讨论了中美总体关系。双方同意，在互惠互利基础上拓展合作，在相互尊重基础上管控分歧，共同推进以协调、合作、稳定为基调的中美关系。2019年6月29日，习近平主席同美国总统特朗普在日本大阪举行会晤。两国元首就事关中美关系发展的根本性问题、中美经贸问题以及共同关心的国际和地区问题深入交换了意见。拜登执政后，习近平也多次与拜登通话和视频会晤，就双方共同关心的问题进行讨论，以促进中美关系的稳定发展。

2013年至2017年间，在两国元首外交的引领下，两国各层官员交流频繁密切，中美双方已经建立起100多条政府间的对话

① 安东尼·布林肯：《美国人民的外交政策》，美国国务院网站2021年3月3日。

机制。中美战略与经济对话和中美人文交流高层磋商是两国政府间两个重要的对话机制，2013 年至 2016 年间，每年都如期举行，双方在应对地区和全球性挑战、双边经贸、科技、能源、环境、人文和文化交流等领域取得了一系列成果。随着互联网迅速发展，网络安全问题成为国际关注的重点问题。中美两国在该问题上的合作逐步拓展。2015 年 9 月，习近平访美期间，中美在网络安全方面达成共识，决定建立两国打击网络犯罪及相关事项高级别联合对话机制。2015 年 12 月 1 日，首次中美打击网络犯罪及相关事项高级别联合对话在华盛顿举行，对话由国务委员郭声琨与美国司法部部长林奇、国土安全部部长约翰逊共同主持。在此次对话中，中美双方达成了《打击网络犯罪及相关事项指导原则》，决定建立热线机制，双方还就网络安全个案、网络反恐合作、执法培训等达成了广泛共识，取得了积极成果。为落实习近平在美国佛罗里达与特朗普会晤期间达成建立 4 个高级别对话机制的共识，2017 年 6 月至 10 月，中美两国先后举行了首轮中美外交安全对话、首轮中美全面经济对话、首轮中美社会和人文对话和首轮中美执法及网络安全对话。双方就中美关系、各相关领域共同关心的问题进行了深入讨论，达成广泛共识。两国在贸易、投资、军事、人文、环保等领域总体上取得积极进展。

双边贸易额稳步增长。2013 年，双边贸易额达到 5207 亿美元，同比增长 75%。[①] 2017 年，双边贸易额达到 5837 亿美元，同比增长 12.3%。美国是中国第六大进口来源地和第一大出口市场，中国是美国第三大出口市场和第一大进口来源地。2018 年，在美国对华挑起贸易战的背景下，双边贸易额仍在攀升，双方货物贸易额超过 6335 亿美元，同比增长 8.7%。[②] 中美双边投资保持

①《中国统计年鉴（2014）》，中国统计出版社 2014 年版，第 340 页。

②《商务部：2018 年中美两国货物贸易额超 6300 亿美元》，环球网 2019 年 1 月 17 日。

较快增长。2013 年，中国企业在美累计非金融类直接投资 423 亿美元，同比增长达 9%；美对华投资项目累计 63233 个，实际投入 727.8 亿美元，美国是中国外资最大来源地之一。2017 年，中国企业在美国非金融类直接投资 78.1 亿美元。美国累计在华设立外商投资企业 6.84 万家，实际投入金额约 825 亿美元。中美投资协定谈判进入实质性阶段。[①] 但是，自 2018 年 3 月起，美国单边主义和贸易保护主义盛行，给中美关系带来负面影响。

中美两军保持良性互动。两军间高层访问、学术交流、开展联合军事演习等军事交流活动持续不断。2013 年 8 月 16 日，中国国防部长常万全访美，这是中美双方防务团队换届后，中国国防部长首次访美，也是中国军方为落实国家主席习近平访美时提出的“构建中美新型大国关系”采取的实际行动。常万全访美期间，参观了位于夏延山地下的北美防空司令部（即夏延山核掩体），该司令部号称是“全球防备最森严”的军事基地。[②] 9 月 9 日，中美两国海军在夏威夷附近海域举行了复杂条件下的海上联合搜救演习，两国海军参演军舰和舰载直升机对落水人员实施联合立体搜救。[③] 这是中国军队第一次在美国本土参与实兵演习。2014 年，美国国防部长哈格尔访问中国，对中国第一艘航空母舰“辽宁舰”进行了两个小时的参观。这是“辽宁舰”首次对外国客人开放，充分展示了中国提高军事透明度的真诚姿态。2014 年 11 月，奥巴马访华期间，中美两国国防部签署“建立重大军事行动相互通报信任措施机制”和“海空相遇安全行为准则”两个谅解备忘录。2015 年 6 月，中美军方签署《中美陆军交流与合作对话机制框架文件》。根

① 中华人民共和国外交部政策规划司：《中国外交（2018）》，世界知识出版社 2018 年版，第 218 页。

② 魏香镜等：《“天然屏障”里的核反击最前端》，《南方日报》2013 年 8 月 24 日，第 4 版。

③《中美努力构建新型军事关系》，《人民日报》2013 年 9 月 23 日，第 23 版。

据该协议，中美两国陆军将在人道主义救援减灾、联合国维和行动、军官教育等领域开展合作。[①] 2017年8月，美军参谋长联席会议主席邓福德访华。访华期间，双方就中美两军关系以及台湾、南海、朝核等问题深入交换了意见，签署了《中美两军联合参谋部对话机制框架文件》。[②] 邓福德还访问了解放军北部战区司令部，观摩了一场军事演习。2013年至2017年，中美两军先后在美国夏威夷、中国海口、美国西雅图、中国云南省昆明市南部战区陆军综合训练基地和美国俄勒冈州国民警卫队拉里叶军营举行了4次人道主义救援减灾演练。中国海军还多次参加美国举办的“环太平洋军演”。2018年后，美国拒绝邀请中国参加这一演习。

合作应对气候变化是这一时期中美两国合作的新领域，并取得显著进展。2014年11月，习近平与奥巴马会晤期间，中美发表《中美气候变化联合声明》，美国计划于2025年实现在2005年基础上减排26%—28%的全经济范围减排目标并将努力减排28%。中国计划2030年左右二氧化碳排放达到峰值且将努力早日达峰，并计划到2030年非化石能源占一次能源消费比重提高到20%左右。双方均计划继续努力并随时间而提高力度。这是中国首次确定减排时间表，美国也加大了减排力度，为2015年巴黎气候谈判创造了条件。2015年11月30日，习近平和奥巴马在出席巴黎气候变化大会开幕活动期间会晤。两国元首一致认为，巴黎大会为强化行动、应对气候变化这一重大挑战提供了重要机遇。双方强调将加强合作，并同其他各方一道努力，使巴黎大会达成有雄心、成功的成果。在巴黎大会期间，中美两国官员一直保持着密切的沟通。就在大会谈判代表为最终协议艰苦谈判之际，习近平和奥巴马又一次

---

① 苏银成：《双边合作应利于地区和平》，《人民日报》2015年6月26日，第22版。

② 李忠发等：《习近平会见美军参联会主席邓福德》，《人民日报》2017年8月18日，第1版。

在电话中交换了意见。习近平表示，巴黎大会谈判接近尾声，中美双方要同各方加强协调、共同努力，确保巴黎大会如期达成协议，这对国际社会有利。奥巴马表示，美方愿同中方保持密切协调，推动巴黎大会取得成功。2015 年 12 月 11 日，巴黎气候变化大会达成最终协议。中美在气候变化问题上的事先协调，为该协议的达成扫清了障碍。2016 年 9 月 3 日，习近平同奥巴马、联合国秘书长潘基文在杭州共同出席了气候变化《巴黎协定》批准文书交存仪式。潘基文在致辞中表示，中美率先批准《巴黎协定》，将极大推动该协定于 2016 年内生效，联合国高度赞赏中美两国在应对气候变化挑战方面发挥的领导作用。美中作为两个最大经济体和最大排放国，同时批准和接受《巴黎协定》具有历史性意义。

两国人文交流合作也日益活跃。2014 年，奥巴马总统访华期间，中美两国宣布，双方开始为前往对方国家从事商务、旅游活动的另一方公民颁发有效期最长为 10 年的多次入境签证，为从事留学活动的公民颁发有效期最长为 5 年的多次入境签证。这一决定进一步便利了双方的人文交流。需要指出的是，近几年，中美两国间这些务实合作，由于受两国关系大幅下降的影响，或急剧减少，或处于停摆状态。

但也应该看到，中美关系总体上在进一步发展，两国各项合作取得了广泛进展和重大成果。但两国间矛盾分歧也在日益增多和扩大，特别是在以下领域，需要妥善管控分歧，避免实质性对抗。

在台湾问题上，美国“以台制华”政策趋向进一步凸显。美国政府虽然多次重申坚持“一个中国”政策，但同时美方继续不顾中国政府反对，企图与台湾发展官方往来和军事联系，提升美台实质关系。2014 年，美国会提出多项涉台议案，通过授权总统售台

"佩里级"护卫舰法案并经奥巴马总统签署成法。[①] 2016 年 12 月 23 日，美国总统奥巴马签署"2017 财年国防授权法案"，该法案纳入了台美资深的军事将领和官员交流的条文。[②] 这是美国首度将"美台军事交流"列入法案之中，也突破了台湾当局"国防部长"不得访问华盛顿的限制。中方对此表示强烈不满，向美方提出严正交涉。2018 年 3 月 16 日，特朗普签署"台湾旅行法"，鼓吹"美台所有层级官员互访"。这严重违反了"一个中国"原则和中美三个联合公报规定，是对中国内政的严重干涉，对中美关系及台海局势造成严重干扰。此外，美国对台军售逐步走向常态化、定期化，美国与台湾军事交往史无前例地由秘密向公开发展，美国国会反华势力不断提出挺台及提升美国与台湾发展实质性关系等议案。

经贸、科技摩擦愈演愈烈。在两国贸易总额逐年攀升的同时，中美两国经贸领域的摩擦也不断发生。2012 年以来，美国国内贸易保护主义抬头，美国频繁发起对华进口商品反倾销、反补贴措施的调查，严重影响了两国经贸合作关系。2013 年至 2015 年，美国外国投资委员会共审查 39 个经济体的 387 起交易，被审查的中国企业投资交易共 74 起，占 19%，连续三年位居被审查数量国别榜首。[③] 2016 年 5 月，美国商务部发表声明，拟将进口自中国的冷轧扁钢进口税率提高至 522%。因为美国"双反"调查最终认定中国出口到美国的冷轧钢板产品的倾销和补贴幅度分别为 265.79% 和 256.44%。[④] 2017 年 11 月 28 日，美国商务部宣布，对由中国

---

① 强薇:《坚决反对美方向台湾售武》,《人民日报》2014 年 12 月 20 日，第 4 版。

② 冯学知:《坚持一个中国原则是台海和平稳定的基石》,《人民日报》2016 年 12 月 15 日，第 4 版。

③ 中华人民共和国国务院新闻办公室:《关于中美经贸摩擦的事实与中方立场》,《人民日报》2018 年 9 月 25 日，第 10 版。

④ 金嘉捷:《美欧反倾销之风愈演愈烈中国钢材出口市场格局生变》,《上海证券报》2016 年 5 月 19 日，第 2 版。

进口的通用铝合金板自主发起反倾销反补贴调查，这是 25 年来美国商务部第一次自主发起贸易救济调查，美方此种做法在国际贸易历史上也是罕见的。[①] 中方对美方此举表现出的贸易保护倾向表示强烈不满。中国商务部贸易救济调查局负责人指出，中美两国铝业是互补的，中美之间的铝产品贸易是双向的，人为阻碍双边铝产品贸易的正常秩序，将损害中美双方的利益。[②] 中国一贯主张，对中美两国经贸关系快速发展过程中出现的问题和争议，双方应秉持积极合作的态度，通过双边磋商或诉诸世界贸易组织争端解决机制，以双方都能接受的方式解决分歧。在中国的积极争取下，双方通过相应的磋商机制，对两国间存在的经贸问题进行了持续的磋商。2017 年前，两国间关于经贸问题的争端总体上没有影响两国关系的大局。

2018 年后，特朗普政府在经贸、科技问题上对华极限施压，对两国关系产生了严重的负面影响。2018 年 3 月 22 日，美国又宣布考虑对 100 多种中国商品征收关税，规模约 500 亿美元。[③] 由此挑起对华贸易战。此后，美国又变本加厉。7 月 6 日，美方开始对 340 亿美元中国输美产品加征 25% 关税。[④] 8 月 23 日，中方对美约 160 亿美元进口产品加征 25% 关税开始实施。[⑤] 9 月 24 日，

---

① 王珂：《美商务部自主发起对华“双反”调查　中国商务部表示强烈不满》，《人民日报》2017 年 11 月 30 日，第 3 版。

②《美国商务部自行发起对华“双反”调查中方不满》，中国新闻网 2017 年 11 月 29 日。

③ *Presidential Memorandum on the Actions by the United States Related to the Section 301 Investigation*, March 22, 2018.

④ 闫子敏等：《中国对美关税反制措施正式实施》，《人民日报》2018 年 7 月 7 日，第 3 版。

⑤ 于佳欣：《中国对美约 160 亿美元商品加征 25% 关税于 23 日 12:01 正式实施》，《人民日报》2018 年 8 月 24 日，第 2 版。

美方实施对约2000亿美元中国输美产品加征10%关税[①]。中国不得不采取有力应对措施，予以针锋相对的回击。4月1日，中国宣布对进口自美国的价值30亿美元的128个税项产品加征关税。6月16日，中国决定对原产于美国的大豆等农产品、汽车等加征25%关税，涉及340亿美元。[②] 9月17日，中国宣布将对原产于美国的价值约600亿美元的商品加征10%或5%的关税。[③]

与此同时，美国还掀起对华科技战。2018年4月16日，美国商务部称中国中兴公司在惩罚高管问题上做了虚假陈述，因而激活对中兴的出口禁令，禁止美国公司在七年内向中兴公司出售零部件。随后，美国又先后瞄准了中国华为公司、福建晋华集成电路。4月25日，美国司法部宣布对华为公司进行刑事调查，认为华为公司涉嫌违背美国对伊朗的制裁。2018年12月1日，加拿大应美国要求逮捕了华为公司财务总监孟晚舟，称孟晚舟涉嫌利用金融系统规避美国对伊朗的制裁。10月29日，美国商务部宣布将福建晋华集成电路有限公司列入限制美国产品、软件和技术出口的实体名单，理由是该公司生产芯片的能力将威胁美国军用系统芯片供应商的生存能力，对美国构成重大风险进入。[④] 2019年后，美国对华科技打压进一步升级。1月，美国司法部指控华为公司首席财务总监孟晚舟违反美国针对伊朗的制裁法律条款；5月，美国商务部产业与安全司（Department of Commerce’s Bureau of Industry and Security）将华为技术有限公司及其分布在全球26

① 李丽辉:《对美国原产的约600亿美元进口商品实施加征关税》,《人民日报》2018年9月19日，第3版。

② 李丽辉:《对原产于美国的五百亿美元进口商品加征关税》,《人民日报》2018年6月17日，第2版。

③ 李丽辉:《对美国原产的约600亿美元进口商品实施加征关税》,《人民日报》2018年9月19日，第3版。

④ U. S. Department of Commerce, *Addition of Fujian Jinhua Integrated Circuit Company, Ltd (Jinhua) to the Entity List*, October 29, 2018.

个国家的 68 家子公司列入所谓“实体清单”；6 月，商务部产业与安全司将中国 5 家从事计算机研发的公司列入“实体清单”；8 月，美国商务部产业与安全司又将华为的 46 家子公司列入“实体清单”；10 月，美国商务部再次将中国 28 家技术公司纳入“实体清单”。[①]

中国始终坚持通过对话协商解决争议的基本立场，与美国开展多轮经贸磋商，努力稳定双边经贸关系。中国的态度是一贯的、明确的。中美合则两利，斗则俱伤，合作是双方唯一正确的选择。两国围绕贸易争端“打打谈谈”。2019 年 12 月，中美双方宣布就中美第一阶段经贸协议文本达成一致，中美贸易摩擦暂告一段落。在新冠疫情中执政的拜登政府，在对华经贸政策上延续了前任政府的政策，致使中美两国经贸关系至今没有好转。

在网络安全问题上，中美在网络安全领域的矛盾并没有因建立网络犯罪对话机制而化解。两国网络安全领域的矛盾在政治、经济等领域均有所体现。在政治领域，两国的分歧集中体现在网络领域的“主权与人权”问题。在经济领域，双方的争议焦点主要在“网络商业间谍”和“信息安全审查”等具体议题。

在中国与周边国家海洋争端问题上，美国越来越偏离其多年坚持的对中国与周边国家关于海洋主权争端问题“不持立场”的承诺，对中国维护国家海洋权益行为说三道四，并深度介入其中。2012 年，日本“购岛”闹剧导致中日钓鱼岛问题升级后，美国却公开对日本提供支持。2013 年 5 月 6 日，美国国防部发布关于中国的军事报告，声言中国 2012 年 9 月公布的钓鱼岛群岛及其附属岛屿的领海基线“在法理上存在问题”。2013 年 11 月 23 日，中国宣布在东海设立防空识别区后，美国方面立即作出强烈反应。美

---

① USCC, *2019 Report to Congress of the U.S.-China Economic and Security Review Commission*, November 2019, p46–48.

国国务卿克里和国防部长哈格尔先后发表声明，深表关切，并称美日安保条约适用于钓鱼岛。24 日，中国外交部部长助理郑泽光就此向美国驻华大使骆家辉提出严正交涉，要求美方立即纠正错误，停止对中方说三道四。随后，白宫副发言人欧内斯特表示，中国此举是“不必要的煽动性做法”。2015 年 2 月 7 日，美国国务卿克里在华盛顿会见来访的日本外相岸田文雄，克里重申美国会根据美日安保条约的规定保护包括钓鱼岛在内的日本不受中国攻击，并重申不会接受和承认东海防空识别区。4 月 22 日，奥巴马在访问亚洲时接受日本《读卖新闻》专访，表示钓鱼岛群岛现由日本管理，属于美日安保条约第五条的范围之内。2021 年 3 月 16 日，美国和日本发表联合声明称，双方论及美国依照美日安保条约第五条对日本防务的承诺包括钓鱼岛群岛（声明中文版中采用日本称谓“尖阁列岛”）。中方对此多次提出严正抗议并表明中方立场。针对奥巴马声称钓鱼岛在日本施政之下，适用于《日美安保条约》，在 2013 年 4 月 23 日外交部例行记者会上，中国外交部发言人明确指出，钓鱼岛是中国固有领土。中国对钓鱼岛拥有无可争辩的主权。美方应尊重事实，以负责任的态度，恪守在有关领土主权问题上不选边站队的承诺，谨言慎行，切实为地区和平稳定发挥建设性作用。①

在南海问题上，美国近年来去“中立化”趋向越来越明显，在对南海权益其他声索国立场偏袒的同时，对中国维护南海权益的各项举措批评指责增多。美国还打着“航行自由”的旗号，不断进入中国南海岛礁的 12 海里海域，对中国南海领域主权构成威胁。2016 年 7 月，国际仲裁庭宣布所谓“南海仲裁结果”后，美国总统奥巴马多次表示仲裁具有约束力，要求中国遵守仲裁结果。

①《奥巴马称日美安保条约适用范围包括钓鱼岛》，中国新闻网 2014 年 4 月 24 日。

2016 年下半年以来，在中国与南海周边国家共同努力下，南海局势趋稳并向好的方向发展。美军却加大在南海海域巡航的力度，并加大在南海海域的军事演练和部署。美国在南海海域的军事行动，对中国在该海域的主权及管辖权安全构成严重挑战，也对亚太区域的和平稳定构成严重挑战。对此，中国坚持以斗争与合作两手来应对。一方面，中方强调南海问题并非中美之间的问题，多次在正式场合要求美方秉持客观立场，恪守不选边站队的承诺；另一方面，愿意与美国就海上问题保持沟通，以保障双方在维护亚太地区安全问题上的共同利益。

在人权问题上，中美两国的矛盾和斗争由来已久，美国从未放弃利用“人权”问题干涉中国内政的做法。美国还打着“人权”的旗号在涉港、涉疆等问题上干涉中国内政。如在涉港问题上，美国国会于 2019 年推出所谓“2019 年香港人权与民主法案”，严重干涉香港事务，破坏中国国家安全和主权。为了维护国家主权、安全和发展利益，坚持和完善“一国两制”制度体系，维护香港长期繁荣与稳定，保障香港居民合法权益，2020 年 5 月 28 日，中华人民共和国十三届全国人大三次会议表决通过了《全国人民代表大会关于建立健全香港特别行政区维护国家安全的法律制度和执行机制的决定》。6 月 30 日，十三届全国人大常委会第二十次会议表决通过《中华人民共和国香港特别行政区维护国家安全法》(简称“香港国安法”)，国家主席习近平签署第 49 号主席令予以公布。美国政府对香港国安法公布施行反应十分强烈。2020 年 7 月 14 日，特朗普签署行政令，“终止香港的特殊待遇”，随后，美国国务院和财政部以所谓“破坏香港自治”为由，宣布制裁 11 名中国政府部门和中国香港特区官员。11 月 27 日，特朗普签署所谓“2019 年香港人权与民主法案”；12 月 7 日，美国国务院和财政部宣布，对中国 14 名全国人大常委会副委员长进行所谓的“制裁”，公然插手香港事务，粗暴干涉中国内政。对此，中国政府针锋相对，以“对等制裁”予以回应。8 月 10 日，在外交部例行记者会上，外交部发言人赵立坚对美方的举动予以强烈谴责，并宣布：“针对美方的错误行径，中方决定即日起对在涉港问题上表现恶劣的美联邦参议员卢比奥、克鲁兹、霍利、科顿、图米，联邦众议员史密斯，以及美国国家民主基金会总裁格什曼、美国国际事务民主协会总裁米德伟、美国国际共和研究所总裁特温宁、人权观察执行主席罗斯、自由之家总裁阿布拉莫维茨实施制裁。”[①] 2021 年初，中国政府宣布对美国前国务卿蓬佩奥等 28 名美方人员实施制裁。

（二）促进中俄战略伙伴关系高水平运行

中俄全面战略协作伙伴关系在新的历史起点上持续向前发展。两国政治互信进一步加强，各领域交流与合作取得重要成果，战略协作更加密切。

两国高层和各级别交往密切。两国元首保持密切交往与磋商。国家主席习近平与俄罗斯总统普京每年都保持 5 次以上的会晤，双方就中俄关系和共同关心的国际和地区问题深入交换意见。2013 年 3 月，习近平当选国家主席后，首访的国家是俄罗斯，这充分体现了双方关系的特殊性。访俄期间，两国签署了《中俄关于合作共赢、深化全面战略协作伙伴关系的联合声明》，详细规划了两国未来发展方向和重点领域。双方还批准了《〈中俄睦邻友好合作条约〉实施纲要（2013 年至 2016 年）》，以实际行动夯实睦邻友好关系基础。习近平应邀访问俄国防部并参观了俄联邦武装力量作战指挥中心，成为第一位参观该指挥中心的外国元首，也是俄方首次向外方展示自己的指挥中枢，这表明双方战略安全信任水平达到一个新的高度。2015 年 5 月 8 日至 10 日，习近平赴俄罗斯出席纪

①《中方宣布制裁八名在涉港问题上表现恶劣的美方人士》，中国新闻网 2020 年 8 月 10 日。

念卫国战争胜利 70 周年庆典并访问俄罗斯，会见了俄总统普京，两国元首就深化全面战略协作伙伴关系、丝绸之路经济带建设和欧亚经济联盟建设对接合作问题签署并发表两个联合声明，此次出访，双方共签署 30 项重要合作协议。2016 年 6 月 25 日，普京对中国进行国事访问，习近平与普京举行会谈。两国元首共同出席了 2016 年中俄主流媒体联合采访活动启动仪式和《中俄睦邻友好合作条约》签署 15 周年纪念大会，签署并发表《中俄联合声明》等 3 个联合声明。两国元首出席了历届二十国集团峰会、金砖国家领导人峰会等多边会议，期间进行会晤和交谈。两国元首通过高频度的密切互动，及时就重大国际和地区问题交换意见和协调立场，引领两国战略互信和战略协作水平不断提升。2019 年 6 月 5 日至 7 日，习近平主席对俄罗斯进行国事访问并出席第二十三届圣彼得堡国际经济论坛。访问期间，习近平和普京宣布发展中俄新时代全面战略协作伙伴关系，实现两国关系提质升级，共同开启中俄关系更高水平、更大发展的新时代。中俄两国总理定期会晤机制每年都顺利进行，并发表中俄总理定期会晤联合公报，引领中俄关系和各领域务实合作向纵深发展。与此同时，两国各领域机制性交往频繁，两国高层达成的一系列共识得到进一步落实。

2020 年初，一场突如其来的新冠疫情席卷全球。疫情防控期间，习近平同普京以“电话外交”“视频会晤”等方式保持经常性沟通，为两国关系发展提供重要引领。2021 年中俄隆重纪念《中俄睦邻友好合作条约》签署 20 周年。6 月 28 日，习近平在北京同普京举行视频会晤。两国元首宣布发表联合声明，正式决定《中俄睦邻友好合作条约》延期。普京热烈祝贺中国共产党成立 100 周年。12 月 15 日，习近平同普京举行年内第二次视频会晤，就中俄双边关系、各领域务实合作、国际战略协作等广泛深入交换意见，达成了广泛共识，为推动中俄关系在新的一年里继续高质量发展提供了重要保障。

中俄国际战略协作水平不断提升。中俄作为联合国安理会常任理事国，致力于维护以联合国为核心的国际体系稳定，遵循以联合国宪章宗旨和原则为基础的国际法和国际关系准则，反对冷战思维和零和博弈，反对各种形式的霸权主义和强权政治，是维护地区及世界安全稳定的建设性力量。2016 年 6 月，普京访华期间，两国元首发表了《关于加强全球战略稳定的联合声明》，重点阐述了双方对当前全球战略稳定形势的看法。[①] 两国外长签署并发表了中俄《关于促进国际法的声明》，这是双方首次专门就捍卫国际法、促进国际法治联合发声，标志着双方国际合作提升至新水平，具有重要的现实意义和深远影响。2019 年 6 月 5 日，习近平与普京共同签署并发表了《中华人民共和国和俄罗斯联邦关于加强当代全球战略稳定的联合声明》。针对美国退出《中导条约》、拒绝签署《全面禁止核试验条约》，声明强调核武器国家应摒弃冷战思维和零和博弈，停止毫无限制地发展全球反导系统，减少核武器在国家安全政策中的作用，切实降低核战争威胁。[②] 这是 2016 年以来中俄两国元首再次就战略稳定问题发表联合声明。

中俄两国在联合国、二十国集团、金砖国家、上海合作组织等共同参与的多边机制框架内进行有效协调，在重大国际和地区问题上开展密切沟通与合作，在维护朝鲜半岛和东北亚地区和平稳定，推动叙利亚、伊朗核问题政治解决进程等方面也作出了不懈努力。两国还就总体国际形势、反恐、国际信息安全、北极事务等重大问题保持密切磋商，维护了两国共同利益，维护了《联合国宪章》宗旨、原则和公认的国际法准则，维护了地区及世界和平

---

①《中华人民共和国主席和俄罗斯联邦总统关于加强全球战略稳定的联合声明》，《人民日报》2016 年 6 月 26 日，第 3 版。

②《中华人民共和国和俄罗斯联邦关于加强当代全球战略稳定的联合声明》，《人民日报》2019 年 6 月 6 日，第 3 版。

稳定。

两国务实合作取得丰硕成果。中俄在涉及国家主权、安全、发展和领土完整等核心利益问题上相互支持。中方支持俄方打击恐怖主义、维护国家主权和安全，俄方支持中方在涉及台湾、南海、西藏、新疆、打击“东突”恐怖势力等问题上的原则立场。在西方国家对俄罗斯举办纪念卫国战争胜利 70 周年阅兵和中国举办抗日战争暨世界反法西斯战争胜利 70 周年纪念活动持消极态度的背景下，两国最高领导人携三军仪仗队分别出席对方庆典活动，并重申坚决反对世界某些势力企图否认历史、篡改二战胜利成果、歪曲纽伦堡及远东国际军事法庭判决结果的言行，彰显了中俄两国共同维护二战胜利成果的坚定决心。

双方积极扩大和深化经贸合作，投资合作步伐加快，中俄投资基金运作顺利。能源合作是中俄互利合作的亮点。2013 年 6 月，俄罗斯石油公司与中石油签署了价值 2700 亿美元、为期 25 年的石油供应协议。俄罗斯最大的独立天然气公司诺瓦泰克也通过协议将其“亚马尔”液化气项目 20% 的权益出售给中石油。[①] 2014 年 5 月，中俄政府及能源公司分别签署《中俄东线天然气合作项目备忘录》和《中俄东线供气购销合同》。从 2018 年起，俄方通过东线管道每年向中方供应不少于 380 亿立方米天然气，历时 30 年。[②] 中俄在能源领域里的合作进一步夯实了中俄全面战略协作伙伴关系的经济基础。在投资领域，受西方国家制裁的影响，俄罗斯金融经济形势严重恶化，中国与俄金融合作却得到不断加强。2014 年，中国人民银行与俄罗斯联邦中央银行签署了额度为 1500 亿元人民

① 林雪丹:《中俄贸易呈现新面貌》,《人民日报》2013 年 8 月 5 日，第 23 版。

② 杜尚泽等:《习近平和普京共同见证中俄东线天然气合作协议签署》,《人民日报》2014 年 5 月 22 日，第 1 版。

币/8150亿卢布的双边本币互换协议。[①] 此后，两国金融机构间合作逐步深入。2017年，俄罗斯联邦中央银行在北京开设代表处，这是俄央行首次在境外开设金融机构。中国银联国际公司与俄罗斯国家支付卡公司（NSPK）、俄罗斯商业银行不断扩大在俄罗斯的发卡业务合作。

基础设施建设合作进程加快。随着共建"一带一路"的逐步推进，两国基础设施建设合作进程加快。2014年2月，同江至下列宁斯阔耶跨江铁路大桥俄方段正式开工建设。2015年6月，在中俄投资合作委员会第二次会议框架下，由中国中铁二院工程集团有限责任公司参与投标的俄罗斯首条高速铁路——莫斯科至喀山铁路的规划设计合同在圣彼得堡正式签署，成为中国高铁走出国门的第一单。此项目为发展两国首都间铁路交通先期工程，最终将打造成途经哈萨克斯坦的莫斯科—北京欧亚高速运输通道。2016年12月，在中方银行为俄方段提供15年至20年长期贷款支持下，中俄首座跨黑河—布拉戈维申斯克黑龙江（阿穆尔河）公路大桥工程项目正式动工。

军事安全领域合作取得突破性进展。两国军方开展了一系列联合军演，进一步增强了两国军方的相互交流与了解。2014年5月，中俄海军首次在东海北部海域举行"海上联合—2014"军事演习，中俄元首出席开幕式，凸显中俄领导人对两国军事合作的高度重视。2015年5月和8月，两国海军在地中海海域和彼得大帝湾海域、克列尔卡沿岸及日本海空域先后举行代号"海上联合—2015（Ⅰ）"和"海上联合—2015（Ⅱ）"实兵联合演习。中俄两军着重演练了在陆海空方面有效防空、反舰、反潜、反破坏的协同行动能力。2016年，中国武警部队"猎鹰突击队"和"雪豹突击

① 肖伟光:《人民币国际化提挡再加速》,《人民日报》2014年10月14日，第3版。

队”与俄罗斯国家近卫军“勇士”特种部队在俄罗斯斯摩棱斯克州和莫斯科州举行代号“合作—2016”联合反恐战术特训。两军还首次举行“空天安全—2016”首长司令部计算机模拟导弹防御联合演习。2017 年，两国海军在毗邻俄罗斯的波罗的海、日本海和鄂霍次克海举行“海上联合—2017”联合军演。中俄参演部队成立联合指挥部，共同指挥两军舰艇和海军陆战队演习，彰显两军高度的战略互信。2021 年 8 月 9 日上午，中俄“西部 · 联合—2021”演习在宁夏正式启动。这是新冠疫情暴发以来首次在中国境内举行的大规模中外联演联训活动，也是中国首次邀请俄罗斯军队进入位于中国腹地宁夏参加演习。当天中方数架最先进的隐形战机歼 –20 亮相开幕式现场，这也是该型战机首次参与联合演习。这些都显示出中俄两军之间的信任达到前所未有的高度。[①] 两国军事技术合作也取得显著进展。军事技术合作是中俄两军合作的重点。作为两国关系的重要支撑，中俄军事技术合作一直保持高水平发展。近年来，两国陆续签署了若干大宗合同。2014 年秋季，中俄两国签署《S–400“凯旋”防空导弹系统供应合同》，这是俄罗斯首次向外国出口该系统。[②] 2015 年，中国与俄罗斯签署了购买 24 架苏 –35 多功能战机的合同。中国也因此成为该战机的首个外国买家。[③] 2017 年，俄罗斯向中国交付了首批 S–400 防空导弹武器系统。[④]

虽然中俄关系持续快速发展，各领域合作不断取得新的成果，但是，两国关系发展过程中还存在一些制约因素，主要是两国实现

---

① 张光政等:《歼 –20 亮相中俄联合军演》,《环球时报》2021 年 8 月 10 日，第 1 版。

② 柳丰华:《乌克兰危机形势下的中俄关系》，李永全主编:《俄罗斯发展报告 2015》，社会科学文献出版社 2015 年版，第 138 页。

③《俄媒称中俄已签苏 –35 合同：不会在中国境内制造》，参考消息网 2015 年 11 月 19 日。

④《俄高官：已向中国交付首批 S–400 防空导弹系统》，环球网 2017 年 3 月 21 日。

贸易多元化和双边贸易达到与政治关系相称水平的任务依然艰巨。俄罗斯长期在中国第十大贸易伙伴位次前后徘徊，中俄贸易仅占中国对外贸易的2%，两国双向投资相比各自对美欧投资规模依然不大。此外，俄罗斯对华合作存在“上热下冷”现象。两国高层签署的协议项目在随后的具体商业谈判中往往很难落实，诸多一揽子框架文件或意向性协议没有得到进一步的充实和完善，没有形成具体可操作的协议或约定。特别是两国的一些区域合作项目，更是久拖不决，其主要原因是，在俄罗斯，无论是中央还是地方都缺乏与中国发展区域合作的意愿。

（三）推进中欧关系稳步发展

中欧关系大局稳定，中国对欧外交全方位展开，与欧盟机构、成员国和次区域合作进一步拓展，各领域务实合作稳步推进。

中欧高层互访频繁。2013年11月，第十六次中国欧盟领导人会晤在北京举行。会后发表的《中欧合作2020战略规划》，在总结全面战略伙伴关系10年发展经验的基础上，确定了中欧在和平与安全、繁荣、可持续发展、人文交流等领域加强合作的共同目标，并强调通过定期会晤和各领域广泛对话，全面落实这一规划。2013年12月初，英国首相戴维·卡梅伦访华，使处于长达一年半冷淡期的中英关系得以修复。2013年法国总统奥朗德和总理让－马克·艾罗相继访华，为在2014年庆祝中法建交50周年时进一步提升双边关系作了铺垫。2014年，中欧领导人高层互访增多。欧盟11个成员国的国家元首及政府首脑先后到访中国。中国国家主席和总理也四度访问欧洲。2014年3月22日至4月1日，国家主席习近平访问了荷兰、法国、德国、比利时及欧盟总部，此次访问从战略全局的视角给予中欧关系以新的定位。习近平主席对欧盟总部的访问是历史性访问，这是中国国家元首首次访问欧盟总部。双方发表的《关于深化互利共赢的中欧全面战略伙伴关系的联合声明》，强调要深化中欧关系，全面落实《中欧合作2020战略规划》，共同打造和平、增长、改革、文明四大伙伴关系。[①]对荷兰的访问，也是中国国家元首的首次访问。同年6月、10月和12月，国务院总理李克强3次访问欧洲，先后访问了英国、希腊、德国、俄罗斯、意大利等国家，并出席了第十届亚欧首脑会议和第三次中国—中东欧国家领导人会晤。2015年5月6日，在中国与欧盟建交40周年之际，国家主席习近平同欧洲理事会主席唐纳德·图斯克、欧盟委员会主席让—克洛德·容克互致贺电，庆祝中国与欧盟建交40周年。2015年6月28日至7月2日，国务院总理李克强出席第十七次中国欧盟领导人会晤并访问欧盟总部、比利时和法国。6月29日，第十七次中国欧盟领导人会晤在布鲁塞尔欧洲理事会总部举行，李克强与图斯克、容克共同主持这次会晤。李克强与换届后的欧盟新领导层举行首次会晤，将中欧建交40周年庆祝活动推向高潮。会后发表了《中欧40年合作后的前进之路》的联合声明。2015年10月，国家主席习近平对英国进行"超级国事访问"，双方同意建立"面向21世纪全球全面战略伙伴关系"，此次访问标志着中英关系开始进入"黄金时代"。[②]2015年10月底和11月初，德国总理默克尔、法国总统奥朗德相继访华，向中国表达"德法是中国在欧盟的核心伙伴"。11月下旬，在中国苏州举行的第四次中国—中东欧（16+1）国家领导人会晤，中国与来自中东欧16个国家的领导人与会，双方制定了《中国—中东欧国家合作中期规划》。[③] 2016年3月，国家主席习近平对捷克共和国进行国事访问。这是两国建交67年来中国

① 杜尚泽等：《习近平同欧洲理事会主席范龙佩举行会谈》，《人民日报》2014年4月1日，第1版。

②《开启面向全球的中英全面战略伙伴关系黄金时代——外交部长王毅谈习近平主席对英国进行国事访问》，《人民日报》2015年10月24日，第2版。

③《中国—中东欧国家合作中期规划》，《人民日报》2015年11月25日，第10版。

国家元首首次访问捷克，将中捷关系提升为战略伙伴关系。同年6月，国家主席习近平对塞尔维亚和波兰进行国事访问。这是中国国家元首32年来首次访问塞尔维亚和时隔12年再次访问波兰，将中塞、中波关系提升为全面战略伙伴关系。2016年11月，国务院总理李克强对拉脱维亚进行正式访问并出席第五次中国—中东欧国家领导人会晤。这是中拉建交25年来中国国务院总理首次访问拉脱维亚。中国领导人还同多位访华的欧洲领导人举行会谈，巩固和发展了双边关系。2016年3月，德国总统约阿希姆·高克访华。高克表示，愿意同中国在应对国际挑战中更加紧密的合作。6月，英国举行脱欧公投，但中英关系并未遭受巨大冲击。9月，国家主席习近平会见了出席二十国集团领导人杭州峰会的英国新首相特蕾莎·梅，再次确认了中英关系"黄金时代"的大方向。2017年1月，国家主席习近平对瑞士进行国事访问，出席世界经济论坛年会并访问国际组织，在达沃斯论坛发表主旨演讲。[①] 在访问联合国日内瓦总部时，习近平发表了《共同构建人类命运共同体》的主旨演讲，全面系统地阐述了"构建人类命运共同体"这一重大倡议，为解决全球性挑战提出了中国方案，受到国际社会的高度赞誉和广泛关注。2018年12月，国家主席习近平访问葡萄牙、西班牙，进一步提升了中国与这两个国家的关系。2019年3月21日至26日，国家主席习近平对意大利、摩纳哥、法国进行国事访问。访意期间，双方发表了《中华人民共和国和意大利共和国关于加强全面战略伙伴关系的联合公报》。中意还签署了政府间关于共同推进"一带一路"建设的谅解备忘录。双方认识到"一带一路"倡议在促进互联互通方面的巨大潜力，愿加强"一带一路"倡议同泛欧交通运输网等的对接，深化在港口、物流和海运领域的合作。意大利是第

① 习近平:《共担时代责任　共促全球发展——在世界经济论坛2017年年会开幕式上的主旨演讲》,《人民日报》2017年1月18日，第3版。

一个以“官宣”形式参与共建“一带一路”的“七国集团”国家。与此同时，中意各级别政治磋商和对话进一步扩展，积极落实双方高层达成的共识。

新冠疫情暴发后，中欧领导人通过视频、电话等形式继续保持密切联系，就双边、全球公共卫生安全、气候变化及其他全球治理等共同关注的问题进行沟通与磋商。

2020 年 2 月 18 日，在中国新冠疫情最严重之际，国家主席习近平应约同英国首相约翰逊通电话。① 9 月 14 日，习近平在北京同欧盟轮值主席国德国总理默克尔、欧洲理事会主席米歇尔、欧盟委员会主席冯德莱恩共同举行视频会晤。中德欧领导人就中欧关系深入交换意见，为下阶段中欧关系规划方向，确定重点领域，一致同意加强沟通协调合作。② 2021 年，中法两国元首两次通话，两次共同出席中法德领导人视频峰会，积极推动双边关系发展。两国元首就下阶段中法双边合作达成多项重要共识，为中法、中欧进一步深化合作指明方向。③12 月 21 日，习近平主席同德国总理朔尔茨通电话。这是“后默克尔时代”两国领导人的首次连线。这也是朔尔茨就任德国总理以来，中德领导人的首次交谈，④ 对于中德关系保持稳定发展具有重要意义。

中欧在各领域的务实合作逐步推进。中欧经贸关系稳中有进。2013 年，欧债危机逐渐消退，市场信心逐步回升，欧洲经济形势总体趋稳。欧洲经济形势的好转带动消费增长，对中欧贸易产生积极作用。2013 年、2014 年，中国对欧盟国家货物贸易连续增长。

---

①《习近平同英国首相约翰逊通电话》，《人民日报》2020 年 2 月 19 日，第 1 版。

②《习近平同德国欧盟领导人共同举行会晤》，《人民日报》2020 年 9 月 15 日，第 1 版。

③ 杨峻、徐永春:《元首通话给中法中欧关系带来春意》，《新华每日电讯》2022 年 2 月 18 日，第 10 版。

④《习近平同德国总理朔尔茨通电话》，《人民日报》2021 年 12 月 22 日，第 1 版。

2013年双边贸易进出口总额5590.6亿美元，止住了2012年的下降势头，同比增长2.1%；2014年双边贸易额6151.39亿美元，同比增长9.9%。[①] 受世界经济复苏缓慢、欧洲贸易保护主义抬头、中国经济结构升级转型的影响，2015年、2016年，中欧双边贸易额连续下滑。2017年，受世界经济复苏趋于稳定、国际贸易逐步回暖的带动，中欧双边全年贸易进出口额达6494.7亿美元，较2016年增长15%。[②] 2019年，中欧贸易总额达7051.1亿美元，同比增长3.4%，首次突破7000亿美元。[③] 欧盟是中国最大贸易伙伴、最大进口来源地、第二大出口市场、累计最大技术引进来源地、累计第四大实际投资来源地。中国作为欧盟第二大出口市场和第一大进口来源国的地位稳固。双边投资保持稳中有升。2017年，中国对欧盟直接投资快速增长，流量首破百亿美元（102.67亿美元），同比增长2.7%。[④] 2020年中国对欧盟的投资流量达100.99亿美元，同比（计算基数不包含英国）增长5.2%。中国共在欧盟设立直接投资企业近2800家，覆盖欧盟的全部27个成员国。[⑤] 截至2019年末，欧盟27国对华（含香港地区）直接投资存量为3618亿欧元，较上年增加947亿欧元，占欧盟对外投资总量的4.0%，提高了0.9个百分点，中国为欧盟第五大对外投资目的地。[⑥]

“一带一路”倡议提出以来，中欧贸易往来逐年增加，中欧班

---

① 参见《中国统计年鉴（2014）》《中国统计年鉴（2015）》，中国统计出版社2014年版、2015年版。

② 参见《中国统计年鉴（2017）》《中国统计年鉴（2018）》，中国统计出版社2017年版、2018年版。

③ 数据参见商务部网站。

④ 商务部、国家统计局、国家外汇管理局：《2017年度中国对外直接投资统计公报》，第30页。

⑤ 商务部、国家统计局、国家外汇管理局：《2020年度中国对外直接投资统计公报》，第37页。

⑥《2019年末欧盟吸收中国直接投资存量增至2551亿欧元》，中华人民共和国商务部网2021年3月16日。

列逐步发展壮大，给沿线国家和地区经济发展与民生福祉作出巨大贡献。[①] 截至 2022 年 1 月 29 日，中欧班列累计开行超 5 万列，运送货物超 455 万标箱，货值达 2400 亿美元，已通达欧洲 23 个国家 180 个城市。2016 年至 2021 年，中欧班列年开行数量由 1702 列增长到 15183 列，年均增长 55%，运输货物品类扩大到 5 万余种，年运输货值由 80 亿美元提升至 749 亿美元，增长了 9 倍，为保障国际产业链供应链稳定、推动共建“一带一路”高质量发展作出积极贡献。[②]

中欧在金融领域的合作不断扩展。2013 年 10 月 9 日，中国人民银行与欧洲中央银行签署了规模为 3500 亿元人民币 /450 亿欧元（合 570 亿美元）的中欧双边本币互换协议，旨在为双边经贸往来提供支持并维护金融稳定。互换协议有效期 3 年，经双方同意可以展期。[③] 2016 年 9 月 27 日，欧洲央行网站公布消息，欧洲央行与中国人民银行共同决定将 2013 年签订的双边货币互换协议继续延长 3 年。[④] 2014 年 6 月，中英在银行间外汇市场开启人民币对英镑的直接交易。英镑成为继美元、日元、澳元和新西兰元之后第五个可以和人民币进行直接兑换的货币。伦敦、法兰克福、巴黎和卢森堡先后与中方合作开展人民币清算业务，成为重要的人民币离岸中心。2015 年 11 月 18 日，由上海证券交易所、德意志交易所集团、中国金融期货交易所共同出资成立的中欧国际交易所在德国金融中心法兰克福开业。[⑤]

欧盟成员国和相关机构对“一带一路”倡议和国际产能合作

① 姜锋:《中欧关系的三个“史无前例”》,《世界知识》2020 年第 2 期，第 14 页。

② 陆娅楠:《中欧班列累计开行超 5 万列》,《经济日报》2022 年 1 月 30 日，第 1 版。

③ 张亮:《中欧央行签署双边本币互换协议》,《人民日报》2013 年 10 月 11 日，第 1 版。

④《人民银行与欧洲央行扩大双边货币互换协议》，中华人民共和国商务部网 2016 年 9 月 27 日。

⑤ 谢卫群:《中国资本市场“出海”》,《人民日报》2015 年 11 月 19 日，第 10 版。

态度积极。双方同意推进三大对接，将中国“一带一路”倡议与欧洲发展战略对接、中国国际产能合作与欧洲投资计划对接、中国—中东欧国家合作与中欧整体合作相对接。中国与欧盟决定建立中欧共同投资基金、互联互通合作平台。2015 年 3 月，英国宣布正式申请作为亚洲基础设施投资银行的意向创始成员国[①]，成为第一个表态愿意加入这一多边金融机构的西方大国。随后，法国、德国和意大利也相继表达了加入的意愿。2015 年 6 月 29 日，总共有 17 个欧洲国家签署了《亚洲基础设施投资银行协定》，占到 57 个亚投行创始成员国总数的近 1/3，是除亚洲外参与国家最多的地区。

中欧、中英、中法及中德人文交流机制高级别对话次第开展及取得的成果，为中欧人文交流搭建了平台，也拓宽了中欧人文交流的渠道。为落实有关人文交流机制高级别对话达成的共识，中欧相继启动一系列文化交流活动。中国文化中心在保加利亚、罗马尼亚、布鲁塞尔、斯德哥尔摩、雅典、贝尔格莱德等地或稳步推进，或相继成立。双方人员交流日益增多。如 2015 年中欧人员往来已接近 600 万人次，超过中美之间的人员往来规模，平均每天约有 1.6 万人、70 多个航班穿梭于中欧之间。为便利中欧人员往来，2016 年，英国宣布自 2016 年起中国游客可享受有效期为两年的访客签证，并计划推出 10 年多次签证服务。中法同意互为对方国家商务、旅游、探亲人员颁发 5 年多次签证。中瑞签署互免持外交护照人员签证协议。

中欧全面战略伙伴关系发展的主流是好的，但还存在某些障碍与问题。首先是中国市场经济地位问题。这是长期以来中欧关系中的一大障碍。根据《中国加入世界贸易组织议定书》第 15 条规

① 李应齐等:《英国看好亚洲发展机遇》,《人民日报》2015 年 3 月 15 日，第 3 版。

定，自加入世界贸易组织 15 年过渡期结束后，世贸组织成员在对华反倾销中采用“替代国”的做法必须在 2016 年年底前终止。欧盟委员会自 2016 年初开始对是否承认中国“市场经济地位”进行评估。在欧委会评估期间，欧洲一些以钢铁业为主的游说组织举行各种活动阻止欧盟“向中国让步”。5 月，欧洲议会以压倒性票数通过决议，拒绝承认中国的市场经济地位。[①] 11 月 9 日，欧盟委员会向欧洲议会及欧盟理事会正式提交修改其反倾销法律制度的提案，以履行其根据《中国加入世界贸易组织议定书》第 15 条规定所承担的义务。但欧委会提出的新方法以“市场扭曲”的概念和标准替代“非市场经济”的概念和标准，并没有从根本上取消“替代国”做法，只是在变相延续原有的做法而已。[②] 在全球化遭遇逆流、欧盟持续升级其贸易防护体系的背景下，中欧关于中国市场经济地位的分歧实质上是双方关于世界贸易规则的分歧。

其次，欧方在涉藏、涉港、涉疆、人权等问题上不时制造的不谐之音，给中欧关系造成恶劣影响。2016 年夏秋之际，达赖喇嘛窜访欧洲各国期间，法国 2017 年总统选举候选人、财政部前部长埃马纽埃尔 · 马克龙以“私人身份”会见达赖。2016 年 9 月 15 日，欧洲议会议长马丁 · 舒尔茨及欧洲议会外事委员会主席埃尔马 · 布鲁克不顾中方强烈反对执意会见达赖，并邀其发表演讲，违背了欧盟在涉藏问题上的立场和对中方所作的承诺。[③] 10 月 16 日，斯洛伐克总统安德烈 · 基斯卡同达赖会面。[④] 两天后，捷克文

① 中华人民共和国外交部政策规划司:《中国外交（2017）》，世界知识出版社 2017 年版，第 27 页。

② 中国国际问题研究院:《国际形势和中国外交（2016）》，世界知识出版社 2017 年版，第 308 页。

③ 杜一菲:《外交部发言人——欧洲议会领导人会见达赖损害中方核心利益》，《人民日报》2016 年 9 月 20 日，第 3 版。

④ 姜波:《外交部发言人——中方坚决反对斯洛伐克总统会见达赖》，《人民日报》2016 年 10 月 18 日，第 22 版。

化部长和参议院、众议院两名副议长也与达赖举行“私人会面”。2021 年 1 月，香港警方根据香港特区基本法和香港国安法，拘捕一批涉嫌颠覆国家政权罪的活动分子，对这一本属于中国内政的事，欧盟外交与安全政策高级代表却发表声明，妄加干涉。2021 年 3 月，欧盟又以所谓“新疆人权问题”为借口对中国有关个人与实体实施单边主义制裁。

此外，欧盟及有关国家还以不恰当的方式介入亚太事务特别是南海问题，对中欧间的政治互信产生了一定影响。

二、以“亲、诚、惠、容”理念发展同周边国家的关系

中国是世界上周边环境最复杂的大国。从一定意义上讲，中国和平发展进程始自周边，也要依托周边。周边外交在中国外交战略中占有重要地位。进入新时代后，中国政府高度重视周边外交，将其视为中国外交的重要优先发展方向。2013 年 10 月，中国召开周边外交工作座谈会，确定了今后 5 至 10 年周边外交的战略目标、基本方针和总体布局，明确了解决周边外交面临的重大问题的工作思路和实施方案，强调要坚持与邻为善、以邻为伴，坚持“睦邻、安邻、富邻”，突出体现“亲、诚、惠、容”的重要理念。这表明，中国将更加真诚、更加包容地对待周边国家，愿通过深化互利合作，不断增进与周边国家的相互信任与友好感情，不断给周边国家和人民带来实实在在的利益。

（一）“亲、诚、惠、容”理念的提出及内涵

为做好周边外交工作，中国历届政府进行了不懈的努力和探索。中华人民共和国成立之初，中国政府提出了和平共处五项原则并以此为指导积极开展周边外交工作，基本解决了与周边国家的陆上边界问题以及华侨国籍等一系列重要历史遗留问题。

改革开放后，中国坚持独立自主的和平外交政策，不参加任

何集团。同谁都来往，同谁都交朋友，谁搞霸权主义我们就反对谁，谁侵略别人我们就反对谁，并提出“主权在我、搁置争议、共同开发”的主张，为和平解决领土问题和国际争端提供了中国方案。冷战结束后，党中央针对更加复杂的周边环境，提出“与邻为善、以邻为伴”的周边外交方针，引领中国周边外交跃上新的台阶。

进入 21 世纪以后，中国继续坚持“与邻为善、以邻为伴”的周边外交方针，并在此基础上提出了“和谐亚洲”和“睦邻、安邻、富邻”的周边外交方针，中国同周边国家基本形成了睦邻友好、互利共赢的良好局面。

进入新时代后，中国周边国家和地区充满生机活力，呈现出明显的发展优势和潜力。周边环境总体上是稳定的，睦邻友好、互利合作是周边国家对华关系的主流。然而，随着中国的快速崛起，美国亚太战略调整，加之冷战后传统安全、非传统安全问题相互交织，中国周边地区不稳定因素日益增多，周边环境变得日益复杂。在这种情况下，2013 年 10 月，中央召开周边外交工作座谈会，习近平在座谈会上提出了“亲、诚、惠、容”的周边外交新理念。习近平指出，我国周边外交的基本方针，就是坚持与邻为善、以邻为伴，坚持睦邻、安邻、富邻，突出体现“亲、诚、惠、容”的理念。党的十九大报告再次强调，要“按照亲诚惠容理念和与邻为善、以邻为伴周边外交方针深化同周边国家关系”[①]。

“亲”是指巩固地缘相近、人缘相亲的友好情谊。要坚持睦邻友好、守望相助，讲平等、重感情，常见面、多走动，多做得人心、暖人心的事，使周边国家对我们更友善、更亲近、更认同、更支持，增强中国的亲和力、感召力、影响力。2015 年 11 月 7 日，

①《习近平总书记系列重要讲话读本》，学习出版社、人民出版社 2016 年版，第 270 页。

国家主席习近平在新加坡国立大学发表题为《深化合作伙伴关系共建亚洲美好家园》的重要演讲，提出中国同包括东南亚在内的周边国家深化合作、共谋发展的四点主张：共同维护和平安宁；深入对接发展战略；积极开展安全合作；不断巩固人缘相亲。习近平专门谈到了“亲”，他说：“亚洲各国人民要从悠久的历史文明中汲取养分，凝聚对亚洲价值的集体认同，拓展人文交流合作，夯实睦邻友好的社会民意基础，把‘和’‘合’的传统理念付诸彼此相处之道，把修睦合作的薪火世代传承下去。”①

“诚”是指坚持以诚待人、以信取人的相处之道。要诚心诚意对待周边国家，争取更多朋友和伙伴。具体讲，要做到以下几点：一是诚实，即要诚心实意尊重并发展与周边国家的关系。每个国家都有自己独特的历史和现实，都有适合自己国情的发展模式，因此，要充分理解和尊重周边国家的政治制度、意识形态和宗教信仰等，不要把自己的意志和意愿强加给他国，也不要干涉他国内政，要以真诚无妄的心态来交往，说真话办实事，以诚相待。二是诚信，即在与周边国家的交往中要信守承诺。无论是陆地边界争端还是海上岛屿纷争，既要充分尊重历史事实，也要按照相关国际法的原则和精神，更要信守业已达成的谅解和作出的承诺，以诚信的姿态处理和解决历史遗留问题和现实矛盾纷争。中国致力于维护南海和平稳定的基本方向不变，致力于同直接当事国通过友好协商谈判和平解决有关争议的整体主张不变。这显示了中方在南海问题上的诚意，也表明中国的南海政策具有稳定性和延续性。不仅如此，周边外交中的互信也非常重要。在当今全球化趋势下，我们要赋予周边区域合作更多的互信之时代内涵，因为一些亚洲国家还存在着明显的信任赤字。互信的基础，是尊重历史、以史为鉴，是各国都走

① 习近平：《深化合作伙伴关系共建亚洲美好家园——在新加坡国立大学的演讲》，《人民日报》2015 年 11 月 8 日，第 2 版。

和平发展道路，是恪守联合国宪章与和平共处五项原则，是尊重彼此核心利益和重大关切，是以诚相待互学互助。三是诚意，即真诚地开展协商、对话和合作。面对正在发展壮大的中国，周边国家的心态也在发生变化，一方面希望更多分享中国发展的红利，由中国承担更多责任，另一方面担忧中国在亚洲的“一家独大”会挤占别国发展空间，走国强必霸的老路。因此，我们要有充分的耐心和诚意，通过经济、政治、外交和军事等综合手段，同周边国家的开展合作。中华民族素来是讲诚信的民族，人敬我一尺，我敬人一丈，只有诚心诚意对待周边国家，才能争取到更多朋友和伙伴，只有做到坚持国家不分大小强弱贫富一律平等，在和平共处五项原则基础上全面发展同周边国家的关系，继续付出真诚的努力和行动，才能赢得周边国家的尊重、信任和支持。

“惠”是指履行惠及周边、互利共赢的合作理念。要本着互惠互利的原则同周边国家开展合作，编织更加紧密的共同利益网络，把双方利益融合提升到更高水平，让周边国家得益于中国发展，中国也从周边国家共同发展中获得裨益和助力。强调国际合作中要“义利兼顾，以义为先，要互惠互利，合作共赢”，是中国“义利观”的体现。

“容”是指展示开放包容、求同存异的大国胸怀。要倡导包容的思想，强调亚太之大容得下大家共同发展，以更加开放的胸襟和更加积极的态度促进地区合作。中国一向支持东盟在地区合作中发挥主导作用，欢迎域外国家参与到东亚地区的合作机制中来并发挥建设性作用，推动 10+1、10+3、东亚峰会等各机制相互补充和促进。我们积极回应各国对亚太地区安全问题的关切，推进地区防务安全领域的交流，谋求与周边国家的共同安全与合作安全。

“亲、诚、惠、容”的理念是以习近平同志为核心的党中央着眼中国同周边国家关系发展提出的重要理念，既是对中华人民共和国 60 多年睦邻友好政策的总结，也反映了中国周边外交理念的创新发展，是新形势下中国坚持走和平发展道路的一份生动宣言，是对多年来中国周边外交实践的一个精辟概括，对于改善中国与周边国家的关系，实现中国与周边国家的合作共赢，引领中国同周边国家关系不断发展必将发挥积极作用。

（二）稳固发展与东北亚邻国的关系

进入新时代后，中国同东北亚邻国特别是日本、韩国的关系出现一些不利因素，这对中国和平稳定的周边环境造成了负面影响。为稳定中国同该地区国家关系，中国政府作出了积极努力。

打破中日关系僵持格局。由于日本在钓鱼岛、侵华历史等问题上频繁采取挑衅行动，中日关系持续面临严重困难局面，导致两国各领域交流合作受到严重冲击。2013 年 12 月 26 日，日本首相安倍晋三参拜供奉有二战甲级战犯的靖国神社。此举是对曾经遭受日本军国主义侵略和殖民统治的各国人民感情的肆意伤害，是对全世界爱好和平人民的公然挑衅，是对历史正义和人类良知的粗暴践踏，是对世界反法西斯战争胜利成果和以联合国宪章为基础的战后国际秩序的公然挑战。安倍的所作所为遭到中国政府和人民以及国际社会的强烈反对和严厉谴责。中国政府迅速采取坚决有力措施应对安倍的严重错误行径。国务委员杨洁篪、全国人大及全国政协外事委员会负责人和外交部发言人分别发表谈话予以严厉谴责，外交部长王毅紧急召见日本驻华大使木寺昌人，中国驻日本大使程永华约见日本常务副外长斋木昭隆，均向日方提出严正交涉和强烈抗议。

日本是中国的重要近邻，中国政府重视中日关系，一贯主张在中日四个政治文件的基础上，本着以史为鉴、面向未来的精神发展中日战略互惠关系。针对日本在钓鱼岛和历史等问题上的错误行径，中方坚决维护国家领土主权、历史正义和民族尊严，同日方的错误行径进行针锋相对的斗争。同时，中方也从中日关系与地区和平稳定大局出发，就领土争议和涉东海问题推进同日方对话磋商，积极推进双方各领域交流和务实合作，致力于增进两国人民的友好感情和相互信任。2014 年 9 月，中日海洋事务高级别磋商在山东省青岛市举行。这是时隔两年后中日重启海洋事务高级别磋商。中国国防部等多个部门及日本内阁官房等部门分别派人参加。双方就东海有关问题及海洋合作问题交换了意见，并原则同意重启中日防务部门海上联络机制磋商；原则同意于 2014 年底或 2015 年初举行中日海洋事务高级别磋商下一轮磋商。[①] 2014 年，中日之间外交、经济、企业、民间等多个部门对话渠道重新开启。11 月 7 日，中国国务委员杨洁篪同来访的日本国家安全保障局长谷内正太郎举行会谈并达成四点原则共识。其主要内容是：双方确认将遵守中日各政治文件的各项原则和精神，继续发展中日战略互惠关系；双方本着“正视历史、面向未来”的精神，就克服影响两国关系政治障碍达成一些共识；双方认识到围绕钓鱼岛等东海海域近年来出现的紧张局势存在不同主张，同意通过对话磋商防止局势恶化，建立危机管控机制，避免发生不测事态；双方同意利用各种多边双边渠道逐步重启政治、外交和安全对话，努力构建政治互信。

四点共识阐释了发展中日关系的基本精神和努力方向，为改善两国关系创造了条件，为亚太经合组织领导人非正式会议期间两国首脑会面起到了搭桥铺路作用。2014 年 11 月 10 日，国家主席习近平在北京人民大会堂应约会见了日本首相安倍晋三，这是中日领导人两年半来的首次会晤。两国领导人以 APEC 北京会议为契机实现会晤，使处于僵局中的中日关系呈现出缓和势头。2015 年是中国人民抗日战争暨世界反法西斯战争胜利 70 周年，这是中日

①《中日重启海洋事务高级别磋商》，《人民日报》2014 年 9 月 25 日，第 3 版。

两国面临的复杂而敏感的问题。中方从中日关系和地区和平稳定大局出发，同日方就有关问题保持磋商。2015 年 4 月 22 日，国家主席习近平在印度尼西亚出席亚非领导人会议期间，应约会见日本首相安倍晋三，就中日关系交换了看法。[①] 11 月 1 日，李克强总理在出席第六次中日韩领导人会议期间同安倍晋三首相会晤。2018 年 5 月 8 日至 11 日，应日本首相安倍晋三的邀请，国务院总理李克强赴日出席第七次中日韩政府领导人会议并对日本进行正式访问。这是李克强在其总理任内首次访日，也是中国总理时隔 8 年后再次正式访问日本。访日期间，李克强会见了日本天皇明仁，同安倍晋三首相举行会谈，出席中日和平友好条约缔结 40 周年纪念活动，并广泛接触日本各界人士，同时赴北海道参观访问。李克强出访期间，中国和日本又相继签署了一系列协议。10 月，日本首相安倍晋三对中国进行了为期 3 天的正式访问。这是日本首相时隔 7 年后再次访华。安倍晋三访华期间，中日双方确认，将恪守中日四个政治文件的各项原则，妥善处理历史、台湾问题，维护两国关系的政治基础。这为两国关系重回互惠务实合作轨道创造了有利条件。两国关系开始走出阴霾。

新冠疫情发生后，中日两国在双边多边层面开展了一系列高层交流，积极推动国际抗疫合作。2020 年 3 月 20 日，在中方倡议下，国务委员兼外交部长王毅同韩国外长康京和、日本外相茂木敏充举行中日韩新冠疫情问题特别外长视频会议。9 月 25 日晚，国家主席习近平同日本首相菅义伟通电话，表示中方积极支持日方举办东京奥运会，期待为亚洲繁荣发展作出积极贡献。2021 年 10 月 4 日，习近平主席祝贺岸田文雄当选日本首相。10 月 8 日，习近平主席同日本首相岸田文雄通电话，表示致力于加强与日本新

---

① 杜尚泽等:《习近平会见日本首相安倍晋三》,《人民日报》2015 年 4 月 23 日，第 1 版。

内阁的沟通与交流。

中日双方人文交流也趋于活跃。2017 年，为纪念中日邦交正常化 45 周年，两国举行了一系列纪念活动。9 月 8 日，中日邦交正常化 45 周年纪念招待会在北京举行，中日各界人士 300 余人出席活动。9 月 28 日，安倍晋三首相出席了中国驻日本大使馆举办的庆祝中华人民共和国成立 68 周年暨中日邦交正常化 45 周年招待会。中日双边人员往来自 2015 年来屡创新高，双边人员往来规模持续扩大，2017 年达 1066.3 万人次。[①]

中日关系僵持使长期处于“政冷经热”的双边关系出现“政冷经凉”的新变化。自 2012 年起，中日贸易额连续 4 年持续下降。2013 年，双边贸易额为 3124 亿美元，同比下降 5.1%。日本降为中国第五大贸易伙伴。2015 年，中日双边贸易额下降到 2785 亿美元。[②] 2016 年，中日贸易出现企稳回升走势。与此同时，日本对华直接投资也在持续下滑，2014 年，日本对华直接投资出现了 38.8% 的自由落体式下降。2016 年投资总额降至 31.1 亿美元，倒退到 20 年前（1995 年 31.5 亿美元）的水平。2017 年日本对华投资也开始回升，实际到位金额 32.6 亿美元，[③] 在中国利用外资国别中排名第三。

领土争端、历史问题等关键问题是影响中日关系发展的主要因素。在钓鱼岛问题上，日本政府的种种行为，对两国关系的发展构成严峻挑战。安倍政府无视大量历史事实，公然否认与中国达成的“搁置争议，共同开发”共识，宣称钓鱼岛及其附属岛屿无论是从历史上还是从国际法上都是日本的固有领土。面对日本政

① 王迪:《推动中日关系在重回正轨基础上行稳致远》,《人民日报》2018 年 10 月 27 日，第 1 版。

②《中国统计年鉴（2013—2015）》，中国统计出版社 2013—2015 年版。

③《中国统计年鉴（2014—2018）》，中国统计出版社 2014—2018 年版。

府步步紧逼的种种举措，中国被迫采取一系列反制措施。中国政府派遣公务执法船在钓鱼岛海域进行常态化巡航，增强对钓鱼岛海域的管控力度，打破日本对钓鱼岛所谓的“管辖权”。2013 年 11 月 23 日，国防部发布《中华人民共和国政府关于划设东海防空识别区的声明》，正式划设东海防空识别区，其范围包含钓鱼岛附近相关空域。东海防空识别区的设立，使得中国在钓鱼岛形成了更为严密的立体防御体系。在历史问题上，安倍内阁对于历史问题的右倾化作派对两国关系产生了严重干扰。2013 年 12 月安倍晋三参拜靖国神社遭到中方严正交涉和强烈抗议后，安倍晋三虽没有再参加此类活动，但他多次以内阁总理大臣的名义向靖国神社“贡献祭品”。与此同时，安倍内阁成员总务相新藤义孝及多名阁僚也多次参拜靖国神社。尤其是 2015 年 8 月 15 日，在日本战败 70 周年之际，安倍晋三通过自民党总裁特别助理萩生田光一向靖国神社供奉了“玉串料”（祭祀费），日本内阁的多名阁僚前往靖国神社进行参拜。日本的上述挑衅行为，受到中、韩、朝在内的亚洲多国的严厉谴责。此外，日本对中国战略防范的意图日益增强，在中美关系严重下滑背景下，日本与美国对华强硬政策一唱一和，对中日关系也产生了相当的负面影响。

中朝两国政治关系保持稳步发展。2013 年至 2017 年，中朝两党两国间保持正常交往。自2018年起，两国高层交往趋于频繁。在 2018 年至 2019 年间，两国元首实现四次会晤，达成一系列共识和成果。2018 年 3 月，朝鲜劳动党委员长、朝鲜民主主义人民共和国国务委员会委员长金正恩访华，中共中央总书记、国家主席习近平同金正恩举行了会谈，双方就发展新时代中朝关系达成四个方面原则共识：一是中朝传统友谊是双方共同的宝贵财富，发展好中朝友好合作关系是双方坚定不移的方针，也是唯一正确选择。二是中朝同为社会主义国家，双边关系具有重大战略意义，要加强团结合作、交流互鉴。三是两党高层交往对于引领双边关系具有不可替代的重大作用，双方应保持经常往来，加强战略沟通，增加理解互信，维护共同利益。四是夯实民间友好基础是推进中朝关系发展的重要途径，应通过多种形式，加强两国人民交流往来，为中朝关系发展营造良好民意基础。[①] 2019 年 6 月，国家主席习近平对朝鲜成功进行国事访问，为新时代中朝关系的发展注入了新动力。两国各领域交流与务实合作发展良好。两国贸易投资规模持续扩大，中国保持朝鲜最大贸易伙伴地位，罗先经贸区和黄金坪经济区等双边互利合作项目稳步推进。

中韩两国在政治、经济、人文等领域保持交流与合作。2016 年 6 月之前，两国高层交往频繁，各级别沟通顺畅。2013 年 6 月，韩国总统朴槿惠对中国进行国事访问，2014 年 7 月，国家主席习近平对韩国回访。2015 年 9 月，朴槿惠总统来华出席中国人民抗日战争暨世界反法西斯战争胜利 70 周年纪念活动。中国保持韩国最大贸易伙伴、最大出口国市场和最大进口来源国地位。韩国是中国第三大贸易伙伴国。中国是韩国第二大海外投资对象国，韩国是中国第三大外资来源国。2015 年 3 月，韩国正式宣布加入亚洲基础设施投资银行。6 月，双方签署了中韩自贸协定。12 月，中韩自贸协定正式生效。两国各领域交流活跃。2016 年 6 月，美国和韩国决定在韩国部署末端高空区域反导系统（“萨德”系统），对两国关系造成严重冲击，两国关系降至建交以来的冰点，中韩各领域交流合作也受到严重影响。2017 年 10 月，经中韩双方外交渠道沟通，韩方明确表示在韩国部署的“萨德”系统按照其本来的部署目的，不针对第三国，不损害中方战略安全利益。双方就阶段性处理“萨德”问题达成共识，并分别对外发布消息，两国关系有

① 李忠发：《习近平同朝鲜劳动党委员长金正恩在大连举行会晤》，《人民日报》2018 年 5 月 9 日，第 1 版。

所缓和。11 月 11 日，习近平主席在越南岘港出席亚太经合组织第二十五次领导人非正式会议期间，会见韩国总统文在寅。12 月 13 日至 16 日，文在寅对中国进行国事访问，国家主席习近平同其会谈，国务院总理李克强、全国人大常委会委员长张德江分别会见了文在寅。双方宣布启动中韩自贸协定第二阶段谈判。两国间其他交流合作也逐渐恢复。新冠疫情发生后，习近平主席与文在寅总统多次通话，就两国疫情防控和卫生健康领域合作进行了密切沟通。2021 年 1 月 27 日，习近平同文在寅通电话，提出要加快完成中韩自由贸易协定第二阶段谈判，推动《区域全面经济伙伴关系协定》早日生效和中日韩自由贸易区建设加速进行。

中国与蒙古国政治互信不断增强，高层往来频繁。2014 年 8 月，国家主席习近平对蒙古国进行国事访问期间，宣布将中蒙关系提升为全面战略伙伴关系。9 月，国家主席习近平在塔吉克斯坦首都杜尚别出席上海合作组织成员国元首理事会第十四次会议期间，同蒙古国总统额勒贝格道尔吉、俄罗斯联邦总统普京举行了中蒙俄三国元首会晤。此后，在上海合作组织成员国元首理事会会议期间，三国元首会晤成为惯例。2015 年 9 月，额勒贝格道尔吉来华出席纪念中国人民抗日战争暨世界反法西斯战争胜利 70 周年纪念活动。11 月，额勒贝格道尔吉对中国进行国事访问。2020 年 4 月，在中蒙建交 70 周年之际，也是在国际新冠疫情肆虐之际，蒙古国总统巴特图勒嘎访华，推动双方关系再上新台阶。

中蒙经贸往来也愈加频繁。两国经贸合作保持持续增长的势头。中国已连续多年成为蒙古国最大的贸易伙伴，2019 年中蒙双边贸易额达 89 亿美元。中国一直是蒙古国主要的投资来源地。据蒙方统计，1990 年至 2019 年期间，中国对蒙古国直接投资总额达 54 亿美元，为当地创造了 17000 个工作岗位。2019 年，中国对蒙古国投资 2.7 亿美元，同比增长 132%。除此之外，中国还向蒙古国提供了大量软贷款和技术援助。蒙古国现有来自 113 个国家的 14932 家外资企业，其中 50% 是中国企业。2019 年，蒙古国取代澳大利亚成为中国冶金煤最大来源国。作为“一带一路”六大经济走廊之一——中蒙俄经济走廊建设取得了实质性进展。中蒙俄经济走廊纵贯欧亚大陆，东联亚太经济圈，西联发达的欧洲经济圈，是“一带一路”“六廊六路多国多港”合作框架的重要组成部分。2016 年中、蒙、俄三国签署《建设中蒙俄经济走廊规划纲要》，明确了发展愿景、合作内容和实施机制。2018 年三国签署《关于建立中蒙俄经济走廊联合推进机制的谅解备忘录》，进一步完善了三方合作工作机制。中国与蒙古国国际通信实现陆缆连接，边界互联互通项目取得积极进展。

中蒙在国际与地区事务中相互支持。两国在联合国、上海合作组织、亚欧会议、亚洲相互协作与信任措施会议等多边框架内保持良好协调。不过两国关系发展中也遇到一些制约因素，如 2016 年达赖窜访蒙古国，使两国关系一度出现波折。

（三）推动与东南亚邻国关系高质量发展

在“亲、诚、惠、容”理念引领下，中国政府积极创造条件，加强与东南亚国家的沟通交流，增进政治互信，积极推动中国—东盟自贸区提质升级，促进“海上丝绸之路”建设在东南亚区域走深做实，为中国与东南亚国家关系的良好发展发挥了积极作用。

中国与东盟及其成员国领导人利用双方外交实践中重大历史事件的重要时间节点加强交流和沟通。2013 年，以中国—东盟战略伙伴关系建立 10 周年为契机，双方领导人开展了一系列外交活动，对双边关系的发展发挥了引领作用。10 月 3 日，国家主席习近平对印度尼西亚进行国事访问，两国发表《中印尼全面战略伙伴关系未来规划》。习近平同印尼总统苏希洛 · 班邦 · 尤多约诺共同宣布，将两国关系定位提升为全面战略伙伴关系，并见证签署了经贸、金融、渔业、航天、旅游等领域合作文件。10月4日，国家主席习近平访问马来西亚，同穆罕默德·纳吉布·阿卜杜尔·拉扎克总理举行会谈，双方决定将两国关系提升为全面战略伙伴关系。10月，国务院总理李克强对文莱、泰国和越南进行正式访问，促进了中国与这些国家的双方合作。10月17日，东盟秘书长黎良明访问中国，国务委员杨洁篪和外交部长王毅与其会谈。黎良明还访问了中国—东盟中心并在外交学院发表演讲。2014年，是中国与马来西亚建交40周年，马来西亚总理纳吉布先后两次到访中国，出席中马建交40周年庆祝活动和亚太经合组织领导人非正式会议，并与国家主席习近平、国务院总理李克强会晤。2015年，以中国和印尼、中国和越南建交65周年为契机，中印尼、中越分别开展了一系列内容丰富的双边合作交流活动。4月21日，国家主席习近平利用纪念万隆会议60周年之机访问印尼，在雅加达会见印度尼西亚总统佐科。习近平和佐科见证了两国高速铁路项目合作文件的签署，双方发表了《中华人民共和国与印度尼西亚共和国联合新闻公报》。[①] 11月5日至7日，国家主席习近平对越南和新加坡进行国事访问，使中越建交65周年和中新建交25周年的纪念活动达到高潮。2017年5月11日至15日，越南国家主席陈大光应习近平主席邀请，对中国进行国事访问，并出席“一带一路”国际合作高峰论坛。访问期间，习近平同陈大光举行会谈，国务院总理李克强、全国人大常委会委员长张德江等党和国家领导人分别会见陈大光主席。双方发表《中越联合公报》。[②] 除访问北京外，陈大光还前往福建省参观访问。此外，缅甸总统丁觉、文莱苏丹哈吉·哈桑纳尔·博尔基亚、新加坡总理李显龙也于2017年

---

① 杜尚泽等:《习近平会见印度尼西亚总统佐科》,《人民日报》2015年4月23日，第1版。

②《中越联合公报》,《人民日报》2017年5月16日，第6版。

访问了中国。2017 年 11 月 10 日至 11 日，国家主席习近平赴越南岘港出席亚太经合组织第二十五次领导人非正式会议。11 月 12 日至 14 日，应越南共产党中央委员会总书记阮富仲、越南社会主义共和国主席陈大光，老挝人民革命党中央委员会总书记、老挝人民民主共和国主席本扬邀请，中共中央总书记、国家主席习近平对越南、老挝进行国事访问。[①] 2018 年 11 月，国家主席习近平访问了文莱、菲律宾。这些高层交往促进了中国与亚洲各国的相互理解与信任，带动了双边关系发展。

新冠疫情暴发后，中国与东盟相互扶持、共克时艰，迅速建立了疫情进展沟通交流机制及抗疫经验分享机制，充分彰显了构建人类卫生健康共同体的责任和担当。随后，双方逐渐丰富抗疫合作内涵，形成了包括政策沟通、物资流通、医护援助、物流运输、科研合作等方面内容的抗疫合作网络化机制。同时，中国与东盟各国也在东盟与中日韩领导人会议（10+3）框架内携手抗击疫情。2021 年 11 月 22 日，国家主席习近平同东盟国家领导人共同出席中国—东盟建立对话关系 30 周年纪念峰会。会后，中国与东盟共同发表了《中国—东盟建立对话关系 30 周年纪念峰会联合声明》，充分体现了新时代中国与东盟关系的紧密程度，成为构建中国—东盟命运共同体的重要原则宣言。

中国和东南亚国家经贸合作进一步加强。2013 年，中国是印度尼西亚、马来西亚、越南、缅甸等国的最大贸易伙伴。2017 年，中国和东盟贸易额达 5148.2 亿美元，占中国对外贸易总额的比重进一步上升到 1/8。中国已连续 9 年成为东盟第一大贸易伙伴。2013 年，中国与印度尼西亚的双边贸易额达 524.56 亿美元，中国

① 杜尚泽等:《习近平出席亚太经合组织第二十五次领导人非正式会议并发表重要讲话》,《人民日报》2017 年 11 月 12 日，第 1 版；杜尚泽:《习近平开始对越南进行国事访问》,《人民日报》2017 年 11 月 13 日，第 1 版。

首次成为印尼的第一大贸易伙伴。

中国与东南亚国家合作迈上新台阶。2013 年，中国提出一系列涉及中国和东盟关系全局的合作倡议，如开启中国—东盟关系“钻石十年”、打造自贸区升级版、推进“2+7”合作框架[①]、建设“中国—东盟命运共同体”和“21 世纪海上丝绸之路”等，得到东盟国家的积极响应。在双方努力下，有些倡议被具体落实，有的被不断确认，有的得到积极推进。2014 年 6 月，双方对启动自贸区升级版谈判达成共识。2015 年 11 月，双方签署中国—东盟自贸区升级谈判成果文件《中华人民共和国与东南亚国家联盟关于修订〈中国—东盟全面经济合作框架协议〉及项下部分协议的议定书》（以下简称《议定书》）。该《议定书》于 2016 年 7 月 1 日正式生效，为双方经济发展提供了新的助力，也有助于加快本地区经济一体化步伐，提升贸易便利化和投资自由化水平。[②]“一带一路”建设倡议完成规划并全面实施后，中国与东南亚国家签署发展战略对接协议。中国与印尼的“建设海洋强国”战略、与越南的“两廊一圈”规划、与老挝的“变陆锁国为陆联国”战略不断推进，同时与菲律宾、缅甸、泰国发展战略对接，还同新加坡启动共同打造以重庆为运行中心、以现代互联互通和现代服务业为特征的第三个政府间合作项目。东盟十国全部成为亚投行的意向创始会员国。中国与东南亚国家在铁路、电力等基础设施方面的建设合作也取得突破性进展。

中国与东南亚国家间安全合作不断深化。长期以来，中国与

---

① 2013 年 10 月 9 日，国务院总理李克强在文莱举行的第 16 次中国—东盟领导人会议上提出指导中国—东盟关系未来发展的“2+7 合作框架”。“2”指两点政治共识，即深化战略互信，拓展睦邻友好；聚焦经济发展，扩大互利共赢。“7”指政治、经贸、互联互通、金融、海上、安全、人文等七个重点合作领域。

②《商务部国际司负责人就中国东盟自贸区升级〈议定书〉进行解读》，中国政府网 2015 年 11 月 22 日。

东南亚国家间的安全合作是短板。在南海问题上，中国坚定维护领土主权和海洋权益，提出“双轨”思路，强调直接当事方通过协商和平解决争议，中国与东盟国家共同维护南海和平稳定，促进海上合作，得到地区多数国家的理解和支持。自 2013 年起，中国与东南亚国家在多边和双边层面上的安全合作有所加强。2013 年，中国与东盟国家在落实《南海各方行为宣言》框架下，启动了“南海行为准则”的磋商。经过各方 15 次落实《南海各方行为宣言》的副部长级高官会、24 次联合工作组会议，2018 年 8 月初，在中国与东盟外长会议上，双方就“南海行为准则”单一磋商文本草案达成一致。草案的达成是中国和东盟多年来就“南海行为准则”谈判的成果。2013 年 11 月，中国与越南成立海上共同开发磋商工作组。[①] 2014 年 1 月，双方在北京举行中越海上共同开发磋商工作组第一轮磋商。2016 年 10 月，菲律宾总统杜特尔特应习近平主席邀请访问中国。访问期间，双方决定建立关于南海问题的双边磋商机制。2017 年 5 月，中菲在贵阳成功举行了南海问题双边磋商机制第一次会议。2018 年 11 月 18 日，双方在北京举行了南海问题双边磋商机制第三次会议。[②] 双方通过这一渠道处理分歧，防止并妥善管控海上意外事件，并不断增进海上对话与合作。在缅北问题上，中国积极支持缅甸国内和平进程，同缅方共同维护中缅边境地区安宁稳定。在缅甸若开邦问题上，中方积极开展外交斡旋，提供人道援助，提出三阶段解决设想，推动局势降温。

但也应看到，中国与东南亚国家间关系发展中还有一些制约因素，最主要的是南海问题。在 2013 年 1 月至 2016 年 7 月间，

① 杨晔:《中越就建立海上共同开发磋商工作组达成共识》,《人民日报》2013 年 11 月 15 日，第 3 版。

②《中国—菲律宾南海问题双边磋商机制第三次会议联合新闻稿》，新华网 2018 年 10 月 18 日。

菲律宾单方面提起“南海仲裁案”，对中菲关系产生了严重负面影响。2014 年春，发生在西沙群岛中建岛海域的“981”钻井平台事件，对中越关系也产生了不小的影响。这两个事件同时也给中国与东盟国家关系蒙上了一层阴影。

（四）进一步夯实与中亚邻国的睦邻友好关系

中国与中亚国家关系继续稳定发展。双方高层交往频繁，安全合作更趋紧密，人文合作不断推进，睦邻友好深入人心。在“一带一路”建设倡议框架下，中国与中亚各国经贸合作取得突破性的进展。

2013 年 9 月 3 日至 12 日，国家主席习近平先后对土库曼斯坦、哈萨克斯坦、乌兹别克斯坦和吉尔吉斯斯坦进行国事访问。中土、中吉分别签署《关于建立战略伙伴关系的联合宣言》，中哈签署《关于进一步深化全面战略伙伴关系的联合宣言》，中乌签署《关于进一步发展和深化战略伙伴关系的联合宣言》和《中乌友好合作条约》，加上中塔早前签署的《关于建立战略伙伴关系的联合宣言》，中国与中亚五国均已建立战略伙伴关系。习近平在访哈期间提出“丝绸之路经济带”构想，得到有关国家的积极响应。2015 年，国务院总理李克强访问哈萨克斯坦并举行了中哈总理第二次定期会晤。9 月 3 日，中国在北京隆重举行中国人民抗日战争暨世界反法西斯战争胜利 70 周年阅兵活动，哈萨克斯坦、乌兹别克斯坦、吉尔吉斯斯坦和塔吉克斯坦四国元首出席了纪念活动，其中哈、吉、塔三国派出方队参加阅兵，乌派出军队观摩团参加了阅兵观礼。2016 年 6 月，国家主席习近平访问乌兹别克斯坦，双方签署了中乌联合声明，将两国关系从战略伙伴关系提升到全面战略伙伴关系。此外，中亚五国领导人多次借来华出席中国举办的多边峰会或其他国际活动之机对中国进行国事访问，进一步增进了双方的政治互信。

中国与中亚地区国家务实合作全面推进。多年来，中国与中亚各国一直奉行睦邻友好政策，并通过友好谈判解决了边界问题。双方在安全上的互信与合作水平都很高，基本形成了以信任促安全、以合作保安全的新安全理念。2014 年 5 月，亚洲相互协作与信任措施会议第四次峰会在上海举行，中亚四国国家元首到会。会上，中方提出了"共同安全、综合安全、合作安全和可持续性安全"的亚洲新安全观，得到中亚各国的广泛支持。会议通过了《上海宣言》，明确表示各方将一致谋求"共同、综合、合作、可持续安全"。"三股势力"仍是中国与中亚地区的重要威胁，对此，中国和中亚国家加大了安全合作力度。上海合作组织"和平使命"联合反恐军事演习每年均顺利进行。"和平使命—2014"是上海合作组织"和平使命"联合反恐军事演习举办以来首次全程在中国举行，首次由中方担任总导演，并首次同步组织六国总参谋长会议。[①]

中国与中亚国家经贸联系紧密。经贸合作是中国与中亚国家合作的重点，也是最大的利益契合点。中国是塔吉克斯坦、土库曼斯坦、吉尔吉斯斯坦的第一大贸易伙伴，是哈萨克斯坦、乌兹别克斯坦的第二大贸易伙伴。2014 年、2015 年，受国际经济持续低迷的影响，中国与中亚国家的经贸往来受到冲击，与中亚部分国家贸易额下降。2016 年，除中哈双边贸易继续下降外，中国与中亚其他国家贸易增长迅速。2017 年，中哈贸易快速回升。

中国与中亚国家"一带一路"建设合作成果丰硕。中方提出"丝绸之路经济带"建设倡议后，中亚国家领导人积极表态支持中方倡议。中国先后分别与哈萨克斯坦、乌兹别克斯坦、吉尔吉斯斯坦签署在"丝绸之路经济带"倡议框架下双方合作的谅解备忘录、议定书。除土库曼斯坦外，其他中亚四国都积极参与了亚洲基础设

① 苏银成:《"和平使命—2014"创多个"首次"》,《人民日报》2014 年 8 月 19 日，第 8 版。

施投资银行（以下简称“亚投行”）的建设，哈萨克斯坦、乌兹别克斯坦还是该行的首批创始成员国。亚投行的成立对于基础设施建设资金短缺的中亚各国都是利好消息，而乌兹别克斯坦也成为首个向亚投行提出资金申请的国家。

中国与中亚国家互联互通领域合作进展迅速。中国与中亚的联通、中亚内部的联通都取得了巨大成就。2014 年 4 月，中哈连云港物流合作基地一期投产运营，“连云港—阿拉木图”货运班列从连云港首发，仅仅用 6 天时间就抵达阿拉木图。渝新欧、汉新欧、郑新欧、义新欧等一系列国际货运班列陆续开通运营。[①] 2015 年 8 月，跨里海国际运输路线一期投入运营，列车顺利从中国经哈萨克斯坦的阿克套港，抵达阿塞拜疆的巴库。2016 年 6 月，中方承建的乌兹别克斯坦“安格连—帕普”铁路关键工程——卡姆奇克隧道顺利完工通车。习近平主席和乌兹别克斯坦总统卡里莫夫在塔什干共同出席“安格连—帕普”铁路隧道通车视频连线活动。[②] 2016 年 8 月，中方承建的塔吉克斯坦“瓦赫达特—亚万”铁路通车，这是中国在中亚承建的第一条铁路，也是塔吉克斯坦—阿富汗—土库曼斯坦—伊朗国际走廊的重要组成部分。[③]2017 年 10 月，中方承建的“巴库—第比利斯（格鲁吉亚首都）—卡尔斯（土耳其东北部城市）”跨境铁路完工，这标志着“跨里海东西贸易运输走廊”正式贯通。[④]

中国与中亚国家能源合作不断深化。中国—中亚间的能源管线对中亚国家能源出口多元化和中国进口多元化都至关重要。

---

① 黄文帝:《中哈互联互通大幅提速》,《人民日报》2015 年 5 月 7 日，第 3 版。

② 杜尚泽等:《习近平同乌兹别克斯坦总统卡里莫夫共同出席“安格连—帕普”铁路隧道通车视频连线活动》,《人民日报》2016 年 6 月 23 日，第 2 版。

③ 谢亚宏:《过硬的工程　友谊的见证》,《人民日报》2016 年 8 月 27 日，第 11 版。

④ 张光政:《“‘一带一路’上的‘跨里海东西贸易运输走廊’”推介会举行》,《人民日报》2018 年 2 月 7 日，第 3 版。

2014年，中国—中亚天然气管线C线投入使用，标志着走向一致、并行铺设的A、B、C三条管线全部完工。C线的投产使中亚对华输气能力提高到550亿立方米／年。[①]同年9月13日，中国—中亚天然气管线D线在塔吉克斯坦开工建设。该线路是一条全新走向的管线，从土库曼斯坦出发，经乌、塔、吉三国，由南疆入境，全长1000公里，设计输气能力300亿立方米。

（五）均衡发展与南亚邻国的关系

中国与南亚各国高层互访和接触增多。中印高层领导人在双边和多边依然维持了较高的互访和会谈频度，交流十分密切。2013年5月19日至22日，国务院总理李克强对印度进行正式访问，先后访问了新德里、孟买。访问期间，李克强与印度总理辛格举行了会谈，并会见了印度总统普拉纳布·慕克吉等领导人，双方发表了《中华人民共和国和印度共和国联合声明》。此次访问，双方还签署了政治、经贸、人文等领域共10项合作文件。10月22日至24日，印度总理曼莫汉·辛格对中国进行正式友好访问。国家主席习近平、国务院总理李克强等分别同辛格会见、会谈，双方发表了《中印战略合作伙伴关系未来发展愿景的联合声明》。双方有关部门还签署了交通运输、电力、边防合作、人文等领域共9项合作文件。李克强总理访印和辛格总理访华，实现了中印自1954年以来两国总理首次年内互访，对两国关系发展具有历史性意义。2014年9月17日至19日，国家主席习近平对印度进行国事访问。其间，中印签署12份合作协议，发表了《中华人民共和国和印度共和国关于构建更加紧密的发展伙伴关系的联合声明》。2015年5月14日至16日，印度总理莫迪对中国进行正式访问。其间，莫迪先后访问西安、北京和上海，会见了国家主席习近平及

①《中国—中亚天然气管道C线正式投入运营》，中华人民共和国商务部网2014年6月12日。

其他中国领导人。中印共签署24项合作文件。应国家主席习近平邀请，印度总统慕克吉2016年5月24日至27日对中国进行国事访问。这是2010年以来印度总统首次访华。访华期间，慕克吉会见了习近平和其他中国领导人，还访问了广州，出席了“中国—印度经贸投资交流会”等多场商务活动。此外，中印两国领导人在金砖国家峰会、上海合作组织、二十国集团和东亚峰会等多边场合会面。两国各领域务实合作扎实推进，双边贸易保持增长势头。中国是印度最大贸易伙伴和最大进口来源地，印度是中国在南亚的最大贸易伙伴、最大工程承包市场和重要投资对象国。

边界问题一直是中印关系中最敏感、最棘手的问题。2013年4月，中印边界西段发生“帐篷对峙”。2017年6月，中印边境锡金段发生“洞朗事件”。2020年6月，在中印边境加勒万河谷地区双方又爆发激烈冲突。面对这种情况，中印双方都从发展两国关系大局出发，本着建设性的合作态度，保持克制，通过有关涉边机制、外交以及边防会晤等渠道，保持了密切的沟通与磋商，避免了事态恶化。两国在联合国、金砖国家、二十国集团、上海合作组织和中俄印外长会晤等机制中保持着广泛沟通与协调。

中国与巴基斯坦全天候战略伙伴关系继续保持良好态势。两国高层交往频繁，政治互信加深。2013年5月，国务院总理李克强访问巴基斯坦，同巴基斯坦总统阿西夫·阿里·扎尔达里和看守政府总理哈扎尔·汗·霍索举行会谈，并会见候任总理米安·穆罕默德·纳瓦兹·谢里夫。双方发表《中巴关于深化全面战略合作的联合声明》，签署了《中巴关于开展中巴经济走廊远景规划合作的谅解备忘录》。7月，巴基斯坦总理谢里夫访华，国家主席习近平与其会见。双方发表《关于新时期深化中巴战略合作伙伴关系的共同展望》。2015年4月，国家主席习近平对巴基斯坦进行国事访问，取得丰硕成果。其间，中巴两国发表《中巴关于建立全天候战略合作伙伴关系的联合声明》，将中巴关系提升为全天候战略合作伙伴关系。双方表示，不断深化中巴命运共同体内涵，致力于中巴世代友好。双方共签署中巴经济走廊框架下 30 余项合作协议。

中国与巴基斯坦各领域务实合作成果显著。中巴经济走廊建设是两国务实合作的新战略框架和周边互联互通建设的旗舰项目。该项目涵盖通信、电力、水利、交通、资源开发等多个领域，进展顺利。2014 年，中巴双方确定了 25 个早期收获项目。2015 年，以中巴经济走廊为引领，以能源、交通基础设施、瓜达尔港和产业合作为重点的中巴“1+4”合作布局基本成型。2017 年 5 月 25 日，中巴经济走廊框架内首个大型能源项目——萨希瓦尔燃煤电站 1 号机组投产发电。[①] 11 月 29 日，中巴经济走廊首批能源项目——卡西姆港燃煤电站首台发电机组投产发电。[②] 2018 年 6 月，巴基斯坦白沙瓦——卡拉奇高速公路苏库尔至木尔坦段首段 33 千米道路通车，这是该条高速公路的首段通车公路，标志着中巴经济走廊最大交通基础设施项目建设取得初步成果。[③]2016 年，瓜达尔港生产能力修复工程完工，港口运营基本实现正常化，随后相关配套设施项目和社会公益项目顺利推进。2022 年，瓜达尔港东湾快速路通车。新国际机场关键工程项目相继完工。

中国和巴基斯坦两国在国际和地区事务中的合作进一步加强。巴基斯坦在涉台、涉藏、涉疆等问题上坚定支持中方立场。两国在阿富汗问题、安理会改革等国际和地区热点问题上保持着紧密沟通与协作。

---

① 徐伟:《中巴经济走廊首个大型能源项目投产发电》，《人民日报》2017 年 5 月 27 日，第 3 版。

② 丁怡婷:《中巴经济走廊首个落地能源项目首机投产发电》，《人民日报》2017 年 11 月 30 日，第 1 版。

③ 丁雪真:《中巴经济走廊建设再添新成果》，《人民日报》2018 年 6 月 3 日，第 3 版。

三、推进同发展中国家关系发展

积极开展同广大发展中国家的团结与合作是中国外交工作的基础。这一时期，中国积极发展同广大发展中国家的传统友好关系，开展同发展中国家扩大产能合作，并在“一带一路”建设倡议框架下推动中国与发展中国家间各领域务实合作深入发展。

（一）推动中阿关系进一步往实里走

中国对阿拉伯国家采取更加积极进取的政策，从政治、经贸、能源三方面入手，全方位打造新时期的中阿战略合作关系，推动建立和平稳定的中东政治、经济与安全新秩序，促进中国同西亚、北非地区国家关系全方位、多领域快速发展。

中国—阿拉伯国家合作论坛是促进中国与该地区友好合作关系发展的重要平台。2014 年 6 月，该论坛第六届部长级会议在北京举行，中国和阿拉伯国家联盟成员国的外长及阿盟秘书长与会。国家主席习近平出席会议开幕式并发表重要讲话，提出中阿合作共建“一带一路”的重要倡议。习近平还集体会见阿方代表团团长，提出对阿拉伯国家四个“不动摇”政策，即支持中东和平进程、维护阿拉伯民族合法权益的立场不动摇，全力推动政治解决、促进中东和平稳定的方向不动摇，支持自主探索发展道路、帮助阿拉伯国家发展的理念不动摇，推进文明对话、倡导文明新秩序的价值追求不动摇。[①] 这是中国国家主席首次在论坛部长级会议上全面、系统宣示中国政府对阿拉伯国家的政策主张。2016 年 1 月，在中国与阿拉伯联盟建立友好关系 60 周年之际，国家主席习近平对沙特阿拉伯、埃及、伊朗与阿盟的历史性访问，全面提升了中阿战略合作关系。2017年，中方邀请土耳其总统雷杰普 · 塔伊普 · 埃尔多安、

---

① 丁雪真:《中巴经济走廊建设再添新成果》,《人民日报》2018 年 6 月 3 日，第 3 版。

埃及总统塞西来华出席“一带一路”国际合作高峰论坛、新兴市场国家与发展中国家对话会。同年，沙特国王萨勒曼·本·阿卜杜勒—阿齐兹·阿勒沙特、巴勒斯坦总统马哈茂德·阿巴斯、以色列总理本雅明·内塔尼亚胡相继访华。中国同以色列建立了创新全面伙伴关系。中以双方通过保持高层往来，就新形势下如何对接发展战略及维护中东和平与稳定等共同关心的问题达成广泛共识，战略与政治互信得到进一步巩固和增强。2013 年、2014 年间，巴勒斯坦、以色列、约旦、巴林、也门、埃及、伊朗、沙特等 10 国 11 位领导人先后访华。

2016 年 1 月 13 日，中国政府发表《中国对阿拉伯国家政策文件》，全面回顾和总结了双方发展经验，系统阐述了关于中阿关系发展的理念、原则和合作路径。文件指出，双方要致力于深化全面合作、共同发展的中阿战略合作关系，全面加强在政治、投资贸易、社会发展、人文交流、和平与安全五大领域的合作，同时要继续致力于中阿合作论坛的建设，进一步密切中国与阿拉伯国家联盟、海湾阿拉伯国家合作委员会等区域、次区域组织各领域的磋商与合作。文件规划了中阿合作“路线图”，为打造中阿命运共同体奠定了重要基础。这是中国首次发表对阿拉伯国家政策文件，表明中国对发展同阿拉伯国家友好合作关系的高度重视。

中国同阿拉伯国家双边经贸能源关系持续稳步发展。西亚北非地区的国家是中国对外经贸合作的重要伙伴，是中国企业实施“走出去”战略的重点地区。中国高度重视与阿拉伯国家的务实合作，提出“1+2+3”合作模式，为双方经贸合作指明了方向和目标。“1”是以能源合作为主轴，深化油气领域全产业链合作；“2”是以基础设施建设、贸易和投资便利化为两翼，加强中阿在重大发展项目、标志性民生项目上的合作；“3”是以核能、航天卫星、新能源三大高新领域为突破口，努力提升中阿务实合作层次。中方积极搭建平台促进中阿双方的务实合作。经国务院批准，从 2013 年起，中阿经贸论坛正式更名为“中国—阿拉伯国家博览会”。在商务部、中国国际贸易促进会和宁夏回族自治区人民政府作为主办单位的基础上，国家发改委、财政部、民委等 28 个部委成为中阿博览会的组委会成员单位。2013 年 9 月，首届中阿博览会在宁夏银川举行。此后，中阿博览会每年一届，为双方开展务实合作搭建了良好的平台。

中国积极促进与阿拉伯地区国家的双边合作。2013 年，中国与沙特阿拉伯签署《关于加强和平利用核能合作的谅解备忘录》，与阿拉伯联合酋长国正式签署上游合作区项目合同并启动运行。2014 年 7 月 25 日，土耳其安卡拉至伊斯坦布尔高铁二期工程顺利通车，中国高铁产业“走出去”实现“零的突破”。中国与西亚北非地区国家金融合作也逐步深化。2015 年，埃及、伊朗、以色列、约旦、科威特、阿曼、卡塔尔、沙特、土耳其、阿联酋等 10 国成为亚洲基础设施投资银行意向创始成员国。在“一带一路”框架下，中阿务实合作领域进一步拓展。2014 年以来，中国先后与科威特、卡塔尔、沙特、伊朗、苏丹、摩洛哥、黎巴嫩等国签署共建“一带一路”谅解备忘录，与土耳其签署关于对接“一带一路”和“中间走廊”倡议的谅解备忘录，与埃及签署产能合作框架协议。

中国积极在地区热点问题上发挥大国作用。中国始终支持中东的和平进程。2013 年 5 月 6 日，国家主席习近平在人民大会堂会见巴勒斯坦总统阿巴斯，就持续半个世纪的巴勒斯坦问题，提出推动巴勒斯坦问题解决的“四点主张”，即巴勒斯坦独立建国、巴以两国和平共处是解决巴以问题的正确方向，和平谈判是实现巴以和解的唯一现实途径，“土地换和平”原则是推进中东和平进程的重要基础，国际社会的支持是推进和平进程的重要保障。[①] 2017年7月，习近平在会见来访的巴勒斯坦总统阿巴斯时，再次谈到中国解决巴勒斯坦问题的原则立场。即：坚定推进以“两国方案”为基础的政治解决；坚持共同、综合、合作、可持续的安全观；进一步协调国际社会的努力，壮大促和合力；综合施策，以发展促进和平。[②] 这一原则立场进一步阐释了新时期中国中东外交的深刻内涵。2017年10月，巴勒斯坦民族解放运动（法塔赫）和巴勒斯坦伊斯兰抵抗运动（哈马斯）在埃及开罗签署和解协议。巴勒斯坦两派实现和解并迈出重要一步，为这一地区迎来长期和平带来了曙光。[③]2017年12月，美国宣布承认耶路撒冷为以色列首都并将启动“迁馆”进程，使巴勒斯坦问题再度复杂化。为应对危机，中国持续通过不同渠道和方式劝和促谈，中国特使数次穿梭斡旋，为实现中东和平发挥了积极作用。

叙利亚深陷内战多年，政治解决迟迟难以取得突破。中国建设性地做叙利亚政府和反对派工作，通过多种渠道、多批次地向叙利亚人民包括境外难民提供人道主义援助，积极发挥负责任大国的作用，努力推动叙利亚问题政治解决。2014年1月22日，联合国秘书长潘基文在瑞士主持召开叙利亚问题国际会议，中国外交部长王毅就政治解决叙利亚问题提出五点主张：一是坚持通过政治手段解决问题；二是坚持由叙利亚人民自主决定国家的未来；三是坚持推进包容性政治过渡进程；四是坚持实现全国和解与团结；五是坚持开展人道救援。中国呼吁叙利亚各方尽早制定政治过渡进程具体安排及时间框架，在相互认可基础上建立过渡管理机构，走出一

① 钟声：《中国，中东和平推进者》，《人民日报》2013年5月10日，第5版。

② 杜一菲：《习近平同巴勒斯坦国总统阿巴斯会谈　两国元首一致强调推动中巴友好合作事业全面发展》，《人民日报》2017年7月19日，第1版。

③ 韩晓明：《两人派别结束十年对立　巴勒斯坦内部和解迈出重要一步》，《人民日报》2017年12月18日，第17版。

条兼顾各方利益的“中间道路”。[1] 2015年12月24日，王毅外长同叙利亚副总理兼外长瓦利德·穆阿利姆会谈时，进一步强调了未来推进叙利亚危机政治解决进程的“三个坚持”，即：坚持政治解决方向；坚持叙利亚人民决定叙利亚的前途与未来；坚持由联合国发挥斡旋主渠道作用。王毅还表示，中国高度关注叙利亚人道主义形势，将再向叙利亚提供4000万元人民币人道援助，今后还会提供帮助。[2] 2017年1月，习近平主席访问瑞士期间宣布，中国向叙利亚难民和流离失所者提供新的人道援助2亿元人民币。[3] 截至2018年4月，中方通过双边多边渠道，向叙利亚人民包括境外难民多次提供紧急人道主义物资和现汇援助，总计超过7.4亿元人民币。[4] 中国在叙利亚问题上积极发挥负责任大国的作用，提升了在中东的影响力，是维护地区和平与稳定的一支重要力量。

在伊朗问题上，中国积极参与六国与伊朗对话进程，对伊核问题达成第一阶段协议发挥了独特的劝和促谈作用。2016年，沙特阿拉伯与伊朗断交，两国地缘政治冲突全面升级，在叙利亚问题、伊拉克问题、也门问题、反恐等地区事务中展开激烈博弈，造成中东海湾安全局势动荡和伊斯兰世界进一步分裂。在地区出现复杂变局的背景下，国家主席习近平2016年初首访沙特阿拉伯、埃及和伊朗三国，力促各方保持克制，支持政治对话解决分歧，共同推动和构建海湾安全新架构，赢得沙特阿拉伯和伊朗两国对中国的共同信任。

---

① 焦翔等：《中方就政治解决叙问题提出五点主张》，《人民日报》2014年1月21日，第21版。

②《王毅外长同叙利亚副总理兼外长穆阿利姆会谈后共见记者》，中国政府网2015年12月25日。

③ 习近平：《共同构建人类命运共同体》，《人民日报》2017年1月20日，第2版。

④ 任彦等：《叙利亚问题需要可信的政治解决方案》，《人民日报》2018年4月27日，第21版。

在苏丹问题上，中国积极斡旋南苏丹冲突。南苏丹冲突爆发伊始，中国便给予高度关注，通过各种渠道做调解工作。中国解决南苏丹问题的基本立场是，在坚持不干涉他国内政原则的前提下，利用自身影响力，促成交战各方进行谈判，以弥合分歧，但又不强迫各方达成谈判成果。为维护苏丹和平与稳定，中国首次成建制向南苏丹派出维和步兵营。2015 年 4 月，中国 700 名维和步兵营官兵在南苏丹任务区部署到位，担负城区巡逻、营区防卫、难民营安全警戒、应急支援、长途巡逻、建立临时行动基地、车队护卫等任务。此后，中国向海外派遣维和步兵营逐渐走向机制化、常态化。

（二）深化同非洲国家的关系

中非高层交往频繁。2013 年 3 月，国家主席习近平对坦桑尼亚、南非和刚果共和国进行国事访问，全面阐述新时期中国对非政策，提出“中非命运共同体”和“携手合作、共圆梦想”及“真、实、亲、诚”对非外交的新理念。2014 年 5 月，国务院总理李克强率团访问埃塞俄比亚、非盟总部、尼日利亚、安哥拉和肯尼亚，并出席在尼日利亚举行的第 24 届世界经济论坛非洲峰会全会。访问期间，李克强提出了升级版的中非合作框架。2015 年 12 月，国家主席习近平对津巴布韦和南非进行国事访问，并出席了中非合作论坛约翰内斯堡峰会。非洲政要也频繁访问中国。2013 年至 2017 年间，来华访问的非洲国家或政府首脑多达 40 多人次。此外，该地区还有多位副总统、议长、外长等先后访华或来华出席国际会议。中非高层频繁互访和会面增强了双方的政治互信。截至 2021 年，中国已同非洲 9 国建立全面战略合作伙伴关系，同 3 国建立全面战略伙伴关系，同 6 国建立全面合作伙伴关系。此外，中国与非洲友好国家的数量不断扩大。2016 年 3 月 17 日，中国同冈比亚伊斯兰共和国恢复外交关系；12 月 26 日，中国同圣多美和普林西比民主共和国恢复外交关系；2018 年 5 月 26 日，中国与布基纳法索恢复外交关系。

中非政治关系的不断提升，进一步推进双方各领域合作关系的发展。2014 年 5 月，国务院总理李克强访非期间，提出“461 发展框架”，启动中非合作升级版。“4”是指双方应坚持的四项原则，即真诚平等相待、增进团结互助、共谋包容发展、创新务实合作；“6”是指六大重点合作领域，即产业、金融、减贫、生态环保、人文交流以及和平与安全；“1”是指中非合作论坛，双方应共同加强论坛机制建设，促其更加务实高效。在交通基础设施领域，国务院总理李克强和非盟主席德拉米尼·祖马女士提出双方共建三大交通网络，即非洲高速铁路网络、高速公路网络和区域航空网络。中国承诺将进一步扩大对非援助规模，使其占中国对外援助总额的一半以上。2015 年 12 月，中非合作论坛约翰内斯堡峰会在南非举行，国家主席习近平同南非总统雅各布·祖马共同主持峰会。会议通过《中非合作论坛约翰内斯堡峰会宣言》和《中非合作论坛——约翰内斯堡行动计划（2016—2018 年）》两个峰会成果文件。中非领导人一致同意，将中非新型战略伙伴关系提升为全面战略合作伙伴关系，构筑政治上平等互信、经济上合作共赢、文明上交流互鉴、安全上守望相助、国际事务中团结协作的“五大支柱”，着力实施工业化、农业现代化、基础设施建设、金融、绿色发展、贸易和投资便利化、减贫惠民、公共卫生、人文、和平安全“十大合作计划”。中国并承诺提供 600 亿美元资金支持。① 2018 年 9 月，中非合作论坛北京峰会会议通过《关于构建更加紧密的中非命运共同体的北京宣言》和《中非合作论坛—北京行动计划（2019—2021 年）》，为中非关系发展指明了方向，谋划了新的蓝图。

---

① 习近平：《在中非合作论坛约翰内斯堡峰会上的总结讲话》，《人民日报》2015 年 12 月 6 日，第 2 版。

在国际经济增长乏力、中非各自经济发展面临挑战的大背景下，中非牢牢抓住双方发展战略对接的历史性机遇，大力推进产能与投融资合作。中非贸易在逆势中砥砺前行。2017 年，中非贸易额2542.9亿美元，同比增长35％[①]。中国是非洲第一大贸易伙伴国。中国对非直接投资大幅增长，截至 2020 年底，中国对非投资存量超过 434 亿美元，投资遍及 50 多个非洲国家，中国已经成为非洲第四大投资来源国，超过 3500 家中国企业扎根非洲投资兴业。目前非洲是中国对外承包工程的第二大市场，中国企业利用援助以及各类资金，帮助非洲国家实施了大量基础设施和民生项目，显著改善了非洲设施联通状况。[②]

在中非双方共同努力下，中非合作论坛约翰内斯堡峰会成果落实顺利推进，成为拉动中非合作发展的主要动力。截至 2017 年，中方宣布的对非 600 亿美元资金支持已经落实或作出安排的约 92％，亚的斯亚贝巴至吉布提铁路、肯尼亚蒙巴萨至内罗毕铁路、海信南非工业园等一大批能源资源开发、基础设施建设、工业园区和经济特区等战略项目顺利推进，中非产能合作示范和集群效应凸显。

中非民间论坛是中国人民和非洲人民的重要桥梁。2011 年 8 月创办以来，论坛坚持“增进民间友好、促进务实合作、推动世界和平”的中非民间友好三原则，取得了积极进展并实现了机制化，为促进中非民间友好交流合作发挥了重要作用。2017 年 4 月 24 日，中国—南非高级别人文交流机制在南非行政首都比勒陀利亚正式启动。这是中国与非洲国家建立的首个政府间高级别人文交流机制，对推进中非民心相通意义深远。中非合作论坛约翰内斯堡峰会进一步促进了中非人文交流。

①《2021 年中非贸易创历史新高》，中华人民共和国商务部网 2022 年 1 月 21 日。
② 李宁:《共推中非经贸合作高质量发展》,《国际商报》2021 年 11 月 29 日，第 1 版。

中国积极参与非洲的和平与安全事务，维护非洲国家安全稳定。在联合国和中非合作论坛框架下，中国扩大在非洲和平与安全领域的投入。“2013 年 12 月，中国军队向联合国马里多层面综合稳定特派团（联马团）派遣 1 支 170 人的警卫分队，承担联马团东战区司令部安全警戒、要员护卫等任务，这是中国军队首次派遣安全部队参与维和行动。马里是联合国最危险的维和任务区之一，自杀式袭击、路边炸弹等恐袭事件屡屡发生。到 2020 年，中国军队先后向马里维和任务区派遣 8 批警卫分队、官兵 1440 人次”[①]。截至 2021 年 11 月，中国有 1800 余名维和人员在马里、刚果（金）、阿布耶伊、南苏丹、西撒哈拉等 5 个非洲任务区执行联合国维和任务。[②] 2015 年 9 月，国家主席习近平在联合国维和峰会上宣布，未来 5 年中国将向非盟提供 1 亿美元无偿军事援助，以支持非盟加快非洲常备军和危机应对快速反应部队建设。[③] 这是中方首次在联合国场合推出一揽子对非军援。2017 年，中国海军医院船“和平方舟”号先后访问非洲 7 国，成功完成首次环非访问，为到访国群众提供了高水平的医疗服务。

2014 年，塞拉利昂、利比里亚和几内亚暴发埃博拉出血热疫情。中国是率先向几内亚、塞拉利昂等国提供援助的国家。中国先后向有关非洲国家和国际、地区组织提供总额约 7.5 亿元人民币快速、实用、全面抗疫援助，先后使用 9 架次包机运输物资和人员，向疫情国派出 16 批、1200 多名临床和公共卫生专家，与当地医生共同战斗在抗击埃博拉疫情的前线，并培训当地医护人员 1.3 万人次。中国还为疫区国家援建了实验室、治疗中心等多个项目，成

① 中华人民共和国新闻办公室：《中国军队参加联合国维和行动 30 年》，《人民日报》2020 年 9 月 19 日，第 5 版。
② 中华人民共和国国务院新闻办公室：《新时代的中非合作》，《人民日报》2021 年 11 月 27 日，第 7 版。
③ 习近平：《中国为和平而来》，中华人民共和国外交部网 2015 年 9 月 30 日。

为当时中国支持海外国家和地区应对公共危机持续时间最长、覆盖面最广、规模和力度最大的一次援助[1]。从2020年起，中国根据有关国家需求，统筹地方政府、企业和民间组织等各类资源，向非洲53国和非盟提供了120批检测试剂、防护服、口罩、隔离眼罩、呼吸机等紧急抗疫物资援助，实现对非抗疫援助“全覆盖”。中国积极同非洲国家分享抗疫经验，向17个非洲国家派出了抗疫医疗专家组或短期抗疫医疗队，同非洲人民共同抗击疫情，并推动中国援建的非洲疾控中心总部项目提前开工建设[2]。为加强团结合作、携手战胜疫情，经中国、非洲联盟轮值主席国南非、中非合作论坛非方共同主席国塞内加尔共同倡议，中非领导人于2020年6月17日通过视频连线召开了中非团结抗疫特别峰会。此次峰会是中非领导人在团结抗疫形势下举行的一次特殊聚会，各方就支持非洲抗疫、推进中非及国际抗疫合作等深入交换了意见，达成了广泛共识。

（三）促进中拉关系向高水平发展

中拉高层间联系进一步增多。2013年6月初，国家主席习近平访问特立尼达和多巴哥、哥斯达黎加、墨西哥，开创了中国国家主席就任第一年即访问拉美和加勒比地区国家的先例。习近平访问墨西哥期间，两国决定将中墨战略伙伴关系提升为全面战略伙伴关系。2014年，在中国与巴西、委内瑞拉建交40周年，中国与阿根廷建立战略伙伴关系10周年之际，国家主席习近平相继访问巴西、阿根廷、委内瑞拉以及古巴。中阿、中委决定，将双边关系提升为全面战略伙伴关系，中巴同意在更高水平、更宽领域、更大舞台上推进全面战略伙伴关系，中古决心做建设社会主义道路上

① 中华人民共和国国务院新闻办公室:《新时代的中非合作》,《人民日报》2021年11月27日，第7版。

② 同上。

的好朋友、好同志、好兄弟。习近平访问巴西期间，在中方倡议下，中拉领导人举行首次会晤，国家主席习近平同 11 个拉美和加勒比国家领导人与会。领导人们一致决定建立平等互利、共同发展的中拉全面合作伙伴关系，共同宣布成立中国—拉共体论坛，并决定尽早在北京举行首届部长级会议。2014 年 11 月，墨西哥总统恩里克・培尼亚访华。2015 年 5 月，国务院总理李克强出访巴西、哥伦比亚、秘鲁、智利等拉美 4 国。2016 年 11 月，国家主席习近平访问了厄瓜多尔、秘鲁和智利。访问期间，中厄、中智将双边关系提升至全面战略伙伴关系。2016 年是中秘建交 45 周年，9 月，秘鲁新任总统库琴斯基首次外访即来到中国，短短两个月后，国家主席习近平出访秘鲁。两国元首在如此短的时间内实现互访，凸显了中秘两国对彼此的重视。9 月，国务院总理李克强到访古巴，实现了两国建交 56 年以来中国国务院总理对古巴的首次访问。2019 年 4 月，智利共和国总统塞瓦斯蒂安・皮涅拉・埃切尼克对中国进行国事访问并出席在北京举行的第二届“一带一路”国际合作高峰论坛。

中拉领导人互访期间，中拉双方签署了一系列的合作协议，促进了双方在贸易、金融、能源、矿产、基础设施建设等领域的合作。2013 年 6 月，中国与墨西哥签署《中国进出口银行、墨西哥国民银行与墨西哥国家石油公司框架协议》，这是双方首次达成石油贸易协议。中国与哥斯达黎加签署哥公路改扩建项目融资协议，并签署航空领域合作协议。2014 年，国家主席习近平访拉期间，倡议构建“1+3+6”中拉务实合作新框架。2015 年 5 月，国务院总理李克强出访拉美四国期间，提出中拉产能合作“3×3”新模式，即：契合拉美国家需求，共建物流、电力、信息三大通道；遵循市场经济规律，实现企业、社会、政府三者良性互动的合作方式；围绕中拉合作项目，拓展基金、信贷、保险三条融资渠道。[①]李克强访问期间，中国分别与拉美四国达成产能合作框架协议。此外，中国央行先后与巴西、阿根廷、智利等拉美国家的央行签署了本币互换协议，并在阿根廷和智利设立了人民币业务清算行，中国工商银行、中国银行、中国建设银行、中国交通银行 4 家商业银行也在 7 个拉美国家和地区设有 10 余家分支机构。拉美已有巴西、秘鲁、委内瑞拉、智利、阿根廷、厄瓜多尔等国获批加入亚投行。

"一带一路"建设成为中拉合作的新抓手。2017 年 5 月，阿根廷、智利两国元首及拉美地区近 20 位国家和地区组织代表来华参加"一带一路"国际合作高峰论坛。2017 年 6 月 1 日，中巴扩大产能合作基金首批支持的 30 个项目正式启动。该基金于 2015 年 6 月由中国和巴西共同出资设立，规模为 200 亿美元的双边共同基金，重点支持产能合作项目。根据协议，中方向基金出资 150 亿美元，巴方出资 50 亿美元。基金的设立为两国深化产能合作提供了更加坚实的机制化融资保障。

为贯彻落实 2014 年 7 月习近平主席与 11 个拉美和加勒比国家领导人达成的共识，2015 年 1 月底，中拉论坛首届部长级会议在北京成功举办。会议通过了《中拉论坛首届部长级会议北京宣言》《中国与拉美和加勒比国家合作规划（2015—2019）》《中拉论坛机制设置和运行规则》三个成果文件，中拉关系进入整体合作与双边关系并行互促的新阶段。2016 年，中国同拉共体"四驾马车"举行协调员会议期间，成功举办了中拉基础设施合作、青年政治家、智库、地方政府合作、企业家高峰会等分论坛。

中方同南美联盟、南方共同市场、太平洋联盟等次地区组织保持对话。2016 年，美洲国家组织秘书长访华。2013 年 6 月，拉

① 李克强：《推动中巴合作升级引领中拉共同发展》，《人民日报》2015 年 5 月 21 日，第 3 版。

美地区性组织太平洋联盟正式接纳中国为观察员国。目前，中国与太平洋联盟成员国经贸关系密切，与联盟成员国秘鲁、智利签有自贸协定，与哥伦比亚正式启动两国自由贸易区联合可行性研究。

中拉社会文化领域交流全面开展。2013 年，在与加勒比国家领导人会晤期间，国家主席习近平表示，今后 3 年将在加勒比地区建设一至两个农业技术示范中心，向加方派遣 100 名医疗队员，为加方培养 100 名在职研究生，并提供 1000 个政府奖学金名额，以推动中国与加勒比地区的文化交流与人员往来。[①] 2015 年 1 月，中拉论坛首届部长级会议通过《中国与拉美和加勒比国家合作规划（2015—2019）》，中方决定将在 2015 年至 2019 年间向拉共体成员国提供 6000 个政府奖学金名额、6000 个赴华培训名额及 400 个在职硕士名额。中国加强同拉共体成员国政府间科技对话合作机制建设，鼓励同拉共体成员国民间团体、学术机构及智库的交流活动等。[②]

四、深度参与全球和地区治理

中国全面参与联合国主导的全球治理活动，贡献诸多中国力量、中国智慧。中国深度参与其他国际和地区组织，强化中国与世界的交流与合作，在各种多边场合充分发挥中国特色大国作用。

（一）全面参与联合国各领域的活动

联合国安理会肩负着维护国际和平与安全的首要职责。中国一贯主张安理会应同联合国其他机构密切协调合作，统筹开展预防外交、维持和平、建设和平工作，综合运用和平解决争端和强制性

---

① 杜尚泽等:《扩大互利合作实现共同发展》,《人民日报》2013 年 6 月 4 日，第 2 版。

②《中国与拉美和加勒比国家合作规划（2015—2019）》,《人民日报》2015 年 1 月 10 日，第 3 版。

行动，大力支持区域组织为妥善解决地区冲突所做的努力，履行《联合国宪章》赋予的职责。中国积极行使安理会常任理事国的职责，公正合理地行使安理会常任理事国的表决权。2013 年 2 月 12 日，朝鲜进行第三次核试验，其后又多次进行核试验和导弹发射试验，引起国际社会的广泛关注，也对东北亚局势造成严重影响。中国政府对此表示坚决反对。中方一贯主张朝鲜半岛应实现无核化，希望有关各方都能保持冷静，谨言慎行，不要采取可能导致地区局势紧张升级的举措，希望各方共同努力维护朝鲜半岛和平稳定。安理会为此多次举行磋商。中方支持安理会对朝鲜核试作出必要、适度反应，中国对防止东北亚局势因朝鲜核试问题而进一步紧张升级作出了积极贡献。

中国积极参与联合国框架下的国际反恐合作，支持联合国在反恐中发挥主导作用。中国支持加强安理会反恐委员会、联合国全球反恐战略、联合国反恐中心等积极发挥作用。2014 年 9 月 24 日，中国外交部长王毅出席安理会反恐峰会，阐述中方关于加强国际反恐合作的四点主张：第一，充分发挥联合国及相关国际机构的优势，分享反恐情报资源；第二，坚决封堵利用社交媒介传播极端思想的渠道，特别是发布暴力和恐怖音视频；第三，有效加强边境管控，强化金融监管合作，打击非法活动，阻断恐怖融资；第四，推进去极端化，并保护正常宗教活动。2015 年 9 月 30 日，外交部长王毅出席安理会中东反恐问题高级别会议并发言，主张在联合国框架下开展广泛、综合性的国际反恐合作。王毅强调，地区不稳定和发展不平衡是恐怖主义的滋生土壤，建议妥善处理地区纠纷。王毅表示，只要恢复地区局势稳定，增强各国治理能力，加快经济发展，切实改善民生，就能从根本上解决恐怖主义得以产生蔓延的各种问题。

安理会改革涉及国际关系基本格局，政治上高度敏感，关系错综复杂。改革一旦成型，将对国际关系和国际法产生重大影响。从法理上讲，安理会实行五大国一致原则，即每一大国都有权阻止任何重要协议的通过，在一定程度上违反了《联合国宪章》的主权平等原则，这在国际组织的原则上是有问题的。从实践上讲，安理会是第二次世界大战结束初期的历史背景下的产物，是战后初期各大国妥协的产物，主要考量是常任理事国在维持国际和平与安全方面负有主要的责任。但是，随着国际关系的变化，越来越多的殖民地获得独立，纷纷加入联合国，使联合国成员国数量急剧增加。1963 年 12 月，联合国大会通过决议，将安全理事会的理事名额从 11 名增至 15 名，法定表决权票数由 7 票改为 9 票。20 世纪 60 年代安理会实现首次扩大之后，再次改革安理会的呼声始终存在，然而这些呼声很少能转化为在联合国的实际行动。冷战结束后，安理会改革获得了新的动力。1993 年 12 月，第 48 届联大通过决议，决定设立安理会改革的“不限成员名额工作组”。安理会改革的序幕正式拉开。

冷战后的安理会改革经历了三个阶段：1992 年至 1998 年为确保改革公平的时期，其基本特点是改革力量相对分散，各方围绕公平代表性展开斗争，突出事件是 1997 年的“拉扎利方案”；2003 年至 2007 年为改革的集团性竞争时期，其突出特点是改革力量组建集团相互竞争，突出事件是 2005 年的“四国集团方案”；2009 年至今为改革的政府间谈判阶段，焦点是谈判的框架和原则。中国积极参与联大框架下关于安理会改革问题的讨论，积极参与安理会改革政府间谈判。中国支持安理会进行合理、必要的改革，主张改革应优先增加发展中国家，特别是非洲国家在安理会的代表性。安理会改革涉及全体会员国的切身利益，所涉及的五大类核心问题相互关联，应继续坚持民主、耐心协商，兼顾各方利益和关切，达成“一揽子”解决方案，“分步走”或“零散处理”的做法行不通。

政府间谈判应坚持开放、包容、透明和会员国主导的原则，寻求有利于会员国团结，符合会员国整体利益和联合国长远利益的改革方案。

每届联合国大会期间，中国出席会议的代表都就联合国改革议题阐明中国的原则立场。2013 年，中国常驻联合国代表在联合国大会上发言时，在坚持中国既往立场基础上，提出联合国安理会改革事关联合国未来和全体会员国切身利益，只能通过民主讨论和耐心协商，不断积累共识，寻求会员国能够达成广泛共识的一揽子解决方案。为改革人为设定时限，在条件不成熟的情况下强行推动某些具体方案的做法，无助于改革进程的健康发展。政府间谈判是会员国普遍认可的讨论安理会改革问题的平台，应维护其权威和作用，坚持会员国主导原则，以公开、包容、透明方式继续开展政府间谈判，寻求能够在会员国间达成广泛一致，符合联合国长远利益和会员国共同利益的改革方案。[①] 2014 年，中国常驻联合国代表在联合国大会上发言时指出，推动安理会改革进程取得进展，需要会员国通过广泛协商，兼顾各方特别是中小国家的利益和关切，寻求最广泛共识。中方认为，安理会改革谈判应坚持以下原则：一是团结一致原则。任何改革均不可能在各方争论指责、严重对立情况下取得进展。广大会员国应着眼团结，增加发展中国家代表性。不公正对待各会员国立场，人为设定改革时限，甚至强行推动不成熟改革方案的做法，只会加剧会员国的对立和分裂，使改革背离正确方向，损害会员国共同利益和联合国长远利益。二是会员国主导原则。安理会改革涉及每一个会员国切身利益。改革进程必须由会员国主导，政府间谈判只能以会员国立场和主张作为基础。没有会员国的共识，自行缩减谈判选项，仓促进入案文谈判，只会激化矛盾

① 中华人民共和国外交部政策规划司:《中国外交（2014）》，世界知识出版社 2014 年版，第 224 页。

和分歧，让改革进程更为艰难，与各方期待背道而驰。三是民主协商原则。当前会员国对改革基本思路仍缺乏共识。但越是有分歧，就越需要会员国进行耐心协商，寻求一致。只有经各方充分协商，并得到绝大多数会员国支持的方案，才能赢得会员国普遍认可，只有会员国共同作出的决定才能经得起历史的检验。[①]此后，中方在联合国改革问题上持续坚持这些基本主张。

中国代表还参加了历届联大的其他会议，并在会上就相关议题阐明了中方理念、政策和主张。2015 年是联合国成立 70 周年，联合国为此举行了一系列峰会。9 月 26 日至 28 日，国家主席习近平赴纽约出席联合国成立 70 周年系列峰会，这是习近平主席首次到访联合国总部。9 月 28 日，习近平在联大一般性辩论会上发表了题为《携手构建合作共赢伙伴同心打造人类命运共同体》的讲话，系统阐述了构建人类命运共同体的理念。这是对《联合国宪章》宗旨和原则的继承和弘扬，表达了中国对构建新国际秩序的目标追求。2020 年 9 月，习近平在联合国成立 75 周年纪念峰会上发表重要讲话，重点就联合国在抗击新冠疫情中应该发挥的作用提出 4 点建议：一是主持公道；二是厉行法治；三是促进合作；四是聚焦行动。

中方代表还出席了联大各委员会、各专门组织的会议与辩论，在相关问题上表明中国的原则立场。2014 年 9 月 23 日，国务院副总理张高丽作为国家主席习近平的特使抵达纽约出席联合国气候峰会并发表讲话。他表示，中国将力推应对气候变化南南合作，坚定支持 2015 年巴黎会议如期达成协议。2015 年 9 月 26 日，国家主席习近平出席联合国发展峰会，发表了《谋共同永续发展做合作共赢伙伴》的重要讲话。2020 年 10 月，习近平在联合国生物

① 中华人民共和国外交部政策规划司:《中国外交（2015）》，世界知识出版社 2015 年版，第 234 页。

多样性峰会上发表重要讲话指出，当前，全球物种灭绝速度不断加快，生物多样性丧失和生态系统退化对人类生存和发展构成重大风险。新冠疫情告诉我们，人与自然是命运共同体。我们要同心协力，共建万物和谐的美丽家园。

中国重视并支持根据《联合国宪章》宗旨与原则开展维和行动，积极参与联合国安理会、联合国大会和联合国维和行动特别委员会的有关审议和磋商。2014 年 9 月 26 日，外交部长王毅出席第 69 届联大联合国维和行动问题高级别会议并发言，他在发言中阐述了中国对联合国维和行动的原则立场，并就维和行动授权、维和行动效率和维和行动能力建设等问题提出中国的建议。中国支持联合国维和改革。2018 年 9 月 25 日，在联合国“为维和而行动”倡议高级别会议上的发言中，王毅就加强和改革联合国维和工作提出了 5 点意见：一要坚持联合国宪章这一根本遵循；二要紧扣政治解决这一根本目标；三要改进安理会授权这一行动总纲；四要谋划建设和平这一后续衔接；五要筑牢伙伴关系这一坚实依托。

与此同时，中国更广泛、更深入地参与到联合国维和行动中。2017 年 9 月，中国 8000 人规模维和待命部队完成注册。2012 年至 2018 年 8 月，中国共有 2507 名官兵在联合国 8 个任务区及维和部队执行任务。中国是联合国安理会 5 个常任理事国中派遣维和人员数最多的国家，也是联合国维和摊款第二大出资国。[①]

2015 年是联合国千年目标收官之年。2012 年 7 月，联大决定成立可持续发展目标工作组，由包括中国在内的 30 个国家组成，其主要任务是就可持续发展目标的制定工作向国际社会提供建议。中国对联合国可持续发展目标提出了原则主张。2013 年 3 月 14 日，联合国可持续发展目标工作组举行首次会议，中国代表在会议发言

①《和平、发展、合作的事业只能前进，不能倒退》，中华人民共和国外交部网 2013 年 9 月 26 日。

指出：中方认为，联合国可持续发展目标应以“里约原则”特别是“共同但有区别的责任”原则为指导；应建立在千年发展目标的基础上，以《21世纪议程》《约翰内斯堡行动计划》和“里约+20”成果文件确立的优先领域为参照，确保经济、社会、环境三大支柱平衡。2013年9月25日，联合国千年发展目标特别会议在纽约联合国总部举行，外交部长王毅出席并发表讲话。王毅在讲话中全面阐述了对国际发展合作的看法和主张，强调联合国在制定2015年后国际发展议程过程中，应以消除贫困和促进发展为核心，重点解决发展中国家，特别是非洲国家和最不发达国家的困难，帮助其建设自身发展能力，联合国及其专门机构应该在这些领域发挥领导协调作用。[①] 2015年9月，联合国发展峰会在纽约联合国总部举行，国家主席习近平及其他150余位国家领导人出席。发展峰会通过了《2030年可持续发展议程》，为未来5年各国发展和全球发展合作指明了方向。习近平在峰会上发言表示：中国将继续秉持义利相兼、以义为先的原则，同各国一道为实现2015年后发展议程作出努力。并宣布，中国设立“南南合作援助基金”，首期提供20亿美元，支持发展中国家落实2015年后发展议程；增加对最不发达国家投资，力争2030年达到120亿美元；免除对有关最不发达国家、内陆发展中国家、小岛屿发展中国家截至2015年底到期未还的政府间无息贷款债务。[②] 2016年9月19日，国务院总理李克强在纽约联合国总部主持召开“可持续发展目标：共同努力改造我们的世界——中国主张”座谈会，并发布《中国落实2030年可持续发展议程国别方案》，为中国落实可持续发展议程提供行动指

---

①《和平、发展、合作的事业只能前进，不能倒退》，中华人民共和国外交部网2013年9月26日。

② 习近平：《谋共同永续发展　做合作共赢伙伴——在联合国发展峰会上的讲话》，《人民日报》2015年9月28日，第2版。

南。[①] 2017 年 4 月 18 日，中国驻联合国代表刘结一参加联大“可持续发展目标筹资问题高级别讨论会”，并以金砖国家 2017 年主席国身份代表金砖国家作共同发言。这是金砖国家首次就重大国际问题在联合国场合共同发声。

（二）建设性参与其他国际和地区性组织

党的十八大以来，中国更加积极地参与多边峰会外交，参与二十国集团峰会、核安全峰会、金砖国家领导人峰会、东亚峰会、亚太经合组织等国际性和地区性多边组织的各项活动，阐述中国对于有关国际合作和全球治理的立场、理念和方针政策，为切实解决国际社会关心的重大国际问题和完善全球治理机制贡献中国力量和智慧。

2013 年 9 月 5 日至 6 日，二十国集团领导人第八次峰会在俄罗斯圣彼得堡举行。习近平主席首次参加二十国集团峰会，提出发展创新、增长联动、利益融合等一系列新理念，倡导二十国集团成员建立伙伴关系，树立命运共同体意识。他呼吁维护和发展开放型世界经济，增加发展中国家在全球经济治理中的代表性和发言权。中国的重要主张得到与会各国普遍接受和认同，其中不少观点和建议被纳入《二十国集团圣彼得堡峰会领导人宣言》，提高了中国在全球经济治理中的地位与作用。此后，中国国家主席出席了历届二十国集团峰会并发表重要讲话。2016 年 9 月 4 日至 5 日，二十国集团领导人第十一次峰会在杭州举行，二十国集团成员、8 个嘉宾国领导人以及 7 个国际组织负责人与会。峰会主题是“构建创新、活力、联动、包容的世界经济”。峰会发表了《二十国集团领导人杭州峰会公报》和 28 份具体成果文件。杭州峰会成果标志着二十国集团在合作深度和广度上都取得重大突破。峰会首次把创新

① 吴乐珺等：《李克强主持 2030 年可持续发展议程主题座谈会并发布〈中国落实 2030 年可持续发展议程国别方案〉》，《人民日报》2016 年 9 月 21 日，第 3 版。

作为全球恢复增长的新动力，首次把结构性改革作为解决世界经济难题的主方向，首次把发展置于宏观政策协调的突出位置，首次形成全球多边投资规则框架，有力地推动了二十国集团从危机应对向长效治理机制转型。中方对二十国集团杭州峰会取得成功作出了突出贡献。

2013 年 3 月 26 日至 27 日，金砖国家领导人第五次会晤在南非德班举行。习近平主席首次出席金砖国家峰会，并提出建设全球发展伙伴关系、加强宏观经济政策协调、共同参与制定国际发展议程等倡议，希望金砖国家朝着建立贸易投资领域一体化大市场、金融货币领域多层次大流通、基础设施领域海陆空大联通、民间往来领域文化大交流的方向共同努力。此后，习近平主席每年都如期出席金砖国家领导人峰会。2017 年 9 月 4 日，金砖国家领导人第九次会晤在厦门举行。五国领导人围绕“深化金砖伙伴关系，开辟更加光明未来”的主题，深入交换看法，达成一系列共识。五国领导人共同发表《厦门宣言》，就加强各领域合作释放有力信号，展现了金砖合作的强大生命力。习近平主席在会上发表题为《深化金砖伙伴关系开辟更加光明未来》的讲话，强调要开启金砖合作第二个“金色十年”，使金砖合作造福五国人民，惠及各国人民。中方提出“金砖 +”的合作理念，举行了新兴市场国家与发展中国家对话会，邀请埃及、几内亚、墨西哥、塔吉克斯坦、泰国五个国家领导人，增加了对话会的全球代表性。

中国积极推动并参与上海合作组织各领域合作，积极参与上合组织框架下的各层次的会议，对上合组织合作发展作出了积极贡献。上合组织成员国元首理事会、上合组织成员国总理理事会是上海合作组织框架下两个重要的定期性会晤机制，中国领导人出席了理事会的历届会议。2013 年 9 月 13 日，上合组织成员国元首理事会第十三次会议在吉尔吉斯斯坦首都比什凯克举行。习近平主席首次出席上合组织峰会，并阐述了建立命运共同体和利益共同体一系列重要倡议，引导各方进一步弘扬“上海精神”。会议批准由中国倡议并牵头制定的《〈上海合作组织成员国长期睦邻友好合作条约〉实施纲要（2013—2017 年）》，共涵盖 20 多个领域近 70 项合作措施，对成员国进一步提升互信、深化务实合作具有重要意义。会议发表的《比什凯克宣言》充分吸收了中方的政策主张。2013 年 11 月，上合组织成员国政府首脑（总理）理事会第十二次会议在乌兹别克斯坦首都塔什干召开，李克强总理首次出席上合组织总理理事会，并提出上合组织深化务实合作优先方向“六点倡议”，得到与会各国领导人的响应。2018 年 6 月 9 日至 10 日，上合组织成员国元首理事会在山东青岛举行。这是上合组织扩员后的首次成员国元首理事会[①]，出席会议的除 8 个成员国家的元首或政府首脑外，还有 4 个观察员国的元首或政府首脑、10 个国际组织或机构负责人。成员国领导人签署了《上海合作组织成员国元首理事会青岛宣言》。会议确立了“上合命运共同体”理念，使之成为上合组织的政治共识和努力目标。会议批准的《〈上海合作组织成员国长期睦邻友好合作条约〉实施纲要（2018—2022 年）》，为上合组织未来发展规划了新路线图。该文件中包含 99 项务实活动内容，涵盖了政治、安全、经贸、人文以及国际合作等多个领域。文件还明确了各项事务落实的主管机构，并确定了上述事务的落实时间。会议批准的《上海合作组织成员国打击恐怖主义、分裂主义和极端主义 2019 年至 2021 年合作纲要》，旨在巩固各成员国在侦测、预警和打击恐怖主义、分裂主义和极端主义方面的协作，消除“三股势力”产生的诱因和条件，抵御“三股势力”思想的传播。会议还批准了《2018—2023 年上海合作组织成员国禁毒战略》等

① 2017 年 6 月 9 日，在哈萨克斯坦阿斯塔纳上合组织成员国元首理事会上，接收印度、巴基斯坦为上合组织的成员国。

文件。

中国重视亚太经合组织（APEC）的作用，一直支持并积极参与各层次、各领域的合作，并为合作不断取得进展作出了重要贡献。中国支持亚太经合组织推进自身改革和机制建设，增强效率和效用，提高在应对重大国际经济问题方面的相关性、针对性和时效性，不断增强在区域合作中的影响力。2013 年以后，国家主席习近平参加了历届亚太经合组织领导人非正式会议，并分别在领导人非正式会议和工商领导人峰会上发表主旨演讲，就促进亚太经济发展，加强亚太经合组织作用，推动区域合作进程提出了一系列重要观点。2014 年 11 月 7 日至 13 日，亚太经合组织第二十二次领导人非正式会议在北京举行。会议围绕“共建面向未来的亚太伙伴关系”主题，重点探讨了“推动区域经济一体化”“促进经济创新发展、改革与增长”和“加强全方位基础设施与互联互通建设”三大议题，发表两份成果文件：一是《北京宣言》，涵盖了数十个合作领域和上百项成果；二是《亚太经合组织成立 25 周年声明》。这是亚太经合组织历史上首份纪念性声明，总结了历史成就和经验，勾画了亚太发展愿景。会议批准了《亚太经合组织推动实现亚太自由贸易区路线图》，明确通过实施路线图，在完成现有路径基础上建成亚太自贸区。会议批准了《亚太经合组织互联互通蓝图》，勾画了建设亚太互联互通网络的新蓝图。各方决心在 2025 年前实现推进硬件、软件和人员交流互联互通建设的远景目标和具体指标，共同致力于构建全方位、多层次、复合型的亚太互联互通网络。

（三）举办多边论坛、重要会议和活动

博鳌亚洲论坛自 2001 年成立以来，规模和影响不断扩大，为凝聚各方共识、深化区域合作、促进共同发展、解决亚洲和全球问题发挥了独特作用。论坛已经成为连接中国和世界的重要桥梁，成为兼具亚洲特色和全球影响的国际交流平台。2013 年年会于 4

月 6 日至 8 日在海南博鳌举行，习近平首次以国家主席身份出席年会开幕式。2018 年，博鳌亚洲论坛年会主题为“开放创新的亚洲，繁荣发展的世界”，习近平应邀出席论坛年会开幕式并发表题为《开放共创繁荣创新引领未来》主旨演讲，就进一步推动构建亚洲和人类命运共同体、开创亚洲和世界美好未来，响亮发出中国声音，阐明中国立场。

亚洲相互协作与信任措施会议（简称亚信）是一个成立于 1992 年的亚洲安全问题论坛，致力于制定和落实旨在增进亚洲和平、安全与稳定的多边信任机制。亚信建立了国家元首和政府首脑会议（峰会）、外长会议、高官委员会会议、特别工作组会议等议事和决策机制。峰会和外长会议均为每四年举行一次，两会交错举行，间隔两年。举办峰会和外长会议的国家任主席国。2014 年 5 月，亚信第四次峰会在上海举行。习近平主席主持会议并发表重要讲话，倡导共同、综合、合作、可持续的亚洲安全观，呼吁搭建地区安全和合作新架构，努力走出一条共建、共享、共赢的亚洲安全之路。峰会期间，国家主席习近平倡议成立亚信非政府论坛。中国正式接任 2014 年至 2016 年亚信主席国后，积极推进亚信进程，先后于 2015 年 5 月、2017 年 6 月举办了第一次、第二次亚信非政府论坛。中国积极推进成立亚信青年委员会和亚信实业家委员会，定期举办亚信特别工作组和高官委员会会议，为塑造亚太安全秩序作出了积极贡献。

2013 年秋共建“一带一路”倡议提出后，“一带一路”相关合作稳步推进，各方普遍表示欢迎并积极参与。2017 年 5 月 14 日至 15 日在北京举行的“一带一路”国际高峰论坛，是“一带一路”框架下最高规格的国际活动，也是新中国成立以来由中国首倡、中国主办的层级最高、规模最大的多边外交活动。论坛主题是:“加强国际合作、共建‘一带一路’、实现共赢发展。”2019 年 4 月 25 日至

27日，第二届“一带一路”国际合作高峰论坛在北京举行。论坛的主题是:“共建‘一带一路’、开创美好未来”。论坛期间举行了高峰论坛开幕式、领导人圆桌峰会、高级别会议、12场分论坛和1场企业家大会。

亚洲基础设施投资银行是一个政府间性质的亚洲区域多边开发机构，重点支持基础设施建设。亚投行是首个由中国倡议设立的多边金融机构。成立的目的主要是为了促进亚洲区域的互联互通建设和经济一体化的进程，并且加强中国及其他亚洲国家和地区的合作。亚投行总部设在北京，法定资本1000亿美元。2013年10月2日，国家主席习近平在雅加达同印度尼西亚总统苏西洛举行会谈时，倡议筹建亚洲基础设施投资银行，促进本地区互联互通建设和经济一体化进程，向包括东盟国家在内的本地区发展中国家基础设施建设提供资金支持。[①] 2014年10月24日，包括中国、印度、新加坡等在内的21个首批意向创始成员国的财长和授权代表在北京签约，共同决定成立亚洲基础设施投资银行。2015年12月25日，亚洲基础设施投资银行正式成立，创始成员为57个。2016年1月16日至18日，亚投行开业仪式暨理事会和董事会成立大会在北京举行。截至2020年7月，亚投行共有102个成员。

综上所述，在新时代中国特色大国战略思想的引领下，新时代中国的对外战略实践更加奋发有为。面对国际上不断出现的“黑天鹅”“灰犀牛”事件及大国关系的深刻变化，中国外交战略决策者始终站在世界百年未有之大变局和中华民族伟大复兴的战略全局的高度，保持战略定力，沉着应对，化危为机，危中寻机，最大限度地维护了中国人民的利益和世界人民的利益。

---

① 杜尚泽等:《中国印尼关系提升为全面战略伙伴关系》,《人民日报》2013年10月3日，第1版。

结束语
中国国际战略思想发展的内在逻辑

70 多年来，随着国际国内局势的发展变化，中国国际战略思想也经历了一个不断发展和深化的过程。由于不同历史时段国际国内局势发展变化具有不同的特点，中国国际战略思想呈现出阶段性的特征。但由于国际国内局势中一些相对稳定的因素如二战时期确立的国际秩序、经济全球化、第三次科技浪潮及中国建设社会主义现代化强国目标等长期存在，使得中国国际战略思想的发展具有鲜明的内在逻辑性。

一、一脉相承，继承与发展

作为社会主义国家，马克思主义及其中国化的理论一直是中国社会革命、建设、改革、发展事业的指导思想和理论基础，也是中国国际战略思想的重要理论来源。马克思主义世界体系观、时代观、格局观、历史唯物主义方法论为中国正确认识世界、判断世界大势及关于中国与世界的关系提供了重要理论指导。中国国际战略思想体系正是在运用马克思主义的立场、观点、方法观察时代、把握时代、引领时代，不断深化对人类社会发展规律认识的基础上形成的，并在实践中不断得到完善和发展。

新中国成立后，中国政府致力于推动建立公正合理的国际秩序，使世界各国的独立权、平等权、发展权得到真正的维护和捍卫。近代西方列强对华百年的侵略史，使中国人民无比珍视国家的独立权、平等权。第二次世界大战结束后，在当时大国主导下，建立了以"雅尔塔体系"为核心的国际秩序。"'雅尔塔体系'虽然在一定程度上是世界人民反法西斯战争胜利的产物，这使它与过去的国际秩序不尽相同，但从根本上说，它仍然没有摆脱大国主宰的窠臼，依旧具有强权政治的明显烙印。两大军事集团的尖锐对立和军备竞赛的剧烈演变，冷战的紧张局面，尤其是大国霸权的猖獗，成为这一体系的最大特点。'雅尔塔体系'，实质上不过是美苏两个超级大国在世界范围对峙与争夺的代名词。"[①]新中国成立不久，中国领导人根据亚非拉新兴民族独立国家要求建立新型国际关系的共同愿望，提出了和平共处五项原则。1971年11月15日，毛泽东主席、周恩来总理亲自选派以乔冠华为团长、黄华为副团长的中华人民共和国代表团，第一次出现在联合国会议大厅，正式出席第26届联合国大会。从此，中国作为一个发展中的国家，与广大发展中国家一道，在联合国舞台上坚决反对任何形式的霸权主义和强权政治，维护世界和平，为建立公正合理的国际政治、经济新秩序作出了自己的贡献。在美、苏两个超级大国紧张对峙的情况下，中国毫不含糊地在国际上多次发表声明，要求美、苏两国停止争夺世界，以恢复世界和平与稳定。在联大及安理会上，中国支持第三世界国家争取民族独立、反对新老殖民主义和霸权主义的斗争。20世纪90年代以后，旧的国际格局瓦解，世界向多极化方向演变。中国主张在和平共处五项原则基础上建立国际新秩序。[②]进入21世纪后，在继续坚持以和平共处五项原则为基础推进构建国际新秩序的同时，中共中央提出了构建和谐世界的理念，主张"各国人民携手努力，推动建设持久和平、共同繁荣的和谐世界"[③]。进入新时代后，中国从统筹中华民族伟大复兴战略全局和世界百年未有之大变局的战略高度，创造性地提出推动构建人类命运共同体的倡议，

---

① 胡绳:《为了世界的和平和发展——关于以和平共处五项原则为基础建立国际新秩序》,《人民日报》1991年9月19日，第7版。

② 王杏芳:《中国在联合国发挥积极作用》,《人民日报》1995年10月26日，第7版。

③《胡锦涛文选》第二卷，人民出版社2016年版，第650页。

这是回答和解决当今世界时代之问的中国方案，是推动和平与发展事业的人间正道，成为引领时代潮流和人类前进方向的鲜明旗帜。

中国始终致力于推进国际格局多极化。20 世纪 70 年代初，虽然美苏两极对峙仍是国际格局的主要特征，但两极内部一些力量主体独立自主倾向日益增强，中国领导人敏锐地观察到国际局势的变化，提出了“三个世界”划分理论，重视西欧、日本及第三世界国家在国际政治中的重要作用。在这一理论的指导下，中国积极推进国际格局向多极化发展。苏联解体、冷战结束后，国际格局出现重大调整，逐步呈现“一超多强”的特点。鉴于美国的超强实力，某种程度上国际格局的特点是美国一超独霸。在此背景下，中国进一步推动国际格局多极化的发展，促进国际关系民主化。进入新时代，国际力量对比趋于平衡，中国提出构建相互尊重、公开正义、合作共赢的新型国际关系，超越强国争霸的“零和”博弈，倡导各国人民同心协力，构建人类命运共同体。

20 世纪 80 年代中国作出和平与发展是当今世界时代主题判断以来，尽管国际局势持续发生深刻变化，中国始终坚持和平与发展是时代主题的科学判断，始终把国家的主权和安全放在第一位，积极应对国际关系的新变化及科技迅猛发展的影响和挑战，旗帜鲜明地反对霸权主义和强权政治，维护广大发展中国家的利益，联合一切可以联合的力量，促进世界和平与发展，推动建立公正合理的国际政治经济新秩序。

二、立足中国，放眼世界

中国国际战略思想是中国对国际经济政治格局，较长时期的国际态势和发展趋势，中国国际地位、国家利益和国际目标及实现途径的认识和思考，其主要目的是维护和实现国家主权、安全和发展利益。作为东方文明大国，自新中国成立之日起，中国就没有把眼光局限在本国的范畴内，而是把中国人民根本利益与世界人民的根本利益结合起来，始终紧扣服务民族复兴、促进人类进步这条主线，把实现中华民族伟大复兴作为中国国际战略的出发点和归宿点。

中华民族创造了绵延五千多年的灿烂文明，为人类文明进步作出了不可磨灭的贡献。近代西方列强的侵略，使中国的主权独立遭到严重破坏，中华民族遭受了前所未有的劫难。为了民族的尊严、国家的生存，一代又一代中国革命先驱浴血奋战，前赴后继。新中国成立后，中国共产党带领全国各族人民艰苦努力，为建设社会主义现代化强国、实现中华民族伟大复兴而不懈奋斗。中国的国际战略始终服务于这一目标，即为建设社会主义现代化强国、实现中华民族伟大复兴营造良好的外部环境。为此，依据对国际局势发展变化、中国与世界关系的变化的判断和认识，中国适时调整对外战略，先后提出“三个世界划分”、和平发展和中国特色大国外交等战略，在实现中华民族伟大复兴进程中发挥了重要的保驾护航作用。

中国始终把维护世界和平、促进人类进步事业作为自己对外战略的宗旨。和平与发展问题是当代世界的根本问题，维护世界和平、促进共同发展是人类进步事业的重要内容。新中国成立后特别是改革开放以来，《中国共产党章程》（以下简称《党章》）虽然历经多次修订，但反对帝国主义、霸权主义、维护世界和平，促进人类进步一直是《党章》中关于中国国际战略思想的重要内容，反映了中国共产党对国际事务的基本立场。2017 年 10 月，中共十九大审议通过的《中国共产党章程（修正案）》指出：“在国际事务中，坚持正确的义利观，维护我国的独立和主权，反对霸权主义和强权政治，维护世界和平，促进人类进步，努力推动建设持久和平、共同繁荣的和谐世界。”[①] 自新中国成立以来，这一立场也被写进《中华人民共和国宪法》，成为中国国际战略的一项基本方针，中国也以实际行动为维护世界和平作出了积极贡献。

作为安理会常任理事国，中国始终以维护国际和平与安全为己任。恢复联合国合法席位 50 多年来，“中国始终高举和平、发展、合作、共赢的旗帜，坚持客观公正立场，坚持倡导通过对话协商化解分歧，坚持不干涉内政原则，坚决反对在国际事务中动辄使用或威胁使用武力，积极参与朝鲜半岛核、伊朗核、阿富汗、缅甸、巴以、叙利亚、利比亚、苏丹、南苏丹等重大地区热点问题的政治解决，不断探索和建立具有中国特色的国际和地区热点问题解决之道。中国努力维护安理会的权威和团结，积极支持联合国依据授权开展斡旋，支持联合国同区域和次区域组织协调合作，为维护世界和平安全作出贡献”。“自 1990 年以来，中国已向近 30 项联合国维和行动派出维和人员 5 万余人次。中国是联合国维和行动第二大出资国和重要出兵国，在五个常任理事国中派出维和人员数量名列第一，目前有 2200 余人在联合国 8 个任务区执行任务。中国已组建 8000 人规模维和待命部队和 300 人规模常备维和警队，成为联合国维和待命部队中数量最多、分队种类最齐全的国家。”[②]

经过全国各族人民接续奋斗，中国实现了第一个百年奋斗目标，在中华大地上全面建成了小康社会，历史性地解决了绝对贫困问题，这是对人类进步事业的一大贡献。中国共产党秉持爱国主义和国际主义精神，始终关注和支持其他发展中国家改善民生、谋求发展的事业。新中国成立以来，中国对有需要的发展中国家提供了大量的力所能及的无私援助。进入新时代，中国提出共建“一带一路”倡议。截至 2021 年 10 月，141 个国家和包括 19 个联合国机

①《中国共产党章程》，人民出版社 2017 年版，第 8 页。

②《中国联合国合作立场文件》，《人民日报》2021 年 10 月 23 日，第 6 版。

构在内的32个国际组织签署了‘一带一路’合作文件，一大批合作项目成功落地，提升了国家和地区间互联互通水平，有效促进了有关国家和地区经济社会发展和民生改善。[①]

三、始终坚持独立自主、公道正义、互利共赢原则立场

独立自主是中国对外战略的基石，它强调依靠自己的力量解决本国事务，根据自己的判断和标准自行决定对待世界事务的立场。1949年9月，第一届中国人民政治协商会议全体会议通过的《共同纲领》对新中国外交政策的一系列规定，确立了中国独立自主外交方针的基本框架。70多年来，独立自主一直是中国国际战略思想的一项基本原则。社会主义革命和建设时期，中国先后采取了“一边倒”“两条线”战略及“一条线”战略，强调维护中国独立自主的权利和地位，反对任何外国势力对中国的干涉和侵略。改革开放和社会主义现代化建设新时期，中国实行独立自主的全方位外交战略，坚持在和平共处五项原则的基础上同世界各国发展友好合作关系，不结盟、不对抗、不针对第三者。新时代中国特色大国外交战略，继续坚持独立自主的外交方针，积极发展全球伙伴关系，倡导“相互尊重、平等协商，坚决摒弃冷战思维和强权政治，走对话而不对抗、结伴而不结盟的国与国交往新路”[②]。

主持公道正义是中国国际战略思想的基本立场。作为联合国创始成员国和安理会常任理事国，中国始终坚持和平共处五项原则，“始终主张世界上所有国家不论大小、富贫、强弱一律平等，各国的事应由各国人民自己去管，世界上的事应由各国协商解

① 《中国联合国合作立场文件》，《人民日报》2021年10月23日，第6版。

② 中共中央党史和文献研究院：《十九大以来重要文献选编》（上），中央文献出版社2019年版，第42页。

决”。[1] 中国始终将维护自身核心利益和维护国际社会共同利益结合起来，按照事情本身的是非曲直判断和处理国际事务，公平公正、独立自主地决定自己的外交政策和实践。[2] 始终说公道话，办公道事，站在历史正确的一边，站在公平正义一边，是中国政府和中国人民的一贯做派。20 世纪五六十年代，亚非拉民族解放运动高涨，中国不畏强权，给予亚非拉国家民族解放运动道义上的支持和力所能及的物质援助。20 世纪 80 年代，针对美苏全球扩张态势，中国坚持联合国宪章及国际公认的国际法原则精神，谁搞霸权就反对谁。冷战结束以来，面对国际上的单边主义、强权政治带来的严重威胁，中国坚定维护以联合国为核心的国际体系、以国际法为基础的国际秩序、以联合国宪章宗旨和原则为基础的国际关系基本准则，不断推进世界多极化和国际关系民主化，朝着构建人类命运共同体的目标作出共同努力。

互利共赢是国际合作得以持续发展的基础，它倡导国际合作中各方积极寻求扩大利益汇合点，任何一方在寻求实现和扩大自身利益的同时，也要兼顾对方的利益和关切，以促进共同发展，平等受益，互惠互利。这一原则是对国际关系中零和博弈思维的超越，是对中国和平共处五项原则中“平等互利”原则的继承与发展。随着世界多极化、经济全球化、社会信息化不断发展，各国利益交融、兴衰相伴、安危与共，形成了你中有我、我中有你的命运共同体。唯有互利共赢才能维护世界和平，才能促进共同发展。

---

① 《走向二十一世纪的中国　江泽民同志在莫斯科向苏联公众发表的讲话》，《人民日报》1991 年 5 月 18 日，第 6 版。

② 苏长和：《中国外交在改革开放中积累的宝贵经验》，《人民日报》2018 年 6 月 22 日，第 7 版。

四、反对霸权主义，永远不称霸

中华民族是爱好和平的民族，中国人民从近代以后遭受战乱和贫穷的惨痛经历中，深感和平之珍贵、发展之迫切，深信只有和平才能实现人民安居乐业，只有发展才能实现人民丰衣足食。帝国主义、霸权主义、殖民主义是当代世界和平的主要威胁。为维护世界和平，中国不遗余力地反对一切形式的帝国主义、霸权主义、殖民主义行径。20 世纪五六十年代，中国通过抗美援朝、援越抗法及援越抗美，有效地制止了美国等西方国家在亚太地区的侵略行径。20 世纪 60 年代末起，苏联利用美国深陷越南战争之际，极力推行与美国争霸战略，给亚太区域和平乃至世界和平构成严重威胁。中国及时调整对美国等西方国家的外交战略，通过联合国际社会各种制约苏联霸权的力量，有效制约了苏联霸权主义对亚太区域的威胁。20 世纪 80 年代以来，中国在国际事务中高举反对霸权主义、强权政治的旗帜，积极推进国际关系民主化。

同时，中国自己承诺决不称霸。毛泽东在 20 世纪 70 年代初期提出“深挖洞、广积粮、不称霸”的方针[①]，表明中国反对霸权主义、自己决不称霸的态度。并说，“将来如果中国的下一代称霸，全世界人民就应该群起而攻之，一起来推翻它”[②]。据此，周恩来代表中国政府严肃声明：“我们决定了一条原则，不称霸。不管中国将来如何发达、强大。”“无论如何我们不做超级大国，现在不做，将来也不做。”[③]邓小平自20世纪70年代末起也反复强调这一方针。

① 中共中央党史和文献研究院：《毛泽东年谱（1949—1976）》（九），中央文献出版 2023 年版，第 458 页。

② 中华人民共和国外交部、中共中央文献研究室：《周恩来外交文选》，中央文献出版社 1990 年版，第 503 页。

③ 中共中央文献研究室：《周恩来年谱（1949—1976）》（下），中央文献出版社 2020 年版，第 494 页。

1978 年 5 月，邓小平在会见马达加斯加政府经济贸易代表团时指出："作为一个社会主义国家，中国永远属于第三世界，永远不能称霸。问题是将来我们发展了，搞不搞霸权主义。到那个时候，如果中国还是社会主义国家，就不能实行霸权主义，仍然属于第三世界。如果那时中国翘起尾巴来了，在世界上称王称霸，指手画脚，那就会把自己开除出第三世界的'界籍'。"[①] 中共中央总书记江泽民、胡锦涛也多次重申这一原则。中国关于永远不称霸、不做超级大国的声明，为中国外交工作的健康发展确立了一个必须遵守的重要规范。这个原则的提出和践行，有助于解除一些人对中国的疑虑，有助于揭破敌对势力制造的"中国威胁论"的欺骗宣传。

2010 年中国成为世界第二大经济体后，国际社会持"国强必霸"论者认为，中国必将挑战美国西方国家主导的国际秩序。对此，2015 年 9 月 28 日，习近平在美国纽约联合国总部举行的第七十届联合国大会一般性辩论时指出："中国将始终做世界和平的建设者，坚定走和平发展道路，无论国际形势如何变化，无论自身如何发展，中国永不称霸、永不扩张、永不谋求势力范围。中国将始终做全球发展的贡献者，坚持走共同发展道路，继续奉行互利共赢的开放战略，将自身发展经验和机遇同世界各国分享，欢迎各国搭乘中国发展'顺风车'，一起来实现共同发展。中国将始终做国际秩序的维护者，坚持走合作发展的道路。"[②]

综上所述，尽管中国国际战略思想在不同历史时段呈现出不同的历史特征，但鉴于国际战略思想本身的特点及国际国内局势中一些稳定因素的存在，中国国际战略思想具有鲜明的内在统一性。主要表现在：中国国际战略思想的核心理念始终未变，如关于国际

① 中共中央文献研究室：《邓小平思想年编（一九七五——一九九七）》，中央文献出版社 2011 年版，第 177—178 页。

②《习近平谈治国理政》第二卷，外文出版社 2017 年版，第 525—526 页。

秩序、国际格局及时代主题等在继承中得到了不断发展；中国对国际目标的界定没有变，始终是立足中国，胸怀世界；独立自主、公道正义、互利共赢，反对霸权主义，始终是中国国际战略思想的原则立场。

参考文献

1. 中文文献

1.1 文献资料

中共中央文献研究室:《建国以来重要文献选编》(1—20 册),中央文献出版社 1992—1999 年版。

中共中央文献研究室:《改革开放三十年重要文献选编》(上、下),中央文献出版社 2008 年版。

中共中央党史和文献研究院:《十八大以来重要文献选编》(上、中、下),中央文献出版社 2019 年、2021 年、2023 年版。

中共中央党史和文献研究院:《十九大以来重要文献选编》(上、中),中央文献出版社 2023 年版。

中共中央党史和文献研究院:《建国以来毛泽东文稿》,中央文献出版社 2023 年版。

《毛泽东文集》,人民出版社 1999 年版。

中共中央党史和文献研究院:《毛泽东年谱(1949—1976)》,中央文献出版社 2023 年版。

中华人民共和国外交部、中共中央文献研究室:《毛泽东外交文选》,世界知识出版社 1994 年版。

《毛泽东选集》第四卷,人民出版社 1991 年版。

中共中央文献研究室、中央档案馆:《建国以来周恩来文稿》一至十三册,中央文献出版社 2018 年版。

中华人民共和国外交部、中共中央文献研究室:《周恩来外交文选》,中央文献出版社 1990 年版。

中共中央文献研究室:《周恩来年谱(1949—1976)》(上、中、

参考文献

下），中央文献出版社 2020 年版。

中华人民共和国外交部外交史研究室:《周恩来外交活动大事记（1949—1975）》，世界知识出版社 1993 年版。

《邓小平文选》一至三卷，人民出版社 1993 年版。

中共中央文献研究室:《邓小平年谱（1975—1997）》（上、下），中央文献出版社 2004 年版。

中共中央文献研究室:《邓小平年谱（1904—1974）》（下），中央文献出版社 2009 年版。

中共中央文献研究室:《邓小平思想年编（一九四九—一九七六）》，中央文献出版社 2011 年版。

《江泽民文选》一至三卷，人民出版社 2006 年版。

中共中央文献研究室:《江泽民思想年编（一九八九—二〇〇八）》，中央文献出版社 2010 年版。

中共中央文献研究室:《江泽民论有中国特色社会主义（专题摘编）》，中央文献出版社 2002 年版。

《胡锦涛文选》一至三卷，人民出版社 2016 年版。

《习近平谈治国理政》一至四卷，外文出版社 2014 年、2017 年、2020 年、2022 年版。

中华人民共和国外交部:《中华人民共和国条约集》（一至四集），法律出版社 1957、1958 年版。

世界知识出版社:《中华人民共和国对外关系文件集》（一至十），世界知识出版社 1957—1965 年版。

《中美关系资料汇编》（第二辑上、下），世界知识出版社 1960 年版。

沈志华:《俄罗斯解密档案选编：中苏关系》第一卷，东方出版中心 2015 年版。

程道德等:《中华民国外交史资料选编（1919—1931）》，北京大学出版社 1985 年版。

中华人民共和国外交部档案馆:《中华人民共和国外交档案选编:中国代表团出席 1955 年亚非会议》(第二集),世界知识出版社 2007 年版。

国务院台湾事务办公室研究局:《台湾问题文献资料选编》,人民出版社 1994 年版。

齐世荣:《当代世界史资料选辑》(第三分册),首都师范大学出版社 1996 年版。

田桓:《战后中日关系文献集(1971—1995)》,中国社会科学出版社 1997 年版。

刘金质、杨淮生:《中国对朝鲜和韩国政策文件汇编(1949—1994)》,中国社会科学出版社 1994 年版。

刘连第:《中美关系轨迹——1993—2000 年大事纵览》,时事出版社 2001 年版。

宋恩繁、黎家松:《中华人民共和国外交大事记》(一至三卷),世界知识出版社 1997、2001、2002 年版。

1.2 皮书、年鉴

中华人民共和国国务院新闻办公室:《中国的国防》白皮书(1998 年、2002 年、2004 年、2006 年、2008 年、2010 年)。

中华人民共和国国务院新闻办公室:《中国的和平发展道路》白皮书(2005 年 12 月)。

中华人民共和国国务院新闻办公室:《中国与非洲的经贸合作》白皮书(2010 年 12 月)。

中华人民共和国国务院新闻办公室:《中国的对外援助》白皮书(2011 年 4 月)。

中华人民共和国国务院新闻办公室:《中国的和平发展》白皮

书（2011 年 9 月）。

中华人民共和国国务院新闻办公室:《中国的军事战略》（2015 年 5 月）。

中华人民共和国国务院新闻办公室:《中国的亚太安全合作政策》白皮书（2017 年 1 月）。

中华人民共和国国务院新闻办公室:《新时代的中国国防》白皮书（2019 年 7 月）。

中华人民共和国国务院新闻办公室:《新时代的中国与世界》白皮书（2019 年 9 月）。

中华人民共和国国务院新闻办公室:《中国军队参加联合国维和行动 30 年》白皮书（2020 年 9 月）。

中华人民共和国国务院新闻办公室:《新时代的中非合作》（2021 年 11 月）。

中华人民共和国国务院新闻办公室:《新时代的中国国际发展合作》白皮书（2021 年 1 月）。

中华人民共和国外交部外交史编辑室:《中国外交概览》（1987—1995），世界知识出版社 1988—1996 年版。

中华人民共和国外交部政策规划司:《中国外交》（1996—2021），世界知识出版社 1997—2022 年版。

中国国际问题研究所（院）:《国际形势和中国外交》蓝皮书（2006—2020），世界知识出版社 2007—2021 年版。

上海国际问题研究所（院）:《国际形势年鉴》（1982—2011 年），中国大百科全书出版社、上海教育出版社、上海辞书出版社 1982—2011 年版。

1.3 专著

［美］德怀特・D. 艾森豪威尔著，复旦大学资本主义国家经

济研究所译:《艾森豪威尔回忆录——白宫岁月：缔造和平》(下)，生活 · 读书 · 新知三联书店 1977 年版。

[苏] A. 普罗霍罗夫:《关于苏中边界问题》，商务印书馆 1977 年版。

[苏] 鲍里索夫、科洛斯科夫著，肖东川、谭实译:《苏中关系 1945—1980》，生活 · 读书 · 新知三联出版社 1982 年版。

王春良、张培义等:《世界现代史》(下)，山东人民出版社 1985 年版。

韩念龙:《当代中国外交》，中国社会科学出版社 1988 年版。

中华人民共和国外交部外交史编辑室、裴坚章:《研究周恩来——外交思想与实践》，世界知识出版社 1989 年版。

《肖劲光回忆录》(续集)，解放军出版社 1989 年版。

《在历史巨人身边：师哲回忆录》，中央文献出版社 1991 年版。

陈有进等:《当代世界大事纵览(1945—1990)》，改革出版社 1991 年版。

张宏儒:《二十世纪世界各国大事全书》，北京出版社 1993 年版。

国际战略研究基金会:《环球同此凉热：一代领袖们的国际战略思想》，中央文献出版社 1993 年版。

田曾佩:《改革开放以来的中国外交》，世界知识出版社 1993 年版。

周尚文等:《苏联兴亡史》，人民出版社 1993 年版。

中华人民共和国外交部外交史编辑室、裴坚章:《毛泽东外交思想研究》，世界知识出版社 1994 年版。

梁守德、洪银娴:《国际政治学概论》，中央编译出版社 1994 年版。

裴坚章:《中华人民共和国外交史》(一至三卷)，世界知识出版社 1994 年版。

王泰平:《中华人民共和国外交史（1957—1969）》第二卷，世界知识出版社 1998 年版;《中华人民共和国外交史（1970—1978）》第三卷，世界知识出版社 1999 年版。

王绳祖:《国际关系史》七至十二卷，世界知识出版社 1995—2006 年版。

张锡昌、周剑卿:《战后法国外交史（1944—1992）》，世界知识出版社 1993 年版。

陈乐民:《战后英国外交史》，世界知识出版社 1994 年版。

资中筠:《战后美国外交史：从杜鲁门到里根》，世界知识出版社 1994 年版。

宋成有、李寒梅等:《战后日本外交史（1945—1994）》，世界知识出版社 1995 年版。

熊志勇:《美国与中国：迈向新世纪的回顾》，河南人民出版社 1995 年版。

张季良:《国际关系学概论》，世界知识出版社 1997 年版。

刘志青:《恩怨历尽后的反思：中苏关系七十年》，黄河出版社 1998 年版。

外交部档案馆:《伟人的足迹——邓小平外交活动大事记》，世界知识出版社 1998 年版。

《20 世纪的巨人：邓小平与现代中国》，中国青年出版社 1999 年版。

[美] 兹比格局纽 · 布热津斯基著，中国国际问题研究所译:《大棋局：美国的首要地位及其地缘战略》，上海人民出版社 1998 年版。

沈骥如:《中国不当“不先生”——当代中国的国际战略问题》，今日中国出版社 1998 年版。

谢益显:《当代中国外交思想史》，河南大学出版社 1999 年版。

叶自成:《新中国外交思想：从毛泽东到邓小平——毛泽东、周恩来、邓小平外交思想比较研究》，北京大学出版社 2001 年版。

[美] 罗伯特・基欧汉著，苏长和等译:《霸权之后：世界政治经济中的合作与纷争》，上海人民出版社 2001 年版。

颜声毅:《邓小平国际战略思想概论》，长征出版社 2002 年版。

孙其明:《中苏关系始末》，上海人民出版社 2002 年版。

夏东民、陆树程:《江泽民战略思想研究》，苏州大学出版社 2002 年版。

李景治、罗天虹等:《国际战略学》，中国人民大学出版社 2003 年版。

汤光鸿、朱凯兵等:《当代中国国际战略思想研究》，中国书籍出版社 2003 年版。

梁守德:《邓小平理论与当代中国国际关系学》，黑龙江教育出版社、北京大学出版社 2003 年版。

孙建社等:《从“中间地带”到“世界多极化”：中国三代领导人的国际战略思想》，人民出版社 2003 年版。

顾德欣:《与时俱进的国际战略江泽民国际战略思想研究》，解放军出版社 2003 年版。

倪健民、陈子舜:《中国国际战略》，人民出版社 2003 年版。

杨洁勉:《大合作：变化中的世界和中国国际战略》，天津人民出版社 2005 年版。

钱其琛:《外交十记》，世界知识出版社 2003 年版。

[美] 亨利・基辛格著，杨静予、吴继淦等译:《白宫岁月》（第 3 册），世界知识出版社 2003 年版。

冯特君:《邓小平国际战略思想研究》，北京出版社 2004 年版。

段霞:《中国外交空间的拓展——邓小平国际战略思想研究》，

首都经济贸易大学出版社 2004 年版。

黄舍骄:《春华秋实四十年——中法建交回忆录》，世界知识出版社 2004 年版。

［美］汉斯·摩根索著，徐昕等译:《国家间政治：权力斗争与和平》，北京大学出版社 2006 年版。

房广顺:《中国国际战略思想新论》，辽宁大学出版社 2006 年版。

饶银华:《新中国外交思想概论》，中央文献出版社 2006 年版。

蔡拓:《和谐世界与中国对外战略》，黑龙江人民出版社 2006 年版。

李久林:《毛泽东在建国后国际战略思想》，北京出版社 2006 年版。

熊向晖:《我的情报与外交生涯》（第 2 版），中共党史出版社 2006 年版。

康绍邦、宫力等:《马克思主义国际战略理论》，九州出版社 2006 年版。

程瑞声:《睦邻外交四十年》，四川人民出版社 2006 年版。

宫力、刘德喜、刘建飞、王红续:《和平为上：中国对外战略的历史与现实》，九州出版社 2007 年版。

《亲历与见闻——黄华回忆录》，世界知识出版社 2007 年版。

郑启荣:《改革开放以来的中国外交（1978—2008）》，世界知识出版社 2008 年版。

杨洁勉等:《大体系：多极多体的新组合》，天津人民出版社 2008 年版。

贾江华:《当代中国国际战略衍变研究》，安徽大学出版社 2008 年版。

颜声毅:《当代中国外交》，复旦大学出版社 2009 年版。

谢益显:《中国当代外交史(1949—2009)》,中国青年出版社2009年版。

王逸舟、谭秀英:《中国外交六十年(1949—2009)》,中国社会科学出版社2009年版。

牛军:《中华人民共和国对外关系史概论(1949—2000)》,北京大学出版社2010年版。

唐家璇:《劲雨煦风》,世界知识出版社2009年版。

中共中央党史研究室:《中国共产党历史(1949—1978)》第二卷下册,中共党史出版社2011年版。

王公龙:《中国特色国际战略思想体系研究》,人民出版社2012年版。

《周恩来与外国首脑及政要会谈录》,台海出版社2012年版。

《邓小平与外国首脑及记者会谈录》,台海出版社2012年版。

孙玉琴:《中国对外开放史》第三卷,对外经济贸易大学出版社2012年版。

牛军:《冷战与新中国外交的缘起(1949—1955)》,社会科学文献出版社2013年版。

[美]约翰·米尔斯海默著,王义桅、唐小松译:《大国政治的悲剧》,上海人民出版社2015年版。

[美]亚历山大·温特著,秦亚青译:《国际政治的社会理论》,上海人民出版社2014年版。

尹承德:《世界风云纵览——中国外交与国际问题探析》,中国言实出版社2015年版。

阎学通:《世界权力的转移:政治领导与战略竞争》,北京大学出版社2015年版。

陶文钊:《中美关系史》(一至三卷),上海人民出版社2016年版。

张历历:《新中国和日本关系史(1949—2015)》，上海人民出版社2016年版。

李连庆:《大外交家周恩来》(一至六卷)，人民出版社2016年版。

[美]肯尼思·华尔兹著，信强译:《国际政治理论》，上海人民出版社2017年版。

张宏喜:《新中国外交创始者、奠基者周恩来》，世界知识出版社2018年版。

阎学通、张旗:《道义现实主义与中国的崛起战略》，中国社会科学出版社2018年版。

牛军:《冷战时代的中国战略决策》，世界知识出版社2019年版。

张宇燕:《习近平新时代中国特色社会主义外交思想研究》，中国社会科学出版社2019年版。

石源华:《新中国周边外交史研究(1949—2019)》，世界知识出版社2019年版。

张爱茹:《邓小平国际战略思想研究》，河北人民出版社2019年版。

王巧荣:《中华人民共和国外交史(1949—2019)》，当代中国出版社2020年版。

2. 外文文献

2.1 Literature

Foreign Relations of the United States, 1945—2000.

Public Papers of Presidents.

Department of State Bulletin, 1945—1989.

Digital National Security Archive.

Declassified Documents Reference System.

2.2 Monograph and Report

Alexander M. Haig, Jr. Caveat, *Realism, Reagan, and Foreign Policy*, 1984, New York: Macmillan Publishing Company.

Robert Ross, *Negotiating Cooperation: The United States and China 1969-1989*, 1997 Stanford University Press.

James Mann, *About Face: A History America's Curious Relationship with China from Nixon to Clinton*, Alfred A. Knopf.

The White House, *National Security Strategy of the United States, from 1986 to 2020.*

Michael D. Swaine, *The Role of the Chinese Military in National Security Policymaking*, Prepared for the Office of the Secretary of Defense, 1998 Rand.

Robert S. Ross, *The 1995-1996 Taiwan Strait Confrontation: Coercion, Credibility, and Use of Force*, 2000 Rand.

ZamayKhalilZad*, The United Staes and a Rising China: Strategic and Military Implications*, 1999 Rand.

Michael D. Swaine, Ashley J. Tellis, *Interpreting China's grand strategy past, present and future*, 2000 Rand.

Michael Pillisbury, *China Debates the Future Security Environment*, January 2000, National Defense University Press.

A. Johnston, A. Carlson, *Beijing's Security Behavior in the Asian-Pacific: Is China a Dissatisfied Power?* Allen Carlson, Peter Katzenstein, and J.J. Suh, *Rethinking Security in East Asia: Identity, Power and Efficiency*, 2004, Stanford University Press.

Avery Goldstein, *Rising to the Challenge: China's Grand*

Strategy and International Security, 2005, Stanford University Press.

Phillip C. Saunders, *China's Global Activism: Strategy, Drivers, and Tools*, June 2006, National Defense University Press.

Commission of the European Communities: *EU-China: Closer partners, growing responsibilities*, October 24, 2006.

Commission of the European Communities: *A policy paper on EU-China trade and investment: Competition and Partnership*, October 24, 2006.

Young Nam Cho, Jong Ho Jeong, *China's Soft Power: Discussions, Resources, and Prospects*, *Asian Survey*, Vol.48, No.3(2008).

Carola McGiffert, *Chinese Soft Power and Its Implications for the United States: Competition and Cooperation in the Developing World*, March 2009, A Report of the CSSIS.

Abraham Denmark and Nirav Patel, *China's Arrival: A Strategic Framework for a Global Relationship*, September 2009, Center for New America.

C. Fred Bergsten, Charles Freeman, Nicholas R. Lardy, *China's Rise: Challenges and Opportunities*, 2009, Peterson Institute Press.

Nina Hachigian, with Winny Chen and Christopher Beddor, China's New Engagement in the International System In the ring, but punching below its weight, November 2009, Center for American Progress.

Andrew Scobell, Ely Ratner, Michael Beckley, *China's Strategy Toward South and Central Asia: An Empty Fortress*, 2014 Rand.

Christopher K. Johnson, *Decoding China's Emerging "Great Power" Strategy in Asia*, CSIS, 2014.

Ullah, Chaudhry Saeed, *China's soft power: Changing the world perception, Naval postgraduate school*, December 2015.

Eric Heginbotham, *The U.S.-China Military Scorecard: Forces, Geography, and the Evolving Balance of Power, 1996–2017*, 2015 Rand.

Michael S. Chase and Arthur Chan, *China's Evolving Approach to Integrated Strategic Deterrence*, 2016 Rand.

Andrew Scobell, Bonny Lin, Howard J. Shatz, *At the Dawn of Belt and Road: China in the Developing World*, 2018 Rand.

Andrew Scobell, Edmund J. Burke, Cortez A. Cooper III, Sale Lilly, Chad J. R. Ohlandt, Eric Warner, J.D. Williams, *China's Grand Strategy: Trends, Trajectories, and Long-Term Competition*, 2020 Rand.

Michael J. Mazarr, *Understanding Influence in the Strategic Competition with China*, 2021 Rand.

Rafiq Dossani, Lynn Hu, Christian Curriden, *Implementing China's Grand Strategy in Asia Through Institutions: An Exploratory Analysis*, 2020 Rand.

Andrew Radin, Andrew Scobell, Elina Treyger, J.D. Williams, Logan Ma, Howard J. Shatz, Sean M. Zeigler, Eugeniu Han, Clint Reach, *China-Russia Cooperation: Determining Factors, Future Trajectories, Implications for the United States*, 2021 Rand.

后　记

这是一部研究中国国际战略思想发展历史的专著，是作者在研究当代中国外交史学术积累的基础上完成的。多年来，当代中国外交研究存在着重现实轻历史、重现实对策轻基础理论研究的问题，本著作秉持历史与现实、理论与实践相结合的原则，对中华人民共和国成立以来中国国际战略思想及其实践发展的历史进程进行了梳理，探究了中国国际战略思想发展的历史逻辑、理论逻辑和实践逻辑，旨在为加强中国国际战略思想和中国对外战略的基础研究作出些许贡献。

本书能够成书，河北人民出版社给予了大力支持。河北人民出版社对本书的研究主题及研究思路提出了卓有见识的建议。本书有幸列入国家出版基金项目和“十四五”时期国家重点出版物出版专项规划项目。在本书即将付梓出版之际，对河北人民出版社所付出的努力表示衷心的感谢。

最后，感谢我的丈夫陈连喜和女儿陈爽，他们的支持、鼓励和关怀一直是我学术进步的动力，他们是书稿的最早读者，提出过许多有益的建议。

王巧荣

2023 年 6 月